AF540134

हिंदी
तुकांत
कोश

हमारे प्रमुख कोश

✦ प्रभात बृहत् अंग्रेजी-हिंदी कोश	सं. बदरीनाथ कपूर
✦ प्रभात व्यावहारिक अंग्रेजी-हिंदी कोश	सं. बदरीनाथ कपूर
✦ प्रभात व्यावहारिक हिंदी-अंग्रेजी कोश	सं. बदरीनाथ कपूर
✦ बृहत् विश्व सूक्ति कोश (तीन खंड)	सं. श्याम बहादुर वर्मा
✦ चित्रमय बाल कोश	सं. भोलानाथ तिवारी
✦ हिंदी पर्यायवाची कोश	भोलानाथ तिवारी
✦ अंग्रेजी-हिंदी मुहावरा-लोकोक्ति कोश	भोलानाथ तिवारी
✦ अखिल भारतीय प्रशासनिक कोश	तिवारी/भाटिया
✦ हिंदी-अंग्रेजी मुहावरा-लोकोक्ति कोश	कैलाशचंद्र भाटिया
✦ अंग्रेजी-हिंदी प्रशासनिक कोश	कैलाशचंद्र भाटिया
✦ हिंदी-अंग्रेजी अभिव्यक्ति कोश	कैलाशचंद्र भाटिया
✦ अंग्रेजी-हिंदी अभिव्यक्ति कोश	कैलाशचंद्र भाटिया
✦ अंक प्रतीक कोश	आचार्य निशांतकेतु
✦ सांस्कृतिक प्रतीक कोश	शोभनाथ पाठक
✦ रसायन विज्ञान कोश	शिवगोपाल मिश्र
✦ अंग्रेजी-हिंदी जीव विज्ञान कोश	महेश्वर सिंह सूद
✦ अंग्रेजी-हिंदी जंतु विज्ञान कोश	महेश्वर सिंह सूद
✦ मानक हिंदी-अंग्रेजी कोश	राममूर्ति सिंह

हिंदी तुकांत कोश

रमानाथ सहाय

प्रभात प्रकाशन, दिल्ली

ISO 9001 : 2000 प्रकाशक

प्रकाशक • **प्रभात प्रकाशन**
4/19 आसफ अली रोड,
नई दिल्ली–110002

संस्करण • 2017
मूल्य • छह सौ रुपए
मुद्रक • नरुला प्रिंटर्स, दिल्ली

HINDI TUKANT KOSH *by* Ramanath Sahai ₹ 600.00
Published by Prabhat Prakashan, 4/19 Asaf Ali Road, New Delhi-2
e-mail: prabhatbooks@gmail.com ISBN 978-93-5186-442-4

प्रस्तावना

'हिंदी अनादि शब्दकोश' शब्दों का एक अद्‌भुत कोश है, जिसमें शब्दों के अर्थ तो नहीं दिए गए हैं, लेकिन 16,000 शब्दों को इतने विविध आयामों और रूपों में प्रस्तुत किया गया है कि हिंदी के कई पक्षों पर काम करने वाले लेखकों, साहित्यकारों, भाषावैज्ञानिकों और भाषाकर्मियों को कई प्रकार की विशिष्ट समस्याओं का समाधान इसमें मिल जाएगा। अन्य कोशों में अकारादि क्रम शब्द के प्रारंभिक अक्षरों से शुरू होता है, लेकिन इसमें क्रम शब्द के अंतिम अक्षर से पीछे की ओर होता है। इससे शब्द-संबंधी वे खास सूचनाएँ उपलब्ध हो जाती हैं जो अन्य सामान्य कोशों में नहीं हैं।

अंत्याक्षरी में रुचि रखनेवालों के लिए यह अंत्याक्षरी कोश का काम करता है; कवियों के लिए यह तुकांत कोश का काम करता है; क्रॉसवर्ड भरनेवालों के लिए यह वर्गपहेली कोश का काम करता है, जिसमें शब्दों में अक्षरों के हर प्रयोग-स्थान के लिए उपयुक्त विकल्प उपलब्ध है। भाषा सीखने वाले शिक्षार्थियों को यह खेल–खेल में शब्द का ज्ञान बढ़ाने, शब्दरचना की प्रक्रिया को समझने और शब्दों की वर्तनी सीखने का एक सशक्त उपकरण है *(जैसे–पूजाग ह, नाट्‌यग ह, बंदीग ह, स्नानग ह, काराग ह, बालग ह* आदि)। हिंदी शब्दों में अक्षरों के वितरण की पद्धति को समझने के लिए यह कोश अनुसंधानकर्ताओं के लिए भी आधार-सामग्री का काम करता है।

आज विज्ञापन और मार्केटिंग का युग है, जिसमें शब्दों के अर्थ पर कम और उनकी ध्वन्यात्मकता, राइमिंग, संगीतात्मकता और प्रभावोत्पादकता पर ज्यादा जोर दिया जाता है। अकसर भाषा का असाधारण और असामान्य प्रयोग कर चमत्कार पैदा करने की कोशिश की जाती है। शब्द का नाद, जो अभी तक पद्य की संपत्ति थी, अब विज्ञापन के जरिए आधुनिक मार्केटिंग और मनोरंजन की भाषा का अंग बन चुका है *(जैसे–जिंदगी के साथ भी, जिंदगी के बाद भी)*। ध्यान खींचने वाले शीर्षकों और भावोत्पादक नारों की रचना करने के लिए शब्दों में असाधारण अर्थ डाले जा

रहे हैं। अंत्याक्षरी, जिसकी हमारी दीर्घ परंपरा ही है, एक बार फिर दूरदर्शन आदि मनोरंजन का एक प्रमुख कार्यक्रम बन गया है। गीत और पद्यरचना में हर तरह के तुकों के नए प्रयोग हो रहे हैं। क्रॉसवर्ड और शब्द-योजन से जुड़े अनेक कार्यक्रम दूरदर्शन एवं अन्य टी.वी. चैनलों पर आम हो चुके हैं। यद्यपि भाषा के शब्दों की ये भूमिकाएँ हमारे अनुप्रास आदि अलंकारों की परंपरा से जुड़ी हैं, लेकिन वाणिज्य, पुरस्कार और प्रतियोगिताओं की होड़ इसी युग की देन है। यह कोश इन सभी जरूरतों को पूरा करता है।

कोश-निर्माण का कार्य स्वयं में एक कठिन साधना है, लेकिन इस प्रकार का विशिष्ट कोश विकसित करना, जिसकी परंपरा हमारे पास नह. के बराबर है, एक अत्यंत श्रमसाध्य काम है। अंग्रेजी में इस प्रकार के कोश पर्याप्त मात्रा में उपलब्ध हैं। यह कोश, जो हिंदी में अपनी तरह का प्रथम प्रयास है, एक बहुत बड़े अभाव की पूर्ति करेगा।

प्रो. रमानाथ सहाय, जो कई वर्षों से इस कोश पर कार्यरत थे, संस्कृत, हिंदी, भाषाविज्ञान और शिक्षाशास्त्र के प्रकांड विद्वान् हैं। केंद्रीय हिंदी संस्थान में प्रोफेसर के रूप में उनका बहुत लंबा अनुभव रहा है और अनेक महत्त्वपूर्ण योजनाओं पर काम कर चुके हैं। इस कोश में उन्होंने भारत की दीर्घ परंपरा को आधुनिक कोशविज्ञान कला और भाषाविज्ञान के सिद्धांतों से जोड़ा है। साथ ही कंप्यूटर टेक्नोलॉजी की सहायता से कई नए प्रयोग किए हैं। आशा है, आधुनिक हिंदी शिक्षण, हिंदी भाषा के विकास और विभिन्न कंप्यूटर अनुप्रयोगों में इस कोश का देश-विदेश में पूरा सदुपयोग होगा।

नई दिल्ली
नव संवत्सर, 2061

—प्रो. सूरज भान सिंह
पूर्व अध्यक्ष,
वैज्ञानिक और तकनीकी शब्दावली आयोग

आमुख

प्रस्तुत ग्रंथ को 'अनादि कोश' की संज्ञा इसलिए दी गई है क्योंकि यहाँ शब्दों को जिस क्रम में रखा गया है वह 'अनादि' अर्थात् 'अन् आदि' है अर्थात् 'आदि अक्षर की द ष्टि से अकारादि क्रम में नह ' रखा गया है, जैसा कि सामान्य परिचित शब्दकोशों में आपको मिलता है। 'अनादि कोश' का नमूना कदाचित् प्रथम बार आपको इस ग्रंथ में दिखाई पड़ रहा है, किंतु भारत में इसकी जड़ें बहुत गहरी एवं पुरानी हैं और इसके अनेक रूप प्राचीन मनीषियों के समक्ष उपस्थित थे। उनमें से तीन रूपों को आप सबके सम्मुख बालप्रयासरूपेण रखा जा रहा है :

खंड 1 : **तुकांत कोश** (परिचय के लिए देखिए प ष्ठ संख्या 11)
खंड 2 : **अंत्याक्षर कोश** (परिचय के लिए देखिए प ष्ठ संख्या 73)
खंड 3 : **वर्गपहेली कोश** (परिचय के लिए देखिए प ष्ठ संख्या 155)

आज इक्कीसवीं सदी में, जबकि सूचना प्रौद्योगिकी ने भारतीयों, विशेषतः हिंदीभाषियों, के (क्योंकि मीडिया ने अपनी अभिव्यक्ति का सर्वोपयुक्त साधन हिंदी को स्वीकार किया है) जीवन के सभी महत्त्वपूर्ण पक्षों पर व्यापक परिवर्तन प्रस्तुत किए हैं और हिंदी भाषा पर यह विशिष्ट उत्तरदायित्व आ पड़ा है कि वह उनके अनुकूल अपने को ढाले, तब इस दिशा में इस कोश की महत्ता बढ़ गई है। इस परिप्रेक्ष्य में इस कोश के प्रमुख अनुप्रयोग-क्षेत्र निम्नलिखित हैं :

1. विज्ञापनकला एवं जन–समूहोक्तियाँ (नारे)
2. बालगीतों और जनगीतों की रचना
3. साक्षरता अभियान में लिपि–शिक्षण तथा शब्दावली संवर्धन
4. शिशुओं और बालकों को लिपि, उच्चारण एवं शब्दावली शिक्षण
5. सरकारी कार्यालयों एवं बैंककर्मियों आदि को हिंदी भाषाशिक्षण

6. विदेशियों को हिंदी भाषाशिक्षण
7. हिंदी मात भाषियों में भी शब्दावली संवर्धन—वर्गपहेली आदि द्वारा
8. हिंदी के भाषावैज्ञानिक विवेचन में लगे विद्वानों के लिए
9. कंप्यूटर साधित भाषा-अनुवाद एवं अन्य भाषा-व्यवहारों के लिए

इन तीन कोशों के अनुप्रयोगों की तर्कयुक्तता तथा कार्यशैली को भलीभाँति समझाने के लिए प्रत्येक कोश के पूर्व में परिचायिकाएँ दी गई हैं।

इस ग्रंथ का आधार हिंदी के 16,000 (सोलह हज़ार) शब्द हैं, जिन्हें प्रतिष्ठित हिंदी शब्दकोशों तथा भारत सरकार की 'ब हत् प्रशासन शब्दावली (हिंदी-अंग्रेजी)' से लिया गया है। पुनःस्मरण (रिकॉल) विधि से भी यदाकदा शब्द जोड़े गए हैं और फ़ारसी-अरबी के या अंग्रेज़ी के शब्दों से कोई परहेज़ नह किया गया है, बशर्ते वे हिंदी में पच गए हों। यह कार्य दिसंबर 1997 से आरंभ हुआ था। अनेक शब्द इस बीच हिंदी में प्रचलन में आए होंगे, उनका समावेश अगले संस्करणों में ही संभव है।

इस कार्य के आरंभ करने के मूल में यह भावना थी कि विद्यालयों में हिंदी माध्यम से पढ़ने वाले छात्र-छात्राओं को सभी प्रकार की जानकारियाँ खेल-खेल में मिलें जैसा कि अंग्रेजी माध्यम के विद्यालयों में होता है। इसमें महत्त्वपूर्ण भूमिका अध्यापकों और माता-पिता की होगी। बच्चों में तुकांत कविता करने की नैसर्गिक क्षमता होती है जिसे ये लोग उद्‌भावित कर सकते हैं। फिर परिधि और परास बढ़ता गया और वर्तमान रूप निकलकर आया।

इस प्रयास के प्रेरणास्रोत एवं प्रेरकसत्ता मेरे आराध्य देव शिवजी हैं और जिस प्रकार वे अर्धनारीश्वर रूप हैं, उसी प्रकार इस पूरे कार्य में मुझे अपनी अर्धांगिनी का सहयोग निरंतर मिलता रहा है।

आपरितोषाद् विदुषां न साधु मन्ये प्रयोगविज्ञानम्।
बलवदपि शिक्षितानाम् आत्मन्यप्रत्यये चेतः॥

आगरा
नव संवत्सर, 2061

—**रमानाथ सहाय**

अनुक्रम

1. **हिंदी तुकांत कोश** 11

2. **हिंदी अंत्याक्षर कोश** 73

3. **वर्गपहेली कोश** 155

   एकाक्षरी 159

   द्वि-अक्षरी : आदि 160

   द्वि-अक्षरी : अंत 171

   त्रि-अक्षरी : आदि 182

   त्रि-अक्षरी : मध्य 201

   त्रि-अक्षरी : अंत 220

   चतुर्-अक्षरी : आदि 239

   चतुर्-अक्षरी : प्रथम मध्य 259

   चतुर्-अक्षरी : द्वितीय मध्य 279

   चतुर्-अक्षरी : अंत 299

हिंदी तुकांत कोश

अंत्यानुप्रास से अपरिचित शायद ही कोई हिंदीभाषी होगा, जिसने कभी रामायण, हनुमान चालीसा, दुर्गा चालीसा, शिव चालीसा आदि पढ़ा या सुना न हो या किसी न किसी आरती को धार्मिक अवसर पर गाया न हो। धार्मिक क्षेत्र को छोड़ दें, तो भी हिंदी पढ़ते समय कविताएँ तो अवश्य पढ़ी होंगी और यहाँ-वहाँ अंत्यानुप्रास देखा होगा। इसके अतिरिक्त लोकगीतों, बालगीतों तथा फिल्मी एवं दूरदर्शन के गीतों में तुकांतता अतिबहुलता से मिलती है, और नारों एवं विज्ञापनों की तो आत्मा ही 'राइमिंग' है। हिंदी तुकांत कोश में इसी 'राइमिंग' और तुकांतता की द ष्टि से लगभग 14,000 शब्दों को क्रमबद्ध किया गया है।

कोश की प्रस्तुति शैली

तुकांत कोश में 'उपधा का स्वर + व्यंजन + स्वर' को क्रमबद्धता का आधार बनाते हैं। देखने की सुविधा के लिए शब्दों को ऐसा मुद्रित किया गया है सभी तुकें ऊर्ध्वाधर सीध में हों। पर इस विशेषता पर ध्यान दें कि एक सी तुक के शब्दों में पहले दो अक्षर वाले शब्द होंगे, फिर तीन अक्षर वाले, और फिर चार अक्षर वाले। तब दूसरा तुक चलेगा। उदाहरण के लिए :

काक	मजाक	दर्दनाक
खाक	चटाक	पुटपाक
चाक	तड़ाक	परिपाक
डाक	पिनाक	इत्तफाक
ढाक	तपाक	
ताक	विपाक	
धाक	खुराक	
नाक	तैराक	
पाक	चार्वाक	
याक	तलाक	
शाक	चालाक	
स्टाक	पोशाक	

इसके अतिरिक्त हिंदी शब्दकोशों की अकारादि प्रस्तुति की प्रचलित पद्धति पर ध्यान दें। उदाहरणार्थ, 'कल्पना' देखने के लिए पहले हम अ, आ, इ, ई, ···से 'क' पर पहुँचेंगे। तब दूसरे अक्षर 'ल्प' के लिए क, का, कि,···ख, ग, घ,···च, छ,···ट, ठ,···त, द, ···प, फ,···य, र ,ल पर पहुँचेंगे। तब ल, ला, लि,···लो, लौ, के बाद संयुक्त वर्णों ल्क, ल्ग,···ल्प पर पहुँचेंगे। (यहाँ ध्यान दें कि 'ल्प' के लिए 'प' पर नहीं अटकेंगे)। तुकांत कोश में भी इसी पद्धति को अपनाया गया है—बस आप को बाएँ से दाहिने चलना है। अर्थात् 'कल्पना' के लिए क, ख, द, ध, न पर, फिर, 'ना' पर। फिर 'ल्प' के लिए 'प' पर न रुकते हुए 'ल' पर पहुँचना है। इस कारण

मर्म

अल्प

अस्त

में पूर्णाक्षरों 'म, प, त' पर आँखें दिखाती हैं कि अकारादिक्रम भंग हो रहा है, जबकि उपर्युक्त दोनों नियमों के अनुसार वे सही तौर से क्रमबद्ध हैं।

शब्दकोशों में प ष्ठ के ऊपर प ष्ठ का पहला और अंतिम शब्द चिह्नित किया जाता है, किंतु यहाँ पंक्ति (row) इकाई है इसलिए प्रत्येक पंक्ति के ऊपर कुछ रिक्ति देकर प्रत्येक कॉलम के पहले शब्द का अंतिमांश **स्थूलाक्षरों** में दिया गया है। इनको देखते हुए आप अपने द्रष्टव्य शब्द के अंतिम वर्ण तथा उसके पश्चात् द्वितीय अंतिम वर्ण तक पहुँचकर उस कॉलम को पा सकते हैं, जहाँ उसकी संभावना है। साथ ही देखने की अतिरिक्त सुविधा के लिए प्रथम पंक्ति को भी **स्थूलाक्षरों** में दिया गया है। *संकेत*—कुछ शब्दों के पहले ० लगा है। इसका तात्पर्य है कि शब्द क्रियारूप है, जैसे, ०ढक। कहीं कहीं ० – – लगा है। यह इसका संकेत है कि यह क्रिया की रूपरचना में आनेवाला प्रत्यय है, जैसे ० – – ए।

इस कोश के अनुप्रयोग

मन पर प्रभाव डालने में अंत्यानुप्रास ('राइमिंग') की अवर्णनीय भूमिका होती है, इसमें कोई दो राय नह । ऐसा क्यों होता है, यह अवश्य स्पष्ट नह ; कदाचित् कानों में राइमिंग (तुकांतता) से उत्पन्न अनुरणन उसके मूल में है। विज्ञापन का तो ध्येय ही अभिव्यक्ति की मनोग्राह्यता से वस्तु की स्वीकार्यता बढ़ाना है, अतएव तुकांतता-प्रधान नारे अथवा उक्तियाँ विज्ञापन-तंत्र की अपरिहार्यता हैं। नारों तथा लघूक्तियों की यह तुकांतता लोकमाध्यम के अन्य व्यवहार-क्षेत्रों में भी बहुलता से मिलती है। नीचे तुकांतता के अनुप्रयोग—प्रकारों की संक्षिप्त विवेचना की जा रही है :

1. **नारे एवं लोकोक्तियाँ**
2. **वाणिज्यिक विज्ञापन**
3. **बालगीत, फिल्मी गीत आदि**
4. **साहित्यिक कविताएँ एवं काव्यात्मक रचनाएँ**
5. **कक्षाओं में पद्य रचना अथवा काव्य रचना का अभ्यास**

1. नारे एवं लोकोक्तियाँ

नारों में तो तुकांतता की प्रधानता होती है। हमारे राष्ट्रीय नारे 'आराम हराम है', 'जय जवान, जय किसान' इसके नमूने हैं। लोकसभा आदि के चुनावों में तो तुकांत नारे छा जाते हैं—'बच्चा बच्चा बोल रहा है,···शासन डोल रहा है', 'भाषण नह , राशन चाहिए', '···शासन, न खाद, न तेल, न राशन'। हड़तालों में नारों का खुलकर प्रयोग होता है, जैसे—'आज का शिक्षक भूखा है, ज्ञान का सागर सूखा है'। लोकोक्तियों आदि में इनका प्रयोग बहुलता से होता है, जैसे—'मन चंगा तो कठौती में गंगा', 'जैसी करनी वैसी भरनी', 'मुद्दई सुस्त गवाह चुस्त' आदि।

2. वाणिज्यिक विज्ञापन

यदि यह कहा जाए कि 'राइमिंग' वाणिज्यिक विज्ञापनों की आत्मा है तो अतिशयोक्ति नह होगी। राइमिंग अर्थात् तुकांतता में 'उपधा के स्वर और अंत के व्यंजन + स्वर' की पुनराव त्ति होती है। 'सालोसाल बेमिसाल', 'मौसम कई, साबुन वही, दाम सही', 'अच्छे दाम पक्का काम'। यह आंशिक भी हो सकती है, जैसे—'जिंदगी के साथ भी, जिंदगी के बाद भी', 'जब सूरज ढले, ... उगे', 'स्वाद में दम, जीत ले मन'। अन्यत्र पुनराव त्ति भी कुछ-कुछ ऐसा ही काम करती है, जैसे—'हर घर में हो उजाला, हर घर में हो सुरक्षा'। अब साधारण व्यवहार में भी अंग्रेजी शब्दों का भी पर्याप्त प्रयोग होने लगा है और इनका प्रयोग राइमिंग में भी होने लगा है, जैसे—'जो चाहो हो जाए,··· ···एन्ज्वाए', 'हो शुरू हर दिन ऐसे ···नेस्कैफ़े'। कभी-कभी दोनों अंश अंग्रेजी के ही होते हैं—'···क्विक,···क्लिक', 'दिखावा है वेस्ट, ट्रस्ट योर टेस्ट'।

3. बालगीत, फिल्मी गीत आदि

राइमिंग के बिना बालगीत एवं फिल्मी—टीवी गीतों की कल्पना ही नह की जा सकती है। बच्चों की कोई भी कविता ले लीजिए, ऐसा हो ही नह सकता है कि अनुप्रास एवं अंत्यानुप्रास न हो। किशोर भारती भाग 1 (एन.सी.ई.आर.टी)

में पंतजी की 'प्रार्थना' कविता – जग-जीवन में जो चिर-महान – में 'महान, समान, दान, प्राण, परित्राण, विहान एवं शक्ति, भक्ति, व्यक्ति' आदि अथवा सर्वेश्वरदयाल सक्सेना की कविता 'भक्ति की आकांक्षा' 'चिड़िया को लाख समझाओ' में झरना, भटकना, गटकना, टोटा, मोटा, डर है, स्वर है, गाएंगी, निकालेगी, लगाएगी, उड़ जाएगी–अंत्यानुप्रास दिखाई पड़ते हैं। ऐसी ही स्थिति फिल्मी-टीवी गीतों में तुकांतता का आदि काल से निरंतर प्रयोग होता आ रहा है। अधिक उदाहरण देने की आवश्यकता नह है।–'कटी पतंग' में पतंग की राइम में उमंग, तरंग अथवा 'श्री गणेश' में 'गणेशा, महेशा, माता, पिता, भ्राता' आदि।

4. साहित्यिक कविताएँ एवं काव्यात्मक रचनाएँ

जहाँ तक कविताओं का प्रश्न है मध्यकाल और आधुनिक के मध्य तक अंत्यानुप्रास का सामान्य प्रचलन रहा। फिर अंग्रेजी साहित्य की अतुकांतता ने प्रबल प्रभाव डाला और उनकी नकल पर अतुकांत कविता रचने का फैशन चल पड़ा; किंतु उन्हा.ने कदाचित् इस पर ध्यान नह दिया कि हिंदी भाषा में अंत्यानुप्रास की जो सुविधा है वह अन्यत्र दुर्लभ है – वह न अंग्रेजी में है और न संस्कृत में। इसका सबसे बड़ा कारण है रूपरचना में, संज्ञा में भी और क्रिया में भी, स्वरांत सुप् एवं तिङ् प्रत्ययों की उपस्थिति। ये 'आ', 'ई', 'ए', 'ओं', 'एँ' तथा 'ऊँ', 'ऐं', 'ऐ', 'ओ', 'ए', ना, नी, ने, ता, ती, ते, गा, गी, गे, था, थी, थे, थ , इये, इए, आदि प्रत्यय राइमिंग में बड़ी सुविधा प्रदान करते हैं। अव्ययों में इधर, उधर, जिधर, किधर, यहाँ, वहाँ, तहाँ, कहाँ, अब, तब, जब, कब तथा सर्वनाम इसे, उसे, किसे, ये, वे, हम, तुम इत्यादि भी राइमिंग में सहायता पहुँचाते हैं। इसके अतिरिक्त स्वरव्यवस्था में न–ण, स–श, (मध्यकाल में ष–ख), थ–त, भ–ब, आदि मुक्त परिवर्तन के कारण राइमिंग के अवसर मिल जाते हैं। हिंदी में पुनराव त्ति भी कभी-कभी सहायक होती है, जैसे–'कहानी हर घर की / कहानी घर घर की' में। शब्दावली स्तर पर तत्सम, तद्भव और विदेशी शब्दों में तादात्म्यता की स्थिति भी पुनराव त्ति एवं राइमिंग में सहायता पहुँचाती है।

5. कक्षाओं में पद्य रचना अथवा काव्य रचना का अभ्यास

इस तुकांत कोश की रचना शैक्षिक उद्देश्य से की गई है। इसमें कोई दो राय नह है कि कवि बनाया नह जा सकता। पर बहुत से बच्चों में पद्य रचना का शौक होता है और यदि कोई राइमिंग कोश उनके हाथ लग जाए तो पद्य

बनाते-बनाते वे मामूली कविता भी करने लगेंगे। पहले विद्यालयों में मुख्य अतिथि के स्वागत में या किसी की बिदाई में पद्यरचना का प्रयोग हुआ करता था; इस कोश के माध्यम से कदाचित् वह परंपरा लौट आए।

छोटे बच्चों के शिक्षण में तो इस तुकांत कोश का अतिप्रभावी प्रयोग हो सकता है। इनको पढ़ानेवाली अध्यापिकाओं में प्रायः प्रबल कल्पनाशक्ति होती है और वे विषयों को कविता का रूप देकर बच्चों को सरलता से कठिन शिक्षण-बिंदुओं को समझा सकती हैं।

ऊपर सर्जनशीलता–विषयक अनुप्रयोग का उल्लेख किया गया है। भाषाशिक्षण और भाषावैज्ञानिक विवेचन में भी इनकी महत्ता है। बच्चों को तुकांत शब्दों को एक के बाद एक सिखाया जाता है तो वे शीघ्रता से याद कर लेते हैं। अंग्रेजी कक्षाओं में ball, call, fall, hall, tall; moon, noon, soon आदि के अभ्यास प्रायः मिलते हैं।

इस कोश के अन्य अनुप्रयोग कल्पनाशील अध्येता स्वयं निकाल लेंगे, ऐसी अपेक्षा है।

-उआँ	-अई	-आई	-आई	-आई	-आऊ	-अक
कुआँ	**सतसई**	**खटाई**	**जँभाई**	**शहनाई**	**बिकाऊ**	**रक्षक**
धुआँ	साँई	चटाई	कमाई	कठिनाई	जड़ाऊ	शिक्षक
०आ	बुआई	पटाई	तराई	पहुनाई	उड़ाऊ	प्रेक्षक
दुआ	बोआई	बँटाई	चिराई	भरपाई	कमाऊ	लेखक
मुआ	काई	छोटाई	निराई	चारपाई	चलाऊ	युग्मक
सुआ	खाई	ढिठाई	बुराई	हाथापाई	उपजाऊ	पंचक
हुआ	टाई	मिठाई	कलाई	खड़ीपाई	पंडिताऊ	वंचक
कछुआ	डाई	ठंडाई	ढलाई	बेवफाई	दाएँ	लचक
०छुछुआ	ढाई	कड़ाई	भलाई	बेहियाई	बाएँ	०लचक
खजुआ	ताई	बड़ाई	मलाई	गहराई	०——एँ	पाचक
बटुआ	दाई	लड़ाई	ललाई	चतुराई	०——इए	याचक
भड़ुआ	नाई	चौड़ाई	सलाई	उकलाई	०——ओ	वाचक
बथुआ	पाई	कढ़ाई	ढिलाई	पकवाई	अंक	०पिचक
बँधुआ	बाई	चढ़ाई	सिलाई	रँगवाई	ट्रंक	०उचक
गेरुआ	भाई	पढ़ाई	ढुलाई	पढ़वाई	डंक	रेचक
ठलुआ	माई	मढाई	धुलाई	सुनवाई	०ढँक	रोचक
बलुआ	राई	कताई	रुलाई	चिरवाई	पंक	गुच्छक
महुआ	लाई	जुताई	हवाई	कार्रवाई	रंक	रंजक
पूआ	इकाई	पुताई	बिवाई	हलवाई	आतंक	व्यंजक
बूआ	सिंकाई	विदाई	भाषाई	तनहाई	मयंक	गजक
मालपूआ	दिखाई	खुदाई	हँसाई	छुईमुई	निरंक	रजक
सोआ	लिखाई	जुदाई	कसाई	रुई	कलंक	याजक
कौआ	रँगाई	बधाई	घिसाई	लेई	निश्शंक	बीजक
पौआ	तगाई	सिधाई	ईसाई	ताताथेई	निष्कलंक	झिझक
दाईं	सगाई	चिनाई	तिहाई	कोई	झक	०झिझक
गोसाईं	लुगाई	बिनाई	निहाई	लोई	टक	कंटक
परछाईं	खिंचाई	चुनाई	रिहाई	तरोई	०ढक	अटक
कई	सिंचाई	बुनाई	दुहाई	रसोई	तक	०अटक
मकई	निचाई	भुनाई	परखाई	ननदोई	फक	खटक
मड़ई	ऊँचाई	लुनाई	महँगाई	बहनोई	शक	०खटक
बढ़ई	सच्चाई	छपाई	अँगड़ाई	म्याऊँ	हक	०गटक
कतई	अच्छाई	तिपाई	सुघड़ाई	खड़ाऊँ	एकक	घटक
कत्थई	रजाई	लिपाई	तरुणाई	०——ऊँ	टंकक	चटक
तुरई	भौजाई	चौपाई	पंडिताई	ताऊ	मुक्तक	०चटक
गँवई	छँटाई	सफाई	चिकनाई	प्याऊ	तक्षक	०चटका
सेंवई	बँटाई	लंबाई	रोशनाई	टिकाऊ	भक्षक	०पटक

-अक	-अक	-अक	-अक	-अक	-अक	-अक
०फटक	**मतक**	**०तुनक**	**०बुरक**	**मूषक**	**आलोचक**	**उन्मादक**
०मटक	दत्तक	ऐनक	०मुरक	कृषक	छकछक	संपादक
०लटक	पत्रक	रौनक	पूरक	प्रेषक	आसंजक	निष्पादक
नाटक	मात्रक	चंपक	प्रेरक	पोषक	अराजक	आवेदक
फाटक	अथक	झपक	सर्जक	शोषक	उत्तेजक	निवेदक
०चिटक	मिथक	०टपक	नर्तक	घोषक	उद्वेजक	पादोदक
०छिटक	पदक	लपक	सार्थक	कोष्ठक	संयोजक	प्रबंधक
पिटक	मादक	व्यापक	अर्भक	पुष्पक	आयोजक	प्रबोधक
पाठक	वादक	०चिपक	शीर्षक	०खसक	नियोजक	निरोधक
०ठिठक	निंदक	दीपक	कलक	शासक	बेझिझक	अचानक
बैठक	०बिदक	रूपक	०कलक	हिंसक	अकंटक	कथानक
खंडक	उदक	क्षेपक	०छलक	०खिसक	निष्कंटक	अमानक
दंडक	०कुदक	सप्तक	झलक	०सिसक	संघटक	भयानक
कड़क	०फुदक	चुंबक	०ढलक	दस्तक	पर्यटक	आख्यापक
०कड़क	मोदक	०सुबक	पलक	मस्तक	आखेटक	अध्यापक
०खड़क	छिद्रक	लुब्धक	चालक	पुस्तक	विस्फोटक	प्राध्यापक
तड़क	मुद्रक	०भभक	जालक	चहक	ठकठक	संस्थापक
०तड़क	केंद्रक	अभ्रक	पालक	०चहक	निधड़क	उद्‌दीपक
धड़क	गंधक	चमक	बालक	०डहक	संगणक	बकबक
०धड़क	बंधक	०चमक	किलक	०बहक	दुखांतक	संक्रामक
सड़क	०धधक	दमक	०किलक	महक	सुखांतक	नियामक
०छिड़क	बाधक	०दमक	तिलक	०लहक	खगांतक	विधायक
०झिड़क	साधक	नमक	०ढुलक	गाहक	निर्यातक	निर्णायक
०घुड़क	रोधक	नामक	पुलक	ग्राहक	रक्षात्मक	नालायक
०सुड़क	कनक	भ्रामक	ढोलक	वाहक	संख्यात्मक	सहायक
०लुढ़क	खनक	दीमक	आवक	मोहक	रागात्मक	त तीयक
गणक	०खनक	गायक	जावक	संरक्षक	व्यंग्यात्मक	विधेयक
शतक	जनक	नायक	धावक	अधीक्षक	गीतात्मक	विचारक
घातक	०ठनक	नरक	पावक	समीक्षक	तथ्यात्मक	वितरक
चातक	भनक	०परक	शावक	परीक्षक	ध्वन्यात्मक	अदरक
जातक	सनक	०सरक	श्रावक	निरीक्षक	लयात्मक	अबरक
पातक	मानक	कारक	युवक	संलग्नक	कार्यात्मक	प्रचारक
स्नातक	०तिनक	मारक	सेवक	निर्वाचक	नियंत्रक	भट्टारक
सूतक	०भिनक	स्मारक	दशक	संसूचक	चिकित्सक	सुधारक
चेतक	पीनक	०थिरक	मशक	विरेचक	आच्छादक	मुबारक
द्योतक	तुनक	हीरक	नाशक	अरोचक	उत्पादक	निर्धारक

-अक	-अक	-आक	-इक	-इक	-इक	-इक
निवारक	**छटाँक**	**दर्दनाक**	**टानिक**	**आह्निक**	**सांविधिक**	**प्रादेशिक**
प्रवर्तक	गतांक	पुटपाक	क्लिनिक	औद्योगिक	वैतनिक	मानुषिक
निवर्तक	पत्रांक	परिपाक	दैनिक	अलौकिक	दार्शनिक	मानसिक
अनर्थक	दिनांक	इत्तफाक	सैनिक	वैयक्तिक	काल्पनिक	तामसिक
समर्थक	प्राप्तांक	०टिक	लिपिक	प्रासंगिक	वैज्ञानिक	साहसिक
निरर्थक	लब्धांक	पिक	ट्रैफिक	प्रौद्योगिक	वैधानिक	आभ्यासिक
एकार्थक	क्रमांक	०बिक	शाब्दिक	प्रायोगिक	पौराणिक	सामासिक
प्रवर्धक	हिमांक	ऐकिक	पब्लिक	पैशाचिक	आधुनिक	त्रैमासिक
अकर्मक	पूर्णांक	लौकिक	दांभिक	याद च्छिक	नौसैनिक	स्वस्तिक
सकर्मक	शशांक	पाक्षिक	नाभिक	अनैच्छिक	ओलंपिक	आकस्मिक
आकर्षक	सूचकांक	शैक्षिक	क्रमिक	सामाजिक	मुताबिक	साप्ताहिक
प्रदर्शक	विशेषांक	मौखिक	श्रमिक	टिकटिक	आरंभिक	वैवाहिक
निदर्शक	काक	लैंगिक	कायिक	लाक्षणिक	प्रारंभिक	सामूहिक
आकलक	खाक	यौगिक	न्यायिक	शैक्षणिक	प्राथमिक	छ क
अपलक	चाक	ऐच्छिक	प्रायिक	प्रामाणिक	माध्यमिक	०छ क
निष्पलक	डाक	स्वैच्छिक	कार्तिक	आत्यंतिक	अनयिक	स क
संचालक	ढाक	याज्ञिक	आर्थिक	एकांतिक	सामयिक	ठीक
प्रकाशक	ताक	खटिक	हार्दिक	सैद्धांतिक	नैयायिक	पीक
निदेशक	धाक	स्फटिक	कार्मिक	जनांतिक	नागरिक	लीक
आवश्यक	नाक	क्षणिक	धार्मिक	उपांतिक	आंतरिक	खटीक
विदूषक	पाक	वणिक	मार्मिक	आपातिक	व्यापारिक	सटीक
अन्वेषक	याक	माणिक	वार्षिक	प्राकृतिक	सांसारिक	प्रतीक
परेषक	शाक	आण्विक	कालिक	सांस्कृतिक	शारीरिक	बारीक
विध्वंसक	मजाक	नैतिक	मालिक	सांकेतिक	नैसर्गिक	निर्भीक
प्रशंसक	चटाक	भौतिक	मौलिक	अनैतिक	अधार्मिक	वाल्मीक
भरसक	स्टाक	सात्त्विक	नाविक	नैमित्तिक	त्रैवार्षिक	रमणीक
उपासक	तड़ाक	तांत्रिक	आंशिक	आध्यात्मिक	मांगलिक	सपत्नीक
प्रशासक	पिनाक	मात्रिक	आशिक	साहित्यिक	आंचलिक	नजदीक
अहिंसक	तपाक	ऋत्विक	व श्चिक	सार्वत्रिक	वैतालिक	तसदीक
नपुंसक	विपाक	पथिक	पौष्टिक	इत्यादिक	तात्कालिक	तकनीक
०आँक	खुराक	वैदिक	नैष्ठिक	तपेदिक	कापालिक	भजनीक
०झाँक	तैराक	बौद्धिक	रसिक	आवधिक	भौगोलिक	पुंडरीक
टाँक	चार्वाक	अधिक	मासिक	सावधिक	वैकल्पिक	०चुक
०डाँक	तलाक	बधिक	आस्तिक	न्यूनाधिक	पाशविक	०झुक
फाँक	चालाक	तनिक	नास्तिक	सर्वाधिक	वास्तविक	तुक
०फाँक	पोशाक	धनिक	ऐहिक	प्रविधिक	स्वाभाविक	०रुक

-उक	-एंक	-ओक	-अका	-आँका	-इका	-ईका
०लुक	**०फेंक**	**शोक**	**खटका**	**बाँका**	**नायिका**	**फीका**
शुक	०रेंक	लोक	०खटका	हाँका	तारिका	तरीका
भिक्षुक	०सेंक	आलोक	झटका	आका	सारिका	लसीका
कंचुक	०फेंक	अशोक	पटका	डाका	स्मारिका	माँगटीका
इच्छुक	०रेंक	डरपोक	मटका	नाका	कर्णिका	पादटीका
नाजुक	०सेंक	चंद्रलोक	लटका	राका	वर्तिका	०चुका
कटुक	एक	इंद्रलोक	०लटका	पटाका	कलिका	०झुका
उत्सुक	चेक	यमलोक	०चिटका	कड़ाका	तालिका	रेणुका
चाबुक	नेक	परलोक	गुटका	उड़ाका	पालिका	पादुका
अमुक	ब्रेक	स्वर्गलोक	टोटका	पताका	बालिका	बालुका
ताल्लुक	भेक	मर्त्यलोक	तड़का	धमाका	होलिका	ठेका
भावुक	प्रत्येक	सूर्यलोक	लड़का	०धमका	मल्लिका	झोका
आगंतुक	अनेक	म त्युलोक	०उढ़का	शलाका	जीविका	०चौंका
परंतुक	हरेक	पित लोक	मनका	इलाका	सेविका	चौका
पर्युत्सुक	विवेक	छौंक	तिनका	ठहाका	मूषिका	नौका
लागबुक	अतिरेक	०छौंक	०चिपका	०टिका	नासिका	मौका
पासबुक	व्यतिरेक	०धौंक	भभका	पंजिका	स्वस्तिका	जबकि
०कूक	अविवेक	०भौंक	०चमका	वाटिका	पुस्तिका	हालाँकि
चूक	अभिषेक	चौक	०धमका	पेटिका	विशूचिका	ताकि
०चूक	टैंक	शौक	जायका	पट्टिका	यवनिका	वाल्मीकि
टूक	बैंक	डंका	खरका	पीठिका	अनामिका	वासुकि
थूक	जोंक	लंका	०टरका	खंडिका	आख्यायिका	चूँकि
०थूक	०झोंक	शंका	०परका	चंडिका	विधायिका	टंकी
हूक	०ठोंक	आशंका	सिरका	लतिका	नीहारिका	नौटंकी
अचूक	०पोंक	प्रतिशंका	०छलका	गीतिका	कपर्दिका	हिचकी
मंडूक	०भा.क	लघुशंका	०ढलका	दूतिका	पिपीलिका	चुटकी
बंदूक	नोकझोंक	०छका	हलका	म त्तिका	प्रहेलिका	पुटकी
संदूक	०ओक	टका	०ढुलका	पत्रिका	पटोलिका	लड़की
अमूक	टोक	०थका	फुलका	वीथिका	मालविका	खिड़की
उलूक	०टोक	पका	ठसका	वेदिका	आजीविका	झिड़की
माशूक	०ठोक	०पका	०लहका	चंद्रिका	उद्देशिका	पातकी
भूलचूक	थोक	०पिचका	०ठकठका	मुद्रिका	निर्देशिका	कनकी
खट्टाचूक	नोक	०बिचक	०धकधका	नामिका	प्रवेशिका	जानकी
ऋष्यमूक	रोक	०मिचका	०चकपका	भूमिका	विभीषिका	फुनकी
जागरूक	०रोक	०उचका	मुचलका	प्रेमिका	कनिष्ठिका	झपकी
फैत क	लोक	०अटका	तहलका	गायिका	टीका	थपकी

-अकी	-उकी	-अक्की	-उक्त	-अक्ति	-अक्य	-अक्ष
लपकी	**हेतुकी**	**झक्की**	**संयुक्त**	**राजभक्ति**	**पार्थक्य**	**प्रत्यक्ष**
डुबकी	धुकधुकी	तरक्की	प्रयुक्त	प्रेमभक्ति	अशक्य	अदक्ष
भभकी	नेकी	पनचक्की	आयुक्त	देशभक्ति	वाक्य	अध्यक्ष
धमकी	टोकाटोकी	टिक्की	नियुक्त	पित भक्ति	शाक्य	विपक्ष
फिरकी	चौकी	डिक्की	वियुक्त	प्रतिव्यक्ति	उपवाक्य	समक्ष
सिरकी	लौकी	तिक्की	निरुक्त	अभिव्यक्ति	माणिक्य	निष्पक्ष
नर्तकी	शंकु	धक्कामुक्की	नैरुक्त	योगशक्ति	आधिक्य	समक्ष
पालकी	त्रिशंकु	मक्खी	निर्मुक्त	घ्राणशक्ति	कार्याधिक्य	कार्यकक्ष
सिसकी	इक्ष्वाकु	मधुमक्खी	करमुक्त	जनशक्ति	औत्सुक्य	कोषकक्ष
चुसकी	चाकू	त्यक्त	भारमुक्त	यथाशक्ति	ऐक्य	सेनाध्यक्ष
टकटकी	डाकू	भक्त	दोषमुक्त	पराशक्ति	मतैक्य	सभाध्यक्ष
धकधकी	लड़ाकू	रक्त	अप्रयुक्त	उक्ति	अनैक्य	कोषाध्यक्ष
झाँकी	उड़ाकू	वक्त	श्रमायुक्त	मुक्ति	चक्र	राष्ट्राध्यक्ष
एकांकी	तंबाकू	व्यक्त	अभियुक्त	अत्युक्ति	तक्र	शुक्लपक्ष
ताकाझाँकी	चीकू	आरक्त	यथोक्त	नियुक्ति	वक्र	वामपक्ष
काकी	तड़के	विरक्त	पूर्वोक्त	निरुक्ति	जिक्र	परपक्ष
खाकी	बेखटके	अव्यक्त	उपरोक्त	निर्मुक्ति	फिक्र	भावपक्ष
बाकी	कै	अशक्त	वक्ता	कार्यमुक्ति	डिक्री	कृष्णपक्ष
हाकी	व क्क	निषक्त	प्रवक्ता	पुनरुक्ति	बिक्री	प्रतिपक्ष
एकाकी	चक्का	आसक्त	प्रयोक्ता	सूक्ति	अक़्ल	पित पक्ष
पिनाकी	छक्का	परित्यक्त	नियोक्ता	कटूक्ति	बेअक्ल	कटाक्ष
बेबाकी	धक्का	राजभक्त	परित्यक्ता	छेकोक्ति	शुक्ल	रुद्राक्ष
चालाकी	पक्का	स्वामिभक्त	पक्षवक्ता	लोकोक्ति	पक्व	जालाक्ष
सांख्यिकी	मक्का	अविभक्त	स्पष्टवक्ता	वक्रोक्ति	अपक्व	गवाक्ष
भौतिकी	उचक्का	अनुरक्त	अधिवक्ता	व्यंग्योक्ति	सुपक्व	पिंगलाक्ष
यांत्रिकी	भौचक्का	अभिव्यक्त	आशुवक्ता	रूढ़ोक्ति	परिपक्व	रुक्ष
वानिकी	मुनक्का	अनासक्त	उपभोक्ता	वेदोक्ति	नक्शा	रूक्ष
दैनिकी	हक्काबक्का	शाक्त	पंक्ति	अन्योक्ति	नाकनक्शा	व क्ष
वार्षिकी	इक्का	विषाक्त	रक्षापंक्ति	रूपोक्ति	कक्ष	अंतरिक्ष
जैविकी	सिक्का	तिक्त	भक्ति	पूर्वोक्ति	दक्ष	वटव क्ष
प्रौद्योगिकी	मुक्का	रिक्त	व्यक्ति	पर्यायोक्ति	पक्ष	कल्पव क्ष
वैमानिकी	रुक्का	अतिरिक्त	शक्ति	स्वीकारोक्ति	लक्ष	वंशव क्ष
सामयिकी	हुक्का	गुक्त	विभक्ति	आदर्शोक्ति		रापेक्ष
द्विवार्षिकी	इक्कादुक्का	युक्त	विरक्ति	रिक्थ		निरपेक्ष
तकनीकी	लातमुक्का	युक्ति	नौशक्ति	हुक्म		टैक्स
कंचुकी	चक्की	उन्मुक्त	आसक्ति	शक्य		मोक्ष

-ओक्ष	-आंक्षी	-आख	-उख	-आखा	-उखी	-अंग
परोक्ष	**हिताकांक्षी**	**राख**	**शिलीमुख**	**प्रशाखा**	**बहिर्मुखी**	**मतंग**
कक्षा	स्नेहाकांक्षी	लाख	अधोमुख	०दिखा	शेखी	मातंग
रक्षा	साक्षी	साख	चतुर्मुख	परिखा	देखादेखी	प्रत्यंग
खकक्षा	म गाक्षी	सूराख	नैनसुख	पढ़ालिखा	तापलेखी	सत्संग
तितिक्षा	पर्यवेक्षी	वैशाख	भूख	शिखा	अनदेखे	म दंग
संरक्षा	परापेक्षी	बैसाख	०सूख	०सिखा	०खो	अनंग
सुरक्षा	चक्षु	०दिख	०देख	तीखा	तख्त	अपंग
आत्मरक्षा	प्रज्ञाचक्षु	०लिख	लेख	०दुखा	सख्त	दबंग
प्रतिरक्षा	इक्षु	सिख	आरेख	०सुखा	दरख्त	अभंग
अभिरक्षा	भिक्षु	कालिख	प्रलेख	भूखा	कमबख्त	उमंग
कांक्षा	तीक्ष्ण	०पढ़लिख	आलेख	रूखा	तख्ता	तरंग
आकांक्षा	सूक्ष्म	नखशिख	सुलेख	सूखा	सोख्ता	सारंग
उच्चाकांक्षा	यक्ष्मा	ईख	उल्लेख	रेखा	तख्ती	सुरंग
लाक्षा	राजयक्ष्मा	चीख	मीनमेख	लेखा	कमबख्ती	पलंग
भिक्षा	लक्ष्मी	०चीख	देखरेख	अनदेखा	सख्ती	लवंग
शिक्षा	ग हलक्ष्मी	०दीख	अग्रलेख	ऊर्ध्वरेखा	जख्म	निषंग
सहशिक्षा	लक्ष्य	भीख	स्तंभलेख	हस्तरेखा	सांख्य	प्रसंग
दीक्षा	अभक्ष्य	लीख	पश्चलेख	धोका	मुख्य	पासंग
प्रतीक्षा	साक्ष्य	सीख	पुरालेख	अनोखा	असंख्य	कुसंग
समीक्षा	दुर्भिक्ष्य	०सीख	अभिलेख	झरोखा	पौरमुख्य	निहंग
परीक्षा	उपेक्ष्य	तारीख	नामोल्लेख	लेखाजोखा	संख्या	रंगढंग
संवीक्षा	परिप्रेक्ष्य	दुःख	कोख	पंखी	रूढ़संख्या	हुड़दंग
परिवीक्षा	ख	दुख	शोख	सखी	जनसंख्या	व्रतभंग
बुभुक्षा	पंख	०दुख	०सोख	कनखी	क्रमसंख्या	मौनभंग
उत्प्रेक्षा	शंख	मुख	नापजोख	चरखी	व्याख्या	क्रमभंग
अपेक्षा	नख	सुख	०खा	पारखी	अंग	रसभंग
उपेक्षा	०रख	उन्मुख	पंखा	राखी	जंग	मोहभंग
पक्षी	बतख	सम्मुख	सखा	साखी	ढंग	शांतिभंग
विपक्षी	परख	प्रमुख	०खनका	बैसाखी	तंग	बजरंग
आरक्षी	०परख	आमुख	चरखा	गुस्ताखी	दंग	अंतरंग
वामपक्षी	०निरख	विमुख	बरखा	दुःखी	भंग	रंगारंग
जलपक्षी	०बिलख	ह्रासोन्मुख	पुरखा	दुखी	रंग	बहिरंग
प्रतिपक्षी	आँख	गजमुख	गोरखा	सुखी	०रंग	चतुरंग
भूतलक्षी	काँख	खटमुख	बघनखा	सुमुखी	संग	खग
कांक्षी	पाख	हँसमुख	पटाखा	चंद्रमुखी	भुजंग	जग
आकांक्षी		पराङ्मुख	शाखा	अधोमुखी	पतंग	०जग

-अग	-आग	-इंग	-ओग	-अंगा	-एगा	-आगी
ठग	**झाग**	**ट्रेनिंग**	**योग**	**०मँगा**	**भेंगा**	**मंदभागी**
०ठग	त्याग	पुंलिंग	रोग	रँगा	चोंगा	सहभागी
डग	दाग	०डिग	लोग	अड़ँगा	चोगा	चुंगी
नग	०दाग	अडिग	उद्योग	पतंगा	दारोगा	लुँगी
पग	नाग	कलियुग	हृद्रोग	लफंगा	जंगी	डुगडुगी
०पग	पाग	नाबालिग	संभोग	तिरंगा	तंगी	श ंगी
०भग	०पाग	ड ग	संयोग	दुरंगा	भंगी	जोगी
मग	फाग	स ग	प्रयोग	महँगा	संगी	भोगी
लग	बाग	ह ग	आयोग	लहँगा	सत्संगी	योगी
०हग	भाग	०भीग	नियोग	व्योमगंगा	तन्वंगी	रोगी
०भटक	याग	तुंग	वियोग	भूखानंगा	नारंगी	उद्योगी
पन्नग	राग	उत्तुंग	सुयोग	सतरंगा	ठगी	नियोगी
०परग	लाग	०उग	निरोग	०जगा	रेजगी	वियोगी
अलग	साग	०चुग	नीरोग	दगा	गंदगी	निरोगी
विलग	तडाग	युग	ग्रामोद्योग	०भगा	सादगी	भुक्तभोगी
०सुलग	संभाग	मध्ययुग	फिल्मोद्योग	०लगा	जिंदगी	उपयोगी
लगभग	प्रभाग	ताम्रयुग	वस्त्रोद्योग	सगा	बानगी	सहयोगी
पुरोभाग	विभाग	लौहयुग	उपभोग	नौनगा	मिरगी	प्रतियोगी
टाँग	भूभाग	मूँग	अधिभोग	रतजगा	दिल्लगी	पंगु
०टाँग	दिमाग	०ऊग	राजयोग	त्रिपथगा	पेशगी	गुटरगूँ
भाँग	पराग	भ ंग	हठयोग	०डगमगा	खासगी	लागू
माँग	चिराग	श ंग	मंत्रयोग	०जगमगा	ताजिंदगी	यवागू
०माँग	विराग	मग	ध्यानयोग	टाँगा	शर्मिंदगी	भलेचंगे
लाँग	सुहाग	मायाम ग	उपयोग	ताँगा	संजीदगी	आगे
स्वाँग	आत्मत्याग	०रेंग	सहयोग	राँगा	मौजूदगी	०भिगो
पंचांग	पदत्याग	नेग	विनियोग	आगा	बेहूदगी	गौ
खट्वांग	देहत्याग	वेग	अभियोग	तागा	रवानगी	लग्गा
वेदांग	परित्याग	उद्वेग	चर्मरोग	धागा	अदायगी	लग्गू
छलाँग	संविभाग	संवेग	मनोरोग	अभागा	एकांगी	पिछलग्गू
साष्टांग	अनुभाग	आवेग	लौंग	सुहागा	शुभांगी	बग्घी
सांगोपांग	मुक्तिमार्ग	निरुद्वेग	०गा	०डिगा	अर्धांगी	घिग्घी
उत्तमांग	खटराग	भावावेग	गंगा	०उगा	त्यागी	रुग्ण
विकलांग	पीतराग	मनोवेग	चंगा	गूँगा	भागी	दग्ध
आग	अनुराग	ढोंग	०टंगा	मूँगा	रागी	विदग्ध
काग	लिंग	भोग	दंगा	ठेंगा	अभागी	स्निग्ध
०जाग	ड्राइंग	०भोग	नंगा	तेगा	वैरागी	संदिग्ध

-इग्ध	-ओग्य	-अघु	-आच	-औंच	-अची	-ओच्च
असंदिग्ध	**करयोग्य**	**लघु**	**नाच**	**०सौंच**	**खपची**	**सर्वोच्च**
निस्संदिग्ध	यथायोग्य	कृतघ्न	पिशाच	शौच	चमची	कच्चा
दुग्ध	भोग्या	पापघ्न	नंगानाच	प्रत्यंचा	लालची	जच्चा
मुग्ध	अग्र	विघ्न	इंच	त्वचा	डोलची	बच्चा
विमुग्ध	व्यग्र	निर्विघ्न	०भिंच	०पचा	अफ़ीमची	सच्चा
मंत्रमुग्ध	समग्र	शत्रुघ्न	घिचपिच	०मचा	इलायची	जच्चाबच्चा
परिमुग्ध	एकाग्र	शतघ्नी	०ख च	०रचा	ढँढोरची	टुच्चा
नग्न	मुखाग्र	व्याघ्र	०फ च	चमचा	ढिंढोलची	लुच्चा
भग्न	नासाग्र	शीघ्र	०भ च	पायँचा	मशालची	खपच्ची
मग्न	उग्र	यथाशीघ्र	०स च	खरचा	खजांची	माथापच्ची
लग्न	सामग्री	०जँच	नीच	परचा	चाची	स्वच्छ
निमग्न	संघ	पंच	बीच	०परचा	प्राची	गुच्छ
संलग्न	जनसंघ	मंच	०उलीच	०ललचा	भाववाची	पुच्छ
ध्यानमग्न	राष्ट्रसंघ	मंच	बीचोबीच	पचपचा	ख चाखाँची	म्लेच्छ
जलमग्न	परिसंघ	रंच	पहुँच	ढाँचा	लीची	यथेच्छ
जन्मलग्न	जाँघ	लंच	०पहुँच	साँचा	प्रतीची	अच्छा
उद्विग्न	०लाँघ	प्रपंच	कुच	चाचा	पहुँची	लच्छा
अग्नि	घाघ	रंगमंच	सचमुच	०हिचकिचा	सूची	बरच्छा
हुताग्नि	बाघ	०पच	ऊँच	बगीचा	अंकसूची	इच्छा
मंदाग्नि	माघ	०बच	पेंच	बागीचा	पत्रसूची	सदिच्छा
दवाग्नि	ऊँघ	०मच	दाँवपेंच	नीचा	ग्रंथसूची	अनिच्छा
दावाग्नि	०ऊँघ	०रच	चोंच	गलीचा	क्रमसूची	गुच्छा
जठराग्नि	०सूँघ	सच	खरोंच	पहुँचा	दरसूची	परिप च्छा
जाठराग्नि	मेघ	चम्मच	कोच	०पहुँचा	कार्डसूची	स्वेच्छा
युग्म	ओघ	०परच	नोच	०सकुचा	कार्यसूची	ईश्वरेच्छा
व्यंग्य	अमोघ	लालच	०नोच	बचाखुचा	अनुसूची	अच्छी
भाग्य	कंघा	कवच	मोच	ऊँचा	वस्तुसूची	मच्छी
सौभाग्य	जंघा	खचाखच	लोच	समूचा	कैंची	लच्छी
वैराग्य	०लँघा	आँच	शोच	ऋचा	मोची	हितेच्छु
दुर्भाग्य	०अघा	काँच	सोच	ढौंचा	संकोची	शुभेच्छु
मंदभाग्य	मघा	जाँच	०सोच	वीचि	चंचु	बिच्छू
भोग्य	लाघा	०टाँच	संकोच	रुचि	चूँ	प्राच्य
योग्य	बीघा	पाँच	०दबोच	शुचि	०चू	छाछ
अयोग्य	घोंघा	०बाँच	०खरोंच	अरुचि	घोंचू	०बिछ
सुयोग्य	घी	रोमांच	निस्संकोच	सुरुचि	नीचे	रीछ
आरोग्य	कंघी	गुप्तजाँच	खरौंच	अभिरुचि	उच्च	कुछ

-उछ	-अज	-आज	-आज	-ईज	-ओज	-आजा
कुछकुछ	**अग्रज**	**ब्याज**	**नटराज**	**तजवीज**	**उरोज**	**महाराजा**
पूँछ	उटज	राज	इंतराज	पुंज	सहभोज	दरवाजा
मूँछ	खंडज	राज़	एतराज	लुँज	प्रीतिभोज	लिजलिजा
पूछ	नीड़ज	लाज	यमराज	भुज	रात्रिभोज	जीजा
०पूछ	उपज	व्याज	धर्मराज	ब्लाउज	फौज	तीजा
०पोंछ	गुंबज	मिजाज	युवराज	अनुज	मौज	नतीजा
बरछा	आत्मज	अंदाज	रसराज	दनुज	हौज	०खुजा
तिरछा	जायज	अनाज	महाराज	मनुज	०खीज	तनुजा
कलछा	गरज	जाँबाज	ऋतुराज	अंबुज	०सूज	०पुजा
०बिछा	०गरज	समाज	रिपोर्ताज	त्रिभुज	०जा	भुजा
पीछा	जारज	दराज	रंगसाज	चतुर्भुज	गंजा	पूजा
आगापीछा	धीरज	नाराज	०खिजा	०गूँज	पंजा	तनूजा
ओछा	नीरज	सुराज	द्विज	०कूज	खड़ँजा	खरबूजा
अँगोछा	सूरज	इलाज	निज	दूज	खरंजा	तरबूजा
पंछी	धर्मज	आवाज	आजिज	०पूज	कजा	भेजा
कलछी	पूर्वज	जहाज	क्षितिज	भाईदूज	धजा	कलेजा
छीछी	जलज	राजकाज	खनिज	तेज	प्रजा	हैजा
बीछी	भावज	कामकाज	काबिज	०भेज	०बजा	मोजा
०छू	एवज	तीरंदाज	खारिज	मेज	मजा	रोजा
पीछे	देशज	गोलंदाज	सरसिज	सेज	०लजा	जी
गंज	भेषज	लट्ठबाज	अपाहिज	पैकेज	सजा	०जी
०मंज	भैषज	गेंदबाज	०प ज	अंग्रेज	०सजा	गंजी
रंज	सहज	जानबाज	खीज	कालेज	आत्मजा	पंजी
शतरंज	राष्ट्रध्वज	जल्दबाज	चीज	निस्तेज	०उपजा	कागजी
गज	मलयज	दगाबाज	तीज	दहेज	जायजा	मरजी
जज	अचरज	कलाबाज	बीज	०सहेज	गिरजा	एवजी
०तज	पखावज	छक्केबाज	नाचीज	रँगरेज	लहजा	काजी
ध्वज	सलहज	मुक्केबाज	अजीज	दस्तावेज	मुआवजा	ताजी
०बज	०भाँज	धोखेबाज	लजीज	परहेज	ताजा	पाजी
रज	०माँज	पटेबाज	ताबीज	ओज	बाजा	बाजी
व्रज	आज	सट्टेबाज	कमीज	खोज	अंदाजा	भाजी
०सज	काज	ठट्ठेबाज	तमीज	०खोज	बाजागाजा	भोजी
पंकज	ताज	बल्लेबाज	मरीज	मनोज	मोटाताजा	याजी
कागज	नाज	नशेबाज	दहलीज	भोज	खामियाजा	राज़ी
दिग्गज	प्याज	घूँसेबाज	तावीज	रोज		रोजी
युग्मज	बाज	पुखराज	०पसीज	सरोज		

-आजी	-अजू	-अज्ञा	-ईझ	-अट	-अट	-अट
जहाजी	**आरजू**	**अवज्ञा**	**०सीझ**	**घट**	**०चिपट**	**रुकावट**
परकाजी	काजू	आज्ञा	तुझ	०घट	निपट	बनावट
तीरंदाजी	बाजू	राजाज्ञा	०बुझ	चट	०निपट	बुनावट
गोलंदाजी	तराजू	निषेधाज्ञा	मुझ	झट	चौपट	तरावट
ढोंगबाजी	जो	प्रतिज्ञा	०जूझ	०डट	०सिमट	गिरावट
गुटबाजी	०सँजो	अनुज्ञा	बूझ	तट	दुर्घट	मिलावट
गेंदबाजी	जौ	सम्राज्ञी	०बूझ	नट	०पलट	थकाहट
गपबाजी	निर्लज्ज	राज्ञी	सूझ	०नट	०उलट	गुर्राहट
यारबाजी	सलज्ज	युवराज्ञी	०सूझ	पट	केवट	चिल्लाहट
जल्दबाजी	छज्जा	जज्ब	अबूझ	०पट	खूसट	०छाँट
दगाबाजी	मज्जा	त्याज्य	सूझबूझ	बट	आहट	काटछाँट
सट्टेबाजी	लज्जा	राज्य	अनबूझा	भट	कटकट	बाँट
सौदेबाजी	सज्जा	विभाज्य	बोझा	लट	अप्रकट	०काट
तानेबाजी	लोकलज्जा	साम्राज्य	झंझा	वट	जेबकट	घाट
छुरेबाजी	धज्जी	स्वराज्य	संझा	०सट	करकट	चाट
ढेलेबाजी	रज्जु	सुराज्य	०उलझा	०हट	खटखट	०चाट
नशेबाजी	अज्ञ	परित्याज्य	माँझा	संकट	नटखट	जाट
घूँसेबाजी	प्रज्ञ	अविभाज्य	साँझा	प्रकट	खटाखट	टाट
कारसाजी	यज्ञ	वाणिज्य	०रिझा	टिकट	पनघट	ठाट
जिल्दसाजी	गुणज्ञ	भोज्य	०बुझा	निकट	जमघट	डाट
निजी	कृतज्ञ	प्रयोज्य	०सुझा	विकट	मरघट	डाट
जीजी	तत्त्वज्ञ	प्रायोज्य	ओझा	चीकट	चटाचट	०डाट
कुंजी	मंत्रज्ञ	उपभोज्य	माँझी	फोकट	खटपट	पाट
पूँजी	मर्मज्ञ	प्रव्रज्या	सांझी	घूँघट	चटपट	०पाट
जमापूँजी	अल्पज्ञ	परिव्रज्या	तुझे	गजट	०छटपट	बाट
खरबूजी	गणितज्ञ	वज्र	मुझे	बजट	झटपट	भाट
अंग्रेजी	संगीतज्ञ	समझ	षट्	झंझट	चित्रपट	लाट
कलेजी	पित यज्ञ	०समझ	सम्राट्	उत्कट	सरपट	हाट
रोजी	विशेषज्ञ	०उरझ	विराट्	मिनट	तलपट	पंचाट
फीरोजी	प्राज्ञ	०उलझ	चंट	लंपट	०लिपट	उचाट
मितभोजी	विज्ञ	नासमझ	०छँट	कपट	निष्कपट	०उचाट
लौंजी	प्राविधिज्ञ	झाँझ	०बँट	डपट	पटापट	सपाट
भौजी	अनभिज्ञ	बाँझ	रहँट	०डपट	लिखावट	ललाट
मनमौजी	सुविज्ञ	साँझ	०कट	रपट	करवट	गऊघाट
मंजु	संज्ञा	खीझ	खट	०रपट	वंशवट	लूटपाट
ऋजु	प्रज्ञा	०रीझ	०खट	लपट	थकावट	०पिट

-इट	-ऊट	-ओट	-अटा	-ओटा	-उटी	-अट्टा
०मिट	**बूट**	**चचोट**	**कालीघटा**	**परकोटा**	**कुटी**	**पट्टा**
क्रेडिट	लूट	लँगोट	०चटचटा	चिरौंटा	पुटी	बट्टा
यूनिट	अटूट	कचोट	चटपटा	०लौटा	लकुटी	भट्टा
अमित	कालकूट	०कचोट	०लटपटा	लखौटा	भ कुटी	सट्टा
गिरगिट	टूटफूट	विस्फोट	०सटपटा	मुखौटा	पर्णकुटी	झपट्टा
परमिट	रंगरूट	लोटपोट	कटाफटा	बिलौटा	खूँटी	दुपट्टा
ईंट	टेंट	अखरोट	काँटा	कटि	ड्यूटी	हट्टाकट्टा
छ ट	०फेंट	अरारोट	चाँटा	त्रुटि	बूटी	सिलबट्टा
०पीट	बेंट	खरौंट	आटा	कोटि	चेटी	गोराचिट्टा
बीट	भेंट	०उचट	घाटा	घंटी	पेटी	छुट्टा
कीट	०भेंट	०झपट	नाटा	गारंटी	मतपेटी	भुट्टा
०घसीट	एजेंट	०खर्राट	पाटा	वारंटी	रोटीबेटी	चोट्टा
किरीट	पेटेंट	लौट	सन्नाटा	घटी	पत्रपेटी	खट्टी
०रोपीट	सीमेंट	०लौट	खर्राटा	नटी	टोंटी	टट्टी
कंकरीट	टूर्नामेंट	घंटा	ज्वारभाटा	कपटी	गोटी	पट्टी
मारपीट	गेट	०कटा	०मिटा	धूर्जटी	चोटी	मिट्टी
तंतुकीट	पेट	खटा	०किटकिटा	उलटी	बोटी	सिट्टी
डिस्काउंट	०लेट	घटा	०सिटपिटा	कटाकटी	रोटी	सिट्टीपिट्टी
गुट	स्लेट	०घटा	घिसापिटा	अटपटी	चिकोटी	छुट्टी
०जुट	पैकेट	जटा	च टा	खटपटी	लँगोटी	टट्टू
पुट	आखेट	०पटा	छ टा	कनपटी	माँगचोटी	रट्टू
०लुट	चपेट	हटा	नासपीटा	पंचवटी	पावरोटी	लट्टू
स्फुट	०लपेट	नकटा	घुटा	सजावटी	निघंटु	लट्ठ
मुकुट	०समेट	रोंगटा	खूँटा	बनावटी	कटु	गट्ठा
प्रस्फुट	चाकलेट	०निपटा	टूटा	तलहटी	चटु	ठट्ठा
छुटपुट	घासलेट	चिमटा	बूटा	घाटी	पटु	पट्ठा
नासापुट	फ्लैट	पलटा	कलूटा	पाटी	वाक्पटु	मट्ठा
झुरमुट	ओट	मालटा	फेंटा	बाटी	कर्णकटु	लट्ठा
ऊँट	०ओट	उलटा	बेटा	माटी	पेटू	इकट्ठा
घूँट	कोट	०उलटा	कोटा	चुम्माचाटी	गलघोंटू	चिट्ठा
कूट	खोट	डेलटा	खोटा	चेलाचाटी	टेंटें	कच्चाचिट्ठा
०कूट	चोट	पंखकटा	खराखोटा	परिपाटी	पट्ट	झुट्ठा
छूट	नोट	०कटकटा	घोटा	डिपटी	नामपट्ट	पुट्ठा
०टूट	लोट	पनकटा	छोटा	गिलिटी	ताम्रपट्ट	चिट्ठी
फूट	स्फोट	परकटा	मोटा	च टी	कट्टा	पिट्ठी
०फूट	०चकोट	०खटखटा	लोटा	सीटी	खट्टा	भट्ठी

-उट्ठी	-आठ	-इठा	-अंड	-अड़	-अड़	-आड़
मुट्ठी	**स्तुतिपाठ**	**०बिठा**	**प्रचंड**	**नुक्कड़**	**फूहड़**	**हाड़**
नैकट्य	ढीठ	पीठा	घमंड	अक्खड़	कड़कड़	लिक्खाड़
नाट्य	पीठ	मीठा	एरंड	भुक्खड़	घुमक्कड़	उखाड़
अकाट्य	खंडपीठ	रीठा	मार्तंड	०उखड़	पियक्कड़	०उखाड़
ट्रे	न्यायपीठ	०उठा	हिमखंड	०झगड़	भुलक्कड़	०बिगाड़
कंठ	विद्यापीठ	ठूँठा	शिलाखंड	रगड़	घड़घड़	०उघाड़
श्रीकंठ	व्यासपीठ	जूठा	मापदंड	०रगड़	पतझड़	पछाड़
सुकंठ	वैकुंठ	झूठा	मानदंड	०बिगड़	धड़ाधड़	०पछाड़
मुक्तकंठ	०उठ	अँगूठा	अर्थदंड	०उघड़	च चपड़	उजाड़
रुद्धकंठ	ठूँठ	अनूठा	हस्तिदंड	सुघड़	चूँचपड़	०उजाड़
नीलकंठ	झूठ	पेठा	म त्युदंड	कीचड़	खड़बड़	लताड़
मठ	मूठ	०बैठा	मेरुदंड	पच्चड़	गड़बड़	०लताड़
शठ	०रूठ	कोठा	०अड़	०पिछड़	बड़बड़	कबाड़
हठ	झूठमूठ	पहलौठा	खड़	०बिछड़	कांड	किवाड़
जरठ	सेठ	कंठी	०गड़	०उजड़	टाड़	पहाड़
कर्मठ	०उमेठ	टिकठी	०घड़	बेझड़	डाँड़	छेड़छाड़
बासठ	धन्नासेठ	छठी	छड़	गीदड़	भाँड़	चीरफाड़
पैंसठ	ऐंठ	लाठी	जड़	लद्धड़	०माँड़	भीड़भाड़
चौंसठ	०ऐंठ	त्रिपाठी	०जड़	अंधड़	साँड़	खिलवाड़
इकसठ	पैंठ	सहपाठी	झड़	०उधड़	प्रकांड	खेलवाड़
अड़सठ	पैठ	अँगीठी	०झड़	चूतड़	डिमांड	पिंड
सड़सठ	ओंठ	अँगूठी	धड़	झापड़	ब्रह्मांड	हृतपिंड
उनसठ	सोंठ	कोठी	०पड़	पापड़	कर्मकांड	मांसपिंड
तिरसठ	होंठ	कंठ्य	फड़	खप्पड़	गोलीकांड	०छिड़
छियासठ	मोठ	पाठ्य	लड़	थप्पड़	आड़	०भिड़
बालहठ	०गठ	अपाठ्य	०लड़	लप्पड़	०गाड़	गाइड
गाँठ	लुआठाँ	षड्	०सड़	रबड़	झाड़	निविड़
साँठगाँठ	कंठा	खंड	कंकड़	कूबड़	०झाड़	चीड़
आठ	उत्कंठा	चंड	अकड़	भब्भड़	डाड़	नीड़
काठ	छठा	ठंड	०अकड़	०उभड़	ढाड़	भीड़
ठाठ	सोरठा	दंड	०जकड़	खल्लड़	ताड़	कुंड
पाठ	पराँठा	रंड	पकड़	चिल्लड़	धाड़	झुंड
लाठ	पाठा	सेकंड	०पकड़	ढिल्लड़	पाड़	पुंड
साठ	माठा	अखंड	एकड़	हुल्लड़	०फाड़	मुंड
पदपाठ	पराठा	प्रखंड	रोकड़	अल्हड़	भाड़	रुंड
पूजापाठ	मराठा	पाखंड	फक्कड़	बीहड़	लाड़	शुंड

-उंड	-ओड़	-अड़ा	-अड़ा	-उड़ा	अंडी	-ऑाड़ी
त्रिपुंड	**०सिकोड़**	**ऑाकड़ा**	**०फड़फड़ा**	**०छुड़ा**	**सब्जीमंडी**	**हाँड़ी**
यज्ञकुंड	निचोड़	टुकड़ा	०खड़बड़ा	०तुड़ा	कड़ी	खाड़ी
तप्तकुंड	०निचोड़	सैकड़ा	०गड़बड़ा	०गुड़गुड़ा	खड़ी	गाड़ी
होमकुंड	करोड़	छोकड़ा	०बड़बड़ा	कूड़ा	घड़ी	झाड़ी
रुंडमुंड	हँसोड़	दुःखड़ा	०हड़बड़ा	चूड़ा	छड़ी	ताड़ी
०उड़	गँठजोड़	मुखड़ा	०भड़भड़ा	मुँछमूड़ा	जड़ी	नाड़ी
गुड़	जोड़तोड़	लँगड़ा	जमावड़ा	पेड़ा	झड़ी	पाड़ी
०मुड़	मोड़तोड़	०लँगड़ा	आड़ा	बेड़ा	लड़ी	बाड़ी
०सिकुड़	तनतोड़	झगड़ा	जाड़ा	बखेड़ा	ककड़ी	साड़ी
०बिछुड़	तोड़फोड़	तगड़ा	नाड़ा	बहेड़ा	मकड़ी	पिछाड़ी
गरुड़	भंडाफोड़	भाँगड़ा	पाड़ा	भा.डा	लकड़ी	अनाड़ी
०ढूँड़	दौड़	कचड़ा	बाड़ा	घोड़ा	टुकड़ी	कबाड़ी
मूँड़	०दौड़	पचड़ा	भाड़ा	जोड़ा	हेकड़ी	खिलाड़ी
०मूँड़	भागदौड़	बछड़ा	अखाड़ा	थोड़ा	छोकड़ी	कुल्हाड़ी
सूँड़	घुड़दौड़	पिछड़ा	नगाड़ा	फोड़ा	पँखड़ी	पहाड़ी
पेड़	नौकादौड़	हिजड़ा	सिंघाड़ा	रोड़ा	टँगड़ी	दिहाड़ी
भेड़	अंडा	कुंजड़ा	कबाड़ा	सोडा	पगड़ी	मालगाड़ी
मेड़	कंडा	पोतड़ा	पहाड़ा	निगोड़ा	खिचड़ी	रेलगाड़ी
ग्रेड	झंडा	चिथड़ा	पिछवाड़ा	भगोड़ा	खँजड़ी	बैलगाड़ी
०छेड़	ठंडा	लोथड़ा	रजवाड़ा	गपोड़ा	अंतड़ी	घोड़ागाड़ी
०खदेड़	डंडा	कपड़ा	टिंडा	लिसोड़ा	गुदड़ी	चीराफाड़ी
अधेड़	पंडा	खपड़ा	इडा	लौंडा	पपड़ी	पनवाड़ी
उधेड़	भंडा	चपड़ा	०भिड़ा	चौड़ा	झोंपड़ी	बालवाड़ी
०उधेड़	हंडा	झोंपड़ा	०गिड़गिड़ा	पकौड़ा	खोपड़ी	पिंडी
०घुसेड़	मुस्टंडा	फेफड़ा	०चिड़चिड़ा	पखौड़ा	रबड़ी	सिड़ी
मुठभेड़	हथकंडा	जबड़ा	कीड़ा	कचौड़ा	राबड़ी	बीड़ी
पैड	सरकंडा	कुबड़ा	क्रीड़ा	हथौड़ा	चमड़ी	कुंडी
कोड	गुल्लीडंडा	कुम्हड़ा	पीड़ा	कंडी	लोमड़ी	टुंडी
०छोड़	०अड़ा	पलड़ा	बीड़ा	चंडी	बावड़ी	तुंडी
जोड़	कड़ा	पाँवड़ा	जलक्रीड़ा	झंडी	रेवड़ी	हुंडी
०जोड़	खड़ा	फावड़ा	रासक्रीड़ा	डंडी	हथकड़ी	सूँड़ी
०तोड़	घड़ा	केवड़ा	कुंडा	बंडी	सिलखड़ी	चूड़ी
०फोड़	बड़ा	०कड़कड़ा	गुंडा	मंडी	धूपघड़ी	पूड़ी
मोड़	०लड़ा	०खड़खड़ा	लुंडा	रंडी	फुलझड़ी	धुलेंड़ी
०मोड़	सँकड़ा	०लड़खड़ा	चामुंडा	रणचंडी	गड़बड़ी	एड़ी
होड़	मकड़ा	गिरापड़ा	०उड़ा	पगडंडी	हड़बड़ी	बेड़ी

-एड़ी	-अढ़	-एढ़ा	-अण	-अण	-अण	-अण
बछेड़ी	**घटबढ़**	**टेढ़ा**	**भक्षण**	**लवण**	**संक्रमण**	**निस्तरण**
पैड़ी	०काढ़	मोंढ़ा	रक्षण	श्रवण	प्रक्रमण	प्रत्यर्पण
घोड़ी	बाढ़	पोढ़ा	लक्षण	रावण	आक्रमण	समर्पण
जोड़ी	प्रगाढ़	लोढ़ा	प्रेक्षण	श्रावण	निष्क्रमण	पदार्पण
ठोड़ी	आषाढ़	नवोढ़ा	लक्ष्मण	मिश्रण	रामायण	माल्यार्पण
रोड़ी	असाढ़	सिललोढ़ा	तत्क्षण	भाषण	परायण	आकर्षण
गँठजोड़ी	चिढ़	पौढ़ा	प्रांगण	भीषण	नारायण	संघर्षण
होड़ाहोड़ी	०चिढ़	प्रौढ़ा	मुद्रण	भूषण	पारायण	संमिश्रण
लौंडी	रीढ़	रूढ़ि	कृपण	प्रेषण	प्रकरण	संभाषण
कौड़ी	०कुढ़	कढ़ी	रोपण	पोषण	व्याकरण	प्रदूषण
घोड़ी	ढूँढ़	मढ़ी	टिप्पण	शोषण	विकिरण	आभूषण
कचौड़ी	गूढ़	नकचढ़ी	भ्रमण	ग्रहण	जागरण	विभूषण
दौड़ादौड़ी	मूढ़	दाढ़ी	रमण	ब्राह्मण	संचरण	अग्रेषण
पांडु	रूढ़	आषाढ़ी	चरण	रक्तकण	आचरण	संप्रेषण
उकड़ूँ	योगरूढ़	पीढ़ी	तरण	स्वेदकण	विचरण	परेषण
कंडू	निगूढ़	सीढ़ी	त्वरण	धूलिकण	अंतरण	विशेषण
अकड़ू	आरूढ़	ढोंढी	भरण	विचक्षण	वितरण	विश्लेषण
बाँगड़ू	सत्तारूढ़	कोढ़ी	मरण	संरक्षण	उद्धरण	संपोषण
झाड़ू	द ढ़	ठोढ़ी	वरण	आरक्षण	संभरण	कुपोषण
पेड़ू	डेढ़	ड्योढी	शरण	विलक्षण	आभरण	आरोहण
खड़ेखड़े	०ओढ़	साँढ़ू	स्मरण	प्रतिक्षण	आमरण	घ्राण
पांडे	कोढ़	साढ़ू	हरण	प्रशिक्षण	प्रवरण	त्राण
लाड़ो	०पौढ़	साढ़े	कारण	परीक्षण	आवरण	बाण
खड्ग	प्रौढ़	टेढ़ेटेढ़े	तारण	निरीक्षण	विवरण	भाण
खड्गी	०ढा	०ढो	धारण	निरीक्षण	प्रसरण	कृपाण
गड्ढा	०पढ़ा	धनाढ्य	पारण	सर्वेक्षण	संस्करण	प्रमाण
बुड्ढा	०बढ़ा	कण	किरण	श्रोतागण	संस्मरण	प्रयाण
जाड्य	डेवढ़ा	क्षण	स्फुरण	परागण	विस्मरण	पुराण
०गढ़	०सिखापढ़ा	गण	प्रेरण	आमंत्रण	आहरण	निर्माण
०चढ़	काढ़ा	पण	अर्पण	निमंत्रण	अकारण	निर्वाण
०पढ़	गाढ़ा	प्रण	तर्पण	नियंत्रण	उच्चारण	कल्याण
०बढ़	०चिढ़ा	फण	दर्पण	निरूपण	साधारण	पाषाण
अपढ़	पीढ़ा	रण	कर्षण	विरूपण	निर्धारण	निष्प्राण
कुल्हढ़	०उढ़ा	व्रण	घर्षण	निक्षेपण	निवारण	परित्राण
अनपढ़	बूढ़ा	कंकण	धर्षण	प्रक्षेपण	निष्कारण	अल्पप्राण
०लिखपढ़	मेंढा	टंकण	प्रवण	आरोपण	प्रसारण	महाप्राण

-आण	-अणा	-आणी	-उण्य	-उत्	-अंत	-अत
रामबाण	**मंत्रणा**	**जलप्राणी**	**कारुण्य**	**मरुत्**	**गढ़ंत**	**०भुगत**
अग्निबाण	यंत्रणा	जनवाणी	तारुण्य	यकृत्	अत्यंत	बचत
सप्रमाण	धारणा	युववाणी	किण्वा	तत्त्वतः	भदंत	रजत
परिमाण	प्रेरणा	किंकिणी	जगत्	अन्यतः	कृदंत	आढत
दक्षिण	गर्हणा	रोगिणी	धत्	उभयतः	आद्यंत	प्रणत
दुर्गुण	घोषणा	सारिणी	शरत्	संपूर्णतः	अनंत	सतत
क्षीण	वित्तेषणा	स्वैरिणी	संवत्	संभवतः	सामंत	आदत
ग्रामीण	गवेषणा	गर्भिणी	भगवत्	अंशतः	सीमंत	उद्‌गत
प्रवीण	प्रदक्षिणा	ग हिणी	जड़वत्	इतस्ततः	हेमंत	उद्धत
गुण	वीणा	अर्धांगिणी	यंत्रवत्	अतः	तुरंत	उद्यत
निपुण	गुणा	वैरागिणी	स्वप्नवत्	प्रत्यक्षतः	पर्यंत	जन्नत
अरुण	अरुणा	निर्झरिणी	लंबवत्	मुख्यतः	ज्वलंत	मन्नत
करुण	करुणा	विरहिणी	पूर्ववत्	अंततः	हलंत	उन्नत
तरुण	घ णा	गुणी	तावत्	सिद्धांततः	वसंत	प्रोन्नत
वरुण	मणि	ऋणी	यथावत्	आपाततः	महंत	चंपत
दारुण	खमणि	चिरऋणी	यावत्	सामान्यतः	एकदंत	खपत
निर्गुण	नीलमणि	वेणी	विधिवत्	प्रथमतः	हैमवंत	सांप्रत
सत्त्वगुण	चूड़ामणि	श्रेणी	पशुवत्	नियमतः	कलावंत	आफत
अवगुण	शिरोमणि	अणु	भ्रात वत्	परतः	क्षत	कीमत
रजोगुण	पाणि	शुक्राणु	ईषत्	पूर्णतः	खत	सम्मत
तमोगुण	चक्रपाणि	रोगाणु	सत्	पूर्वतः	नत	हिम्मत
निष्करुण	शूलपाणि	विषाणु	महत्	फलतः	मत	संयत
भ्रूण	रोहिणी	परमाणु	ब हत्	मूलतः	लत	आयत
हूण	अग्रणी	रेणु	व हत्	स्वभावतः	व्रत	नियत
ऋण	टिप्पणी	वेणु	साक्षात्	विशेषतः	शत	नीयत
त ण	रमणी	पण्य	हठात्	स्पष्टतः	ताकत	परत
उऋण	तरणी	नगण्य	अर्थात्	बाह्यतः	दिक्कत	भरत
पित ऋण	धरणी	अरण्य	बलात्	प्रातः	लिखत	भारत
त्रिकोण	सारणी	हिरण्य	तत्पश्चात्	आदितः	रंगत	निरत
पंचकोण	श्रावणी	कर्मण्य	पश्चात्	परितः	संगत	विरत
षट्‌कोण	नारायणी	लावण्य	भस्मसात्	अंत	जगत	तुरत
लंबकोण	वैतरणी	अकर्मण्य	अकस्मात्	जयंत	भगत	सूरत
समकोण	प्राणी	प्रामाण्य	क्वचित्	दंत	आगत	हैरत
द ष्टिकोण	वाणी	दाक्षिण्य	कदाचित्	संत	लागत	औरत
चतुष्कोण	इंद्राणी	पुण्य	यत्किंचित्	रटंत	स्वागत	निर्गत
गौण	पाषाणी	नैपुण्य	उत्	भिड़ंत	विगत	दुर्गत

-अत	-अत	-अत	-आँत	-आंत	-आत	-आत
पर्वत	**बेइज्जत**	**कैफियत**	**दाँत**	**परिश्रांत**	**परात**	**खुराफात**
गलत	इबादत	खैरियत	पाँत	अविश्रांत	बरात	करामात
हालत	सल्तनत	खासियत	प्रांत	०कात	बराती	यातायात
दौलत	मेहनत	हैसियत	भ्रांत	खात	बारात	वाहियात
दावत	अमानत	तबीयत	शांत	ख्यात	किरात	ताजीरात
शाश्वत	जमानत	कसीयत	एकांत	घात	खैरात	जंगलात
रिश्वत	समुन्नत	कुदरत	आक्रांत	ज्ञात	निर्यात	हवालात
सांसत	युगपत	कसरत	विक्रांत	तात	निर्वात	झंझावात
औसत	पाशुपत	तिजारत	आक्लांत	त्रात	दावात	बरसात
किस्मत	खिलाफत	इमारत	दीक्षांत	पात	निष्णात	चित
तहत	शरबत	अविरत	दुःखांत	बात	इस्पात	नित
आहत	मुसीबत	जरूरत	दुखांत	भात	देहात	मित
राहत	मुहब्बत	अंतर्गत	सुखांत	रात	शुरुआत	स्थित
सेहत	एकमत	गफलत	युगांत	लात	मुलाकात	स्मित
मरकत	लोकमत	वकालत	नितांत	वात	सुविख्यात	हित
हरकत	हजामत	अदालत	कृतांत	सात	आत्मघात	अंकित
नजाकत	खिदमत	जलालत	उत्क्रांत	औकात	अपघात	प्रतीक्षित
हकीकत	जनमत	जहालत	व त्तांत	प्रख्यात	पक्षाघात	रक्षित
दस्तखत	गनीमत	मित्रवत	वेदांत	विख्यात	वज्राघात	लक्षित
पारंगत	कयामत	कहावत	सिद्धांत	कुख्यात	पदाघात	शिक्षित
दिवंगत	अल्पमत	महावत	संभ्रांत	सुख्यात	प्रतिघात	स्थगित
असंगत	किस्मत	मौनव्रत	अभ्रांत	सौगात	कागजात	इंगित
अस्तंगत	जहमत	पातिव्रत	निर्भ्रांत	संघात	नवजात	संचित
आत्मगत	तहमत	शतशत	कल्पांत	आघात	अभिजात	खचित
स्वप्नगत	तोहमत	प्रतिशत	अशांत	व्याघात	पारिजात	लुंचित
पूर्वगत	बहुमत	फुरसत	प्रशांत	सुजात	अधःपात	उचित
अवगत	हुकूमत	रियासत	निशांत	अज्ञात	रक्तपात	इच्छित
तथागत	मरम्मत	हिरासत	द ष्टांत	उत्पात	पक्षपात	वांछित
अभ्यागत	असंयत	सारस्वत	देहांत	तादात	वज्रपात	अजित
नवागत	शिकायत	वैवस्वत	पदाक्रांत	कनात	सूत्रपात	लज्जित
वंशागत	लिंगायत	फजीहत	भाराक्रांत	प्रपात	गर्भपात	सज्जित
संस्थागत	पंचायत	हताहत	परिक्लांत	निपात	घासपात	घटित
व्यक्तिगत	हिदायत	नसीहत	जातपाँत	खंभात	प्रणिपात	जटित
नीतिगत	इनायत	आँत	आद्योपांत	प्रभात	सन्निपात	स्फुटित
भूमिगत	किफायत	क्लांत	उपरांत	जमात	द ष्टिपात	कुंठित
इजाजत	रियायत	ताँत	शरीरांत	आयात	अनुपात	लुंठित

-इत	-इत	-इत	-इत	-इत	-इत	-ईत
खंडित	**पारित**	**चित्रांकित**	**विभाजित**	**निरूपित**	**संभावित**	**गीत**
पंडित	प्रेरित	मुद्रांकित	पराजित	आरोपित	प्रभावित	०जीत
मंडित	अर्जित	रूपांकित	आयोजित	निलंबित	प्रस्तावित	पीत
तड़ित	अर्पित	नामांकित	सुसज्जित	संक्रमित	प्रकाशित	०बीत
पीड़ित	निर्मित	छायांकित	अघटित	निगमित	प्रत्याशित	मीत
गणित	हर्षित	तारांकित	उत्कंठित	नियमित	अनिश्चित	०रीत
घ णित	गर्हित	पूर्णांकित	संगठित	निर्गमित	सुनिश्चित	शीत
शोणित	कलित	पार्श्वांकित	प्रमाणित	परिमित	राज्याश्रित	स्फीत
पतित	दलित	चिह्नांकित	आयातित	परिमित	अनाश्रित	संगीत
कुत्सित	पलित	कंटकित	सुचिंतित	असीमित	पराश्रित	प्रणीत
कथित	फलित	समेकित	आमंत्रित	संचयित	निराश्रित	अतीत
व्यथित	ललित	आलोकित	निमंत्रित	रूपायित	सम्मिश्रित	प्रतीत
स्पंदित	कल्पित	संरक्षित	आनंदित	लालायित	सुभाषित	व्यतीत
विदित	प्लावित	सुरक्षित	आच्छादित	मुखरित	कलुषित	विनीत
उदित	जीवित	अशिक्षित	मर्यादित	आचरित	अदूषित	पुनीत
मुदित	निश्चित	प्रशिक्षित	आह्लादित	उच्चरित	संप्रेषित	कपूत
तद्धित	आश्रित	सुशिक्षित	अनूदित	जर्जरित	प्रतिष्ठित	निर्णीत
केंद्रित	मिश्रित	अपेक्षित	प्रणोदित	प्रचारित	विकसित	शोकगीत
जनित	त षित	उपेक्षित	विकेंद्रित	उच्चारित	उल्लसित	राष्ट्रगीत
कंपित	प्रेषित	तरंगित	सुगंधित	आधारित	सुवासित	इंद्रजीत
नापित	घोषित	स्थगित	संबंधित	निर्धारित	उच्छ्वसित	हारजीत
स्थापित	योषित	विरचित	अबाधित	प्रसारित	निर्वासित	परिणीत
कुपित	शोषित	रोमांचित	संबोधित	विसर्जित	आश्वासित	गीतातीत
ईप्सित	शासित	अयाचित	संशोधित	उपार्जित	उपस्थित	कालातीत
गुंफित	अहित	निर्वाचित	सम्मानित	समर्थित	व्यवस्थित	कालातीत
लंबित	रहित	संकुचित	समन्वित	समर्पित	लोकहित	आशातीत
साबित	सहित	परिचित	लाभान्वित	प्रदर्शित	आत्महित	मनोनीत
बिंबित	निहित	आकुंचित	कार्यान्वित	प्रचलित	जनहित	भयभीत
स्तंभित	मोहित	अनुचित	कार्यान्वित	विचलित	परहित	विपरीत
शोभित	लोहित	समुचित	आशान्वित	स्वचालित	उत्साहित	अनिर्णीत
अमित	चिह्नित	मित्रोचित	प्रकंपित	संतुलित	प्रोत्साहित	आविर्भूत
भ्रमित	कलंकित	यथोचित	प्रज्ञापित	सम्मिलित	समाहित	संग्रहीत
नामित	आशंकित	न्यायोचित	आज्ञापित	मुकुलित	प्रवाहित	च्युत
सीमित	पुलकित	वीरोचित	विज्ञापित	प्रकल्पित	विवाहित	०जुत
चरित	चक्रांकित	बालोचित	संस्थापित	प्रफुल्लित	पुरोहित	द्रुत
हरित	रेखांकित	अवांछित	विस्थापित	पल्लवित	क्रीत	०पुत

-उत	-ऊत	-ऋत	-ओत	-अता	-अता	-अता
बुत	**यमदूत**	**पंजीकृत**	**पोत**	**पड़ता**	**सार्थकता**	**अता-पता**
रुत	रामदूत	अस्वीकृत	०पोत	द ढ़ता	नैतिकता	कुरूपता
श्रुत	कार्यदूत	चमत्कृत	स्रोत	गुणता	अधिकता	असभ्यता
सुत	मजबूत	समाद त	खद्योत	अर्हता	रसिकता	अधमता
प्रत्युत	इत्थंभूत	निराद त	कपोत	क्षुद्रता	आस्तिकता	निर्ममता
अद्भुत	मूलभूत	पूर्वोद्ध त	जलपोत	विद्वता	नास्तिकता	निर्दयता
विद्युत	परिभूत	पूर्वम त	ओतप्रोत	जनता	उत्सुकता	चिरायता
साबुत	पुंजीभूत	पंचाम त	मौत	दीनता	भावुकता	सहायता
श्रीयुत	वशीभूत	परिष्कृत	सौत	हीनता	निशक्तता	निष्क्रियता
मारुत	भस्मीभूत	आविष्कृत	नियंता	न्यूनता	प्रमुखता	आत्मीयता
अश्रुत	अंतर्भूत	बहिष्कृत	निहंता	भिन्नता	अपंगता	वरीयता
सुश्रुत	प्रादुर्भूत	असंस्कृत	खता	मान्यता	उद्विग्नता	राष्ट्रीयता
प्रस्तुत	मारूत	सुसंस्कृत	०जता	क्षमता	अयोग्यता	साक्षरता
बहुत	वंत	पुरस्कृत	धता	ममता	निर्योग्यता	निडरता
पदच्युत	घत	अपहृत	पता	नम्रता	एकाग्रता	कातरता
स्थानच्युत	भत	उदाहृत	०बता	रायता	कृतघ्नता	सुंदरता
सत्ताच्युत	मत	बेंत	लता	धीरता	निर्लज्जता	कायरता
पंक्तिच्युत	हृत	खेत	०सता	भुरता	कृतज्ञता	निर्भरता
जनश्रुत	झंकृत	प्रेत	सकता	क्रूरता	निकटता	उदारता
अप्रस्तुत	प्रकृत	रेत	०उकता	शूरता	अखंडता	अस्थिरता
०मूत	प्राकृत	वे त	एकता	मूर्खता	सुद ढ़ता	निठुरता
सूत	विकृत	संकेत	रिक्तता	आर्तता	कृपणता	आतुरता
अछूत	स्वीकृत	निकेत	वक्रता	धूर्तता	स्वायत्तता	कठोरता
उदभूत	उद्ध त	अचेत	दक्षता	पूर्वता	पवित्रता	सतर्कता
सपूत	अन त	सचेत	तीक्ष्णता	देवता	अभद्रता	अपूर्णता
निपूत	अम त	समेत	मँगता	धेवता	दरिद्रता	यथार्थता
सपूत	निव त	भूतप्रेत	०भुगता	तीव्रता	निर्धनता	स्वीकार्यता
ताबूत	संस्कृत	अभिप्रेत	योग्यता	स्पष्टता	समानता	अनर्हता
सबूत	विस्त त	समवेत	अग्रता	क्लिष्टता	महानता	उज्ज्वलता
सुबूत	विस्म त	चैत	उग्रता	दुष्टता	कठिनता	सफलता
भभूत	निस्स त	द्वैत	स्वच्छता	ज्येष्ठता	स्वाधीनता	कोमलता
प्रसूत	अलंकृत	डकैत	तुच्छता	उष्णता	शालीनता	निर्बलता
आहूत	अपकृत	लठैत	०पछता	दासता	पिशुनता	दुर्बलता
करतूत	निराकृत	अद्वैत	अज्ञता	घातकता	प्रसन्नता	कुशलता
शहतूत	अधिकृत	जोत	चंडता	प थकता	अभिन्नता	शिथिलता
राजदूत	प्राधिकृत	०जोत	जड़ता	मादकता	विभिन्नता	अश्लीलता

-अता	-आता	-उता	-अति	-अति	-आति	-उति
विपुलता	**परित्राता**	**ऋजुता**	**क्षति**	**लंकापति**	**जाति**	**पूर्णाहुति**
रक्ताल्पता	ऋणदाता	कटुता	गति	लखपति	ख्याति	प्रभूति
तड़िल्लता	मतदाता	प्रभुता	पति	गजपति	प्रजाति	विभूति
पतिव्रता	अन्नदाता	लिपापुता	प्रति	खंडपति	जनजाति	प्रसूति
अस्प श्यता	करदाता	सहिष्णुता	मति	गणपति	इति	प्रतिभूति
आविष्कर्ता	मुक्तिदाता	बूता	यति	यूथपति	स्थिति	अनुभूति
अशिष्टता	प्रतिदाता	निपूता	रति	अधिपति	अन्विति	स्वानुभूति
विशिष्टता	राजमाता	बलबूता	संगति	सेनापति	समिति	कृति
उत्कृष्टता	मदमाता	क्रेता	प्रगति	सभापति	आरक्षिति	ध ति
कनिष्ठता	उपमाता	०चेता	संतति	नरपति	उपस्थिति	स्म ति
घनिष्ठता	चिंता	जेता	सद्गति	सुरपति	गीति	प्रकृति
सरसता	चिता	नेता	पद्धति	लक्ष्मीपति	नीति	आकृति
विरसता	पिता	विक्रेता	उन्नति	राष्ट्रपति	प्रीति	स्वीकृति
तटस्थता	०बिता	विजेता	दंपति	महीपति	भीति	जाग ति
कांता	खंडिता	प्रणेता	भूपति	नित्यप्रति	रीति	निव ति
ताँता	वनिता	अध्येता	संप्रति	स्थिरमति	स्फीति	संस्कृति
चंद्रकांता	सरिता	निर्णेता	विमति	अनुमति	प्रतीति	विस्म ति
खाता	धारिता	चहेता	सुमति	असम्मति	राजनीति	मुखाकृति
घ्राता	कविता	राजनेता	सम्मति	उपरति	कूटनीति	प्रतिकृति
छाता	सविता	अभिनेता	नियति	वाचस्पति	रणनीति	अनुकृति
ज्ञाता	अस्मिता	कोता	सुरति	वनस्पति	भेदनीति	मनुस्म ति
दाता	संहिता	गोता	दुर्गति	ब हस्पति	कार्यनीति	नेति
नाता	रचयिता	तोता	दुर्मति	कांति	प्रियाप्रीति	ज्योति
भ्राता	ओजस्विता	पोता	असंगति	क्रांति	मुद्रास्फीति	जयंती
माता	विवाहिता	परपोता	विसंगति	क्लांति	च्युति	बैजंती
आदाता	गीता	श्रोता	कुसंगति	भाँति	युति	जयंती
उद्गाता	चीता	सोता	चक्रगति	भ्रांति	श्रुति	महंती
विधाता	तीता	प्रस्तोता	वक्रगति	शांति	स्तुति	किंवदंती
जामाता	फीता	होता	गजगति	संक्रांति	मारुति	वैजयंती
विमाता	सीता	कठौता	मंदगति	उत्क्रांति	संस्तुति	लाजवंती
निर्माता	पपीता	सरौता	ऊर्ध्वगति	अशांति	प्रस्तुति	व्रती
अहाता	खरीता	समझौता	अधोगति	विश्रांति	आहुति	शती
धर्मखाता	परिणीता	इकलौता	मनोगति	राज्यक्रांति	पदच्युति	सती
बट्टाखाता	गयाबीता	एकलौता	परिणति	जनक्रांति	अपह्नुति	नुकती
जमाखाता	०जुता	अवंति	आत्मोन्नति	जातिपाँति	लोकश्रुति	घटती
बहीखाता	सुता	अति	पदोन्नति	भाँतिभाँति	व्याजस्तुति	आढ़ती

-अती	-आती	-औती	-अत्त	-एत्ता	-अत्था	-अत्य
ज्यादती	**घाती**	**छुड़ौती**	**मदमत्त**	**वेत्ता**	**हत्था**	**सत्यासत्य**
गिनती	छाती	मनौती	परायत्त	मंत्रवेत्ता	निहत्था	चिंत्य
विनती	नाती	चुनौती	उदात्त	उत्पत्ति	नत्थी	उपांत्य
दंपती	बाती	बपौती	अनुदात्त	व्युत्पत्ति	गुत्थी	अमात्य
फबती	स्वाती	फिरौती	धीरोदात्त	संपत्ति	यत्न	पाश्चात्य
कीमती	महती	लीपापोती	चित्त	आपत्ति	रत्न	अचिंत्य
श्रीमती	कुख्याति	जंतु	पित्त	विपत्ति	प्रयत्न	नित्य
आरती	चपाती	तंतु	वित्त	निष्पत्ति	नवरत्न	औचित्य
धरती	प्रभाती	परंतु	निमित्त	भूसंपत्ति	पत्नी	पांडित्य
परती	बराती	जीवजंतु	कवित्त	अनापत्ति	धर्मपत्नी	लालित्य
फुरती	खैराती	धातु	स्थिरचित्त	अर्थापत्ति	खत्म	साहित्य
भरती	देहाती	किंतु	चलचित्त	प्रतिपत्ति	आत्म	अनौचित्य
भारती	मुलाकाती	अपितु	प्रायश्चित्त	भित्ति	अध्यात्म	पौरोहित्य
गलती	आत्मघाती	शीतऋतु	धुत्त	व त्ति	अन्यतम	स्तुत्य
बोलती	पक्षपाती	केतु	व त्त	प्रव ति	आत्मा	कृत्य
मालती	नासपाती	सेतु	कार्यव त्त	आव त्ति	पुण्यात्मा	न त्य
आवती	करामाती	हेतु	पूर्वव त्त	भिक्षाव त्ति	भूतात्मा	भ त्य
पावती	गुजराती	निर्हेतु	इतिव त्त	वेश्याव त्ति	प्रेतात्मा	चैत्य
बेइज्जती	बरसाती	धूमकेतु	परिव त्त	मनोव त्ति	दुरात्मा	दैत्य
मेहनती	मिती	तू	खत्ता	खत्ती	धर्मात्मा	हत्या
रूपमती	नामिती	घुमंतू	गत्ता	पत्ती	महात्मा	भ्रूणहत्या
भानुमती	प्रेषिती	पालतू	छत्ता	बत्ती	पवित्रतात्मा	आत्महत्या
किफायती	निर्धारिती	फालतू	पत्ता	रत्ती	परमात्मा	वात्या
हिमायती	दूती	मात	भत्ता	चित्ती	अंतरात्मा	म त्यु
कुदरती	सूती	पित	लत्ता	पित्ती	तादात्म्य	अपम त्यु
इमरती	अछूती	नाते	सत्ता	सत्तू	माहात्म्य	त्यों
अदालती	खेती	बेटेपोते	चकत्ता	खत्री	अंत्य	तंत्र
भगवती	रेती	महतो	इयत्ता	तत्त्व	सत्य	मंत्र
गुणवती	भँड़ेती	दत्त	अलबत्ता	पुंसत्त्व	औद्धत्य	यंत्र
गर्भवती	डकैती	मत्त	यात्राभत्ता	महत्त्व	अपत्य	षड्यंत्र
लज्जावती	धोती	सत्त	बुद्धिमत्ता	मूलतत्त्व	दांपत्य	संयंत्र
जन्मशती	पोती	प्रदत्त	गुणवत्ता	पुरातत्त्व	स्थापत्य	लोकतंत्र
सप्तशती	मोती	उन्मत्त	लोकसत्ता	बोधसत्त्व	असत्य	राजतंत्र
परेषिती	कपोती	प्रमत्त	प्रभुसत्ता	कत्था	आधिपत्य	गणतंत्र
आयुष्मती	कटौती	स्वायत्त	बित्ता	जत्था	स्वाधिपत्य	मंत्रतंत्र
सरस्वती	कठौती	पूर्वदत्त	कुत्ता	मत्था	पातिव्रत्य	जनतंत्र

-अंत्र	-अत्र	-इत्र	-अंत्री	-अत्व	-अंथ	-अथा
परतंत्र	**जमापत्र**	**पत्रमित्र**	**महामंत्री**	**अपूर्णत्व**	**धर्मग्रंथ**	**सर्वथा**
स्वैरतंत्र	शुद्धिपत्र	सच्चरित्र	पत्री	पुरुषत्व	०मथ	उलथा
जालतंत्र	परिपत्र	दुश्चरित्र	गायत्री	मनुष्यत्व	०नथ	लोककथा
ृवासतंत्र	सूचीपत्र	अपवित्र	जन्मपत्री	द्वित्व	पथ	पटकथा
रक्षातंत्र	म त्युपत्र	पुत्र	चिट्ठीपत्री	व्यक्तित्व	रथ	प्रेमकथा
स्वेच्छातंत्र	छात्र	प्रपुत्र	धात्री	पतित्व	नथ	परिकथा
प्रजातंत्र	पात्र	सुपुत्र	पात्री	मंत्रित्व	त्रिपथ	लघुकथा
मूलमंत्र	मात्र	ब्रह्मपुत्र	यात्री	स्वामित्व	विपथ	मर्मव्यथा
जलयंत्र	अपात्र	मूत्र	पदयात्री	दायित्व	शपथ	मनोव्यथा
ृवासयंत्र	कुपात्र	सूत्र	जावित्री	स्थायित्व	सुपथ	गाथा
छत्र	सुपात्र	योगसूत्र	सावित्री	कवित्व	अपथ	माथा
पत्र	प्रियपात्र	क्षेत्र	रचयित्री	ऋषित्व	यथातथ	यशोगाथा
यत्र	स्नेहपात्र	नेत्र	कवयित्री	अस्तित्व	राजपथ	व था
सत्र	भिक्षापात्र	राज्यक्षेत्र	नेत्री	स्त्रीत्व	जलपथ	थोथा
एकत्र	कृपापात्र	रणक्षेत्र	अभिनेत्री	सतीत्व	लथपथ	पोथा
नक्षत्र	सुरापात्र	कार्यक्षेत्र	मैत्री	पत्नीत्व	नाथ	नीलाथोथा
अन्यत्र	चरुपात्र	भालनेत्र	गंगोत्री	नारीत्व	०नाथ	चौथा
प्रपत्र	एकमात्र	चैत्र	अग्निहोत्री	लघुत्व	०पाथ	ग्रंथि
परत्र	नाममात्र	गोत्र	शत्रु	कटुत्व	साथ	स्वेंदग्रंथि
सर्वत्र	प्राणिमात्र	श्रोत्र	स्वातंत्र्य	हिंदुत्व	हाथ	हीनग्रंथि
कलत्र	नवरात्र	स्तोत्र	पारतंत्र्य	प्रभुत्व	अनाथ	मनोग्रंथि
एकच्छत्र	अहोरात्र	होत्र	वैचित्र्य	गुरुत्व	गणनाथ	पारथि
मुखपत्र	इत्र	सगोत्र	कत्ल	वक्त त्व	लंकानाथ	सारथि
माँगपत्र	चित्र	अग्निहोत्र	सत्व	भ्रात त्व	जगन्नाथ	तिथि
त्यागपत्र	मित्र	पौत्र	स्वत्व	मात त्व	निशीथ	अतिथि
भोजपत्र	विचित्र	प्रपौत्र	एकत्व	नेत त्व	०गूँथ	पुण्यतिथि
मतपत्र	खनित्र	छात्रा	निजत्व	बीभत्स	बूथ	जन्मतिथि
शतपत्र	अमित्र	मात्रा	अंधत्व	वत्स	यूथ	ग्रंथी
बंधपत्र	चरित्र	यात्रा	घनत्व	चिकित्सा	शोथ	वामपंथी
प्रेमपत्र	पवित्र	प्रमात्रा	ममत्व	युयुत्सा	चौथ	अरथी
ताम्रपत्र	रंगचित्र	तीर्थयात्रा	समत्व	युयुत्सु	कथा	पारथी
पारपत्र	व्यंग्यचित्र	शोभायात्रा	परत्व	ज्योत्स्ना	तथा	सारथी
भूर्जपत्र	व त्तचित्र	त्रि	शूरत्व	मत्स्य	प्रथा	पलथी
प्रश्नपत्र	शब्दचित्र	रात्रि	आर्यत्व	काकुत्स्थ	यथा	पालथी
स्नेहपत्र	चलचित्र	तंत्री	देवत्व	ग्रंथ	व्यथा	महारथी
लेखापत्र	भित्तिचित्र	मंत्री	द्रव्यत्व	पाठ्यग्रंथ	अन्यथा	भागीरथी

-आथी	-अद	-अद	-आद	-आद	-ऊद	-ओद
साथी	**कद**	**जनपद**	**आबाद**	**भाग्यवाद**	**०कूद**	**०खोद**
हाथी	पद	निरापद	दमाद	गुटवाद	सूद	गोद
मेथी	बद	मंत्रिपद	प्रमाद	जड़वाद	बारूद	०चोद
चौथी	मद	लाभप्रद	दामाद	धन्यवाद	खेलकूद	विनोद
पोथी	०लद	फलप्रद	खराद	अपवाद	बावजूद	प्रमोद
कथ्य	हद	शिक्षाप्रद	०खराद	साम्यवाद	अमरूद	आमोद
तथ्य	नकद	लज्जाप्रद	मुराद	रूढ़िवाद	वंद	पयोद
पथ्य	दुःखद	खुशामद	औलाद	प्रतिवाद	वाद्यवंद	सरोद
अकथ्य	दुखद	कवायद	फौलाद	परिवाद	गेंद	०रौंद
अपथ्य	सुखद	नदारद	जल्लाद	निर्विवाद	खेद	लौंद
नेपथ्य	नगद	विशारद	संवाद	पूँजीवाद	भेद	हौद
सुपथ्य	उड़द	परिषद्	प्रवाद	साधुवाद	०भेद	गंदा
यथातथ्य	मदद	मकसद	विवाद	अनुवाद	मेद	चंदा
पथ्यापथ्य	ननद	सभासद	निषाद	अवसाद	वेद	फंदा
आतिथ्य	सनद	शंकास्पद	विषाद	हिंद	स्वेद	बंदा
मिथ्या	मानद	घ णास्पद	प्रसाद	खाविंद	छेद	मंदा
प थ्वी	आपद	हास्यास्पद	प्रासाद	गोविंद	०छेद	रंदा
विपद्	गुंबद	चाँद	उस्ताद	अरविंद	सखेद	लदाफँदा
ईषद्	वरद	नाँद	आस्वाद	उम्मीद	ऋग्वेद	अदा
भाषाविद्	नारद	०फाँद	सुस्वाद	कोविद	विच्छेद	कदा
०रंद	पारद	माँद	जहाद	शिक्षाविद्	उच्छेद	गदा
कंद	नीरद	खाद	०दहाड़	न द	सफेद	तदा
चंद	उरद	नाद	प्रह्लाद	ईद	अभेद	०पदा
छंद	०कुरेद	०नाद	आह्लाद	लीद	विभेद	बदा
मंद	पार्षद	पाद	इमदाद	ताकीद	निर्वेद	सदा
निष्पंद	जलद	०पाद	जायदाद	खरीद	प्रस्वेद	एकदा
पसंद	विशद	बाद	खरनाद	०खरीद	अनुच्छेद	संपदा
निस्पंद	संसद	याद	आर्तनाद	रसीद	रंगभेद	आपदा
आनंद	रसद	वाद	सिंहनाद	शहीद	मतभेद	विपदा
सानंद	सांसद	स्वाद	घंटानाद	चश्मदीद	यजुर्वेद	उमदा
कलाकंद	आस्पद	ह्लाद	युद्धोन्माद	०फुंद	आयुर्वेद	कायदा
मकरंद	शहद	आजाद	धर्मोन्माद	०मुंद	सामवेद	फायदा
मतिमंद	दोहद	ईजाद	हर्षोन्माद	खुद	चतुर्वेद	जरदा
जम कंद	बरगद	उत्पाद	राष्ट्रोन्माद	कुमुद	कैद	परदा
नापसंद	हिमनद	निनाद	बरबाद	विरुद	गोंद	शारदा
अक़्लमंद	भाद्रपद	उन्माद	आशीर्वाद	बूँद	तोंद	ओहदा

-अदा	-एंदा	-आदी	-इंदु	-इद्ध	-इद्धि	-एद्य
यदाकदा	**पेंदा**	**दादी**	**स्वेदबिंदु**	**सिद्ध**	**कार्यसिद्धि**	**नैवेद्य**
प्रतिपदा	सफेदा	शादी	चंद्रबिंदु	निषिद्ध	ऋद्धिसिद्धि	सूचीभेद्य
प्रियंवदा	पैदा	आजादी	म दु	प्रसिद्ध	बुद्धि	वैद्य
अलहदा	यशोदा	उन्मादी	बालेंदु	स्वतःसिद्ध	शुद्धि	विद्या
थकामाँदा	घरौंदा	आबादी	उरदू	अप्रसिद्ध	सद्बुद्धि	अविद्या
ज्यादा	सौदा	खरादी	जादू	सुप्रसिद्ध	सुबुद्धि	चतुर्विद्या
दादा	हौदा	उस्तादी	हिंदू	बुद्ध	निर्बुद्धि	धनुर्विद्या
सादा	मसौदा	बरबादी	भा.दू	युद्ध	अशुद्धि	ठगविद्या
इरादा	यदि	विसंवादी	०दे	रुद्ध	तीक्ष्णबुद्धि	प्राच्यविद्या
बुरादा	आदि	उग्रवादी	०लेदे	शुद्ध	मंदबुद्धि	प्रेतविद्या
मर्यादा	युगादि	रूढ़वादी	पदेपदे	वाग्युद्ध	पापबुद्धि	मंत्रविद्या
बापदादा	इत्यादि	स्पष्टवादी	भादों	प्रबुद्ध	परिशुद्धि	गानविद्या
परदादा	नंदी	प्रतिवादी	दो	नौयुद्ध	ऋद्धि	पराविद्या
अमर्यादा	बंदी	परिवादी	भद्दा	निरुद्ध	व द्धि	इंद्र
जिंदा	मंदी	पूँजीवादी	गद्दी	विरुद्ध	सम द्धि	चंद्र
निंदा	मेहँदी	बिंदी	रद्दी	अशुद्ध	संव द्धि	रामचंद्र
चुनिंदा	चकबंदी	हिंदी	जिद्दी	विशुद्ध	पदव द्धि	पूर्णचंद्र
परिंदा	तुकबंदी	ईदी	पिद्दी	शीतयुद्ध	जनव द्धि	भालचंद्र
परनिंदा	गुटबंदी	दीदी	कद्दू	द्वंद्वयुद्ध	मूल्यव द्धि	शरच्चंद्र
परिनिंदा	कामबंदी	सुदी	लद्दू	ग हयुद्ध	बुद्धू	छिद्र
बिदा	नालबंदी	कौमुदी	बद्ध	महायुद्ध	छद्म	दरिद्र
विदा	नाकाबंदी	यहूदी	अबद्ध	मुष्टियुद्ध	पद्म	क्षुद्र
निविदा	नशाबंदी	भेदी	आबद्ध	अवरुद्ध	अद्य	भद्र
उन दा	अक़्लमंदी	वेदी	निबद्ध	परिशुद्ध	गद्य	रुद्र
पेचीदा	नदी	सफेदी	असंबद्ध	वद्ध	पद्य	समुद्र
रंजीदा	बदी	लक्ष्यभेदी	पद्यबद्ध	सम द्ध	मद्य	शूद्र
कशीदा	नकदी	मर्मभेदी	कार्यबद्ध	तपोव द्ध	आद्य	केंद्र
बुंदा	हलदी	बलिवेदी	व्यूहबद्ध	वयोव द्ध	खाद्य	गजेंद्र
खुदा	फीसदी	चतुर्वेदी	कटिबद्ध	बौद्ध	वाद्य	नरेंद्र
जुदा	सप्तपदी	कैदी	प्रतिबद्ध	श्रद्धा	अखाद्य	सुरेंद्र
०गुदगुदा	खुशामदी	गोदी	लिपिबद्ध	अश्रद्धा	प्रतिपाद्य	भारकेंद्र
०बुदबुदा	चाँदी	हौदी	सूचीबद्ध	योद्धा	व ंदवाद्य	रौद्र
शादीशुदा	सोनाचाँदी	स्वादु	पंजीबद्ध	सिद्धि	अनिंद्य	तंद्रा
गूदा	बाँदी	इंदु	श्रेणीबद्ध	प्रसिद्धि	भेद्य	निद्रा
म दा	बूँदाबाँदी	बिंदु	गिद्ध	स्वयंसिद्धि	अभेद्य	योगनिद्रा
गेंदा	खादी	विंदु	विद्ध	लक्ष्यसिद्धि	दुर्भेद्य	श्वाननिद्रा

-इद्रा	-आँध	-ओध	-उधा	-इधि	-आध्य	-अन
मोहनिद्रा	**०बाँध**	**शोध**	**वसुधा**	**कार्यविधि**	**दु:साध्य**	**रूपांकन**
महानिद्रा	जन्मांध	संबोध	बहुधा	यथावधि	सुसाध्य	नामांकन
मुद्रा	धर्मांध	अबोध	सेंधा	क्रियाविधि	सान्निध्य	सीमांकन
मुखमुद्रा	मदांध	सुबोध	मेधा	गतिविधि	वैविध्य	छायांकन
पदमुद्रा	व्याध	निरोध	योधा	अंबुधि	अशोध्य	स्वरांकन
हिमाद्रि	साध	विरोध	पुरोधा	पयोधि	बंध्या	मूल्यांकन
समुद्री	०साध	दुर्बोध	औंधा	धी	वंध्या	प ष्ठांकन
द्वंद्व	अगाध	उपरोध	सौंधा	गंधी	संध्या	घन
प्रतिद्वंद्व	अबाध	अवरोध	संधि	संबंधी	रंध्र	छन
निर्द्वंद्व	निर्बाध	गतिरोध	सुगंधि	गधी	साध्वी	०छन
प्रतिद्वंद्वी	अपराध	प्रतिरोध	वय:संधि	समधी	सन्	जन
अध:	०बिंध	परिरोध	दधि	अवधी	वरन्	०जन
अंध	विविध	निर्विरोध	उदधि	आँधी	विद्वान्	०ठन
गंध	चतुर्विध	अविरोध	जलधि	अपराधी	श्रीमान्	तन
बंध	बहुविध	अनुरोध	अवधि	क्रोधी	महान्	०तन
०बँध	०ब ध	सानुरोध	ओषधि	विरोधी	कांतिमान्	धन
स्कंध	गीध	प्रतिशोध	निरवधि	प्रतिरोधी	भगवान्	पन
सुगंध	सीध	परिशोध	पदावधि	रतौंधी	वेगवान्	फन
संबंध	धुंध	०कौंध	मध्यावधि	बंधु	भाग्यवान्	०बन
प्रबंध	०रुँध	चौंध	कालावधि	मधु	धनवान्	मन
आबंध	बुध	अंधा	अल्पावधि	साधु	रूपवान्	वन
निबंध	सुध	कंधा	वनौषधि	सिंधु	शीलवान्	स्तन
निर्गंध	सुधा	धंधा	व्याधि	सप्तसिंधु	निष्ठावान्	ढक्कन
दुर्गंध	आयुध	गधा	उपाधि	वधू	आयुष्मान्	मक्खन
भुजबंध	अंधाधुंध	नवधा	समाधि	वरवधू	पुन:	माखन
उपबंध	दूध	आधा	निर्व्याधि	धूधू	न	लेखन
कटिबंध	सेंध	बाधा	यौनव्यांधि	ऊधो	अंकन	कंगन
प्रतिबंध	वेध	भवबाधा	निधि	मध्य	चिकन	गगन
अनुबंध	निषेध	द्विधा	विधि	वध्य	टोकन	लगन
अनिर्बंध	प्रतिषेध	विधा	परिधि	खमध्य	अचकन	स्थगन
वध	वैध	द्विविधा	प्रविधि	अवध्य	भटकन	आँगन
मगध	अवैध	विविधा	नवनिधि	सांध्य	लटकन	बैंगन
नैषध	क्रोध	सुविधा	कलानिधि	बाध्य	तड़कन	लंघन
औषध	बोध	असुविधा	प्रतिनिधि	साध्य	धड़कन	सघन
पशुवध	रोध	सीधा	उपविधि	आराध्य	सरकन	कंचन
बाँध	लोध	क्षुधा	प्रविधि	असाध्य	मुद्रांकन	मंचन

-अन	-अन	-अन	-अन	-अन	-अन	-अन
वचन	**मंडन**	**मनन**	**दुर्जन**	**कुशन**	**छनछन**	**विपणन**
कांचन	गड़न	हनन	वर्णन	पेंशन	परछन	चिरंतन
पाचन	घड़न	आनन	घूर्णन	स्टेशन	निरंजन	अद्यतन
याचन	झाड़न	कंपन	कर्तन	रोशन	युवजन	आयतन
सेचन	ताड़न	ज्ञापन	बर्तन	दुश्मन	नीलांजन	नियतन
मोचन	मुंडन	तापन	कीर्तन	वसन	अंदाजन	बरतन
लोचन	कुढ़न	यापन	मर्दन	व्यसन	विभाजन	सनातन
लाँछन	पतन	कूपन	निर्धन	आसन	महाजन	पुरातन
अंजन	रतन	लेपन	दर्शन	शासन	परिजन	प्रशीतन
खंजन	चिंतन	गोपन	चलन	गहन	डिवीजन	निकेतन
भंजन	नूतन	छप्पन	जलन	दहन	बंधुजन	अचेतन
मंजन	चेतन	कफन	स्खलन	रहन	उत्तेजन	सचेतन
व्यंजन	वेतन	०उफन	क्षालन	वहन	संयोजन	निश्चेतन
भजन	पत्तन	गबन	चालन	सहन	प्रयोजन	स्वकथन
यजन	मंथन	चुंबन	पालन	पाहन	आयोजन	प्राक्कथन
वजन	कथन	अमन	लालन	वाहन	नियोजन	आक्रंदन
सजन	मथन	गमन	बेलन	रेहन	विद्वज्जन	गरदन
भाजन	क्रंदन	दमन	मूल्यन	मोहन	निमज्जन	आच्छादन
साजन	चंदन	वमन	दुल्हन	विलोकन	उलझन	उत्पादन
इंजन	नंदन	शमन	पवन	इंजेक्शन	आबंटन	दनादन
छीजन	स्पंदन	जामन	प्लवन	कनेक्शन	प्रकटन	संपादन
सुजन	बदन	सुमन	भवन	प्रास्थगन	संघटन	आस्वादन
कूजन	मदन	चयन	यवन	पालागन	विघटन	विच्छेदन
पूजन	सदन	नयन	स्रवण	आलिंगन	उबटन	उच्छेदन
स जन	वादन	शयन	हवन	उल्लंघन	पर्यटन	संवेदन
भोजन	कुंदन	किरन	पावन	अड़चन	पलटन	आवेदन
सज्जन	रुदन	हिरन	बावन	निर्वचन	भिक्षाटन	निवेदन
घटन	भेदन	चूरन	सावन	निर्वाचन	उच्चाटन	निबंधन
बटन	रोदन	फौरन	जीवन	अकिंचन	उद्घाटन	मूलधन
घुटन	बंधन	अर्चन	सीवन	आकुंचन	टनाटन	मिश्रधन
टूटन	साधन	अर्जन	भुवन	विरेचन	संगठन	प्रसाधन
पट्टन	निधन	गर्जन	सेवन	विवेचन	ठनठन	पशुधन
गठन	ईंधन	दर्जन	चौवन	निषेचन	विखंडन	उद्बोधन
पठन	शोधन	सर्जन	यौवन	उन्मोचन	प्रपीड़न	तपोधन
जूठन	खनन	मार्जन	राशन	प्रमोचन	निष्पीड़न	संबोधन
खंडन	जनन	निर्जन	मिशन	विमोचन	विलोड़न	संशोधन

-अन	-अन	-अन	-अन	-आन	-आन	-आन
आशोधन	**आगमन**	**संचालन**	**अगहन**	**बखान**	**जबान**	**स्तुतिगान**
प्रजनन	निगमन	नौचालन	निर्वहण	आख्यान	कमान	यशोगान
उत्खनन	आचमन	गोपालन	निर्वहन	व्याख्यान	समान	सम्यग्ज्ञान
पंचानन	तनमन	संतुलन	प्रोत्साहन	लगान	सामान	पहचान
गजानन	नियमन	निमीलन	आवाहन	बागान	विमान	०पहचान
पचपन	प्रशमन	उन्मूलन	आन	वाग्दान	ईमान	अनजान
बचपन	अध्ययन	संमेलन	कान	मचान	सम्मान	तत्त्वज्ञान
तिरपन	विलयन	आमेलन	खान	बेचान	बयान	आत्मज्ञान
तुरपन	वातायन	आंदोलन	घान	अजान	वीरान	ब्रह्मज्ञान
बाँकापन	प्रत्यायन	चितवन	०छान	सुजान	कुरान	मिथ्याज्ञान
प्रख्यापन	पलायन	सत्तावन	जान	संज्ञान	पुरान	न विज्ञान
आख्यापन	रसायन	वृंदावन	०जान	अज्ञान	हैरान	नौविज्ञान
अच्छापन	यूनियन	उपवन	ज्ञान	प्रज्ञान	चलान	निपटान
ओछापन	पंजीयन	इक्यावन	ठान	विज्ञान	दालान	परिधान
प्रज्ञापन	कतरन	अट्ठावन	०ठान	रुझान	मिलान	निस्संतान
विज्ञापन	सुमिरन	अठावन	तान	चट्टान	ऐलान	भुगतान
खोटापन	उत्सर्जन	आजीवन	थान	पठान	जवान	अभ्युत्थान
कड़ापन	विसर्जन	तपोवन	दान	उठान	दीवान	समुत्थान
सत्यापन	धनार्जन	अनशन	धन	सड़ान	हैवान	पर्युत्थान
उद्यापन	उपार्जन	गुलशन	ध्यान	उड़ान	श्मशान	रक्तदान
सौंधापन	प्रवर्तन	कमीशन	पान	उड़ान	निशान	योगदान
अध्यापन	निवर्तन	कोटेशन	भान	संतान	ईशान	पिंडदान
प्राध्यापन	समर्थन	निर्देशन	मान	वितान	मसान	मतदान
घनापन	संवर्धन	पटसन	०मान	उत्थान	आसान	खानदान
सूनापन	आवर्धन	निरसन	म्यान	प्रदान	किसान	पानदान
समापन	दिग्दर्शन	निर्वसन	ग्लान	आदान	पिसान	धूपदान
गीलापन	षड्दर्शन	खगासन	यान	निदान	मुस्कान	संप्रदान
भोलापन	प्रदर्शन	वज्रासन	शान	भूदान	संस्थान	श्रमदान
उद्दीपन	सुदर्शन	पद्मासन	श्वान	मैदान	प्रस्थान	वरदान
प्रकोपन	संकलन	दर्भासन	०सान	उद्यान	नहान	जलदान
विलोपन	आकलन	निर्वासन	स्थान	विद्वान	बिहान	पावदान
बड़प्पन	प्राक्कलन	प्रशासन	स्नान	प्रधान	आह्वान	अंशदान
आलंबन	प्रचलन	स्वशासन	थकान	निधान	प्रत्याख्यान	विद्यादान
निलंबन	विचलन	सुशासन	मकान	विधान	उपाख्यान	कन्यादान
अनबन	प्रज्वलन	आश्वासन	दुकान	सोपान	अफ़गान	अपादान
प्रलोभन	प्रक्षालन	सिंहासन	दूकान	उफान	राष्ट्रगान	उपादान

-आन	-आन	-आन	-इन	-ईन	-ईन	-उन
प्रतिदान	**अवमान**	**अवसान**	**मालिन**	**यकीन**	**जानशीन**	**लहसुन**
परिदान	आसमान	एहसान	पुलिन	शौकीन	पीठासीन	ऊन
बलिदान	भासमान	घमासान	तेलिन	रंगीन	सत्तासीन	खून
अनुदान	मेहमान	रेगिस्तान	आश्विन	संगीन	पदासीन	जून
अवधान	शक्तिमान	कब्रिस्तान	मुमकिन	प्राचीन	उदासीन	नून
व्यवधान	प्रतिमान	हिंदुस्तान	अभागिन	अधीन	लक्ष्यहीन	न्यून
प्रावधान	बुद्धिमान	जन्मस्थान	सुहागिन	स्वाधीन	तत्त्वहीन	०भून
समाधान	अभिमान	प्रातःस्नान	बुलेटिन	जमीन	तथ्यहीन	नाखून
कराधान	साभिमान	इम्तिहान	पहाड़िन	आलीन	सारहीन	कानून
गर्भाधान	स्वाभिमान	इन	दैनंदिन	कालीन	तर्कहीन	जनून
प्रणिधान	कीर्तिमान	०गिन	जन्मदिन	शालीन	अर्थहीन	प्रसून
संविधान	बेईमान	घिन	प्रतिदिन	विलीन	जलहीन	परचून
तिरोधान	अनुमान	टिन	निशिदिन	कुलीन	बलहीन	अफ्लातून
जजमान	असम्मान	दिन	समधिन	नवीन	लज्जाहीन	पतलून
इत्मीनान	हीनयान	पिन	विटामिन	मशीन	गतिहीन	ट्रेन
मद्यपान	व्योमयान	०बिन	पुजारिन	आसीन	उन	देन
खानपान	जलयान	डाइन	चमारिन	आस्तीन	घुन	नैन
धूम्रपान	अभियान	नाइन	गँवारिन	महीन	०चुन	फेन
जलपान	खलिहान	लेकिन	लुहारिन	विहीन	धुन	लेन
विषपान	वायुयान	नागिन	लोहारिन	तौहीन	०धुन	पदेन
रसपान	जाफरान	जोगिन	तंबोलिन	नमकीन	०बुन	लेनदेन
सुरापान	अंतर्ज्ञान	बाघिन	कमसिन	सर्वांगीन	०भुन	ऐन
मेजबान	पकवान	प्राचीन	पड़ोसिन	अर्वाचीन	०सुन	चैन
आनबान	नौजवान	कठिन	केरोसिन	समीचीन	शकुन	जैन
दरबान	गुणवान	नातिन	चीन	न्यायाधीन	फागुन	रैन
कुरबान	पुण्यवान्	साँपिन	०छीन	पराधीन	मिथुन	बेचैन
यजमान	मूल्यवान्	विपिन	जीन	आलपीन	मैथुन	सुखचैन
विद्यमान	आशावान्	टिफिन	टीन	छानबीन	तद्गुण	जोन
हन्यमान	आस्थावान्	केबिन	तीन	दूरबीन	साबुन	माइक्रोफोन
अपमान	आलीशान	केबिन	दीन	सोयाबीन	जामुन	टेलीफोन
तापमान	परेशान	धोबिन	पीन	लवलीन	अर्जुन	ग्रामोफोन
उपमान	प्रतिष्ठान	जामिन	बीन	रसलीन	फाल्गुन	कौन
अरमान	अनुष्ठान	दुर्दिन	०बीन	तत्कालीन	पिशुन	पौन
वर्तमान	नुकसान	नलिन	मीन	टेरिलीन	सतोगुण	मौन
कालमान	इनसान	मलिन	लीन	अकुलीन	रुनझुन	यौन
तुल्यमान	सुनसान	ग्वालिन	हीन	संजीवन	ठुनठुन	सागौन

-अना	-अना	-अना	-अना	-अना	-अना	-अना
घना	**भा.कना**	**चुगना**	**प जना**	**लुटना**	**तोड़ना**	**नाथना**
चना	ओकना	दुगना	गूँजना	कूटना	फोड़ना	पाथना
०जना	टोकना	ऊगना	कूजना	टूटना	मोड़ना	गूँथना
तना	ठोकना	रेंगना	पूजना	फूटना	दौड़ना	रँदना
पना	रोकना	भोगना	सूजना	फेंटना	गढ़ना	वंदना
०बना	छौंकना	लाँघना	भेजना	भेंटना	चढ़ना	अदना
मना	धौंकना	ऊँघना	खोजना	लेटना	पढ़ना	लदना
ढकना	भौंकना	सूँघना	योजना	ओटना	बढ़ना	फाँदना
थकना	टखना	जँचना	रीझना	लोटना	मढना	नादना
पकना	रखना	वंचना	सीझना	घोंटना	काढ़ना	पादना
बकना	दिखना	पचना	बुझना	घोटना	चिढ़ना	फुँदना
आँकना	लिखना	बचना	जूझना	लौटना	कुढ़ना	मुँदना
झाँकना	चीखना	मचना	बूझना	उठना	ढूँढ़ना	कूदना
डाँकना	दीखना	रचना	सूझना	रूठना	मूढ़ना	भेदना
फाँकना	सीखना	टाँचना	छँटना	ऐंठना	ओढ़ना	वेदना
हाँकना	दुखना	बाँचना	बँटना	अड़ना	पौढ़ना	छेदना
ताकना	सूखना	याचना	कटना	गड़ना	खतना	खोदना
चिकना	देखना	भिंचना	खटना	घड़ना	कातना	गोदना
टिकना	सोखना	ख चना	घटना	जड़ना	यातना	चोदना
बिकना	कंगना	फ चना	डटना	झड़ना	इतना	रौंदना
छ कना	रँगना	भ चना	नटना	पड़ना	कितना	बँधना
चुकना	जगना	स चना	पटना	लड़ना	जितना	सधना
झुकना	ठगना	सूचना	सटना	सड़ना	जीतना	बाँधना
रुकना	पगना	नोचना	हटना	माँड़ना	बीतना	साधना
लुकना	भगना	सोचना	छाँटना	गाड़ना	रीतना	बिंधना
फूँकना	लगना	सौंचना	बाँटना	झाड़ना	उतना	ब धना
भूँकना	हगना	बिछना	काटना	फाड़ना	जुतना	रुँधना
कूकना	टाँगना	पूछना	चाटना	छिड़ना	पुतना	कौंधना
चूकना	माँगना	पोंछना	पाटना	भिड़ना	कूतना	चौंधना
थूकना	जागना	मंजना	पिटना	मीड़ना	मूतना	छनना
फेंकना	दागना	व्यंजना	फिटना	उड़ना	चेतना	जनना
रेंकना	पागना	तजना	मिटना	मुड़ना	जोतना	ठनना
सेंकना	ठिगना	बजना	पीटना	मूँड़ना	पोतना	तनना
झोंकना	डिगना	सजना	घुटना	छेड़ना	सांत्वना	बनना
ठोंकना	भीगना	भाँजना	जुटना	छोड़ना	नथना	काना
पोंकना	उगना	माँजना	लूटना	जोड़ना	मथना	छानना

-अना	-अना	-अना	-अना	-अना	-अना	-अना
जानना	**रोपना**	**पूरना**	**धुलना**	**पोसना**	**सुड़कना**	**०खनखना**
ठानना	घोंपना	पेरना	झूलना	कहना	लुढ़कना	परखना
मानना	०उफना	फेरना	फूलना	गहना	बिदकना	मरखना
सानना	०दफना	घेरना	भूलना	डहना	कुदकना	निरखना
गिनना	दबना	बौरना	झेलना	ढहना	फुदकना	बिलखना
बिनना	फबना	मूर्च्छना	ठेलना	रहना	धधकना	भटकना
छीनना	ऊबना	गर्जना	पेलना	सहना	खनकना	परगना
बीनना	डूबना	वर्जना	फैलना	चाहना	ठनकना	सुलगन
चुनना	रँभाना	भर्त्सना	खोलना	ब्याहना	ठिनकना	सुलगना
धुनना	चुभना	प्रार्थना	घोलना	दुहना	तिनकना	वारांगना
बुनना	जमना	गलना	डोलना	टोहना	भिनकना	०घनघना
भुनना	थमना	चलना	तोलना	सोहना	तुनकना	प्रवंचना
सुनना	रमना	जलना	बोलना	लचकना	टपकना	संरचना
भूनना	कामना	टलना	खौलना	पिचकना	चिपकना	परचना
जन्मना	थामना	डलना	तौलना	उचकना	सुबकना	खुरचना
कँपना	सामना	ढलना	कल्पना	झिझकना	भभकना	उलीचना
अपना	जीमना	तलना	भावना	अटकना	चमकना	पहुँचना
०अपना	घूमना	पलना	खँसना	खटकना	तमकना	आसूचना
खपना	चूमना	फलना	धँसना	गटकना	दमकना	दबोचना
छपना	झूमना	मलना	फँसना	चटकना	धमकना	खरोंचना
जपना	करना	ललना	हँसना	चटकाना	परकना	आलोचना
तपना	चरना	टालना	कसना	पटकना	थिरकना	सुलोचना
सपना	झरना	डालना	डसना	फटकना	बुरकना	उपजना
काँपना	डरना	ढालना	रसना	मटकना	मुरकना	गरजना
ढाँपना	तरना	पालना	खाँसना	लटकना	कलकना	पसीजना
भाँपना	धरना	सालना	फाँसना	चिटकना	छलकना	उत्तेजना
छापना	भरना	खिलना	वासना	छिटकना	ढलकना	सहेजना
टापना	मरना	छिलना	घिसना	ठिठकना	किलकना	आयोजना
तापना	हरना	मिलना	पिसना	कड़कना	ढुलकना	प्रायोजना
थापना	तारना	हिलना	पीसना	खड़कना	खसकना	समझना
मापना	मारना	छीलना	घुसना	तड़कना	खिसकना	उरझना
छिपना	वारना	लीलना	ठूँसना	धड़कना	सिसकना	उलझना
टीपना	हारना	सीलना	चूसना	फड़कना	चहकना	सुलझना
झेंपना	गिरना	खुलना	ठूसना	छिड़कना	डहकना	उचटना
झेपना	घिरना	घुलना	खोंसना	झिड़कना	बहकना	०टनटना
थोपना	घूरना	तुलना	कोसना	घुड़कना	लहकना	झपटना

-अना	-अना	-अना	-अना	-अना	-आना	-आना
डपटना	**प्रताड़ना**	**गुजरना**	**बटोरना**	**बरसना**	**दुखाना**	**बिठाना**
रपटना	लताड़ना	उतरना	निकलना	झुलसना	सुखाना	उठाना
चिपटना	दहाड़ना	कुतरना	निगलना	हुलसना	मैखाना	बैठाना
निपटना	सिकुड़ना	सिधारना	उगलना	उपासना	टँगाना	अड़ाना
सिमटना	बिछुड़ना	सुधरना	पिघलना	तरासना	मँगाना	लड़ाना
दुर्घटना	खदेड़ना	उपरना	मचलना	निष्कासन	जगाना	भिड़ाना
पलटना	उधेड़ना	बिफरना	कुचलना	भकोसना	भगाना	उड़ाना
उलटना	घुसेड़ना	उभरना	उछलना	परोसना	लगाना	छुड़ाना
उचाटना	सिकोड़ना	सँवरना	बदलना	मसोसना	डिगाना	तुड़ाना
घसीटना	निचोड़ना	पसरना	उबलना	उगाहना	उगाना	दौड़ाना
लिपटना	भुगतना	बिसरना	सँभलना	कराहना	बेगाना	पढ़ाना
लपेटना	०तनतना	ठहरना	फिसलना	सराहना	लँघाना	बढ़ाना
समेटना	कुरेदना	फहरना	टहलना	उलाहना	अघाना	चिढ़ाना
चकोटना	खरादना	सिहरना	बहलना	आना	पचाना	उढ़ाना
कचोटना	खरीदना	डकारना	निकालना	खाना	मचाना	जताना
चचोटना	संवेदना	नकारना	खँगालना	गाना	रचाना	बताना
बनाठना	आराधना	पुकारना	उछालना	जाना	बिछाना	सताना
उमेठना	उफनना	खखारना	उबालना	ढाना	खजाना	बिताना
अकड़ना	पहनना	पखारना	सँभालना	ताना	बजाना	जुताना
जकड़ना	बचपना	निखारना	ढकेलना	थाना	लजाना	चेताना
पकड़ना	तड़पना	गुजारना	धकेलना	दाना	सजाना	पदाना
उखड़ना	हड़पना	उतारना	उँडेलना	नाना	खिजाना	लदाना
झगड़ना	पनपना	पधारना	घँघोलना	पाना	खीजना	गोदना
रगड़ना	तुरपना	सुधारना	टटोलना	बाना	खुजाना	जनाना
बिगड़ना	अलापना	उभारना	प्रकल्पना	लाना	पुजाना	बनाना
उघड़ना	आलापना	दुलारना	सद्भावना	छकाना	रोजाना	गिनाना
पिछड़ना	संस्थापना	किलकारना	संभावना	थकाना	रिझाना	घिनाना
बिछड़ना	प्रस्थापना	सँवारना	लुभावना	पकाना	बुझाना	भुनाना
उजड़ना	विडंबना	पसारना	डरावना	टिकाना	सुझाना	कँपाना
उधड़ना	अनमना	बिसारना	प्रस्तावना	ठिकाना	कटाना	खपाना
उभड़ना	सुनयना	बुहारना	सुहावना	चुकाना	खटाना	छपाना
उखाड़ना	मुकरना	ठिठुरना	सोहावना	झुकाना	घटाना	तपाना
बिगाड़ना	अखरना	बिसुरना	तलाशना	चौंकना	पटाना	छिपाना
उघाड़ना	निखरना	बिखेरना	बिहँसना	पाखाना	हटाना	चबाना
पछाड़ना	बिखरना	खदेरना	तरसना	दिखाना	मिटाना	दबाना
उजाड़ना	बघरना	तरेरना	परसना	सिखाना	लौटाना	डुबाना

-आना	-आना	-आना	-आना	-आना	-आना	-आना
जँभाना	**खिलाना**	**उचकाना**	**उलटाना**	**छितराना**	**मँगवाना**	**धुलवाना**
निभाना	दिलाना	अटकाना	पकड़ाना	उतराना	लगवाना	तौलवाना
चुभाना	पिलना	खटकाना	लँगड़ाना	पथराना	बँचवाना	डसवाना
लुभाना	पिलाना	लटकाना	उकताना	घबराना	कटवाना	उकसाना
कमाना	मिलाना	चिटकाना	भुगताना	ठहराना	पटवाना	अफ़साना
जमाना	हिलाना	उढ़काना	पछताना	फहराना	पिटवाना	तरसाना
समाना	डुलाना	खनकाना	साबूदाना	लहराना	गठवाना	बरसाना
घुमाना	बुलाना	चिपकाना	अपनाना	दोहराना	उठवाना	अलसाना
बयाना	भुलाना	चमकाना	दफनाना	अमीराना	गड़वाना	झुलसाना
सयाना	सुलाना	धमकाना	उफनाना	हकलाना	उड़वाना	हुलसाना
कराना	फैलाना	टरकाना	परनाना	दिखलाना	छुड़वाना	सिरहाना
चराना	झल्लाना	परकाना	तड़पाना	बौखलाना	तुड़वाना	०गिना
डराना	चिल्लाना	छलकाना	आजमाना	उगलाना	चढ़वाना	०घिना
तराना	गँवाना	ढलकाना	गरमाना	पिघलाना	पढ़वाना	बिना
हराना	दीवाना	ढुलकाना	भरमाना	मिचलाना	ढुँढ़वाना	हिना
याराना	बुवाना	लहकाना	शरमाना	उछलाना	जुतवाना	आइना
गिराना	निशाना	मालिकाना	जुरमाना	झुँझलाना	खुदवाना	दाहिना
तिराना	धँसाना	आशिकाना	घिघियाना	इठलाना	जनवाना	०पिनपिना
निराना	फँसाना	डाकखाना	सठियाना	बिठलाना	मनवाना	०भिनभिना
पिराना	हँसाना	कैदखाना	खतियाना	झुठलाना	चबवाना	०हिनहिना
चुराना	बसाना	तोपखाना	पतियाना	मंडलाना	डुबवाना	जीना
तैराना	पिसाना	कारखाना	बतियाना	बतलाना	कमवाना	पीना
बौरना	रिसाना	बर्फखाना	लतियाना	धुँधलाना	चरवाना	सीना
बौराना	घुसाना	जेलखाना	सूफियाना	कुम्हलाना	परवाना	नगीना
मुरझाना	दस्ताना	तहखाना	शामियाना	फुसलाना	मरवाना	पुदीना
मर्दाना	ढहाना	जच्चाखाना	मिमियाना	कहलाना	गिरवाना	कमीना
शर्माना	तहाना	दवाखाना	रिरियाना	बहलाना	चलवाना	पसीना
जुर्माना	बहाना	रंडीखाना	खिसियाना	सहलाना	डलवाना	हसीना
टर्राना	बहाना	चंडूखाना	चकराना	अकुलाना	ढलवाना	महीना
थर्राना	सिहाना	परचाना	टकराना	खजुलाना	खिलवाना	तिगुना
बर्राना	मुहाना	ललचाना	ठुकराना	खुजलाना	छिलवाना	चौगुना
गुर्राना	छुछुआना	पहुँचाना	लँगराना	टँकवाना	दिलवाना	अधुना
गलाना	बचकाना	सकुचाना	नजराना	हँकवाना	मिलवाना	पाहुना
चलाना	पिचकाना	उपजाना	मँडराना	फिंकवाना	सिलवाना	कुनकुना
ढलाना	बिचकना	उलझाना	कतराना	झुकवाना	खुलवाना	पचगुना
सालाना	मिचकाना	निपटाना	इतराना	दिखवाना	ढुलावना	०गुनगुना

-अना	-औना	-अनी	-अनी	-आनी	-आनी	-इनी
गिनाचुना	**गौना**	**ओटनी**	**अलगनी**	**जबानी**	**देवरानी**	**संजीविनी**
झुनझुना	छौना	इतनी	खुरचनी	कमानी	ठकुरानी	संन्यासिनी
०भुनभुना	बौना	जितनी	आगजनी	हिमानी	अगवानी	विलासिनी
जलाभुना	बिछौना	भूतनी	डाकाजनी	सैलानी	खँड़वानी	तेजस्विनी
अनसुना	डिठौना	नथनी	तनातनी	जवानी	कारस्तानी	ओजस्विनी
कहासुना	घिनौना	मथनी	आमदनी	भवानी	प्रतिस्थानी	तपस्विनी
चूना	खिलौना	सूथनी	द्विसदनी	रवानी	संगिनी	पयस्विनी
छूना	बिलौना	चाँदनी	करधनी	दीवानी	भगिनी	यशस्विनी
जूना	ध्वनि	जननी	नागफनी	निशानी	योगिनी	चीनी
सूना	शनि	कंपनी	डाक्टरनी	आसानी	साँड़िनी	रंगीनी
नमूना	अवनि	अपनी	सुमरनी	निहानी	हथिनी	भीनीभीनी
देना	पदध्वनि	मापनी	चेतावनी	आनाकानी	बंदिनी	धुनी
लेना	हर्षध्वनि	कफनी	कमीशनी	छेड़खानी	मेदिनी	जामुनी
सेना	प्रतिध्वनि	धमनी	सनसनी	तत्त्वज्ञानी	पद्मिनी	कहासुनी
नौसेना	ग्लानि	चिमनी	स्रोतस्विनी	आत्मज्ञानी	मानिनी	खूनी
लेनादेना	हानि	करनी	संग्रहणी	ब्रह्मज्ञानी	कामिनी	धूनी
जलसेना	मानहानि	घिरनी	जानी	ख चातानी	दामिनी	पूनी
थलसेना	मुनि	फिरनी	ज्ञानी	ऐंचातानी	भामिनी	कानूनी
वायुसेना	योनि	शेरनी	दानी	पंडितानी	यामिनी	परचूनी
छेना	पद्मयोनि	मोरनी	धानी	गोंददानी	नलिनी	अंदरूनी
पैना	कनी	वर्तनी	ध्यानी	खानदानी	शालिनी	फेनी
मैना	धनी	चलनी	नानी	राजधानी	मिलनी	बेनी
कोना	ढकनी	बिलनी	पानी	हुक्कापानी	भीलनी	छेनी
खोना	फुकनी	मिलनी	मानी	दानापानी	अश्विनी	होनी
ढोना	धौंकनी	छावनी	रानी	कालापानी	सिंहिनी	सलोनी
दोना	लेखनी	चाशनी	सानी	बागबानी	मोहिनी	कालोनी
नोना	कँगनी	रोशनी	अज्ञानी	कुरबानी	पताकिनी	अनहोनी
पोना	मँगनी	दुश्मनी	विज्ञानी	यजमानी	तामचीनी	मिचौनी
रोना	ठगनी	ग्रसनी	चट्टानी	मनमानी	सरोजिनी	खतौनी
लोना	मेंगनी	व्यसनी	गठना	आसमानी	दैनंदिनी	तनु
सोना	बैंगनी	कुहनी	पठानी	बुद्धिमानी	कुमुदिनी	मनु
होना	रजनी	कोहनी	जेठानी	अभिमानी	नितंबनी	जानु
तिकोना	सजनी	बोहनी	सेठानी	नौकरानी	सौदामिनी	भानु
भिगोना	बैंजनी	चटकनी	मथानी	निगरानी	प्रदर्शनी	धेनु
सँजोना	छँटनी	पटकनी	यूनानी	पटरानी	चंडालिनी	कामधेनु
पिरोना	चटनी	सिटकनी	जापानी	जाफरानी	म णालिनी	मजनूँ

-अनू	-अन्न	-आन्य	-अप	-आप	-ईप	-एप
बुकनू	**मिष्ठान्न**	**धान्य**	**धप**	**श्राप**	**धूपदीप**	**लेप**
जुगनू	खिन्न	मान्य	लप	संताप	जलदीप	निक्षेप
बाँधनू	छिन्न	प्राधान्य	कच्छप	प्रताप	प्रायद्वीप	संक्षेप
ऊनी	भिन्न	सामान्य	विटप	माँबाप	महाद्वीप	प्रक्षेप
न	विच्छिन्न	सम्मान्य	मंडप	संलाप	जंबुद्वीप	आक्षेप
कितने	उच्छिन्न	धनधान्य	तड़प	०अलाप	एकरूप	निर्लेप
जितने	अभिन्न	गण्यमान्य	०तड़प	प्रलाप	घुप	अंतःक्षेप
सामने	विभिन्न	असामान्य	०हड़प	आलाप	चुप	हस्तक्षेप
याने	परिखिन्न	काठिन्य	पादप	०आलाप	मधुप	कैंप
अनजाने	भिन्नभिन्न	मालिन्य	मद्यप	मिलाप	लोलुप	पटाक्षेप
इनेगिने	सुन्न	शून्य	यूथप	विलाप	पुहुप	परिक्षेप
शनैशनै	गन्ना	लज्जाशून्य	०पनप	निष्पाप	गुपचुप	कोप
पूनो	पन्ना	दैन्य	०तुरप	रक्तचाप	कूप	गोप
नौ	बन्ना	सैन्य	गपागप	पदचाप	-धूप	टोप
अन्न	चौकन्ना	अन्योन्य	लपझप	चुपचाप	भूप	तोप
प्रच्छन्न	मुन्ना	कन्या	टपाटप	परिताप	यूप	०थोप
आच्छन्न	कन्नी	सुकन्या	०रोकलप	पश्चात्ताप	रूप	०रोप
उत्पन्न	पन्नी	राजकन्या	गपशप	परिमाप	सूप	लोप
व्युत्पन्न	बन्नी	पुष्पधन्वा	०काँप	प्रेमालाप	स्तूप	प्रकोप
कदन्न	पिन्नी	तन्वी	०ढाँप	वार्तालाप	तद्रूप	आरोप
संपन्न	चुन्नी	राष्ट्रचिह्न	०भाँप	वर्कशाप	विद्रूप	यूरोप
विपन्न	मुन्नी	नन्हा	साँप	अभिशाप	प्ररूप	पित्तकोप
निष्पन्न	जन्म	उन्हें	आप	बसस्टाप	स्वरूप	कनटोप
प्रसन्न	आजन्म	उन्हों	चाप	मनस्ताप	आरूप	घटाटोप
आसन्न	परजन्म	कंप	छाप	०छिप	प्रारूप	बाइस्कोप
मेघाच्छन्न	यावज्जन्म	०कँप	०छाप	टाइप	कुरूप	०घोंप
अव्युत्पन्न	पुनर्जन्म	पंप	०टाप	टिपटिप	रोमकूप	०पा
सुसंपन्न	अन्य	हड़कंप	ताप	गणाधिप	नलकूप	०कँपा
स्थानापन्न	धन्य	०खप	०ताप	०टीप	दौड़धूप	चंपा
अप्रसन्न	वन्य	गप	०थाप	दीप	प्रतिरूप	अनुकंपा
पक्वान्न	जघन्य	०छप	नाप	द्वीप	अनुरूप	०खपा
खाद्यान्न	सौजन्य	जप	पाप	पीप	नप	०छपा
परान्न	चैतन्य	०जप	बाप	सीप	सरीसप	०तपा
नवान्न	अनन्य	ठप	भाप	प्रदीप	०झेंप	०तड़पा
पिष्टान्न	मूर्धन्य	तप	०माप	समीप	खेप	०थपथपा
मिष्टान्न	धाँय	०तप	शाप	महीप	०झेप	०लपलपा

-आपा	-आपी	-इप्त	-आप्य	-ईफा	टब	-आब
आपा	**सर्वव्यापी**	**निर्लिप्त**	**दुष्प्राप्य**	**शरीफा**	**सब**	**आफताब**
छापा	विश्वव्यापी	अलिप्त	सामीप्य	खलीफा	अजब	रक्तदाब
जापा	लुकाछिपी	उत्तीप्त	विप्र	इस्तीफा	गजब	रोबदाब
पुजापा	पीपी	प्रदीप्त	लिप्सा	गुफा	बेढब	वाष्पदाब
मुटापा	सीपी	गुप्त	भोगलिप्सा	फूफा	अदब	वायुदाब
मोटापा	रूपी	लुप्त	स्वार्थलिप्सा	अशरफी	गायब	कामयाब
बुढ़ापा	प्ररूपी	सुप्त	ईप्सा	काफी	नायब	लाजवाब
बहनापा	चेपी	विलुप्त	कफ	टाफी	अरब	डिंब
छिपा	गोपी	अतिगुप्त	तरफ	ट्राफी	खरब	बिंब
०छिपा	टोपी	त प्त	तवायफ	माफी	पूरब	मुनासिब
०चिपचिपा	गाँधीटोपी	अत प्त	साफ	बेइंसाफी	तलब	अजीब
पीपा	रिपु	प्राप्ति	स्टाफ	फूफी	करतब	करीब
कृपा	चंपू	व्याप्ति	सराफ	सूफी	अजायब	गरीब
कपि	टापू	प्रज्ञप्ति	खिलाफ	बेवकूफी	मतलब	जरीब
यद्यपि	बापू	विज्ञप्ति	इंसाफ	फूँ	आब	नसीब
पुनरपि	चिलपों	समाप्ति	पैराग्राफ	रफू	ख्वाब	तरकीब
तथापि	पोंपों	अनुज्ञप्ति	वाकिफ	ड्राफ्ट	जाब	तहजीब
कदापि	०पो	मोक्षप्राप्ति	तारीफ	दरियाफ्त	ताब	तरतीब
अद्यापि	डिपो	अतिव्याप्ति	तशरीफ	मुफ्त	नकाब	कुटुंब
लिपि	पौ	संक्षिप्ति	तकलीफ	हफ्ता	खिजाब	ताज्जुब
प्रतिलिपि	तप्त	यौनत प्ति	उफ	याफ़्ता	किताब	ऊब
स्वरलिपि	सप्त	सुषुप्ति	तकल्लुफ	कोफ्ता	खिताब	०ऊब
ब्राह्मीलिपि	संतप्त	त प्ति	ओफ	नितंब	अदाब	खूब
पांडुलिपि	परितप्त	संत प्ति	सौंफ	कदंब	जनाब	०डूब
आशुलिपि	आप्त	अत प्ति	खफा	विलंब	कबाब	जेब
०पी	प्राप्त	स्वप्न	दफा	अवलंब	नायाब	सेब
कच्छपी	अप्राप्त	गप्प	नफा	निरालंब	खराब	तंजेब
कँपकँपी	समाप्त	ठप्पा	वफ़ा	अविलंब	शराब	पाजेब
कापी	पर्याप्त	गोलगप्पा	बेवफा	अब	जुर्राब	पायजेब
थापी	असमाप्त	चप्पाचप्पा	तोहफा	कब	तालाब	ऐब
पापी	अपर्याप्त	चुप्पी	चौतरफा	क्लब	गुलाब	रोब
मापी	परिव्याप्त	चप्पू	मुनाफा	जब	जुलाब	बाँ
आलापी	संक्षिप्त	लल्लोचप्पो	लिफाफा	तब	जवाब	अंबा
आपाधापी	प्रक्षिप्त	प्राप्य	वजीफा	०दब	नवाब	लंबा
तापमापी	आक्षिप्त	अप्राप्य	लतीफा	०फब	पेशाब	जगदंबा
भारमापी	विक्षिप्त	समाप्य	खफीफा	रब	हिसाब	०चबा

-अबा	-ईंबू	-अब्र	-उभ	अंभु	-अम	-अम
०दबा	**न बू**	**सब्र**	**अशुभ**	**शंभु**	**निगम**	**निर्मम**
०डबडबा	नीबू	आब्रू	क्षोभ	प्रभु	सुगम	कलम
ताँबा	अब्ज	हब्शी	लोभ	भू	बेगम	आलम
ढाबा	कब्ज	खंभ	विक्षोभ	पद्मभू	पंचम	बालम
बाबा	नब्ज	दंभ	निर्लोभ	प्रतिभू	हजम	चिलम
०डुबा	कुब्ज	स्तंभ	खंभा	स्वयंभू	बौड़म	नीलम
मंसूबा	कब्जा	आरंभ	०जँभा	भौं भौं	खतम	बल्लम
तोबा	सब्जी	प्रारंभ	अचंभा	सभ्य	उत्क्रम	नवम
हायतोबा	खब्त	सत्रारंभ	प्रभा	अलभ्य	उत्तम	शीशम
लंबी	जब्त	युद्धारंभ	०रँभा	शुभ्र	तत्सम	रेशम
स्वावलंबी	खब्ती	शुभारंभ	सभा	अलम्	प्रथम	सश्रम
रबी	जब्ती	समारंभ	चंद्रप्रभा	अहं	कदम	आश्रम
अरबी	शब्द	कार्यारंभ	लोकसभा	माध्यस्थम्	आदम	विषम
चरबी	निश्शब्द	विप्रलंभ	शोकसभा	कम	उद्गम	कसम
अजनबी	अपशब्द	उपालंभ	राजसभा	क्रम	उद्यम	खसम
बाँबी	शताब्दी	नभ	राज्यसभा	०जम	अधम	मौसम
चाबी	सहस्त्राब्दी	सौरभ	आभा	ड्रम	उधम	कस्टम
पंजाबी	लब्ध	दुर्लभ	प्रतिभा	तम	ऊधम	रहम
खराबी	स्तब्ध	अलभ	०चुभा	दम	मध्यम	स्वर्गकाम
शराबी	प्रालब्ध	सुलभ	०लुभा	बम	माध्यम	पाठ्यक्रम
मुर्गाबी	निस्तब्ध	वल्लभ	शोभा	भ्रम	जनम	पदक्रम
गुलाबी	उपलब्ध	व षभ	सुरभि	मम	संभ्रम	तापक्रम
जवाबी	क्षुब्ध	हतप्रभ	नाभि	यम	विभ्रम	मापक्रम
कामयाबी	लुब्ध	जलस्तंभ	म गनाभि	०रम	संयम	उपक्रम
गरीबी	विक्षुब्ध	लाभ	भी	श्रम	कायम	वर्णक्रम
जेबी	अब्धि	अमिताभ	दंभी	सम	नियम	कार्यक्रम
जलेबी	लब्धि	हितलाभ	अभी	हम	गरम	कालक्रम
धोबी	उपलब्धि	स्वास्थ्यलाभ	कभी	रकम	चरम	यथाक्रम
अंबु	अब्बा	प्रतिलाभ	जभी	प्रक्रम	धरम	पराक्रम
जंबु	धब्बा	डिंभ	तभी	विक्रम	नरम	अतिक्रम
बू	मुरब्बा	टिट्टिभ	सभी	अक्षम	परम	प्रतिक्रम
तंबू	पनडब्बा	जीभ	दुंदुभी	सक्षम	हरम	व्यतिक्रम
लंबू	डिब्बा	कुंभ	भाभी	जखम	कोरम	पंजीक्रम
बदबू	पनडुब्बी	निशुंभ	गोभी	जंगम	फोरम	अनुक्रम
खुशबू	नब्बे	०चुभ	लोभी	संगम	निर्गम	कार्यक्षम
बाबू	कब्र	शुभ	बंदगोभी	आगम	दुर्गम	भुजंगम

-अम	-आम	-आम	-इम	-ओम	-अमा	-ईमा
विहंगम	**आम**	**नीलाम**	**जालिम**	**ओम**	**०चमचमा**	**आयुसीमा**
सरगम	काम	गुलाम	मुजरिम	डोम	प्रियतमा	उमा
समागम	ग्राम	इल्जाम	रिमझिम	मोम	मुकदमा	०घुमा
पूर्वागम	घाम	विश्राम	अंतरिम	रोम	मनोरम	खेमा
फलागम	जाम	निष्काम	अप्रतिम	लोम	कामा	सिनेमा
अधिगम	०थाम	लब्धकाम	०जीम	व्योम	जामा	कोमा
टमटम	दाम	यथाकाम	नीम	सोम	ड्रामा	डिप्लोमा
तिकड़म	धाम	शालग्राम	भीम	होम	मामा	भूमि
ढमढम	नाम	मिलीग्राम	हकीम	विलोम	यामा	रंगभूमि
उच्चतम	पाम	टेलीग्राम	यतीम	प्रतिलोम	लामा	रणभूमि
न्यूनतम	याम	चक्काजाम	मुनीम	भौम	ृयामा	युद्धभूमि
निम्नतम	राम	तामझाम	अफीम	हमकौम	हंगामा	जन्मभूमि
प्रियतम	वाम	परिणाम	तालीम	माँ	पाजामा	प ष्ठभूमि
इष्टतम	ृशाम	रोकथाम	असीम	०कमा	बैनामा	मरुभूमि
लघुत्तम	साम	धूमधाम	निःसीम	क्षमा	मोमजामा	मात भूमि
महत्तम	जुकाम	पदनाम	निस्सीम	जमा	हुक्मनामा	तपोभूमि
अत्युत्तम	लगाम	बदनाम	तसलीम	०जमा	पंचनामा	कृमि
नरोत्तम	पैगाम	छद्मनाम	तुम	०थमा	सरनामा	जम
सर्वोत्तम	संग्राम	उपनाम	दुम	दमा	कारनामा	कमी
खमदम	हज्जाम	गुमनाम	कुंकुम	०आजमा	चंदामामा	डमी
निरुद्यम	धड़ाम	कुलनाम	कुसुम	हाजमा	खानसामा	पंचमी
धमाधम	प्रणाम	इसलाम	सीढ़ीनुमा	खातमा	भंगिमा	आदमी
नराधम	बादाम	घनश्याम	जहन्नुम	चंद्रमा	लघिमा	उद्यमी
शबनम	गोदाम	हिम	०घूम	मध्यमा	प्रतिमा	ऊधमी
अनुपम	उद्दाम	बंकिम	०चूम	उपमा	गरिमा	सप्तमी
अलबम	इनाम	मद्धिम	०झूम	०गरमा	पूर्णिमा	संयमी
अणुबम	सुनाम	पश्चिम	धूम	बरमा	लालिमा	गरमी
मतिभ्रम	तमाम	पच्छिम	निर्धूम	०भरमा	नीलिमा	नरमी
वाक्संयम	किमाम	रक्तिम	मासूम	०शरमा	महिमा	नवमी
मुलायम	व्यायाम	स्वर्णिम	क्लोकरूम	सुरमा	०टिमटिमा	रेशमी
रेडियम	आराम	कृत्रिम	क्षेम	सूरमा	मधुरिमा	अष्टमी
प्रीमियम	विराम	जाजिम	प्रेम	कलमा	कीमा	पराक्रमी
योगाश्रम	हराम	जोखिम	सेम	सलमा	बीमा	अकादमी
वर्णाश्रम	कलाम	अंतिम	हेम	सुषमा	सीमा	परिश्रमी
परिश्रम	ललाम	अग्रिम	योगक्षेम	तसमा	अग्निबीमा	जन्माष्टमी
मरहम	सलाम	टाइम	भ्रात प्रेम	परिक्रमा	परिसीमा	खामी

-आमी	-अम्मा	-अय	-अय	-अय	-आय	-इय
नामी	**मुलम्मा**	**हय**	**विषय**	**मुख्यालय**	**चाय**	**प्रिय**
मामी	जिम्मा	विक्रय	विस्मय	शौचालय	न्याय	सक्रिय
स्वामी	क्षम्य	अक्षय	परिचय	मंत्रालय	राय	क्षत्रिय
हामी	गम्य	संचय	समुच्चय	छात्रालय	हाय	इंद्रिय
प्रगामी	अक्षम्य	निचय	धनंजय	मूत्रालय	निकाय	अप्रिय
आगामी	अगम्य	अजय	पराजय	ग्रंथालय	बजाय	निष्क्रिय
निर्गामी	अदम्य	विजय	दिग्विजय	विद्यालय	प्रदाय	पंचेंद्रिय
नीलामी	दुर्दम्य	वाङ्मय	परिणय	स्नानालय	अध्याय	घ्राणेंद्रिय
गुलामी	वैषम्य	प्रणय	तापत्रय	हिमालय	स्वाध्याय	स्वादेंद्रिय
भूस्वामी	बोधगम्य	प्रत्यय	अभ्युदय	न्यायालय	अन्याय	गंधेंद्रिय
अग्रगामी	भावगम्य	सदय	सहृदय	कार्यालय	उपाय	ज्ञानेंद्रिय
शीघ्रगामी	काम्य	उदय	भाग्योदय	शिवालय	सराय	स्पर्शेंद्रिय
द्रुतगामी	ग्राम्य	हृदय	चंद्रोदय	देवालय	पर्याय	बाह्येंद्रिय
ऊर्ध्वगामी	साम्य	तनय	सूर्योदय	वेश्यालय	सिवाय	लोकप्रिय
सहगामी	सौम्य	विनय	सर्वोदय	डाकव्यय	काषाय	प्रांतीय
वेश्यागामी	याम्या	तन्मय	महोदय	अपव्यय	स्थूलकाय	जातीय
प्रतिगामी	नम्र	चिन्मय	अभिनय	परिव्यय	कृशकाय	द्वितीय
अनुगामी	विनम्र	अन्वय	अविनय	निसंशय	नीलगाय	त तीय
अधोगामी	ताम्र	अभय	सविनय	पक्वाशय	अग्रदाय	वित्तीय
पुरोगामी	उम्र	उभय	अनन्वय	पित्ताशय	संप्रदाय	आत्मीय
परिणामी	धूम्र	समय	समन्वय	मूत्राशय	धर्मदाय	तदीय
बदनामी	तुम्हें	निर्णय	कतिपय	आमाशय	प्रतिदाय	केंद्रीय
ग हस्वामी	स्वयम्	निर्दय	सुखमय	जलाशय	समुदाय	स्थानीय
पश्चिमी	सायं	निर्भय	नादमय	मलाशय	अनध्याय	वरीय
नेमी	प्रायः	प्रलय	प्रेममय	महाशय	उपाध्याय	स्वर्गीय
प्रेमी	क्रय	मलय	भावमय	अतिशय	निरुपाय	जलीय
नामे	क्षय	वलय	असमय	राजाश्रय	पूर्वोपाय	देशीय
धीमे	जय	आलय	रसमय	पराश्रय	भग्नप्राय	राष्ट्रीय
धीमेधीमे	तय	निलय	स्नेहमय	निराश्रय	म तप्राय	शास्त्रीय
मेमो	त्रय	विलय	लीलामय	दुराशय	नष्टप्राय	राजकीय
कैशमेमो	नय	अव्यय	मणिमय	टाँयटाँय	अभिप्राय	नाटकीय
उम्दा	पय	संशय	शांतिमय	ठाँयठाँय	साभिप्राय	परकीय
निम्न	भय	आशय	विनिमय	भाँयभाँय	व्यवसाय	नारकीय
टेम्पो	लय	निश्चय	विपर्याय	साँयसाँय	हायहाय	शासकीय
अम्मा	वय	प्रश्रय	किसलय	आय	असहाय	पुस्तकीय
निकम्मा	व्यय	आश्रय	प्रतीक्षालय	गाय	निस्सहाय	सांख्यिकीय

-ईय	-ईय	-इयाँ	-इया	-इया	-इया	-अयी
नाभिकीय	**दर्शनीय**	**काइयाँ**	**हिया**	**भेदिया**	**कबाड़िया**	**संशयी**
त्रिपक्षीय	स्पर्शनीय	सुर्खियाँ	तकिया	दुधिया	लबाड़िया	आश्रयी
द्विपक्षीय	गर्हणीय	आस्तियाँ	टिकिया	दूधिया	अढ़तिया	विषयी
विभागीय	स्प हणीय	रोयाँ	स किया	धनिया	मखनिया	मितव्ययी
रमणीय	यूरोपीय	या	प्रक्रिया	बनिया	कमरिया	अपव्ययी
करणीय	विक्रमीय	गया	मुखिया	दुनिया	लहरिया	पराश्रयी
वरणीय	उत्तरीय	दया	बगिया	खुफिया	गठरिया	दायी
प्रेषणीय	ईश्वरीय	नया	जाँघिया	फुफिया	पतुरिया	स्थायी
ग्रहणीय	द्विदलीय	बया	०घिघिया	डिबिया	गड़ेरिया	अन्यायी
भारतीय	मानवीय	म गया	बछिया	०मिमिया	मलेरिया	अस्थायी
पर्वतीय	ईसवीय	विजया	बिछिया	खरिया	दिवालिया	आततायी
सजातीय	देय	तनया	ताजिया	दरिया	बहेलिया	दुखदायी
विजातीय	ध्येय	रुपया	भुजिया	सरिया	सँपोलिया	अंशदायी
अद्वितीय	पेय	कृपया	गुझिया	०रिरिया	बिचौलिया	अष्टाध्यायी
भवदीय	श्रेय	विषकन्या	खटिया	यूरिया	दुभाषिया	अनुयायी
संसदीय	आग्नेय	यद च्छया	पटिया	छलिया	दीया	जलशायी
शोचनीय	अजेय	पूर्णतया	बटिया	डलिया	द्वितीया	धराशायी
पूजनीय	अज्ञेय	स्पष्टतया	बिटिया	कालिया	त तीया	व्यवसायी
पठनीय	पांडेय	आया	चुटिया	पीलिया	परकीया	चिरस्थायी
खंडनीय	पाथेय	काया	लुटिया	औलिया	नैया	आयु
दंडनीय	आधेय	छाया	०सठिया	तौलिया	खेवैया	वायु
गणनीय	यौधेय	जाया	हँड़िया	हाशिया	ढैया	स्नायु
चिंतनीय	अध्येय	माया	खड़िया	हँसिया	भैया	जटायु
कथनीय	प्रमेय	बकाया	पड़िया	रसिया	मैया	शतायु
वंदनीय	अस्तेय	सफाया	चिड़िया	०खिसिया	मड़ैया	जरायु
निंदनीय	आतिथेय	पराया	गुड़िया	मौसिया	ततैया	चिरायु
भेदनीय	मानदेय	किराया	पुड़िया	पाहिया	गौरैया	दीर्घायु
मननीय	उपादेय	सवाया	लौंड़िया	चुहिया	बिलैया	पूर्णायु
माननीय	प्रतिदेय	प्रतिच्छाया	बढ़िया	रसोइया	गवैया	अल्पायु
गोपनीय	भागिनेय	छत्रच्छाया	०खतिया	मजाकिया	सवैया	स्वल्पायु
लोभनीय	उपमेय	धोयाधाया	०पतिया	प्रातःक्रिया	परखैया	परमायु
शोभनीय	ऐतरेय	हमसाया	०बतिया	प्रतिक्रिया	छुटभैया	जलवायु
कमनीय	पौरुषेय	घुँइयाँ	०लतिया	रतिक्रिया	पुछवैया	शय्या
दमनीय	तोय	क्रिया	कुतिया	अभिक्रिया	संचयी	म त्युशय्या
पूरणीय	दायाँ	पिया	सौतिया	अनुक्रिया	विजयी	बहिर्
वर्णनीय	बायाँ	शिया	चँदिया	नौसिखिया	प्रणयी	दुर्

-अर	-अर	-अर	-अर	-अर	-अर	-अर
पुरः	**चक्कर**	**अजर**	**गदर**	**अमर**	**ईश्वरं**	**फुटकर**
कर	टक्कर	नजर	प्रदर	उमर	पुष्कर	छोड़कर
०कर	शक्कर	गाजर	आदर	कमर	असर	हितकर
खर	डाक्टर	पिंजर	चादर	भ्रमर	कसर	पथकर
घर	ट्रैक्टर	कुंजर	सादर	समर	टसर	दिनकर
चर	अक्षर	गुजर	सुंदर	डामर	०पसर	बुनकर
०चर	साक्षर	०गुजर	उदर	पामर	वासर	लाभकर
जर	०अखर	मटर	मुद्गर	कायर	०बिसर	आयकर
ज्वर	प्रखर	मीटर	चद्दर	टायर	ऊसर	पौरकर
०झर	०निखर	मोटर	अधर	शेयर	सेंसर	जलकर
०डर	०बिखर	कट्टर	इधर	जर्जर	केसर	ग हकर
दर	शिखर	टट्टर	किधर	निर्झर	तस्कर	पद्माकर
०धर	मुखर	गट्ठर	जिधर	बर्बर	भास्कर	सुधाकर
नर	शेखर	जठर	०सिधार	निर्भर	डस्टर	रुचिकर
पर	पोखर	निडर	उधर	मर्मर	रोस्टर	अतिकर
भर	०खखार	लीडर	०सुधर	उर्वर	प्रस्तर	प्रतिकर
०भर	०पखार	टेंडर	वानर	कालर	बिस्तर	अधिकर
०मर	लंगर	अंतर	क्लीनर	झालर	ट्रांस्फर	हानिकर
वर	अगर	०कतर	बैनर	डालर	कहर	परिकर
शर	डगर	कातर	किन्नर	डीलर	जहर	रविकर
सर	नगर	इतर	०उपर	गूलर	०ठहर	मधुकर
स्तर	मगर	पितर	ऊपर	चँवर	नहर	कलक्टर
स्मर	डाँगर	तीतर	खप्पर	भँवर	पहर	इंस्पेक्टर
स्वर	गागर	भीतर	छप्पर	०सँवर	प्रहर	आद्यक्षर
हर	नागर	०उतर	बफर	अवर	०फहर	निरक्षर
सूअर	सागर	०कुतर	०बिफर	कवर	लहर	बीजाक्षर
शंकर	जिगर	पत्तर	दफ्तर	प्रवर	शहर	दीर्घाक्षर
संकर	डूँगर	सत्तर	नंबर	भाँवर	नाहर	स्वर्णाक्षर
मकर	०बघर	उत्तर	कबर	स्थावर	बाहर	हस्ताक्षर
आकर	लचर	गत्वर	खबर	विवर	पीहर	अजगर
०मुकर	गोचर	मंथर	चैंबर	धीवर	मुहर	उजागर
शूकर	खच्चर	ईथर	गोबर	कुँवर	नैहर	सौदागर
पैकर	मच्छर	अंदर	गब्बर	जेवर	मोहर	बाजीगर
चोकर	खंजर	बंदर	साँभर	तेवर	युगंकर	रफूगर
ठोकर	पंजर	कदर	०उभर	देवर	भयंकर	कारीगर
नौकर	बँजर	खद्दर	दूभर	गँवार	तीर्थंकर	जादूगर

-अर	-अर	-अर	-अर	-अर	-आर	-आर
डाकघर	**बेहतर**	**भगंदर**	**रिवाल्वर**	**अरहर**	**विकार**	**कतार**
घर्घर	मेहतर	अनादर	स्वयंवर	जवाहर	शिकार	तातार
पूजाघर	एकांतर	दरदर	निछावर	खेतिहर	स्वीकार	सितार
घंटाघर	युगांतर	निरादर	नटवर	मनोहर	हुंकार	उतार
मुर्दाघर	मतांतर	म त्युदर	मित्रवर	धरोहर	पुकार	०उतार
चुंगीघर	मध्यांतर	छछूँदर	जानवर	क्षार	०पुकार	सत्कार
जादूघर	जन्मांतर	नतोदर	न्योछावर	चार	बेकार	चीत्कार
पंक्चर	रूपांतर	लंबोदर	खतावार	जार	ओंकार	फूत्कार
पदचर	अवांतर	समुंदर	यायावर	ज्वार	मक्कार	मदार
गुप्तचर	भावांतर	जलोदर	महावर	तार	धिक्कार	उदार
नभचर	हिंदीतर	सहोदर	ड्राइवर	०तार	०निखार	गद्दार
जलचर	कृषीतर	मुकद्दर	इंदीवर	द्वार	बुखार	उद्धार
बालचर	कबूतर	धुरंधर	कलेवर	धार	खूँखार	०पधार
चराचर	मंगेतर	चक्रधर	सरोवर	पार	पगार	गांधार
निशाचर	पाठ्येतर	पक्षधर	पब्लिशर	प्यार	आगार	आधार
परिचर	बहत्तर	खड्गधर	अनश्वर	बार	उद्गार	उधार
वाउचर	छिहत्तर	विषधर	निरीश्वर	भार	सिंगार	सुधार
अनुचर	तिहत्तर	गिरिधर	योगेश्वर	मार	श ंगार	०सुधार
डिस्पैचर	ब हत्तर	वंशीधर	राजेश्वर	०मार	संचार	अनार
अगोचर	चौहत्तर	पयोधर	पुरःसर	यार	अचार	दीनार
मैनेजर	प्रत्युत्तर	पेंशनर	अकसर	लार	प्रचार	सुनार
पित्तज्वर	अनुत्तर	पूर्वापर	अफ़सर	वार	आचार	व्यापार
टमाटर	निरुत्तर	दिगंबर	अवसर	०वार	लाचार	रफ्तार
ट्रांस्मीटर	लोकोत्तर	बाघंबर	परिसर	सार	विचार	प्रभार
काउंटर	पत्रोत्तर	पटंबर	पुंकेसर	हार	उच्चार	आभार
कंप्यूटर	याम्योत्तर	पाटंबर	श्रेयस्कर	०हार	बौछार	साभार
थियेटर	कार्योत्तर	आडंबर	रजिस्टर	झंकार	मजार	उभार
बवंडर	प्रश्नोत्तर	पीतांबर	ट्रांजिस्टर	टंकार	हजार	०उभार
पाउडर	संवत्सर	ृवेतांबर	कनस्तर	डकार	बाजार	चमार
कैलेंडर	थरथर	नीलांबर	निम्नस्तर	०डकार	०गुजार	बीमार
अनंतर	सिकंदर	बराबर	पलस्तर	नकार	औजार	कुमार
आभ्यंतर	चुकंदर	औदुंबर	परस्पर	०नकार	कटार	कुम्हार
छूमंतर	मुछंदर	विश्वंभर	आर्तस्वर	प्रकार	कुठार	बयार
निरंतर	पुरंदर	कचूमर	खँडहर	आकार	कोठार	ऐयार
उच्चतर	कलंदर	अंपायर	दुपहर	प्राकार	भंडार	करार
परतर	मुगदर	ट्रांस्फार्मर	दोपहर	साकार	रडार	दरार

-आर	-आर	-आर	-आर	-आर	-आर	-आर
फरार	**०दुत्कार**	**कलाकार**	**अनाचार**	**थानेदार**	**दरबार**	**परिष्कार**
०दुलार	पत्रकार	हाहाकार	पापाचार	दानेदार	कारोबार	बहिष्कार
०किलकार	चित्रकार	प्रतिकार	समाचार	ताबेदार	पदभार	खँड़सार
०सँवार	ग्रंथकार	अधिकार	नयाचार	धब्बेदार	कार्यभार	अभिसार
सवार	अंधकार	प्राधिकार	दुराचार	जिम्मेदार	कठमार	अनुसार
तुषार	जानकार	साधिकार	भ्रष्टाचार	किलेदार	लूटमार	नमस्कार
संसार	इनकार	स्वाधिकार	शिष्टाचार	पल्लेदार	लट्ठमार	तिरस्कार
०पसार	अपकार	लिपिकार	व्यभिचार	रवेदार	भरमार	पुरस्कार
प्रसार	उपकार	कर्णिकार	अविचार	दावेदार	तीसमार	आविष्कार
०बिसार	स्तूपकार	पूर्तिकार	कुविचार	रिश्तेदार	चिड़ीमार	अनुस्वार
संस्कार	०फुफकार	मूर्तिकार	इंतजार	रसेदार	सुकुमार	इजहार
निस्तार	कुंभकार	निर्विकार	भरतार	हिस्सेदार	बेशुमार	बड़हार
विस्तार	जयकार	अंगीकार	अवतार	भावोद्गार	छापेमार	चंद्रहार
संहार	परकार	अस्वीकार	लगातार	जीर्णोद्धार	हथियार	होनहार
कहार	सरकार	चाटुकार	चमत्कार	मुखद्वार	होशियार	उपहार
प्रहार	स्वर्णकार	वास्तुकार	साक्षात्कार	घरद्वार	घसियार	दुर्व्यवहार
बहार	कर्मकार	साहूकार	बलात्कार	पुरद्वार	तकरार	व्यवहार
आहार	चर्मकार	रोजगार	पूँछदार	मँझधार	इकरार	इश्तहार
विहार	ललकार	यादगार	खमदार	मझधार	बेकरार	मिताहार
नीहार	०ललकार	कामगार	दमदार	सूत्रधार	शुक्रवार	प्रत्याहार
फुहार	किलकार	शौचागार	सरदार	कर्णधार	पतवार	अध्याहार
०बुहार	०किलकार	यज्ञागार	जोरदार	जलधर	इतवार	समाहार
लुहार	काश्तकार	भांडागार	कर्जदार	धुआँधार	बुधवार	निराहार
गोहार	भाष्यकार	ग्रंथागार	दिलदार	बंटाधार	सोमवार	फलाहार
त्योहार	चक्राकार	स्नानागार	जमादार	जनाधार	खरवार	पोषाहार
लोहार	सूक्ष्माकार	धान्यागार	रवादार	निराधार	तलवार	प्रतिहार
निरंकार	लेखाकार	सभागार	जम दार	मूलाधार	पैदावार	भूमिहार
अलंकार	व्याख्याकार	कारागार	भागीदार	भूसुधार	पारावार	परिहार
अहंकार	शुंडाकार	अस्त्रागार	खरीदार	कचनार	शनिवार	मनुहार
व्यंग्यकार	व त्ताकार	शस्त्रागार	धारीदार	आरपार	सोमवार	०घिर
पुचकार	धन्वाकार	उपचार	अनुदार	लाड़प्यार	परिवार	चिर
०पुचकार	रूपाकार	लोकाचार	ठेकेदार	गिरफ्तार	रविवार	फिर
०चटकार	भीमाकार	अत्याचार	लच्छेदार	बारंबार	गुरुवार	शिर
फटकार	निराकार	पत्राचार	साझेदार	अखबार	हफ्तेवार	सिर
गीतकार	वार्ताकार	कदाचार	नातेदार	एतबार	ब्योरेवार	स्थिर
दुत्कार	सर्पाकार	सदाचार	जत्थेदार	घरबार	माहवार	आखिर

-इर	-ईर	-अर	-ऊर	-ओर	-अरा	-अरा
रुचिर	**कबीर**	**विधुर**	**मजबूर**	**बोर**	**खरा**	**अप्सरा**
हाजिर	गंभीर	त्रिपुर	मशहूर	भोर	०चरा	०घबरा
खातिर	आभीर	नूपुर	घेर	मोर	जरा	कमरा
मंदिर	अमीर	श्वशुर	ढेर	रोर	०डरा	दायरा
खदिर	खमीर	निष्ठुर	देर	शोर	०तरा	शर्करा
बधिर	समीर	असुर	०पेर	चकोर	त्वरा	उर्वरा
रुधिर	शरीर	ससुर	फेर	चौकोर	धरा	भँवरा
काफिर	तुषीर	नानकुर	०फेर	०बटोर	भरा	आसरा
तिमिर	अहीर	बीजांकुर	बेर	कठोर	हरा	तीसरा
शिविर	राजगीर	शोकातुर	शेर	मड़ोर	०चकरा	दूसरा
शिशिर	जहाँगीर	चिंतातुर	०बिखेर	विभोर	०टकरा	उस्तरा
अस्थिर	तकदीर	जरातुर	बटेर	किशोर	बकरा	गहरा
सुस्थिर	तदबीर	भावातुर	मुंडेर	०हिलकोर	ठीकरा	०ठहरा
जाहिर	सशरीर	बहादुर	०खदेर	सूदखोर	०ठुकरा	पहरा
यमपुर	तहरीर	अन्तःपुर	अँधेर	मुफ्तखोर	छोकरा	महरा
युधिष्ठिर	युद्धवीर	सुरासुर	कनेर	गमखोर	टोकरा	०लहरा
मगसिर	शूरवीर	क्रूर	कुबेर	गोश्तखोर	नखरा	कुहरा
क्षीर	महावीर	दूर	०तरेर	मांसखोर	०लँगरा	चेहरा
खीर	नकसीर	नूर	अहेर	घूसखोर	मोंगरा	तेहरा
चीर	बवासीर	०पूर	लौटफेर	गोताखोर	मोगरा	सेहरा
तीर	उर	शूर	हेरफेर	कमजोर	घाँघरा	कोहरा
धीर	दुर	अंगूर	खैर	०झकझोर	कचरा	दोहरा
नीर	धुर	लंगूर	गैर	बागडोर	गजरा	०दोहरा
पीर	पुर	खजूर	०तैर	घनघोर	बाजरा	मोहरा
बीर	फुर	तंदूर	पैर	और	पिंजरा	चौहरा
वीर	सुर	सिंदूर	बैर	कौर	पटरा	०मुसकरा
फकीर	अंकुर	सुदूर	तैर	गौर	०मँड़रा	कटघरा
लकीर	ठाकुर	कपूर	सैर	दौर	संतरा	कठघरा
जागीर	भंगुर	मयूर	स्वैर	पौर	खतरा	०चरचरा
प्राचीर	पागुर	जरूर	बगैर	बौर	०इतरा	०छरछरा
अंजीर	प्रचुर	कसूर	घोर	मौर	०छितरा	मोतीझरा
जंजीर	०ठिठुर	मसूर	चोर	सौर	०उतरा	०टरटरा
नजीर	निठुर	नासूर	छोर	बतौर	पैंतरा	चकोतरा
कुटीर	चतुर	चूरचूर	जोर	महापौर	०पथरा	वसुंधरा
अधीर	आतुर	मजदूर	डोर	सिरमौर	कंदरा	परंपरा
पनीर	मधुर	भरपूर	पोर	०करा	खुदरा	चरपरा

-अरा	-आरा	-ईरा	-एरा	-अरी	-अरी	-अरी
०फरफरा	**तुम्हारा**	**चीरा**	**अँधेरा**	**जरी**	**डेयरी**	**डिस्पेंसरी**
मकबरा	करारा	जीरा	फुफेरा	तरी	नर्सरी	रजिस्ट्री
अधमरा	दुलारा	नीरा	सबेरा	दरी	गैलरी	कचहरी
०चरमरा	गवारा	हीरा	बसेरा	बकरी	वल्लरी	खरहरी
मुहावरा	आवारा	मंजीरा	बहुतेरा	चाकरी	तश्तरी	गिलहरी
पचहरा	कुँवारा	मजीरा	ऐरागैरा	टोकरी	तस्करी	मसहरी
सुनहरा	फव्वारा	खमीरा	०तैरा	नौकरी	इस्तरी	टिटहरी
खरहरा	इशारा	ममीरा	पैरा	डाक्टरी	मिस्तरी	खारी
छरहरा	सहारा	०चुरा	कोरा	गगरी	प्रहरी	जारी
क्वारा	छुहारा	छुरा	गोरा	नगरी	महरी	धारी
खारा	फुहारा	धुरा	डोरा	जिगरी	लहरी	नारी
गारा	चटकारा	पुरा	बोरा	डिगरी	शहरी	पारी
तारा	छुटकारा	बुरा	ब्योरा	खँजरी	बाहरी	बारी
द्वारा	भाईचारा	सुरा	शोरा	मंजरी	मोहरी	भारी
धारा	बनजारा	खुरखुरा	छिछोरा	बजरी	जौहरी	यारी
नारा	निपटारा	भुरभुरा	कटोरा	पटरी	फिटकरी	विकारी
न्यारा	इकतारा	मुरमुरा	ढँढोरा	बैटरी	सहकारी	शिकारी
पारा	एकतारा	०मुरमुरा	ढिंढोरा	गठरी	अंत्याक्षरी	हुंकारी
प्यारा	ध्रुवतारा	घूरा	भौंरा	कोठरी	कारीगरी	बेकारी
सारा	जलधारा	पूरा	दौरा	भीतरी	जादूगरी	भिखारी
हँकारा	भटियारा	बूरा	बौरा	पथरी	मिलिटरी	संचारी
शिकारा	अँधियारा	भूरा	०बौरा	पादरी	धन्वंतरी	पुजारी
अँगारा	गलियारा	धतूरा	अरि	मुंदरी	बेहतरी	कटारी
बेचारा	बँटवारा	तंदूरा	करि	सुंदरी	बढ़ोतरी	पिटारी
नजारा	०गिरा	अधूरा	हरि	चौधरी	प्रश्नोत्तरी	कोठारी
गुजारा	०तिरा	तंबूरा	उपरि	चुनरी	स्टेशनरी	भंडारी
पिटारा	निरा	डेरा	धन्वंतरि	किन्नरी	मशीनरी	तातारी
भंडारा	०पिरा	तेरा	यथोपरि	ऊपरी	जलपरी	मदारी
सितारा	शिरा	फेरा	सर्वोपरि	रेफरी	आडंबरी	गद्दारी
हत्यारा	सिरा	मेरा	वारि	दफ्तरी	बराबरी	किनारी
किनारा	मदिरा	घेरा	गिरि	नंबरी	भुखमरी	व्यापारी
बफारा	इंदिरा	लखेरा	हेमगिरि	शबरी	चमरी	सुपारी
दुबारा	जाहिरा	चचेरा	री	ढिबरी	जनवरी	प्रभारी
दोबारा	किरकिरा	लुटेरा	अरी	कामरी	विभावरी	आभारी
गुब्बारा	०घुरघुरा	ठठेरा	खरी	डायरी	डिलीवरी	बीमारी
हमारा	खीरा	चितेरा	गरी	शायरी	अफसरी	कुमारी

-आरी	-आरी	-आरी	-ऊरी	-औरी	-इरो	-आर्ग
ऐयारी	**कर्मचारी**	**अलमारी**	**मजदूरी**	**पिठौरी**	**०पिरो**	**सुमार्ग**
दुलारी	सहचारी	आलमारी	खँड़पूरी	निबौरी	०सीपिरो	मूत्रमार्ग
सवारी	स्वेच्छाचारी	महामारी	खानापूरी	धनीधौरी	जीरो	मध्यमार्ग
कुँवारी	अत्याचारी	होशियारी	मजबूरी	तरु	हीरो	वाममार्ग
पंसारी	सदाचारी	धनुर्धारी	ढेरी	मरु	ब्यूरो	प्रेममार्ग
बिहारी	पापाचारी	पटवारी	फेरी	दारु	अर्क	व्योममार्ग
बुहारी	भ्रष्टाचारी	फुलवारी	बेरी	सुचारु	कर्क	जलमार्ग
अहंकारी	अविचारी	परिवारी	मेरी	भीरु	क्लर्क	बुजुर्ग
रोगकारी	कुविचारी	खँड़सारी	अँधेरी	उरु	तर्क	दुर्ग
पिचकारी	इंतजारी	शाकाहारी	फुलेरी	गुरु	सतर्क	दुर्गा
गुणकारी	महतारी	फलाहारी	पँसेरी	सद्गुरु	वितर्क	मुर्गा
हितकारी	चमत्कारी	मांसाहारी	पसेरी	सतगुरु	कुतर्क	कुमार्गी
जानकारी	बलात्कारी	बलिहारी	लौटाफेरी	ऊरु	संपर्क	मध्यममार्गी
अपकारी	छोलदारी	आखिरी	फेराफेरी	मेरु	मधुपर्क	मुर्गी
उपकारी	जम दारी	हाजिरी	हेराफेरी	सुमेरु	ट्रेडमार्क	कार्गो
आबकारी	चौकीदारी	इस्तिरी	रणभेरी	डमरू	कुर्क	अर्घ
लाभकारी	खरीदारी	मुंशीगिरी	बैरी	मारू	अतर्क्य	दीर्घ
तरकारी	साझेदारी	बाबूगिरी	वैरी	बाजारू	सुर्ख	अर्घ्य
सरकारी	नातेदारी	जागीरी	गोरी	उतारू	मूर्ख	खर्च
कार्यकारी	ताबेदारी	अमीरी	चोरी	गँवारू	वर्ग	चर्च
किलकारी	जिम्मेदारी	धुरी	डोरी	शुरू	सर्ग	जमाखर्च
फुलकारी	व्रतधारी	पुरी	त्योरी	पंखेरू	स्वर्ग	टार्च
नाशकारी	पदधारी	माधुरी	बोरी	जोरू	उत्सर्ग	मिर्च
काश्तकारी	नामधारी	खर्जुरी	मोरी	रे	संवर्ग	कालीमिर्च
ध्वंसकारी	न्यासधारी	बाँसुरी	लोरी	अरे	संसर्ग	अर्चा
सिसकारी	जटाधारी	आसुरी	चकोरी	परे	निसर्ग	खर्चा
दस्तकारी	पट्टाधारी	दूरी	कटोरी	मरे	चतुर्वर्ग	चर्चा
आज्ञाकारी	सत्ताधारी	पूरी	चटोरी	आसरे	निम्नवर्ग	पर्चा
अधिकारी	पट्टेधारी	मंजूरी	सूदखोरी	किनारे	श्रेष्ठिवर्ग	परिचर्चा
अविकारी	रतनारी	खजूरी	घूसखोरी	सिरफिरे	उपसर्ग	मिर्चा
पच्चीकारी	बिनबारी	तंदूरी	नशाखोरी	धीरे	परसर्ग	मोर्चा
चाटुकारी	दरबारी	सिंदूरी	कमजोरी	धीरेधीरे	प्रतिसर्ग	युद्धमोर्चा
साहूकारी	गोलाबारी	मयूरी	गौरी	तेरे	मार्ग	पर्ची
रेजगारी	खेतीबारी	जरूरी	धौरी	मेरे	उन्मार्ग	बावर्ची
चिनगारी	बारीबारी	कस्तूरी	लखौरी	बहुतेरे	सन्मार्ग	०मूर्छ
उपचारी	चाँदमारी	दस्तूरी	मुंगौरी	०रो	कुमार्ग	मूर्छा

-अर्ज	-अर्ण	-ऊर्त	-अर्ती	-आर्थ	-आर्द	-अर्म
अर्ज	**गौरवर्ण**	**मुहूर्त**	**पूर्ववर्ती**	**निःस्वार्थ**	**सौहार्द**	**शर्म**
कर्ज	जीर्ण	कर्ता	पार्श्ववर्ती	अनेकार्थ	शागिर्द	सुकर्म
०गर्ज	शीर्ण	धर्ता	वशवर्ती	स्मरणार्थ	इर्दगिर्द	षट्कर्म
तर्ज	संकीर्ण	भर्ता	अनावर्ती	लक्षितार्थ	उर्द	सत्कर्म
दर्ज	प्रकीर्ण	शोधकर्ता	सीमावर्ती	चरितार्थ	सुपुर्द	अधर्म
अदाबर्ज	विकीर्ण	अपकर्ता	परावर्ती	फलितार्थ	पर्दा	विधर्म
कर्जा	अजीर्ण	अभिकर्ता	परिवर्ती	निहितार्थ	मुर्दा	निष्कर्म
दर्जा	उत्कीर्ण	न्यायकर्ता	अनुवर्ती	अयथार्थ	वर्दी	दुष्कर्म
पुर्जा	उत्तीर्ण	कार्यकर्ता	फुर्ती	सूचनार्थ	सर्दी	प्रातःकर्म
अर्जी	विदीर्ण	नाशकर्ता	मर्त्य	परमार्थ	गुंडागर्दी	पुण्यकर्म
दर्जी	ऊर्ण	प्रश्नकर्ता	अमर्त्य	निश्चयार्थ	जवाँमर्दी	दूतकर्म
फर्जी	चूर्ण	स ष्टिकर्ता	अर्थ	तात्पर्यार्थ	उर्दू	नित्यकर्म
अपवर्जी	पूर्ण	अपहर्ता	व्यर्थ	पुरुषार्थ	आर्द्र	क्षुद्रकर्म
परिवर्जी	संपूर्ण	वार्ता	तदर्थ	तीर्थ	आर्द्रा	पापकर्म
रिपोर्ट	अपूर्ण	भेंटवार्ता	अनर्थ	पुण्यतीर्थ	अर्ध	चारकर्म
ट्रांस्पोर्ट	दोषपूर्ण	जागर्ति	समर्थ	चतुर्थ	पूर्वार्ध	जारकर्म
कार्ड	स्नेहपूर्ण	कीर्ति	एतदर्थ	अर्थी	गोलार्ध	धर्मकर्म
गार्ड	युक्तिपूर्ण	सुकीर्ति	असमर्थ	प्रत्यर्थी	चरणार्ध	दाहकर्म
लार्ड	शांतिपूर्ण	सत्कीर्ति	स्वार्थ	आर्थी	उत्तरार्ध	हिंसाकर्म
यार्ड	परिपूर्ण	अपकीर्ति	वाक्यार्थ	प्रार्थी	स्पर्धा	रतिकर्म
रिकार्ड	मैत्रीपूर्ण	पूर्ति	लक्ष्यार्थ	स्वार्थी	प्रतिस्पर्धा	खनिकर्म
बोर्ड	अपर्णा	मूर्ति	गूढ़ार्थ	भिक्षार्थी	मूर्धा	म गचर्म
कर्ण	अन्नपूर्णा	स्फूर्ति	पुण्यार्थ	शिक्षार्थी	ऊर्ध्व	आपद्धर्म
पर्ण	अवर्ण्य	त्रिमूर्ति	कृतार्थ	सुखार्थी	दर्प	युगधर्म
वर्ण	चातुर्वर्ण्य	पुनःपूर्ति	यथार्थ	विद्यार्थी	सर्प	बौद्धधर्म
स्वर्ण	पर्त	क्षतिपूर्ति	पदार्थ	निःस्वार्थी	कंदर्प	पतिधर्म
विकर्ण	शर्त	प्रतिपूर्ति	सिद्धार्थ	परीक्षार्थी	खर्ब	यूनीफार्म
अपर्ण	आवर्त	षष्टिपूर्ति	नानार्थ	शरणार्थी	गर्भ	जुर्म
सवर्ण	पण्यावर्त	न्यायमूर्ति	शब्दार्थ	प्रवेशार्थी	भूगर्भ	शर्मा
विवर्ण	सतावर्त	भर्ती	लाभार्थ	पुरुषार्थी	संदर्भ	०शर्मा
सुवर्ण	आर्यावर्त	प्रवर्ती	परार्थ	सामर्थ्य	कर्म	विश्वकर्मा
लंबकर्ण	जलावर्त	आवर्ती	धर्मार्थ	असामर्थ्य	गर्म	ऊर्मि
प्रतिपर्ण	धूर्त	चक्रवर्ती	कार्यार्थ	दर्द	घर्म	कर्मी
पीतवर्ण	पूर्त	मध्यवर्ती	सर्वार्थ	मर्द	चर्म	सधर्मी
ताम्रवर्ण	मूर्त	परवर्ती	भावार्थ	नामर्द	धर्म	विधर्मी
धूम्रवर्ण	अमूर्त	दूरवर्ती	शास्त्रार्थ	जवाँमर्द	मर्म	रंगकर्मी

-अर्मी	-अर्या	-अर्श	-अल	-अल	-अल	-अल
नाट्यधर्मी	**दिनचर्या**	**निदर्श**	**चल**	**पिंगल**	**पत्तल**	**पार्सल**
हठधर्मी	परिचर्या	संस्पर्श	०चल	०निगल	उत्पल	खलल
नेमीधर्मी	आर्या	प्रतिदर्श	छल	०उगल	वत्सल	वल्कल
हर्म्य	भार्या	परामर्श	जल	युगल	०बदल	नवल
तात्पर्य	टर्रटर्र	समदर्शी	०जल	०पिघल	बादल	चावल
सौंदर्य	फुर्र	प्रियदर्शी	०टल	अंचल	पैदल	रावल
आश्चर्य	खर्रा	पारदर्शी	०डल	चंचल	शाद्वल	निवल
ऐश्वर्य	छर्रा	दूरदर्शी	०ढल	अचल	अनल	केवल
साहचर्य	०टर्रा	मार्गदर्शी	तल	०मचल	चपल	अव्वल
ब्रह्मचर्य	ढर्रा	पार्श्व	०तल	सचल	पीपल	कुशल
आर्य	०थर्रा	परिपार्श्व	थल	आँचल	चप्पल	कौशल
कार्य	०बर्रा	अपकर्ष	दल	०कुचल	सफल	निश्चल
आचार्य	गुलछर्रा	विमर्ष	नल	०उछल	विफल	निश्छल
प्राचार्य	रोजमर्रा	वर्ष	पल	गजल	कंबल	निष्फल
औदार्य	०गुर्रा	हर्ष	०पल	सजल	संबल	असल
अनार्य	तुर्रा	निष्कर्ष	फल	प्रांजल	प्रबल	फसल
निवार्य	झुर्री	चाँदवर्ष	०फल	काजल	सबल	मांसल
पुण्यकार्य	खर्व	सौरवर्ष	बल	कज्जल	०उबल	०फिसल
टीमकार्य	गर्व	प्रतिवर्ष	मल	उज्ज्वल	०सँभल	मूसल
ग हकार्य	पर्व	आर्ष	०मल	ओझल	अमल	पोस्टल
अस्वीकार्य	सर्व	शीर्ष	स्थल	अटल	कमल	होस्टल
भट्टाचार्य	सगर्व	मार्गशीर्ष	हल	पटल	यामल	टहल
शिरोधार्य	रिजर्व	वर्षा	नकल	पाटल	विमल	०टहल
अनिवार्य	गंधर्व	ईर्षा	सकल	टोटल	कोमल	पहल
दुर्निवार्य	गांधर्व	राजर्षि	०निकल	होटल	घायल	०बहल
परिहार्य	पुण्यपर्व	सप्तर्षि	विकल	विट्ठल	पायल	महल
वीर्य	पूर्व	देवर्षि	एकल	डंठल	कोयल	विह्वल
गांभीर्य	भूतपूर्व	महर्षि	दखल	मंडल	खरल	आजकल
प्राचुर्य	सर्वेसर्वा	ब्रह्मर्षि	ऊखल	कुंडल	गरल	अटकल
माधुर्य	उर्वी	मुमुर्षु	जंगल	कतल	तरल	दमकल
वाक्चातुर्य	पूर्वी	ईर्ष्या	दंगल	चीतल	सरल	कलकल
सूर्य	स्पर्श	उर्स	मंगल	पीतल	विरल	अविकल
वैदूर्य	संघर्ष	कुर्सी	लंगल	शीतल	निर्दल	विशंखल
शौर्य	उत्कर्ष	कल	बगल	कुंतल	निर्बल	अमंगल
चर्या	प्रदर्श	खल	पागल	बोतल	दुर्बल	हलचल
पाठ्यचर्या	आदर्श	०गल	डिंगल	उत्कल	निर्मल	अस्ताचल

-अल	-अल	-आल	-आल	-आल	-आल	-इल
परिचल	**सड़ियल**	**बाल**	**०उबाल**	**महाकाल**	**कोतवाल**	**सर्किल**
अविचल	मरियल	भाल	०सँभाल	रीतिकाल	टकसाल	सलिल
गंगाजल	नारियल	माल	कमाल	सूतिकाल	घुड़साल	सिविल
समुज्ज्वल	जनरल	राल	जमाल	शिशुकाल	बेमिसाल	मुश्किल
समतल	अनर्गल	लाल	तमाल	हालचाल	फिलहाल	हासिल
रसातल	बुझौवल	साल	रूमाल	बोलचाल	खुशहाल	जाहिल
प थ्वीतल	अकुशल	०साल	खयाल	म गछाल	ननिहाल	मोबाइल
नीलोत्पल	सकुशल	हाल	कराल	मंत्रजाल	नौनिहाल	उच्छं खिल
जलथल	वक्षस्थल	पुआल	दलाल	इंद्रजाल	०खिल	मुर्दादिल
शतदल	गंडस्थल	कंकाल	गुलाल	मायाजाल	०छिल	खुशदिल
दलदल	मरुस्थल	अकाल	बवाल	पड़ताल	ड्रिल	तहेदिल
कर्मीदल	मर्मस्थल	त्रिकाल	सवाल	०पड़ताल	तिल	झंझानिल
सिग्नल	कटहल	०निकाल	पुवाल	हड़ताल	दिल	महफिल
दावानल	हलाहल	कंगाल	मशाल	लयताल	बिल	बाइबिल
भागफल	कोलाहल	०खँगाल	विशाल	करताल	मिल	झिलमिल
योगफल	कुतूहल	वाग्जाल	रसाल	अस्पताल	०मिल	कील
क्षेत्रफल	कौतूहल	पंचाल	बहाल	आपत्काल	सिल	चील
घनफल	काल	वाचाल	महाल	दिक्पाल	०हिल	०छील
जायफल	खाल	भूचाल	निहाल	लेखपाल	फाइल	झील
वर्गफल	ख्याल	उछाल	सायंकाल	राज्यपाल	कोकिल	डील
असफल	गाल	०उछाल	प्रातःकाल	खंडपाल	अखिल	ढील
सीताफल	चाल	जंजाल	ट्रंककाल	द्वारपाल	दाखिल	नील
प्रतिफल	छाल	पंडाल	राज्यकाल	लेखापाल	निखिल	भील
पुंगीफल	जाल	चांडाल	अंतकाल	महीपाल	पिच्छिल	मील
काशीफल	टाल	बिडाल	इंतकाल	इकबाल	मंजिल	०लील
योगबल	०टाल	विडाल	भूतकाल	देखभाल	बोझिल	शील
भुजबल	डाल	निढाल	त द्धकाल	रेगमाल	जटिल	लील
हीनबल	०डाल	म णाल	मध्यकाल	जानमाल	कुटिल	सील
अस्तबल	ढाल	पाताल	कार्यकाल	जयमाल	मिडिल	०सील
बाहुबल	०ढाल	वेताल	पर्वकाल	गोलमाल	पैडिल	वकील
मनोबल	ताल	बैताल	यथाकाल	मालामाल	कातिल	कंडील
मखमल	थाल	वैताल	संध्याकाल	इस्तेमाल	अनिल	अपील
खटमल	दाल	तत्काल	पुराकाल	घड़ियाल	स्वप्निल	तामील
मलमल	नाल	कपाल	वर्षाकाल	विकराल	काबिल	करील
परिमल	पाल	गोपाल	उषाकाल	अंतराल	शामिल	जलील
अड़ियल	०पाल	उबाल	ऊषाकाल	ससुराल	धूमिल	दलील

-ईल	-उल	-एल	-ओल	-अला	-अला	-अला
सुशील	**भावाकुल**	**जेल**	**०तोल**	**चकला**	**तोतला**	**नाट्यकला**
अश्लील	स्नेहाकुल	०झेल	पोल	हकला	इत्तला	न त्यकला
यत्नशील	गुरुकुल	०ठेल	बोल	०हकला	गँदला	युद्धकला
लज्जाशील	मात कुल	तेल	०बोल	०दिखला	बदला	मूर्तिकला
क्रियाशील	०मिलजुल	०पेल	मोल	श ंखला	धुँधला	वास्तुकला
गतिशील	बुलबुल	बेल	खगोल	मेखला	०धुँधला	मनचला
तहसील	ढुलमुल	मेल	भूगोल	खोखला	घपला	०छलछला
कुल	कूल	रेल	०घँघोल	०बौखला	चपला	अधजला
०खुल	चूल	ह्वेल	०टटोल	जंगला	उपला	जलजला
गुल	०झूल	०ढकेल	पेट्रोल	बँगला	पोपला	तबादला
०घुल	धूल	०धकेल	कपोल	अगला	अबला	करबला
०तुल	पूल	नकेल	पैरोल	पगला	दुबला	मुकाबला
०धुल	फूल	०उँडेल	गोलगोल	बगला	अमला	उतावला
पुल	०फूल	बेमेल	मेलजोल	पिंगला	कमला	ढकोसला
बकुल	भूल	गुलेल	डाँवाँडोल	०उगला	गमला	रजस्वला
व्याकुल	०भूल	नारिकेल	मोलतोल	०पिघला	हमला	रुपहला
गोकुल	मूल	नोनतेल	अनमोल	चंचला	मामला	आला
चंगुल	शूल	डंडपेल	खोल	निचला	०कुम्हला	काला
मंजुल	स्कूल	पँचमेल	घोल	बिचला	कोयला	खाला
तंडुल	स्थूल	अनमेल	०घोल	०मिचला	परला	ग्वाला
अतुल	लाँगूल	तालमेल	०खौल	पिछला	विरला	छाला
मातुल	कबूल	हेलमेल	डौल	०उछला	आँवला	जाला
प थुल	बबूल	०फैल	तौल	नजला	साँवला	ज्वाला
म दुल	तांबूल	बैल	०तौल	उजला	बावला	ताला
विपुल	समूल	मैल	मखौल	मँझला	नेवला	नाला
बाबुल	शार्दूल	शैल	सुडौल	मझला	तसला	पाला
तुमुल	निर्मूल	चुड़ैल	माहौल	०झुँझला	०फुसला	प्याला
वर्तुल	त्रिशूल	अप्रैल	नापतौल	०इठला	फैसला	बाला
बिलकुल	उसूल	गुस्सैल	०ला	०बिठला	घोंसला	भाला
पांसुल	प्रतिकूल	खपड़ैल	कला	०झुठला	हौसला	माला
बहुल	अनुकूल	खपरैल	गला	०मंडला	०कहला	लाला
राजकुल	नकफूल	खोल	०गला	लाड़ला	दहला	शाला
बिलकुल	कनफूल	०खोल	०चला	पतला	नहला	साला
राष्ट्रकुल	वर्गमूल	डोल	तला	०बतला	पहला	हाला
शोकाकुल	महसूल	०डोल	भला	शीतला	०बहला	उजाला
प्रतीक्षाकुल	खेल	ढोल	लला	पुतला	०सहला	घोटाला

-आला	-आला	-ईला	-उला	-ओला	-अली	-अली
पनाला	**मधुशाला**	**लचीला**	**०अकुला**	**झोला**	**टिकली**	**मूँगफली**
निराला	पशुशाला	लजीला	बगुला	टोला	ओखली	खलबली
दिवाला	किला	कँटीला	०खजुला	डोला	जंगली	महाबली
शिवाला	०खिला	कटीला	०खुजला	ढोला	मंगली	रंगावली
दुशाला	जिला	चुटीला	चुटकुला	तोला	उँगली	उतावली
गौशाला	०दिला	गठीला	अधखुला	पोला	मचली	रत्नावली
मसाला	०पिला	हठीला	मिलाजुला	भोला	मिचली	पत्रावली
परनाला	बिला	पतीला	झूला	शोला	मछली	ग्रंथावली
सुरबाला	०मिला	रेतीला	पूला	मझोला	अंजली	पदावली
मेघमाला	शिला	कबीला	फूला	खटोला	कजली	पद्यावली
मुंडमाला	सिला	छबीला	लूला	हिंडोला	बिजली	दीपावली
जयमाला	०हिला	रोबीला	फलाफूला	सँपोला	खुजली	शब्दावली
वर्णमाला	कोकिला	सुरीला	चेला	फफोला	पोटली	नामावली
शैलमाला	दाखिला	खर्चीला	ढेला	हथगोला	गुठली	प्रश्नावली
पुष्पमाला	छिछला	फुर्तीला	मेला	मिठबोला	मंडली	काली
मणिमाला	काफिला	बर्फीला	रेला	बड़बोला	पिंडली	खाली
रखवाला	महिला	रसीला	वेला	धौला	कुंडली	गाली
चाटवाला	अधखिला	चटकीला	सेला	बिनौला	पतली	जाली
मतवाला	०खिलखिला	भड़कीला	अकेला	मस्तमौला	तितली	ट्राली
फेरीवाला	तिमंजिला	चमकीला	दुकेला	कलि	मितली	डाली
ताँगेवाला	दुमंजिला	कंकड़ीला	सौतेला	बलि	पुतली	ताली
पैसेवाला	चौमंजिला	पपड़ीला	झमेला	अंजलि	सुतली	थाली
पाकशाला	पिलपिला	फुरतीला	करेला	श्रद्धांजलि	कदली	नाली
रंगशाला	०बिलबिला	कंकरीला	नवेला	पुष्पांजलि	बदली	पाली
यज्ञशाला	०तिलमिला	पथरीला	अलबेला	नरबलि	धाँधली	प्याली
नाट्यशाला	सिलसिला	जहरीला	छैला	पालि	डफली	बाली
पाठशाला	घुलामिला	रामलीला	थैला	धूलि	इमली	माली
यंत्रशाला	कीला	बाललीला	०फैला	जलकेलि	मुरली	साली
वधशाला	गीला	रासलीला	मैला	चंद्रमौलि	अर्दली	कंगाली
वेधशाला	ढीला	इहलीला	बनैला	कली	पुंश्चली	जुगाली
पौधशाला	नीला	खुला	विषैला	गली	असली	निगाली
कर्मशाला	पीला	०डुला	मटमैला	डली	पसली	बंगाली
कार्यशाला	लीला	तुला	ओला	नली	छिपकली	पांचाली
शिल्पशाला	नुकीला	०बुला	गोला	फली	चलाचली	खंडाली
अस्त्रशाला	रंगीला	०भुला	चोला	तकली	तिलांजली	चांडाली
पक्षीशाला		०सुला	छोला	नकली	गंगाजली	प्रणाली

-आली	-एली	-आलू	-अल्प	-अल्ला	-अव	-अव
पनाली	**सहेली**	**तालू**	**कायाकल्प**	**मुहल्ला**	**स्रव**	**पराभव**
रूपाली	अठखेली	बालू	पुराकल्प	होहल्ला	लाघव	परिभव
नेपाली	रंगरेली	भालू	अभिकल्प	चिल्ला	तांडव	अनुभव
खयाली	थैली	कचालू	निर्विकल्प	०चिल्ला	पांडव	अवयव
निराली	शैली	रतालू	शिल्प	पिल्ला	प्रणव	आँव
दलाली	गोली	झगड़ालू	मूर्तिशिल्प	बिल्ला	उत्सव	गाँव
मवाली	चोली	०ले	वास्तुशिल्प	गुरिल्ला	यादव	दाँव
भद्रकाली	झोली	भले	शिल्पी	कुल्ला	उद्धव	पाँव
महाकाली	टोली	पहले	जुल्फ	मुल्ला	तद्भव	ताव
बोलाचाली	डोली	निराले	कुल्फी	रसगुल्ला	उद्भव	नाव
हड़ताली	बोली	अकेले	बल्ब	लली	माधव	पाव
रश्मिमाली	रोली	हौलेहौले	प्रगल्भ	तसल्ली	दानव	भाव
हरियाली	होली	हैलो	इल्म	खिल्ली	मानव	स्राव
रखवाली	खटोली	लौ	फिल्म	झिल्ली	विप्लव	हाव
कोतवाली	तंबोली	मुल्क	जुल्म	तिल्ली	संभव	झुकाव
बलशाली	निंबोली	शुल्क	शल्य	बिल्ली	विभव	लगाव
खुशहाली	तमोली	प्रशुल्क	वात्सल्य	सिल्ली	नीरव	बचाव
जिंदादिली	नंगाझोली	निःशुल्क	प्राबल्य	शेखचिल्ली	भैरव	सुझाव
कुली	खड़ीबोली	निश्शुल्क	तुल्य	पल्लू	गौरव	पटाव
पुली	हमजोली	उल्का	वैपुल्य	लल्लू	रौरव	उठाव
अंगुली	ट्रौली	कल्कि	बाहुल्य	निठल्लू	आर्जव	पड़ाव
छंगुली	रसौली	बल्कि	मूल्य	उल्लू	अर्णव	तनाव
चुगुली	कमंडलु	फल्गु	अमूल्य	चुल्लू	पल्लव	चुनाव
खजुली	तालु	बाल्टी	यथामूल्य	धड़ल्ले	प्लावन	छिपाव
मातुली	शंकालु	रायल्टी	बहुमूल्य	बिल्व	शैशव	दबाव
पुली	लज्जालु	उल्था	मल्ल	आल्हा	सौष्ठव	अभाव
मूली	श्रद्धालु	जिल्द	अल्ला	कूल्हा	वैष्णव	प्रभाव
सूली	तंद्रालु	सजिल्द	गल्ला	चूल्हा	प्रसव	स्वभाव
वसूली	निद्रालु	जल्दी	छल्ला	दूल्हा	वास्तव	जमाव
चेली	दयालु	हल्दी	०झल्ला	कोल्हू	जन्मोत्सव	घुमाव
तेली	ईर्ष्यालु	अल्प	पल्ला	एवम्	फिल्मोत्सव	घिराव
भेली	लू	कल्प	बल्ला	द्रव	वंशोद्भव	दुराव
हथेली	पहलू	जल्प	हल्ला	नव	उपद्रव	बर्ताव
चमेली	आलू	स्वल्प	पुछल्ला	भव	अभिनव	दुर्भाव
हवेली	चालू	संकल्प	निठल्ला	यव	परिप्लव	अलाव
पहेली	ढालू	विकल्प	धड़ल्ला	शव	असंभव	ढलाव

-आव	-ईव	-अवा	-अवा	-आवा	-अवी	-अवे
पुलाव	**गांडीव**	**०हँकवा**	**०गिरवा**	**छलावा**	**पैरवी**	**पचानवे**
फैलाव	अतीव	चकवा	०चलवा	बुलावा	भैरवी	छियानवे
प्रस्ताव	निर्जीव	तकवा	०डलवा	भुलावा	मौलवी	चौरानवे
बहाव	लंबग्रीव	०फिंकवा	०ढलवा	बहकावा	मुल्तवी	बरवै
भराव	चिरंजीव	०झुकवा	तलवा	पछतावा	पल्लवी	द्रव्य
अटकाव	पण्यजीव	०मँगवा	मलवा	पहनावा	वैष्णवी	भव्य
छिड़काव	पुराजीव	भगवा	हलवा	ग्रीवा	ईसवी	श्रव्य
बरताव	ध्रुव	लगवा	०खिलवा	०बुवा	उपद्रवी	वक्तव्य
वैरभाव	एव	०लगवा	०छिलवा	युवा	अनुभवी	गंतव्य
मोलभाव	देव	मघवा	०दिलवा	रँडुवा	भावी	मंतव्य
स्थानाभाव	अतएव	०बँचवा	०मिलवा	कड़ुवा	मेधावी	ज्ञातव्य
सेवाभाव	इष्टदेव	०कटवा	०सिलवा	अगुवा	प्रभावी	वैधव्य
रतिभाव	महादेव	०पिटवा	०खुलवा	कछुवा	मायावी	गंतव्य
स्थायीभाव	स्वयमेव	०गठवा	०धुलवा	मछुवा	निष्प्रभावी	प्राप्तव्य
भ्रात भाव	एवमेव	०उठवा	०तौलवा	बिछुवा	चिरंजीवी	वायव्य
मनोभाव	दैव	०गड़वा	०डसवा	खजुवा	श्रमजीवी	कर्तव्य
तिरोभाव	शैव	पड़वा	०पहनवा	गेरुवा	परजीवी	तालव्य
टकराव	तथैव	भड़वा	०पकड़वा	मेवा	दीर्घजीवी	द्रष्टव्य
बिखराव	सदैव	०उड़वा	०उखड़वा	सेवा	अल्पजीवी	भवितव्य
पथराव	दुर्दैव	०छुड़वा	०उजड़वा	कलेवा	भिक्षाजीवी	एकलव्य
उभराव	जवाँ	०तुड़वा	०उतरवा	नामलेवा	मसिजीवी	द श्यश्रव्य
अंतर्भाव	पाँचवाँ	०चढ़वा	पुनर्नवा	स्वास्थ्यसेवा	देवी	काव्य
आविर्भाव	पछवाँ	०पढ़वा	०उगलवा	खोवा	वाग्देवी	संभाव्य
प्रादुर्भाव	जुड़वाँ	०ढुँढ़वा	०उछलवा	चँदोवा	महादेवी	लोककाव्य
बदलाव	सातवाँ	०जुतवा	०उजलवा	कौवा	दैवी	खंडकाव्य
फिसलाव	कारवाँ	अथवा	०कहलवा	कनकौवा	बानवे	गीतकाव्य
रक्तस्राव	दसवाँ	०खुदवा	०झुलसवा	कवि	रेलवे	वीरकाव्य
हावभाव	आँवाँ	सधवा	उच्चैःश्रवा	छवि	इक्यानवे	महाकाव्य
इव	आवाँ	विधवा	आबहवा	रवि	पंचानवे	रीतिकाव्य
शिव	तवा	०जनवा	आँवा	जनकवि	अट्ठानवे	संभाव्य
सचिव	दवा	०मनवा	दावा	महाकवि	अठानवे	असंभाव्य
पार्थिव	रवा	०डुबवा	धावा	आशुकवि	सतानवे	दिव्य
अशिव	लवा	०कमवा	मावा	प्रतिच्छवि	सत्तानवे	इंटरव्यू
अपार्थिव	सवा	०चरवा	लावा	पदवी	निन्यानवे	तीव्र
जीव	हवा	०परवा	चढ़ावा	विप्लवी	तिरानवे	जिह्वा
नींव	०टंकवा	०मरवा	बढ़ावा	गिरवी	पंचानवे	हुश्

-अशः	-आंश	-इश	-एश	-आशा	-उशी	-अश्ती
खंडशः	**बहुलांश**	**सिफारिश**	**निर्देश**	**हताशा**	**खुशी**	**ध गामश्ती**
नित्यशः	काश	अहर्निश	प्रवेश	प्रत्याशा	खुदकुशी	नातेरिश्ते
शब्दशः	ताश	इंगलिश	आवेश	तमाशा	हँसीखुशी	जश्न
शब्दशः	नाश	ईश	निवेश	निराशा	देशी	प्रश्न
क्रमशः	पाश	शीश	हृषिकेश	दुराशा	पेशी	प्रतिप्रश्न
प्रायशः	लाश	बख्शीश	उपदेश	बेतहाशा	सुकेशी	परिप्रश्न
सर्वशः	प्रकाश	तफतीश	दंडादेश	दिशा	विदेशी	हुश्न
अक्षरशः	आकाश	मठाधीश	अध्यादेश	निशा	मांसपेशी	चश्मा
अंश	हताश	न्यायाधीश	समादेश	पेशा	परदेशी	करिश्मा
दंश	विनाश	कुश	अमरेश	रेशा	खामोशी	रश्मि
वंश	ऐयाश	खुश	लवलेश	अंदेशा	गर्मजोशी	खररश्मि
अपभ्रंश	०तरास	अंकुश	समावेश	संदेशा	पशु	अवश्य
राजवंश	निराश	नाखुश	भावावेश	हमेशा	आशु	नैराश्य
यश	तलाश	निरंकुश	सन्निवेश	हमपेशा	शिशु	द श्य
वश	०तलाश	कृश	परदेश	शशि	परशु	अद श्य
मैकश	पलाश	सद श	छद्मवेश	राशि	हिमांशु	साद श्य
षोडश	अवकाश	ताद श	परिवेश	जन्मराशि	खरांशु	अस्प श्य
द्वादश	सावकाश	एताद श	ऐश	रूपराशि	बलिपशु	उद्देश्य
सुयश	नीलाकाश	केश	कोश	नामराशि	इश्क	सदुद्देश्य
कर्कश	सत्यानाश	क्लेश	होश	निशि	खुश्क	निरुद्देश्य
कलश	भुजपाश	देश	आक्रोश	यीशु	खुश्की	सोद्देश्य
अवश	यमपाश	पेश	खामोश	वंशी	पुनश्च	वैश्य
विवश	बाहुपाश	वेश	अब्दकोश	सूर्यवंशी	लक्ष्यभ्रष्ट	वेश्या
पेचकश	बदमाश	लंकेश	विश्वकोश	यदुवंशी	पिष्ट	मिश्र
कद्दूकश	पेचिश	गंगेश	खरगोश	षोडशी	आकृष्ट	श्री
एकादश	रंजिश	लग्नेश	तख्तपोश	द्वादशी	काश्त	मिश्री
अपयश	ब्रिटिश	गणेश	मेजपोश	खतकशी	बर्दाश्त	सुश्री
भाग्यवश	तपिश	संदेश	कशा	रस्साकशी	याददाश्त	पद्मश्री
परवश	गर्दिश	प्रदेश	मंशा	एकादशी	किश्त	जयश्री
दैववश	कार्निस	स्वदेश	दशा	चतुर्दशी	इकमुश्त	अश्रु
वाक्यांश	कशिश	आदेश	नशा	त्रयोदशी	गोश्त	**अश्व**
अक्षांश	कोशिश	निदेश	दुर्दशा	नक्काशी	रिश्ता	विश्व
लाभांश	ख्वाहिश	विदेश	आशा	तलाशी	कश्ती	निकष
सारांश	गुंजाइश	उद्देश	ताशा	कीटनाशी	गश्ती	विष
नियतांश	पैदाइश	धनेश	माशा	शीशी	किश्ती	ज्योतिष
चतुर्थांश	किशमिश	सुरेश	बताशा	मुंशी	कुश्ती	आमिष

-इष	-ओष	-आषी	-इष्ट	-एष्ट	-इष्ठ	-ओष्ण
सामिष	**संतोष**	**तथ्यभाषी**	**निविष्ट**	**चेष्टा**	**गरिष्ठ**	**धारोष्ण**
निमिष	अदोष	प्रियभाषी	अशिष्ट	उपदेष्टा	वरिष्ठ	त ष्णा
महिष	प्रदोष	मिथ्याभाषी	विशिष्ट	यष्टि	धर्मिष्ठ	वित ष्णा
निरामिष	उद्घोष	म दुभाषी	संश्लिष्ट	व्यष्टि	बलिष्ठ	म गत ष्णा
आशीष	निर्घोष	ज्योतिषी	अश्लिष्ट	समष्टि	बसिष्ठ	सहिष्णु
चाक्षुष	निर्दोष	महिषी	उपदिष्ट	प्रविष्टि	एकनिष्ठ	वाष्प
धनुष	राजकोष	विदुषी	भूताविष्ट	निविष्टि	आत्मनिष्ठ	पुष्प
मानुष	बीजकोष	द्वेषी	समाविष्ट	तुष्टि	वस्तुनिष्ठ	खपुष्प
परुष	राज्यकोष	अन्वेषी	अवशिष्ट	संतुष्टि	कुष्ठ	ग्रीष्म
पुरुष	खड्गकोष	तत्त्वान्वेषी	परिशिष्ट	संपुष्टि	्वेतकुष्ठ	भीष्म
पौरुष	मधुकोष	हितैषी	अभीष्ट	अहंतुष्टि	प ष्ठ	ऊष्म
कलुष	जयघोष	दोषी	तुष्ट	अभिपुष्टि	मुखप ष्ठ	ऊष्मा
अमानुष	असंतोष	संतोषी	दुष्ट	द ष्टि	ज्येष्ठ	्लेष्मा
सत्पुरुष	आशुतोष	निष्क	पुष्ट	व ष्टि	श्रेष्ठ	भाष्य
निष्कलुष	गुणदोष	मस्तिष्क	रुष्ट	स ष्टि	सर्वश्रेष्ठ	शिष्य
प्रत्यूष	भाषा	शुष्क	संतुष्ट	सूक्ष्मद ष्टि	ओष्ठ	भविष्य
पीयूष	राजभाषा	अष्ट	अपुष्ट	पापद ष्टि	कोष्ठ	पट्टशिष्य
व ष	जनभाषा	कष्ट	असंतुष्ट	दिव्यद ष्टि	प्रकोष्ठ	मनुष्य
द्वेष	परिभाषा	नष्ट	परितुष्ट	अंतर्द ष्टि	खंडोष्ठ	आयुष्य
मेष	मात भाषा	भ्रष्ट	असंपुष्ट	हिमव ष्टि	लंबोष्ठ	विशेष्य
शेष	अभिलाषा	स्पष्ट	हृष्टपुष्ट	पुष्पव ष्टि	बद्धकोष्ठ	शिष्या
्लेष	मनीषा	विनष्ट	परिपुष्ट	अनाव ष्टि	निष्ठा	तमस्
विद्वेष	उषा	अस्पष्ट	ध ष्ट	अतिव ष्टि	प्रतिष्ठा	कंस
उन्मेष	ऊषा	पथभ्रष्ट	स्प ष्ट	अंत्येष्टि	कनिष्ठा	०खँस
निमेष	भूषा	यूथभ्रष्ट	हृष्ट	वैशिष्ट्य	पराकाष्ठा	०धँस
विशेष	मंजूषा	अपभ्रष्ट	प्रकृष्ट	उष्ट्र	परिनिष्ठा	ध्वंस
श्रीगणेश	शुश्रूषा	नष्टभ्रष्ट	निकृष्ट	राष्ट्र	श्रेष्ठि	०फँस
रागद्वेष	त षा	इष्ट	उत्कृष्ट	स्वराष्ट्र	षष्ठी	हंस
निर्निमेष	म षा	शिष्ट	अद ष्ट	गणराष्ट्र	गोष्ठी	०हँस
अवशेष	आश्लेषा	श्लिष्ट	ईषत्स्प ष्ट	परराष्ट्र	कार्यगोष्ठी	न शंस
अधिशेष	ऋषि	उच्छिष्ट	सचेष्ट	षष्ठ	ओष्ठ्य	०बिहँस
परिशेष	कृषि	उद्दिष्ट	यथेष्ट	काष्ठ	उष्ण	परिध्वंस
कोष	भाषी	अनिष्ट	निश्चेष्ट	निष्ठ	कृष्ण	राजहंस
दोष	द्विभाषी	अरिष्ट	द्रष्टा	स्वादिष्ठ	सत ष्ण	कस
रोष	द्विभाषी	निर्दिष्ट	स्रष्टा	कनिष्ठ	शीतोष्ण	०कस
अघोष	मितभाषी	प्रविष्ट	मंत्रद्रष्टा	घनिष्ठ	उपोष्ण	खस

-अस	-अस	-आस	-आस	-आस	-ईस	-ऊँस
टस	**औरस**	**खास**	**गिलास**	**हर्षोल्लास**	**सीस**	**०ठूँस**
ठस	चौरस	घास	विलास	बकवास	बाईस	घूस
०डस	अलस	त्रास	कैलास	रनवास	तेईस	०चूस
दस	आलस	दास	सोल्लास	उपवास	इक्कीस	०ठूस
नस	०झुलस	नास	प्रवास	स्वर्गवास	पचीस	पूस
बस	०हुलस	न्यास	आवास	सहवास	पच्चीस	फूस
रस	उल्लास	पास	निवास	दूतावास	तेतीस	ताऊस
०रस	पावस	प्यास	प्रश्वास	छात्रावास	तैंतीस	कंजूस
लस	दिवस	बास	निःश्वास	कारावास	पैंतीस	मायूस
राक्षस	बहस	मास	निश्वास	रनिवास	सैंतीस	जलूस
ढाढ़स	साहस	रास	विश्वास	परिवास	चौंतीस	जुलूस
चौदस	सरकस	वास	रेड्क्रास	ऊर्ध्वश्वास	छत्तीस	जासूस
मानस	खसखस	व्यास	उनचास	अविश्वास	बत्तीस	मक्खीचूस
पीनस	ठसाठस	वा स	अनन्नास	अट्टहास	उन्नीस	कारतूस
बोनस	टर्मिनस	सास	पदन्यास	उपहास	चौबीस	आबनूस
आपस	परबस	हास	उपन्यास	इतिहास	छब्बीस	चापलूस
तापस	बरबस	निकास	शिलान्यास	परिहास	चालीस	महसूस
वापस	निश्रेयस	विकास	गेटपास	मूल्यह्रास	अट्ठाईस	डिफेंस
फप्फस	समरस	पचास	आसपास	इस	अठाईस	एंबुलेंस
बेबस	तामरस	उच्छ्वास	अनुप्रास	किस	सत्ताईस	लाइसेंस
तामस	सोमरस	खटास	सानुप्रास	०घिस	इकतीस	ड्रेस
उमस	नवरस	मिठास	तर्काभास	जिस	अड़तीस	प्रेस
पायस	एटलस	संडास	पूर्वाभास	०पिस	उनतीस	भेष
चरस	चकल्लस	भड़ास	अनभ्यास	माचिस	तेतालीस	लेश
तरस	अमावस	उदास	योगाभ्यास	नोटिस	तैंतालीस	सरेस
०तरस	दुःसाहस	विन्यास	युद्धाभ्यास	वारिस	पैंतालीस	सूटकेस
परस	०खाँस	कपास	पूर्वाभ्यास	पुलिस	सैतालीस	परदेस
०परस	डाँस	कपास	खरमास	नरगिस	बयालीस	एक्सप्रेस
०बरस	फाँस	अभ्यास	मलमास	घिसघिस	छियालीस	भैंस
सरस	०फाँस	समास	प्रतिमास	डिसमिस	चवालीस	गैस
ढारस	बाँस	प्रयास	अनायास	लावारिस	चौवालीस	लैस
पारस	मांस	आयास	खग्रास	निखालिस	उस	अश्रुगैस
सारस	साँस	सायास	विपर्यास	तीस	०घुस	आँसूगैस
विरस	आस	परास	पुनर्वास	०पीस	फुस	०खोंस
नीरस	क्रास	पर्यास	इजलास	फीस	फुप्फुस	ओस
सुरस	क्लास	खलास	भ्रूविलास	बीस	फुसफुस	कोस

-ओस	**-आँसा**	**-ऐसा**	**-आसी**	**-ऐसी**	**-अस्त**	**-ओस्त**
०कोस	**धुआँसा**	**कैसा**	**बासी**	**कैसी**	**दस्त**	**दोस्त**
जोश	रुआँसा	जैसा	शासी	मौसी	ध्वस्त	पोस्त
ठोस	रोआँसा	तैसा	निकासी	फार्मेसी	न्यस्त	दास्ताँ
०पोस	मीमांसा	पैसा	इक्यासी	पड़ोसी	मस्त	गुलिस्ताँ
०भकोस	खासा	वैसा	पचासी	परदेसी	व्यस्त	खस्ता
पड़ोस	नासा	परोसा	अट्ठासी	जिज्ञासु	हस्त	जस्ता
०मसोस	पासा	भरोसा	अठासी	पिपासु	अगस्त	दस्ता
अफसोस	प्यासा	मसि	सतासी	वीरप्रसू	संत्रस्त	बस्ता
धौंस	जिज्ञासा	सी	सत्तासी	आँसू	उद्ध्वस्त	सस्ता
सा	गँडासा	०सी	उदासी	टेसू	अभ्यस्त	गुलदस्ता
०धँसा	बतासा	बंसी	उन्नासी	से	समस्त	नाश्ता
०फँसा	पिपासा	हँसी	संन्यासी	इसे	निरस्त	रास्ता
०हँसा	चौमासा	चौकसी	कपासी	किसे	प्रशस्त	पिस्ता
प्रशंसा	दिलासा	राक्षसी	बयासी	जिसे	आश्वस्त	पोस्ता
०बसा	खुलासा	राजसी	छियासी	उसे	विश्वस्त	वस्ति
मसा	मुँहासा	मानसी	तिरासी	ऐसे	शोकग्रस्त	स्वस्ति
रसा	अच्छाखासा	आपसी	चौरासी	कैसे	वादग्रस्त	प्रशस्ति
वसा	भूखाप्यासा	तापसी	खलासी	जैसे	शापग्रस्त	दस्ती
०उकसा	चपरासी	वापसी	विलासी	वैसे	सूखाग्रस्त	बस्ती
मनसा	जनवासा	बेबसी	नवासी	नरसों	परिध्वस्त	हस्ती
०तरसा	हिंसा	तामसी	प्रवासी	परसों	बंदोबस्त	गंदीबस्ती
फरसा	अहिंसा	प्रेयसी	आवासी	सरसों	अनभ्यस्त	खरमस्ती
०बरसा	प्रतिहिंसा	जरसी	निवासी	सो	अंतर्ग्रस्त	भिस्ती
०अलसा	०पिसा	बरसी	ग्रामवासी	०सो	अस्तव्यस्त	चुस्ती
जलसा	०रिसा	आरसी	पुरवासी	रासो	रिक्तहस्त	दुरुस्ती
खालसा	लिसलिसा	फारसी	स्वर्गवासी	सौ	मुक्तहस्त	तंदुरुस्ती
फालसा	सीसा	अलसी	आदिवासी	वयस्क	सिद्धहस्त	दोस्ती
लालसा	चालीसा	आलसी	अंतेवासी	चस्का	परास्त	अस्तु
०झुलसा	०घुसा	तुलसी	प्रशासी	ट्रस्ट	सूर्यास्त	वस्तु
०हुलसा	फुसफुसा	साहसी	फुंसी	कम्यूनिस्ट	दरखास्त	पुरावस्तु
सहसा	०फुसफुसा	बनारसी	रूसी	टाइपिस्ट	बरदास्त	प्रतिवस्तु
अंदरसा	घूँसा	खाँसी	मायूसी	टेस्ट	किस्त	वास्तु
लसलसा	भूसा	फाँसी	कानाफूसी	बुकपोस्ट	बीमाकिस्त	तथास्तु
काँसा	जासूसी	दासी	चापलूसी	अस्त	चुस्त	नमस्ते
झाँसा	भैंसा	न्यासी	एजेंसी	ग्रस्त	दुरुस्त	अगस्त्य
पाँसा	ऐसा	पासी	करेंसी	त्रस्त	तंदुरुस्त	

-अस्त्र	-अस्थ	-अस्था	-इस्मी	-अस्सा	-अह	-आह
अस्त्र	**स्वस्थ**	**संस्था**	**तिलस्मी**	**रस्सा**	**सुलह**	**सप्ताह**
वस्त्र	तटस्थ	आस्था	शस्य	किस्सा	सोलह	कराह
शस्त्र	कंठस्थ	अवस्था	सदस्य	हिस्सा	शह	०कराह
निरस्त्र	अंतस्थ	व्यवस्था	आलस्य	गुस्सा	दुःसह	वराह
निर्वस्त्र	यंत्रस्थ	अनास्था	रहस्य	लस्सी	अहह	०सराह
सशस्त्र	पदस्थ	दुरवस्था	सामंजस्य	अस्सी	उपग्रह	निर्वाह
शास्त्र	मध्यस्थ	अव्यवस्था	वैमनस्य	रस्सी	पूर्वग्रह	सलाह
षट्शास्त्र	परस्थ	रुग्णावस्था	सौमनस्य	मिस्सी	नवग्रह	गवाह
युद्धास्त्र	स्वर्गस्थ	प्रौढ़ावस्था	दास्य	पिस्सू	मताग्रह	प्रवाह
न शास्त्र	गर्भस्थ	व द्धावस्था	लास्य	०कह	सत्याग्रह	विवाह
शस्त्रास्त्र	शीर्षस्थ	ध्यानावस्था	हास्य	छह	दुराग्रह	तनख्वाह
ब्रह्मास्त्र	पार्श्वस्थ	शून्यावस्था	औदास्य	०डह	पूर्वाग्रह	दरगाह
प्रक्षेपास्त्र	अस्वस्थ	सुप्तावस्था	उपास्य	०ढह	परिग्रह	चरागाह
आग्नेयास्त्र	ग हस्थ	गर्भावस्था	तपस्या	तह	अनुग्रह	निरुत्साह
पाकशास्त्र	निकटस्थ	बालावस्था	समस्या	यह	उपानह	परिदाह
योगशास्त्र	अधीनस्थ	बाल्यावस्था	अमावस्या	०रह	पितामह	गुमराह
नाट्यशास्त्र	इंद्रप्रस्थ	युवावस्था	दस्यु	वह	अठारह	अफवाह
मंत्रशास्त्र	वानप्रस्थ	अस्थि	जलदस्यु	०सह	छाँह	परवाह
मत्स्यशास्त्र		ग हस्थी	अजस्र	जगह	बाँह	परिवाह
छंदशास्त्र		स्वास्थ्य	सहस्र	संग्रह	धूपछाँह	द्विविवाह
न्यायशास्त्र		दिलचस्प	हिंस्र	आग्रह	आह	बादशाह
तर्कशास्त्र		भस्म	अहिंस्र	साग्रह	चाह	तानाशाह
अर्थशास्त्र		रस्म	तमिस्रा	स्वाग्रह	०चाह	सिंह
शिक्षाशास्त्र		रीतिरस्म	नस्ल	निग्रह	डाह	नरसिंह
भाषाशास्त्र		किस्म	ह्रस्व	विग्रह	थाह	इह
प्राणिशास्त्र		जिस्म	राजस्व	फतह	दाह	उँह
नीतिशास्त्र		बपतिस्मा	निजस्व	सत्रह	ब्याह	मुँह
स्त्री			वर्चस्व	चौदह	०ब्याह	०दुह
परस्त्री			सर्वस्व	पंद्रह	राह	व्यूह
शास्त्री			भूराजस्व	सुबह	आगाह	समूह
शिक्षाशास्त्री			तेजस्वी	ग्यारह	कड़ाह	दुरूह
प्राणिशास्त्री			ओजस्वी	तरह	उत्साह	चक्रव्यूह
			मनस्वी	तेरह	सोत्साह	गह
			तपस्वी	बारह	अथाह	निःस्प ह
			वर्जस्वी	विरह	पनाह	निस्प ह
			यशस्वी	कलह	गुनाह	छविग ह

-ऋह	-ओह	-आहा	-आही	-एहूँ
नाट्यग ह	**मायामोह**	**अनचाहा**	**शाही**	**गेहूँ**
स्नानग ह	अवरोह	बिनब्याहा	स्याही	बहू
बालग ह	समारोह	चरवाहा	उगाही	रोहू
प्रेक्षाग ह	भौंह	हलवाहा	कड़ाही	लहू
पूजाग ह	सौंह	ईहा	कोताही	पतोहू
लताग ह	लौह	पपीहा	मनाही	हेंहें
काराग ह	हाँ	मसीहा	सिपाही	हे
बंदीग ह	कहाँ	दुधमुँहा	तिमाही	चाहे
देह	जहाँ	गुहा	सुराही	हैं
नेह	तहाँ	०मुहा	इलाही	०हो
मेह	यहाँ	चूहा	गवाही	ओहो
स्नेह	वहाँ	स्प हा	सूक्ष्मग्राही	मध्याह्न
संदेह	आँहाँ	दोहा	गुणग्राही	पूर्वाह्न
सदेह	हूँहाँ	रोहा	सारग्राही	अपराह्न
प्रमेह	हा	लोहा	मनोग्राही	चिह्न
सस्नेह	अहा	हौहा	चरवाही	पगचिह्न
निस्संदेह	०ढहा	अहि	कार्यवाही	पदचिह्न
मधुमेह	०तहा	त्राहि	धारावाही	जन्मचिह्न
ओह	०बहा	पाहिपाहि	गुंडाशाही	नामचिह्न
०टोह	महा	कह	तानाशाही	प्रश्नचिह्न
द्रोह	पगहा	नह	बालूशाही	ब्रह्म
मोह	लतहा	यह	स्नेही	शब्दब्रह्म
लोह	छुतहा	वह	वैदेही	ब्रह्मा
०सोह	गदहा	परछाह	द्रोही	ब्राह्मी
बिछोह	शुबहा	दही	बटोही	सह्य
विछोह	खरहा	बही	विद्रोही	असह्य
विद्रोह	०चहचहा	मही	आरोही	ग्राह्य
सम्मोह	०लहलहा	यही	निर्मोही	बाह्य
व्यामोह	रहासहा	वही	राजद्रोही	अग्राह्य
विमोह	आहा	सही	देशद्रोही	बुद्धिग्राह्य
आरोह	फाहा	आग्रही	हुँ	गुह्य
गिरोह	स्वाहा	पनही	बाहु	ही
राजद्रोह	तिराहा	बरही	राहु	
मित्रद्रोह	चौराहा	तुरही	हूँ	
सैन्यद्रोह	जुलाहा	लेखाबही	उँहूँ	
ऊहापोह	अहाहा	ग्राही	ऊँहूँ	

□

हिंदी अंत्याक्षर कोश

कोश की प्रस्तुति शैली

अंत्याक्षर कोश कोशविज्ञान की द ष्टि से वह शब्दकोश है जिसमें शीर्ष शब्दों को उनके अंत्य अक्षरक्रम से क्रमबद्ध किया जाता है। उदाहरण के लिए नीचे दिए शब्दों के अनुक्रमों को देखिए :

नटख**ट**	पन**घट**	थ**कावट**
चटप**ट**	जम**घट**	रु**कावट**
छुटपु**ट**	मर**घट**	ब**नावट**
लिखाव**ट**[1]	खट**पटी**	बु**नावट**
	कन**पटी**	

अंत्याक्षर कोश के शब्दों को ऐसे रखा गया है कि सभी शब्दों के अंताक्षर ऊर्ध्वाधर एक सीध में और अकारादि क्रम में हैं। अतएव कोश देखनेवालों की निगाहें अंतिमाक्षर की सीध में ऊपर से नीचे दौड़नी चाहिए। जहाँ तक अकारादि क्रम का प्रश्न है इसे हिंदी शब्दकोशों की अकारादि प्रस्तुति की प्रचलित पद्धति के अनुसार रखा गया है।

उदाहरणार्थ, वहाँ 'कल्पना' देखने के लिए पहले हम अ, आ, इ, ई, ···से 'क' पर पहुँचते हैं। तब दूसरे अक्षर 'ल्प' के लिए क, का, कि,···ख, ग, घ,···च, छ,···ट, ठ, ···त, द,···प, फ,···य, र, ल पर पहुँचते हैं। तब ल, ला, लि,···लो, लौ, के बाद संयुक्त वर्णों पर ल्क, ल्ग,···ल्प पर पहुँचते हैं। (यहाँ ध्यान दें कि 'ल्प' के लिए 'प' पर नहीं अटकेंगे।) अंत्याक्षर कोश में भी इसी पद्धति को अपनाया गया है—बस आपको बाएँ से दाहिने चलना है। अर्थात् 'कल्पना' के लिए क, ख, द, ध, न पर, फिर 'ना' पर। फिर 'ल्प' के लिए 'प' पर न रुकते हुए 'ल' पर पहुँचना है। इस कारण

1. सामान्य शब्दकोशों में इनका क्रम इस प्रकार होता : चटपट, छुटपुट, नटखट, लिखावट।

मर्म

अल्प

अस्ति

में पूर्णाक्षरों 'म, प, त' पर आँखें दिखाती हैं कि अकारादि क्रम भंग हो रहा है, जबकि उपर्युक्त दोनों नियमों के अनुसार वे सही तौर से क्रमबद्ध हैं।

शब्दकोशों में प ष्ठ के ऊपर प ष्ठ का पहला और अंतिम शब्द चिह्नित किया जाता है, किंतु यहाँ पंक्ति (row) इकाई है इसलिए प्रत्येक पंक्ति के ऊपर कुछ रिक्ति देकर प्रत्येक कॉलम के पहले शब्द का अंतिमांश **स्थूलाक्षरों** में दिया गया है। इनको देखते हुए आप अपने द्रष्टव्य शब्द के अंतिम वर्ण तथा उसके पश्चात् द्वितीय अंतिम वर्ण तक पहुँचकर उस कॉलम को पा सकते हैं जहाँ उसकी संभावना है। साथ ही देखने की अतिरिक्त सुविधा के लिए प्रथम पंक्ति को भी **स्थूलाक्षरों** में दिया गया है।

अंत्याक्षर कोश का हिंदी शिक्षण में अनुप्रयोग

इस अंत्याक्षर कोश का सर्वोपम अनुप्रयोग भाषाशिक्षकों एवं भाषावैज्ञानिकों के लिए, विशेषतः शब्दरचना (प्रत्यय विधान तथा समास विधान) के क्षेत्र में है। जहाँ तक हिंदी के शिक्षण का प्रश्न है, आजकल औपचारिक रूप से हिंदी निम्नलिखित कोटियों के शिक्षार्थियों को विविध शिक्षा संस्थाओं में सिखाई जाती है :

1. हिंदी क्षेत्र के विद्यार्थियों को
2. भारत के हिंदीभिन्न क्षेत्रों के विद्यार्थियों को
3. भारत की प्रशासनिक एवं बैंक आदि सेवाओं में संलग्न कर्मचारियों को
4. विदेशी विद्यार्थियों को, जो भारत या अन्यत्र हिंदी सीख रहे हैं
5. साक्षरता अभियान में वयस्कों को (केवल लिपि शिक्षण)

इनको हिंदी सिखाने में, मुख्यतः लेखन, उच्चारण एवं शब्द संरचना सिखाने में, यह कोश किस प्रकार अत्यंत उपयोगी है, इसकी चर्चा नीचे विस्तार से की जा रही है।

लेखन शिक्षण

इन सबको देवनागरी सिखाने में एकरूपता नह हो सकती है, क्योंकि प्रत्येक की लिपि सीखने का सामर्थ्य भिन्न-भिन्न होता है। बालक जब सर्वप्रथम लिपिचिह्न बनाता है तो विविध स्ट्रोकों को बनाने में उसे विशेष अभ्यास करना पड़ता है तथा हाथ साधना पड़ता है। अंग्रेजी माध्यम के स्कूलों में पढ़ने वाले बच्चों को एक अन्य व्याघातजन्य कठिनाई का सामना करना पड़ता है। 'इ', 'ए' और 'ओ' लिखो कहने

पर एक क्षण के लिए उसके मन में अंग्रजी e, a, o अक्षर कौंध जाते हैं। हिंदीभिन्न भाषावालों को अपनी मात लिपि के व्याघात से उत्पन्न कठिनाइयों का सामना करना पड़ता है। साक्षरता अभियान के वयस्कों की हाथ की मांसपेशियाँ अपने-अपने व्यवसायों के अनुसार अभ्यस्त हो जाती हैं और कलम साधने तथा स्ट्रोकों को बनाने में उन्हें विशेष प्रयत्न करना पड़ता है।

लिपिचिह्नों को सिखाने के पूर्व यह तय करना होता है कि स्ट्रोकों की सुविधा को देखते हुए शिक्षार्थी को कौन से अक्षर सबसे पहले, कौन से उसके बाद, कौन से उनके बाद आदि सिखाने हैं।[1] इस निर्णय के पश्चात् दो या तीन या चार अक्षरों के शब्द ढूँढ़ने होते हैं जिनमें ये सिखाए जाने वाले वर्ण बहुलता से मिलते हैं और साथ ही वे शिक्षार्थी से अतिपरिचित भी हैं।[2] इसलिए शिक्षक के सामने ऐसे शब्दों की पर्याप्त बड़ी सूची होनी चाहिए। प्रस्तुत कोश शिक्षकों के लिए अत्यंत उपयोगी है, क्योंकि इसके द्वारा ऐसी सूची बनाना बहुत आसान है।

मान लीजए कि आपने प्रथम पाठ में 'ग, न, म, ा' सिखाने का निश्चय किया है। आपको कोश की सहायता से निम्नलिखित शब्द और वाक्य मिल जाएँगे :

मन, मान, मना, माना, नम, नाम, मामा, नाना, न, ना

नग, गन, नाग, गान, गाना, नागा, गा, मग, गम, गामा (पहलवान)

गगन, मगन, मनन, नमन, गमन

मामा गाना गा। मामा गाना न गा। गाना मना।

उच्चारण शिक्षण

उच्चारण शिक्षण में शब्दों और शब्दयुग्मों का अभ्यास कराया जाता है। यहाँ भी इनके चयन में 'वर्गपहेली कोश' का लाभ उठाया जा सकता है। उदाहरणार्थ, आप 'त' एवं 'ट' सिखाना चाहते हैं। केवल द्वि-अक्षरी कोश में आपको 'त' से आरंभ होने वाले लगभग 120 शब्द, 'ट' से आरंभ होने वाले लगभग 50 शब्द, 'त' में अंत होनेवाले लगभग 200 शब्द एवं 'ट' में अंत होनेवाले लगभग 100 शब्द मिल जाएँगे। इनमें से सरल एवं परिचित शब्दों की एक सूची उदाहरणार्थ नीचे दी जा रही है :

तक, तट, तन, तना, तप, तल, तवा, तहाँ, ताई, ताज, ताजा, ताजी, ताप, तारा, ताल,

---

1. ऐसे अनुक्रम के लिए देखिए–लेखक द्वारा संपादित एवं केंद्रीय हिंदी निदेशालय दिल्ली से प्रकाशित विदेशियों के लिए हिंदी सिखाने की 'हिंदी प्राइमर' की संलग्निकी 'लिपि शिक्षण पुस्तिका'।
2. यदि शब्द अपरिचित होता है तो शिक्षार्थी का ध्यान उसका क्या अर्थ है इस ओर बँट जाता है और वह पूरे मन से वर्ण नहीं बना पाता।

ताली, तिल, तीन, तीर, तीस, टक, टका, टाँग, टाई, टाट, टीम, टीन, टूटा, खत, मत, मित, रात, रंत, लात, सात, सूत, गीता, चिता, चीता, छाता, छाती, धोती, नाती, सूती, ईंट, ऊँट, गेट, चाट, टाट, तट, नट, पट, पेट, बाट, भाट, लाट, हाट, आटा, रोटी, सीटी, टिक्की।

इसमें कुछ न्यूनतम युग्म भी मिल जाएँगे, जैसे—

तक–टक, तन–टन, तल–टल, ताई–टाई, ताप–टाप, ताल–टाल, तीन–टीन, तात–टाट, खत–खट, मित–मिट, लात–लाट, सूत–सूट, नाती–नाटी, नत–नट, बात–बाट, आता–आटा, रोती–रोटी, सीती–सीटी, तिक्की–टिक्की।

शब्दरचना एवं शब्दावली शिक्षण

शब्दरचना और शब्दावली सिखाने में 'हिंदी अंत्याक्षर कोश' की अत्यंत उपादेयता है। समास के समान उत्तरपद वाले शब्द आस-पास अपने आप इकट्ठे आ जाते हैं। उदाहरणार्थ, हिदी में अनेक 'घर'–संबंधी शब्द उत्तरपद में आते हैं। विदेशी छात्रों को इनके प्रयोग समझने में कठिनाई आती है। इस कोश में आए शब्दों को विवेचनार्थ नीचे दिया जा रहा है।

घर : डाकघर, चिड़ियाघर, अजायबघर, मुर्दाघर, घंटाघर, बिजलीघर, पूजाघर, रसोईघर, चुंगीघर, आरोग्यघर, जलपानघर। **ग ह :** काराग ह, छविग ह, जलपानग ह, जलविद्युतग ह, प्रसूतिग ह, बंदीग ह, विश्रामग ह, प्रेक्षाग ह, स्नानग ह, बालग ह। **आलय :** देवालय, शिवालय, विद्यालय, महाविद्यालय, विश्वविद्यालय, पुस्तकालय, वाचनालय, ग्रंथालय, मंत्रालय, सचिवालय, शौचालय, स्नानालय, मुख्यालय, निदेशालय, कार्यालय, मुद्रणालय, भोजनालय, प्रतीक्षालय, विश्रामालय, पशुचिकित्सालय, संग्रहालय। **आवास :** छात्रावास, दूतावास, राजदूतावास, कारावास। **आगार :** यज्ञागार, ग्रंथागार, अभिलेखागार, आयुधागार, अस्त्रागार, शस्त्रागार, शयनागार, शौचागार, स्नानागार, धान्यागार, निक्षेपागार, कारागार। **आश्रम :** अनाथाश्रम, व द्धाश्रम, योगाश्रम, आरोग्याश्रम। **मंदिर :** विद्यामंदिर। **सौध :** विद्यासौध। **खाना :** जेलखाना, पागलखाना, कारखाना, बर्फखाना, तोपखाना, दवाखाना, चिड़ियाखाना, कबूतरखाना, मैखाना, रसोईखाना, जनानखाना, गुसलखाना, पाखाना, तहखाना।

इसी प्रकार शिक्षण की अन्य दिशाओं में भी इन कोशों का पूरा-पूरा लाभ उठाया जा सकता हैं।

अंत्याक्षर कोश का हिंदी के भाषावैज्ञानिक विवेचन में अनुप्रयोग

आधुनिक भाषावैज्ञानिक द ष्टि से, हिंदी भाषा का विश्लेषण, अत्यंत विस्तार एवं

गहराई से पिछले पचास वर्षों से होता आ रहा है। किंतु कंप्यूटरों के कारण जो व्यापक डाटा आज विश्लेषकों को सुलभता के साथ उपलब्ध होने लगे हैं वह उनको प्राप्त नह थे। अतएव पिछले परिणामों का अद्यतन विस्त त डाटा के परिप्रेक्ष्य में पुनरवलोकन वांछनीय है। प्रस्तुत कोश में केवल 16 हजार शब्दों पर (जोकि प्रारंभ करने के लिए यह पर्याप्त संख्या है) कार्य किया गया है, और शब्दाधारित लिपिवर्ण, ध्वनि, शब्दरचना, शब्दव्युत्पत्ति एवं शब्दार्थ विवेचन में यह कोश निस्संदेह उपादेय है। यहाँ इन क्षेत्रों में इनकी उपयोगिता पर सोदाहरण प्रकाश डालने का एक लघु प्रयास किया गया है।

लिपि व्यवस्था

हिंदी–लेखिमविज्ञान में वर्णगुच्छों के लेखिमिक वितरण पर नगण्य कार्य हुआ है। यहाँ नमूने के लिए कवर्ग–आदि वाले वर्णगुच्छों का एक संक्षिप्त विवरण प्रस्तुत किया जा रहा है :

आदि वर्णसंयोग : क्य : क्या, क्यों। **क्र :** क्रम, क्रमांक, क्रमिक, क्रय, क्रीत, क्रेता, क्रांति, क्रंदन, क्रिया, क्रीड़ा, क्रूर, क्रूरता, क्रोध, क्रोधी, 'क्रास'। **क्ल :** क्लांत, क्लांति, क्लेश, क्लिष्टता, क्लब, क्लर्क, क्लिनिक, क्लीनर, 'क्लास'। **क्व :** क्वार, क्वारा, क्वचित्। **ख्य :** ख्यात, ख्याति, 'ख्याल'। **ख्व :** ख्वाब, ख्वाहिश। **ग्य :** ग्यारह। **ग्र :** ग्रंथ, ग्रंथि, ग्रंथी, ग्रस्त, ग्रसनी, ग्रहण, ग्राही, ग्राह्य, ग्राहक, ग्राम, ग्राम्य, ग्रामीण, ग्रीवा, ग्रीष्म, 'ग्रेड'। **ग्ल :** ग्लानि। **ग्व :** ग्वाला, ग्वालिन। **घ्र :** घ्राण, घ्राता।

मध्य एवं अंत वर्णसंयोग : क्क : इक्का, चक्का, चक्की, छक्का, छक्की, टिक्की, डिक्की, तिक्की, धक्का, पक्का, मुक्का, रुक्का, सिक्का, हुक्का, इक्कीस, चक्कर, टक्कर, ढक्कन, दिक्कत, धिक्कार, नक्काशी, नुक्कड़, फक्कड़, मक्कार, शक्कर, उचक्का, तरक्की, भौंचक्का, मुनक्का। **क्ख :** मक्खी, मक्खन, अक्खड़, भुक्खड़, लिक्खाड़। **क्ट :** डाक्टर, डाक्टरी, ट्रैक्टर। **क्त :** उक्ति, उक्त, तिक्त, त्यक्त, पंक्ति, भक्त, भक्ति, मुक्त, मुक्ति, युक्त, युक्ति, रक्त, रिक्त, वक्ता, व्यक्त, व्यक्ति, शक्ति, शाक्त, सूक्ति आदि-आदि। **क्थ** : रिक्थ। **क्प :** वाक्पटु। **क्म :** हुक्म। **क्य :** ऐक्य, वाक्य, शक्य, आधिक्य, पार्थक्य, औत्सुक्य आदि तथा इक्यासी। **क्र :** चक्र, तक्र, वक्र; जिक्र, बिक्री, डिक्री आक्रांत, आक्रोश, प्रक्रम, प्रक्रिया, वक्र, वक्रोक्ति, विक्रम, विक्रेता, शुक्राणु, संक्रांति आदि। **क्ल :** शुक्ल, आक्लांत, अक्ल, शक्ल। **क्व :** पक्व, पक्वान्न, अपक्व, सुपक्व। **क्श :** नक्श, नक्शा। **क्ष** (क्ष) : कक्ष, कक्षा, आकांक्षा, चक्षु, दक्ष, दीक्षा, पक्षी, भिक्षा, मोक्ष, साक्षी, तीक्ष्ण, यक्ष्मा, लक्ष्मी, लक्ष्मण, लक्ष्य, साक्ष्य, अभक्ष्य, लक्ष्यार्थ आदि। **क्स :** टैक्स, टैक्सी। **ख्त :** तख्त, तख्ता, सख्त,

सख्ती। **ख्म:** जख्म। **ख्य :** मुख्य, व्याख्या, संख्या, प्रख्यात, विख्यात, व्याख्यान, सांख्यिकी आदि। **ख्श :** बख्शीश। **ग्ग :** लग्गू, दिग्गज। **ग्घ :** बग्घी, घिग्घी। **ग्ण :** रुग्ण। **ग्ज :** वाग्जाल। **ग्द :** वाग्दान, वाग्देवी। **ग्ध :** दग्ध, दुग्ध, स्निग्ध, विदग्ध, विमुग्ध, संदिग्ध। **ग्न :** अग्नि, नग्व, भग्न, मग्न, लग्न, आग्नेय, उद्विग्न, दावाग्नि, संलग्न, हुताग्नि आदि। **ग्म :** युग्म, युग्मन आदि। **ग्य :** भाग्य, योग्य, भोग्य, व्यंग्य, आरोग्य, सौभाग्य, वैराग्य, वाग्युद्ध आदि। **ग्र :** अग्र, उग्र, व्यग्र, अग्रज, आग्रह, खग्रास, संग्रह, संग्राम, साग्रह, एकाग्र, सामग्री, अंग्रेज, अंग्रेजी आदि। **ग्व :** ऋग्वेद। **घ्न :** विघ्न, कृतघ्न, शत्रुघ्न, निर्विघ्न आदि। **घ्र :** शीघ्र, व्याघ्र आदि।

ऊपर केवल कवर्ग के अक्षरों के संबंध में विवरण दिया गया है। इसी प्रकार सभी के संबंध में प्रस्तुत कोश से शब्द निकाले जा सकते हैं और हिंदी की 'ग्रेफोटैक्टिक्स' ज्ञात की जा सकती है। ग्रेफोटैक्टिक्स से पता लगता है कि कौन से वर्णसंयोग हिंदी के लिए स्वाभाविक हैं और इसलिए वे वर्णसंयोग वाले विदेशी आगत शब्द ग्राह्य होते हैं। जो स्वाभाविक नह होते हैं वे सुग्राह्य नह हो पाते हैं, अतः अनेक विदेशी उच्चपदस्थ अतिथियों के नाम संबोधित करने में कठिनाई होती है; उदाहरणार्थ 'ख्रुश्चेव'। इसके अतिरिक्त यह भी व्युत्पत्ति-निर्णय में पता लग जाता है कि यह तत्सम है या तद्भव या विदेशी। जैसे यदि 'ख्त' है तो वह विदेशी होगा; यदि 'क्ख' है तो तद्भव ही होगा।

उच्चारण व्यवस्था

उच्चारण भाषा की तकनीकी पद से द्योतित स्वनिम–व्यवस्था पर आधारित होता है। स्वनिम–निर्धारण में न्यूनतम युग्म, सद श युग्म आदि का उपयोग किया जाता है। इन युग्मों को ढूँढ़ना कोई सुसाध्य कार्य नह है, किंतु इस कोश से यह साध्य है; जैसे–

कल, खल, गल, चल, छल, जल, टल, डल, ढल, तल, थल, दल, नल, पल, फल, बल, मल, हल।

काल, खाल, गाल, जाल, छाल, जान, टाल, छाल, ढाल, ताल, थाल, दाल, नाल, पाल, फ़ाल, बाल, भाल, राल, लाल, साल, शाल, हाल।

बात–बाट, छूत–छूट, खट–खत, नाता–नाटा, पाट–पात आदि।

गरल, सरल, विरल, तरल आदि।

शब्द व्यवस्था

उपसर्ग : उपसर्गों के लिए 'वर्गपहेली कोश' का अवलोकन करें। उदाहरणार्थ,

यदि 'उत्' के शब्द देखना चाहते हैं, तो निम्नलिखित शब्द मिल जाएँगे—उत्कंठा, उत्कट, उत्खनन, उत्पादन आदि। पर–प्रत्ययों एवं समास शब्दों को पता लगाने में अंत्याक्षर कोश अत्यंत उपादेय है। उदाहरणार्थ, **'-पूर्ण'** के युक्तिपूर्ण, कपटपूर्ण, पक्षपातपूर्ण, नैतिकतापूर्ण, शांतिपूर्ण, महत्त्वपूर्ण, मैत्रीपूर्ण, सुविधापूर्ण, अन्यायपूर्ण, आदि।

- - आँ	- - खाई	- - ड़ाई	- - नाई	- - लाई	- - हाई
कुआँ	**लिखाई**	**लड़ाई**	**शहनाई**	**ढिलाई**	**रिहाई**
धुआँ	पढ़ाईलिखाई	बढ़ई	पहुनाई	ढुलाई	खड़ाऊँ
कौआ	तगाई	ढाई	बहनोई	धुलाई	म्याऊँ
कछुआ	रँगाई	कढ़ाई	पाई	भलाई	टिकाऊ
खजुआ	लुगाई	चढ़ाई	चौपाई	बुराईभलाई	बिकाऊ
बटुआ	लोगलुगाई	पढ़ाई	छपाई	मलाई	उपजाऊ
भड़ुआ	सगाई	लिखाईपढ़ाई	खड़ीपाई	रुलाई	उड़ाऊ
बथुआ	महँगाई	मढाई	तिपाई	ललाई	जड़ाऊ
दुआ	ऊँचाई	तरुणाई	हाथापाई	सलाई	ताऊ
बँधुआ	खिंचाई	कतई	चारपाई	दियासलाई	पंडिताऊ
पूआ	निचाई	ताई	भरपाई	सिलाई	कमाऊ
मालपूआ	सिंचाई	कताई	लिपाई	लेई	प्याऊ
पौआ	सच्चाई	जुताई	बेवफाई	लोई	चलाऊ
बूआ	अच्छाई	पंडिताई	सफाई	गँवई	कामचलाऊ
मुआ	भौजाई	पुताई	बाई	सेंवई	बाएँ
गेरुआ	रजाई	लिपाईपुताई	लंबाई	पकवाई	चाहिए
ठलुआ	लगाईबुझाई	पुरोहिताई	भाई	रँगवाई	प थक्
बलुआ	टाई	कत्थई	जँभाई	पढ़वाई	दिक्
सुआ	खटाई	ताताथेई	माई	सुनवाई	धिक्
सोआ	चटाई	दाई	कमाई	बिवाई	सम्यक्
हुआ	छँटाई	खुदाई	छुईमुई	चिरवाई	तिर्यक्
महुआ	छोटाई	जुदाई	बेहियाई	कार्रवाई	वाक्
परछाईं	पटाई	विदाई	तुरई	हलवाई	अंक
दाईं	बँटाई	ननदोई	राई	हवाई	एक
गोसाईं	बटाई	बधाई	चिराई	भाषाई	एकक
बुआई	ढिठाई	सिधाई	तराई	सतसई	टंकक
बोआई	मिठाई	नाई	चतुराई	साँई	सूचकांक
कई	मडई	चिकनाई	निराई	ईसाई	काक
मकई	डाई	चिनाई	बुराई	कसाई	ऐकिक
काई	कड़ाई	चुनाई	गहराई	घिसाई	लौकिक
इकाई	अँगड़ाई	कठिनाई	रुई	हँसाई	अलौकिक
सिंकाई	सुघड़ाई	बिनाई	तरोई	रसोई	पारलौकिक
कोई	चौड़ाई	बुनाई	लाई	तिहाई	सार्वलौकिक
खाई	लंबाईचौड़ाई	भुनाई	कलाई	दुहाई	मुक्तक
दिखाई	ठंडाई	लुनाई	उकलाई	तनहाई	वैयक्तिक

- - क्षक	- - चक	- - छक	- - टक	- - ड़क	- - तक
अधीक्षक	पाचक	छकाछक	खटक	निधड़क	पूर्वस्नातक
प्रेक्षक	याचक	छ क	आखेटक	सड़क	गतांक
भक्षक	रेचक	छौंक	घटक	डाक	ताक
नरभक्षक	विरेचक	गजक	संघटक	तड़ाक	एकांतिक
समीक्षक	रोचक	उत्तेजक	चटक	मंडूक	प्राकृतिक
रक्षक	अरोचक	विचारोत्तेजक	नाटक	कूपमंडूक	अप्राकृतिक
अंगरक्षक	निर्वाचक	उद्वेजक	पिटक	ढाक	सांकेतिक
सीमारक्षक	लचक	बीजक	फाटक	गणक	आत्यंतिक
संरक्षक	आलोचक	मूर्तिभंजक	चटकमटक	संगणक	सैद्धांतिक
निरीक्षक	समालोचक	याजक	पर्यटक	क्षणिक	जनांतिक
लेखानिरीक्षक	वंचक	आयोजक	निष्कंटक	लाक्षणिक	राजनीतिक
परीक्षक	वाचक	नियोजक	विस्फोटक	शैक्षणिक	कूटनीतिक
लेखापरीक्षक	व्यक्तिवाचक	संयोजक	टाँक	माणिक	नैतिक
कार्यवेक्षक	निजवाचक	रंजक	छटाँक	प्रामाणिक	अनैतिक
पर्यवेक्षक	गुणवाचक	मनोरंजक	चटाक	अप्रामाणिक	राजनैतिक
शिक्षक	संबंधवाचक	रजक	टिकटिक	पौराणिक	उपांतिक
स्वयंशिक्षक	नामवाचक	अराजक	खटिक	वणिक	आपातिक
पाक्षिक	पर्यायवाचक	व्यंजक	स्फटिक	रमणीक	आनुपातिक
शैक्षिक	समूहवाचक	अभिव्यंजक	खटीक	आण्विक	समानुपातिक
भिक्षुक	संसूचक	विस्मयव्यंजक	सटीक	आतंक	सानुपातिक
लेखक	चाक	परिव्राजक	कटुक	तक	भौतिक
खाक	पैशाचिक	आसंजक	टूक	दुखांतक	आधिभौतिक
मौखिक	कंचुक	मजाक	टैंक	सुखांतक	सांस्कृतिक
अल्पसंख्यक	चूक	हँसीमजाक	टोक	खगांतक	वानस्पतिक
बहुसंख्यक	अचूक	सामाजिक	ट्रंक	घातक	प्रतीक
औद्योगिक	खट्टाचूक	नाजुक	ठकठक	चातक	तुक
प्रौद्योगिक	भूलचूक	जोंक	पाठक	हितचिंतक	कौतुक
प्रायोगिक	चेक	याज्ञिक	बैठक	शुभचिंतक	आगंतुक
यौगिक	रेखितचेक	झक	ठीक	चेतक	नवागंतुक
लैंगिक	चौक	झिझक	ठीकमठीक	जातक	परंतुक
आनुषंगिक	गुच्छक	बेझिझक	डंक	द्योतक	पैत क
प्रासंगिक	ऐच्छिक	नोकझोंक	कड़क	पातक	दत्तक
अप्रासंगिक	याद च्छिक	टक	खंडक	निर्यातक	नैमित्तिक
संलग्नक	अनैच्छिक	अटक	तड़क	शतक	सात्विक
युग्मक	स्वैच्छिक	कंटक	दंडक	सूतक	सपत्नीक
पंचक	इच्छुक	अकंटक	धड़क	स्नातक	बहुपत्नीक

- - त्मक	- - त्रिक	- - दिक	- - नक	- - निक	- - पक
रक्षात्मक	लोकतांत्रिक	तपेदिक	कनक	वैतनिक	व्यापक
संख्यात्मक	मात्रिक	वैदिक	खनक	अवैतनिक	सर्वव्यापक
रागात्मक	सार्वत्रिक	आयुर्वैदिक	अचानक	दैनिक	व्यवस्थापक
व्यंग्यात्मक	ऋत्विक	नजदीक	जनक	धनिक	संस्थापक
परिमाणात्मक	चिकित्सक	तसदीक	लज्जाजनक	प्राविधानिक	पाक
विवरणात्मक	पशुचिकित्सक	बंदूक	खेदजनक	वैधानिक	पुटपाक
विश्लेषणात्मक	उत्सुक	संदूक	सुविधाजनक	संवैधानिक	तपाक
गीतात्मक	पर्युत्सुक	बौद्धिक	सम्मानजनक	असंवैधानिक	परिपाक
प्रजातंत्रात्मक	अथक	केंद्रक	लाभजनक	आधुनिक	विपाक
तथ्यात्मक	मिथक	छिद्रक	निराशाजनक	रासायनिक	पिक
रचनात्मक	पथिक	मुद्रक	संतोषजनक	दार्शनिक	ओलंपिक
विवेचनात्मक	थूक	गंधक	संदेहजनक	काल्पनिक	लिपिक
संगठनात्मक	थोक	बंधक	मोहजनक	प्रशासनिक	पीक
सर्जनात्मक	उदक	प्रबंधक	तुनक	सैनिक	डरपोक
संकलनात्मक	आच्छादक	बाधक	कथानक	नौसैनिक	सप्तक
तुलनात्मक	उत्पादक	संबंधबोधक	पीनक	जलसैनिक	प्राप्तांक
ध्वन्यात्मक	घ णोत्पादक	प्रबोधक	भनक	तकनीक	फक
परिचयात्मक	पादोदक	रोधक	मानक	भजनीक	फाँक
निर्णयात्मक	निंदक	निरोधक	अमानक	नेक	इत्तफाक
लयात्मक	पदक	रोगनिरोधक	भयानक	अनेक	ट्रैफिक
नकारात्मक	रजतपदक	उपरोधक	रौनक	नोक	फूँक
सकारात्मक	प्रतिपादक	तापरोधक	सनक	पंक	बकबक
स्वीकारात्मक	संपादक	जलरोधक	दिनांक	क्षेपक	चुंबक
कार्यात्मक	पत्रसंपादक	साधक	मूल्यसूचनांक	आख्यापक	मुताबिक
संघर्षात्मक	प्रभावोत्पादक	धाक	नाक	चंपक	लागबुक
निर्देशात्मक	मादक	अधिक	पिनाक	झपक	चाबुक
जनतंत्रात्मक	उन्मादक	अधिकाधिक	खतरनाक	लपकझपक	पासबुक
आध्यात्मिक	मोदक	न्यूनाधिक	दर्दनाक	दीपक	बैंक
साहित्यिक	खँड़मोदक	बधिक	क्लिनिक	उद्दीपक	शाब्दिक
प्रत्येक	वादक	सर्वाधिक	सार्वजनिक	अध्यापक	लुब्धक
पत्रक	तंतुवादक	आवधिक	वैज्ञानिक	छात्राध्यापक	लब्धांक
कार्यपत्रक	अनुवादक	सावधिक	मनोवैज्ञानिक	प्रधानाध्यापक	ब्रेक
मात्रक	आवेदक	प्रविधिक	भाषावैज्ञानिक	प्राध्यापक	पब्लिक
नियंत्रक	निवेदक	सांविधिक	टानिक	परिसमापक	दांभिक
पत्रांक	निष्पादक	असांविधिक	तनिक	रूपक	नाभिक
तांत्रिक	इत्यादिक	ऐनक	पुरातनिक	लपक	आरंभिक

- - भिक	- - यक	- - रक	- - रिक	- - र्धक	- - लक
प्रारंभिक	विधायक	मंगलकारक	पारंपरिक	आनंदवर्धक	कलक
भेक	विधेयक	नाशकारक	पारस्परिक	ध्वनिवर्धक	आकलक
अभ्रक	धनविधेयक	पुष्टिकारक	व्यापारिक	प्रवर्धक	किलक
संक्रामक	नायक	उपचारक	शारीरिक	स्वास्थ्यवर्धक	नेत्रगोलक
चमक	निर्णायक	प्रचारक	पारिवारिक	अर्भक	चालक
दमक	नालायक	परिचारक	सांसारिक	निर्भीक	विमानचालक
दीमक	आयव्ययक	विचारक	पुंडरीक	अकर्मक	तापचालक
नमक	सहायक	भट्टारक	बारीक	सकर्मक	परिचालक
नामक	निजीसहायक	वितरक	जागरूक	कार्मिक	संचालक
भ्रामक	याक	अदरक	अतिरेक	धार्मिक	सूत्रसंचालक
नियामक	कायिक	सुधारक	हर्षातिरेक	अधार्मिक	जालक
अग्निशामक	सांप्रदायिक	नरक	व्यतिरेक	मार्मिक	झलक
क्रमांक	सामुदायिक	विषयपरक	हरेक	योग्यतापूर्वक	ढोलक
हिमांक	अनयिक	पूरक	रोक	हठपूर्वक	तिलक
क्रमिक	राजनयिक	प्रतिपूरक	नैसर्गिक	प्रीतिपूर्वक	पलक
आनुक्रमिक	न्यायिक	अनुपूरक	अनैसर्गिक	ध्यानपूर्वक	अपलक
प्राथमिक	प्रायिक	परिपूरक	परिमार्जक	सम्मानपूर्वक	पालक
माध्यमिक	सामयिक	प्रेरक	सर्जक	नियमपूर्वक	कार्यपालक
सार्वभौमिक	असामयिक	अबरक	पूर्णांक	बलपूर्वक	पुलक
श्रमिक	समसामयिक	मुबारक	नर्तक	चार्वाक	बालक
पारिश्रमिक	नैयायिक	मारक	निवर्तक	पथदर्शक	निष्पलक
अमुक	व्यावसायिक	निर्धारक	समापवर्तक	पथप्रदर्शक	चालाक
मूक	रंक	करनिर्धारक	प्रवर्तक	सूक्ष्मदर्शक	तलाक
अमूक	निरंक	निवारक	युगप्रवर्तक	निदर्शक	बुलाक
ऋष्यमूक	कारक	आविष्कारक	कार्तिक	प्रदर्शक	कालिक
मयंक	शोककारक	ध्वनिविस्तारक	एकार्थक	पारदर्शक	भूतकालिक
गायक	रोगकारक	स्मारक	अनर्थक	परिदर्शक	मध्यकालिक
परिचायक	रोमांचकारक	हीरक	समानार्थक	मार्गदर्शक	चिरकालिक
त तीयक	रुचिकारक	खुराक	समर्थक	आकर्षक	पूर्णकालिक
मुक्तिदायक	गुणकारक	तैराक	पक्षसमर्थक	शीर्षक	सर्वकालिक
सुखदायक	व्रणकारक	आधिकारिक	निरर्थक	लोमहर्षक	अल्पकालिक
प्रेरणादायक	प्रीतिकारक	नागरिक	सार्थक	वार्षिक	अंशकालिक
सिद्धिदायक	हानिकारक	औपचारिक	आर्थिक	पंचवार्षिक	मांगलिक
तापदायक	उपकारक	अनौपचारिक	पारमार्थिक	त्रैवार्षिक	भौगोलिक
स्फूर्तिदायक	लाभकारक	आंतरिक	हार्दिक	कलंक	आंचलिक
फलदायक	हर्षकारक	आभ्यंतरिक	रुचिवर्धक	निष्कलंक	वैतालिक

- - लिक	- - हक	- - शशंक	- - सिक	- - हूक	- - डाका
तात्कालिक	नाविक	निश्शंक	तामसिक	हूक	डाका
कापालिक	स्वाभाविक	कृषक	मासिक	आह्निक	उड़ाका
मालिक	अस्वाभाविक	घोषक	त्रैमासिक	का	कड़ाका
मौलिक	पाशविक	विदूषक	सामासिक	आका	धूमधड़ाका
लीक	वास्तविक	अन्वेषक	रसिक	दयायाचिका	भीड़भड़ाका
उलूक	भावुक	पोषक	साहसिक	म गमरीचिका	खंडिका
लोक	विवेक	वित्तपोषक	ऐतिहासिक	विशूचिका	चंडिका
आलोक	अविवेक	प्रेषक	प्रागैतिहासिक	चौका	अनुक्रमणिका
वैकुंठलोक	शक	मूषक	स क	पंजिका	उपक्रमणिका
पित लोक	कशक	परेषक	स्टाक	झोका	रेणुका
म त्युलोक	प्रकाशक	युद्धविशेषक	दस्तक	टका	पताका
इंद्रलोक	दशक	शोषक	पाठ्यपुस्तक	खटका	विजयपताका
चंद्रलोक	निदेशक	विशेषांक	पुस्तक	गुटका	गीतिका
यमलोक	उपदेशक	पारितोषिक	मस्तक	झटका	दूतिका
परलोक	नाशक	मानुषिक	नतमस्तक	टोटका	लतिका
लोकपरलोक	रोगनाशक	पारिभाषिक	आस्तिक	टोनाटोटका	म त्तिका
स्वर्गलोक	मशक	अभिषेक	नास्तिक	पटका	परितंत्रिका
मर्त्यलोक	शशांक	राज्याभिषेक	स्वस्तिक	भूलाभटका	पत्रिका
सूर्यलोक	शाक	पौष्टिक	खस्वस्तिक	मटका	लग्नपत्रिका
वैकल्पिक	पोशाक	कोष्ठक	आकस्मिक	लटका	वीथिका
वाल्मीक	आंशिक	नैष्ठिक	हक	पटाका	वेदिका
ताल्लुक	आशिक	पुष्पक	गाहक	पेटिका	पादुका
आवक	प्रादेशिक	ठसक	ग्राहक	मतपेटिका	चरणपादुका
जावक	सार्वदेशिक	विध्वंसक	चहक	पत्रपेटिका	चंद्रिका
धावक	आनुवंशिक	उपासक	महक	वाटिका	मुद्रिका
पावक	शुक	नपुंसक	मोहक	पुष्पवाटिका	तिनका
अभिभावक	माशूक	भरसक	वाहक	टीका	मनका
युवक	शोक	प्रशंसक	पत्रवाहक	माँगटीका	नाका
नवयुवक	अशोक	शासक	विमानवाहक	पादटीका	यवनिका
शावक	शौक	प्रशासक	जलवाहक	खट्टिका	नौका
म गशावक	व श्चिक	हिंसक	मालवाहक	पट्टिका	पका
श्रावक	आवश्यक	अहिंसक	संदेशवाहक	पीठिका	पोंका
सेवक	अत्यावश्यक	मानसिक	ऐहिक	ठेका	फीका
जनसेवक	अनावश्यक	अनुनासिक	साप्ताहिक	डंका	बाँका
ग्रामसेवक	परमावश्यक	सानुनासिक	सामूहिक	तड़का	भभका
स्वयंसेवक	श्लोक	आभ्यासिक	धारावाहिक	लड़का	धमाका

- - मिका	- - लिका	- - बकि	- - नाकी	- - डाकू	- - रक्की
नामिका	पालिका	जबकि	पिनाकी	डाकू	तरक्की
अनामिका	न्यायपालिका	हालाँकि	दैनिकी	उड़ाकू	खक्खा
प्रेमिका	नगरपालिका	वाल्मीकि	वैमानिकी	लड़ाकू	मक्खी
भूमिका	कार्यपालिका	वासुकि	वानिकी	तंबाकू	मधुमक्खी
मौका	पिपीलिका	की	तकनीकी	के	उक्त
जायका	बालिका	एकांकी	अतकनीकी	बेखटके	तिक्त
आख्यायिका	प्रहेलिका	काकी	नेकी	तड़के	त्यक्त
गायिका	होलिका	एकाकी	झपकी	कै	परित्यक्त
विधायिका	बालुका	खाकी	टपकाटपकी	को	यथोक्त
नायिका	मल्लिका	सांख्यिकी	थपकी	व क्क	उन्मुक्त
खरका	जीविका	प्रौद्योगिकी	लपकी	इक्का	भक्त
सिरका	आजीविका	हिचकी	डुबकी	चक्का	राजभक्त
राका	उपजीविका	कंचुकी	बाकी	उचक्का	स्वामिभक्त
परिचारिका	मालविका	चौकी	बेबाकी	भौचक्का	अविभक्त
तारिका	सेविका	झाँकी	भभकी	छक्का	मुक्त
सारिका	ग्रामसेविका	ताकाझाँकी	गीदड़भभकी	भीड़भड़क्का	आरोपमुक्त
अभिसारिका	शंका	टंकी	धमकी	इक्कादुक्का	करमुक्त
स्मारिका	आशंका	नौटंकी	सामयिकी	धक्का	भारमुक्त
नीहारिका	लघुशंका	टकटकी	फिरकी	धक्कमधक्का	परंपरामुक्त
तरीका	प्रतिशंका	चुटकी	सिरकी	मुनक्का	दोषमुक्त
कर्णिका	उद्देशिका	पुटकी	नर्तकी	पक्का	युक्त
मणिकर्णिका	निर्देशिका	टोकाटाकी	वार्षिकी	हक्काबक्का	युक्ति
वर्तिका	प्रवेशिका	खिड़की	द्विवार्षिकी	मक्का	आयुक्त
कपर्दिका	विभीषिका	बंदरघुड़की	पालकी	मुक्का	युक्तियुक्त
लंका	मूषिका	झिड़की	चालाकी	लातमुक्का	निर्वाचनायुक्त
मुचलका	कनिष्ठिका	लड़की	लौकी	रुक्का	नियुक्त
फुलका	नासिका	पातकी	जैविकी	सिक्का	प्रतिनियुक्त
हलका	लसीका	भौतिकी	पुराजैविकी	हुक्का	उपयुक्त
तहलका	पुस्तिका	पारिस्थितिकी	चुसकी	चक्की	अनुपयुक्त
इलाका	लेखापुस्तिका	हेतुकी	सिसकी	पनचक्की	प्रयुक्त
शलाका	हस्तपुस्तिका	यांत्रिकी	हाकी	पवनचक्की	अप्रयुक्त
कलिका	हाँका	धकधकी	इक्ष्वाकु	झक्की	अभियुक्त
पटोलिका	ठहाका	धुकधुकी	शंकु	टिक्की	निगमायुक्त
तालिका	रक्तवाहिका	कनकी	त्रिशंकु	डिक्की	श्रमायुक्त
मूल्यतालिका	चूँकि	जानकी	चाकू	तिक्की	वियुक्त
वासनलिका	ताकि	फुनकी	चीकू	धक्कामुक्की	संयुक्त

- - रक्त	- - वक्ता	- - व्यक्ति	- - चक्र	- - ध्यक्ष	- - व क्ष
रक्त	**भविष्यवक्ता**	**अभिव्यक्ति**	**महावीरचक्र**	**विभागाध्यक्ष**	**वंशव क्ष**
आरक्त	उक्ति	भावाभिव्यक्ति	शौर्यचक्र	शासनाध्यक्ष	निष्पक्ष
अनुरक्त	छेकोक्ति	शक्ति	राशिचक्र	सेनाध्यक्ष	कक्षा
विरक्त	लोकोक्ति	योगशक्ति	जिक्र	नौसेनाध्यक्ष	खककक्षा
रिक्त	वक्रोक्ति	घ्राणशक्ति	तक्र	वायुसेनाध्यक्ष	कांक्षा
अतिरिक्त	व्यंग्योक्ति	स्मरणशक्ति	फिक्र	सभाध्यक्ष	आकांक्षा
निरुक्त	कटूक्ति	यथाशक्ति	वक्र	कोषाध्यक्ष	उच्चाकांक्षा
नैरुक्त	रूढ़ोक्ति	जनशक्ति	डिक्री	राष्ट्राध्यक्ष	महत्त्वाकांक्षा
उपरोक्त	अत्युक्ति	सहनशक्ति	बिक्री	पक्ष	तितिक्षा
निर्मुक्त	वेदोक्ति	नौशक्ति	रोकड़बिक्री	शुक्लपक्ष	प्रतीक्षा
उपर्युक्त	अन्योक्ति	पराशक्ति	अक़्ल	प्रतिपक्ष	उत्प्रेक्षा
पूर्वोक्त	पंक्ति	आसक्ति	बेअक्ल	पित पक्ष	दीक्षा
वक्त	रक्षापंक्ति	सूक्ति	सूरतशक्ल	वामपक्ष	अपेक्षा
व्यक्त	रूपोक्ति	रिक्थ	शुक्ल	परपक्ष	उपेक्षा
अव्यक्त	भक्ति	हुक्म	पक्व	भावपक्ष	भिक्षा
अभिव्यक्त	राजभक्ति	ऐक्य	अपक्व	विपक्ष	बुभुक्षा
अशक्त	पित भक्ति	माणिक्य	परिपक्व	पक्षविपक्ष	समीक्षा
शाक्त	प्रेमभक्ति	मतैक्य	अपरिपक्व	कृष्णपक्ष	रक्षा
निश्शक्त	विभक्ति	औत्सुक्य	सुपक्व	निरपेक्ष	प्रतिरक्षा
विषाक्त	देशभक्ति	आधिक्य	नक्शा	गुटनिरपेक्ष	आत्मरक्षा
मूर्धाभिषिक्त	मुक्ति	कार्याधिक्य	नाकनक्शा	पंथनिरपेक्ष	अभिरक्षा
आसक्त	कार्यमुक्ति	अनैक्य	कक्ष	धर्मनिरपेक्ष	संरक्षा
अनासक्त	नियुक्ति	पार्थक्य	नियंत्रणकक्ष	सापेक्ष	सुरक्षा
विषयासक्त	प्रतिनियुक्ति	वाक्य	मंत्रणाकक्ष	समक्ष	जनसुरक्षा
परित्यक्ता	पुनर्नियुक्ति	उपवाक्य	स्वागतकक्ष	मोक्ष	परीक्षा
उपभोक्ता	पर्यायोक्ति	आदर्शवाक्य	भोजनकक्ष	अंतरिक्ष	लेखापरीक्षा
नियोक्ता	अतिशयोक्ति	शक्य	समकक्ष	रुक्ष	अग्निपरीक्षा
प्रयोक्ता	विरक्ति	अशक्य	कार्यकक्ष	रूक्ष	प्रतिपरीक्षा
वक्ता	पुनरुक्ति	शाक्य	कोषकक्ष	परोक्ष	पुनःपरीक्षा
पक्षवक्ता	निरुक्ति	अनुनासिक्य	पुंडरीकाक्ष	लक्ष	लाक्षा
अधिवक्ता	स्वीकारोक्ति	क्या	कटाक्ष	पिंगलाक्ष	परिवीक्षा
न्यायाधिवक्ता	निर्मुक्ति	क्यों	प्रत्यक्ष	जालाक्ष	संवीक्षा
महाधिवक्ता	पूर्वोक्ति	चक्र	दक्ष	गवाक्ष	शिक्षा
प्रवक्ता	आदर्शोक्ति	कुचक्र	अदक्ष	व क्ष	सहशिक्षा
आशुवक्ता	व्यक्ति	घटनाचक्र	रुद्राक्ष	वटव क्ष	कांक्षी
स्पष्टवक्ता	प्रतिव्यक्ति	वीरचक्र	अध्यक्ष	कल्पव क्ष	आकांक्षी

- - कांक्षी	- - ईख	- - र्मुख	- - भूखा	- - शंखी	- - झाग
हिताकांक्षी	**ईख**	**चतुर्मुख**	**भूखा**	**ढपोरशंखी**	**झाग**
महत्त्वाकांक्षी	काँख	लाख	गोरखा	शेखी	टाँग
स्नेहाकांक्षी	कोख	कालिख	चरखा	सखी	ऊटपटाँग
म गाक्षी	चीख	लीख	पुरखा	साखी	खट्वाँग
पक्षी	नापजोख	लेख	बरखा	बैसाखी	ठग
प्रतिपक्षी	बतख	आलेख	परिखा	सुखी	लंबतड़ंग
वामपक्षी	दुःख	अग्रलेख	रूखा	गुस्ताखी	नंगधड़ंग
जलपक्षी	दुख	प्रलेख	रेखा	अनदेखे	डग
विपक्षी	नख	स्तंभलेख	भूमध्यरेखा	तख्त	तडाग
परमुखापेक्षी	उन्मुख	अभिलेख	मकररेखा	कमबख्त	अडिग
परापेक्षी	मरणोन्मुख	पुरालेख	ऊर्ध्वरेखा	दरख्त	ड ग
आरक्षी	ह्रासोन्मुख	उपरिलेख	हस्तरेखा	खरीदफरोख्त	ढंग
भूतलक्षी	पंख	पश्चलेख	झरोखा	सख्त	रंगढंग
पर्यवेक्षी	पाख	सुलेख	पढ़ालिखा	तख्ता	ढोंग
साक्षी	भीख	उल्लेख	लेखा	सोख्ता	तंग
इक्षु	भूख	नामोल्लेख	शाखा	तख्ती	पतंग
चक्षु	मुख	शंख	प्रशाखा	कमबख्ती	मतंग
प्रज्ञाचक्षु	आमुख	डपोरशंख	शिखा	सख्ती	मातंग
भिक्षु	गजमुख	वैशाख	सखा	जख्म	तुंग
तीक्ष्ण	खटमुख	नखशिख	सूखा	मुख्य	उत्तुंग
सूक्ष्म	अधोमुख	शोख	दुःखी	पौरमुख्य	प्रत्यंग
यक्ष्मा	प्रसन्नमुख	साख	दुखी	असंख्य	त्याग
राजयक्ष्मा	प्रमुख	बैसाख	देखादेखी	सांख्य	आत्मत्याग
लक्ष्मी	पराङ्मुख	सिख	कनखी	व्याख्या	पदत्याग
ग हलक्ष्मी	शिलीमुख	सीख	पंखी	संख्या	शरीरत्याग
उपेक्ष्य	विमुख	सुख	सूरजमुखी	रूढ़संख्या	परित्याग
परिप्रेक्ष्य	सम्मुख	नैनसुख	सर्वतोमुखी	जनसंख्या	देहत्याग
अभक्ष्य	जनसम्मुख	लेखाजोखा	चंद्रमुखी	क्रमसंख्या	सत्संग
दुर्भिक्ष्य	हँसमुख	पटाखा	अधोमुखी	अंग	दंग
लक्ष्य	मीनमेख	तीखा	मंगलमुखी	आग	हुड़दंग
साक्ष्य	परख	अनदेखा	सुमुखी	ड्राइंग	म दंग
टैक्स	राख	विषुवद्रेखा	चरखी	खग	वेदांग
इनकमटैक्स	सूराख	धोखा	पारखी	पंचांग	दाग
टैक्सी	तारीख	बघनखा	राखी	जंग	उद्योग
ख	आरेख	अनोखा	बहिर्मुखी	भुजंग	लघुउद्योग
आँख	देखरेख	पंखा	तापलेखी	जग	ग हउद्योग

- - द्योग	- - भाग	- - योग	- - राग	- - स्वाँग	- - रोगा
ग्रामोद्योग	**उपप्रभाग**	**हठयोग**	**विराग**	**स्वाँग**	**दारोगा**
कुटीरोद्योग	भूभाग	मंत्रयोग	रोग	निहंग	सगा
फिल्मोद्योग	भागमभाग	ध्यानयोग	संक्रामकरोग	सुहाग	बारहसिंगा
वस्त्रोद्योग	पुरोभाग	नियोग	निरोग	ह ग	महँगा
हृद्रोग	विभाग	विनियोग	नीरोग	आगा	लहँगा
उद्वेग	डाकविभाग	पूँजीविनियोग	मनोरोग	गंगा	सुहागा
निरुद्वेग	विद्युतविभाग	उपयोग	चर्मरोग	व्योमगंगा	एकांगी
अनंग	संविभाग	कदुपयोग	मानसरोग	आकाशगंगा	चुंगी
नग	संभाग	सदुपयोग	पलंग	गूँगा	जंगी
नाग	भंग	दुरुपयोग	लग	चंगा	रेजगी
ट्रेनिंग	भोग	प्रयोग	अलग	चोंगा	जोगी
नेग	अधिभोग	आर्षप्रयोग	विलग	चोगा	रमताजोगी
पन्नग	उपभोग	अभियोग	लाँग	रतजगा	ठगी
अपंग	सुखोपभोग	प्रत्यभियोग	विकलांग	टाँगा	डुगडुगी
पग	संभोग	मिथ्याभियोग	छलाँग	ठेंगा	ढोंगी
सांगोपांग	उमंग	महाभियोग	लाग	अड़ंगा	तंगी
पाग	मग	वियोग	लिंग	पतंगा	त्यागी
फाग	माँग	संयोग	पुंलिंग	ताँगा	सत्संगी
दबंग	उत्तमांग	सुयोग	नाबालिग	तागा	गंदगी
बाग	दिमाग	सहयोग	लोग	त्रिपथगा	नामजदगी
भंग	खरदिमाग	असहयोग	लौंग	दंगा	जिंदगी
अभंग	मूँग	रंग	लवंग	दगा	ताजिंदगी
व्रतभंग	मग	रंगारंग	वेग	धागा	सँजीदगी
शांतिभंग	मायाम ग	बजरंग	आवेग	नंगा	मौजूदगी
वचनभंग	याग	तरंग	मनोवेग	भूखानंगा	शर्मिंदगी
मौनभंग	युग	अंतरंग	भावावेग	नौनगा	सादगी
क्रमभंग	पाषाणयुग	चतुरंग	संवेग	लफंगा	बेहूदगी
नियमभंग	मध्ययुग	सारंग	श ंग	अभागा	उद्योगी
करारभंग	ताम्रयुग	सुरंग	निषंग	भेंगा	बानगी
रसभंग	प्रस्तरयुग	बहिरंग	साष्टाँग	मूँगा	रवानगी
मोहभंग	कलियुग	राग	संग	रँगा	तन्वंगी
लगभग	लौहयुग	चिराग	कुसंग	सतरंगा	भंगी
भाँग	योग	खटराग	पासंग	तिरंगा	शुभांगी
भाग	आयोग	पीतराग	प्रसंग	दुरंगा	भागी
अनुभाग	योजनाआयोग	अनुराग	साग	रंगबिरंगा	अभागी
प्रभाग	राजयोग	पराग	स ग	राँगा	मंदभागी

- - भागी	- - लग्गू	- - भाग्य	- - जंघा	- - पाँच	- - पचा
सहभागी	**लग्गू**	**मंदभाग्य**	**जंघा**	**पाँच**	**पचपचा**
भोगी	पिछलग्गू	सौभाग्य	बीघा	घिचपिच	चमचा
भुक्तभोगी	लगड़बग्घा	भोग्य	मघा	पेंच	रोजनामचा
अदायगी	घिग्घी	योग्य	हथकरघा	दाँवपेंच	समूचा
योगी	बग्घी	अयोग्य	लाघा	बीच	पायँचा
प्रतियोगी	रुग्ण	यथायोग्य	घी	बीचोबीच	खरचा
नियोगी	दग्ध	करयोग्य	कंघी	मंच	परचा
उपयोगी	विदग्ध	सुयोग्य	लघु	रंगमंच	गलीचा
लोकोपयोगी	संदिग्ध	वैराग्य	कृतघ्न	रोमांच	साँचा
शिक्षोपयोगी	असंदिग्ध	आरोग्य	शत्रुघ्न	सचमुच	पहुँचा
निरुपयोगी	निस्संदिग्ध	दुर्भाग्य	पापघ्न	मोच	रुचि
बालोपयोगी	दुग्ध	व्यंग्य	निर्विघ्न	चम्मच	अरुचि
वियोगी	मुग्ध	भोग्या	विघ्न	रंच	अभिरुचि
सहयोगी	मंत्रमुग्ध	अग्र	शतघ्नी	खरोंच	सुरुचि
नारंगी	परिमुग्ध	उग्र	व्याघ्र	खरौंच	वीचि
इकबारगी	विमुग्ध	एकाग्र	शीघ्र	लंच	शुचि
मिरगी	स्निग्ध	मुखाग्र	यथाशीघ्र	लालच	कैंची
रागी	उद्विग्न	समग्र	शीघ्रातिशीघ्र	लोच	संकोची
वैरागी	नग्न	व्यग्र	आँच	कवच	ख चाखाँची
रोगी	भग्न	नासाग्र	इंच	रक्षाकवच	चाची
निरोगी	मग्न	सामग्री	ऊँच	पिशाच	खजांची
अर्धांगी	ध्यानमग्न	पाठ्यसामग्री	काँच	शोच	प्रतीची
लुँगी	निमग्न	ऊँघ	कुच	शौच	खपची
दिल्लगी	जलमग्न	ओघ	कोच	सच	प्राची
पेशगी	लग्न	घाघ	संकोच	सोच	चमची
शंगी	जन्मलग्न	जाँघ	निस्संकोच	पहुँच	अफ़ीमची
रांगी	रांलग्न	चाप	खचाखच	ऊँचा	गोची
खासगी	अग्नि	माघ	चोंच	ऋचा	इलायची
पंगु	हुताग्नि	मेघ	जाँच	बचाखुचा	ढँढोरची
गुटरगूँ	मंदाग्नि	अमोघ	गुप्तजाँच	बगीचा	ढिंढोरची
लागू	जठराग्नि	संघ	नाच	बागीचा	डोलची
यवागू	जाठराग्नि	जनसंघ	नंगानाच	चाचा	लालची
आगे	दवाग्नि	परिसंघ	नीच	ढाँचा	मशालची
भलेचंगे	दावाग्नि	राष्ट्रसंघ	नोच	प्रत्यंचा	लीची
गौ	युग्म	कंघा	पंच	त्वचा	संबंधवाची
लग्गा	भाग्य	घोंघा	प्रपंच	नीचा	पर्यायवाची

- - वाची	- - स्वच्छ	- - पीछे	- - तेज	- - बाज	- - रज
भाववाची	**स्वच्छ**	**पीछे**	**तेज**	**लट्ठबाज**	**रज**
सूची	अच्छा	आज	आत्मज	ठट्ठेबाज	गरज
अंकसूची	इच्छा	ब्लाउज	अंदाज	गेंदबाज	अचरज
प्रतीक्षासूची	गुच्छा	ओज	नजरअंदाज	जानबाज	जारज
कीमतसूची	सदिच्छा	पंकज	तीरंदाज	बहानेबाज	धीरज
पत्रसूची	अनिच्छा	काज	गोलंदाज	नखरेबाज	नीरज
ग्रंथसूची	परिप च्छा	राजकाज	दूज	पैंतरेबाज	सूरज
अनुसूची	बरच्छा	कामकाज	भाईदूज	चुहलबाज	राज
क्रमसूची	ईश्वरेच्छा	पैकेज	द्विज	कलाबाज	पुखराज
दरसूची	लच्छा	खीज	ध्वज	जल्दबाज	नटराज
कार्डसूची	स्वेच्छा	खोज	राष्ट्रध्वज	बल्लेबाज	इंतराज
कार्यसूची	अच्छी	गंज	नाज	नशेबाज	एतराज
वस्तुसूची	मच्छी	गज	अनाज	घूँसेबाज	ऋतुराज
पहुँची	लच्छी	कागज	निज	काबिज	दराज
चंचु	हितेच्छु	हैरतअंगेज	खनिज	बीज	राजाधिराज
चूँ	शुभेच्छु	दिग्गज	लौहखनिज	ताबीज	नाराज
घोंचू	बिच्छू	युग्मज	अनुज	गंडाताबीज	यमराज
नीचे	प्राच्य	अग्रज	दनुज	अंबुज	धर्मराज
उच्च	कुछ	अंग्रेज	मनुज	ब्याज	युवराज
सर्वोच्च	कुछकुछ	चीज	मनोज	भुज	रसराज
कच्चा	छाछ	नाचीज	उपज	त्रिभुज	सुराज
जच्चा	पूँछ	जज	पुंज	भोज	महाराज
टुच्चा	पूछ	मिजाज	प्रकाशपुंज	प्रीतिभोज	खारिज
बच्चा	मूँछ	नाजुकमिजाज	प्याज	रात्रिभोज	मरीज
जच्चाबच्चा	रीछ	तुनकमिजाज	फौज	सहभोज	रंगरेज
लुच्चा	ओछा	बदमिजाज	गुंबज	समाज	रोज
सच्चा	अँगोछा	खुशमिजाज	बटेरबाज	आर्यसमाज	उरोज
खपच्ची	पीछा	आजिज	बाज	कमीज	सरोज
माथापच्ची	आगापीछा	अजीज	छक्केबाज	तमीज	रिपोर्ताज
अटकलपच्चू	तिरछा	लजीज	मुक्केबाज	बदतमीज	चतुर्भुज
गुच्छ	बरछा	उटज	धोखेबाज	मेज	धर्मज
यथेच्छ	कलछा	खंडज	पतंगबाज	मौज	पूर्वज
पुच्छ	छीछी	नीड़ज	दगाबाज	जायज	जलज
मयूरपुच्छ	पंछी	ताज	जाँबाज	मलयज	लाज
मगरमच्छ	बीछी	क्षितिज	पटेबाज	रंज	इलाज
म्लेच्छ	कलछी	तीज	सट्टेबाज	शतरंज	दहलीज

- - लुंज	- - तीजा	- - ग्रेजी	- - माजी	- - तज्ञ	- - भोज्य
लुंज	**तीजा**	**अंग्रेजी**	**आर्यसमाजी**	**गणितज्ञ**	**उपभोज्य**
कालेज	नतीजा	खुशमिजाजी	ब्रह्मसमाजी	राजनीतिज्ञ	साम्राज्य
गालीगलौज	आत्मजा	जीजी	मनमौजी	कूटनीतिज्ञ	प्रयोज्य
एवज	अंदाजा	ताजी	याजी	तत्त्वज्ञ	प्रायोज्य
पखावज	धजा	तीरंदाजी	मरजी	मंत्रज्ञ	राज्य
भावज	तनुजा	गोलंदाजी	राज़ी	प्राविधिज्ञ	सुराज्य
आवाज	तनूजा	निजी	रोजी	प्रज्ञ	स्वराज्य
रीतिरिवाज	पंजा	पंजी	फीरोजी	प्राज्ञ	प्रव्रज्या
तजवीज	पूजा	पाजी	कलेजी	अनभिज्ञ	परिव्रज्या
तावीज	प्रजा	पूँजी	लौंजी	यज्ञ	वज्र
दस्तावेज	बाजा	जमापूँजी	एवजी	पित यज्ञ	खीझ
व्याज	खरबूजा	बाजी	कारसाजी	मर्मज्ञ	झाँझ
व्रज	तरबूजा	ढोंगबाजी	जिल्दसाजी	अल्पज्ञ	तुझ
देशज	भुजा	पतंगबाजी	जहाजी	विज्ञ	बाँझ
भेषज	भेजा	दगाबाजी	ऋजु	विशेषज्ञ	बूझ
भैषज	मजा	गुटबाजी	मंजु	पशुविशेषज्ञ	अबूझ
रंगसाज	मोजा	सट्टेबाजी	काजू	जलविशेषज्ञ	सूझबूझ
सरसिज	जायजा	गेंदबाजी	बाजू	आज्ञा	बोझ
सेज	खामियाजा	हुल्लड़बाजी	आरजू	राजाज्ञा	समझ
निस्तेज	खरंजा	सौदेबाजी	तराजू	प्रतिज्ञा	नासमझ
सलहज	गिरजा	तानेबाजी	जो	भीष्मप्रतिज्ञा	मुझ
सहज	महाराजा	बहानेबाजी	जौ	निषेधाज्ञा	साँझ
जहाज	रोजा	गपबाजी	निर्लज्ज	अनुज्ञा	सूझ
हवाईजहाज	लिजलिजा	तिकड़मबाजी	सलज्ज	प्रज्ञा	ओझा
अपाहिज	कलेजा	यारबाजी	छज्जा	अवज्ञा	झंझा
दहेज	मुआवजा	छुरेबाजी	मज्जा	संज्ञा	अनबूझा
परहेज	दरवाजा	ढेलेबाजी	लज्जा	साम्राज्ञी	गाँझा
हौज	सजा	ढकोसलेबाजी	लोकल़ज्जा	राज्ञी	संझा
कजा	लहजा	जल्दबाजी	सज्जा	युवराज्ञी	साँझा
गंजा	हैजा	आतिशबाजी	धज्जी	जज्ब	माँझी
चरसगाँजा	जी	नशेबाजी	रज्जु	वाणिज्य	साँझी
बाजागाजा	काजी	घूँसेबाजी	अज्ञ	त्याज्य	तुझे
जीजा	परकाजी	खरबूजी	रोगविशेषज्ञ	परित्याज्य	मुझे
खड़ँजा	कुंजी	भाजी	गुणज्ञ	विभाज्य	सम्राट्
ताजा	गंजी	मितभोजी	कृतज्ञ	अविभाज्य	विराट्
मोटाताजा	कागजी	भौजी	संगीतज्ञ	भोज्य	षट्

- - इट	- - गिट	- - तट	- - फूट	- - लौट	- - हट
कापीराइट	**गिरगिट**	**तट**	**फूट**	**लौट**	**चमचमाहट**
ट्रैफिकलाइट	गुट	समुद्रतट	टूटफूट	वट	टकराहट
ईंट	गेट	उत्कट	फ्लैट	थकावट	घरघराहट
डिस्काउंट	लँगोट	नट	बट	रुकावट	घुरघुराहट
ऊँट	घट	मिनट	बाँट	केवट	थरथराहट
ओट	घूँघट	यूनिट	बंदरबाँट	लिखावट	घबराहट
चीकट	पनघट	नोट	बाट	बनावट	मरमराहट
कटकट	जमघट	पट	बीट	बुनावट	सरसराहट
टिकट	मरघट	कपट	बूट	करवट	सुरसुराहट
निकट	घाट	चौपट	बेंट	गिरावट	गुर्राहट
प्रकट	गऊघाट	खटपट	मोटरबोट	तरावट	बौखलाहट
अप्रकट	घूँट	चटपट	भट	मिलावट	फिसलाहट
फोकट	चंट	झटपट	भाट	वंशवट	चिल्लाहट
जेबकट	चट	पटापट	भेंट	खूसट	उकसाहट
करकट	चटाचट	डपट	अमिट	लूटखसोट	घिसघिसाहट
विकट	चाट	चित्रपट	परमिट	स्फुट	हाट
संकट	उचाट	निपट	झुरमुट	प्रस्फुट	आटा
गिरहकट	पंचाट	रपट	टूर्नामेंट	स्फोट	पंखकटा
कीट	चोट	सरपट	सीमेंट	विस्फोट	नकटा
तंतुकीट	कचोट	लंपट	कंकरीट	स्लेट	पनकटा
पुष्पकीट	काटछाँट	लपट	किरीट	रहँट	काँटा
मुकुट	छ ट	तलपट	रंगरूट	आहट	कोटा
राजमुकुट	छूट	निष्कपट	अखरोट	थकाहट	परकोटा
मोरमुकुट	गजट	मानसपट	अरारोट	धकधकाहट	खूँटा
स्वर्णमुकुट	बजट	पाट	खरौंट	जगमगाहट	खोटा
कूट	जाट	लूटपाट	निर्गुट	छटपटाहट	खराखोटा
कालकूट	एजेंट	सपाट	दुर्घट	खड़खड़ाहट	मुखौटा
पैकेट	झट	सपाटा	खर्राट	गड़गड़ाहट	लखौटा
कोट	झंझट	मारपीट	लट	गिड़गिड़ाहट	रोंगटा
ओवरकोट	टाट	पुट	कायापलट	घड़घड़ाहट	जमालगोटा
खट	अटूट	छुटपुट	लाट	चिड़चिड़ाहट	घंटा
खटखट	टेंट	नासापुट	ललाट	चिकनाहट	घटा
नटखट	पेटेंट	पेट	लूट	गुनगुनाहट	कालीघटा
खटाखट	ठाट	लपेट	चाकलेट	घनघनाहट	घाटा
आखेट	डाट	लाग—लपेट	घासलेट	भनभनाहट	घुटा
खोट	क्रेडिट	लोटपोट	लोट	सनसनाहट	चाँटा

- - च टा	- - कुटी	- - रंटी	- - पट्टा	- - कट्य	- - मोठ
च टा	**भ कुटी**	**वारंटी**	**पट्टा**	**नैकट्य**	**मोठ**
छ टा	पर्णकुटी	रोटी	दुपट्टा	अकाट्य	जरठ
छोटा	लकुटी	डबलरोटी	रपट्टा	नाट्य	कर्मठ
जटा	चिकोटी	पावरोटी	बट्टा	ट्रे	शठ
टूटा	खूँटी	धूर्जटी	सिलबट्टा	आठ	इकसठ
नाटा	गोटी	यूनीवर्सिटी	भट्टा	ऐंठ	चौंसठ
सन्नाटा	लँगोटी	उलटी	भुट्टा	ओंठ	अड़सठ
चटपटा	घंटी	उलटापलटी	सट्टा	कंठ	सड़सठ
पाटा	घटी	गिलिटी	खट्टी	मुक्तकंठ	उनसठ
घिसापिटा	घाटी	पंचवटी	छुट्टी	रुद्धकंठ	पैंसठ
नासपीटा	चुम्माचाटी	सजावटी	टट्टी	नीलकंठ	बासठ
चपेटा	चेलाचाटी	बनावटी	पट्टी	श्रीकंठ	छियासठ
कटाफटा	च टी	सीटी	मरहमपट्टी	सुकंठ	तिरसठ
फेंटा	चेटी	कसौटी	सिट्टीपिट्टी	काठ	सरसठ
बूटा	चोटी	तलहटी	मिट्टी	वैकुंठ	साठ
बेटा	माँगचोटी	बीरबहूटी	सिट्टी	गाँठ	सेठ
ज्वारभाटा	टोंटी	कटु	टट्टू	साँठगाँठ	धन्नासेठ
चिमटा	ड्यूटी	कर्णकटु	बजरबट्टू	बरसगाँठ	सोंठ
मोटा	नटी	वाक्पटु	रट्टू	जेठ	हठ
चिरौंटा	कपटी	निघंटु	लट्टू	झूठ	बालहठ
खर्राटा	छीनाझपटी	चटु	लट्ठ	ठूँठ	होंठ
उलटा	अटपटी	पटु	इकट्ठा	ढीठ	लुआठाँ
डेलटा	खटपटी	व्यवहारपटु	गट्ठा	पाठ	कंठा
पलटा	कनपटी	गलघोंटू	चिट्ठा	पूजापाठ	कोठा
उलटापुलटा	पाटी	पेटू	कच्चाचिट्ठा	स्तुतिपाठ	अँगूठा
मालटा	परिपाटी	टेंटें	ठट्ठा	पदपाठ	छठा
कलूटा	पुटी	पट्ट	पट्ठा	पीठ	जूठा
कालाकलूटा	पेटी	सूचनापट्ट	पुट्ठा	खंडपीठ	झूठा
घासलेटी	मतपेटी	नामपट्ट	भट्ठी	विद्यापीठ	ठूँठा
लोटा	पत्रपेटी	ताम्रपट्ट	परमाणुभट्ठी	न्यायपीठ	उत्कंठा
बिलौटा	बाटी	कट्टा	मट्ठा	व्यासपीठ	अनूठा
कटि	बूटी	हट्टाकट्टा	लट्ठा	पैंठ	पाठा
कोटि	रोटीबेटी	खट्टा	लट्ठमलट्ठा	पैठ	पीठा
त्रुटि	बोटी	गोराचिट्टा	चिट्ठी	मठ	पेठा
कटाकटी	माटी	चोट्टा	पिट्ठी	मूठ	माठा
कुटी	गारंटी	छुट्टा	मुट्ठी	झूठमूठ	मीठा

- - रठा	- - कुंड	- - छाड़	- - द्धड़	- - ब्भड़	- - हड़
सोरठा	**कुंड**	**पछाड़**	**लद्धड़**	**भब्भड़**	**फूहड़**
पराँठा	यज्ञकुंड	जड़	धड़	भाँड़	बीहड़
पराठा	तप्तकुंड	उजाड़	अंधड़	भाड़	हाड़
मराठा	होमकुंड	जोड़	धड़ाधड़	भीड़भाड़	पहाड़
रीठा	कोड	गँठजोड़	धाड़	भीड़	होड़
पहलौठा	लालबुझक्कड़	झड़	अधेड़	भेड़	ब्रह्मांड
कंठी	नुक्कड़	पतझड़	उधेड़	मुठभेड़	अंडा
टिकठी	फक्कड़	बेझड़	नीड़	घमंड	आड़ा
कोठी	घुमक्कड़	झाड़	च चपड़	डिमांड	इडा
अँगीठी	पियक्कड़	झुंड	चूँचपड़	मुंड	कंडा
अँगूठी	भुलक्कड़	टाड़	चपड़चपड़	रुंडमुंड	हथकंडा
छठी	अक्खड़	ठंड	झापड़	मूँड़	सरकंडा
त्रिपाठी	भुक्खड़	डाँड़	पापड़	मेड़	कड़ा
सहपाठी	लिक्खाड़	डाड़	पाड़	मोड़	आँकड़ा
संगीसहपाठी	खंड	ढाड़	पिंड	रंड	छोकड़ा
लाठी	अखंड	चूतड़	हृतपिंड	एरंड	टुकड़ा
कंठ्य	पाखंड	ताड़	मांसपिंड	रुंड	मकड़ा
पाठ्य	प्रखंड	लताड़	पुंड	गरुड़	सँकड़ा
अपाठ्य	हिमखंड	टुकड़तोड़	त्रिपुंड	करोड़	सैकड़ा
षड्	शिलाखंड	जोड़तोड़	पेड़	तोड़मरोड़	कीड़ा
आड़	खड़	ताबड़तोड़	पैड	मार्तंड	कुंडा
गाइड	झाड़झाखड़	मोड़तोड़	खप्पड़	लड़	कूड़ा
सेकंड	उखाड़	तनतोड़	थप्पड़	लाड़	पकौड़ा
अकड़	रगड़	दंड	लप्पड़	खल्लड़	क्रीड़ा
एकड़	गुड़	म त्युदंड	फड़	ढिल्लड़	जलक्रीड़ा
कंकड़	ग्रेड	मानदंड	चीरफाड़	हुल्लड़	रासक्रीड़ा
कड़कड़	घड़घड़	मापदंड	तोड़फोड़	अल्हड़	खड़ा
पकड़धकड़	सुघड़	मेरुदंड	भंडाफोड़	किवाड़	दुःखड़ा
पकड़	चंड	अर्थदंड	कूबड़	खिलवाड़	मुखड़ा
धरपकड़	प्रचंड	हस्तिदंड	ऊबड़खाबड़	खेलवाड़	अखाड़ा
धुकड़पुकड़	कीचड़	चमगादड़	खड़बड़	निविड़	बखेड़ा
रोकड़	चीड़	गीदड़	गड़बड़	संडमुशंड	पखौड़ा
कांड	निचोड़	दौड़	बड़बड़	शुंड	झगड़ा
प्रकांड	पच्चड़	नौकादौड़	रबड़	साँड़	तगड़ा
कर्मकांड	छड़	भागदौड़	हबड़हबड़	सूँड़	भाँगड़ा
गोलीकांड	छेड़छाड़	घुड़दौड़	कबाड़	हँसोड़	लँगड़ा

- - गाड़ा	- - पड़ा	- - हेड़ा	- - छाड़ी	- - बीड़ी	- - गड्ड
नगाड़ा	**गिरापड़ा**	**बहेड़ा**	**पिछाड़ी**	**बीड़ी**	**गड्डमगड्ड**
गुंडा	पाड़ा	एड़ी	बछेड़ी	बेड़ी	उजड्ड
निगोड़ा	पीड़ा	कंडी	जड़ी	मंडी	अड्डा
भगोड़ा	प्रसवपीड़ा	कड़ी	खँजड़ी	सब्जीमंडी	गुड्डा
घड़ा	पेड़ा	ककड़ी	जोड़ी	चमड़ी	टिड्डा
सिंघाड़ा	गपोड़ा	धमाचौकड़ी	गँठजोड़ी	लोमड़ी	गुड्डी
घोड़ा	फेफड़ा	छोकड़ी	झंडी	रंडी	चड्डी
कचड़ा	फोड़ा	टुकड़ी	झड़ी	रोड़ी	टिड्डी
पचड़ा	बड़ा	हथकड़ी	फुलझड़ी	लड़ी	ठुड्डी
चूड़ा	कुबड़ा	मकड़ी	झाड़ी	खिलाड़ी	कबड्डी
चौड़ा	जबड़ा	लकड़ी	टुंडी	धुलेंड़ी	फिसड्डी
कचौड़ा	बाड़ा	हेकड़ी	ठोड़ी	लौंडी	हड्डी
पिछड़ा	कबाड़ा	कुंडी	डंडी	कुल्हाड़ी	लड्डू
बछड़ा	बीड़ा	कौड़ी	पगडंडी	बावड़ी	गड्ढा
कुंजड़ा	बेड़ा	पाखंडी	अंतड़ी	रेवड़ी	बुड्ढा
पिंजड़ा	भंडा	खड़ी	ताड़ी	पनवाड़ी	जाड्य
हिजड़ा	भाड़ा	पंखड़ी	तुंडी	बालवाड़ी	कोढ़
जाड़ा	भा.डा	सिलखड़ी	गुदड़ी	साड़ी	प्रगाढ़
जोड़ा	चामुंडा	बारहखड़ी	दौड़ादौड़ी	सिड़ी	गूढ़
झंडा	मुछमुड़ा	खाड़ी	नाड़ी	सूँड़ी	निगूढ़
टिंडा	कुम्हड़ा	टँगड़ी	अनाड़ी	हाँडी	चिढ़
ठंडा	रोड़ा	पगड़ी	खोपड़ी	दिहाड़ी	डेढ़
डंडा	पलड़ा	गाड़ी	झोंपड़ी	पहाड़ी	ढूँढ़
गुल्लीडंडा	लुंडा	घोड़ागाड़ी	पपड़ी	हुंडी	द ढ़
पोतड़ा	लौंडा	बैलगाड़ी	पाड़ी	होड़ाहोड़ी	अपढ़
चिथड़ा	केवड़ा	मालगाड़ी	पिंडी	पांडु	अनपढ़
लोथड़ा	पाँवड़ा	रेलगाड़ी	पूड़ी	उकड़ूँ	प्रौढ़
थोड़ा	फावड़ा	घड़ी	पैड़ी	कंडू	घटबढ़
हथौड़ा	जमावड़ा	धूपघड़ी	चीराफाड़ी	अकड़ू	बाढ़
नाड़ा	पिछवाड़ा	घोड़ी	बंडी	बाँगड़ू	मूढ
पंडा	रजवाड़ा	चंडी	गड़बड़ी	झाड़ू	कर्तव्यमूढ
कपड़ा	सोडा	रणचंडी	हड़बड़ी	पेड़ू	रीढ़
रोटीकपड़ा	लिसोड़ा	खिचड़ी	रबड़ी	खड़ेखड़े	·रूढ़
खपड़ा	मुस्टंडा	चूड़ी	राबड़ी	पांडे	आरूढ़
चपड़ा	हंडा	कचौड़ी	बाड़ी	लाड़ो	योगरूढ़
झोंपड़ा पहाड़ा	छड़ी	कबाड़ी	खड्ग	खड़गी	

- - रूढ़	- - ऋण	- - क्षिण	- - पण	- - मीण	- - रण
सत्तारूढ़	**उऋण**	**दक्षिण**	**आरोपण**	**ग्रामीण**	**संक्षिप्तीकरण**
कुल्हढ़	पित ऋण	क्षीण	व क्षारोपण	रामायण	प्रकरण
आषाढ़	कण	लक्ष्मण	बीजारोपण	उत्तरायण	अभिकरण
असाढ़	कंकण	गण	प्रतिरोपण	नारायण	नामकरण
काढ़ा	रक्तकण	श्रोतागण	मिथ्यारोपण	परायण	समीकरण
गाढ़ा	टंकण	प्रांगण	वनरोपण	स्वार्थपरायण	राष्ट्रीयकरण
टेढ़ा	स्वेदकण	परागण	कृपाण	धर्मपरायण	वैयाकरण
पीढ़ा	धूलिकण	गुण	निपुण	पारायण	स्थायीकरण
पोढ़ा	त्रिकोण	रजोगुण	आंशिकरूपेण	प्रयाण	वर्गीकरण
पौढ़ा	लंबकोण	सतोगुण	पूर्णरूपेण	रण	निर्जलीकरण
प्रौढ़ा	समकोण	सत्वगुण	टिप्पण	एकीकरण	नवीकरण
बूढ़ा	द ष्टिकोण	तमोगुण	प्रण	मानकीकरण	व्याकरण
मेंढा	क्षण	अवगुण	अल्पप्राण	प्रत्यक्षीकरण	वशीकरण
मोंढ़ा	विचक्षण	गुणावगुण	महाप्राण	अंगीकरण	तुष्टीकरण
लोढ़ा	प्रतिक्षण	गौण	फण	पंजीकरण	पुष्टीकरण
सिललोढ़ा	प्रेक्षण	घ्राण	बाण	चूड़ाकरण	स्पष्टीकरण
डेवढ़ा	भक्षण	षट्कोण	अग्निबाण	श्रेणीकरण	वाष्पीकरण
नवोढ़ा	रक्षण	त ण	रामबाण	अन्तःकरण	निरस्त्रीकरण
रूढ़ि	आरक्षण	तत्क्षण	भाण	विद्युतीकरण	निशस्त्रीकरण
कढ़ी	प्रतिरक्षण	चरित्रचित्रण	भ्रूण	संस्कृतीकरण	निश्शस्त्रीकरण
कोढ़ी	अनुरक्षण	आमंत्रण	आक्रमण	प्रस्तुतीकरण	कारण
नकचढ़ी	परिरक्षण	निमंत्रण	अतिक्रमण	पाश्चात्यीकरण	अकारण
ठोढ़ी	संरक्षण	नियंत्रण	सीमातिक्रमण	शुद्धीकरण	किरण
ड्योढ़ी	म दासंरक्षण	त्राण	उपक्रमण	विकेंद्रीकरण	विकिरण
ढोंढी	भूसंरक्षण	परित्राण	प्रक्रमण	अधिकरण	प थक्करण
दाढ़ी	पुनरीक्षण	तद्गुण	परिक्रमण	प्राधिकरण	जागरण
पीढ़ी	निरीक्षण	मुद्रण	संक्रमण	बंध्यकरण	नवजागरण
मढ़ी	लेखानिरीक्षण	पुनर्मुद्रण	परक्रामण	वंध्याकरण	पुनर्जागरण
आषाढ़ी	परीक्षण	पण	भ्रमण	नूतनीकरण	चरण
सीढ़ी	पूर्वपरीक्षण	कृपण	परिभ्रमण	प्रमाणीकरण	आचरण
साँढ़ू	सर्वेक्षण	निक्षेपण	रमण	नवीनीकरण	विरोधाचरण
साढ़ू	लक्षण	प्रक्षेपण	निष्क्रमण	अनुकरण	दुराचरण
टेढ़ेमेढ़े	विलक्षण	प्रतिरूपण	प्रमाण	परानुकरण	मंगलाचरण
साढ़े	परिवीक्षण	निरूपण	स्वतःप्रमाण	सामान्यीकरण	विचरण
धनाढ्य	पर्यवेक्षण	विरूपण	सप्रमाण	उपकरण	संचरण
ऋण	प्रशिक्षण	रोपण	परिमाण	युद्धोपकरण	उच्चारण

- - तरण	- - वरण	- - र्पण	- - षण	- - हण	- - मणि
तरण	**प्रवरण**	**प्रेततर्पण**	**प्रदूषण**	**पाणिग्रहण**	**मणि**
अंतरण	निरावरण	श्रद्धातर्पण	वायुप्रदूषण	प्रतिग्रहण	खमणि
पथांतरण	पर्यावरण	प्रत्यर्पण	जलप्रदूषण	सत्ताग्रहण	चूड़ामणि
स्थानांतरण	विवरण	दर्पण	अन्वेषण	पदग्रहण	शिरोमणि
लिप्यंतरण	यात्राविवरण	पदार्पण	छिद्रान्वेषण	चंद्रग्रहण	नीलमणि
प्रकारांतरण	कार्यविवरण	समर्पण	पिष्टपेषण	अधिग्रहण	पारसमणि
धर्मांतरण	निवारण	माल्यार्पण	पोषण	परिग्रहण	ऋणी
पुनर्वितरण	शरण	निर्माण	कुपोषण	कार्यग्रहण	चिरऋणी
मूल्यांतरण	निष्कारण	यंत्रनिर्माण	पालनपोषण	सूर्यग्रहण	किंकिणी
अवतरण	अनुसरण	ग हनिर्माण	संपोषण	आरोहण	वैरागिणी
गंगावतरण	प्रसरण	पुनर्निमाण	प्रेषण	पर्वतारोहण	रोगिणी
जलावतरण	प्रसारण	निर्वाण	प्रतिप्रेषण	पदारोहण	अर्धांगिणी
वितरण	संस्करण	कर्षण	संप्रेषण	अंतर्ग्रहण	गुणी
भाषांतरण	निस्तरण	आकर्षण	भाषण	निर्वहण	अग्रणी
हस्तांतरण	स्फुरण	गुरुत्वाकर्षण	अभिभाषण	हूण	इंद्राणी
तारण	परिस्फुरण	यौनाकर्षण	आशुभाषण	ब्राह्मण	टिप्पणी
त्वरण	स्मरण	घर्षण	संभाषण	लक्षणा	पादटिप्पणी
उद्धरण	प्रातःस्मरण	संघर्षण	भीषण	प्रदक्षिणा	प्राणी
धारण	विस्मरण	धर्षण	भूषण	गुणा	जलप्राणी
गर्भधारण	संस्मरण	पुनर्विचारण	आभूषण	घ णा	रमणी
साधारण	हरण	कल्याण	विभूषण	मंत्रणा	नारायणी
असाधारण	आहरण	लोककल्याण	पद्मविभूषण	यंत्रणा	प्रणयिणी
पारण	उदाहरण	समाजकल्याण	वस्त्राभूषण	धारणा	तरणी
क्षतिपूरण	सोदाहरण	प्रवण	परेषण	पूर्वधारणा	वैतरणी
प्रेरण	अपहरण	रावण	परिवेषण	प्रेरणा	धरणी
भरण	पुराण	लवण	विशेषण	अरुणा	सारणी
आभरण	अरुण	श्रवण	शोषण	करुणा	समयसारणी
संभरण	करुण	श्रावण	विश्लेषण	गर्हणा	करिणी
मरण	तरुण	स्रवण	मनोविश्लेषण	वीणा	प्रबंधकारिणी
आमरण	दारुण	प्रवीण	कार्यविश्लेषण	विचित्रवीणा	कार्यकारिणी
जन्ममरण	वरुण	व्रण	पाषाण	घोषणा	निर्झरिणी
निर्धारण	निष्करुण	मिश्रण	पुरापाषाण	वित्तेषणा	सारिणी
परिनिर्धारण	दुर्गुण	अपमिश्रण	चतुष्कोण	गवेषणा	स्वैरिणी
वरण	निर्गुण	सम्मिश्रण	निष्प्राण	पाणि	गर्भिणी
आवरण	अर्पण	अग्रेषण	स्त्रैण	चक्रपाणि	सहधर्मिणी
वातावरण	तर्पण	परितोषण	ग्रहण	शूलपाणि	श्रावणी

- - वाणी	- - उत्	- - हत्	- - कत	- - कृत	- - क्षित
वाणी	**उत्**	**व हत्**	**ताकत**	**प्राकृत**	**प्रशिक्षित**
जनवाणी	यकृत्	तत्त्वतः	मरकत	निराकृत	सुशिक्षित
देववाणी	साक्षात्	अन्यतः	हरकत	अलंकृत	खत
युववाणी	जगत्	उभयतः	एकांत	तरलीकृत	लिखत
आकाशवाणी	क्वचित्	संपूर्णतः	औकात	विकृत	दस्तखत
वेणी	यत्किंचित्	संभवतः	तहकीकात	स्वीकृत	दुःखांत
श्रेणी	कदाचित्	अंशतः	मुलाकात	अस्वीकृत	दुखांत
चतुर्थश्रेणी	इंद्रियजित्	इतस्ततः	अंकित	निकेत	सुखांत
पाषाणी	हठात्	अतः	चक्रांकित	संकेत	खात
मंजुभाषिणी	धत्	प्रत्यक्षतः	रेखांकित	पूर्वसंकेत	निम्नलिखित
संग्रहणी	शरत्	मुख्यतः	कंटकित	डकैत	हस्तलिखित
ग हिणी	मरुत्	साधारणतः	चित्रांकित	दिक्कत	खेत
विरहिणी	अर्थात्	अंततः	मुद्रांकित	आक्रांत	ख्यात
रोहिणी	बलात्	सिद्धांततः	पूर्वदिनांकित	पदाक्रांत	कुख्यात
अणु	भगवत्	आपाततः	रूपांकित	भाराक्रांत	प्रख्यात
शुक्राणु	जड़वत्	आदितः	नामांकित	विक्रांत	विख्यात
रोगाणु	तावत्	सामान्यतः	समेकित	क्रीत	सुविख्यात
रोगकीटाणु	भ्रात वत्	प्रातः	छायांकित	क्लांत	सुख्यात
परमाणु	यंत्रवत्	परिणामतः	तारांकित	आक्लांत	आगत
रेणु	यथावत्	प्रथमतः	अतारांकित	परिक्लांत	व्यक्तिगत
वेणु	विधिवत्	नियमतः	पूर्णांकित	क्षत	असूचीगत
विषाणु	स्वप्नवत्	परतः	पार्श्वांकित	दीक्षांत	जगत
दाक्षिण्य	लंबवत्	परितः	कलंकित	बहुप्रतीक्षित	शरणागत
नगण्य	यावत्	पूर्णतः	पुलकित	अपेक्षित	नीतिगत
पण्य	पूर्ववत्	पूर्वतः	आलोकित	उपेक्षित	आत्मगत
पुण्य	पशुवत्	फलतः	आशंकित	अनपेक्षित	तथागत
नैपुण्य	संवत्	मूलतः	चिह्नांकित	निरपेक्षित	स्वप्नगत
प्रामाण्य	दैववशात्	स्वभावतः	अपेक्षाकृत	प्रतीक्षित	भगत
अरण्य	तत्पश्चात्	विशेषतः	प्रत्यक्षीकृत	रक्षित	मिलीभगत
हिरण्य	पश्चात्	स्पष्टतः	पंजीकृत	प्रतिरक्षित	आवभगत
कारुण्य	ईषत्	बाह्यतः	झंकृत	संरक्षित	अभ्यागत
तारुण्य	सत्	अंत	अधिकृत	सुरक्षित	भूमिगत
कर्मण्य	भस्मसात्	आँत	अनधिकृत	पुनरीक्षित	विषयगत
अकर्मण्य	अकस्मात्	शुरुआत	प्राधिकृत	लक्षित	रंगत
लावण्य	ब हत्	हकीकत	अपकृत	शिक्षित	पारंगत
किण्वा	महत्	नजाकत	प्रकृत	अशिक्षित	परंपरागत

- - गत	- - घात	- - च्छित	- - टित	- - तीत	- - दात
बहिर्जगत	**पदाघात**	**इच्छित**	**जटित**	**अतीत**	**तादात**
पूर्वगत	अपघात	च्युत	रत्नजटित	गीतातीत	उदित
लागत	व्याघात	पंक्तिच्युत	स्फुटित	गणनातीत	आच्छादित
दिवंगत	संघात	सत्ताच्युत	कुंठित	वर्णनातीत	व क्षाच्छादित
अवगत	विश्वासघात	पदच्युत	संगठित	प्रतीत	तमाच्छादित
नवागत	घ त	स्थानच्युत	उत्कंठित	अधिकारातीत	प्रणोदित
विगत	बचत	वांछित	लुंठित	कालातीत	आनंदित
वंशागत	चित	अवांछित	लठैत	व्यतीत	अनूदित
संगत	उचित	छूत	भिड़ंत	आशातीत	पुनःसंपादित
असंगत	आकुंचित	अछूत	खंडित	करतूत	मुदित
युक्तिसंगत	संकुचित	इजाजत	तड़ित्	शहतूत	मर्यादित
न्यायसंगत	खचित	रजत	पंडित	चमत्कृत	अमर्यादित
तर्कसंगत	मित्रोचित	कागजात	पीड़ित	उत्क्रांत	अनुवादित
अस्तंगत	यथोचित	अभिजात	परिपीड़ित	व त्तांत	विदित
संस्थागत	अनुचित	पारिजात	मंडित	उत्पात	विश्वविदित
स्वागत	रोमांचित	नवजात	गढ़ंत	अत्यंत	स्पंदित
युगांत	समुचित	सुजात	मनगढ़ंत	प्रत्युत	आह्लादित
सौगात	अयाचित	अजित	आढत	त्रात	दूत
इंगित	न्यायोचित	विभाजित	लिखतपढ़त	राजपत्रित	राजदूत
तरंगित	समयोचित	आयोजित	प्रणत	अराजपत्रित	यमदूत
स्थगित	विरचित	पूर्वनियोजित	गणित	आमंत्रित	रामदूत
आस्थगित	परिचित	पूर्वयोजित	अंकगणित	निमंत्रित	कार्यदूत
गीत	अपरिचित	सहयोजित	बीजगणित	अनियंत्रित	समाद त
शोकगीत	वीरोचित	पराजित	घ णित	वु.त्सित	निराद त
भ्रमरगीत	निर्वाचित	इंद्रजीत	प्रमाणित	कथित	उद्‌गत
राष्ट्रगीत	नवनिर्वाचित	हारजीत	शोणित	तथाकथित	उद्धत
संगीत	लुंचित	जोत	प्रणीत	पूर्वकथित	सिद्धांत
न त्यसंगीत	बालोचित	बेइज्जत	परिणीत	व्यथित	तद्धित
वाद्यसंगीत	सुविधावंचित	लज्जित	सतत	दंत	उद्ध त
पार्श्वसंगीत	पुरुषोचित	सज्जित	ताँत	एकदंत	पूर्वोद्ध त
घात	मनुष्योचित	सुसज्जित	कृतांत	कृदंत	अद्‌भुत
आघात	संचित	ज्ञात	नितांत	भदंत	उद्‌भूत
पक्षाघात	अनुसूचित	अज्ञात	तात	आदत	आद्यंत
वज्राघात	अचेत	रटंत	सुचिंतित	इबादत	उद्यत
प्रतिघात	सचेत	घटित	पतित	दाँत	विद्युत
आत्मघात	चैत	अघटित	आयातित	वेदांत	जलविद्युत

- - द्यूत	- - न्वित	- - पित	- - बूत	- - मत	- - म्मत
द्यूत	**लाभान्वित**	**आरोपित**	**ताबूत**	**गनीमत**	**हिम्मत**
खद्योत	समन्वित	स्थापित	सबूत	कयामत	जयंत
केंद्रित	कार्यान्वित	विस्थापित	सुबूत	सहीसलामत	आयत
विकेंद्रित	कार्यान्वित	संस्थापित	बेंत	अल्पमत	शिकायत
द्रुत	गौरवान्वित	पीत	मुहब्बत	किसमत	लिंगायत
द्वैत	आशान्वित	पूत	भात	जहमत	पंचायत
अद्वैत	खपत	कपूत	खंभात	तहमत	बहुतायत
अद्वैताद्वैत	युगपत्	निपूत	प्रभात	तोहमत	हिदायत
सुगंधित	चंपत	सपूत	शोभित	बहुमत	इनायत
संबंधित	पाशुपत	सुपूत	स्तंभित	जमात	नियत
अबाधित	पाँत	पोत	भयभीत	करामात	हैवानियत
संबोधित	जातपाँत	कपोत	भूत	मित	इनसानियत
परिशोधित	आद्योपांत	जलपोत	पुंजीभूत	अमित	नीयत
संशोधित	पात	प्रकाशपोत	इत्थंभूत	संक्रमित	किफायत
अनंत	रक्तपात	सांप्रत	आसन्नभूत	निगमित	कैफियत
नत	पक्षपात	प्रांत	भभूत	नामित	तबियत
अनगिनत	वज्रपात	प्रेत	आधारभूत	भ्रमित	तबीयत
अमानत	प्रणिपात	भूतप्रेत	परिभूत	नियमित	रियायत
जमानत	सूत्रपात	अभिप्रेत	मूलभूत	अनियमित	खैरियत
सल्तनत	अधःपात	ओतप्रोत	वशीभूत	परिमित	काबलियत
पदावनत	निपात	ईप्सित	भस्मीभूत	अपरिमित	असलियत
मेहनत	संनिपात	आफत	भत	निर्गमित	सहूलियत
कनात	अनुपात	खिलाफत	भ्रांत	सीमित	संयत
नित	प्रपात	खुराफात	अभ्रांत	असीमित	असंयत
जनित	गर्भपात	गुंफित	संभ्रांत	मीत	खासियत
अपमानित	द ष्टिपात	खतकिताबत	सामंत	मूत	हैसियत
सम्मानित	घासपात	शरबत	सीमंत	मत	कसीयत
मनोनीत	कंपित	मुसीबत	हेमंत	अम त	आयात
पुनीत	प्रकंपित	बात	मत	पंचाम त	जलयातायात
विनीत	कुपित	बिंबित	एकमत	चरणाम त	यातायात
अन त	आज्ञापित	प्रतिबिंबित	लोकमत	पूर्वम त	एहतियात
उन्नत	प्रज्ञापित	लंबित	कीमत	समेत	वाहियात
जन्नत	विज्ञापित	निलंबित	हुकूमत	मौत	संचयित
प्रोन्नत	अविज्ञापित	साबित	हजामत	मरम्मत	रूपायित
मन्नत	नापित	साबुत	खिदमत	सम्मत	लालायित
समुन्नत	निरूपित	मजबूत	जनमत	तर्कसम्मत	श्रीयुत

- - रंत	- - रित	- - भूत	- - लित	- - व त	- - श्वत
तुरंत	**प्रचारित**	**अंतर्भूत**	**जनप्रचलित**	**वंत**	**शाश्वत**
औरत	उच्चरित	प्रादुर्भूत	बहुप्रचलित	निव त	श्वेत
तिजारत	उच्चारित	आविर्भूत	विचलित	समवेत	घोषित
तुरत	स्थानांतरित	सारगर्भित	स्वचालित	व्रत	त षित
कुदरत	रूपांतरित	निर्भ्रांत	संतुलित	पातिव्रत	अदूषित
खंडनरत	हस्तांतरित	निर्मित	दलित	मौनव्रत	वित्तपोषित
निरत	आधारित	पूर्वनिर्मित	पददलित	शत	प्रेषित
परत	पारित	पर्यंत	पलित	शतशत	पुनःप्रेषित
भरत	प्रेरित	मरणपर्यंत	फलित	प्रतिशत	संप्रेषित
भारत	स्वार्थप्रेरित	निर्यात	सम्मिलित	शांत	परिप्रेषित
महाभारत	कार्यप्रभारित	आयातनिर्यात	ललित	अशांत	परिभाषित
इमारत	जर्जरित	पर्वत	कल्पांत	निशांत	आकाशभाषित
जरूरत	निर्धारित	निर्वात	कल्पित	प्रशांत	सुभाषित
संघर्षरत	धूलधूसरित	प्रदर्शित	प्रकल्पित	प्रकाशित	योषित
अनवरत	प्रसारित	हर्षित	परिकल्पित	अप्रकाशित	कलुषित
विरत	हरित	गर्हित	कपोलकल्पित	प्रत्याशित	शोषित
अविरत	विपरीत	ज्वलंत	प्रफुल्लित	अप्रत्याशित	परिष्कृत
कसरत	रुत	हलंत	हैमवंत	शीत	आविष्कृत
सूरत	मारुत	लत	कलावंत	निश्चित	बहिष्कृत
हैरत	रेत	वकालत	मित्रवत्	अनिश्चित	द ष्टांत
उपरांत	अंतर्गत	गलत	दावत	पूर्वनिश्चित	प्रतिष्ठित
मरणोपरांत	दुर्गत	अदालत	ऐरावत	सुनिश्चित	सुप्रतिष्ठित
तदुपरांत	निर्गत	दौलत	कहावत	परिश्रांत	परिनिष्ठित
शरीरांत	बहुचर्चित	गफलत	महावत	अविश्रांत	निष्णात
रात	अर्जित	जलालत	वात	आश्रित	संत
किरात	उपार्जित	हालत	झंझावात	राज्याश्रित	घोंघाबसंत
खैरात	परिमार्जित	जहालत	दावात	अनाश्रित	वसंत
सुहागरात	परिवर्जित	लात	जीवित	मिश्रित	औसत
ताजीरात	विसर्जित	जंगलात	प्लावित	सम्मिश्रित	रियासत
परात	निर्णीत	हवालात	परिप्लावित	निराश्रित	फुरसत
बरात	अनिर्णीत	कलित	प्रभावित	पराश्रित	विरासत
बारात	परावर्तित	पूर्वाकलित	संभावित	श्रुत	हिरासत
जवाहरात	समर्थित	मुकुलित	असंभावित	अश्रुत	साँसत
मुखरित	परिवर्धित	वातानुकूलित	पल्लवित	जनश्रुत	सात
चरित	अर्पित	प्रचलित	प्रस्तावित	सुश्रुत	बरसात
आचरित	समर्पित	अप्रचलित	यज्ञोपवीत	रिश्वत	विकसित

- - सित	- - स्स त	- - हृत	- - क्षता	- - ज्जता	- - दाता
अल्पविकसित	**निस्स त**	**उदाहृत**	**दक्षता**	**निर्लज्जता**	**संवाददाता**
उच्छ्वसित	महंत	अपहृत	तीक्ष्णता	अज्ञता	अन्नदाता
निर्वासित	आहत	अव्यवहृत	खता	कृतज्ञता	करदाता
उल्लसित	तहत	चिह्नित	प्रमुखता	अनभिज्ञता	उत्तरदाता
सुवासित	हताहत	एकता	खाता	ज्ञाता	परामर्शदाता
शासित	राहत	अराजकता	बट्टाखाता	समझौता	रूढ़वादिता
आश्वासित	नसीहत	प्रामाणिकता	उचंतखाता	निकटता	स्पष्टवादिता
उपहसित	सेहत	घातकता	जमाखाता	कटुता	उद्गाता
सुत	देहांत	नैतिकता	धर्मखाता	कठौता	प्रतिबद्धता
सूत	देहात	एकात्मकता	बहीखाता	अखंडता	क्रमबद्धता
प्रसूत	हित	उत्सुकता	जीताजागता	चंडता	क्षुद्रता
सद्यप्रसूत	अहित	प थकता	अपंगता	जड़ता	अभद्रता
नवप्रसूत	लोकहित	उत्पादकता	मँगता	पड़ता	दरिद्रता
सौत	आत्महित	मादकता	प्रतियोगिता	कड़कड़ाता	प्रतिद्वंद्विता
तिरस्कृत	उत्साहित	अधिकता	उपयोगिता	खंडिता	धता
पुरस्कृत	हतोत्साहित	प्राथमिकता	गीता	द ढ़ता	विधाता
संस्कृत	प्रोत्साहित	सांप्रदायिकता	गोता	सुद ढ़ता	भाग्यविधाता
असंस्कृत	जनहित	व्यावसायिकता	उद्विग्नता	गुणता	अध्येता
सुसंस्कृत	निहित	सार्थकता	योग्यता	कृपणता	अकिंचनता
प्रस्तुत	समाहित	भावुकता	अयोग्यता	परिणीता	जनता
अप्रस्तुत	मोहित	प्रादेशिकता	निर्योग्यता	नवपरिणीता	कठिनता
विस्त त	रहित	आवश्यकता	अग्रता	प्रणेता	दीनता
स्थित	परहित	सकता	उग्रता	अकर्मण्यता	अनवधानता
उपस्थित	पुरोहित	रसिकता	एकाग्रता	ताँता	स्वाधीनता
अनुपस्थित	अंतर्निहित	ऐतिहासिकता	कृतघ्नता	तीता	न्यूनता
व्यवस्थित	लोहित	आस्तिकता	घ्राता	तोता	समानता
इस्पात	नीललोहित	नास्तिकता	चिंता	स्वायत्तता	निर्धनता
स्फीत	प्रवाहित	कांता	चिता	पवित्रता	शालीनता
किस्मत	विवाहित	चंद्रकांता	चीता	अपवित्रता	पिशुनता
बदकिस्मत	अविवाहित	उपयुक्तता	तुच्छता	परित्राता	उदासीनता
खुशकिस्मत	सहित	रिक्तता	स्वच्छता	दाता	महानता
स्मित	अनुग हीत	निशक्तता	छाता	आदाता	हीनता
विस्म त	संग्रहीत	वक्रता	अपराजिता	मुक्तिदाता	गतिहीनता
स्रोत	बहुत	क्रेता	ऋजुता	ऋणदाता	हृदयहीनता
सारस्वत	आहूत	विक्रेता	जेता	मतदाता	नाता
वैवस्वत	हृत	पुस्तकविक्रेता	विजेता	प्रतिदाता	वनिता

- - नेता	**- - माता**	**- - रता**	**- - लता**	**- - सता**	**- - ख्याति**
नेता	**मदमाता**	**परनिर्भरता**	**दुर्बलता**	**सरसता**	**ख्याति**
राजनेता	उपमाता	शूरता	निर्बलता	सीता	कुख्याति
अभिनेता	विमाता	अस्थिरता	कुशलता	सुता	गति
भिन्नता	परक्राम्यता	सहकारिता	कार्यकुशलता	नवप्रसूता	चक्रगति
अभिन्नता	नम्रता	चाटुकारिता	अश्लीलता	सोता	वक्रगति
विभिन्नता	नियंता	पत्रकारिता	इकलौता	पूर्वव्यस्तता	गजगति
प्रसन्नता	भारतीयता	अधिकारिता	एकलौता	प्रस्तोता	मंदगति
अप्रसन्नता	आत्मीयता	धारिता	रक्ताल्पता	तटस्थता	अधोगति
मान्यता	सहृदयता	सरिता	तड़िल्लता	अस्मिता	मनोगति
पता	गोपनीयता	सुरसरिता	देवता	ओजस्विता	प्रगति
अता–पता	रायता	खरीता	गणदेवता	निहता	परमगति
एकरूपता	चिरायता	सरौता	धेवता	अहाता	मंथरगति
कुरूपता	वरीयता	सतर्कता	कविता	विवाहिता	ऊर्ध्वगति
पिता	निर्दयता	मूर्खता	उत्तरजीविता	संहिता	संगति
परमपिता	मानवीयता	अपूर्णता	सविता	दंडसंहिता	असंगति
नगरपिता	सदाशयता	निर्णेता	भवितव्यता	चहेता	कुसंगति
पपीता	निष्क्रियता	आर्तता	इतिकर्तव्यता	होता	विसंगति
लिपापुता	राष्ट्रीयता	धूर्तता	पतिव्रता	अति	गीति
निपूता	सहायता	यथार्थता	तीव्रता	इति	जाग ति
पोता	रचयिता	निर्माता	निरंकुशता	कांति	च्युति
परपोता	क्रूरता	स्वीकार्यता	परवशता	कृति	पदच्युति
फीता	निरक्षरता	पूर्वता	अस्प श्यता	आकृति	जाति
गयाबीता	साक्षरता	दूरदर्शिता	श्रोता	मुखाकृति	जनजाति
बूता	निठुरता	अधिवर्षिता	आविष्कर्ता	प्रतिकृति	प्रजाति
बलबूता	कठोरता	अर्हता	क्लिष्टता	अनुकृति	ज्योति
प्रभुता	निडरता	अनर्हता	उत्कृष्टता	प्रकृति	परिणति
असभ्यता	कातरता	लता	दुष्टता	स्वीकृति	संतति
भ्राता	आतुरता	अनुकूलता	अशिष्टता	पदस्वीकृति	प्रतीति
क्षमता	सुंदरता	विश खलता	विशिष्टता	क्रांति	उत्क्रांति
भारक्षमता	उदारता	मिलताजुलता	स्पष्टता	राज्यक्रांति	भगवत्प्राप्ति
अधमता	धीरता	उज्ज्वलता	ज्येष्ठता	जनक्रांति	सद्गति
ममता	चलताफिरता	शिथिलता	कनिष्ठता	संक्रांति	पद्धति
निर्ममता	भुरता	विपुलता	घनिष्ठता	मकरसंक्रांति	विचारपद्धति
माता	कायरता	सफलता	उष्णता	क्लांति	चिकित्सापद्धति
राजमाता	निर्भरता	असफलता	सहिष्णुता	क्षति	ध ति
जामाता	आत्मनिर्भरता	कोमलता	दासता	आरक्षिति	पदावनति

- - नीति	- - प्रति	- - म्मति	- - स्म ति	- - पोती	- - रौती
नीति	**मानार्थप्रति**	**सर्वसम्मति**	**विस्म ति**	**कपोती**	**फिरौती**
राजनीति	संप्रति	यति	आहुति	लीपापोती	गलती
कूटनीति	प्रीति	नियति	पूर्णाहुति	बपौती	अदालती
रणनीति	भाँति	युति	अपह्नुति	फबती	बोलती
भेदनीति	भाँतिभाँति	रति	नुकती	बाती	मालती
कार्यनीति	भीति	उपरति	मुलाकाती	प्रभाती	मधुमालती
नेति	रसानुभूति	सुरति	डकैती	कीमती	लाजवंती
उन्नति	प्रतिभूति	रीति	खेती	भानुमती	आवती
आत्मोन्नति	अनूभूति	मारुति	घाती	रूपमती	भगवती
पदोन्नति	सुखानुभूति	दुर्गति	आत्मघाती	श्रीमती	सौभाग्यवती
अन्विति	घ्राणानुभूति	दुर्मति	छाती	करामाती	लज्जावती
पति	प्रेमानुभूति	अवंति	अछूती	मिती	गुणवती
लंकापति	समानुभूति	निव ति	बैजंती	नामिती	पावती
लक्ष्मीपति	सौंदर्यानुभूति	शांति	बेइज्जती	मोती	नवयुवती
लखपति	स्वानुभूति	अशांति	घटती	जयंती	गर्भवती
गजपति	सहानुभूति	विश्रांति	कटौती	हीरकजयंती	व्रती
खंडपति	प्रभूति	श्रुति	कठौती	स्वर्णजयंती	शती
करोड़पति	विभूति	लोकश्रुति	कड़कड़ाती	रजतजयंती	जन्मशती
गणपति	भ्राँति	प्रसूति	भँड़ेती	वैजयंती	सप्तशती
यूथपति	मति	संस्कृति	छुड़ौती	नेकनीयती	प्रेषिती
दंपति	अनुमति	स्तुलि	आढ़ती	किफायती	परेषिती
नवदंपति	प्रत्युत्पन्नमति	व्याजस्तुति	किंवदंती	हिमायती	आयुष्मती
अधिपति	व्युत्पन्नमति	प्रस्तुति	ज्यादती	आरती	सती
लंकाधिपति	स्थिरमति	संस्तुति	दूती	कुदरती	बरसाती
ओषधिपति	विमति	स्थिति	धोती	धरती	सूती
सेनापति	सुमति	उपस्थिति	गिनती	परती	मध्यस्थता
जलसेनापति	असहमति	अनुपस्थिति	विनती	फुरती	सरस्वती
सभापति	परिमिति	चरमस्थिति	मेहनती	भरती	स्वाती
भूपति	समिति	परिस्थिति	नाती	भारती	महंती
नरपति	स्वागतसमिति	वाचस्पति	चुनौती	इमरती	महती
सुरपति	प्रबंधसमिति	वनस्पति	मनौती	खूबसूरती	देहाती
राष्ट्रपति	उपसमिति	ब हस्पति	दंपती	खैराती	ठकुरसुहाती
महीपति	तदर्थसमिति	स्फीति	पक्षपाती	गुजराती	शीतऋतु
जातिपाँति	कार्यसमिति	मुद्रास्फीति	चपाती	बराती	किंतु
प्रति	सम्मति	स्म ति	नाशपाती	निर्धारिती	केतु
नित्यप्रति	असम्मति	मनुस्म ति	पोती	रेंती	धूमकेतु

- - जंतु	- - मत्त	- - सत्ता	- - सत्त्व	- - चित्य	- - त्यों
जंतु	**मदमत्त**	**प्रभुसत्ता**	**पुंसत्त्व**	**अनौचित्य**	**त्यों**
जीवजंतु	प्रमत्त	उत्पत्ति	महत्त्व	चैत्य	इत्र
तंतु	निमित्त	संतानोत्पत्ति	कत्था	पांडित्य	एकत्र
धातु	परायत्त	व्युत्पत्ति	जत्था	दैत्य	नक्षत्र
अपितु	स्वायत्त	आपत्ति	मत्था	औद्धत्य	जन्मनक्षत्र
परंतु	वित्त	प्रतिपत्ति	हत्था	नित्य	क्षेत्र
निर्हेतु	कवित्त	अनापत्ति	निहत्था	न त्य	राज्यक्षेत्र
सेतु	व त	अर्थापत्ति	गुत्थी	तांडवन त्य	रणक्षेत्र
हेतु	इतिव त	विपत्ति	नत्थी	अपत्य	पर्वतक्षेत्र
तू	जीवनव त	संपत्ति	यत्न	दांपत्य	निर्वाचनक्षेत्र
घुमंतू	परिव त	भूसंपत्ति	प्रयत्न	आधिपत्य	समरक्षेत्र
पालतू	कार्यव त	परिसंपत्ति	रत्न	एकाधिपत्य	कार्यक्षेत्र
फालतू	पूर्वव त	भित्ति	भारतरत्न	स्वाधिपत्य	गोत्र
पित	प्रायश्चित्त	व त्ति	नवरत्न	स्थापत्य	सगोत्र
मात	सत्त	आव त्ति	पत्नी	उपांत्य	चित्र
गिरतेपड़ते	चकत्ता	भिक्षाव त्ति	धर्मपत्नी	भ त्य	रंगचित्र
नाते	कुत्ता	रजोनिव त्ति	आत्म	अमात्य	व्यंग्यचित्र
बेटेपोते	खत्ता	सेवानिव त्ति	खत्म	लालित्य	व त्तचित्र
महतो	गत्ता	मनोव त्ति	अध्यात्म	पातिव्रत्य	भित्तिचित्र
चित्त	छत्ता	प्रव त्ति	आत्मा	पाश्चात्य	शब्दचित्र
एकाग्रचित्त	पत्ता	पुनराव त्ति	पुण्यात्मा	सत्य	चलचित्र
प्रशांतचित्त	अलबत्ता	वेश्याव त्ति	प्रेतात्मा	असत्य	विचित्र
प्रसन्नचित्त	बित्ता	निष्पत्ति	भूतात्मा	सत्यासत्य	चैत्र
स्थिरचित्त	भत्ता	खत्ती	पवित्रात्मा	स्तुत्य	एकच्छत्र
चलचित्त	यात्राभत्ता	चित्ती	परमात्मा	पौरोहित्य	छत्र
दत्त	परिधानभत्ता	पत्ती	अंतरात्मा	साहित्य	छात्र
प्रकृतिदत्त	कुटुंबभत्ता	पित्ती	दुरात्मा	लोकसाहित्य	षड्यंत्र
प्रदत्त	बुद्धिमत्ता	बत्ती	धर्मात्मा	गद्यसाहित्य	तंत्र
पूर्वदत्त	इयत्ता	अगरबत्ती	महात्मा	बालसाहित्य	लोकतंत्र
उदात्त	लत्ता	रत्ती	तादात्म्य	वात्या	रक्षातंत्र
अनुदात्त	गुणवत्ता	सत्तू	माहात्म्य	हत्या	स्वेच्छातंत्र
धीरोदात्त	वेत्ता	तत्त्व	अंत्य	भ्रूणहत्या	राजतंत्र
धुत्त	पुरातत्त्ववेत्ता	परमतत्त्व	कृत्य	आत्महत्या	प्रजातंत्र
उन्मत्त	मंत्रवेत्ता	पुरातत्त्व	चिंत्य	म त्यु	गणतंत्र
पित्त	सत्ता	मूलतत्त्व	अचिंत्य	अपम त्यु	मंत्रतंत्र
मत्त	लोकसत्ता	बोधसत्त्व	औचित्य	अकालम त्यु	जनतंत्र

- - तंत्र	- - पत्र	- - मित्र	- - खत्री	- - जत्व	- - भत्स
शासनतंत्र	**जमापत्र**	**अमित्र**	**खत्री**	**निजत्व**	**बीभत्स**
रचनातंत्र	ताम्रपत्र	पत्रमित्र	गंगोत्री	कटुत्व	वत्स
परतंत्र	प्रत्ययपत्र	मूत्र	तंत्री	पतित्व	चिकित्सा
स्वैरतंत्र	प्राधिकारपत्र	यंत्र	धात्री	सतीत्व	शल्यचिकित्सा
जालतंत्र	समाचारपत्र	जलयंत्र	नेत्री	नेत त्व	पशुचिकित्सा
ृवासतंत्र	पारपत्र	संयंत्र	अभिनेत्री	भ्रात त्व	मनश्चिकित्सा
खनित्र	परिपत्र	ृवासयंत्र	पत्री	मात त्व	युयुत्सा
नेत्र	भूर्जपत्र	यत्र	चिट्ठीपत्री	पत्नीत्व	युयुत्सु
भालनेत्र	प्रवेशपत्र	परत्र	जन्मपत्री	मंत्रित्व	ज्योत्स्ना
अन्यत्र	प्रश्नपत्र	नवरात्र	पात्री	हिंदुत्व	काकुत्स्थ
पत्र	स्नेहपत्र	अहोरात्र	मंत्री	द्वित्व	मत्स्य
मुखपत्र	पात्र	चरित्र	शिक्षामंत्री	अंधत्व	ग्रंथ
लेखापत्र	अपात्र	सच्चरित्र	प्रधानमंत्री	घनत्व	पाठ्यग्रंथ
त्यागपत्र	कुपात्र	दुश्चरित्र	विदेशमंत्री	प्रभुत्व	लक्षणग्रंथ
माँगपत्र	भिक्षापात्र	सर्वत्र	ग हमंत्री	ममत्व	धर्मग्रंथ
सूचीपत्र	कृपापात्र	कलत्र	महामंत्री	समत्व	चौथ
कागजपत्र	प्रियपात्र	पवित्र	मैत्री	स्वामित्व	यथातथ
भोजपत्र	सुरापात्र	अपवित्र	गायत्री	दायित्व	नथ
निमंत्रणपत्र	चरुपात्र	श्रोत्र	यात्री	उत्तरदायित्व	नाथ
प्रमाणपत्र	विश्वासपात्र	सत्र	पदयात्री	स्थायित्व	अनाथ
स्मरणपत्र	सुपात्र	सूत्र	रचयित्री	परत्व	लंकानाथ
मतपत्र	स्नेहपात्र	योगसूत्र	जनयित्री	शूरत्व	गणनाथ
शतपत्र	पुत्र	मंगलसूत्र	कवयित्री	नारीत्व	जगन्नाथ
म त्युपत्र	प्रपुत्र	त्रिभाषासूत्र	जावित्री	गुरुत्व	पंथ
शुद्धिपत्र	मानसपुत्र	स्तोत्र	सावित्री	अपूर्णत्व	पथ
बंधपत्र	सुपुत्र	होत्र	अग्निहोत्री	आर्यत्व	अपथ
विरोधपत्र	ब्रह्मपुत्र	अग्निहोत्र	शत्रु	देवत्व	राजपथ
नामांकनपत्र	पौत्र	छात्रा	अजातशत्रु	कवित्व	त्रिपथ
आवेदनपत्र	प्रपौत्र	मात्रा	वैचित्र्य	द्रव्यत्व	लथपथ
सम्मानपत्र	मंत्र	प्रमात्रा	पारतंत्र्य	पुरुषत्व	जलपथ
तुलनपत्र	मूलमंत्र	यात्रा	स्वातंत्र्य	ऋषित्व	विपथ
सूचनापत्र	मात्र	शोभायात्रा	कत्ल	मनुष्यत्व	शपथ
प्रार्थनापत्र	एकमात्र	तीर्थयात्रा	एकत्व	सत्व	पदशपथ
आरोपपत्र	प्राणिमात्र	शवयात्रा	व्यक्तित्व	अस्तित्व	निष्ठाशपथ
प्रपत्र	नाममात्र	त्रि	वक्त त्व	स्त्रीत्व	सुपथ
प्रेमपत्र	मित्र	रात्रि	लघुत्व	स्वत्व	बूथ

- - यूथ	- - तिथि	- - पथ्य	- - च्छेद	- - नोद	- - भेद
यूथ	**अतिथि**	**सुपथ्य**	**उच्छेद**	**मनोविनोद**	**मतभेद**
रथ	मरणतिथि	मिथ्या	अनुच्छेद	हास्यविनोद	विभेद
निशीथ	पुण्यतिथि	प थ्वी	विच्छेद	उन्माद	मंद
शोथ	जन्मतिथि	विपद्	वाक्यविच्छेद	युद्धोन्माद	अक्लमंद
यकृतशोथ	पारथि	भौतिकीविद्	विवाहविच्छेद	धर्मोन्माद	गरजमंद
साथ	सारथि	हस्तरेखाविद्	परिच्छेद	हर्षोन्माद	जरूरतमंद
हाथ	दर्शकवीथि	भाषाविद्	छंद	राष्ट्रोन्माद	फायदेमंद
कथा	ग्रंथी	ईषद्	छेद	पद	एहसानमंद
लोककथा	चौथी	उपनिषद्	आजाद	आपद	मद
लघुकथा	नानकपंथी	ईद	ईजाद	मंत्रिपद	खुशामद
पटकथा	दक्षिणपंथी	कंद	बावजूद	भाद्रपद	माँद
प्रेमकथा	पुराणपंथी	जम कंद	उड़द	जनपद	दमाद
परिकथा	वामपंथी	कलाकंद	तोंद	निरापद	दामाद
गाथा	होमियोपैथी	कद	उत्पाद	पाद	प्रमाद
यशोगाथा	पोथी	नकद	मदद	शिक्षाप्रद	कुमुद
चौथा	मेथी	आदमकद	इमदाद	लज्जाप्रद	मेद
तथा	अरथी	ताकीद	जायदाद	सम्मानप्रद	आमोद
थोथा	भागीरथी	उछलकूद	चश्मदीद	लाभप्रद	प्रमोद
नीलाथोथा	पारथी	खेलकूद	आनंद	फलप्रद	आमोदप्रमोद
अन्यथा	सारथी	कैद	चिदानंद	कष्टप्रद	उम्मीद
पोथा	महारथी	दुःखद	सच्चिदानंद	सफेद	कवायद
प्रथा	पलथी	दुखद	परमानंद	कलमबंद	याद
माथा	पालथी	सुखद	सानंद	मुहरबंद	पयोद
यथा	आल्थीपाल्थी	खाद	ननद	मोहरबंद	मकरंद
सर्वथा	साथी	खुद	हिमनद	बद	उरद
उलथा	हाथी	खेद	मानद	गुंबद	नदारद
व था	कथ्य	सखेद	सनद	बाद	नारद
व्यथा	अकथ्य	नगद	नाँद	आबाद	नीरद
मनोव्यथा	तथ्य	बरगद	नाद	मुबारकबाद	पारद
हृदयव्यथा	यथातथ्य	गेंद	घंटानाद	बरबाद	वरद
मर्मव्यथा	आतिथ्य	गोंद	निनाद	जहरबाद	विशारद
ग्रंथि	पथ्य	गोद	खरनाद	मोतियाबिंद	खराद
स्वेदग्रंथि	अपथ्य	ऋग्वेद	आर्तनाद	बूँद	मुराद
हीनग्रंथि	कुपथ्य	चंद	सिंहनाद	भेद	खरीद
मनोग्रंथि	पथ्यापथ्य	मूसलचंद	न द	अभेद	विरुद
तिथि	नेपथ्य	चाँद	विनोद	रंगभेद	बारूद

- - रूद	**- - वाद**	**- - वेद**	**- - हद**	**- - पदा**	**- - सादा**
गोलाबारूद	**प थकतावाद**	**गंधर्ववेद**	**दोहद**	**संपदा**	**सादा**
अमरूद	साधुवाद	विशद	शहद	पेंदा	सौदा
सरोद	पलायनवाद	परिषद	जहाद	पैदा	मसौदा
आशीर्वाद	अनुवाद	मंत्रिपरिषद	हिंद	फँदा	ओहदा
यजुर्वेद	पद्यानुवाद	कार्यपरिषद	शहीद	लदाफँदा	अलहदा
निर्वेद	छायानुवाद	निषाद	हौद	सफेदा	हौदा
आयुर्वेद	धन्यवाद	विषाद	हलाद	बंदा	आदि
चतुर्वेद	सधन्यवाद	निष्पंद	आह्लाद	बदा	युगादि
पार्षद	अपवाद	पसंद	प्रह्लाद	बिदा	इत्यादि
जलद	निरपवाद	मनपसंद	अदा	बुंदा	यदि
औलाद	प्रवाद	नापसंद	कदा	मंदा	ईदी
फौलाद	साम्यवाद	मकसद	एकदा	उमदा	नकदी
लीद	विस्तारवाद	सभासद	यदाकदा	थकामाँदा	कैदी
लौंद	परिवाद	रसद	खुदा	मदा	खादी
जल्लाद	विवर्तवाद	संसद	गंदा	कायदा	गोदी
वाद	परार्थवाद	सांसद	गदा	फायदा	चाँदी
आतंकवाद	सौंदर्यवाद	प्रसाद	गूदा	रंदा	सोनाचाँदी
भौतिकवाद	निर्विवाद	प्रासाद	गेंदा	जरदा	आजादी
नास्तिकवाद	विवाद	अवसाद	चंदा	परदा	दादी
पार्थक्यवाद	वादविवाद	रसीद	पेचीदा	शारदा	दीदी
प्रत्यक्षवाद	निराशावाद	सूद	जिंदा	इरादा	नंदी
प्रयोगवाद	संवाद	उस्ताद	रंजीदा	बुरादा	नदी
भाग्यवाद	परिसंवाद	निस्पंद	जुदा	परिंदा	उन्मादी
समाजवाद	विकासवाद	आस्पद	ज्यादा	घरौंदा	सप्तपदी
पूँजीवाद	रहस्यवाद	शंकास्पद	तदा	मर्यादा	पेंदी
साम्राज्यवाद	परस्ववाद	घ णास्पद	दादा	अमर्यादा	फफूँदी
गुटवाद	खाविंद	विवादास्पद	बापदादा	वंशमर्यादा	सफेदी
जड़वाद	गोविंद	उपहासास्पद	परदादा	पुलिंदा	बंदी
रूढ़िवाद	अरविंद	हास्यास्पद	निंदा	प्रियंवदा	चकबंदी
अद्वैतवाद	कोविद	संदेहास्पद	चुनिंदा	विदा	तुकबंदी
सापेक्षतावाद	शिक्षाविद्	स्वाद	परनिंदा	निविदा	नाकाबंदी
तटस्थतावाद	वंद	आस्वाद	परिनिंदा	कशीदा	गुटबंदी
प्रगतिवाद	वाद्यवंद	सुस्वाद	उन दा	तलाकशुदा	कामबंदी
प्रतिवाद	वेद	स्वेद	आपदा	शादीशुदा	नजरबंदी
वादप्रतिवाद	सामवेद	प्रस्वेद	प्रतिपदा	यशोदा	नालबंदी
अध्यात्मवाद	अथर्ववेद	हद	विपदा	सदा	नशाबंदी

- - बदी	- - हिंदी	- - बद्ध	- - शुद्ध	- - छद्म	- - चंद्र
बदी	**हिंदी**	**कटिबद्ध**	**परिशुद्ध**	**छद्म**	**चंद्र**
बाँदी	यहूदी	चरणबद्ध	विशुद्ध	पद्म	रामचंद्र
बूँदाबाँदी	हौदी	श्रेणीबद्ध	निषिद्ध	अद्य	पूर्णचंद्र
आबादी	इंदु	प्रतिबद्ध	प्रवेशनिषिद्ध	आद्य	भालचंद्र
बरबादी	बिंदु	पद्यबद्ध	सिद्ध	खाद्य	शरच्चंद्र
बिंदी	स्वेदबिंदु	आलिंगनबद्ध	स्वतःसिद्ध	अखाद्य	छिद्र
बूँदी	चंद्रबिंदु	वचनबद्ध	प्रसिद्ध	गद्य	गजेंद्र
भेदी	गलनबिंदु	योजनाबद्ध	अप्रसिद्ध	अनिंद्य	भद्र
लक्ष्यभेदी	मिलनबिंदु	निबद्ध	सुप्रसिद्ध	पद्य	समुद्र
मर्मभेदी	चरमबिंदु	लिपिबद्ध	योद्धा	प्रतिपाद्य	दरिद्र
गगनभेदी	म दु	नियमबद्ध	श्रद्धा	भेद्य	रुद्र
मंदी	बालेंदु	कार्यबद्ध	अश्रद्धा	अभेद्य	नरेंद्र
अक़्लमंदी	विंदु	श ंखलाबद्ध	ऋद्धि	सूचीभेद्य	सुरेंद्र
खुशामदी	स्वादु	असंबद्ध	सद्बुद्धि	मद्य	रौद्र
कौमुदी	जादू	व्यूहबद्ध	बुद्धि	दुर्भेद्य	शूद्र
खरादी	भा दू	बुद्ध	तीक्ष्णबुद्धि	वाद्य	तंद्रा
चतुर्वेदी	उरदू	प्रबुद्ध	मंदबुद्धि	व ंदवाद्य	निद्रा
हलदी	हिंदू	बौद्ध	पापबुद्धि	नैवेद्य	योगनिद्रा
आतंकवादी	पदेपदे	सम द्ध	सुबुद्धि	वैद्य	श्वाननिद्रा
उग्रवादी	भादों	युद्ध	सम द्धि	चतुर्विद्या	मोहनिद्रा
समाजवादी	दो	शीतयुद्ध	निर्बुद्धि	धनुर्विद्या	महानिद्रा
पूँजीवादी	जिद्द	द्वंद्वयुद्ध	व द्धि	विद्या	मुद्रा
रूढ़िवादी	भद्दा	नौयुद्ध	पदव द्धि	अविद्या	मुखमुद्रा
नियतवादी	गद्दी	मुष्टियुद्ध	जनव द्धि	ठगविद्या	पदमुद्रा
प्रतिवादी	जिद्दी	ग हयुद्ध	मूल्यव द्धि	प्राच्यविद्या	हिमाद्रि
परिवादी	पिद्दी	महायुद्ध	संव द्धि	गणितविद्या	समुद्री
मानववादी	रद्दी	रुद्ध	शुद्धि	प्रेतविद्या	द्वंद्व
स्पष्टवादी	कद्दू	निरुद्ध	अशुद्धि	भारतविद्या	प्रतिद्वंद्व
विसंवादी	लद्दू	अवरुद्ध	परिशुद्धि	मंत्रविद्या	निर्द्वंद्व
वेदी	गिद्ध	विरुद्ध	सिद्धि	गानविद्या	प्रतिद्वंद्वी
बलिवेदी	वाग्युद्ध	विद्ध	लक्ष्यसिद्धि	पराविद्या	अधः
शादी	बद्ध	वद्ध	ऋद्धिसिद्धि	खगोलविद्या	अंध
फीसदी	अबद्ध	तपोव द्ध	प्रसिद्धि	इंद्र	क्रोध
सुदी	आबद्ध	वयोव द्ध	स्वयंसिद्धि	केंद्र	गंध
उस्तादी	सूचीबद्ध	शुद्ध	कार्यसिद्धि	भारकेंद्र	सुगंध
मेहँदी	पंजीबद्ध	अशुद्ध	बुद्धू	क्षुद्र	मगध

- - गाध	- - रोध	- - सीध	- - निधि	- - धी	- - साध्य
अगाध	**सानुरोध**	**सीध**	**प्रतिनिधि**	**धी**	**असाध्य**
गीध	उपरोध	सुध	जनप्रतिनिधि	आँधी	दुःसाध्य
चौंध	परिरोध	सेंध	अक्षयनिधि	क्रोधी	सुसाध्य
मदांध	निर्विरोध	स्कंध	कलानिधि	गंधी	बंध्या
दूध	अवरोध	अंधा	नवनिधि	गधी	वंध्या
धुँध	गत्यवरोध	आधा	भविष्यनिधि	रतौंधी	संध्या
अंधाधुंध	तापावरोध	औंधा	उपाधि	संबंधी	रंध्र
जन्मांध	अंतरवरोध	कंधा	अंबुधि	भूमिसंबंधी	साध्वी
बंध	विरोध	क्षुधा	समाधि	समधी	विद्वान्
आबंध	अविरोध	रजनीगंधा	जलसमाधि	अपराधी	कांतिमान्
भुजबंध	वैरविरोध	गधा	पयोधि	विद्युतरोधी	श्रीमान्
कटिबंध	दुर्गंध	द्विधा	परिधि	प्रतिरोधी	वरन्
उष्णकटिबंध	निर्गंध	धंधा	निर्व्याधि	जनविरोधी	विवेकवान्
प्रतिबंध	अनिर्बंध	बाधा	जलधि	विरोधी	भगवान्
निबंध	निर्बाध	पिशाचबाधा	अवधि	अवधी	वेगवान्
अनुबंध	दुर्बोध	परिबाधा	नियतावधि	बंधु	भाग्यवान्
उपबंध	धर्मांध	भवबाधा	यथावधि	मधु	सौभाग्यवान्
प्रबंध	चतुर्विध	मेधा	पदावधि	साधु	ज्ञानवान्
संबंध	वध	योधा	मध्यावधि	सिंधु	धनवान्
बाँध	पशुवध	पुरोधा	निरवधि	सप्तसिंधु	रूपवान्
अबाध	विविध	नवधा	अंतरावधि	धूधू	प्रतिभावान्
बुध	बहुविध	विधा	कालावधि	वधू	ऐश्वर्यवान्
बोध	वेध	द्विविधा	अल्पावधि	वारवधू	शीलवान्
अबोध	वैध	विविधा	विधि	लबड़धोंधों	निष्ठावान्
सौंदर्यबोध	अवैध	सुविधा	गतिविधि	ऊधो	आयुष्मान्
संबोध	व्याध	असुविधा	उपविधि	सान्निध्य	सन्
सुबोध	शोध	सीधा	प्रविधि	बाध्य	महान्
आयुध	प्रतिशोध	सुधा	क्रियाविधि	मध्य	पुनः
अपराध	परिशोध	वसुधा	कार्यविधि	खमध्य	न
निरपराध	औषध	सेंधा	व्याधि	आराध्य	आन
रोध	नैषध	सौंधा	यौनव्याधि	वध्य	इन
गतिरोध	प्रतिषेध	बहुधा	औषधि	अवध्य	डाइन
प्रतिरोध	निषेध	सुगंधि	वनौषधि	वैविध्य	नाइन
निरोध	मद्यनिषेध	दधि	संधि	अशोध्य	बनियाइन
गर्भनिरोध	विधिनिषेध	उदधि	दुरभिसंधि	सांध्य	लाइन
अनुरोध	साध	निधि	वयःसंधि	साध्य	उन

- - ऊन	- - क्कन	- - गिन	- - चन	- - जन	- - जन
ऊन	**ढक्कन**	**जोगिन**	**विरेचन**	**इंजन**	**डिवीजन**
ऐन	मक्खन	नागिन	निर्वचन	कूजन	टेलीविजन
अंकन	इंजेक्शन	अभागिन	निर्वाचन	खंजन	व्यंजन
अचकन	कनेक्शन	सुहागिन	पुनर्निर्वाचन	छीजन	सजन
चिकन	पुनर्परीक्षण	सदासुहागिन	लोचन	हाइड्रोजन	साजन
लटकन	माखन	रंगीन	आत्मालोचन	उत्तेजन	सुजन
टोकन	लेखन	सर्वांगीन	साहित्यालोचन	अंदाजन	स जन
धड़कन	प्रतिलेखन	संगीन	पर्यालोचन	बंधुजन	महाजन
चित्रांकन	खान	फागुन	करवंचन	पूजन	जान
मुद्रांकन	बखान	सागौन	वचन	मूर्तिपूजन	अजान
रूपांकन	खून	सम्यग्ज्ञान	एकवचन	भंजन	अनजान
नामांकन	नाखून	वाग्दान	उच्चावचन	भजन	सुजान
सीमांकन	आख्यान	घन	प्रतिवचन	भाजन	जिन
छायांकन	प्रत्याख्यान	लंघन	बहुवचन	पुनर्विभाजन	महराजिन
स्वरांकन	उपाख्यान	अतिलंघन	विवेचन	विभाजन	जीन
पुनर्विलोकन	व्याख्यान	उल्लंघन	निषेचन	जलविभाजन	जून
अवलोकन	आँगन	सघन	सेचन	भोजन	जैन
सिंहावलोकन	कंगन	घान	बेचान	मंजन	जोन
विलोकन	लग्नकंगन	घिन	मचान	यजन	विद्वज्जन
मूल्यांकन	गगन	बाघिन	पहचान	आयोजन	निमज्जन
पुनर्मूल्यांकन	मशीनगन	घुन	जानपहचान	प्रत्यायोजन	सज्जन
प ष्ठांकन	बैंगन	कंचन	चीन	नियोजन	ज्ञान
कान	लगन	कांचन	प्राचीन	विनियोजन	अज्ञान
थकान	पालागन	अकिंचन	समीचीन	प्रयोजन	तत्त्वज्ञान
दुकान	आलिंगन	आकुंचन	असमीचीन	समायोजन	आत्मज्ञान
दूकान	प्रेमालिंगन	अड़चन	अर्वाचीन	कुसमायोजन	मिथ्याज्ञान
मकान	स्थगन	उन्मोचन	परचून	पुनर्नियोजन	प्रज्ञान
किन	प्रास्थगन	पाचन	चैन	पूर्वयोजन	प्रत्यभिज्ञान
मुमकिन	स्तुतिगान	मंचन	सुखचैन	निष्प्रयोजन	विज्ञान
लेकिन	अफ़गान	मोचन	बेचैन	संयोजन	पाकविज्ञान
नमकीन	बागान	संकटमोचन	छन	निरंजन	रोगविज्ञान
यकीन	लगान	ऋणमोचन	छनछन	मनोरंजन	भेषजविज्ञान
शौकीन	मंगलगान	शापमोचन	परछन	परिजन	प्रकृतिविज्ञान
शकुन	युगलगान	प्रमोचन	लाँछन	नीलांजन	गतिविज्ञान
अपशकुन	यशोगान	विमोचन	जन	वजन	मत्स्यविज्ञान
कौन	राष्ट्रगान	याचन	अंजन	युवजन	न विज्ञान

- - ज्ञान	- - ठन	- - तन	- - थन	- - दन	- - दान
मनोविज्ञान	**गठन**	**अचेतन**	**पूर्वकथन**	**प्रत्यभिवादन**	**अभयदान**
नौविज्ञान	संगठन	सचेतन	भविष्यकथन	आवेदन	कटोरदान
आयुर्विज्ञान	अवगुंठन	गतचेतन	स्वकथन	प्रतिवेदन	वरदान
खगोलविज्ञान	जूठन	अद्यतन	प्राक्कथन	निवेदन	परिदान
कोशविज्ञान	ठनठन	अधुनातन	मंथन	संवेदन	गिलौरीदान
भाषाविज्ञान	पठन	सनातन	मथन	परिवेदन	उगालदान
स ष्टिविज्ञान	पुनर्गठन	नूतन	थान	सदन	जलदान
ग हविज्ञान	ठान	पतन	मिथुन	स्पंदन	बलिदान
संज्ञान	उठान	अधःपतन	मैथुन	आस्वादन	पावदान
ब्रह्मज्ञान	पठान	अधपतन	कुंदन	रसास्वादन	अंशदान
उलझन	कठिन	आयतन	क्रंदन	दान	दिन
रुझान	ठुनठुन	नियतन	आक्रंदन	आदान	प्रतिदिन
रुनझुन	खंडन	पूर्वनियतन	चंदन	रक्तदान	दैनंदिन
प्रकटन	विखंडन	चिरंतन	आच्छादन	योगदान	जनमदिन
भिक्षाटन	गड़न	रतन	उच्छेदन	गोदान	जन्मदिन
घटन	घड़न	बरतन	विच्छेदन	पिंडदान	निशिदिन
विघटन	झाड़न	पुरातन	कनछेदन	मतदान	दीन
संघटन	ताड़न	वेतन	उत्पादन	प्रतिदान	देन
घुटन	प्रपीड़न	प्रशीतन	पुनरुत्पादन	विद्यादान	लेनदेन
उच्चाटन	परपीड़न	निश्चेतन	नंदन	खानदान	पदेन
टूटन	मंडन	तान	वैशाखनंदन	वचनदान	उद्यान
उद्‌घाटन	खंडनमंडन	भुगतान	अभिनंदन	पानदान	विद्वान
रहस्योद्‌घाटन	मुंडन	वितान	दनादन	निदान	धन
टनाटन	विलोड़न	संतान	प्रतिपादन	रोगनिदान	ईंधन
आबंटन	निष्पीड़न	निस्संतान	संपादन	अनुदान	उद्‌बोधन
बटन	उड़ान	नातिन	कार्यसंपादन	कन्यादान	निधन
उबटन	सड़ान	तीन	बदन	धूपदान	तपोधन
पर्यटन	पहाड़िन	अफलातून	भेदन	अपादान	बंधन
पलटन	कुढ़न	पत्तन	मदन	उपादान	रक्षाबंधन
निपटान	परिधान	उत्थान	अनुमोदन	प्रदान	गँठबंधन
टिन	विपणन	अभ्युत्थान	गरदन	आदानप्रदान	गठबंधन
बुलेटिन	अनुप्रमाणन	समुत्थान	रुदन	संप्रदान	निबंधन
टीन	तन	पुनरुत्थान	रोदन	भूदान	कुप्रबंधन
पट्‌टन	निकेतन	पर्युत्थान	अरण्यरोदन	कलमदान	भवबंधन
चट्‌टान	चिंतन	कथन	वादन	श्रमदान	प्रतिबोधन
ट्रेन	चेतन	कथोपकथन	अभिवादन	मैदान	संबोधन

- - धन	**- - धुन**	**- - पन**	**- - पन**	**- - बन**	**- - मन**
मूलधन	**धुन**	**प्रतिज्ञापन**	**भोलापन**	**अनबन**	**दमन**
पशुधन	ध्यान	प्रज्ञापन	निरालापन	आलंबन	तनमन
शोधन	आनन	विज्ञापन	लेपन	निलंबन	नियमन
आशोधन	कानन	खोटापन	विलोपन	परावलंबन	बहिर्गमन
संशोधन	खनन	अनूठापन	निठल्लापन	स्वावलंबन	वमन
मिश्रधन	पंचानन	अक्खड़पन	पुनःस्थापन	जबान	शमन
साधन	जनन	अल्हड़पन	पान	मेजबान	प्रशमन
प्रसाधन	प्रजनन	कड़ापन	मद्यपान	मरतबान	परिसीमन
आयसाधन	गजानन	घमंडीपन	खानपान	आनबान	सुमन
धान	उत्खनन	तापन	धूम्रपान	कुरबान	मान
प्रणिधान	भगवद्मनन	सत्यापन	अधरपान	दरबान	ईमान
निधान	मनन	उद्दीपन	मदिरापान	केबिन	बेईमान
प्रधान	चतुरानन	उद्यापन	सुरापान	धोबिन	कमान
व्यक्तिप्रधान	हनन	सौंधापन	जलपान	बीन	शक्तिमान
समाधान	इत्मीनान	अध्यापन	विषपान	छानबीन	सर्वशक्तिमान
कराधान	नून	प्राध्यापन	रसपान	सोयाबीन	जजमान
तिरोधान	कानून	घनापन	सोपान	दूरबीन	यजमान
गर्भाधान	जनून	अपनापन	पिन	उधेड़बुन	विराजमान
अवधान	नैन	कमीनापन	विपिन	साबुन	प्रतिमान
तत्त्वावधान	न्यून	दीवानापन	साँपिन	उपालंभन	बुद्धिमान
अनवधान	पन	सूनापन	पीन	प्रलोभन	विद्यमान
प्रावधान	कंपन	परिमापन	आलपीन	भान	अनुमान
पूर्वावधान	लड़कपन	समापन	पौन	मन	पूर्वानुमान
व्यवधान	बाँकापन	परिसमापन	छप्पन	अमन	हन्यमान
असावधान	एकाकीपन	यापन	बड़प्पन	गमन	अपमान
विधान	कूपन	घटियापन	मास्टरप्लान	आगमन	उपमान
संविधान	प्रकोपन	कालयापन	फन	अधोगमन	तापमान
अनुसंधान	अनोखापन	कठोरपन	कफन	गमनागमन	अभिमान
समधिन	आख्यापन	तिरपन	उफान	वनगमन	निरभिमान
अधीन	प्रख्यापन	तुरपन	तूफान	निगमन	साभिमान
परीक्षाधीन	गोपन	करारापन	टिफिन	अनुगमन	स्वाभिमान
शासनाधीन	पचपन	आवारापन	फेन	शुभागमन	शोभायमान
न्यायाधीन	बचपन	गीलापन	ग्रामोफोन	पुनरागमन	दोलायमान
पराधीन	अच्छापन	उजलापन	टेलीफोन	परस्त्रीगमन	अरमान
ईश्वराधीन	ओछापन	धुँधलापन	गबन	आचमन	वर्तमान
स्वाधीन	ज्ञापन	दुबलापन	चुंबन	जामन	निवर्तमान

- - मान	**- - यन**	**- - रिन**	**- - र्दिन**	**- - लन**	**- - लिन**
कीर्तिमान	**उपनयन**	**लोहारिन**	**दुर्दिन**	**असंतुलन**	**पुलिन**
कालमान	यूनियन	रैन	निर्धन	ध्वजोत्तोलन	तंबोलिन
मुसलमान	ट्रेडयूनियन	अर्चन	आवर्धन	भारोत्तोलन	मलिन
जाज्वल्यमान	कार्यान्वयन	अर्जन	परिवर्धन	आंदोलन	मालिन
तुल्यमान	विलयन	गर्जन	संवर्धन	जनांदोलन	लीन
अवमान	पलायन	मेघगर्जन	दिग्दर्शन	उन्मूलन	आलीन
विमान	अजवायन	तर्जनगर्जन	पथप्रदर्शन	पालन	कालीन
समान	शयन	उत्सर्जन	षड्दर्शन	पक्षीपालन	संकटकालीन
आसमान	रसायन	दर्जन	दर्शन	गोपालन	प्रभातकालीन
एकसमान	यान	दुर्जन	रजोदर्शन	आज्ञापालन	युद्धकालीन
विकासमान	हीनयान	धनार्जन	प्रदर्शन	कुक्कुटपालन	संध्याकालीन
भासमान	बयान	निर्जन	मार्गदर्शन	व्रतपालन	समकालीन
सामान	अभियान	उपार्जन	सुदर्शन	प्रतिपालन	सायंकालीन
मेहमान	व्योमयान	मार्जन	आकलन	मत्स्यपालन	चिरकालीन
जामिन	वायुयान	परिमार्जन	परिकलन	लालनपालन	पुराकालीन
विटामिन	जलयान	सर्जन	पूर्वाकलन	परिपालन	सर्वकालीन
मीन	खलियान	विसर्जन	संकलन	पशुपालन	प्रसवकालीन
जमीन	यौन	अर्जुन	पर्यनुकूलन	बेलन	कुलीन
जामुन	किरन	अंतर्ज्ञान	प्राक्कलन	चकलाबेलन	अकुलीन
गुलाबजामुन	चूरन	घूर्णन	क्षालन	पुनर्मिलन	तत्कालीन
चेयरमैन	कतरन	वर्णन	प्रक्षालन	निमीलन	शरत्कालीन
कैमरामैन	फौरन	यात्रावर्णन	चलन	आमेलन	टेरीलीन
मौन	सुमिरन	कर्तन	बदचलन	सम्मेलन	लवलीन
सम्मान	हिरन	कीर्तन	प्रचलन	प्रीतिसम्मेलन	विलीन
असम्मान	कुरान	परिकीर्तन	विचलन	पत्रसम्मेलन	शालीन
म्यान	जाफरान	बर्तन	चालन	लालन	रसलीन
म्लान	वीरान	प्रत्यावर्तन	अनुचालन	अनुशीलन	पतलून
चयन	हैरान	निवर्तन	नौचालन	परिशीलन	लेन
पंजीयन	पुजारिन	आज्ञानुवर्तन	परिचालन	स्खलन	फाल्गुन
वातायन	जमादारिन	प्रवर्तन	कार्यचालन	ऐलान	परिकल्पन
प्रत्यायन	चमारिन	पुनःप्रवर्तन	संचालन	चलान	मूल्यन
अध्ययन	घसियारिन	परिवर्तन	युद्धसंचालन	दालान	अवमूल्यन
कार्यअध्ययन	गँवारिन	पर्यावर्तन	कार्यसंचालन	मिलान	पुनर्मूल्यन
वेदाध्ययन	लकड़हारिन	समर्थन	जलन	ग्वालिन	दुल्हन
विद्याध्ययन	मनिहारिन	पक्षसमर्थन	प्रज्वलन	तेलिन	वन
नयन	लुहारिन	मर्दन	संतुलन	नलिन	इक्यावन

- - वन	- - वान्	- - श्वान	- - सान	- - हन	- - आना
चौवन	**पुण्यवान्**	**श्वान**	**मसान**	**तफरीहन**	**छुछुआना**
जीवन	दीवान	आश्विन	घमासान	रेहन	आइना
आजीवन	आचारवान	खरदूषण	अवसान	ध्वजारोहण	आँकना
जनजीवन	पहलवान	पद्मभूषण	सत्रावसान	निर्वहन	ओकना
संजीवन	मूल्यवान	परिवेष्टन	युद्धावसान	वहन	कूकना
यावज्जीवन	आशावान	प्रतिष्ठान	पर्यवसान	परिवहन	उचकना
पुनरुज्जीवन	आस्थावान	अनुष्ठान	एहसान	नौपरिवहन	पिचकना
अट्ठावन	हैवान	आसन	पड़ोसिन	वाहन	बिचकना
अठावन	नवीन	खगासन	कमसिन	आवाहन	लचकना
चितवन	पुनःप्रकाशन	वज्रासन	केरोसिन	सहन	चिकना
सत्तावन	पुनर्प्रकाशन	पटसन	आसीन	रहनसहन	चुकना
वृंदावन	कुशन	पद्मासन	पीठासीन	नहान	चूकना
नंदनवन	कोटेशन	निरसन	सत्तासीन	बिहान	छूकना
पवन	अनशन	दर्भासन	उदासीन	इम्तिहान	छौंकना
उपवन	पेंशन	निर्वसन	पदासीन	लहूलुहान	झिझकना
पावन	क्षतपेंशन	निर्वासन	लहसुन	हीन	झाँकना
पंक्तिपावन	मिशन	वसन	प्रसून	लक्ष्यहीन	झुकना
तपोवन	कमीशन	व्यसन	मुस्कान	लज्जाहीन	झोंकना
प्लवन	राशन	शासन	स्तन	पक्षपातहीन	अटकना
प्लावन	रोशन	स्वायत्तशासन	रेगिस्तान	गतिहीन	खटकना
बावन	निर्देशन	अनुशासन	हिंदुस्तान	तौहीन	गटकना
भवन	गुलशन	प्रशासन	कब्रिस्तान	तत्त्वहीन	चटकना
रंगभवन	अधिवेशन	कुप्रशासन	आस्तीन	तथ्यहीन	चिटकना
उपभवन	स्टेशन	सुशासन	स्थान	महीन	छिटकना
भुवन	शान	स्वशासन	जन्मस्थान	हृदयहीन	पटकना
यवन	ईशान	आश्वासन	प्रस्थान	सारहीन	फटकना
यौवन	निशान	निष्कासन	संस्थान	तर्कहीन	भटकना
सावन	परेशान	सिंहासन	स्नान	अर्थहीन	मटकना
सीवन	आलीशान	राजसिंहासन	प्रातःस्नान	जलहीन	लटकना
सेवन	श्मशान	आसान	गहन	बलहीन	टिकना
मदिरासेवन	जानशीन	नुकसान	अगहन	विहीन	टोकना
हवन	गोदनशीन	नफानुकसान	प्रोत्साहन	जलविहीन	ठिठकना
पकवान	गद्दीनशीन	किसान	दहन	वस्त्रविहीन	ठोंकना
जवान	मशीन	इनसान	पाहन	आह्वान	ठोकना
नौजवान	पिशुन	सुनसान	मोहन	ना	कड़कना
गुणवान	दुश्मन	पिसान	रहन	आना	खड़कना

- - कना	- - कना	- - काना	- - खना	- - खाना	- - गाना
घुड़कना	**भूँकना**	**चुकाना**	**दीखना**	**दवाखाना**	**बेगाना**
छिड़कना	भा.कना	चौंकाना	दुखना	सिखाना	भगाना
झिड़कना	भौंकना	छकाना	देखना	सुखाना	मँगाना
तड़कना	चमकना	झुकाना	रखना	तहखाना	जगमगाना
धड़कना	झुमकना	अटकाना	निरखना	खोना	डगमगाना
फड़कना	तमकना	खटकाना	परखना	उगना	लगाना
सुड़कना	दमकना	चटकाना	मरखना	ऊगना	सुलगाना
डाँकना	धमकना	चिटकाना	बिलखना	कंगना	नगीना
ढँकना	थिरकना	लटकाना	लिखना	चुगना	पचगुना
ढकना	परकना	टिकाना	पढ़नालिखना	जगना	चौगुना
लुढ़कना	बुरकना	ठकठकाना	सीखना	जागना	तिगुना
ताकना	मुरकना	ठिकाना	सूखना	टाँगना	भिगोना
थकना	सरकना	ठौरठिकाना	सोखना	ठगना	गौना
थूकना	रुकना	उढ़काना	खाना	ठिगना	घना
कुदकना	रेंकना	थकाना	रसोईखाना	डिगना	ऊँघना
फुदकना	रोकना	धकधकाना	बैठकखाना	दागना	लाँघना
बिदकना	कलकना	खनकाना	डाकखाना	दुगना	सूँघना
धधकना	किलकना	पकाना	जच्चाखाना	पगना	अघाना
धौंकना	छलकना	चकपकाना	रंडीखाना	पागना	लँघाना
खनकना	ढलकना	चिपकाना	चंडूखाना	भगना	चना
ठनकना	ढुलकना	चमकाना	दौलतखाना	भीगना	ख चना
ठिनकना	लुकना	धमकाना	कैदखाना	भोगना	जँचना
तिनकना	खसकना	टरकाना	दिखाना	माँगना	टाँचना
तुनकना	खिसकना	परकाना	दुखाना	रँगना	नोचना
भिनकना	सिसकना	छलकाना	जनानखाना	परगना	पचना
पकना	सेंकना	ढलकाना	तोपखाना	वारांगना	फ चना
चिपकना	चहकना	ढुलकाना	पाखाना	वीरांगना	बचना
टपकना	डहकना	मालिकाना	मैखाना	रेंगना	बाँचना
पोंकना	बहकना	आशिकाना	चिड़ियाखाना	लगना	दबोचना
फाँकना	लहकना	लहकाना	कारखाना	सुलगना	भिंचना
फूँकना	हाँकना	कुनकुना	कबूतरखाना	हगना	भ चना
फेंकना	काना	कोना	भटियारखाना	गाना	मचना
बकना	उचकाना	तिकोना	बर्फखाना	उगाना	याचना
सुबकना	पिचकाना	चीखना	पागलखाना	जगाना	क्षमायाचना
बिकना	बचकाना	टखना	जेलखाना	टँगाना	रचना
भभकना	मिचकाना	दिखना	गुसलखाना	डिगाना	वाक्यरचना

- - चना	- - छाना	- - जाना	- - टना	- - टना	- - ड़ना
खुरचना	**बिछाना**	**रोजाना**	**छाँटना**	**हटना**	**उखड़ना**
कूटरचना	छूना	लजाना	जुटना	कटाना	उखाड़ना
परचना	छेना	सजाना	टूटना	कटकटाना	गड़ना
शब्दरचना	छौना	जीना	डटना	किटकिटाना	झगड़ना
संरचना	बिछौना	जूना	नटना	खटाना	बिगड़ना
व्यूहरचना	कूजना	सँजोना	पटना	खटखटाना	रगड़ना
खरोंचना	खीजना	जूझना	चिपटना	घटाना	गाड़ना
उलीचना	खोजना	बुझना	झपटना	जोड़नाघटाना	बिगाड़ना
आलोचना	गूँजना	बूझना	छटपटाना	चटचटाना	घड़ना
समालोचना	तजना	समझना	डपटना	पटाना	उघड़ना
पर्यालोचना	उत्तेजना	उरझना	निपटना	लटपटाना	उघाड़ना
सुलोचना	उपजना	रीझना	रपटना	सटपटाना	निचोड़ना
वंचना	प जना	उलझना	लिपटना	निपटाना	पिछड़ना
प्रवंचना	पूजना	सीझना	पाटना	सिटपिटाना	बिछड़ना
स चना	बजना	सूझना	पिटना	मिटाना	पछाड़ना
सूचना	भाँजना	बुझाना	पीटना	उलटाना	छिड़ना
आसूचना	भेजना	रिझाना	रोनापीटना	लुटाना	बिछुड़ना
अधिसूचना	मँजना	उलझाना	लपेटना	लौटाना	छेड़ना
निधनसूचना	माँजना	सुझाना	फिटना	हटाना	छोड़ना
पूर्वसूचना	योजना	झुनझुना	फूटना	उठना	जड़ना
सोचना	आयोजना	ओटना	फेंटना	ऐंठना	उजड़ना
सौंचना	प्रायोजना	कटना	बँटना	गठना	उजाड़ना
पहुँचना	परियोजना	काटना	बाँटना	बनाठना	जोड़ना
हिचकिचाना	गरजना	कूटना	भेंटना	उमेठना	झड़ना
सकुचाना	व्यंजना	चकोटना	सिमटना	रूठना	झाड़ना
पचाना	सजना	खटना	मिटना	उठाना	प्रताड़ना
मचाना	पसीजना	घटना	समेटना	बिठाना	लताड़ना
रचाना	सूजना	घुटना	दुर्घटना	बैठाना	तोड़ना
परचाना	सहेजना	घोंटना	उलटना	डिठौना	खदेड़ना
ललचाना	जाना	घोटना	पलटना	अड़ना	दौड़ना
पहुँचाना	खजाना	उचटना	लूटना	उड़ना	उधड़ना
गिनाचुना	खिजाना	चाटना	लेटना	अकड़ना	उधेड़ना
चूना	खुजाना	उचाटना	लोटना	जकड़ना	पड़ना
पूछना	उपजाना	कचोटना	लौटना	पकड़ना	फाड़ना
पोंछना	पुजाना	चचोटना	सटना	सिकुड़ना	फोड़ना
बिछना	बजाना	छँटना	घसीटना	सिकोड़ना	उभड़ना

- - ड़ना	- - ढ़ना	- - तना	- - दना	- - नना	- - नोना
भिड़ना	**चढ़ना**	**मूतना**	**कुरेदना**	**जानना**	**नोना**
माँड़ना	चिढ़ना	यातना	रौंदना	ठनना	घिनौना
मीड़ना	ढूँढ़ना	रीतना	लदना	बननाठनना	जन्मना
मुड़ना	पढ़ना	ताना	वंदना	ठानना	पना
मूँड़ना	लिखनापढ़ना	उकताना	वेदना	तनना	अपना
मूंडना	पौढ़ना	भुगताना	शिरोवेदना	धुनना	कँपना
मोड़ना	बढ़ना	चेताना	प्रसववेदना	उफनना	काँपना
लड़ना	मढना	पछताना	संवेदना	बनना	खपना
सड़ना	ढाना	जताना	दाना	बिनना	घोंपना
घुसेड़ना	उढ़ाना	जुताना	गुदगुदाना	बीनना	बचपना
दहाड़ना	चिढ़ाना	मेहनताना	पदाना	बुनना	छपना
अड़ाना	पढ़ाना	बताना	बुदबुदाना	भुनना	छापना
उड़ाना	सिखानापढ़ाना	बिताना	साबूदाना	भूनना	छिपना
कड़कड़ाना	बढ़ाना	सताना	लदाना	मानना	जपना
पकड़ाना	ढोना	सांत्वना	पुदीना	सानना	झेंपना
खड़खड़ाना	मतगणना	गूँथना	देना	सुनना	झेपना
लड़खड़ाना	पशुगणना	नथना	लेनादेना	पहनना	टापना
लँगड़ाना	जनगणना	नाथना	दोना	नाना	टीपना
गिड़गिड़ाना	तना	पाथना	कौंधना	खनखनाना	तड़पना
गुड़गुड़ाना	इतना	मथना	बँधना	गिनाना	हड़पना
चिड़चिड़ाना	उतना	थाना	बाँधना	गुनगुनाना	ढाँपना
छुड़ाना	कातना	अदना	बिंधना	घनघनाना	तपना
तुड़ाना	कितना	कूदना	ब धना	घिनाना	तापना
दौड़ाना	कूतना	खोदना	आराधना	जनाना	थापना
फड़फड़ाना	खतना	गोदना	रुँधना	टनटनाना	थोपना
खड़बड़ाना	भुगतना	चोदना	रूँधना	तनतनाना	पनपना
गड़बड़ाना	चेतना	छेदना	सधना	अपनाना	भाँपना
बड़बड़ाना	युगचेतना	नादना	साधना	पिनपिनाना	मापना
हड़बड़ाना	सौंदर्यचेतना	पादना	अधुना	उफनाना	तुरपना
भड़भड़ाना	जितना	फाँदना	गिनना	दफनाना	रोपना
भिड़ाना	जीतना	फुँदना	पहचानना	बनाना	रोनाकलपना
लड़ाना	जुतना	भेदना	चुनना	भिनभिनाना	अलापना
ओढ़ना	जोतना	मुँदना	छनना	भुनाना	आलापना
काढ़ना	पुतना	रँदना	छानना	भुनभुनाना	सपना
कुढ़ना	पोतना	खरादना	छीनना	परनाना	प्रतिस्थापना
गढ़ना	बीतना	खरीदना	जनना	हिनहिनाना	प्रस्थापना

- - पना	- - मना	- - याना	- - रना	- - रना	- - राना
संस्थापना	**कामना**	**बतियाना**	**झरना**	**पसारना**	**फटापुराना**
पाना	हितकामना	लतियाना	झकझोरना	बिसारना	फरफराना
कँपाना	मनोकामना	सूफियाना	बटोरना	बिसूरना	घबराना
खपाना	शुभकामना	बयाना	ठिठुरना	हरना	बौराना
चिपचिपाना	मंगलकामना	मिमियाना	डरना	ठहरना	चरमराना
छपाना	घूमना	शामियाना	तरना	फहरना	अमीराना
छिपाना	चूमना	रिरियाना	उतरना	सिहरन	मुरमुराना
तड़पाना	जमना	सयाना	कुतरना	हारना	याराना
तपाना	जीमना	खिसियाना	तारना	बुहारना	हराना
थपथपाना	झूमना	करना	उतारना	कराना	ठहराना
लपलपाना	थमना	मुकरना	खदेरना	चकराना	दोहराना
पीना	थामना	पुचकारना	धरना	टकराना	फहराना
पैना	अनमना	चटकारना	सुधरना	ठुकराना	लहराना
पोना	रमना	डकारना	पधारना	मुसकराना	रोना
ऊबना	सामना	दुत्कारना	सिधारना	लँगराना	पिरोना
विडंबना	आमनासामना	नकारना	सुधारना	गिराना	रीनापिरोना
डूबना	कमाना	पुकारना	उपरना	घुरघुराना	मूर्छना
दबना	घुमाना	फुफकारना	पूरना	चराना	गर्जना
फबना	चमचमाना	किलकारना	पेरना	चरचराना	वर्जना
बाना	जमाना	ललकारना	बिफरना	चुराना	मुर्झाना
चबाना	आजमाना	हिलकोरना	फेरना	छरछराना	भर्त्सना
डबडबाना	टिमटिमाना	अखरना	बोरना	नजराना	प्रार्थना
डुबाना	तमतमाना	निखरना	बौरना	टरटराना	मर्दाना
दबाना	गरमाना	बिखरना	भरना	डराना	जुर्माना
बिना	जुरमाना	खखारना	उभरना	मँडराना	शर्माना
बोना	भरमाना	निखारना	उभारना	तराना	गुर्राना
बौना	शरमाना	पखारना	मरना	इतराना	टर्राना
चुभना	समाना	बिखेरना	मारना	उतराना	थर्राना
निभना	कमीना	गिरना	तरेरना	कतराना	बर्राना
चुभाना	नमूना	बघरना	दुलारना	छितराना	निकलना
जँभाना	मैना	घिरना	किल्कारना	तिराना	निकालना
निभाना	सुनयना	घूरना	सँवरना	तैराना	ढकेलना
रँभाना	घिघियाना	घेरना	वारना	पथराना	धकेलना
लुभाना	सठियाना	चरना	सँवारना	निराना	खिलना
जलाभुना	खतियाना	गुजरना	पसरना	पिराना	खुलना
मना	पतियाना	गुजारना	बिसरना	पुराना	खोलना

- - लना	- - लना	- - लाना	- - ल्पना	- - वाना	- - वाना
खौलना	**धुलना**	**मिचलाना**	**कपोलकल्पना**	**छुड़वाना**	**डसवाना**
गलना	पलना	उछलाना	पूर्वसंकल्पना	उजड़वाना	झुलसवाना
उगलना	पालना	छलछलाना	चिल्लाना	तुड़वाना	तलाशना
निगलना	पिलना	खुजलाना	झल्लाना	चढ़वाना	निशाना
खँगालना	पेलना	खजुलाना	सद्भावना	ढुँढ़वाना	कसना
पिघलना	फलना	झुँझलाना	भेदभावना	पढ़वाना	कोसना
घुलना	फूलना	इठलाना	भावना	जुतवाना	भकोसना
घँघोलना	फैलना	झुठलाना	जनभावना	खुदवाना	खँसना
घोलना	उबलना	बिठलाना	हीनभावना	दीवाना	खाँसना
चलना	उबालना	मंडलाना	टीमभावना	जनवाना	खोंसना
कुचलना	बोलना	डुलाना	लुभावना	मनवाना	घिसना
मचलना	सँभलना	ढलाना	संभावना	चबवाना	घुसना
उछलना	सँभालना	बतलाना	असंभावना	डुबवाना	चूसना
उछालना	भूलना	दिलाना	डरावना	बुवाना	ठूँसना
छिलना	मलना	धुँधलाना	प्रस्तावना	कमवाना	ठूसना
छीलना	मिलना	पिलाना	सुहावना	गिरवाना	डसना
जलना	ललना	फैलाना	सोहावना	चरवाना	धँसना
मिलनाजुलना	लीलना	बिलबिलाना	गवाना	उतरवाना	सूर्योपासना
झूलना	फिसलना	बुलाना	झुकवाना	परवाना	उपासना
झेलना	सालना	भुलाना	टँकवाना	मरवाना	पिसना
टलना	सीलना	मिलाना	फिंकवाना	खिलवाना	पीसना
टालना	टहलना	तिलमिलाना	हँकवाना	खुलवाना	पोसना
टटोलना	बहलना	कुम्हलाना	दिखवाना	उगलवाना	फँसना
ठेलना	हिलना	फुसलाना	गँवाना	चलवाना	फाँसना
डलना	अवहेलना	सालाना	मँगवाना	उछलवाना	रसना
डालना	लाना	सुलाना	लगवाना	छिलवाना	तरसना
उँडेलना	हकलाना	कहलाना	बँचवाना	उजलवाना	परसना
डोलना	अकुलाना	बहलाना	कटवाना	डलवाना	बरसना
ढलना	दिखलाना	सहलाना	पटवाना	ढलवाना	तरासना
ढालना	बौखलाना	हिलाना	पिटवाना	ढुलवाना	परोसना
तलना	खिलाना	लेना	उठवाना	तौलवाना	झुलसना
पड़तालना	खिलखिलाना	लोना	गठवाना	दिलवाना	हुलसना
तुलना	गलाना	खिलौना	उड़वाना	धुलवाना	वासना
तोलना	उगलाना	बिलौना	पकड़वाना	मिलवाना	विषयवासना
तौलना	पिघलाना	कल्पना	उखड़वाना	सिलवाना	मसोसना
बदलना	चलाना	प्रकल्पना	गड़वाना	कहलवाना	हँसना

- - सना	- - हना	- - कनी	- - जिनी	- - दिनी	- - बेनी
बिहँसना	**दुहना**	**चटकनी**	**सरोजिनी**	**दैनंदिनी**	**बेनी**
उकसाना	ब्याहना	पटकनी	ज्ञानी	बंदिनी	भीनीभीनी
घुसाना	रहना	सिटकनी	अज्ञानी	कुमुदिनी	चिमनी
धँसाना	कराहना	ढकनी	तत्त्वज्ञानी	मेदिनी	धमनी
पिसाना	सराहना	धौंकनी	आत्मज्ञानी	वीणावादिनी	मानी
फँसाना	उलाहना	फुकनी	विज्ञानी	पद्मिनी	कमानी
अफ़साना	सहना	आनाकानी	ब्रह्मज्ञानी	धनी	यजमानी
फुसफुसाना	सोहना	पताकिनी	ओटनी	करधनी	बुद्धिमानी
बसाना	चहचहाना	लेखनी	चटनी	धानी	मनमानी
तरसाना	ढहाना	छेड़खानी	छँटनी	राजधानी	अभिमानी
बरसाना	तहाना	खूनी	चट्टानी	असावधानी	आसमानी
रिसाना	बहाना	कंगनी	जेठानी	धुनी	हिमानी
अलसाना	बहाना	ठगनी	पठानी	धूनी	कामिनी
झुलसाना	मुहाना	बैंगनी	सेठानी	ध्यानी	दामिनी
हुलसाना	सिरहाना	पराबैंगनी	साँड़िनी	जननी	सौदामिनी
हँसाना	लहलहाना	मँगनी	इतनी	नानी	भामिनी
सीना	सिहाना	मेंगनी	जितनी	यूनानी	यामिनी
पसीना	हिना	अलगनी	तनातनी	मानिनी	मधुयामिनी
हसीना	दाहिना	भगिनी	भूतनी	कानूनी	गंगाजमुनी
अनसुना	महीना	योगिनी	ऐंचातानी	गैरकानूनी	जामुनी
कहासुना	पाहुना	संगिनी	ख चातानी	अपनी	सुखदायिनी
सूना	होना	रंगीनी	पंडितानी	कंपनी	करनी
सेना	ग्लानि	खुरचनी	खतौनी	मापनी	डाक्टरनी
नौसेना	ध्वनि	म गलाचनी	नथनी	पानी	घिरनी
वायुसेना	प्रतिध्वनि	चीनी	मथनी	हुक्कापानी	फिरनी
जलसेना	पदध्वनि	तामचीनी	सूथनी	जापानी	सुमरनी
थलसेना	हर्षध्वनि	परचूनी	मथानी	दानापानी	मोरनी
सोना	मुनि	मिचौनी	हथिनी	कालापानी	शेरनी
दस्ताना	योनि	आँखमिचौनी	चाँदनी	पूनी	रानी
कहना	पद्मयोनि	छेनी	आमदनी	कफनी	नौकरानी
गहना	अवनि	डाकाजनी	एकसदनी	नागफनी	ठकुरानी
उगाहना	शनि	आगजनी	द्विसदनी	फेनी	निगरानी
चाहना	हानि	बैंजनी	दानी	बागबानी	जहाजरानी
टोहना	मानहानि	रजनी	गोंददानी	मुँहजबानी	पटरानी
डहना	ऊनी	सजनी	खानदानी	कुरबानी	मेहतरानी
ढहना	कनी	जानी	मच्छरदानी	नितंबिनी	जाफरानी

- - रानी	- - सनी	- - तने	- - ष्टान्न	- - नन्य	- - कूप
देवरानी	**विद्याव्यसनी**	**उतने**	**पिष्टान्न**	**अनन्य**	**नलकूप**
अंदरूनी	सानी	कितने	मिष्टान्न	अन्योन्य	कैंप
वर्तनी	आसानी	जितने	मिष्ठान्न	मान्य	कोप
महिषमर्दिनी	संन्यासिनी	सामने	निष्पन्न	गण्यमान्य	पित्तकोप
प्रदर्शनी	विलासिनी	आमनेसामने	आसन्न	सामान्य	प्रकोप
चित्रप्रदर्शनी	कहासुनी	याने	प्रसन्न	असामान्य	आक्षेप
चलनी	कारस्तानी	शनैःशनैः	अप्रसन्न	अपसामान्य	अंतःक्षेप
बिलनी	प्रतिस्थानी	पूनो	सुन्न	सम्मान्य	निक्षेप
मिलनी	स्रोतस्विनी	नौ	चौकन्ना	मूर्धन्य	प्रक्षेप
सैलानी	ओजस्विनी	अन्न	गन्ना	मालिन्य	संक्षेप
चंडालिनी	तेजस्विनी	पक्वान्न	पन्ना	वन्य	हस्तक्षेप
म णालिनी	तपस्विनी	खिन्न	बन्ना	शून्य	पटाक्षेप
नलिनी	पयस्विनी	परिखिन्न	मुन्ना	लज्जाशून्य	परिक्षेप
भीलिनी	यशस्विनी	आच्छन्न	कन्नी	सैन्य	खेप
शालिनी	कुहनी	मेघाच्छन्न	चुन्नी	कन्या	गप
कालोनी	कोहनी	प्रच्छन्न	पन्नी	राजकन्या	गपागप
सलोनी	बोहनी	उच्छिन्न	पिन्नी	विषकन्या	गोप
छावनी	निहानी	विच्छिन्न	बन्नी	सुकन्या	घुप
चेतावनी	मोहिनी	छिन्न	मुन्नी	पुष्पधन्वा	चाप
अगवानी	सिंहिनी	उत्पन्न	जन्म	तन्वी	रक्तचाप
जवानी	होनी	व्युत्पन्न	आजन्म	नन्हा	पदचाप
खँड़वानी	अनहोनी	अव्युत्पन्न	परजन्म	किन्ह	चुपचाप
दीवानी	जानु	कदन्न	यावज्जन्म	इन्हें	चुप
भवानी	तनु	खाद्यान्न	पुनर्जन्म	किन्हें	गुपचुप
रवानी	धेनु	स्थानापन्न	अन्य	जिन्हें	कच्छप
पहलवानी	कामधेनु	विपन्न	जघन्य	उन्हें	छाप
संजीविनी	भानु	संपन्न	निराशाजन्य	इन्हों	जप
म तसंजीविनी	मनु	प्रभुत्वसंपन्न	सौजन्य	उन्हों	लपझप
चाशनी	मजनूँ	प्रतिभासंपन्न	काठिन्य	किन्हों	टपाटप
रोशनी	बुकनू	सुसंपन्न	चैतन्य	जिन्हों	विटप
निशानी	जुगनू	भिन्न	दैन्य	आप	टिपटिप
दुश्मनी	बाँधनू	अभिन्न	धन्य	टाइप	टोप
अश्विनी	न	भिन्नभिन्न	धाँय	कंप	घटाटोप
ग्रसनी	इनेगिने	विभिन्न	धान्य	हड़कंप	कनटोप
सनसनी	अनजाने	परान्न	धनधान्य	कूप	ठप
व्यसनी	इतने	नवान्न	प्राधान्य	रोमकूप	तड़प

- - डप	- - बाप	- - शप	- - लिपि	- - पौ	- - त प्ति
मंडप	**बाप**	**गपशप**	**लिपि**	**पौ**	**त प्ति**
रंगमंडप	माँबाप	शाप	पांडुलिपि	डिप्टी	अत प्ति
लतामंडप	भाप	अभिशाप	संकेतलिपि	आप्त	यौनत प्ति
विवाहमंडप	भूप	वर्कशाप	प्रतिलिपि	आक्षिप्त	संत प्ति
तप	परिमाप	श्राप	स्वरलिपि	प्रक्षिप्त	प्राप्ति
ताप	समीप	निष्पाप	नागरीलिपि	विक्षिप्त	मोक्षप्राप्ति
प्रताप	यूप	साँप	आशुलिपि	संक्षिप्त	समाप्ति
परिताप	रूप	सीप	ब्राह्मीलिपि	गुप्त	व्याप्ति
संताप	आरूप	सूप	कँपकँपी	अतिगुप्त	अतिव्याप्ति
तोप	एकरूप	सरीस प	कापी	परमगुप्त	परस्परव्याप्ति
पश्चात्ताप	कुरूप	बाइस्कोप	गोपी	तप्त	सुषुप्ति
यूथप	प्रतिरूप	बसस्टाप	चेपी	परितप्त	स्वप्न
पादप	अनुरूप	मनस्ताप	कच्छपी	संतप्त	गप्प
दीप	तदनुरूप	स्तूप	लुकाछिपी	त प्त	गोलगप्पा
धूपदीप	नियमानुरूप	महीप	टोपी	अत प्त	चप्पाचप्पा
प्रदीप	प्ररूप	पुहुप	गाँधीटोपी	उत्तीप्त	ठप्पा
जलदीप	प्रारूप	आपा	थापी	प्रदीप्त	चुप्पी
आकाशदीप	स्वरूप	अनुकंपा	आपाधापी	प्राप्त	चप्पू
मद्यप	आरोप	कृपा	पापी	अप्राप्त	लल्लोचप्पो
तद्रूप	यूरोप	चंपा	पीपी	मान्यताप्राप्त	प्राप्य
विद्रूप	निर्लेप	कनकचंपा	मापी	सुविधाप्राप्त	अप्राप्य
द्वीप	लप	छापा	तापमापी	समाप्त	समाप्य
जंबुद्वीप	आलाप	छिपा	भारमापी	असमाप्त	सामीप्य
प्रायद्वीप	प्रलाप	जापा	रूपी	पर्याप्त	दुष्प्राप्य
महाद्वीप	प्रेमालाप	पुजापा	प्ररूपी	अपर्याप्त	विप्र
धप	मिलाप	मुटापा	आलापी	निर्लिप्त	ईप्सा
गणाधिप	मेलमिलाप	मोटापा	सर्वव्यापी	अलिप्त	लिप्सा
मधुप	प्रणयालाप	बुढ़ापा	विश्वव्यापी	लुप्त	भोगलिप्सा
धूप	वार्तालाप	बहनापा	सीपी	विलुप्त	स्वार्थलिप्सा
दौड़धूप	विलाप	पीपा	रिपु	परिव्याप्त	उफ
नाप	संलाप	कपि	चंपू	सप्त	ओफ
अनापशनाप	लोलुप	तथापि	टापू	सुप्त	कफ
नप	युद्धलोलुप	कदापि	बापू	संक्षिप्ति	वाकिफ
पंप	धनलोलुप	यद्यपि	पोंपों	अनुज्ञप्ति	पैराग्राफ
पाप	लेप	अद्यापि	चिल्लपों	प्रज्ञप्ति	तवायफ
पीप	लोप	पुनरपि	डिपो	विज्ञप्ति	तरफ

- - राफ	- - रफी	- - ढब	- - र्राब	- - धेबी	- - कब्जा
सराफ	**अशरफी**	**बेढब**	**जुर्राब**	**धोबी**	**कब्जा**
तारीफ	गैरइंसाफी	नितंब	निरालंब	अजनबी	सब्जी
तशरीफ	बेइंसाफी	तब	अवलंब	बाँबी	खब्त
खिलाफ	सूफी	करतब	विलंब	कामयाबी	जब्त
तकलीफ	फूँ	ताब	अविलंब	रबी	खब्ती
तकल्लुफ	रफू	किताब	तलब	अरबी	जब्ती
बेतकल्लुफ	ड्राफ्ट	हिसाबकिताब	जवाबतलब	चरबी	शब्द
साफ	मुफ्त	खिताब	मतलब	खराबी	अपशब्द
इंसाफ	दरियाफ्त	आफताब	गुलाब	शराबी	निश्शब्द
सौंफ	कोफ्ता	तरतीब	जुलाब	गरीबी	शताब्दी
स्टाफ	याफ़्ता	कदंब	तालाब	मुर्गाबी	जन्मशताब्दी
खफा	हफ्ता	अदब	जवाब	लंबी	सहस्राब्दी
गुफा	अब	अदाब	हाजिरजवाब	मतावलंबी	क्षुब्ध
वजीफा	आब	रक्तदाब	लाजवाब	परावलंबी	विक्षुब्ध
लतीफा	ऊब	रोबदाब	नवाब	धर्मावलंबी	लब्ध
दफा	ऐब	वायुदाब	पेशाब	स्वावलंबी	उपलब्ध
नफा	कब	वाष्पदाब	सब	जवाबतलबी	अनुपलब्ध
मुनाफा	नकाब	जनाब	हिसाब	गुलाबी	प्रालब्ध
लिफाफा	तरकीब	कबाब	मुनासिब	जलेबी	लुब्ध
खफीफा	क्लब	बिंब	नसीब	जवाबी	स्तब्ध
फूफा	खूब	प्रतिबिंब	खुशनसीब	अंबु	निस्तब्ध
इकतरफा	ख्वाब	गायब	सेब	जंबु	अब्धि
एकतरफा	जब	अजायब	बाँ	बू	लब्धि
चौतरफा	अजब	नायब	ढाबा	काबू	उपलब्धि
शरीफा	गजब	नायाब	ताँबा	तंबू	अब्बा
खलीफा	जाब	कामयाब	तोबा	बदबू	पनडब्बा
वफ़ा	खिजाब	रब	हायतोबा	न बू	डिब्बा
बेवफा	अजीब	अरब	जगदंबा	नीबू	धब्बा
इस्तीफा	तहजीब	खरब	बाबा	बाबू	मुरब्बा
तोहफा	जेब	पूरब	खूनखराबा	लंबू	पनडुब्बी
काफी	तंजेब	खराब	लंबा	खुशबू	नब्बे
बेवकूफी	पाजेब	शराब	मंसूबा	बे–	कब्र
टाफी	पायजेब	करीब	चाबी	अब्ज	सब्र
ट्राफी	ताज्जुब	गरीब	गगनचुंबी	कब्ज	आब्रू
फूफी	कुटुंब	जरीब	पंजाबी	कुब्ज	हब्शी
माफी	डिंब	रोब	जेबी	नब्ज	कुंभ

- - क्षोभ	- - स्तंभ	- - भौं	- - क्रम	- - गम	- - तम
क्षोभ	**स्तंभ**	**भौं भौं**	**चक्रानुक्रम**	**सुगम**	**न्यूनतम**
विक्षोभ	विजयस्तंभ	अलभ्य	गुणानुक्रम	विहंगम	नवीनतम
खंभ	प्रकाशस्तंभ	सभ्य	वंशानुक्रम	पैगाम	महानतम
जीभ	जलस्तंभ	शुभ्र	उपक्रम	लगाम	निम्नतम
टिट्टिभ	आभा	सुप्रभातम्	तापक्रम	ग्राम	प्रियतम
डिंभ	खंभा	अलम्	मापक्रम	शालग्राम	इष्टतम
अमिताभ	अचंभा	माध्यस्थम्	प्रक्रम	टेलीग्राम	अंतिम
दंभ	प्रतिभा	अहम्	पराक्रम	मिलीग्राम	अप्रतिम
नभ	प्रभा	आम	वर्णक्रम	संग्राम	यतीम
हतप्रभ	चंद्रप्रभा	दीवानेआम	कार्यक्रम	अग्रिम	तुम
आरंभ	शोभा	दरबारेआम	कालक्रम	घाम	उत्क्रम
सत्रारंभ	सभा	टाइम	विक्रम	पंचम	उत्तम
युद्धारंभ	लोकसभा	ओम	विकासक्रम	पच्छिम	अत्युत्तम
प्रारंभ	शोकसभा	कम	अक्षम	हजम	उत्तमोत्तम
शुभारंभ	राजसभा	रकम	जीवनक्षम	जाम	नरोत्तम
समारंभ	राज्यसभा	भारीभरकम	कार्यक्षम	चक्काजाम	सर्वोत्तम
पुनरारंभ	विधानसभा	काम	सक्षम	जाजिम	पुरुषोत्तम
कार्यारंभ	नाभि	जुकाम	क्षेम	हज्जाम	महत्तम
सौरभ	म गनाभि	यथाकाम	योगक्षेम	तामझाम	कृत्रिम
दुर्लभ	सुरभि	लब्धकाम	कुशलक्षेम	रिमझिम	तत्सम
निर्लोभ	भी	स्वर्गकाम	जखम	टमटम	प्रथम
उपालंभ	अभी	बंकिम	जानजोखिम	तिकड़म	रोकथाम
विप्रलंभ	कभी	हकीम	जोखिम	बौड़म	दम
अलभ	गोभी	कुंकुम	आगम	धड़ाम	आदम
सुलभ	बंदगोभी	हमकौम	जंगम	डोम	कदम
लाभ	जभी	रक्तिम	भुजंगम	ड्रम	खमदम
हितलाभ	तभी	क्रम	अधिगम	ढमढम	दाम
प्रतिलाभ	दंभी	पंजीक्रम	निगम	प्रणाम	गोदाम
मात त्वलाभ	भाभी	पाठ्यक्रम	नगरनिगम	परिणाम	मालगोदाम
स्वास्थ्यलाभ	लोभी	अतिक्रम	बेगम	कार्यपरिणाम	बादाम
लोभ	सभी	प्रतिक्रम	निगमागम	तम	दुम
वल्लभ	प्रभु	व्यतिक्रम	समागम	अधिकतम	उद्गम
निशुंभ	शंभु	यथाक्रम	सरगम	खतम	उद्दाम
शुभ	भू	पदक्रम	पूर्वागम	लघुतम	मद्धिम
अशुभ	प्रतिभू	घटनाक्रम	फलागम	उच्चतम	उद्यम
व षभ	पद्मभू	अनुक्रम	संगम	प्राचीनतम	निरुद्यम

- - धम	- - भ्रम	- - राम	- - शेम	- - हिम	- - पमा
अधम	**मतिभ्रम**	**विराम**	**रेशम**	**महामहिम**	**उपमा**
उधम	विभ्रम	युद्धविराम	शीशम	हेम	डिप्लोमा
ऊधम	संभ्रम	पूर्णविराम	शाम	होम	बीमा
धमाधम	मम	नमकहराम	पश्चिम	माँ	अग्निबीमा
नराधम	किमाम	मुजरिम	श्याम	उमा	मामा
धाम	तमाम	अंतरिम	घनश्याम	कामा	चंदामामा
धूमधाम	मोम	क्लोकरूम	श्रम	कीमा	यामा
परमधाम	यम	रोम	आश्रम	कोमा	मनोरमा
धूम	कायम	दुर्गम	योगाश्रम	परिक्रमा	बरमा
मध्यम	वाक्संयम	निर्गम	आरोग्याश्रम	खेमा	सुरमा
माध्यम	रेडियम	स्वर्णिम	अनाथाश्रम	हंगामा	गरिमा
जनम	नियम	निर्धूम	परिश्रम	भंगिमा	मधुरिमा
शबनम	यथानियम	निर्मम	वर्णाश्रम	लघिमा	पूर्णिमा
नाम	अधिनियम	आलम	सश्रम	जमा	कलमा
इनाम	हार्मोनियम	कलम	ग हस्थाश्रम	हाजमा	सलमा
पदनाम	यूरेनियम	चिलम	विश्राम	जामा	लामा
बदनाम	प्रीमियम	नीलम	विषम	पाजामा	नीलिमा
छद्मनाम	आडिटोरियम	बालम	निष्काम	मोमजामा	लालिमा
उपनाम	मुलायम	मलयालम	सम	ड्रामा	श्यामा
गुमनाम	संयम	कलाम	कसम	खातमा	सुषमा
कुलनाम	आत्मसंयम	गुलाम	खसम	प्रियतमा	तसमा
सुनाम	याम	नीलाम	मौसम	प्रतिमा	खानसामा
नीम	व्यायाम	ललाम	असीम	दमा	सीमा
मुनीम	खटकरम	सलाम	निःसीम	मुकदमा	चरमसीमा
जहन्नुम	धरमकरम	इसलाम	कुसुम	चंद्रमा	आयुसीमा
अनुपम	कोरम	जालिम	आकाशकुसुम	मध्यमा	परिसीमा
प्रेम	गरम	तालीम	मासूम	हुक्मनामा	महिमा
भ्रात प्रेम	गरमागरम	तसलीम	सेम	पंचनामा	कृमि
अफ़ीम	चरम	लोम	सोम	वकालतनामा	भूमि
बम	धरम	प्रतिलोम	कस्टम	बैनामा	रंगभूमि
अणुबम	नरम	विलोम	लस्टमपस्टम	कारनामा	रणभूमि
परमाणुबम	परम	इल्जाम	निस्सीम	मुख्तारनामा	मात भूमि
अलबम	फोरम	बल्लम	हम	करारनामा	युद्धभूमि
भीम	सूरमा	नवम	रहम	सरनामा	जन्मभूमि
भौम	राम	वाम	मरहम	सीढ़ीनुमा	तपोभूमि
भ्रम	आराम	व्योम	हिम	सिनेमा	संग्रामभूमि

- - भूमि	- - नेमी	- - टेम्पो	- - कीय	- - जेय	- - त्मीय
समरभूमि	**नेमी**	**टेम्पो**	**संपादकीय**	**अजेय**	**आत्मीय**
मरुभूमि	सप्तमी	अम्मा	नाभिकीय	अज्ञेय	प्रत्यय
प ष्ठभूमि	प्रेमी	निकम्मा	नारकीय	टाँयटाँय	परप्रत्यय
जम	मामी	जिम्मा	परकीय	ठाँय	त्रय
कमी	संयमी	मुलम्मा	शासकीय	पांडेय	भुवनत्रय
पराक्रमी	खटकरमी	काम्य	अशासकीय	वाङ्मय	तापत्रय
खामी	गरमी	क्षम्य	अर्धशासकीय	प्रणय	क्षत्रिय
आगामी	नरमी	अक्षम्य	पुस्तकीय	परिणय	आतिथेय
परलोकगामी	नामीगिरामी	गम्य	क्रय	उपेक्षणीय	पाथेय
अग्रगामी	निर्गामी	अगम्य	विक्रय	आराधणीय	उदय
शीघ्रगामी	गुलामी	बोधगम्य	सक्रिय	रमणीय	भाग्योदय
द्रुतगामी	नीलामी	भावगम्य	क्षय	करणीय	चंद्रोदय
विपरीतगामी	नवमी	ग्राम्य	अक्षय	अकरणीय	अभ्युदय
प्रतिगामी	रामनवमी	अदम्य	एकपक्षीय	आचरणीय	सूर्योदय
विपथगामी	दशमी	दुर्दम्य	त्रिपक्षीय	विचारणीय	सर्वोदय
अधोगामी	विजयदशमी	वैषम्य	द्विपक्षीय	अंतरणीय	सदय
अनुगामी	रेशमी	साम्य	बहुपक्षीय	आदरणीय	हृदय
प्रगामी	पश्चिमी	सौम्य	स्वांतःसुखाय	समादरणीय	वज्रहृदय
पुरोगामी	परिश्रमी	याम्या	गाय	पूरणीय	पाषाणहृदय
ऊर्ध्वगामी	अष्टमी	उम्र	नीलगाय	वरणीय	सहृदय
जलथलगामी	जन्माष्टमी	ताम्र	विभागीय	गर्हणीय	महोदय
वेश्यागामी	शीतलाष्टमी	धूम्र	आग्नेय	प्रेषणीय	अग्रदाय
सहगामी	स्वामी	नम्र	निचय	ग्रहणीय	प्रतिदाय
पंचमी	भूस्वामी	विनम्र	परिचय	स्प हणीय	प्रदाय
नागपंचमी	ग हस्वामी	तुम्हें	अपरिचय	तय	संप्रदाय
वसंतपंचमी	हामी	सायं	पदपरिचय	जातीय	समुदाय
डमी	मैं	स्वयं	संचय	विजातीय	धर्मदाय
परिणामी	हमें	प्रायः	चाय	सजातीय	तदीय
आदमी	धीमे	आय	समुच्चय	त तीय	भवदीय
चहलकदमी	धीमेधीमे	निकाय	जय	द्वितीय	संसदीय
अकादमी	नामे	विशालकाय	अजय	अद्वितीय	असंसदीय
उद्यमी	मैं	स्थूलकाय	दिग्विजय	प्रांतीय	देय
ऊधमी	मेमो	कृशकाय	धनंजय	भारतीय	प्रतिदेय
नमी	कैशमेमो	सांख्यिकीय	पराजय	पर्वतीय	मानदेय
नामी	उम्दा	राजकीय	विजय	तोय	उपादेय
बदनामी	निम्न	नाटकीय	बजाय	वित्तीय	इंद्रिय

- - द्रिय	- - नीय	- - न्वय	- - मय	- - लय	- - लीय
पंचेंद्रिय	**दंडनीय**	**अन्वय**	**लीलामय**	**राजदूतालय**	**काकतालीय**
घ्राणेंद्रिय	गणनीय	अनन्वय	भावमय	छात्रालय	द्विदलीय
श्रवणेंद्रिय	चिंतनीय	समन्वय	समय	मंत्रालय	वय
स्वादेंद्रिय	अचिंतनीय	पय	असमय	मूत्रालय	सिवाय
गंधेंद्रिय	कथनीय	कतिपय	रसमय	ग्रंथालय	मानवीय
ज्ञानेंद्रिय	अकथनीय	उपाय	कार्यसमय	अनाथालय	ईसवीय
जननेंद्रिय	अभिनंदनीय	निरुपाय	रहस्यमय	विद्यालय	व्यय
चक्षुरिंद्रिय	निंदनीय	पूर्वोपाय	स्नेहमय	विश्वविद्यालय	अव्यय
स्पर्शेंद्रिय	वंदनीय	यूरोपीय	विक्रमीय	महाविद्यालय	डाकव्यय
बाह्येंद्रिय	मननीय	पेय	उपमेय	औषधालय	अपव्यय
केंद्रीय	माननीय	भग्नप्राय	अनुपमेय	वाचनालय	परिव्यय
आधेय	गोपनीय	म तप्राय	प्रमेय	सूचनालय	उपरिव्यय
यौधेय	लोभनीय	अभिप्राय	अपरिमेय	भोजनालय	आशय
अध्याय	शोभनीय	साभिप्राय	राय	निदानालय	पक्वाशय
अनध्याय	कमनीय	नष्टप्राय	सराय	स्नानालय	अतिशय
उपाध्याय	दमनीय	प्रिय	उपनगरीय	निलय	पित्ताशय
स्वाध्याय	अदमनीय	अप्रिय	उत्तरीय	प्रलय	मूत्राशय
ध्येय	दुर्दमनीय	लोकप्रिय	वरीय	महाप्रलय	आमाशय
अध्येय	वर्णनीय	अलोकप्रिय	ईश्वरीय	मलय	दुराशय
नय	परिवर्तनीय	विनोदप्रिय	ऐतरेय	विश्रामालय	जलाशय
तनय	दर्शनीय	देवानांप्रिय	मध्यवर्गीय	हिमालय	मलाशय
अभिनय	अदर्शनीय	परमप्रिय	स्वर्गीय	न्यायालय	संशय
मूकाभिनय	स्पर्शनीय	विलासप्रिय	निर्णय	सत्रन्यायालय	निसंशय
पूर्वाभिनय	अतुलनीय	भय	निर्दय	मदिरालय	महाशय
विनय	अकल्पनीय	अभय	निर्भय	कार्यालय	देशीय
अविनय	प्रशंसनीय	उभय	पर्याय	वलय	एकदेशीय
सविनय	विश्वसनीय	भाँयभाँय	विपर्याय	परवलय	एतद्देशीय
अवलोकनीय	अविश्वसनीय	सुखमय	पंचवर्षीय	सचिवालय	अंतर्देशीय
उल्लेखनीय	स्थानीय	संकटमय	लय	देवालय	चतुर्वर्षीय
अनिर्वचनीय	सराहनीय	मणिमय	आलय	शिवालय	निष्क्रिय
शोचनीय	असहनीय	शांतिमय	पुस्तकालय	विलय	निश्चय
अवांछनीय	भागिनेय	नादमय	प्रतीक्षालय	निदेशालय	आश्रय
पूजनीय	चिन्मय	विनिमय	मुख्यालय	वेश्यालय	राजाश्रय
पठनीय	तन्मय	वस्तुविनिमय	शौचालय	किसलय	प्रश्रय
अपठनीय	न्याय	प्रेममय	मंत्रणालय	संग्रहालय	निराश्रय
खंडनीय	अन्याय	मंगलमय	मुद्रणालय	जलीय	पराश्रय

- - श्रेय	- - कीया	- - टिया	- - दिया	- - रिया	- - जयी
श्रेय	**परकीया**	**फटफटिया**	**चँदिया**	**पतुरिया**	**विजयी**
विषय	क्रिया	बटिया	निंदिया	दरिया	विश्वविजयी
काषाय	प्रातःक्रिया	बिटिया	भेदिया	कमरिया	प्रणयी
राजकोषीय	प्रतिक्रिया	लुटिया	दीया	यूरिया	आततायी
पौरुषेय	रतिक्रिया	घुसपैठिया	बँधाबँधाया	मलेरिया	दायी
राष्ट्रीय	अनुक्रिया	खड़िया	धोयाधाया	सरिया	दुखदायी
अंतर्राष्टीय	प्रक्रिया	खड़खड़िया	दुधिया	लहरिया	उत्तरदायी
साँयसाँय	अभिक्रिया	गुड़िया	दूधिया	गौरैया	अंशदायी
व्यवसाय	उत्तरक्रिया	चिड़िया	नया	सिलासिलाया	अष्टाध्यायी
अस्तेय	सीखासिखाया	पड़िया	तनया	औलिया	अन्यायी
शास्त्रीय	मुखिया	पुड़िया	रवितनया	कालिया	अनुयायी
विस्मय	नौसिखिया	हड़बड़िया	मखनिया	बिचौलिया	मतानुयायी
हय	परखैया	कबाड़िया	दुनिया	छलिया	धर्मानुयायी
हाय	गया	लबाड़िया	धनिया	डलिया	मितव्ययी
हायहाय	म गया	भड़भडिया	बनिया	तौलिया	अपव्ययी
असहाय	बगिया	लौंडिया	लहसुनियाँ	पीलिया	संशयी
निस्सहाय	जाँघिया	हँडिया	नैया	सँपोलिया	धराशायी
काँइयाँ	बचाबचाया	मड़ैया	कृपया	दिवालिया	जलशायी
दायाँ	यद च्छया	बढ़िया	रुपया	बहेलिया	आश्रयी
बायाँ	छाया	ढैया	पिया	बिलैया	पराश्रयी
परिलब्धियाँ	प्रतिच्छाया	प्रत्यक्षतया	बहुरूपिया	सवाया	विषयी
रोयाँ	छत्रच्छाया	साधारणतया	सफाया	खेवैया	व्यवसायी
सुर्खियाँ	बछिया	सामान्यतया	खुफिया	गवैया	स्थायी
भूलभुलैयाँ	बिछिया	पूर्णतया	फुफिया	पुछवैया	अस्थायी
आस्तियाँ	विजया	संपूर्णतया	बया	सवैया	चिरस्थायी
या	जाया	संभवतया	डिबिया	**शिया**	आयु
आया	ताजिया	स्वभावतया	भैया	हाशिया	जटायु
घुँइया	टुटपुँजिया	स्पष्टतया	छुटभैया	दुभाषिया	शतायु
रसोइया	भुजिया	कुतिया	माया	हमसाया	परमायु
काया	गुझिया	आढ़तिया	मैया	मौसिया	चिरायु
पकापकाया	पिटापिटाया	सौतिया	किराया	रसिया	जरायु
बकाया	रटारटाया	त तीया	पराया	हँसिया	दीर्घायु
मजाकिया	खटिया	द्वितीया	भराभराया	हिया	पूर्णायु
टिकिया	चुटिया	यमद्वितीया	खरिया	चुहिया	अल्पायु
तकिया	पटिया	ततैया	गठरिया	पहिया	स्वल्पायु
स किया	खटपटिया	दया	गड़ेरिया	संचयी	वायु

- - वायु	- - कर	- - कार	- - कार	- - कार	- - क्वार
जलवायु	**लाभकर**	**दुतकार**	**रूपाकार**	**स्नायुविकार**	**क्वार**
स्नायु	मकर	प्रतिकार	लिपिकार	शिकार	अक्षर
ये	निगमकर	व त्ताकार	पुकार	काश्तकार	संयुक्ताक्षर
यों	भयंकर	साहित्यकार	चीखपुकार	भाष्यकार	बीजाक्षर
रेडियो	प्रलयंकर	चित्रकार	प्रकार	साकार	आद्यक्षर
शय्या	आयकर	पत्रकार	प्राकार	वास्तुकार	निरक्षर
म त्युशय्या	पौरकर	ग्रंथकार	बेकार	स्वीकार	दीर्घाक्षर
दुर्	परिकर	निविदाकार	कुंभकार	अस्वीकार	स्वर्णाक्षर
बहिर्	तीर्थंकर	अंधकार	भीमाकार	अहंकार	साक्षर
पुरः	जलकर	निबंधकार	जयकार	निरहंकार	हस्ताक्षर
सूअर	रविकर	अधिकार	निरंकार	सलाहकार	प्रतिहस्ताक्षर
उर	शंकर	एकाधिकार	आखिरकार	हाहाकार	क्षार
और	शूकर	उच्चाधिकार	रूपांतरकार	हुंकार	क्षीर
कर	विशेषकर	धारणाधिकार	परकार	साहूकार	खर
आकर	अनिष्टकर	मताधिकार	सरकार	फकीर	पोखर
युगंकर	संकर	स्वत्वाधिकार	राज्यसरकार	लकीर	प्रखर
रुचिकर	वर्णसंकर	अनधिकार	निराकार	अंकुर	मुखर
अरुचिकर	ग हकर	प्राधिकार	सुवर्णकार	बीजांकुर	शिखर
चोकर	आकार	परमाधिकार	स्वर्णकार	टुकुरटुकुर	शेखर
फुटकर	ओंकार	उत्तराधिकार	कर्णिकार	ठाकुर	चंद्रशेखर
ठोकर	नाटककार	सर्वाधिकार	वार्ताकार	नानकुर	खूँखार
छोड़कर	चक्राकार	मानवाधिकार	पूर्तिकार	चकोर	बुखार
हितकर	सूक्ष्माकार	विशेषाधिकार	मूर्तिकार	चौकोर	आखिर
अहितकर	लेखाकार	साधिकार	सर्पाकार	कौर	खीर
अतिकर	व्याख्याकार	स्वाधिकार	तजुर्बेकार	चक्कर	खैर
प्रतिकर	अंगीकार	नकार	कर्मकार	रफूचक्कर	रिश्वतखोर
पथकर	व्यंग्यकार	इनकार	चर्मकार	टक्कर	गोताखोर
पद्माकर	पुचकार	जानकार	निर्विकार	शक्कर	सूदखोर
सुधाकर	झंकार	खदानकार	अलंकार	धिक्कार	मुफ्तखोर
अधिकर	टंकार	रचनाकार	किलकार	मक्कार	गमखोर
मधुकर	फटकार	धन्वाकार	ललकार	ट्रैक्टर	जमाखोर
दिनकर	चाटुकार	अपकार	कलाकार	डाक्टर	चुगुलखोर
बुनकर	डकार	उपकार	मंडलाकार	डायरेक्टर	गोश्तखोर
हानिकर	शुंडाकार	लोकोपकार	विकार	कलक्टर	घूसखोर
नौकर	गीतकार	परोपकार	यौनविकार	इंस्पेक्टर	मांसखोर
पैकर	संगीतकार	स्तूपकार	मनोविकार	क्रूर	अगर

- - गर	- - गार	- - घर	- - चार	- - जर	- - टीर
गागर	**स्नानागार**	**मुर्दाघर**	**व्यभिचार**	**मैनेजर**	**कुटीर**
अजगर	धान्यागार	बिजलीघर	समाचार	पंजर	पर्णकुटीर
उजागर	पगार	घेर	नयाचार	अंजरपंजर	बटेर
जिगर	निक्षेपागार	घोर	दुराचार	पिंजर	कट्टर
बाजीगर	सभागार	घनघोर	पुनर्विचार	बंजर	टट्टर
डगर	कामगार	चर	लाचार	जार	गट्ठर
डाँगर	कारागार	वाउचर	मंगलाचार	औजार	जठर
डूँगर	श्ंगार	गोचर	विचार	शुक्रगुजार	कुठार
ढोरढंगर	सिंगार	अगोचर	अविचार	इंतजार	कोठार
सौदागर	अस्त्रागार	द ष्टिगोचर	कुविचार	बाजार	निठुर
जादूगर	शस्त्रागार	पदचर	सोचविचार	कालाबाजार	कठोर
नगर	राजगीर	गगनचर	आचारविचार	मजार	पाउडर
उपनगर	जागीर	अनुचर	भ्रष्टाचार	हजार	टेंडर
ग हनगर	आलमगीर	गुप्तचर	शिष्टाचार	हाजिर	निडर
नागर	खबरगीर	नभचर	संचार	गैरहाजिर	लीडर
रफूगर	जहाँगीर	चराचर	चिर	अंजीर	कैलेंडर
मगर	पागुर	परिचर	रुचिर	जंजीर	बवंडर
कारीगर	भंगुर	लचर	चीर	नंजीर	भंडार
लंगर	क्षणभंगुर	जलचर	प्राचीर	खजूर	पुस्तकभंडार
सागर	अंगूर	बालचर	प्रचुर	जोर	रडार
गंगासागर	लंगूर	निशाचर	चकनाचूर	कमजोर	मुंडेर
उपसागर	गैर	डिस्पैचर	चूरचूर	ज्वर	डोर
भवसागर	बगैर	चार	चोर	पित्तज्वर	बागडोर
आगार	घर	अचार	माखनचोर	ज्वार	मड़ोर
अभिलेखागार	रसोईघर	आचार	खच्चर	काउंटर	ढेर
शौचागार	डाकघर	लोकाचार	उच्चार	सटरपटर	अंतर
रोजगार	चुंगीघर	अत्याचार	मच्छर	कंप्यूटर	इतर
बेरोजगार	पूजाघर	पत्राचार	बौछार	मटर	अधिकतर
यज्ञागार	आरोग्यघर	कदाचार	छोर	टमाटर	एकांतर
भांडागार	टिकटघर	सदाचार	जर	मीटर	कातर
ग्रंथागार	घंटाघर	अवैधाचार	अजर	थर्मामीटर	युगांतर
खिदमतगार	बारूदघर	अनाचार	कुंजर	मिलीमीटर	मंगेतर
मददगार	जादूघर	उपचार	खंजर	मोटर	उच्चतर
यादगार	जलपानघर	प्रथमोपचार	गाजर	थियेटर	पाठ्येतर
आयुधागार	अजायबघर	पापाचार	गुंजर	ट्रांस्मिटर	मतांतर
शयनागार	चिड़ियाघर	प्रचार	नजर	कटार	तीतर

- - तर	- - तार	- - त्तर	- - दर	- - दार	- - दूर
साहित्येतर	**सितार**	**छिहत्तर**	**दरदर**	**जमादार**	**दूर**
हिंदीतर	खातिर	अठहत्तर	निरादर	जम दार	मजदूर
मध्यांतर	तीर	सतहत्तर	कलंदर	जिम्मेदार	तंदूर
अनंतर	आतुर	तिहत्तर	छीछालेदर	किरायेदार	सिंदूर
तदनंतर	शोकातुर	उनहत्तर	जलोदर	किराएदार	सुदूर
समानांतर	चतुर	बहत्तर	सादर	चक्करदार	देर
योजनेतर	चिंतातुर	ब हत्तर	सुंदर	जागीरदार	दौर
जन्मांतर	मदनातुर	मध्याह्नोत्तर	सहोदर	जोरदार	मुदगर
रूपांतर	जरातुर	गत्वर	उदार	खबरदार	उद्गार
पितर	भावातुर	संवत्सर	लचकदार	लंबरदार	हृदयोद्गार
तितरबितर	बतौर	सौरसंवत्सर	भड़कदार	सरदार	भावोद्गार
कबूतर	साक्षात्कार	ईथर	ठेकेदार	लहरदार	मुकद्दर
भीतर	चीत्कार	मंथर	जायकेदार	खरीदार	खद्दर
आभ्यंतर	फूत्कार	थरथर	भागीदार	धारीदार	चद्दर
छूमंतर	चमत्कार	दर	लच्छेदार	मुहावरेदार	गद्दार
जंतरमंतर	बलात्कार	अंदर	पूँछदार	पहरेदार	उद्धार
जादूमंतर	सत्कार	आदर	साझेदार	कर्जदार	पुनरुद्धार
निरंतर	उत्तर	उदर	पट्टेदार	दिलदार	जीर्णोद्धार
परतर	स्नातकोत्तर	चुकंदर	इज्जतदार	हवलदार	द्वार
प्रकारांतर	लोकोत्तर	सिकंदर	नातेदार	तहसीलदार	मुखद्वार
इतरेतर	मरणोत्तर	कदर	जत्थेदार	किलेदार	घरद्वार
अवांतर	प्रत्युत्तर	गदर	खरीददार	मसालेदार	पुरद्वार
भावांतर	पत्रोत्तर	मुगदर	ओहदेदार	पल्लेदार	प्रवेशद्वार
कृषीतर	स्वातंत्र्योत्तर	चादर	दुकानदार	घुमावदार	निकासद्वार
बेहतर	अनुत्तर	मुछंदर	ईमानदार	रवादार	अधर
मेहतर	पत्तर	छछूँदर	अनुदार	दावेदार	इधर
तार	पश्चिमोत्तर	उजरतीदर	थानेदार	रवेदार	उधर
उतार	याम्योत्तर	नतोदर	फुँदनेदार	रिश्तेदार	किधर
चढ़ावउतार	निरुत्तर	म त्युदर	दानेदार	लाइसेंसदार	चक्रधर
कतार	उत्तरोत्तर	अनादर	बदबूदार	रसेदार	पक्षधर
लगातार	कार्योत्तर	प्रदर	खुशबूदार	हिस्सेदार	भगंधर
तातार	प्रश्नोत्तर	बंदर	ताबेदार	खदिर	जिधर
भरतार	सत्तर	तरबदर	धब्बेदार	मंदिर	खड्गधर
अवतार	इकहत्तर	लंबोदर	मदार	तकदीर	धरणीधर
मत्स्यावतार	पचहत्तर	समुंदर	खमदार	दुर	पयोधर
धर्मावतार	चौहत्तर	पुरंदर	दमदार	बहादुर	धुरंधर

- - धर	- - नार	- - फर	- - बार	- - मार	- - रार
गिरिधर	**अनार**	**बफर**	**दरबार**	**कुमार**	**तकरार**
जलधर	कचनार	हमसफर	कारोबार	अश्विनीकुमार	बेकरार
मुरलीधर	दीनार	फिर	बीर	सुकुमार	दरार
वंशीधर	सुनार	काफिर	तदबीर	चमार	फरार
विषधर	नीर	फुर	मजबूर	बटमार	शरीर
धार	पनीर	काफूर	बेर	लूटमार	सशरीर
धुआँधार	नूर	फेर	कुबेर	लट्ठमार	तहरीर
आधार	कनेर	उलटफेर	बैर	चिड़ीमार	जरूर
उधार	किन्नर	लौटफेर	बौर	छापेमार	रोर
गांधार	पर	हेरफेर	गब्बर	बीमार	जर्जर
मँझधार	ऊपर	दफ्तर	भर	भरमार	युद्धजर्जर
मझधार	गोलकीपर	रफ्तार	दूभर	बेशुमार	निर्झर
बंटाधार	पूर्वापर	गिरफ्तार	विश्वंभर	तीसमार	बर्बर
सूत्रधार	पार	कबर	साँभर	तिमिर	निर्भर
जनाधार	अपरंपार	खबर	भार	अमीर	परनिर्भर
जीवनाधार	आरपार	दिगंबर	आभार	खमीर	मर्मर
निराधार	व्यापार	गोबर	उभार	समीर	ट्रांस्फार्मर
कर्णधार	मुक्तव्यापार	गुड़गोबर	परमाणुभार	मोर	उर्वर
मूलाधार	तस्करव्यापार	बाघंबर	पदभार	मौर	कालर
मूसलाधार	पीर	चैंबर	प्रभार	सिरमौर	गूलर
सुधार	पुर	पटंबर	कार्यभार	कुम्हार	झालर
भूसुधार	अन्तःपुर	पाटंबर	कर्तव्यभार	कायर	डालर
बधिर	त्रिपुर	आडंबर	साभार	टायर	डीलर
रुधिर	नूपुर	शब्दाडंबर	आभीर	इंजीनियर	लार
धीर	यमपुर	बाह्याडंबर	गंभीर	अंपायर	रिवाल्वर
अधीर	कपूर	पीतांबर	भोर	शेयर	वर
धुर	रसकपूर	श्वेतांबर	विभोर	यार	अवर
मधुर	भरपूर	औदुंबर	अमर	ऐयार	ड्राइवर
विधुर	पैर	नंबर	उमर	तैयार	कवर
अंधेर	पोर	बराबर	कमर	हथियार	कुँवर
नर	पौर	नीलांबर	कचूमर	बयार	चँवर
क्लीनर	महापौर	बार	डामर	लँगोटियायार	निछावर
ड्राइक्लीनर	खप्पर	अखबार	पामर	होशियार	न्योछावर
बैनर	छप्पर	एतबार	भ्रमर	मयूर	जेवर
वानर	प्यार	बारंबार	समर	करार	नटवर
पेंशनर	लाड़प्यार	घरबार	मार	इकरार	तेवर

- - वर	- - वार	- - ष्कर	- - सार	- - स्तर	- - हर
मित्रवर	**गुरुवार**	**पुष्कर**	**प्रचारप्रसार**	**निम्नस्तर**	**जवाहर**
इंदीवर	ब्योरेवार	परिष्कार	अभिसार	पलस्तर	शहर
देवर	मंगलवार	आविष्कार	संसार	निस्तार	हार
धीवर	तलवार	बहिष्कार	सिर	विस्तार	आहार
जानवर	तफसीलवार	युधिष्ठिर	मगसिर	दस्तूर	कहार
प्रवर	रविवार	निष्ठुर	नकसीर	स्थिर	गोहार
भँवर	सवार	सर	बवासीर	अस्थिर	इजहार
भाँवर	घुड़सवार	असर	सुर	सुस्थिर	बड़हार
स्वयंवर	माहवार	ऊसर	असुर	परस्पर	मिताहार
यायावर	शिविर	कसर	नरकासुर	ट्रांस्फर	प्रतिहार
सरोवर	बंदीशिविर	अकसर	सुरासुर	स्मर	प्रत्याहार
मानसरोवर	वीर	केसर	ससुर	स्वर	त्योहार
कलेवर	युद्धवीर	पुंकेसर	कसूर	आर्तस्वर	चंद्रहार
विवर	शूरवीर	परागकेसर	नासूर	अनुस्वार	अध्याहार
जंगमस्थावर	महावीर	टसर	मसूर	स्वैर	होनहार
स्थावर	वैर	अफ़सर	सैर	हर	नीहार
महावर	शर	पुरःसर	सौर	कहर	मनुहार
वार	पब्लिशर	परिसर	तस्कर	जहर	उपहार
शुक्रवार	शिर	अवसर	भास्कर	खँड़हर	प्रहार
गँवार	शिशिर	सुअवसर	श्रेयस्कर	खेतिहर	पादप्रहार
इतवार	वशुर	यथावसर	नमस्कार	नहर	वारप्रहार
पतवार	शूर	वासर	सूर्यनमस्कार	नाहर	फुहार
ब हस्पतिवार	शेर	सेंसर	तिरस्कार	नैहर	बहार
उम्मीदवार	शोर	सार	पुरस्कार	मनोहर	सदाबहार
पैदावार	किशोर	खँड़सार	संस्कार	पहर	समाहार
बुधवार	ईश्वर	मिलनसार	अग्निसंस्कार	दुपहर	भूमिहार
बंदनवार	योगेश्वर	अनुसार	विवाहसंस्कार	दोपहर	निराहार
शनिवार	राजेश्वर	योग्यतानुसार	ट्रांजिस्टर	पीहर	परिहार
हफ्तेवार	अनश्वर	मतानुसार	रजिस्टर	प्रहर	दुर्व्यवहार
सोमवार	भुवनेश्वर	तदनुसार	डस्टर	जातबाहर	फलाहार
खरवार	परमेश्वर	क्रमानुसार	रोस्टर	बाहर	लुहार
पारावार	रामेश्वर	नियमानुसार	स्तर	मुहर	लोहार
परिवार	निरीश्वर	न्यायानुसार	कनस्तर	मोहर	व्यवहार
राजपरिवार	मंडलेश्वर	समयानुसार	जीवनस्तर	अरहर	पत्रव्यवहार
सौरपरिवार	तुषार	निर्देशानुसार	प्रस्तर	धरोहर	सुव्यवहार
सपरिवार	तुषीर	प्रसार	बिस्तर	लहर	विहार

- - हार	- - गारा	- - ठेरा	- - धेरा	- - मीरा	- - हरा
नौकाविहार	**गारा**	**ठठेरा**	**अँधेरा**	**खमीरा**	**कुहरा**
चैत्यविहार	अँगारा	भंडारा	नारा	ममीरा	कोहरा
आहारविहार	कंगूरा	डोरा	किनारा	मुरमुरा	गहरा
जलविहार	ऐरागैरा	खँडौरा	निरा	मेरा	पचहरा
इश्तहार	गोरा	ढँढोरा	नीरा	तुम्हारा	चेहरा
पोषाहार	घाँघरा	ढिंढोरा	न्यारा	दायरा	चौहरा
संहार	कटघरा	चकोतरा	परंपरा	भटियारा	तेहरा
जनसंहार	कठघरा	खतरा	श्रुतिपरंपरा	अँधियारा	दोहरा
उपसंहार	घूरा	पैंतरा	चरपरा	गलियारा	सुनहरा
नरसंहार	घेरा	संतरा	पारा	घसियारा	पहरा
जाहिर	कचरा	तारा	पुरा	करारा	गूँगाबहरा
जगजाहिर	अधकचरा	इकतारा	पूरा	शर्करा	महरा
अहीर	भाईचारा	एकतारा	पैरा	खंडशर्करा	मोहरा
मशहूर	बेचारा	पुच्छलतारा	प्यारा	उर्वरा	चेहरामोहरा
अहेर	चीरा	ध्रुवतारा	अप्सरा	दुलारा	खरहरा
छोकरा	चचेरा	सितारा	बफारा	भँवरा	छरहरा
टोकरा	छुरा	धतूरा	फेरा	मुहावरा	सेहरा
ठीकरा	छिछोरा	तेरा	फुफेरा	आवारा	छुहारा
बकरा	जरा	चितेरा	मकबरा	कुँवारा	लकड़हारा
चटकारा	गजरा	बहुतेरा	दुबारा	गवारा	पिसनहारा
छुटकारा	गयागुजरा	हत्यारा	दोबारा	बँटवारा	फुहारा
शिकारा	पिंजरा	त्वरा	बुरा	फव्वारा	सहारा
हँकारा	बाजरा	कंदरा	बूरा	इशारा	जाहिरा
रणबाँकुरा	गुजारा	खुदरा	तंबूरा	शिरा	हीरा
किरकिरा	नजारा	इंदिरा	सबेरा	शोरा	अरि
कोरा	बनजारा	मदिरा	बोरा	आसरा	करि
क्वारा	जीरा	तंदूरा	बौरा	तीसरा	गिरि
खरा	मंजीरा	दौरा	गुब्बार	दूसरा	हेमगिरि
नखरा	मजीरा	द्वारा	ब्योरा	सारा	धन्वंतरि
खारा	गंजेरी	धरा	भरा	सिरा	उपरि
आलूबुखारा	मोतीझरा	वसुंधरा	भुरभुरा	सुरा	यथोपरि
खीरा	पटरा	धारा	भूरा	बसेरा	सर्वोपरि
खुरखुरा	निपटारा	विचारधारा	भौंरा	रैनबसेरा	वारि
लखेरा	पिटारा	जलधारा	कमरा	उस्तरा	हरि
मोंगरा	लुटेरा	धुरा	अधमरा	हरा	री
मोगरा	कटोरा	अधूरा	हमारा	इकहरा	अरी

- - करी	- - कारी	- - खौरी	- - जरी	- - त्तरी	- - धारी
चाकरी	**तरकारी**	**लखौरी**	**मंजरी**	**प्रश्नोत्तरी**	**जटाधारी**
फिटकरी	सरकारी	गरी	जारी	त्योरी	पट्टाधारी
टोकरी	गैरसरकारी	गगरी	इंतजारी	पथरी	पट्टेधारी
नौकरी	अनर्थकारी	जिगरी	पुजारी	दरी	व्रतधारी
बकरी	कार्यकारी	डिगरी	चोरबाजारी	पादरी	सत्ताधारी
रोगकारी	किलकारी	जादूगरी	तहबाजारी	मुंदरी	पदधारी
पिचकारी	मंगलकारी	नगरी	हाजिरी	जातिबिरादरी	नामधारी
रोमांचकारी	फुलकारी	देवनागरी	गैरहाजिरी	सुंदरी	न्यासधारी
पच्चीकारी	विकारी	कारीगरी	खजूरी	चौकीदारी	धुरी
आज्ञाकारी	अविकारी	रेजगारी	मंजूरी	समझदारी	माधुरी
चाटुकारी	नाशकारी	बेरोजगारी	कमजोरी	साझेदारी	अँधेरी
गुणकारी	विनाशकारी	चिनगारी	पटरी	नातेदारी	धौरी
निर्माणकारी	शिकारी	बढ़ईगिरी	बैटरी	ईमानदारी	धनीधौरी
कल्याणकारी	काश्तकारी	बाबूगिरी	मिलिटरी	मेहमानदारी	चुनरी
हितकारी	ध्वंसकारी	मुंशीगिरी	कटारी	ताबेदारी	स्टेशनरी
परहितकारी	सिसकारी	जागीरी	पिटारी	मदारी	मशीनरी
सुविधाकारी	दस्तकारी	खबरगीरी	कटोरी	जम दारी	नारी
अधिकारी	अहंकारी	गोरी	कोठरी	जिम्मेदारी	किनारी
मुख्याधिकारी	सहकारी	गौरी	कालकोठरी	दुनियादारी	रतनारी
हिताधिकारी	हुँकारी	मुंगौरी	गठरी	किरायेदारी	किन्नरी
पदाधिकारी	साहूकारी	स्वेच्छाचारी	कोठारी	खातिरदारी	ऊपरी
सूचनाधिकारी	चकोरी	अत्याचारी	पिठौरी	खबरदारी	जलपरी
उत्तराधिकारी	डाक्टरी	सदाचारी	भंडारी	खरीदारी	पारी
पूर्णाधिकारी	डाइरेक्टरी	उपचारी	डोरी	पहरेदारी	व्यापारी
धर्माधिकारी	अंत्याक्षरी	पापाचारी	ढेरी	छोलदारी	सुपारी
पूर्वाधिकारी	अधोहस्ताक्षरी	कर्मचारी	तरी	बहादुरी	पुरी
चिकनकारी	खरी	अविचारी	चढ़ाउतरी	दूरी	वैकुंठपुरी
जानकारी	खारी	कुविचारी	बढ़ोतरी	मजदूरी	पूरी
अपकारी	भिखारी	भ्रष्टाचारी	धन्वंतरी	तंदूरी	खँड़पूरी
उपकारी	आखिरी	संचारी	भीतरी	सिंदूरी	खानापूरी
परोपकारी	रिश्वतखोरी	सहचारी	बेहतरी	गद्दारी	रेफरी
आबकारी	सूदखोरी	चोरी	तातारी	चौधरी	फेरी
बेकारी	जमाखोरी	छुरी	महतारी	धारी	लौटाफेरी
लाभकारी	चुगलखोरी	जरी	चातुरी	पदकधारी	फेराफेरी
जड़िमाकारी	नशाखोरी	खँजरी	चमत्कारी	पताकाधारी	हेराफेरी
विस्मयकारी	घूसखोरी	बजरी	बलात्कारी	मुकुटधारी	दफ्तरी

- - बरा	- - यरी	- - सेरी	- - मरु	- - पर्क	- - दुर्गा
चितकबरा	**डेयरी**	**पँसेरी**	**मरु**	**जनसंपर्क**	**दुर्गा**
खुशखबरी	इंजीनियरी	पसेरी	मेरु	ट्रेडमार्क	मुर्गा
आडंबरी	शायरी	तस्करी	सुमेरु	कुर्की	कुमार्गी
ढिबरी	यारी	इस्तरी	पखेरू	अतर्क्य	मध्यममार्गी
नंबरी	ऐयारी	मिस्तरी	बाजारू	मूर्ख	मुर्गी
बराबरी	तैयारी	इस्तिरी	जोरू	सुर्ख	कार्गो
शबरी	होशियारी	कस्तूरी	उतारू	बुजुर्ग	अर्घ
बारी	मयूरी	दस्तूरी	डमरू	उत्सर्ग	दीर्घ
खेतीबारी	जरूरी	कचहरी	मारू	दुर्ग	अर्घ्य
बिनबारी	गैरजरूरी	जौहरी	गँवारू	उन्मार्ग	खर्च
दरबारी	खर्जुरी	टिटिहरी	शुरू	सन्मार्ग	जमाखर्च
बारीबारी	धनुर्धारी	प्रहरी	रे	मार्ग	फिजूलखर्च
गोलाबारी	नर्सरी	बाहरी	अरे	कुमार्ग	चर्च
मजबूरी	गैलरी	महरी	बहुतेरे	मुक्तिमार्ग	टार्च
बेरी	दुलारी	मोहरी	धीरे	मूत्रमार्ग	मिर्च
बैरी	फुलेरी	खरहरी	धीरेधीरे	मध्यमार्ग	कालीमिर्च
बोरी	लोरी	लहरी	किनारे	प्रेममार्ग	अर्चा
निबौरी	वल्लरी	गिलहरी	परे	वाममार्ग	खर्चा
भारी	जनवरी	स्वरलहरी	सिरफिरे	व्योममार्ग	चर्चा
आभारी	विभावरी	शहरी	साँझसबेरे	जलमार्ग	परिचर्चा
प्रभारी	डिलीवरी	मसहरी	मरे	सुमार्ग	पर्चा
रणभेरी	कुँवारी	शाकाहारी	मेरे	शुतुरमुर्ग	मिर्चा
कामरी	पटवारी	बिहारी	आसरे	चतुर्वर्ग	मोर्चा
भुखमरी	उम्मीदवारी	बुहारी	जीरो	वर्ग	युद्धमोर्चा
चमरी	परिवारी	फलाहारी	ब्यूरो	निर्वाचकवर्ग	पर्ची
कुमारी	फुलवारी	बलिहारी	हीरो	निम्नवर्ग	बावर्ची
राजकुमारी	सवारी	मांसाहारी	अर्क	कर्मचारीवर्ग	अर्ज
चाँदमारी	घुड़सवारी	उरु	कर्क	श्रेष्ठिवर्ग	कर्ज
बीमारी	वैरी	ऊरु	कुर्क	संवर्ग	खुदगर्ज
अलमारी	तश्तरी	गुरु	क्लर्क	सर्ग	तर्ज
आलमारी	अफ़सरी	सतगुरु	तर्क	प्रतिसर्ग	दर्ज
महामारी	डिस्पेंसरी	सुचारु	कुतर्क	निसर्ग	अदाबर्ज
अमीरी	खँड़सारी	तरु	वितर्क	उपसर्ग	कर्जा
मेरी	पंसारी	दारु	सतर्क	परसर्ग	दर्जा
मोरी	आसुरी	सदगुरु	मधुपर्क	संसर्ग	पुर्जा
डायरी	बाँसुरी	भीरु	संपर्क	स्वर्ग	अर्जी

- - दर्जी	- - पूर्ण	- - हूर्त	- - फुर्ती	- - तुर्थ	- - त्यर्थी
दर्जी	**मैत्रीपूर्ण**	**ब्राह्ममुहूर्त**	**फुर्ती**	**चतुर्थ**	**प्रत्यर्थी**
फर्जी	सुविधापूर्ण	कर्ता	भर्ती	यथार्थ	विद्यार्थी
अपवर्जी	अन्यायपूर्ण	स्वागतकर्ता	आवर्ती	अयथार्थ	प्रार्थी
परिवर्जी	परिपूर्ण	प्रस्तुतकर्ता	चक्रवर्ती	तदर्थ	प्रवेशार्थी
रिपोर्ट	सौहार्दपूर्ण	शोधकर्ता	निकटवर्ती	एतदर्थ	पुरुषार्थी
जाँचरिपोर्ट	दोषपूर्ण	मूल्यांकनकर्ता	मध्यवर्ती	पदार्थ	स्वार्थी
पासपोर्ट	संपूर्ण	संगठनकर्ता	अनावर्ती	सिद्धार्थ	निःस्वार्थी
ट्रांस्पोर्ट	उत्साहपूर्ण	चयनकर्ता	अनुवर्ती	अनर्थ	सामर्थ्य
कार्ड	प्रवाहपूर्ण	अपकर्ता	तदनुवर्ती	सूचनार्थ	असामर्थ्य
रिकार्ड	स्नेहपूर्ण	अभिकर्ता	प्रवर्ती	नानार्थ	उर्द
गार्ड	वर्ण	न्यायकर्ता	सीमावर्ती	शब्दार्थ	आवारागर्द
बोर्ड	पीतवर्ण	कार्यकर्ता	दूरवर्ती	लाभार्थ	इर्दगिर्द
ऊर्ण	ताम्रवर्ण	प्रस्तावकर्ता	परवर्ती	समर्थ	शागिर्द
कर्ण	धूम्रवर्ण	नाशकर्ता	परावर्ती	असमर्थ	दर्द
लंबकर्ण	गौरवर्ण	प्रश्नकर्ता	परिवर्ती	परमार्थ	सुपुर्द
विकर्ण	विवर्ण	स ष्टिकर्ता	पूर्ववर्ती	निश्चयार्थ	मर्द
प्रकीर्ण	सवर्ण	धर्ता	पार्श्ववर्ती	परार्थ	नामर्द
विकीर्ण	सुवर्ण	भर्ता	वशवर्ती	धर्मार्थ	जवाँमर्द
संकीर्ण	शीर्ण	वार्ता	बशर्ते	कार्यार्थ	सौहार्द
चूर्ण	स्वर्ण	भेंटवार्ता	मर्त्य	तात्पर्यार्थ	पर्दा
जीर्ण	अपर्णा	अपहर्ता	अमर्त्य	सर्वार्थ	मुर्दा
अजीर्ण	अन्नपूर्णा	कीर्ति	अर्थ	भावार्थ	गुंडागर्दी
उत्कीर्ण	चातुर्वर्ण्य	अपकीर्ति	अनेकार्थ	व्यर्थ	आवारागर्दी
उत्तीर्ण	अवर्ण्य	सुकीर्ति	वाक्यार्थ	पुरुषार्थ	जवाँमर्दी
विदीर्ण	धूर्त	जागर्ति	लक्ष्यार्थ	शास्त्रार्थ	वर्दी
पर्ण	पर्त	सत्कीर्ति	गूढ़ार्थ	स्वार्थ	सर्दी
अपर्ण	पूर्त	पूर्ति	रगरणार्थ	निहितस्वार्थ	उर्दू
प्रतिपर्ण	मूर्त	क्षतिपूर्ति	पुण्यार्थ	निःस्वार्थ	आर्द्र
पूर्ण	अमूर्त	प्रतिपूर्ति	कृतार्थ	अर्थी	आर्द्रा
अपूर्ण	आवर्त	पुनःपूर्ति	लक्षितार्थ	आर्थी	अर्ध
युक्तिपूर्ण	पण्यावर्त	षष्टिपूर्ति	सहायतार्थ	भिक्षार्थी	चरणार्ध
कपटपूर्ण	सतावर्त	मूर्ति	चरितार्थ	परीक्षार्थी	उत्तरार्ध
पक्षपातपूर्ण	आर्यावर्त	त्रिमूर्ति	फलितार्थ	शिक्षार्थी	पूर्वार्ध
नैतिकतापूर्ण	जलावर्त	न्यायमूर्ति	निहितार्थ	सुखार्थी	गोलार्ध
शांतिपूर्ण	शर्त	प्रस्तरमूर्ति	तीर्थ	प्रशिक्षणार्थी	मूर्धा
महत्त्वपूर्ण	मुहूर्त	स्फूर्ति	पुण्यतीर्थ	शरणार्थी	स्पर्धा

- - स्पर्धा	- - चर्म	- - कार्य	- - चर्या	- - मर्श	- - मूर्षु
प्रतिस्पर्धा	**म गचर्म**	**टीमकार्य**	**दिनचर्या**	**सत्परामर्श**	**मुमूर्षु**
ऊर्ध्व	जुर्म	मंगलकार्य	परिचर्या	स्पर्श	ईर्ष्या
दर्प	षट्कर्म	अस्वीकार्य	भार्या	चरणस्पर्श	उर्स
कंदर्प	सत्कर्म	ग हकार्य	घर्रघर्र	संस्पर्श	कुर्सी
सर्प	आपद्धर्म	साहचर्य	टर्रटर्र	प्रत्यक्षदर्शी	आरामकुर्सी
उर्फ	धर्म	ब्रह्मचर्य	फुर्र	समदर्शी	पुआल
बर्फ	अधर्म	आचार्य	खर्रा	प्रियदर्शी	फाइल
सिर्फ	युगधर्म	भट्टाचार्य	छर्रा	दूरदर्शी	खंडफाइल
बर्फी	पतिधर्म	संगीताचार्य	गुलछर्रा	अदूरदर्शी	मोबाइल
खर्ब	बौद्धधर्म	प्रधानाचार्य	ढर्रा	पारदर्शी	कल
तजुर्बा	मानवधर्म	प्राचार्य	तुर्रा	मार्गदर्शी	एकल
गर्भ	विधर्म	प्राचुर्य	रोजमर्रा	भविष्यदर्शी	आजकल
हिरण्यगर्भ	यूनीफार्म	वाक्चातुर्य	झुर्री	हृदयस्पर्शी	अटकल
भूगर्भ	मर्म	तात्पर्य	खर्व	पार्श्व	नकल
संदर्भ	शर्म	सौंदर्य	गर्व	परिपार्श्व	दमकल
पूर्वसंदर्भ	दुष्कर्म	औदार्य	सगर्व	आर्ष	कलकल
रत्नगर्भा	निष्कर्म	वैदूर्य	रिजर्व	अपकर्ष	विकल
कर्म	विश्वकर्मा	शिरोधार्य	गंधर्व	संघर्ष	अविकल
पुण्यकर्म	मरणधर्मा	माधुर्य	गांधर्व	वर्गसंघर्ष	सकल
प्रातःकर्म	समानधर्मा	श्रवणमाधुर्य	पर्व	उत्कर्ष	काल
दूतकर्म	शर्मा	अनार्य	पुण्यपर्व	विमर्ष	अकाल
रतिकर्म	ऊर्मि	गांभीर्य	पूर्व	वर्ष	कंकाल
नित्यकर्म	कर्मी	निवार्य	अपूर्व	प्रतिवर्ष	ट्रंककाल
क्षुद्रकर्म	रंगकर्मी	अनिवार्य	भूतपूर्व	चांद्रवर्ष	राज्यकाल
खनिकर्म	नाट्यधर्मी	दुर्निवार्य	अभूतपूर्व	सौरवर्ष	संक्रमणकाल
अपकर्म	हठधर्मी	वीर्य	अश्रुतपूर्व	शीर्ष	प्रयाणकाल
पापकर्म	सनातनधर्मी	शौर्य	सर्व	मार्गशीर्ष	मरणकाल
चारकर्म	नेमीधर्मी	आश्चर्य	सर्वेसर्वा	निष्कर्ष	निर्माणकाल
जारकर्म	विधर्मी	ऐश्वर्य	उर्वी	हर्ष	निर्वाणकाल
धर्मकर्म	सधर्मी	सूर्य	पूर्वी	ईर्षा	प्रातःकाल
हिंसाकर्म	हर्म्य	परिहार्य	आनुपूर्वी	वर्षा	अंतकाल
सुकर्म	आर्य	अपरिहार्य	आदर्श	राजर्षि	इंतकाल
दाहकर्म	कार्य	अव्यवहार्य	प्रतिदर्श	सप्तर्षि	भूतकाल
गर्म	शिक्षणकार्य	आर्या	निदर्श	देवर्षि	रीतिकाल
घर्म	निर्माणकार्य	चर्या	प्रदर्श	महर्षि	सूतिकाल
चर्म	पुण्यकार्य	पाठ्यचर्या	परामर्श	ब्रह्मर्षि	विपत्तिकाल

- - काल	- - कूल	- - गोल	- - जाल	- - डल	- - तल
त्रिकाल	**अनुकूल**	**खगोल**	**जाल**	**मंत्रिमंडल**	**पीतल**
यथाकाल	तदनुकूल	इसबगोल	जँजाल	व्योममंडल	बोतल
व द्धकाल	अननुकूल	भूगोल	मकड़जाल	वायुमंडल	समतल
मध्यकाल	मनोनुकूल	गोलगोल	मंत्रजाल	सौरमंडल	शीतल
संध्याकाल	नकेल	वाग्जाल	इंद्रजाल	सूर्यमंडल	रसातल
शासनकाल	नारिकेल	घोल	मायाजाल	रविमंडल	ताल
योजनाकाल	खल	चल	मंजिल	शिष्टमंडल	पड़ताल
सायंकाल	ऊखल	अंचल	मंजुल	राष्ट्रमंडल	जाँचपड़ताल
पुराकाल	दखल	अचल	जेल	डाल	हड़ताल
कार्यकाल	विश ंखल	आँचल	मेलजोल	चांडाल	भूखहड़ताल
पर्वकाल	खाल	चंचल	कज्जल	पंडाल	तरणताल
वर्षाकाल	अखिल	परिचल	उज्ज्वल	बिडाल	पाताल
प्रसवकाल	उच्छ ंखिल	हलचल	समुज्ज्वल	विडाल	बेताल
शिशुकाल	दाखिल	अविचल	ओझल	पैडिल	बैताल
उषाकाल	निखिल	सचल	बोझिल	मिडिल	लयताल
ऊषाकाल	खेल	अस्ताचल	झील	डील	करताल
भविष्यकाल	खोल	चाल	अटल	कंडील	वैताल
महाकाल	खौल	पंचाल	टोटल	तंडुल	अस्पताल
कोकिल	मखौल	भूचाल	पटल	चुड़ैल	तिल
कील	ख्याल	बोलचाल	कुंजीपटल	खपड़ैल	कातिल
वकील	जंगल	हालचाल	मानसपटल	डोल	अतुल
कुल	डिंगल	वाचाल	पाटल	डाँवाँडोल	मातुल
शोकाकुल	दंगल	चील	होटल	डौल	तेल
प्रतीक्षाकुल	पागल	चूल	टाल	सुडौल	नोनतेल
गोकुल	पिंगल	पिच्छिल	कुटिल	ड्रिल	मोलतोल
राजकुल	बगल	छल	जटिल	ढाल	तौल
मात कुल	अगलबगल	छाल	पटैला	निढाल	नापतौल
बकुल	मंगल	उछाल	गोलमटोल	ढील	उत्कल
गुरुकुल	अमंगल	म गछाल	टालमटोल	ढोल	तत्काल
बिलकुल	युगल	जल	विट्ठल	म णाल	आपत्काल
भावाकुल	लंगल	काजल	पेट्रोल	तल	पत्तल
व्याकुल	गाल	गजल	डंठल	कतल	उत्पल
राष्ट्रकुल	कंगाल	गंगाजल	ठेलमठेल	कुंतल	नीलोत्पल
स्नेहाकुल	गुल	प्रांजल	कुंडल	चीतल	वत्सल
कूल	चंगुल	गुलाबजल	मंडल	प थ्वीतल	भक्तवत्सल
प्रतिकूल	लाँगूल	सजल	मुखमंडल	समुद्रतल	थल

- - थल	- - पाल	- - फूल	- - मल	- - मोल	- - लल
उथलपुथल	**लेखापाल**	**कनफूल**	**मखमल**	**अनमोल**	**खलल**
जलथल	गोपाल	बल	खटमल	कोयल	लाल
थाल	मदनगोपाल	कंबल	परिमल	घायल	गुलाल
शिथिल	राज्यपाल	योगबल	मलमल	अड़ियल	दलाल
प थुल	खंडपाल	भुजबल	विमल	सड़ियल	नमकहलाल
दल	द्वारपाल	हीनबल	यामल	पायल	सलिल
शतदल	महीपाल	मनोबल	माल	नारियल	जलील
पैदल	अपील	प्रबल	कमाल	इंपीरियल	दलील
अदलबदल	पुल	संबल	रेगमाल	मरियल	ऊलजलूल
बादल	विपुल	सबल	जमाल	खयाल	गुलेल
कर्मीदल	पूल	अस्तबल	तमाल	घड़ियाल	वल्कल
दलदल	डंडपेल	बाहुबल	जानमाल	घंटाघड़ियाल	बिल्कुल
दाल	पोल	बाल	जयमाल	खरल	केवल
दिल	कपोल	उबाल	रूमाल	गरल	चावल
मुर्दादिल	स्वप्निल	इकबाल	गोलमाल	तरल	बुझौवल
खुशदिल	चप्पल	बिल	मालामाल	जनरल	नवल
तहेदिल	अप्रैल	बाइबिल	इस्तेमाल	विरल	निवल
म दुल	फल	काबिल	मिल	सरल	रावल
शाद्वल	कंटकफल	बाबुल	धूमिल	राल	कोतवाल
धूल	भागफल	बुलबुल	झिलमिल	कराल	पुवाल
नल	योगफल	कबूल	शामिल	विकराल	बवाल
अनल	पुंगीफल	तांबूल	मील	अंतराल	सवाल
सिगनल	सीताफल	बबूल	तामील	ससुराल	सिविल
जोनल	प्रतिफल	बेल	तुमुल	करील	अव्वल
दवानल	क्षेत्रफल	बैल	ढुलमुल	रेल	कुशल
नाल	घनफल	बोल	मूल	खपरैल	अकुशल
अनिल	गुणनफल	भाल	वर्गमूल	सर्किल	नीतिकुशल
झंझानिल	जायफल	देखभाल	समूल	अनर्गल	रणकुशल
नील	वर्गफल	भील	मेल	वर्तुल	अर्धकुशल
पल	विफल	भूल	पंचमेल	निर्दल	श्रमकुशल
चपल	काशीफल	मल	अनमेल	शार्दूल	सकुशल
पीपल	सफल	अमल	बेमेल	दुर्बल	कौशल
पाल	असफल	कमल	तालमेल	निर्बल	युद्धकौशल
कपाल	महफिल	नीलकमल	हेलमेल	निर्मल	कर्मकौशल
दिक्पाल	फूल	कोमल	मैल	निर्मूल	कलाकौशल
लेखपाल	नकफूल	सुकोमल	मोल	पार्सल	हस्तकौशल

- - शाल	**- - सिल**	**- - हाल**	**- - खाला**	**- - जाला**	**- - ताला**
मशाल	**सिल**	**फिलहाल**	**खाला**	**जाला**	**ताला**
विशाल	हासिल	खुशहाल	दाखिला	उजाला	पतीला
शील	सील	कांफ्रेंसहाल	अधखिला	जिला	फुरतीला
लज्जाशील	तहसील	जाहिल	खुला	चौमंजिला	रेतीला
गतिशील	पांसुल	बहुल	अधखुला	तिमंजिला	तुला
प्रगतिशील	उसूल	माहौल	गला	दुमंजिला	सौतेला
यत्नशील	महसूल	विह्वल	अगला	लजीला	तोला
संवेदनशील	स्कूल	ह्वेल	जंगला	मिलाजुला	इत्तला
गलनशील	पोस्टल	आला	पगला	ज्वाला	थैला
सहनशील	होस्टल	ओला	पिंगला	मँझला	गँदला
असहनशील	स्थल	कला	बँगला	मझला	बदला
परिश्रमशील	वक्षस्थल	चकला	डाकबँगला	झूला	तबादला
विनयशील	गंडस्थल	नाट्यकला	बगला	झोला	धुँधला
क्रियाशील	घटनास्थल	भाषणकला	गीला	मझोला	धौला
संघर्षशील	मरुस्थल	ललितकला	रंगीला	घोटाला	नाला
प्रभावशील	मर्मस्थल	न त्यकला	बगुला	कँटीला	पनाला
विकासशील	स्थूल	वक्त त्वकला	गोला	कटीला	परनाला
सुशील	गुस्सैल	युद्धकला	हथगोला	चुटीला	नीला
शूल	हल	मूर्तिकला	ग्वाला	टोला	बनैला
त्रिशूल	टहल	वास्तुकला	चंचला	खटोला	बिनौला
शैल	कटहल	हकला	मनचला	उड़नखटोला	उपला
मुश्किल	कुतूहल	काला	निचला	गठीला	घपला
निश्चल	कौतूहल	देशनिकाला	बिचला	हठीला	चपला
निश्छल	पहल	किला	लचीला	लाड़ला	पोपला
ृलील	चहलपहल	कोकिला	चेला	कँकड़ीला	पाला
अश्लील	महल	कीला	मैलाकुचैला	पपड़ीला	पिलपिला
निष्फल	ताजमहल	चटकीला	चोला	डोला	पीला
असल	राजमहल	भड़कीला	छिछला	हिंडोला	पूला
फसल	कोलाहल	नुकीला	पिछला	ढीला	पोला
मांसल	हलाहल	चमकीला	छाला	ढेला	सपोला
मूसल	हाल	चुटकुला	छैला	ढोला	प्याला
साल	निहाल	अकेला	छोला	तला	काफिला
टकसाल	ननिहाल	दुकेला	उजला	तोतला	फूला
घुड़साल	नौनिहाल	खोखला	अधजला	पतला	फलाफूला
बेमिसाल	बहाल	मेखला	नजला	पुतला	फफोला
रसाल	महाल	श ंखला	जलजला	शीतला	अबला

- - बला	- - मौला	- - वाला	- - सला	- - खेली	- - टोली
मुकाबला	**मस्तमौला**	**फेरीवाला**	**हौसला**	**अठखेली**	**खटोली**
दुबला	कोयला	शिवाला	साला	गली	ट्राली
करबला	परला	पुलिसवाला	मसाला	उँगली	ट्रौली
बाला	विरला	पैसेवाला	सिला	जंगली	गुठली
सुरबाला	निराला	वेला	सिलसिला	मंगली	ठठोली
बिला	कंकरीला	प्रभातवेला	रसीला	गाली	डली
कबीला	पथरीला	नवेला	सेला	कंगाली	कुंडली
छबीला	सुरीला	शाला	रजस्वला	जुगाली	लग्नकुंडली
छैलछबीला	जहरीला	पाकशाला	नहला	निगाली	जन्मकुंडली
रोबीला	रेला	पक्षीशाला	पहला	बंगाली	पिंडली
अलबेला	करेला	प्रयोगशाला	रुपहला	अँगुली	मंडली
मिठबोला	खर्चीला	रंगशाला	हाला	चुगुली	वाद्यमंडली
बड़बोला	फुर्तीला	गौशाला	महिला	छँगुली	शिष्यमंडली
भला	बर्फीला	यज्ञशाला	कलि	गोली	डाली
भाला	लला	नाट्यशाला	जलकेलि	मचली	खंडाली
भोला	लाला	पाठशाला	अंजलि	मिचली	चांडाली
अमला	लीला	यंत्रशाला	श्रद्धांजलि	चलाचली	डोली
कमला	रामलीला	दुशाला	पुष्पांजलि	पांचाली	स्नायुप्रणाली
गमला	बाललीला	पौधशाला	धूलि	बोलाचाली	प्रणाली
मामला	विनाशलीला	वधशाला	पालि	चेली	पाचनप्रणाली
हमला	रासलीला	वेधशाला	बलि	चोली	शासनप्रणाली
माला	इहलीला	मधुशाला	नरबलि	मछली	कार्यप्रणाली
पुस्तकमाला	लूला	शयनशाला	चंद्रमौलि	अंजली	चुनावप्रणाली
मेघमाला	लँगड़ालूला	व्यायामशाला	जनाबआली	कजली	जलप्रणाली
मुंडमाला	आँवला	कर्मशाला	कली	खुजली	तितली
मणिमाला	उतावला	कार्यशाला	टिकली	गंगाजली	पतली
पर्वतमाला	नेवला	शिल्पशाला	तकली	बिजली	पुतली
जयमाला	बावला	पशुशाला	नकली	पनबिजली	कठपुतली
वर्णमाला	साँवला	अस्त्रशाला	छिपकली	जलबिजली	मितली
शैलमाला	रखवाला	शिला	काली	तिलांजली	सुतली
पुष्पमाला	ताँगेवाला	शोला	भद्रकाली	जाली	ताली
घुलामिला	चाटवाला	विषैला	महाकाली	खजुली	हड़ताली
मेला	मतवाला	ढकोसला	कुली	झोली	मातुली
झमेला	किस्मतवाला	घोंसला	ढकेलाढकेली	नंगाझोली	तेली
मैला	दिवाला	तसला	ओखली	पोटली	थाली
मटमैला	पढ़नेवाला	फैसला	खाली	टोली	हथेली

- - थैली	- - रली	- - साली	- - हैलो	- - जुल्म	- - बिल्ली
थैली	**मुरली**	**साली**	**हैलो**	**जुल्म**	**बिल्ली**
कदली	निराली	सूली	लौ	फिल्म	लल्ली
बदली	रँगरेली	वसूली	मुल्क	तुल्य	तसल्ली
जिंदादिली	रोली	रसौली	शुल्क	वात्सल्य	सिल्ली
धाँधली	अर्दली	खुशहाली	निःशुल्क	वैपुल्य	उल्लू
नली	दलाली	जाहिली	प्रशुल्क	प्राबल्य	चुल्लू
निकासनली	रंगावली	पहेली	निश्शुल्क	मूल्य	निठल्लू
नाली	उतावली	शब्दपहेली	उल्का	अमूल्य	पल्लू
पनाली	रत्नावली	सहेली	कल्कि	यथामूल्य	लल्लू
पाली	पत्रावली	होली	बल्कि	बहुमूल्य	धड़ल्ले
नेपाली	ग्रंथावली	शंकालु	फल्गु	शल्य	बिल्व
रूपाली	पदावली	लज्जालु	बाल्टी	बाहुल्य	आल्हा
पुली	विरुदावली	कमंडलु	रायल्टी	मल्ल	कूल्हा
पूली	पद्यावली	तालु	उल्था	अल्ला	चूल्हा
प्याली	रचनावली	श्रद्धालु	जिल्द	कुल्ला	दूल्हा
फली	वचनावली	तंद्रालु	सजिल्द	खुल्लमखुल्ला	कोल्हू
मूँगफली	दीपावली	निद्रालु	जल्दी	गल्ला	एवं
डफली	शब्दावली	दयालु	अल्प	रसगुल्ला	आँव
बली	नामावली	ईर्ष्यालु	कल्प	चिल्ला	इव
बजरंगबली	नियमावली	लू	अभिकल्प	छल्ला	एव
खलबली	भ्रमरावली	आलू	कायाकल्प	पुछल्ला	अतएव
महाबली	प्रश्नावली	चालू	पुराकल्प	निठल्ला	झुकाव
बाली	रखवाली	कचालू	निर्विकल्प	धड़ल्ला	अटकाव
बोली	कोतवाली	झगड़ालू	विकल्प	पल्ला	छिड़काव
खड़ीबोली	मवाली	ढालू	संकल्प	पिल्ला	रखरखाव
तंबोली	हवेली	तालू	जल्प	बल्ला	गाँव
निंबोली	संपत्तिशाली	रतालू	शिल्प	बिल्ला	लगाव
भेली	प्रतिभाशाली	बालू	मूर्तिशिल्प	मुल्ला	लंबग्रीव
इमली	बलशाली	भालू	वास्तुशिल्प	गुरिल्ला	लाघव
माली	प्रभावशाली	घरेलू	स्वल्प	हल्ला	बचाव
रश्मिमाली	गौरवशाली	पहलू	शिल्पी	मुहल्ला	सचिव
मूली	शैली	अकेले	जुल्फ	होहल्ला	जीव
चमेली	लेखनशैली	भले	कुल्फी	खिल्ली	पण्यजीव
तमोली	पुंश्चली	निराले	बल्ब	शेखचिल्ली	चिरंजीव
खयाली	असली	पहले	प्रगल्भ	झिल्ली	पुराजीव
हरियाली	पसली	हौलेहौले	इल्म	तिल्ली	सुझाव

- - टाव	- - द्रव	- - भाव	- - र्भाव	- - रवाँ	- - युवा
पटाव	**द्रव**	**स्थायीभाव**	**दुर्भाव**	**कारवाँ**	**युवा**
मनमुटाव	उपद्रव	आदरभाव	प्रादुर्भाव	दसवाँ	रवा
मनमोटाव	निरुपद्रव	वैरभाव	आविर्भाव	आँवा	गेरुवा
उठाव	माधव	तिरोभाव	दशमलव	चकवा	पुनर्नवा
तांडव	ध्रुव	मोलभाव	अलाव	तकवा	लवा
शिवतांडव	नव	जलाभाव	ढलाव	बहकावा	तलवा
पांडव	दानव	हावभाव	बदलाव	कौवा	मलवा
पड़ाव	अभिनव	सेवाभाव	पुलाव	कनकौवा	हलवा
गांडीव	मानव	स्वभाव	खयालीपुलाव	खोवा	लावा
उतारचढ़ाव	नाव	घुमाव	फैलाव	भगवा	अलावा
प्रणव	चुनाव	जमाव	ऊदबिलाव	लगवा	छलावा
ताव	तनाव	स्वयमेव	फिसलाव	अगुवा	बुलावा
बरताव	नींव	एवमेव	मनबहलाव	ग्रीवा	भुलावा
अतीव	पाँव	अवश्यमेव	पल्लव	मघवा	कलेवा
उत्सव	पाव	यव	शव	कछुवा	नामलेवा
वार्षिकोत्सव	परिप्लव	अवयव	शैशव	बिछुवा	सवा
वसंतोत्सव	विप्लव	गौरव	शिव	मछुवा	सेवा
मदनोत्सव	दबाव	आत्मगौरव	अशिव	खजुवा	स्वास्थ्यसेवा
जन्मोत्सव	भव	नीरव	शैव	पड़वा	चरणसेवा
फिल्मोत्सव	अनुभव	भैरव	सौष्ठव	भड़वा	उच्चैःश्रवा
विजयोत्सव	सुखानुभव	रौरव	वैष्णव	कड़ुवा	हवा
वनमहोत्सव	पराभव	टकराव	प्रसव	रँडुवा	आबहवा
विवाहोत्सव	परिभव	बिखराव	वास्तव	चढ़ावा	महुवा
तथैव	विभव	घिराव	प्रस्ताव	बढ़ावा	कवि
यादव	संभव	पथराव	स्रव	तवा	जनकवि
दाँव	असंभव	दुराव	स्राव	पछतावा	आशुकवि
देव	भाव	भराव	रक्तस्राव	अथवा	महाकवि
इष्टदेव	अभाव	उभराव	हाव	दवा	प्रतिच्छवि
महादेव	रतिभाव	आर्जव	बहाव	दावा	छवि
दैव	भ्रात भाव	निर्जीव	आँवाँ	चँदोवा	रवि
सदैव	स्थानाभाव	अर्णव	आवाँ	विधवा	तकावी
उद्धव	महानुभाव	पार्थिव	पाँचवाँ	सधवा	वाग्देवी
उद्भव	मनोभाव	अपार्थिव	पछवाँ	धावा	भिक्षाजीवी
तद्भव	प्रभाव	बर्दाव	जवाँ	पहनावा	परोपजीवी
वंशोद्भव	समयाभाव	दुर्दैव	जुड़वाँ	मावा	श्रमजीवी
हेतुमद्भाव	अव्ययीभाव	अंतर्भाव	सातवाँ	मेवा	चिरंजीवी

- - जीवी	- - नवे	- - रशः	- - कोश	- - देश	- - राश
परजीवी	**तिरानवे**	**अक्षरशः**	**विश्वकोश**	**प्रदेश**	**निराश**
दीर्घजीवी	रेलवे	खंडशः	वाक्यांश	समादेश	सिफारिश
अल्पजीवी	बरवै	नित्यशः	आक्रोश	परदेश	परवरिश
मसिजीवी	काव्य	शब्दशः	क्लेश	विदेश	अमरेश
पदवी	रूपककाव्य	प्रायशः	अक्षांश	संदेश	सुरेश
देवी	लोककाव्य	सर्वशः	खुश	स्वदेश	कर्कश
महादेवी	खंडकाव्य	अंश	नाखुश	खानाबदोश	चतुर्थांश
दैवी	गीतकाव्य	गुंजाइश	बख्शीश	उद्देश	गर्दिश
उपद्रवी	चरितकाव्य	पैदाइश	गंगेश	मठाधीश	निर्देश
मेधावी	रीतिकाव्य	आजमाइश	खरगोश	न्यायाधीश	कार्यविनिर्देश
विप्लवी	प्रबंधकाव्य	ईश	लग्नेश	नाश	कार्निस
अनुभवी	वीरकाव्य	ऐश	पेचिश	सत्यानाश	अहर्निश
भावी	महाकाव्य	पेचकश	रंजिश	विनाश	कलश
प्रभावी	वक्तव्य	कद्दूकश	जोश	धनेश	बहुलांश
अवश्यंभावी	गंतव्य	कशमकश	ब्रिटिश	पाश	लाश
निष्प्रभावी	ज्ञातव्य	मैकश	षोडश	भुजपाश	तलाश
मायावी	मंतव्य	अधिकांश	गणेश	यमपाश	पलाश
गिरवी	भवितव्य	काश	श्रीगणेश	बाहुपाश	इंगलिश
पैरवी	दिव्य	आकाश	नियतांश	तपिश	लवलेश
भैरवी	द्रव्य	प्रकाश	ताश	पेश	वंश
मौलवी	वैधव्य	नीलाकाश	हताश	बुरकापोश	राजवंश
मुल्तवी	प्राप्तव्य	अवकाश	तफतीश	तख्तपोश	वश
पल्लवी	भव्य	रुग्णावकाश	दंश	मेजपोश	अवश
वैष्णवी	संभाव्य	शीतावकाश	एकादश	सफेदपोश	भाग्यवश
ईसवी	असंभाव्य	मध्यावकाश	द्वादश	परदापोश	मूर्खतावश
इक्यानवे	वायव्य	ग्रीष्मावकाश	ताद श	परदाफाश	परवश
पंचानवे	कर्तव्य	सावकाश	एताद श	लाभांश	दैववश
पचानवे	एकलव्य	कुश	सद श	अपभ्रंश	स्वभाववश
अट्ठानवे	तालव्य	अंकुश	देश	बदमाश	विवश
अठानवे	श्रव्य	निरंकुश	आदेश	किशमिश	वेश
सतानवे	द श्यश्रव्य	कृश	दंडादेश	खामोश	आवेश
सत्तानवे	द्रष्टव्य	केश	अध्यादेश	यश	छद्मवेश
निन्यानवे	इंटरव्यू	लंकेश	निदेश	अपयश	निवेश
बानवे	तीव्र	हृषिकेश	उपदेश	सुयश	पूँजीनिवेश
छियानवे	नव्वे	कोश	हितोपदेश	ऐयाश	संनिवेश
चौरानवे	हुश्	अब्दकोश	सदुपदेश	सारांश	सन्निवेश

- - वेश	- - निशि	- - पशु	- - रश्मि	- - तोष	- - लुष
प्रवेश	**निशि**	**यज्ञपशु**	**खररश्मि**	**असंतोष**	**निष्कलुष**
पुनःप्रवेश	राशि	बलिपशु	द श्य	प्रत्यूष	विष
विषयप्रवेश	जन्मराशि	हिमांशु	अद श्य	दोष	व ष
ग हप्रवेश	रूपराशि	यीशु	साद श्य	अदोष	आशीष
समावेश	नामराशि	परशु	उद्देश्य	गुणदोष	शेष
परिवेश	मकरराशि	खरांशु	सदुद्देश्य	प्रदोष	अधिशेष
भावावेश	शशि	शिशु	निरुद्देश्य	उद्घोष	परिशेष
कशिश	आजमाइशी	इश्क	सोद्देश्य	द्वेष	अवशेष
कोशिश	खतकशी	खुश्क	नैराश्य	रागद्वेष	भग्नावशेष
शीश	रस्साकशी	खुश्की	अवश्य	विद्वेष	पुरावशेष
ख्वाहिश	खुदकुशी	पुनश्च	वैश्य	धनुष	ध्वंसावशेष
होश	सुकेशी	काश्त	अस्प श्य	इंद्रधनुष	विशेष
आशा	नक्काशी	किश्त	वेश्या	मानुष	श्लेष
ताशा	खुशी	गोश्त	मिश्र	अमानुष	महिष
बताशा	हँसीखुशी	याददाश्त	श्री	उन्मेष	उषा
हताशा	गर्मजोशी	बरदाश्त	पद्मश्री	पौष	ऊषा
प्रत्याशा	षोडशी	इकमुश्त	मिश्री	भेष	मंजूषा
दशा	एकादशी	बर्दाश्त	जयश्री	आमिष	त षा
दिशा	द्वादशी	नाश्ता	सुश्री	निमिष	मनीषा
अँदेशा	त्रयोदशी	रिश्ता	अश्रु	निरामिष	भाषा
संदेशा	देशी	कश्ती	अश्व	सामिष	राजभाषा
नशा	विदेशी	किश्ती	विश्व	मेष	मात भाषा
निशा	परदेशी	कुश्ती	निकष	निमेष	जनभाषा
पेशा	कीटनाशी	गश्ती	कोष	निर्निमेष	परिभाषा
हमपेशा	पेशी	मटरगश्ती	बीजकोष	पीयूष	भूषा
नौकरीपेशा	मांसपेशी	भिश्ती	राजकोष	सत्पुरुष	म षा
मंशा	मुंशी	ध गामुश्ती	राज्यकोष	परुष	अभिलाषा
माशा	खामोशी	नातेरिश्ते	खड्गकोष	पुरुष	शुश्रूषा
तमाशा	चतुर्दशी	जश्न	मधुकोष	अन्यपुरुष	आश्लेषा
मेलातमाशा	तलाशी	प्रश्न	चाक्षुष	परपुरुष	ऋषि
हमेशा	वंशी	प्रतिप्रश्न	अघोष	महापुरुष	कृषि
दुराशा	यदुवंशी	परिप्रश्न	जयघोष	पौरुष	ज्योतिषी
निराशा	सूर्यवंशी	हुश्न	सघोष	रोष	हितैषी
रेशा	शीशी	चश्मा	ज्योतिष	निर्घोष	संतोषी
दुर्दशा	आशु	करिश्मा	आशुतोष	निर्दोष	विदुषी
बेतहाशा	पशु	रश्मि	संतोष	कलुष	दोषी

- - द्वेषी	- - नष्ट	- - चेष्टा	- - ओष्ठ	- - श्रेष्ठि	- - ईस
द्वेषी	**नष्ट**	**चेष्टा**	**ओष्ठ**	**श्रेष्ठि**	**अठाईस**
अन्वेषी	विनष्ट	उपदेष्टा	काष्ठ	गोष्ठी	तेईस
तत्त्वान्वेषी	अनिष्ट	द्रष्टा	ृवेतकुष्ठ	कार्यगोष्ठी	सत्ताईस
भाषी	पिष्ट	मंत्रद्रष्टा	कोष्ठ	षष्ठी	बाईस
मितभाषी	पुष्ट	भविष्यद्रष्टा	बद्धकोष्ठ	ओष्ठ्य	उस
तथ्यभाषी	अपुष्ट	स्रष्टा	प्रकोष्ठ	उष्ण	काँजीहाउस
मिथ्याभाषी	परिपुष्ट	तुष्टि	ज्येष्ठ	कृष्ण	ताऊस
गैरहिंदीभाषी	हृष्टपुष्ट	संतुष्टि	खंडोष्ठ	सत ष्ण	तख्तेताऊस
म दुभाषी	असंपुष्ट	अहंतुष्टि	लब्धप्रतिष्ठ	शीतोष्ण	ओस
द्विभाषी	अभीष्ट	अंत्येष्टि	स्वादिष्ठ	उपोष्ण	कंस
प्रियभाषी	भ्रष्ट	द ष्टि	निष्ठ	धारोष्ण	कस
मधुरभाषी	लक्ष्यभ्रष्ट	सूक्ष्मद ष्टि	कनिष्ठ	त ष्णा	सरकस
महिषी	पथभ्रष्ट	पापद ष्टि	एकनिष्ठ	म गत ष्णा	निकास
निष्क	यूथभ्रष्ट	विहंगमद ष्टि	घनिष्ठ	वित ष्णा	विकास
शुष्क	अपभ्रष्ट	दिव्यद ष्टि	सिद्धांतनिष्ठ	विष्णु	किस
मस्तिष्क	नष्टभ्रष्ट	अभिपुष्टि	आत्मनिष्ठ	सहिष्णु	सूटकेस
अष्ट	अरिष्ट	संपुष्टि	समयनिष्ठ	पुष्प	कोस
इष्ट	रुष्ट	समष्टि	कर्तव्यनिष्ठ	खपुष्प	इक्कीस
कष्ट	निर्दिष्ट	यष्टि	वस्तुनिष्ठ	वाष्प	क्रास
आकृष्ट	भूताविष्ट	अंतर्द ष्टि	प ष्ठ	ऊष्म	रेडक्रास
निकृष्ट	निविष्ट	निविष्टि	मुखप ष्ठ	ग्रीष्म	क्लास
प्रकृष्ट	प्रविष्ट	प्रविष्टि	लंबोष्ठ	भीष्म	राक्षस
सचेष्ट	समाविष्ट	व ष्टि	गरिष्ठ	ऊष्मा	खस
उच्छिष्ट	शिष्ट	अतिव ष्टि	वरिष्ठ	ृलेष्मा	खसखस
तुष्ट	अशिष्ट	अनाव ष्टि	धर्मिष्ठ	मनुष्य	खास
परितुष्ट	परिशिष्ट	हिमव ष्टि	बलिष्ठ	भाष्य	दीवानेखास
संतुष्ट	अवशिष्ट	पुष्पव ष्टि	श्रेष्ठ	आयुष्य	दरबारेखास
असंतुष्ट	विशिष्ट	व्यष्टि	परमश्रेष्ठ	भविष्य	नरगिस
उत्कृष्ट	निश्चेष्ट	स ष्टि	सर्वश्रेष्ठ	शिष्य	गैस
ईषत्स्प ष्ट	श्लिष्ट	वैशिष्ट्य	षष्ठ	पट्टशिष्य	अश्रुगैस
यथेष्ट	अश्लिष्ट	प्रथमद ष्ट्या	वसिष्ठ	विशेष्य	आँसूगैस
उपदिष्ट	संश्लिष्ट	उष्ट्र	पराकाष्ठा	शिष्या	खग्रास
दुष्ट	स्पष्ट	राष्ट्र	प्रतिष्ठा	तमस्	घास
अद ष्ट	अस्पष्ट	गणराष्ट्र	निष्ठा	आस	घिसघिस
उद्दिष्ट	स्प ष्ट	परराष्ट्र	कनिष्ठा	इस	घूस
ध ष्ट	हृष्ट	स्वराष्ट्र	परिनिष्ठा	अट्ठाईस	उनचास

- - **चास**	- - **त्तीस**	- - **पूस**	- - **मांस**	- - **र्यास**	- - **ल्लास**
पचास	**बत्तीस**	**पूस**	**मांस**	**पर्यास**	**हर्षोल्लास**
माचिस	त्रास	फफ्फस	मास	विपर्यास	सोल्लास
पचीस	दस	फुप्फुस	प्रतिमास	पुनर्वास	दिवस
मक्खीचूस	चौदस	प्यास	खरमास	लस	कार्यदिवस
पच्चीस	दास	अनुप्रास	मलमास	अलस	जन्मदिवस
उच्छ्‌वास	उदास	छेकानुप्रास	समास	आलस	पावस
असमंजस	परदेस	सानुप्रास	डिसमिस	एटलस	अमावस
जिस	धौंस	प्रेस	पायस	कैलास	वास
कंजूस	ध्वंस	एक्सप्रेस	निश्रेयस	खलास	आवास
टस	परिध्वंस	फाँस	आयास	गिलास	बकवास
यूकेलिप्टस	नस	फीस	अनायास	इजलास	परलोकवास
खटास	पीनस	फुस	प्रयास	विलास	अरण्यवास
नोटिस	बोनस	फुसफुस	सायास	भोगविलास	एकांतवास
ठस	मानस	फूस	मायूस	भ्रूविलास	अज्ञातवास
ठसाठस	टर्मिनस	डिफेंस	रस	निखालिस	दूतावास
मिठास	नास	बस	औरस	पुलिस	राजदूतावास
ठोस	बनमानुस	बेबस	चरस	चालीस	छात्रावास
डाँस	आबनूस	परबस	चौरस	इकतालीस	रनवास
भड़ास	अनन्नास	बरबस	ढारस	अड़तालीस	निवास
संडास	उन्नीस	बाँस	तरस	तेतालीस	रनिवास
पड़ोस	न्यास	बास	नीरस	तैंतालीस	उपवास
अड़ोसपड़ोस	पदन्यास	बीस	परस	उनतालीस	प्रवास
पासपड़ोस	उपन्यास	चौबीस	पारस	पैंतालीस	कारावास
ड्रेस	अर्थांतरन्यास	छब्बीस	तामरस	सैंतालीस	परिवास
ढाढ़स	शिलान्यास	विरोधाभास	समरस	छियालीस	स्वर्गवास
तीस	विन्यास	तर्काभास	सोमरस	बयालीस	कैलासवास
इकतीस	वाक्यविन्यास	पूर्वाभास	नवरस	चवालीस	बदहवास
चौंतीस	पदविन्यास	भैंस	विरस	चौवालीस	खब्दुलहवास
अड़तीस	आपस	अभ्यास	सरस	जलूस	सहवास
तेतीस	तापस	योगाभ्यास	सारस	जुलूस	खबरनवीस
तैंतीस	वापस	युद्धाभ्यास	सुरस	चापलूस	व्यास
उनतीस	पास	अनभ्यास	रास	एंबुलेंस	न शंस
पैंतीस	कंपास	पुनरभ्यास	परास	लेश	ृश्वास
सैंतीस	कपास	पूर्वाभ्यास	वारिस	लैस	निःश्वास
कारतूस	गेटपास	उमस	लावारिस	चक़ल्लस	निश्वास
छत्तीस	आसपास	तामस	सरेस	उल्लास	प्रश्वास

- - श्वास	**- - घूँसा**	**- - लीसा**	**- - नूसी**	**- - लसी**	**- - रसों**
ृवासप्रश्वास	**घूँसा**	**चालीसा**	**दकियानूसी**	**आलसी**	**नरसों**
ऊर्ध्वश्वास	जैसा	वसा	उन्नासी	तुलसी	परसों
विश्वास	जिज्ञासा	जनवासा	न्यासी	खलासी	सरसों
अविश्वास	झाँसा	वैसा	संन्यासी	विलासी	सो
अंधविश्वास	गँडासा	प्रशंसा	आपसी	चापलूसी	रासो
साँस	बतासा	सीसा	तापसी	आवासी	सौ
सास	तैसा	सहसा	रूपसी	घटघटवासी	वयस्क
सीस	मनसा	मुँहासा	वापसी	अंतेवासी	समवयस्क
जासूस	नासा	हिंसा	पासी	आदिवासी	अल्पवयस्क
महसूस	पाँसा	अहिंसा	कपासी	नवासी	चस्का
लाइसेंस	पासा	प्रतिहिंसा	फाँसी	निवासी	टेस्ट
अफ़सोस	पिपासा	मसि	फुंसी	मूलनिवासी	ट्रस्ट
हंस	रक्तपिपासा	सी	कानाफूसी	प्रवासी	कम्यूनिस्ट
राजहंस	पैसा	चौकसी	बंसी	ग्रामवासी	टाइपिस्ट
परमहंस	प्यासा	निकासी	बेबसी	पुरवासी	बुकपोस्ट
तहसनहस	भूखाप्यासा	किसी	उलटबाँसी	स्वर्गवासी	रजिस्ट्री
बहस	फुसफुसा	कैसी	बासी	शासी	अस्त
साहस	भूसा	इक्यासी	बीसी	प्रशासी	किस्त
दु:साहस	भैंसा	राक्षसी	तामसी	आधासीसी	बीमाकिस्त
हास	मसा	खाँसी	मौसी	जासूसी	दरखास्त
अट्टहास	मीमांसा	पचासी	प्रेयसी	हँसी	अगस्त
इतिहास	चौमासा	पचीसी	छियासी	साहसी	ग्रस्त
उपहास	बारहमासा	राजसी	बयासी	जिज्ञासु	शोकग्रस्त
परिहास	रसा	एजेंसी	मायूसी	पिपासु	सूखाग्रस्त
हासपरिहास	अंदरसा	अट्ठासी	आरसी	आँसू	विपद्ग्रस्त
ह्रास	फरसा	अठासी	जरसी	टेसू	वादग्रस्त
मूल्यह्रास	परोसा	पड़ोसी	बनारसी	वीरप्रसू	शापग्रस्त
सा	भरोसा	अड़ोसीपड़ोसी	फारसी	से	चुस्त
धुआँसा	खालसा	सतासी	बरसी	इसे	त्रस्त
रुआँसा	जलसा	सत्तासी	चौरासी	उसे	संत्रस्त
रोआँसा	फालसा	बत्तीसी	तिरासी	ऐसे	दस्त
ऐसा	लालसा	दासी	चपरासी	किसे	जबरदस्त
काँसा	लसलसा	उदासी	रूसी	कैसे	दोस्त
कैसा	खुलासा	परदेसी	करेंसी	जिसे	उद्ध्वस्त
खासा	दिलासा	मानसी	फार्मेसी	जैसे	ध्वस्त
अच्छाखासा	लिसलिसा	दकियानूस	अलसी	वैसे	परिध्वस्त

न्यस्त	- - शस्ति	- - शास्त्र	- - रस्थ	- - हस्थी	- - जस्व
न्यस्त	**प्रशस्ति**	**नाट्यशास्त्र**	**परस्थ**	**ग हस्थी**	**राजस्व**
पोस्त	स्वस्ति	प्राणिशास्त्र	स्वर्गस्थ	घरग हस्थी	भूराजस्व
बंदोबस्त	चुस्ती	गणितशास्त्र	गर्भस्थ	स्वास्थ्य	वर्चस्व
अभ्यस्त	दस्ती	नीतिशास्त्र	पार्श्वस्थ	दिलचस्प	सर्वस्व
अनभ्यस्त	जबरदस्ती	मंत्रशास्त्र	शीर्षस्थ	किस्म	हृतसर्वस्व
मस्त	दोस्ती	मत्स्यशास्त्र	स्वस्थ	जिस्म	ह्रस्व
समस्त	बस्ती	छंदशास्त्र	अस्वस्थ	भस्म	ओजस्वी
निरस्त	गंदीबस्ती	रसायनशास्त्र	ग हस्थ	रस्म	तेजस्वी
बुतपरस्त	खरमस्ती	न शास्त्र	आस्था	रीतिरस्म	मनस्वी
परास्त	दुरुस्ती	न्यायशास्त्र	अनास्था	बपतिस्मा	तपस्वी
दुरुस्त	तंदुरुस्ती	तर्कशास्त्र	अवस्था	तिलस्मी	वर्जस्वी
तंदुरुस्त	हस्ती	अर्थशास्त्र	रुग्णावस्था	सामंजस्य	यशस्वी
अंतर्ग्रस्त	घरग हस्ती	भूगर्भशास्त्र	सहजावस्था	संसत्सदस्य	किस्सा
सूर्यास्त	अस्तु	सौंदर्यशास्त्र	प्रौढ़ावस्था	सदस्य	गुस्सा
व्यस्त	तथास्तु	खगोलशास्त्र	संक्रमणावस्था	दास्य	रस्सा
अस्तव्यस्त	वस्तु	मानवशास्त्र	व द्धावस्था	औदास्य	हिस्सा
प्रशस्त	प्रतिवस्तु	भाषाशास्त्र	ध्यानावस्था	वैमनस्य	अस्सी
आश्वस्त	पुरावस्तु	शस्त्रास्त्र	यौवनावस्था	सौमनस्य	मिस्सी
विश्वस्त	वास्तु	ब्रह्मास्त्र	चैतन्यावस्था	उपास्य	रस्सी
हस्त	नमस्ते	स्त्री	शून्यावस्था	आलस्य	लस्सी
मुक्तहस्त	अगस्त्य	परस्त्री	सुप्तावस्था	लास्य	पिस्सू
रिक्तहस्त	अस्त्र	शास्त्री	चरमावस्था	शस्य	आह
सिद्धहस्त	षट्शास्त्र	शिक्षाशास्त्री	दुरवस्था	रहस्य	इह
दास्ताँ	युद्धास्त्र	समाजशास्त्री	गर्भावस्था	हास्य	उँह
गुलिस्ताँ	प्रक्षेपास्त्र	प्राणिशास्त्री	बालावस्था	तपस्या	ओह
खस्ता	आग्नेयास्त्र	रसायनशास्त्री	बाल्यावस्था	समस्या	तनख्वाह
जस्ता	निरस्त्र	निकटस्थ	युवावस्था	अमावस्या	जगह
दस्ता	निर्वस्त्र	तटस्थ	शैशवावस्था	दस्यु	आगाह
उड़नदस्ता	वस्त्र	कंठस्थ	व्यवस्था	जलदस्यु	दरगाह
गुलदस्ता	शस्त्र	अंतस्थ	अव्यवस्था	अजस्र	बंदरगाह
पिस्ता	सशस्त्र	यंत्रस्थ	वर्णव्यवस्था	सहस्र	चरागाह
पोस्ता	शास्त्र	पदस्थ	अर्थव्यवस्था	हिंस्र	गह
बस्ता	पाकशास्त्र	मध्यस्थ	सुव्यवस्था	अहिंस्र	प्रेक्षाग ह
रास्ता	शिक्षाशास्त्र	अधीनस्थ	संस्था	तमिस्रा	पूजाग ह
सस्ता	योगशास्त्र	इंद्रप्रस्थ	स्वैच्छिकसंस्था	नस्ल	नाट्यग ह
वस्ति	समाजशास्त्र	वानप्रस्थ	अस्थि	निजस्व	लताग ह

- - ग ह	- - तह	- - मुँह	- - लोह	- - हूँहाँ	- - पाहि
प्रसूतिग ह	**फतह**	**मुँह**	**लोह**	**हूँहाँ**	**पाहिपाहि**
अतिथिग ह	सत्रह	समूह	लौह	हा	कह
बंदीग ह	उत्साह	जनसमूह	अल्लाह	अहा	परछाह
जलपानग ह	निरुत्साह	मेह	वह	आहा	नह
स्नानग ह	सोत्साह	मधुमेह	गवाह	ईहा	यह
विश्रामग ह	थाह	प्रमेह	प्रवाह	पगहा	वह
काराग ह	अथाह	मोह	धाराप्रवाह	गुहा	उगाही
बालग ह	चौदह	मायामोह	अफ़वाह	अनचाहा	आग्रही
छविग ह	दाह	विमोह	परवाह	चूहा	ग्राही
आग्रह	परिदाह	व्यामोह	परिवाह	छुतहा	सूक्ष्मग्राही
मताग्रह	देह	सम्मोह	विवाह	लतहा	गुणग्राही
सत्याग्रह	आरामदेह	यह	द्विविवाह	गदहा	मनोग्राही
निग्रह	संदेह	सालगिरह	पुनर्विवाह	दोहा	सारग्राही
अनुग्रह	सदेह	ग्यारह	गंधर्वविवाह	पपीहा	बटोही
उपग्रह	निस्संदेह	अठारह	बहुविवाह	फाहा	कड़ाही
दुराग्रह	पंद्रह	तरह	व्यूह	शुबहा	कोताही
परिग्रह	द्रोह	तेरह	चक्रव्यूह	बिनब्याहा	दही
अपरिग्रह	राजद्रोह	बारह	बादशाह	महा	वैदेही
पूर्वग्रह	मित्रद्रोह	विरह	तानाशाह	दुधमुँहा	द्रोही
पूर्वाग्रह	सैन्यद्रोह	राह	दुःसह	खरहा	राजद्रोही
नवग्रह	विद्रोह	कराह	सिंह	चौराहा	विद्रोही
विग्रह	उपानह	गुमराह	नरसिंह	तिराहा	देशद्रोही
खंडितविग्रह	गुनाह	वराह	ईसामसीह	दुराहा	पनही
संग्रह	पनाह	निरीह	सौंह	रोहा	मनाही
साग्रह	जहाँपनाह	तफरीह	स्नेह	जुलाहा	सिपाही
स्वाग्रह	नेह	दुरूह	सस्नेह	लोहा	बही
चाह	ऊहापोह	आरोह	निःस्प ह	चरवाहा	लेखाबही
छह	सप्ताह	गिरोह	निस्प ह	हलवाहा	जाकड़बही
छाँह	सुबह	समारोह	अहह	रहासहा	रोकड़बही
धूपछाँह	बाँह	पर्वसमारोह	हाँ	मसीहा	मही
बिछोह	ब्याह	अवरोह	आँहाँ	स्प हा	छमाही
विछोह	भौंह	निर्वाह	कहाँ	स्वाहा	तिमाही
तरजीह	पितामह	कलह	जहाँ	अहाहा	यही
डाह	प्रपितामह	सुलह	तहाँ	हौहा	तुरही
कड़ाह	भीष्मपितामह	सोलह	यहाँ	अहि	बरही
तह	प्रमातामह	सलाह	वहाँ	त्राहि	सुराही

- - रोही	- - सही	- - हेंहें	- - ह्न
आरोही	**सही**	**हेंहें**	**अपराह्न**
निर्मोही	स्नेही	हे	पूर्वाह्न
इलाही	स्याही	चाहे	ब्रह्म
वही	हुँ	हैं	शब्दब्रह्म
गवाही	बाहु	है	ब्रह्मा
चरवाही	राहु	हो	ब्राह्मी
धारावाही	हूँ	ओहो	गुह्य
कार्यवाही	उँहूँ	चिह्न	ग्राह्य
शाही	ऊँहूँ	पगचिह्न	अग्राह्य
गुंडाशाही	गेहूँ	पदचिह्न	बुद्धिग्राह्य
लालफीताशाही	पतोहू	जन्मचिह्न	बाह्य
तानाशाही	बहू	नामचिह्न	सह्य
बनियाशाही	हूबहू	प्रश्नचिह्न	असह्य
नौकरशाही	रोहू	राष्ट्रचिह्न	ही
बालूशाही	लहू	मध्याह्न	जिह्वा

□

वर्गपहेली कोश

'वर्गपहेली' (क्रॉसवर्ड) शब्द से आप सब परिचित हैं। अंग्रेजी के सभी प्रसिद्ध दैनिकों में प्रतिदिन क्रॉसवर्ड पहेली निकलती हैं। हिंदी की पत्र-पत्रिकाओं में इनका प्रचलन कम है। कुछ दैनिकों में ये प्रतिदिन अवश्य निकल रही हैं, किंतु बहुत ही कम लोग ऐसे होंगे जो नियमित रूप से इनका हल निकालते होंगे (जब कि कुछ अंग्रेजी पाठकों को तो बिना इन्हें भरे चैन नह पड़ता)। प्रहेलिकाएँ अपने शाब्दी ज्ञान के निजी परीक्षण का एक अनुपम साधन हैं (बशर्ते इस द ष्टि से रची जाएँ), किंतु खेद है कि हम लोगों में ऐसी परंपरा नह है। इसका प्रमुख कारण ऐसे वर्गपहेली कोश का नितांत अभाव है जैसा कि यहाँ प्रस्तुत किया जा रहा है। यह कोश 16,000 अति प्रचलित शब्दों पर आधारित है और प्रथम प्रयास है, यदि इसका स्वागत होता है तो इससे अधिक बड़े एवं परिष्कृत कोश तैयार होते रहेंगे।

यदि शैक्षिक स्तरों पर भलीभाँति योजनाबद्ध वर्गपहेली का प्रयोग किया जाए तो छात्र इससे अपने स्वयं के ज्ञान का परीक्षण कर सकते हैं और अध्यापक छात्र के निष्पादन से इनके ज्ञान की अवधारणा का आकलन कर अध्यापन को और अधिक द ढ़ बना सकते हैं। वे योजनाबद्ध रीति से वर्गपहेली का निर्माण प्रस्तुत कोश की मदद से सरलता से कर सकते हैं।

कोश की प्रस्तुति शैली

प्रस्तुत कोश में एकाक्षरी, द्वि–अक्षरी, त्रि–अक्षरी और चतुर्–अक्षरी शब्दों के वर्गपहेली कोश दिए गए हैं। द्वि–अक्षरी में आदि अक्षर से भी (प ष्ठ 160–170) सभी शब्द क्रमबद्ध हैं और अंत–अक्षर से भी (प ष्ठ 171–181)। त्रि–अक्षरी में आदि (प ष्ठ 182–200), मध्य (प ष्ठ 201–219) और अंत (प ष्ठ 220–238) के अक्षरों के अनुसार क्रमबद्ध हैं। चतुर्–अक्षरी में आदि (प ष्ठ 239–258), प्रथम मध्य (प ष्ठ 259–278), द्वितीय मध्य (प ष्ठ 279–298) और अंत (प ष्ठ 299–318) के अक्षरों के अनुसार

क्रमबद्ध हैं। इससे अधिक अक्षरों वाले शब्दों को इस लिए समाविष्ट नह किया गया है, क्योंकि हिंदी के मूल शब्द विरलतया ही पाँच या अधिक अक्षरों के मिलते हैं। रहे समास, उपसर्ग, परप्रत्यय आदि से उत्पन्न पंचाक्षरी, षडक्षरी, सप्ताक्षरी और विरलतया अष्टाक्षरी, तो वर्गपहेली में इनका संकेत (क्यू) बीच में + लगाकर दिखाने की परंपरा है, जैसे 'अपमानजनक' के लिए संकेत 4+3।

अब नीचे यह दिखाया जा रहा है कि किस प्रकार प्रस्तुत कोश पहेली-वर्ग निर्माण में सहायक है। मान लिया आपने ऊपर से नीचे 'आमदनी' सोचा।

			आ				आ				
			म				म				
		आ	द	मी			द	या	लु		
			नी			ध	नी				
		आ	न	न		बु	आ	ई			आ
		म					म			द	म
दा	मा	द			बि	रा	द	री		या	द
		नी	च				नी				नी

यदि आप ऐसे चतुर्–अक्षरी शब्द चाहते हैं जिनका आरंभ 'आमदनी' के 'द' से हो तो प ष्ठ 246 खोल लें। आपको 'दगाबाज, दनादन,, दमनीय, दरगाह, दयालु' आदि अनेक शब्द मिल जाएँगे। यदि आप ऐसे चतुर्–अक्षरी शब्द चाहते हैं जिनका प्रथम मध्य 'आमदनी' के 'द' पर हो अर्थात् 'द' के पहले एक अक्षर हो और बाद में दो अक्षर हों तो प ष्ठ 265 को खोल लें। आपको 'सुंदरता, वंदनीय, सुदर्शन, यादगार, मादकता' आदि अनेक शब्द मिल जाएँगे। यदि आप ऐसे चतुर्–अक्षरी शब्द चाहते हैं जिनका द्वितीय मध्य 'आमदनी' के 'द' पर हो अर्थात् 'द' के पहले दो अक्षर हा. और बाद में एक अक्षर हो तो प ष्ठ 285 को खोल लें। आपको 'अकादमी, एकादशी, महोदय, सर्वोदय, आवेदन' आदि अनेक शब्द मिल जाएँगे। यदि आप ऐसे चतुर्–अक्षरी शब्द चाहते हैं जिनका अंत 'आमदनी' के 'द' पर हो अर्थात् 'द' के पहले तीनों अक्षर हा. तो प ष्ठ 305 को खोल लें। आपको 'अनुवाद, साधुवाद, यजुर्वेद, जनपद, अमरूद' आदि अनेक शब्द मिल जाएँगे। ऐसे ही त्रि–अक्षरी, द्वि–अक्षरी में मिल जाएँगे। इसी प्रकार 'आमदनी' के 'आ', 'म', 'द' या 'नी' के साथ भी संभव है।

शिक्षण कार्य में इस कोश का अनुप्रयोग

शिक्षण कार्य में तो वर्गपहेली का प्रयोग भाँति–भाँति से किया जा सकता है। बस पहले यह तय करना होता है कि शिक्षणाभ्यास का बिंदु क्या है। विषयप्रवेश के रूप में आप बहुत छोटे बच्चों को 'ल' लिखने का अभ्यास कराना चाहते हैं। आप ऐसे द्वि–अक्षरी शब्दों को चुनिए जिन्हें वे प्रायः जानते हैं। फिर उन शब्दों की सहायता से वर्गपहेली बनाएँ (जैसे नीचे बनाई गई है) :

	1 का			2 आ
3 मा	ली		4 भा	लू
		5 न		
6 ता		ल		7 नी
ला	ल		9 पी	ला

बच्चों को शब्द का इशारा वस्तु या रंगीन कार्ड दिखाकर दे सकते हैं।

ये वर्गाकार ही हों यह आवश्यक नह है। इनकी भिन्न–भिन्न आक तियाँ हो सकती हैं। जैसे :

1 अ		2 भा	र	त
ष्ट		नु		
3 मी	रा		4 भी	5 म
		6 सी		ह
7 ए	क	ता		र्षि

शिक्षण कार्य में अनुप्रयोग का एक नमूना

यहाँ कक्षा 6, 7, और 8 के अनुकूल एक नमूना दिया जा रहा है। पहले हम उन शैक्षिक–बिंदुओं का चयन कर लेते हैं, जिनका हम अभ्यास कराना चाहते हैं। जैसे आपने भूगोल में 'अफ़्रीका' पढ़ाया है और 'मारीशस, नील, मिश्र, सहारा, नहर' का अभ्यास कराना चाहते हैं अथवा इतिहास में 'मुगल युग' पढ़ाया है और 'अकबर, जहाँगीर, पानीपत, चेतक' का अभ्यास कराना चाहते हैं अथवा 'भारतीय संस्क ति' में 'मात भूमि, रावण, भरत, स्वाहा, एकदंत' का अभ्यास कराना चाहते हैं अथवा हिंदी भाषा के कुछ शब्दों 'जलज, कनक, विधुर, सरल, भूत, सरपट' का अभ्यास कराना चाहते हैं तो नीचे दी वर्गपहेली का प्रयोग करें :

[1]मा	री	श	[2] स		[3] नी	ल	[4] अ
त		[5] स्वा	हा		[6] चे	त	क
[7] भू	त		[8] रा	व	ण		ब
[9] मि	श्र			[10] ज	हाँ	गी	र
		[11] स	र	ल		ध	
[12] वि	धु	र		ज	[13] क		[14] भ
[15] पा	नी	प	त		[16] न	ह	र
[17] ची	न	ट		[18] ए	क	दं	त

बाएँ से दाएँ

1. अफ़्रीका का एक द्वीप जहाँ भारतीय बड़ी संख्या में रहते हैं।
3. मिश्र की प्रमुख नदी।
5. पूजा के मंत्रों में अंत में आने वाला पूजनीय शब्द।
6. राणा प्रताप का प्रसिद्ध घोड़ा।
7. वर्तमान और भविष्य से भिन्न व्याकरणिक काल।
8. विजयादशमी की शाम जिसे जलाया जाता है।
9. अफ़्रीका का देश जहाँ पिरामिड मिलते हैं।
10. सन् 1605 में जो मुगल बादशाह बना।
11. 'कठिन' का विलोम।
12. वह पुरुष जिसकी पत्नी का निधन हो चुका है।
15. वह लड़ाई का स्थल जहाँ अकबर ने हेमू को हराया था।
17. सिंचाई का एक साधन।
18. भारत के उत्तर का एक देश।
19. गणेशजी का एक नाम।

ऊपर से नीचे

1. भारत हमारी······है।
2. विश्व का सबसे बड़ा मरुस्थल।
4. वह मुगल सम्राट् जिसने फ़तेहपुर सीकरी बनाया।
10. 'कमल' का एक पर्यायवाची।
11. घोड़े की एक चाल।
13. एक शब्द जिसके 'स्वर्ण' और 'धतूरा' दोनों अर्थ होते हैं।
14. राम के एक छोटे भाई

[ऊपर वर्ग पहेलियों में अक्षर, विवेचन के लिए, भरे हुए दिखाए गए हैं। वास्तव में केवल छोटी संख्याएँ दी जाती हैं और संकेत (क्यू) दिए जाते हैं।] ☐

एकाक्षरी

आदि		अंत स्वरक्रम	
ॐ	**ये**	**ख**	**रे**
का	यों	न	से
की	री	बाँ	हे
के	रे	माँ	मैं
कै	लू	हाँ	हैं
को	लौ	का	कै
क्या	श्री	क्या	है
क्यों	सा	ना	क्यों
ख	सी	या	त्यों
गौ	से	सा	यों
घी	सो	हा	को
चूँ	सौ	त्रि	जो
जी	स्त्री	की	दो
जो	हाँ	घी	सो
जौ	हा	जी	हो
ट्रे	हुँ	धी	गौ
तू	हूँ	भी	जौ
त्यों	हे	री	नौ
त्रि	हैं	श्री	पौ
दो	है	सी	लौ
धी	हो	स्त्री	सौ
न	ही	ही	

□

द्वि-अक्षरी : आदि

अं -	अ -	आ -	इं -	उ -	ऋ -	कं -	क -
अंक	**अर्चा**	**आड़ा**	**इंद्र**	**उफ**	**ऋजु**	**कंठी**	**कब्र**
अंग	अर्ज	आत्म	इक्का	उमा	ऋण	कंठ्य	कभी
अंडा	अर्जी	आत्मा	इक्षु	उम्दा	ऋणी	कंडा	कम
अंत	अर्थ	आदि	इच्छा	उम्र	ऋद्धि	कंडी	कमी
अंत्य	अर्थी	आद्य	इडा	उर	ऋषि	कंडू	कर
अंध	अर्ध	आधा	इति	उरु	एक	कंद	करि
अंधा	अल्प	आन	इत्र	उर्द	एड़ी	कंधा	कर्क
अंबु	अल्ला	आना	इन	उर्दू	एवं	कंप	कर्ज
अंश	अश्रु	आप	इन्हें	उर्फ	एव	कंस	कर्जा
अक़्ल	अश्व	आपा	इन्हों	उर्वी	ऐंठ	कई	कर्ण
अग्नि	अष्ट	आप्त	इल्म	उर्स	ऐक्य	कक्ष	कर्ता
अग्र	अस्त	आब	इव	उल्का	ऐन	कक्षा	कर्म
अच्छा	अस्तु	आब्रू	इश्क	उल्था	ऐब	कच्चा	कर्मी
अच्छी	अस्त्र	आभा	इष्ट	उल्लू	ऐश	कजा	कल
अज्ञ	अस्थि	आम	इस	उषा	ऐसा	कटि	कला
अड्डा	अस्सी	आय	इसे	उष्ट्र	ऐसे	कटु	कलि
अणु	अहा	आया	इह	उष्ण	ओंठ	कट्टा	कली
अतः	अहि	आयु	ईंट	उस	ओघ	कड़ा	कल्कि
अति	आँख	आर्थी	ईख	उसे	ओछा	कड़ी	कल्प
अदा	आँच	आर्द्र	ईद	ऊँघ	ओज	कढ़ी	कवि
अद्य	आँत	आर्द्रा	ईदी	ऊँच	ओझा	कण	कश्ती
अधः	आँधी	आर्य	ईप्सा	ऊँचा	ओट	कत्था	कष्ट
अन्न	आँव	आर्या	ईर्षा	ऊँट	ओफ	कत्ल	कस
अन्य	आँवाँ	आर्ष	ईर्ष्या	ऊँहूँ	ओम	कथा	कहाँ
अब	आँवा	आला	ईश	ऊधो	ओला	कथ्य	कह
अब्ज	आँसू	आलू	ईहा	ऊन	ओष्ठ	कद	कांक्षा
अब्धि	आँहाँ	आल्हा	उँह	ऊनी	ओष्ठ्य	कदा	कांक्षी
अब्बा	आका	आवाँ	उँहूँ	ऊब	ओस	कद्दू	काँख
अभी	आग	आशा	उक्त	ऊरु	ओह	कनी	काँच
अम्मा	आगा	आशु	उक्ति	ऊर्ण	ओहो	कन्नी	काँटा
अरि	आगे	आस	उग्र	ऊर्ध्व	औंधा	कन्या	कांड
अरी	आज	आस्था	उच्च	ऊर्मि	और	कपि	कांता
अरे	आज्ञा	आह	उत्	ऊषा	कंघा	कफ	कांति
अर्क	आटा	आहा	उन	ऊष्म	कंघी	कब	काँसा
अर्घ	आठ	इंच	उन्हें	ऊष्मा	कंठ	कब्ज	काई

का -	**कि -**	**कृ -**	**को -**	**क्षे -**	**खाँ -**	**खू -**	**ग -**
काकी	**किसे**	**कृत्य**	**कोस**	**क्षेत्र**	**खाँसी**	**खूनी**	**गधा**
काज	किस्त	कृपा	कौआ	क्षेम	खाई	खूब	गधी
काजी	किस्म	कृमि	कौड़ी	क्षोभ	खाक	खेत	गन्ना
काजू	किस्सा	कृश	कौन	खंड	खाकी	खेती	गप
काठ	कीट	कृषि	कौर	खंभ	खाड़ी	खेद	गप्प
काढ़ा	कीड़ा	कृष्ण	कौवा	खंभा	खात	खेप	गम्य
कान	कीमा	केंद्र	क्रम	खक्खा	खाता	खेमा	गया
काना	कीर्ति	केतु	क्रय	खग	खाद	खेल	गरी
कापी	कील	केश	क्रांति	खट	खादी	खैर	गर्भ
काफी	कीला	कैंची	क्रास	खट्टा	खाद्य	खोज	गर्म
काबू	कुंजी	कैंप	क्रिया	खट्टी	खान	खोट	गर्व
काम	कुंड	कैद	क्रीड़ा	खड़	खाना	खोटा	गला
कामा	कुंडा	कैदी	क्रीत	खड़ा	खामी	खोना	गली
काम्य	कुंडी	कैसा	क्रूर	खड़ी	खारा	खोल	गल्ला
काया	कुंभ	कैसी	क्रेता	खड्ग	खारी	खोवा	गश्ती
कार्गो	कुआँ	कैसे	क्रोध	खड्गी	खाल	खौल	गाँठ
कार्ड	कुच	कोई	क्रोधी	खत	खाला	ख्यात	गाँव
कार्य	कुछ	कोख	क्लब	खता	खाली	ख्याति	गाड़ी
काल	कुटी	कोच	क्लर्क	खत्ता	खास	ख्याल	गाढ़ा
काला	कुत्ता	कोट	क्लांत	खत्ती	खासा	ख्वाब	गाथा
काली	कुब्ज	कोटा	क्लांति	खत्म	खिन्न	गंगा	गाना
काव्य	कुर्क	कोटि	क्लास	खत्री	खिल्ली	गंज	गाय
काश	कुर्दी	कोठा	क्लेश	खफा	खीज	गंजा	गारा
काश्त	कुर्सी	कोठी	क्वार	खब्त	खीझ	गंजी	गार्ड
काष्ठ	कुल	कोड	क्वारा	खब्ती	खीर	गंदा	गाल
किंतु	कुली	कोढ़	क्षण	खर	खीरा	गंध	गाली
किण्वा	कुल्फी	कोढ़ी	क्षत	खरा	खुद	गंधी	गिद्ध
किन	कुल्ला	कोना	क्षति	खरी	खुदा	गज	गिरि
किन्ह	कुश	कोप	क्षम्य	खर्च	खुला	गट्ठा	गीत
किन्हें	कुश्ती	कोफ्ता	क्षय	खर्चा	खुश	गड्ढा	गीता
किन्हों	कूट	कोमा	क्षार	खर्ब	खुशी	गण	गीति
किला	कूड़ा	कोरा	क्षीण	खर्रा	खुश्क	गति	गीध
किश्त	कूप	कोल्हू	क्षीर	खर्व	खुश्की	गत्ता	गीला
किश्ती	कूल	कोश	क्षुद्र	खल	खूँटा	गदा	गुंडा
किस	कूल्हा	कोष	क्षुधा	खस	खूँटी	गद्दी	गुच्छ
किसी	कृति	कोष्ठ	क्षुब्ध	खस्ता	खून	गद्य	गुच्छा

गु -	गो -	घा -	च -	चि -	चू -	छ -	छे -
गुट	**गोला**	**घाती**	**चक्की**	**चिढ़**	**चूहा**	**छड़**	**छेद**
गुड़	गोली	घान	चक्र	चित	चेक	छड़ी	छेना
गुड्डा	गोश्त	घाम	चक्षु	चिता	चेटी	छत्ता	छेनी
गुड्डी	गोष्ठी	घास	चट	चित्त	चेपी	छत्र	छैला
गुण	गौण	घिग्घी	चटु	चित्ती	चेला	छद्म	छोटा
गुणा	गौना	घिन	चड्डी	चित्र	चेली	छन	छोर
गुणी	गौरी	घुटा	चना	चिर	चेष्टा	छर्रा	छोला
गुत्थी	ग्रंथ	घुन	चप्पू	चिल्ला	चैत	छल	छौंक
गुप्त	ग्रंथि	घुप	चर	चिह्न	चैत्य	छल्ला	छौना
गुफा	ग्रंथी	घूँट	चर्च	च टा	चैत्र	छवि	जंग
गुरु	ग्रस्त	घूँसा	चर्चा	च टी	चैन	छह	जंगी
गुल	ग्राम	घूरा	चर्म	चीकू	चोंगा	छाँह	जंघा
गुस्सा	ग्राम्य	घूस	चर्या	चीख	चोंच	छाछ	जंतु
गुहा	ग्राही	घ णा	चल	चीज	चोगा	छाता	जंबु
गुह्य	ग्राह्य	घ त	चश्मा	चीड़	चोट	छाती	जख्म
गूँगा	ग्रीवा	घेर	चस्का	चीता	चोटी	छात्र	जग
गूढ़	ग्रीष्म	घेरा	चाँटा	चीन	चोट्टा	छात्रा	जच्चा
गूदा	ग्रेड	घोंघा	चाँद	चीनी	चोर	छाप	जज
गह	ग्लानि	घोंचू	चाँदी	चीर	चोरी	छापा	जज्ब
गेंद	ग्वाला	घोड़ा	चाक	चीरा	चोला	छाया	जटा
गेंदा	घंटा	घोड़ी	चाकू	चील	चोली	छाल	जड़
गेट	घंटी	घोर	चाचा	चुंगी	चौंध	छाला	जड़ी
गेहूँ	घट	घोल	चाची	चुन्नी	चौक	छिद्र	जत्था
गैर	घटा	घ्राण	चाट	चुप	चौका	छिन्न	जन
गैस	घटी	घ्राता	चाप	चुप्पी	चौकी	छिपा	जन्म
गोंद	घड़ा	चंगा	चाबी	चुल्लू	चौड़ा	छ क	जप
गोटी	घड़ी	चंचु	चाय	चुस्त	चौथ	छ ट	जब
गोता	घन	चंट	चार	चुस्ती	चौथा	छ टा	जब्त
गोत्र	घना	चंड	चाल	चूँकि	चौथी	छीछी	जब्ती
गोद	घर	चंडी	चालू	चूक	च्युत	छुट्टा	जभी
गोदी	घर्म	चंद	चाह	चूड़ा	च्युति	छुट्टी	जमा
गोप	घाघ	चंदा	चाहे	चूड़ी	छंद	छुरा	जम
गोपी	घाट	चंद्र	चिंता	चूना	छक्का	छुरी	जय
गोभी	घाटा	चंपा	चिंत्य	चूर्ण	छज्जा	छूट	जर
गोरा	घाटी	चंपू	चिट्ठा	चूल	छठा	छूत	जरा
गोरी	घात	चक्का	चिट्ठी	चूल्हा	छठी	छूना	जरी

ज -	जि -	जो -	झू -	टे -	डं -	ड्यू -	तं -
जल	**जिला**	**जोन**	**झूला**	**टेस्ट**	**डंक**	**ड्यूटी**	**तंद्रा**
जल्दी	जिल्द	जोर	झोका	टैक्स	डंका	ड्योढ़ी	तंबू
जल्प	जिरा	जोरू	झोला	टैक्सी	डंडा	ड्रम	तक
जवाँ	जिसे	जोश	झोली	टैंक	डंडी	ड्राफ्ट	तक्र
जश्न	जिस्म	ज्ञात	टंकी	टोंटी	डग	ड्रामा	तख्त
जस्ता	जिह्वा	ज्ञाता	टक	टोक	डमी	ड्रिल	तख्ता
जहाँ	जीजा	ज्ञान	टका	टोप	डली	ड्रेस	तख्ती
जाँघ	जीजी	ज्ञानी	टट्टी	टोपी	डाँड़	ढंग	तट
जाँच	जीन	ज्यादा	टट्टू	टोला	डाँस	ढर्रा	तत्त्व
जाट	जीना	ज्येष्ठ	टस	टोली	डाई	ढाई	तथा
जाड़ा	जीभ	ज्योति	टाँक	ट्रंक	डाक	ढाक	तथ्य
जाड्य	जीरा	ज्योत्स्ना	टाँग	ट्रस्ट	डाका	ढाड़	तदा
जाति	जीरो	ज्वर	टाँगा	ट्राफी	डाकू	ढाना	तन
जादू	जीर्ण	ज्वार	टाँड़	ट्राली	डाट	ढाबा	तना
जान	जीव	ज्वाला	टाई	ट्रेन	डाड़	ढाल	तनु
जाना	जुदा	झंझा	टाट	ट्रौली	डाल	ढालू	तन्वी
जानी	जुर्म	झंडा	टापू	ठंड	डाली	ढीठ	तप
जानु	जुल्फ	झंडी	टाफी	ठंडा	डाह	ढील	तप्त
जापा	जुल्म	झक	टार्च	ठग	डिंब	ढीला	तब
जाब	जूठा	झक्की	टाल	ठगी	डिंभ	ढूँढ़	तभी
जाम	जून	झट	टिंडा	ठट्ठा	डिक्की	ढेर	तम
जामा	जूना	झड़	टिक्की	ठप	डिक्री	ढेरी	तय
जाया	जेठ	झड़ी	टिड्डा	ठप्पा	डिपो	ढेला	तरी
जार	जेता	झाँकी	टिड्डी	ठस	डिप्टी	ढैया	तरु
जारी	जेब	झाँझ	टिन	ठॉय	डिब्बा	ढोंग	तर्क
जाल	जेबी	झाँसा	टीका	ठाट	ड ग	ढोंगी	तर्ज
जाला	जेल	झाग	टीन	ठान	डील	ढोंढी	तल
जाली	जैन	झाड़	टुंडी	ठीक	डेढ़	ढोना	तला
जिंदा	जैसा	झाड़ी	टुच्चा	ठुड्डी	डोम	ढोल	तवा
जिक्र	जैसे	झाड़ू	टूक	ठूँठ	डोर	ढोला	तह
जिदद	जोंक	झिल्ली	टूटा	ठूँठा	डोरा	ढौंचा	तहाँ
जिद्दी	जोगी	झील	टेंट	ठेंगा	डोरी	तंग	ताँगा
जिन	जोड़	झुंड	टेंटें	ठेका	डोल	तंगी	ताँत
जिन्हें	जोड़ा	झुर्री	टेढ़ा	ठोड़ी	डोला	तंतु	ताँता
जिन्हों	जोड़ी	झूठ	टेम्पो	ठोढ़ी	डोली	तंत्र	ताँबा
जिम्मा	जोत	झूठा	टेसू	ठोस	डौल	तंत्री	ताई

ता -	ती -	त्या -	द -	दा -	दू -	द्वि -	धि -
ताऊ	**तीर**	**त्याज्य**	**दफा**	**दाल**	**दूल्हा**	**द्विज**	**धिक्**
ताक	तीर्थ	त्योरी	दम	दावा	द ढ़	द्वित्व	धीमे
ताकि	तीव्र	त्रय	दमा	दास	द श्य	द्विधा	धीर
तागा	तीस	त्रस्त	दया	दासी	द ष्टि	द्वीप	धीरे
ताज	तुंग	त्राण	दर	दास्ताँ	देन	द्वेष	धुंध
ताजा	तुंडी	त्रात	दरी	दास्य	देना	द्वेषी	धुआँ
ताजी	तुक	त्रास	दर्ज	दाह	देय	द्वैत	धुत्त
ताड़	तुझ	त्राहि	दर्जा	दिक्	देर	धंधा	धुन
ताड़ी	तुझे	त्रुटि	दर्जी	दिन	देव	धक्का	धुनी
तात	तुम	त्वचा	दर्द	दिल	देवी	धजा	धुर
तान	तुम्हें	त्वरा	दर्प	दिव्य	देश	धज्जी	धुरा
ताना	तुर्रा	थल	दल	दिशा	देशी	धड़	धुरी
ताप	तुला	थान	**दवा**	दीक्षा	देह	धत	धूधू
ताब	तुल्य	थाना	दशा	दीदी	दैत्य	धता	धूनी
ताम्र	तुष्ट	थापी	दस	दीन	दैन्य	धन	धूप
तार	तुष्टि	थाल	दस्त	दीप	दैव	धनी	धूम
तारा	त ण	थाली	दस्ता	दीया	दैवी	धन्य	धूम्र
ताल	त प्त	थाह	दस्ती	दीर्घ	दोना	धप	धूर्त
ताला	त प्ति	थूक	दस्यु	दुःख	दोष	धब्बा	धूल
ताली	त षा	थैला	दही	दुःखी	दोषी	धरा	धूलि
तालु	त ष्णा	थैली	दाँत	दुआ	दोस्त	धर्ता	ध ति
तालू	तेज	थोक	दाँव	दुख	दोस्ती	धर्म	ध ष्ट
ताव	तेरा	थोड़ा	दाईं	दुखी	दोहा	धाक	धेनु
ताश	तेल	थोथा	दाई	दुग्ध	दौड़	धागा	धोखा
ताशा	तेली	दंग	दाग	दुम	दौर	धाड़	धोती
तिक्की	तैसा	दंगा	दाढ़ी	दुर्	दौरा	धातु	धोबी
तिक्त	तोंद	दंड	दाता	दुर	द्यूत	धात्री	धौंस
तिथि	तोता	दंत	दादा	दुर्ग	द्रव	धन	धौरी
तिल	तोप	दंभ	दादी	दुर्गा	द्रव्य	धानी	धौला
तिल्ली	तोबा	दंभी	दान	दुष्ट	द्रष्टा	धाँय	ध्यान
तीक्ष्ण	तोय	दंश	दाना	दूज	द्रुत	धान्य	ध्यानी
तीखा	तोला	दक्ष	दानी	दूत	द्रोह	धाम	ध्येय
तीज	तौल	दगा	दाम	दूती	द्रोही	धार	ध्रुव
तीजा	त्यक्त	दग्ध	दायाँ	दूध	द्वंद्व	धारा	ध्वंस
तीता	त्याग	दत्त	दायी	दूर	द्वार	धारी	ध्वज
तीन	त्यागी	दधि	दारु	दूरी	द्वारा	धावा	ध्वनि

ध्व -	**ना -**	**नि -**	**नो -**	**प -**	**पाँ -**	**पा -**	**पु -**
ध्वस्त	**नाग**	**निम्न**	**नोक**	**पण**	**पाँसा**	**पासा**	**पुच्छ**
नंगा	नाच	निरा	नोच	पण्य	पाई	पासी	पुट
नंदी	नाज	निशा	नोट	पता	पाक	पिंड	पुटी
नक्शा	नाटा	निशि	नोना	पति	पाख	पिंडी	पुट्ठा
नख	नाट्य	निष्क	नौका	पत्ता	पाग	पिक	पुण्य
नग	नाड़ा	निष्ठ	न्यस्त	पत्ती	पाजी	पिट्ठी	पुत्र
नग्न	नाड़ी	निष्ठा	न्याय	पत्नी	पाट	पिता	पुनः
नट	नाता	न द	न्यारा	पत्र	पाटा	पित	पुरः
नटी	नाती	न बू	न्यास	पत्री	पाटी	पित्त	पुर
नत	नाते	नीच	न्यासी	पथ	पाठ	पित्ती	पुरा
नत्थी	नाथ	नीचा	न्यून	पथ्य	पाठा	पिद्दी	पुरी
नथ	नाद	नीचे	पंक	पद	पाठ्य	पिन	पुर्जा
नदी	नाना	नीड़	पंक्ति	पद्म	पाड़	पिन्नी	पुल
नन्हा	नानी	नीति	पंख	पद्य	पाड़ा	पिया	पुली
नफा	नाप	नीबू	पंखा	पन	पाड़ी	पिल्ला	पुष्ट
नब्ज	नाभि	नीम	पंखी	पना	पाणि	पिष्ट	पुष्प
नब्बे	नाम	नीर	पंगु	पन्ना	पात	पिस्ता	पूँछ
नभ	नामी	नीरा	पंच	पन्नी	पात्र	पिस्सू	पूँजी
नमी	नामे	नील	पंछी	पय	पात्री	पीक	पूआ
नम्र	नारा	नीला	पंजा	पर	पाद	पीछा	पूछ
नय	नारी	नींव	पंजी	परे	पान	पीछे	पूजा
नया	नाल	नून	पंडा	पर्चा	पाना	पीठ	पूड़ी
नर	नाला	नूर	पंथ	पर्ची	पानी	पीठा	पूत
नल	नाली	नत्य	पंप	पर्ण	पाप	पीड़ा	पूनी
नली	नाव	नप	पका	पर्त	पापी	पीढ़ा	पूनो
नव	नाश	नेक	पक्का	पर्दा	पार	पीढ़ी	पूरा
नव्वे	नाश्ता	नेकी	पक्व	पर्व	पारा	पीत	पूरी
नशा	नास	नेग	पक्ष	पल	पारी	पीन	पूर्ण
नष्ट	नासा	नेता	पक्षी	पल्ला	पार्श्व	पीना	पूर्त
नस	निंदा	नेति	पग	पल्लू	पाल	पीप	पूर्ति
नस्ल	निज	नेत्र	पट	पशु	पाला	पीपा	पूर्व
नह	निजी	नेत्री	पटु	पाँच	पालि	पीपी	पूर्वी
नाँद	नित	नेमी	पट्ट	पांडु	पाली	पीर	पूल
नाई	नित्य	नेह	पट्टा	पांडे	पाव	पीला	पूला
नाक	निद्रा	नैन	पट्टी	पाँत	पाश	पुंज	पूली
नाका	निधि	नैया	पट्ठा	पाँव	पास	पुंड	पूस

प -	**पो -**	**प्रा -**	**फू -**	**ब -**	**बा -**	**बी -**	**बे -**
पथ्वी	**पोला**	**प्रार्थी**	**फूफा**	**बर्फी**	**बाती**	**बीछी**	**बेल**
पष्ठ	पोस्त	प्रिय	फूफी	बल	बाद	बीज	बैंक
पेंच	पोस्ता	प्रीति	फूल	बलि	बाधा	बीट	बैर
पेंदा	पौआ	प्रेत	फूला	बली	बाध्य	बीड़ा	बैरी
पेंदी	पौढ़ा	प्रेम	फूस	बल्कि	बाना	बीड़ी	बैल
पेट	पौत्र	प्रेमी	फेंटा	बल्ब	बाप	बीन	बोझ
पेटी	पौन	प्रेस	फेन	बल्ला	बापू	बीमा	बोटी
पेटू	पौर	प्रौढ़	फेनी	बस	बाबा	बीर	बोध
पेठा	पौष	प्रौढ़ा	फेर	बस्ता	बाबू	बीस	बोरा
पेड़	प्याऊ	फंदा	फेरा	बस्ती	बायाँ	बीसी	बोरी
पेड़ा	प्याज	फक	फेरी	बही	बार	बुंदा	बोर्ड
पेड़ू	प्यार	फड़	फोड़ा	बहू	बारी	बुड्ढा	बोल
पेय	प्यारा	फण	फौज	बाँका	बाल	बुद्ध	बोली
पेश	प्याला	फन	फ्लैट	बाँझ	बाला	बुद्धि	बौद्ध
पेशा	प्याली	फर्जी	बंडी	बाँट	बाली	बुद्धू	बौना
पेशी	प्यास	फल	बंदा	बाँदी	बालू	बुध	बौर
पैंठ	प्यासा	फली	बंदी	बाँध	बाल्टी	बुरा	बौरा
पैठ	प्रजा	फल्गु	बंध	बाँबी	बास	बूँद	ब्याज
पैड	प्रज्ञ	फाँक	बंधु	बाँस	बासी	बूँदी	ब्याह
पैड़ी	प्रज्ञा	फाँस	बंध्या	बाँह	बाहु	बूआ	ब्यूरो
पैदा	प्रण	फाँसी	बंसी	बाईं	बाह्य	बूझ	ब्योरा
पैना	प्रति	फाग	बग्घी	बाएँ	बिंदी	बूट	ब्रह्म
पैर	प्रथा	फाहा	बच्चा	बाकी	बिंदु	बूटा	ब्रह्मा
पैरा	प्रभा	फिक्र	बट	बाग	बिंब	बूटी	ब्राह्मी
पैसा	प्रभु	फिर	बट्टा	बाघ	बिक्री	बूढ़ा	ब्रेक
पोंका	प्रश्न	फिल्म	बड़ा	बाज	बिच्छू	बूला	भंग
पोंपों	प्रांत	फीका	बत्ती	बाजा	बित्ता	बूथ	भंगी
पोढ़ा	प्राची	फीता	बद	बाजी	बिदा	बूरा	भंडा
पोत	प्राच्य	फीस	बदा	बाजू	बिना	बेंट	भक्त
पोता	प्राज्ञ	फुंसी	बदी	बाट	बिल	बेंत	भक्ति
पोती	प्राणी	फुर	बद्ध	बाटी	बिला	बेटा	भग्न
पोथा	प्रातः	फुर्ती	बन्ना	बाड़ा	बिल्ला	बेड़ा	भट
पोथी	प्राप्त	फुर्र	बन्नी	बाड़ी	बिल्ली	बेड़ी	भट्टा
पोना	प्राप्ति	फुस्स	बम	बाढ़	बिल्व	बेनी	भट्ठी
पोर	प्राप्य	फूँक	बया	बाण	बीघा	बेर	भत्ता
पोल	प्रायः	फूट	बर्फ	बात	बीच	बेरी	भद्दा

भ -	भा -	भे -	मं -	म -	मि -	मूँ -	मे -
भद्र	**भावी**	**भेद**	**मंदी**	**मस्त**	**मिती**	**मूँग**	**मेवा**
भय	भाषा	भेदी	मंशा	महा	मित्र	मूँगा	मेष
भर	भाषी	भेद्य	मक्का	मही	मिथ्या	मूँछ	मेह
भरा	भाष्य	भेली	मक्खी	माँग	मिर्च	मूँड़	मैत्री
भर्ता	भिक्षा	भेष	मग	माँझा	मिर्चा	मूक	मैना
भर्ती	भिक्षु	भैंस	मग्न	माँझी	मिल	मूठ	मैया
भला	भित्ति	भैंसा	मघा	माँद	मिश्र	मूढ	मैल
भले	भिन्न	भैया	मच्छी	मांस	मिश्री	मूत	मैला
भव	भिश्ती	भा.डा	मजा	माई	मिस्सी	मूत्र	मोंढ़ा
भव्य	भीख	भा.दू	मज्जा	माघ	मीठा	मूर्ख	मोक्ष
भस्म	भीड़	भोग	मट्ठा	माटी	मीत	मूर्त	मोच
भाँग	भीति	भोगी	मठ	माठा	मीन	मूर्ति	मोची
भाँड़	भीम	भोग्य	मढ़ी	माता	मील	मूर्धा	मोजा
भाँति	भीरु	भोग्या	मणि	मात	मुंड	मूल	मोटा
भाई	भील	भोज	मत	मात्र	मुंशी	मूली	मोठ
भाग	भीष्म	भोज्य	मति	मात्रा	मुँह	मूल्य	मोड़
भागी	भुज	भोर	मत्त	माथा	मुआ	मग	मोती
भाग्य	भुजा	भोला	मत्था	मान	मुक्का	मत	मोम
भाजी	भुट्टा	भौं भौं	मत्स्य	मानी	मुक्त	म त्यु	मोर
भाट	भूख	भौंरा	मद	मान्य	मुक्ति	म दा	मोरी
भाड़	भूखा	भौंह	मद्य	मापी	मुख	म दु	मोर्चा
भाड़ा	भूत	भौजी	मधु	माफी	मुख्य	म षा	मोल
भाण	भूप	भौम	मध्य	मामा	मुग्ध	मेंड़	मोह
भात	भूमि	भ्रम	मन	मामी	मुझ	मेंढा	मौका
भादों	भूरा	भ्रष्ट	मना	माया	मुझे	मेघ	मौज
भान	भूल	भ्रांत	मनु	मार	मुट्ठी	मेज	मौत
भानु	भूषा	भ्रांति	मम	मारू	मुद्रा	मेथी	मौन
भाप	भूसा	भ्राता	मरु	मार्ग	मुनि	मेद	मौर
भाभी	भ ंग	भ्रूण	मरे	माल	मुन्ना	मेधा	मौसी
भार	भ त	मंच	मर्त्य	माला	मुन्नी	मेमो	म्याऊँ
भारी	भ त्य	मंजु	मर्द	माली	मुफ्त	मेरा	म्यान
भार्या	भेंगा	मंडी	मर्म	मावा	मुर्गा	मेरी	म्लान
भाल	भेंट	मंत्र	मल	माशा	मुर्गी	मेरु	म्लेच्छ
भाला	भेक	मंत्री	मल्ल	मास	मुर्दा	मेरे	यंत्र
भालू	भेजा	मंद	मसा	मिट्टी	मुल्क	मेल	यक्ष्मा
भाव	भेड़	मंदा	मसि	मित	मुल्ला	मेला	यज्ञ

य -	यू -	र -	रु -	रो -	ल -	ली -	लौं -
यति	**यूप**	**रस्म**	**रुई**	**रोम**	**लब्ध**	**लीची**	**लौंजी**
यत्न	योग	रस्सा	रुक्का	रोयाँ	लब्धि	लीद	लौंडा
यत्र	योगी	रस्सी	रुक्ष	रोर	लय	लीन	लौंडी
यथा	योग्य	राँगा	रुग्ण	रोली	लला	लीला	लौंद
यदि	योद्धा	राई	रुचि	रोष	लल्ली	लुँगी	लौकी
यम	योधा	राका	रुत	रोहा	लल्लू	लुँज	लौट
यव	योनि	राख	रुद्ध	रोहू	लवा	लुंडा	लौह
यश	यौन	राखी	रुद्र	रौद्र	लस	लुच्चा	वंध्या
यष्टि	रंक	राग	रुष्ट	लंका	लस्सी	लुप्त	वंश
यह	रंग	रागी	रूक्ष	लंच	लहू	लुब्ध	वंशी
यहाँ	रँगा	राज	रूखा	लंबा	लाँग	लूट	वक्त
यह	रंच	राज़ी	रूढ़	लंबी	लाई	लूला	वक्ता
यही	रंज	राझी	रूढ़ि	लंबू	लाक्षा	लेई	वक्र
याक	रंड	राज्य	रूप	लक्ष	लाख	लेख	वज्र
याग	रंडी	रात	रूपी	लक्ष्मी	लाग	लेखा	वट
याजी	रंदा	रात्रि	रूसी	लक्ष्य	लागू	लेन	वत्स
यात्रा	रंध्र	रानी	रेखा	लग	लाज	लेना	वध
यात्री	रक्त	राम	रेणु	लग्गा	लाट	लेप	वधू
याद	रक्षा	राय	रेत	लग्गू	लाठी	लेश	वध्य
यान	रज	राल	रेती	लग्न	लाड़	लैस	वन
याने	रज्जु	राशि	रेल	लघु	लाड़ो	लोई	वन्य
याफ़्ता	रट्टू	राष्ट्र	रेला	लच्छा	लात	लोक	वफ़ा
याम	रण	रास	रेशा	लच्छी	लाना	लोग	वय
यामा	रति	रासो	रैन	लज्जा	लाभ	लोच	वर
याम्या	रत्ती	रास्ता	रोक	लट	लामा	लोट	वर्ग
यार	रत्न	राह	रोग	लट्टू	लार	लोटा	वर्ण
यारी	रथ	राहु	रोगी	लट्ठ	लाल	लोढ़ा	वर्दी
यीशु	रद्दी	रिक्त	रोज	लट्ठा	लाला	लोना	वर्ष
युक्त	रफ़ू	रिक्थ	रोजा	लड़	लावा	लोप	वर्षा
युक्ति	रब	रिपु	रोजी	लड़ी	लाश	लोभ	वश
युग	रबी	रिश्ता	रोटी	लड्डू	लास्य	लोभी	वसा
युग्म	रवा	रीछ	रोड़ा	लत	लिंग	लोम	वस्ति
युति	रवि	रीठा	रोड़ी	लता	लिपि	लोरी	वस्तु
युद्ध	रश्मि	रीढ़	रोध	लत्ता	लिप्सा	लोह	वस्त्र
युवा	रस	रीति	रोना	लद्दू	लीक	लोहा	वह
यूथ	रसा	रुंड	रोब	लप	लीख	लौंग	वहाँ

व -	व -	व्या -	शां -	शु -	श्र -	स -	सां -
वह	**वक्क**	**व्याघ्र**	**शांति**	**शुक्ल**	**श्रम**	**सख्त**	**सांख्य**
वही	वक्ष	व्याज	शाक	शुचि	श्रव्य	सख्ती	साँचा
वाक्	वत्त	व्याध	शाक्त	शुद्ध	श्राप	सगा	साँझ
वाक्य	वत्ति	व्याधि	शाक्य	शुद्धि	श्रुत	सच	साँझा
वाणी	वथा	व्याप्ति	शाखा	शुभ	श्रुति	सच्चा	साँझी
वात	वद्ध	व्यास	शादी	शुभ्र	श्रेणी	सज़ा	साँड़
वात्या	वद्धि	व्यूह	शान	शुरू	श्रेय	सज्जा	साँढ़ू
वाद	वष	व्योम	शाप	शुल्क	श्रेष्ठ	सट्टा	सांध्य
वाद्य	वष्टि	व्रज	शाम	शुष्क	श्रेष्ठि	सत्	साँप
वाम	वेग	व्रण	शाला	शूद्र	श्रोता	सती	साँस
वायु	वेणी	व्रत	शासी	शून्य	श्रोत्र	सत्त	साक्षी
वार	वेणु	व्रती	शास्त्र	शूर	श्लाघा	सत्ता	साक्ष्य
वारि	वेत्ता	शंका	शास्त्री	शूल	श्लिष्ट	सत्तू	साख
वार्ता	वेद	शंकु	शाही	शंग	ृलील	सत्य	साखी
वाष्प	वेदी	शंख	शिक्षा	शंगी	ृलेष	सत्र	साग
वास	वेध	शंभु	शिखा	शेखी	ृलेष्मा	सत्त्व	साठ
वास्तु	वेला	शक	शिया	शेर	ृलोक	सदा	साड़ी
विंदु	वेश	शक्ति	शिर	शेष	ृवान	सन्	साढ़ू
विघ्न	वेश्या	शक्य	शिरा	शैल	ृवास	सप्त	साढ़े
विज्ञ	वैद्य	शठ	शिला	शैली	ृवेत	सब	सात
वित्त	वैध	शत	शिल्प	शैव	षट्	सब्जी	साथ
विदा	वैर	शती	शिल्पी	शोक	षड्	सब्र	साथी
विद्ध	वैरी	शत्रु	शिव	शोख	षष्ठ	सभा	सादा
विद्या	वैश्य	शनि	शिशु	शोच	षष्ठी	सभी	साध
विधा	वैसा	शब्द	शिष्ट	शोथ	संख्या	सभ्य	साधु
विधि	वैसे	शय्या	शिष्य	शोध	संग	सम	साध्य
विप्र	व्यंग्य	शर	शिष्या	शोभा	संगी	सर	साध्वी
विश्व	व्यक्त	शर्त	शीघ्र	शोर	संघ	सर्ग	सानी
विष	व्यक्ति	शर्म	शीत	शोरा	संज्ञा	सर्दी	साफ
विष्णु	व्यग्र	शर्मा	शीर्ण	शोला	संझा	सर्प	साम्य
वीचि	व्यथा	शल्य	शीर्ष	शौक	संत	सर्व	सायं
वीणा	व्यय	शव	शील	शौच	संधि	सवा	सार
वीर	व्यर्थ	शशि	शीश	शौर्य	संध्या	सस्ता	सारा
वीर्य	व्यष्टि	शस्त्र	शीशी	ृयाम	संस्था	सही	साल
वंत	व्यस्त	शस्य	शुंड	ृयामा	सखा	सह्य	साला
वंद	व्याख्या	शांत	शुक	श्रद्धा	सखी	साँई	साली

सा -	सु -	सै -	स्थू -	स्वा -	हाँ -	हू -
सास	**सुध**	**सैर**	**स्थूल**	**स्वाती**	**हाँडी**	**हूक**
सिंधु	सुधा	सोंठ	स्नान	स्वाद	हाकी	हूण
सिंह	सुन्न	सोआ	स्नायु	स्वादु	हाट	हृत
सिक्का	सुप्त	सोख्ता	स्निग्ध	स्वामी	हाड़	हृष्ट
सिख	सुर	सोच	स्नेह	स्वार्थ	हाथ	हेंहें
सिट्टी	सुरा	सोडा	स्नेही	स्वार्थी	हाथी	हेतु
सिड़ी	सुर्ख	सोता	स्पर्धा	स्वास्थ्य	हानि	हेम
सिद्ध	सुश्री	सोना	स्पर्श	स्वाहा	हामी	हैजा
सिद्धि	सूँड़	सोम	स्पष्ट	स्वेच्छा	हाय	हैलो
सिर	सूँड़ी	सौंधा	स्प ष्ट	स्वेद	हार	होंठ
सिरा	सूक्ति	सौंफ	स्प हा	स्वैर	हाल	होड़
सिर्फ	सूक्ष्म	सौंह	स्फीत	हंडा	हाला	होता
सिल	सूखा	सौत	स्फीति	हंस	हाव	होत्र
सिला	सूची	सौदा	स्फुट	हँसी	हास	होना
सिल्ली	सूझ	सौम्य	स्फूर्ति	हक	हास्य	होनी
स क	सूत	सौर	स्फोट	हठ	हिंद	होम
स ग	सूती	स्कंध	स्मर	हड्डी	हिंदी	होली
सीख	सूत्र	स्कूल	स्मित	हत्था	हिंदू	होश
सीटी	सूद	स्टाक	स्म ति	हत्या	हिंसा	हौज
सीढ़ी	सूना	स्टाफ	स्याही	हद	हिंस्र	हौद
सीता	सूप	स्तंभ	स्रव	हफ्ता	हित	हौदा
सीध	सूफी	स्तन	स्रष्टा	हब्शी	हिना	हौदी
सीधा	सूर्य	स्तब्ध	स्राव	हम	हिम	हौहा
सीना	सूली	स्तर	स्रोत	हमें	हिया	ह्रस्व
सीप	स ष्टि	स्तुति	स्लेट	हय	हिस्सा	ह्रास
सीपी	सेंध	स्तुत्य	स्वच्छ	हर	ह ग	ह्लाद
सीमा	सेंधा	स्तूप	स्वत्व	हरा	हीन	ह्लेल
सील	सेज	स्तोत्र	स्वप्न	हरि	हीरा	
सीस	सेठ	स्त्रीत्व	स्वयं	हर्म्य	हीरो	
सीसा	सेतु	स्त्रैण	स्वर	हर्ष	हुंडी	
सुआ	सेना	स्थल	स्वर्ग	हल	हुआ	
सुख	सेब	स्थान	स्वर्ण	हल्ला	हुक्का	
सुखी	सेम	स्थायी	स्वल्प	हवा	हुक्म	
सुत	सेला	स्थित	स्वस्ति	हस्त	हुश्	
सुता	सेवा	स्थिति	स्वस्थ	हस्ती	हुश्न	
सुदी	सैन्य	स्थिर	स्वाँग	हाँका	हूँहाँ	

☐

द्वि-अक्षरी : अंत

- आँ	- क्	- क	- का	- क्की	- क्री	- ख	- खी
कुआँ	**दिक्**	**पिक**	**फीका**	**डिक्की**	**बिक्री**	**काँख**	**शेखी**
धुआँ	धिक्	पीक	बाँका	तिक्की	अक़्ल	कोख	सखी
कौआ	वाक्	फक	मौका	खक्खा	शुक्ल	चीख	साखी
दुआ	अंक	फाँक	राका	मक्खी	पक्व	दुःख	सुखी
पूआ	एक	फूँक	लंका	उक्त	नक्शा	दुख	तख्त
पौआ	काक	बैंक	शंका	तिक्त	कक्ष	नख	सख्त
बूआ	खाक	ब्रेक	हाँका	त्यक्त	दक्ष	पंख	तख्ता
मुआ	चाक	भेक	चूँकि	भक्त	पक्ष	पाख	सोख्ता
सुआ	चूक	मूक	ताकि	मुक्त	मोक्ष	भीख	तख्ती
सोआ	चेक	याक	काकी	युक्त	रुक्ष	भूख	सख्ती
हुआ	चौक	रंक	खाकी	रक्त	रूक्ष	मुख	जख्म
दाई	छ क	रोक	चौकी	रिक्त	लक्ष	राख	मुख्य
कई	छौंक	लीक	झाँकी	वक्त	व क्ष	लाख	सांख्य
काई	जोंक	लोक	टंकी	व्यक्त	कक्षा	लीख	व्याख्या
कोई	झक	शक	नेकी	शाक्त	कांक्षा	लेख	संख्या
खाई	टक	शाक	बाकी	वक्ता	दीक्षा	शंख	अंग
टाई	टाँक	शुक	लौकी	उक्ति	भिक्षा	शोख	आग
डाई	टूक	शोक	हाकी	पंक्ति	रक्षा	साख	खग
ढाई	टैंक	शौक	शंकु	भक्ति	लाक्षा	सिख	जंग
ताई	टोक	लो क	चाकू	मुक्ति	शिक्षा	सीख	जग
दाई	ट्रंक	स क	चीकू	युक्ति	कांक्षी	सुख	झाग
नाई	ठीक	स्टाक	डाकू	व्यक्ति	पक्षी	तीखा	टाँग
पाई	डंक	हक	व क्क	शक्ति	साक्षी	धोखा	ठग
बाई	डाक	हूक	इक्का	सूक्ति	इक्षु	पंखा	डग
भाई	ढाक	आका	चक्का	रिक्थ	चक्षु	भूखा	ड ग
माई	तक	चौका	छक्का	हुक्म	भिक्षु	रूखा	ढंग
राई	ताक	झोका	धक्का	ऐक्य	तीक्ष्ण	रेखा	ढोंग
रुई	तुक	टका	पक्का	वाक्य	सूक्ष्म	लेखा	तंग
लाई	थूक	टीका	मक्का	शक्य	यक्ष्मा	शाखा	तुंग
लेई	थोक	ठेका	मुक्का	शाक्य	लक्ष्मी	शिखा	त्याग
लोई	धाक	डंका	रुक्का	चक्र	लक्ष्य	सखा	दंग
साँई	नाक	डाका	सिक्का	जिक्र	साक्ष्य	सूखा	दाग
म्याऊँ	नेक	नाका	हुक्का	तक्र	टैक्स	दुःखी	नग
ताऊ	नोक	नौका	चक्की	फिक्र	टैक्सी	दुखी	नाग
प्याऊ	पंक	पका	झक्की	वक्र	आँख	पंखी	नेग
बाएँ	पाक	पोंका	टिक्की	डिक्री	ईख	राखी	पग

- ग	- गा	- ग्घी	- घ्न	- चि	- छ	- ज	- जी
पाग	**चोगा**	**बग्घी**	**विघ्न**	**शुचि**	**रीछ**	**राज**	**भौजी**
फाग	टाँगा	रुग्ण	व्याघ्र	कैंची	ओछा	रोज	याजी
बाग	ठेंगा	दग्ध	शीघ्र	चाची	पीछा	लाज	राज़ी
भंग	ताँगा	दुग्ध	आँच	प्राची	छीछी	लुंज	रोजी
भाँग	तागा	मुग्ध	इंच	मोची	पंछी	व्याज	लौंजी
भाग	दंगा	स्निग्ध	ऊँच	लीची	बीछी	व्रज	ऋजु
भंग	दगा	नग्न	काँच	सूची	पीछे	सेज	मंजु
भोग	धागा	भग्न	कुच	चंचु	आज	हौज	काजू
मग	नंगा	मग्न	कोच	घोंचू	ओज	कजा	बाजू
माँग	भेंगा	लग्न	चोंच	नीचे	काज	गंजा	छज्जा
मूँग	मूँगा	अग्नि	जाँच	उच्च	खीज	जीजा	मज्जा
मग	रँगा	युग्म	नाच	कच्चा	खोज	ताजा	लज्जा
याग	राँगा	भाग्य	नीच	जच्चा	गंज	तीजा	सज्जा
युग	सगा	भोग्य	नोच	टुच्चा	गज	धजा	धज्जी
योग	चुंगी	योग्य	पंच	बच्चा	चीज	पंजा	रज्जु
रंग	जंगी	व्यंग्य	पाँच	लुच्चा	जज	पूजा	अज्ञ
राग	जोगी	भोग्या	पेंच	सच्चा	ताज	प्रजा	प्रज्ञ
रोग	ठगी	अग्र	बीच	गुच्छ	तीज	बाजा	प्राज्ञ
लग	ढोंगी	उग्र	मंच	पुच्छ	तेज	भुजा	यज्ञ
लाँग	तंगी	व्यग्र	मोच	म्लेच्छ	दूज	भेजा	विज्ञ
लाग	त्यागी	ऊँघ	रंच	स्वच्छ	द्विज	मजा	आज्ञा
लिंग	भंगी	ओघ	लंच	अच्छा	ध्वज	मोजा	प्रज्ञा
लोग	भागी	घाघ	लोच	इच्छा	नाज	रोजा	संज्ञा
लौंग	भोगी	जाँघ	शोच	गुच्छा	निज	सजा	राज्ञी
वेग	योगी	बाघ	शौच	लच्छा	पुंज	हैजा	जज्ब
शंग	रागी	माघ	सच	स्वेच्छा	प्याज	काजी	त्याज्य
संग	रोगी	मेघ	सोच	अच्छी	फौज	कुंजी	भोज्य
साग	लुंगी	संघ	ऊँचा	मच्छी	बाज	गंजी	राज्य
स ग	शंगी	कंघा	ऋचा	लच्छी	बीज	जीजी	वज्र
स्वाँग	संगी	घोंघा	चाचा	बिच्छू	ब्याज	ताजी	खीझ
ह ग	पंगु	जंघा	ढौंचा	प्राच्य	भुज	निजी	झाँझ
आगा	लागू	बीघा	त्वचा	कुछ	भोज	पंजी	तुझ
गंगा	आगे	मघा	नीचा	छाछ	मेज	पाजी	बाँझ
गूँगा	लग्गा	श्लाघा	साँचा	पूँछ	मौज	पूँजी	बूझ
चंगा	लग्गू	कंघी	रुचि	पूछ	रंज	बाजी	बोझ
चोंगा	घिग्घी	लघु	वीचि	मूँछ	रज	भाजी	मुझ

- झ	- ट	- टा	- टी	- ट्ठी	- ठा	- ड़	- ड़ा
साँझ	**डाट**	**घाटा**	**माटी**	**चिट्ठी**	**माठा**	**नीड़**	**घोड़ा**
सूझ	तट	घुटा	रोटी	पिट्ठी	मीठा	पाड़	चूड़ा
ओझा	नट	चाँटा	सीटी	मुट्ठी	रीठा	पिंड	चौड़ा
झंझा	नोट	च टा	कटु	नाट्य	कंठी	पुंड	जाड़ा
माँझा	पट	छ टा	चटु	आठ	कोठी	पेड़	जोड़ा
संझा	पाट	छोटा	पटु	ऐंठ	छठी	पैड	झंडा
साँझा	पुट	जटा	पेटू	ओंठ	लाठी	फड़	टिंडा
माँझी	पेट	टूटा	टेंटें	कंठ	कंठ्य	भाँड़	ठंडा
साँझी	फूट	नाटा	पट्ट	काठ	पाठ्य	भाड़	डंडा
तुझे	फ्लैट	पाटा	कट्टा	गाँठ	षड्	भीड़	थोड़ा
मुझे	बट	फेंटा	खट्टा	जेत	आड़	भेड़	नाड़ा
षट्	बाँट	बूटा	चोट्टा	झूठ	कांड	मुंड	पंडा
ईंट	बाट	बेटा	छुट्टा	ठूँठ	कुंड	मूँड़	पाड़ा
ऊँट	बीट	मोटा	पट्टा	ढीठ	कोड	मेड़	पीड़ा
ओट	बूट	लोटा	बट्टा	पाठ	खंड	मोड़	पेड़ा
कीट	बेंट	कटि	भट्टा	पीठ	खड़	रंड	फोड़ा
कूट	भट	कोटि	भुट्टा	पैंठ	गुड़	रुंड	बड़ा
कोट	भाट	त्रुटि	सट्टा	पैठ	ग्रेड	लड़	बाड़ा
खट	भेंट	कुटी	खट्टी	मठ	चंड	लाड़	बीड़ा
खोट	लट	खूँटी	छुट्टी	मूठ	चीड़	शुंड	बेड़ा
गुट	लाट	गोटी	टट्टी	मोठ	छड़	साँड़	भंडा
गेट	लूट	घंटी	पट्टी	शठ	जड़	सूँड़	भाड़ा
घट	लोट	घटी	मिट्टी	साठ	जोड़	हाड़	भा.डा
घाट	लौट	घाटी	सिट्टी	सेठ	झड़	होड़	रोड़ा
घूँट	वट	च टी	टट्टू	सोंठ	झाड़	अंडा	लुंडा
चंट	स्फुट	चेटी	रट्टू	हठ	झुंड	आड़ा	लौंडा
चट	स्फोट	चोटी	लट्टू	होंठ	टाड़	इडा	सोडा
चाट	स्लेट	टोंटी	लट्ठ	कंठा	ठंड	कंडा	हंडा
चोट	हाट	ड्यूटी	गट्ठा	कोठा	डाँड़	कड़ा	एड़ी
छ ट	आटा	नटी	चिट्ठा	छठा	डाड़	कीड़ा	कंडी
छूट	काँटा	पाटी	ठट्ठा	जूठा	ढाड़	कुंडा	कड़ी
जाट	कोटा	पुटी	पट्ठा	झूठा	ताड़	कूड़ा	कुंडी
झट	खूँटा	पेटी	पुट्ठा	ठूँठा	दंड	क्रीड़ा	कौड़ी
टाट	खोटा	बाटी	भट्ठा	पाठा	दौड़	खड़ा	खड़ी
टेंट	घंटा	बूटी	मट्ठा	पीठा	धड़	गुंडा	खाड़ी
ठाट	घटा	बोटी	लट्ठा	पेठा	धाड़	घड़ा	गाड़ी

- ड़ी	- ड़ू	- ढ़ा	- ण	- त	- त	- ता	- ति
घड़ी	**झाड़ू**	**बूढ़ा**	**हूण**	**चैत**	**रुत**	**ताँता**	**पति**
घोड़ी	पेड़ू	मेंढा	गुणा	च्युत	रेत	तीता	प्रति
चंडी	पांडे	मोंढ़ा	घ णा	छूत	लत	तोता	प्रीति
चूड़ी	लाड़ो	लोढ़ा	वीणा	जोत	लात	दाता	भाँति
छड़ी	खड्ग	रूढ़ि	पाणि	ज्ञात	वात	धता	भीति
जड़ी	खड्गी	कढ़ी	मणि	ताँत	वंत	नाता	भ्रांति
जोड़ी	अड्डा	कोढ़ी	ऋणी	तात	व्रत	नेता	मति
झंडी	गुड्डा	ठोढ़ी	गुणी	त्रात	शत	पता	यति
झड़ी	टिड्डा	ड्योढ़ी	प्राणी	दंत	शांत	पिता	युति
झाड़ी	गुड्डी	ढोंढी	वाणी	दाँत	शीत	पोता	रति
टुंडी	चड्डी	दाढ़ी	वेणी	दूत	श्रुत	फीता	रीति
ठोडी	टिड्डी	पीढ़ी	श्रेणी	द्यूत	श्वेत	बूता	शांति
डंडी	ठुड्डी	मढ़ी	अणु	द्रुत	संत	भ्राता	श्रुति
ताड़ी	हड्डी	सीढ़ी	रेणु	द्वैत	सात	माता	स्तुति
तुंडी	लड्डू	साँढ़ू	वेणु	नत	सुत	लता	स्थिति
नाड़ी	गड्ढा	साढ़ू	पण्य	नित	सूत	श्रोता	स्फीति
पाड़ी	बुड्ढा	साढ़े	पुण्य	पाँत	सौत	सीता	स्म ति
पिंडी	जाड्य	ऋण	किण्वा	पात	स्थित	सुता	खेती
पूड़ी	कोढ़	कण	उत्	पीत	स्फीत	सोता	घाती
पैड़ी	गूढ़	क्षण	धत्	पूत	स्मित	होता	छाती
बंडी	चिढ़	क्षीण	सत्	पोत	स्रोत	अति	दूती
बाड़ी	डेढ़	गण	अतः	प्रांत	हित	इति	धोती
बीड़ी	ढूँढ़	गुण	प्रातः	प्रेत	हृत	कांति	नाती
बेड़ी	द ढ़	गौण	अंत	बात	कांता	कृति	पोती
मंडी	प्रौढ़	घ्राण	आँत	बेंत	क्रेता	क्रांति	बाती
रंडी	बाढ़	त ण	क्रीत	भात	खता	क्लांति	मिती
रोड़ी	मूढ	त्राण	क्लांत	भूत	खाता	क्षति	मोती
लड़ी	रीढ़	पण	क्षत	भ त	गीता	ख्याति	रेती
लौंडी	रूढ़	प्रण	खत	भ्रांत	गोता	गति	व्रती
साड़ी	काढ़ा	फण	खात	मत	घ्राता	गीति	शती
सिड़ी	गाढ़ा	बाण	खेत	मित	चिंता	च्युति	सती
सूँड़ी	टेढ़ा	भाण	ख्यात	मीत	चिता	जाति	सूती
हाँड़ी	पीढ़ा	भ्रूण	गीत	मूत	चीता	ज्योति	स्वाती
हुंडी	पोढ़ा	रण	घात	मत	छाता	ध ति	किंतु
पांडु	पौढ़ा	व्रण	घ त	मौत	जेता	नीति	केतु
कंडू	प्रौढ़ा	स्त्रैण	चित	रात	ज्ञाता	नेति	जंतु

- तु	- त्था	- त्र	- थ	- द	- द	- दी	- द्दू
तंतु	**जत्था**	**पौत्र**	**नथ**	**कद**	**हिंद**	**खादी**	**लद्दू**
धातु	मत्था	मंत्र	नाथ	कैद	हौद	गोदी	गिद्ध
सेतु	हत्था	मात्र	पंथ	खाद	ह्लाद	चाँदी	बद्ध
हेतु	गुत्थी	मित्र	पथ	खुद	अदा	दादी	बुद्ध
पित	नत्थी	मूत्र	बूथ	खेद	कदा	दीदी	बौद्ध
मात	यत्न	यंत्र	यूथ	गेंद	खुदा	नंदी	युद्ध
नाते	रत्न	यत्र	रथ	गोंद	गंदा	नदी	रुद्ध
चित्त	पत्नी	श्रोत्र	शोथ	गोद	गदा	पेंदी	विद्ध
दत्त	आत्म	सत्र	साथ	चंद	गूदा	बंदी	वद्ध
धुत्त	खत्म	सूत्र	हाथ	चाँद	गेंदा	बदी	शुद्ध
पित्त	आत्मा	स्तोत्र	कथा	छंद	चंदा	बाँदी	रिद्ध
मत्त	अंत्य	होत्र	गाथा	छेद	जिंदा	बिंदी	योद्धा
वित्त	कृत्य	छात्रा	चौथा	तोंद	जुदा	बूँदी	श्रद्धा
व त्त	चिंत्य	मात्रा	तथा	नाँद	ज्यादा	भेदी	ऋद्धि
सत्त	चैत्य	यात्रा	थोथा	नाद	तदा	मंदी	बुद्धि
कुत्ता	दैत्य	रात्रि	पोथा	न द	दादा	वेदी	व द्धि
खत्ता	नित्य	खत्री	प्रथा	पद	निंदा	शादी	शुद्धि
गत्ता	न त्य	तंत्री	माथा	पाद	पेंदा	सुदी	सिद्धि
छत्ता	भ त्य	धात्री	यथा	बद	पैदा	हिंदी	बुद्धू
पत्ता	सत्य	नेत्री	व था	बाद	फंदा	हौदी	छद्म
बित्ता	स्तुत्य	पत्री	व्यथा	बूँद	बंदा	इंदु	पद्म
भत्ता	वात्या	पात्री	ग्रंथि	भेद	बदा	बिंदु	अद्य
लत्ता	हत्या	मंत्री	तिथि	मंद	बिदा	म दु	आद्य
वेत्ता	म त्यु	मैत्री	ग्रंथी	मद	बुंदा	विंदु	खाद्य
सत्ता	इत्र	यात्री	चौथी	माँद	मंदा	स्वादु	गद्य
भित्ति	क्षेत्र	शत्रु	पोथी	मेद	म दा	जादू	पद्य
व त्ति	गोत्र	कत्ल	मेथी	याद	रंदा	भा.दू	भेद्य
खत्ती	चित्र	द्वित्व	साथी	लीद	विदा	हिंदू	मद्य
चित्ती	चैत्र	सत्व	हाथी	लौंद	सदा	भादों	वाद्य
पत्ती	छत्र	स्त्रीत्व	कथ्य	वाद	सादा	जिद्द	वैद्य
पित्ती	छात्र	स्वत्व	तथ्य	वंद	सौदा	भद्दा	विद्या
बत्ती	तंत्र	वत्स	पथ्य	वेद	हौदा	गद्दी	इंद्र
रत्ती	नेत्र	ज्योत्स्ना	मिथ्या	सूद	आदि	जिद्दी	केंद्र
सत्तू	पत्र	मत्स्य	प थ्वी	स्वाद	यदि	पिद्दी	क्षुद्र
तत्त्व	पात्र	ग्रंथ	ईद	स्वेद	ईदी	रद्दी	चंद्र
कत्था	पुत्र	चौथ	कंद	हद	कैदी	कद्दू	छिद्र

- द्र	- धा	- ध्वी	- न	- न	- ना	- नी	- न्या
भद्र	**गधा**	**साध्वी**	**दान**	**स्नान**	**मना**	**मानी**	**कन्या**
रुद्र	द्विधा	सन्	दिन	हीन	मैना	रानी	तन्वी
रौद्र	धंधा	पुनः	दीन	आना	रोना	सानी	नन्हा
शूद्र	बाधा	आन	देन	काना	लाना	होनी	किन्ह
तंद्रा	मेधा	इन	धन	कोना	लेना	जानु	इन्हें
निद्रा	योधा	उन	धन	खाना	लोना	तनु	किन्हें
मुद्रा	विधा	ऊन	धुन	खोना	सीना	धेनु	जिन्हें
द्वंद्व	सीधा	ऐन	ध्यान	गाना	सूना	भानु	उन्हें
अधः	सुधा	कान	नून	गौना	सेना	मनु	इन्हों
अंध	सेंधा	किन	नैन	घना	सोना	याने	उन्हों
क्रोध	सौंधा	कौन	न्यून	चना	हिना	पूनो	किन्हों
गंध	दधि	खान	पन	चूना	होना	अन्न	जिन्हों
गीध	निधि	खून	पान	छूना	ग्लानि	खिन्न	आप
चौंध	विधि	घन	पिन	छेना	ध्वनि	छिन्न	कंप
दूध	व्याधि	घान	पीन	छौना	मुनि	भिन्न	कूप
धुंध	संधि	घिन	पौन	जाना	योनि	सुन्न	कैंप
बंध	आँधी	घुन	फन	जीना	शनि	गन्ना	कोप
बाँध	क्रोधी	चीन	फेन	जूना	हानि	पन्ना	खेप
बुध	गंधी	चैन	बीन	ढाना	ऊनी	बन्ना	गप
बोध	गधी	छन	भान	ढोना	कनी	मुन्ना	गोप
रोध	बंधु	जन	मन	तना	खूनी	कन्नी	घुप
वध	मधु	जान	मान	ताना	चीनी	चुन्नी	चाप
वेध	साधु	जिन	मीन	थाना	छेनी	पन्नी	चुप
वैध	सिंधु	जीन	मौन	दाना	जानी	पिन्नी	छाप
व्याध	धूधू	जून	म्यान	देना	ज्ञानी	बन्नी	जप
शोध	वधू	जैन	म्लान	दोना	दानी	मुन्नी	टोप
साध	ऊधो	जोन	यान	नाना	धनी	जन्म	ठप
सीध	बाध्य	ज्ञान	यौन	नोना	धानी	अन्य	तप
सुध	मध्य	टिन	रैन	पना	धुनी	दैन्य	ताप
सेंध	वध्य	टीन	लीन	पाना	धूनी	धन्य	तोप
स्कंध	सांध्य	ट्रेन	लेन	पीना	ध्यानी	धाँय	दीप
अंधा	साध्य	ठान	वन	पैना	नानी	धान्य	द्वीप
आधा	बंध्या	तन	शान	पोना	पानी	मान्य	धप
औंधा	वंध्या	तान	श्वान	बाना	पूनी	वन्य	धूप
कंधा	संध्या	तीन	स्तन	बिना	फेनी	शून्य	नाप
क्षुधा	रंध्र	थान	स्थान	बौना	बेनी	सैन्य	नप

- प	- पु	- फा	- बा	- ब्बा	-भ्र	- म	- मी
पंप	**रिपु**	**नफा**	**तोबा**	**धब्बा**	**शुभ्र**	**श्याम**	**हामी**
पाप	चंपू	फूफा	बाबा	नब्बे	आम	श्रम	हमें
पीप	टापू	वफ़ा	लंबा	कब्र	ओम	सम	धीमे
बाप	बापू	काफी	चाबी	सब्र	कम	सेम	नामे
भाप	पोंपों	टाफी	जेबी	आब्रू	काम	सोम	मेमो
भूप	डिपो	ट्राफी	धोबी	हब्शी	क्रम	हम	उम्दा
यूप	डिप्टी	फूफी	बाँबी	कुंभ	क्षेम	हिम	निम्न
रूप	आप्त	माफी	रबी	क्षोभ	ग्राम	हेम	टेम्पो
लप	गुप्त	सूफी	लंबी	खंभ	घाम	होम	अम्मा
लेप	तप्त	रफू	अंबु	जीभ	जाम	उमा	जिम्मा
गोप	तप्त	ड्राफ्ट	जंबु	डिंभ	डोम	कामा	काम्य
शाप	प्राप्त	मुफ्त	काबू	दंभ	ड्रम	कीमा	क्षम्य
श्राप	लुप्त	कोफ्ता	तंबू	नभ	तम	कोमा	गम्य
साँप	सप्त	याफ़्ता	न बू	लाभ	तुम	खेमा	ग्राम्य
सीप	सुप्त	हफ्ता	नीबू	लोभ	दम	जमा	साम्य
सूप	तृप्ति	अब	बाबू	शुभ	दाम	जामा	सौम्य
स्तूप	प्राप्ति	आब	लंबू	स्तंभ	दुम	ड्रामा	याम्या
आपा	व्याप्ति	ऊब	अब्ज	आभा	धाम	दमा	उम्र
कृपा	स्वप्न	ऐब	कब्ज	खंभा	धूम	बीमा	ताम्र
चंपा	गप्प	कब	कुब्ज	प्रभा	नाम	मामा	धूम्र
छापा	ठप्पा	क्लब	नब्ज	शोभा	नीम	यामा	नम्र
छिपा	चुप्पी	खूब	कब्जा	सभा	प्रेम	लामा	तुम्हें
जापा	चप्पू	ख्वाब	सब्जी	नाभि	बम	श्यामा	सायं
पीपा	प्राप्य	जब	खब्त	अभी	भीम	सीमा	स्वयं
कपि	विप्र	जाब	जब्त	कभी	भौम	कृमि	प्रायः
लिपि	ईप्सा	जेब	खब्ती	गोभी	भ्रम	भूमि	आय
कापी	लिप्सा	डिंब	जब्ती	जभी	मम	जम	क्रय
गोपी	उफ	तब	शब्द	तभी	मोम	कमी	क्षय
चेपी	ओफ	ताब	क्षुब्ध	दंभी	यम	खामी	गाय
टोपी	कफ	बिंब	लब्ध	भाभी	याम	डमी	चाय
थापी	साफ	रब	लुब्ध	लोभी	राम	नमी	जय
पापी	सौंफ	रोब	स्तब्ध	सभी	रोम	नामी	ठाँय
पीपी	स्टाफ	सब	अब्धि	प्रभु	लोम	नेमी	तय
मापी	खफा	सेब	लब्धि	शंभु	वाम	प्रेमी	तोय
रूपी	गुफा	ढाबा	अब्बा	भौं भौं	व्योम	मामी	त्रय
सीपी	दफा	ताँबा	डिब्बा	सभ्य	शाम	स्वामी	देय

- य	- यी	- र	- र	- रा	- रि	- री	-र्गा
ध्येय	**स्थायी**	**तीर**	**रोर**	**जीरा**	**अरि**	**यारी**	**मुर्गा**
नय	आयु	दर	लार	डोरा	करि	लोरी	मुर्गी
न्याय	वायु	दुर	वर	तारा	गिरि	वैरी	कार्गो
पय	स्नायु	दूर	वार	तेरा	वारि	उरु	अर्घ
पेय	शय्या	देर	वीर	त्वरा	हरि	ऊरु	दीर्घ
प्रिय	दुर्	दौर	वैर	दौरा	अरी	गुरु	अर्घ्य
भय	पुरः	द्वार	शर	द्वारा	खरी	तरु	खर्च
राय	उर	धार	शिर	धरा	खारी	दारु	चर्च
लय	और	धीर	शूर	धारा	गरी	भीरु	टार्च
वय	कर	धुर	शेर	धुरा	गोरी	मरु	मिर्च
व्यय	कौर	नर	शोर	नारा	गौरी	मेरु	अर्चा
श्रेय	क्रूर	नीर	सर	निरा	चोरी	जोरू	खर्चा
हय	क्वार	नूर	सार	नीरा	छुरी	मारू	चर्चा
हाय	क्षार	पर	सिर	न्यारा	जरी	शुरु	पर्चा
दायाँ	क्षीर	पार	सुर	पारा	जारी	अरे	मिर्चा
बायाँ	खर	पीर	सैर	पुरा	डोरी	धीरे	मोर्चा
रोयाँ	खीर	पुर	सौर	पूरा	ढेरी	परे	पर्ची
आया	खैर	पैर	स्तर	पैरा	तरी	मरे	अर्ज
काया	गैर	पोर	स्थिर	प्यारा	त्योरी	मेरे	कर्ज
क्रिया	घर	पौर	स्मर	फेरा	दरी	जीरो	तर्ज
गया	घेर	प्यार	स्वर	बुरा	दूरी	ब्यूरो	दर्ज
छाया	घोर	फिर	स्वैर	बूरा	धारी	हीरो	कर्जा
जाया	चर	फुर	हर	बोरा	धुरी	अर्क	दर्जा
ढैया	चार	फेर	हार	बौरा	धौरी	कर्क	पुर्जा
दया	चिर	बार	कोरा	ब्योरा	नारी	कुर्क	अर्जी
दीया	चीर	बीर	क्वारा	भरा	पारी	क्लर्क	दर्जी
नया	चोर	बेर	खरा	भूरा	पुरी	तर्क	फर्जी
नैया	छोर	बैर	खारा	भौंरा	पूरी	कुर्की	कार्ड
पिया	जर	बौर	खीरा	मेरा	फेरी	मूर्ख	गार्ड
बया	जार	भर	गारा	शिरा	बारी	सुर्ख	बोर्ड
भैया	जोर	भार	गोरा	शोरा	बेरी	दुर्ग	ऊर्ण
माया	ज्वर	भोर	घूरा	सारा	बैरी	मार्ग	कर्ण
मैया	ज्वार	मार	घेरा	सिरा	बोरी	वर्ग	चूर्ण
शिया	डोर	मोर	चीरा	सुरा	भारी	सर्ग	जीर्ण
हिया	ढेर	मौऱ	छुरा	हरा	मेरी	स्वर्ग	पर्ण
दायी	तार	यार	जरा	हीरा	मोरी	दुर्गा	पूर्ण

- र्ण	- र्द्रा	- र्रा	- ल	- ल	- ला	- ला	- ली
वर्ण	**आर्द्रा**	**ढर्रा**	**चाल**	**पोल**	**आला**	**पीला**	**गोली**
शीर्ण	अर्ध	तुर्रा	चील	फल	ओला	पूला	चेली
स्वर्ण	मूर्धा	झुर्री	चूल	फूल	कला	पोला	चोली
धूर्त	स्पर्धा	खर्व	छल	बल	काला	प्याला	जाली
पर्त	ऊर्ध्व	गर्व	छाल	बाल	किला	फूला	झोली
पूर्त	दर्प	पर्व	जल	बिल	कीला	बाला	टोली
मूर्त	सर्प	पूर्व	जाल	बेल	खाला	बिला	ट्राली
शर्त	उर्फ	सर्व	जेल	बैल	खुला	भला	ट्रौली
कर्ता	बर्फ	उर्वी	झील	बोल	गला	भाला	डली
धर्ता	सिर्फ	पूर्वी	टाल	भाल	गीला	भोला	डाली
भर्ता	बर्फी	स्पर्श	डाल	भील	गोला	माला	डोली
वार्ता	खर्ब	पार्श्व	डील	भूल	ग्वाला	मेला	ताली
कीर्ति	गर्भ	आर्ष	डोल	मल	चेला	मैला	तेली
पूर्ति	कर्म	वर्ष	डौल	माल	चोला	रेला	थाली
मूर्ति	गर्म	शीर्ष	ड्रिल	मिल	छाला	लला	थैली
स्फूर्ति	घर्म	हर्ष	ढाल	मील	छैला	लाला	नली
फुर्ती	चर्म	ईर्षा	ढील	मूल	छोला	लीला	नाली
भर्ती	जुर्म	वर्षा	ढोल	मेल	जाला	लूला	पाली
मर्त्य	धर्म	ईर्ष्या	तल	मैल	जिला	वेला	पुली
अर्थ	मर्म	उर्स	ताल	मोल	ज्वाला	शाला	पूली
तीर्थ	शर्म	कुर्सी	तिल	राल	झूला	शिला	प्याली
व्यर्थ	शर्मा	कल	तेल	रेल	झोला	शोला	फली
स्वार्थ	ऊर्मि	काल	तौल	लाल	टोला	साला	बली
अर्थी	कर्मी	कील	थल	शील	डोला	सिला	बाली
आर्थी	हर्म्य	कुल	थाल	शूल	ढीला	सेला	बोली
प्रार्थी	आर्य	कूल	दल	शैल	ढेला	हाला	भेली
स्वार्थी	कार्य	खल	दाल	लील	ढोला	कलि	माली
उर्द	वीर्य	खाल	दिल	साल	तला	धूलि	मूली
दर्द	शौर्य	खेल	धूल	सिल	ताला	पालि	रोली
मर्द	सूर्य	खोल	नल	सील	तुला	बलि	शैली
पर्दा	आर्या	खौल	नाल	स्कूल	तोला	कली	साली
मुर्दा	चर्या	ख्याल	नील	स्थल	थैला	काली	सूली
वर्दी	भार्या	गाल	पल	स्थूल	धौला	कुली	होली
सर्दी	फुर्र	गुल	पाल	हल	नाला	खाली	तालु
उर्दू	खर्रा	घोल	पुल	हाल	नीला	गली	आलू
आर्द्र	छर्रा	चल	पूल	हेल	पाला	गाली	चालू

- लू	- ल्ला	- व	- वी	- शा	- श्न	- ष्क	- ष्ठा
ढालू	**छल्ला**	**नाव**	**देवी**	**ताशा**	**प्रश्न**	**शुष्क**	**निष्ठा**
तालू	पल्ला	नींव	दैवी	दशा	हुश्न	अष्ट	श्रेष्ठि
बालू	पिल्ला	पाँव	भावी	दिशा	चश्मा	इष्ट	गोष्ठी
भालू	बल्ला	पाव	काव्य	नशा	रश्मि	कष्ट	षष्ठी
भले	बिल्ला	भव	दिव्य	निशा	दृश्य	तुष्ट	ओष्ठ्य
हैलो	मुल्ला	भाव	द्रव्य	पेशा	वैश्य	दुष्ट	उष्ण
मुल्क	हल्ला	यव	भव्य	मंशा	वेश्या	धृष्ट	कृष्ण
शुल्क	खिल्ली	शव	श्रव्य	माशा	मिश्र	नष्ट	तृष्णा
उल्का	झिल्ली	शिव	तीव्र	रेशा	मिश्री	पिष्ट	विष्णु
कल्कि	तिल्ली	शैव	नव्वे	निशि	सुश्री	पुष्ट	पुष्प
बल्कि	बिल्ली	स्रव	हुश्	राशि	अश्रु	भ्रष्ट	वाष्प
फल्गु	लल्ली	स्राव	अंश	शशि	अश्व	रुष्ट	ऊष्म
बाल्टी	सिल्ली	हाव	ईश	खुशी	विश्व	शिष्ट	ग्रीष्म
उल्था	उल्लू	आँवाँ	ऐश	देशी	कोष	शिलष्ट	भीष्म
जिल्द	चुल्लू	आवाँ	काश	पेशी	दोष	स्पष्ट	ऊष्मा
जल्दी	पल्लू	जवाँ	कुश	मुंशी	द्वेष	स्पृष्ट	श्लेष्मा
अल्प	लल्लू	आँवा	कृश	वंशी	पौष	हृष्ट	भाष्य
कल्प	बिल्व	कौवा	केश	शीशी	भेष	चेष्टा	शिष्य
जल्प	आल्हा	खोवा	कोश	आशु	मेष	द्रष्टा	शिष्या
शिल्प	कूल्हा	ग्रीवा	क्लेश	पशु	रोष	स्रष्टा	आस
स्वल्प	चूल्हा	तवा	खुश	यीशु	विष	तुष्टि	इस
शिल्पी	दूल्हा	दवा	जोश	शिशु	वृष	दृष्टि	उस
जुल्फ	कोल्हू	दावा	ताश	इश्क	शेष	यष्टि	ओस
कुल्फी	एवं	धावा	दंश	खुश्क	श्लेष	वृष्टि	कंस
बल्ब	आँव	मावा	देश	खुश्की	उषा	व्यष्टि	कस
इल्म	इव	मेवा	नाश	काश्त	ऊषा	सृष्टि	किस
जुल्म	एव	युवा	पाश	किश्त	तृषा	उष्ट्र	कोस
फिल्म	गाँव	रवा	पेश	गोश्त	भाषा	राष्ट्र	क्रास
तुल्य	जीव	लवा	यश	नाश्ता	भूषा	ओष्ठ	क्लास
मूल्य	ताव	लावा	लाश	रिश्ता	मृषा	काष्ठ	खस
शल्य	दाँव	सवा	वंश	कश्ती	ऋषि	कोष्ठ	खास
मल्ल	देव	सेवा	वश	किश्ती	कृषि	ज्येष्ठ	गैस
अल्ला	दैव	हवा	वेश	कुश्ती	दोषी	निष्ठ	घास
कुल्ला	द्रव	कवि	शीश	गश्ती	द्वेषी	पृष्ठ	घूस
गल्ला	ध्रुव	छवि	होश	भिश्ती	भाषी	श्रेष्ठ	जिस
चिल्ला	नव	रवि	आशा	जश्न	निष्क	षष्ठ	टस

- स	- स	- सी	- स्ता	- स्र	- ह	- ही
ठस	**साँस**	**बंसी**	**जस्ता**	**हिंस्र**	**लौह**	**मही**
ठोस	सास	बासी	दस्ता	नस्ल	वह	यही
डाँस	सीस	बीसी	पिस्ता	ह्रस्व	व्यूह	वही
ड्रेस	हंस	मौसी	पोस्ता	किस्सा	सिंह	शाही
तीस	हास	रूसी	बस्ता	गुस्सा	सौंह	सही
त्रास	ह्रास	शासी	रास्ता	रस्सा	स्नेह	स्नेही
दस	ऐसा	हँसी	सस्ता	हिस्सा	आँहाँ	स्याही
दास	काँसा	आँसू	वस्ति	अस्सी	कहाँ	बाहु
धौंस	कैसा	टेसू	स्वस्ति	मिस्सी	जहाँ	राहु
ध्वंस	खासा	इसे	चुस्ती	रस्सी	तहाँ	उँहूँ
नस	पूँसा	उरो	दस्ती	लस्सी	यहाँ	ऊँहूँ
नास	जैसा	ऐसे	दोस्ती	पिस्सू	वहाँ	गेहूँ
न्यास	झाँसा	किसे	बस्ती	आह	हूँहाँ	बहू
पास	तैसा	कैसे	हस्ती	इह	अहा	रोहू
पूस	नासा	जिसे	अस्तु	उँह	आहा	लहू
प्यास	पाँसा	जैसे	वस्तु	ओह	ईहा	हेंहें
प्रेस	पासा	वैसे	वास्तु	गह	गुहा	चाहे
फाँस	पैसा	रासो	अस्त्र	चाह	चूहा	ओहो
फीस	प्यासा	चस्का	वस्त्र	छह	दोहा	चिह्न
फुस	भूसा	टेस्ट	शस्त्र	छाँह	फाहा	ब्रह्म
फूस	भैंसा	ट्रस्ट	शास्त्र	डाह	महा	ब्रह्मा
बस	मसा	अस्त	शास्त्री	तह	रोहा	ब्राह्मी
बाँस	रसा	किस्त	स्वस्थ	थाह	लोहा	गुह्य
बास	वसा	ग्रस्त	आस्था	दाह	स्पृहा	ग्राह्य
बीस	वैसा	चुस्त	संस्था	देह	स्वाहा	बाह्य
भैंस	सीसा	त्रस्त	अस्थि	द्रोह	हौहा	सह्य
मांस	हिंसा	दस्त	स्वास्थ्य	नेह	अहि	जिह्वा
मास	मसि	दोस्त	किस्म	बाँह	त्राहि	
रस	किसी	ध्वस्त	जिस्म	ब्याह	कह	
रास	कैसी	न्यस्त	भस्म	भौंह	नह	
लस	खाँसी	पोस्त	रस्म	मुँह	यह	
लेश	दासी	मस्त	दास्य	मेह	वह	
लैस	न्यासी	व्यस्त	लास्य	मोह	ग्राही	
वास	पासी	हस्त	शस्य	यह	दही	
व्यास	फाँसी	दास्ताँ	हास्य	राह	द्रोही	
वास	फुंसी	खस्ता	दस्यु	लोह	बही	

त्रि-अक्षरी : आदि

अं - -	अ - -	अ - -	अ - -	अ - -	अ - -	अ - -	अ - -
अंकन	**अकड़**	**अचेत**	**अत्युक्ति**	**अनाथ**	**अपात्र**	**अमला**	**अलभ्य**
अंकित	अकड़ू	अच्छाई	अथक	अनार	अपितु	अमात्य	अलम्
अंकुर	अकथ्य	अछूत	अथवा	अनार्य	अपील	अमिट	अलस
अंकुश	अकाट्य	अछूती	अथाह	अनास्था	अपुष्ट	अमित	अलसी
अंगारा	अकाल	अजब	अदक्ष	अनिंद्य	अपूर्ण	अमित्र	अलाव
अँगीठी	अकेला	अजय	अदना	अनिच्छा	अपूर्व	अमीर	अलावा
अँगुली	अकेले	अजर	अदब	अनिल	अपेक्षा	अमीरी	अलिप्त
अँगूठा	अक्खड़	अजस्र	अदम्य	अनिष्ट	अप्राप्त	अमुक	अल्पज्ञ
अँगूठी	अक्षम	अजान	अदाब	अनुज	अप्राप्य	अमूक	अल्पायु
अंगूर	अक्षम्य	अजित	अद श्य	अनुज्ञा	अप्रिय	अमूर्त	अल्लाह
अँगोछा	अक्षय	अजीज	अद ष्ट	अनूठा	अप्रैल	अमूल्य	अल्हड़
अंग्रेज	अक्षर	अजीब	अदोष	अन त	अप्सरा	अम त	अवंति
अंग्रेजी	अक्षांश	अजीर्ण	अद्भुत	अनेक	अफ़ीम	अमोघ	अवज्ञा
अंचल	अखंड	अजेय	अद्यापि	अनैक्य	अबद्ध	अयोग्य	अवधि
अंजन	अखाड़ा	अज्ञता	अद्वैत	अनोखा	अबला	अरण्य	अवधी
अंजलि	अखाद्य	अज्ञात	अधम	अन्यतः	अबाध	अरथी	अवध्य
अंजली	अखिल	अज्ञान	अधर	अन्यत्र	अबूझ	अरब	अवनि
अंजीर	अगम्य	अज्ञानी	अधर्म	अन्यथा	अबोध	अरबी	अवर
अंतड़ी	अगर	अज्ञेय	अधिक	अन्याय	अभंग	अरिष्ट	अवर्ण्य
अंततः	अगला	अटक	अधीन	अन्यायी	अभक्ष्य	अरुचि	अवश
अंतर	अगस्त	अटल	अधीर	अन्योक्ति	अभय	अरुण	अवश्य
अंतस्थ	अगस्त्य	अटूट	अधुना	अन्योन्य	अभागा	अरुणा	अवस्था
अंतिम	अगाध	अट्ठासी	अधूरा	अन्वय	अभागी	अर्चन	अविद्या
अंत्येष्टि	अगुवा	अठासी	अधेड़	अन्विति	अभाव	अर्जन	अवैध
अंदर	अग्रज	अड़ंगा	अध्यक्ष	अन्वेषी	अभिन्न	अर्जित	अव्यक्त
अंदाज	अग्रणी	अड़ना	अध्यात्म	अपंग	अभीष्ट	अर्जुन	अव्यय
अंदाजा	अग्रता	अड़ाना	अध्याय	अपक्व	अभेद	अर्णव	अव्वल
अंदेशा	अग्राह्य	अड़िग	अध्येता	अपढ़	अभेद्य	अर्थात्	अशक्त
अंधड़	अग्रिम	अतर्क्य	अध्येय	अपत्य	अभ्यस्त	अर्दली	अशक्य
अंधत्व	अघाना	अतिथि	अनंग	अपथ	अभ्यास	अर्धांगी	अशांत
अंधेर	अघोष	अतीत	अनंत	अपथ्य	अभ्रक	अर्पण	अशांति
अँधेरा	अचंभा	अतीव	अनन्य	अपना	अभ्रांत	अर्पित	अशिव
अँधेरी	अचल	अतुल	अनर्थ	अपनी	अमन	अर्भक	अशिष्ट
अंबुज	अचार	अत प्त	अनल	अपर्ण	अमर	अर्हता	अशुद्ध
अंबुधि	अचिंत्य	अत प्ति	अनाज	अपर्णा	अमर्त्य	अलग	अशुद्धि
अंशतः	अचूक	अत्यंत	अनाड़ी	अपाठ्य	अमल	अलभ	अशुभ

अ - -	आँ - -	आ - -	आ - -	आ - -	आ - -	इ - -	उ - -
अशोक	**आँकना**	**आजादी**	**आभार**	**आलस्य**	**आसरे**	**इत्यादि**	**उचाट**
अशोध्य	आँगन	आजिज	आभारी	आलाप	आसान	इधर	उचित
अश्रद्धा	आँचल	आढत	आभीर	आलापी	आसानी	इनाम	उच्चार
अश्रुत	आँवला	आढ़ती	आमिष	आलीन	आसीन	इमली	उच्छिन्न
अश्लिष्ट	आंशिक	आण्विक	आमुख	आलेख	आसुरी	इयत्ता	उच्छिष्ट
अश्लील	आइना	आतंक	आमोद	आलोक	आस्तिक	इरादा	उच्छेद
अश्विनी	आकर	आतिथ्य	आयत	आवक	आस्तियाँ	इलाका	उच्छ्वास
अष्टमी	आकांक्षा	आतुर	आयात	आवती	आस्तीन	इलाज	उछाल
असंख्य	आकांक्षी	आत्मज	आयास	आवर्त	आस्पद	इलाही	उजड्ड
असत्य	आकार	आत्मजा	आयुक्त	आवर्ती	आस्वाद	इल्जाम	उजला
असर	आकाश	आत्मीय	आयुध	आवाज	आहट	इशारा	उजाड़
असल	आकृति	आदत	आयुष्य	आवारा	आहत	इस्तरी	उजाला
असली	आकृष्ट	आदम	आयोग	आवास	आहार	इस्तिरी	उज्ज्वल
असह्य	आक्रांत	आदमी	आरंभ	आवासी	आहुति	इस्तीफा	उटज
असाढ़	आक्रोश	आदर	आरक्त	आव त्ति	आहूत	इस्पात	उठना
असाध्य	आक्लांत	आदर्श	आरक्षी	आवेग	आह्निक	ईंधन	उठान
असीम	आक्षिप्त	आदाता	आरजू	आवेश	आह्लाद	ईजाद	उठाना
असुर	आक्षेप	आदान	आरती	आशंका	आह्वान	ईथर	उठाव
अस्तित्व	आखिर	आदितः	आरसी	आशय	इंगित	ईप्सित	उड़द
अस्तेय	आखिरी	आदेश	आराध्य	आशिक	इंजन	ईमान	उड़ना
अस्थायी	आखेट	आद्यंत	आराम	आशीष	इंदिरा	ईर्ष्यालु	उड़ाऊ
अस्थिर	आख्यान	आधार	आरूढ़	आश्चर्य	इंद्राणी	ईशान	उड़ाका
अस्पष्ट	आगत	आधिक्य	आरूप	आश्रम	इंद्रिय	ईश्वर	उड़ाकू
अस्प श्य	आगम	आधेय	आरेख	आश्रय	इंसाफ	ईषत्	उड़ान
अस्मिता	आगामी	आनंद	आरोग्य	आश्रयी	इकट्ठा	ईषद्	उड़ाना
अस्वस्थ	आगार	आनन	आरोप	आश्रित	इकाई	ईसवी	उढ़ाना
अहम्	आगाह	आपत्ति	आरोह	आश्लेषा	इक्कीस	ईसाई	उतना
अहह	आग्नेय	आपद	आरोही	आश्वस्त	इक्यासी	उँगली	उतने
अहाता	आग्रह	आपदा	आर्जव	आश्विन	इक्ष्वाकु	उऋण	उतार
अहाहा	आग्रही	आपस	आर्तता	आषाढ़	इच्छित	उकड़ूँ	उतारू
अहिंसा	आघात	आपसी	आर्थिक	आषाढ़ी	इच्छुक	उखाड़	उत्कंठा
अहिंस्र	आचार	आफत	आर्यत्व	आसक्त	इतना	उगना	उत्कट
अहित	आचार्य	आबंध	आलम	आसक्ति	इतनी	उगाना	उत्कर्ष
अहीर	आच्छन्न	आबद्ध	आलय	आसन	इतने	उगाही	उत्कल
अहेर	आजन्म	आबाद	आलस	आसन्न	इतर	उग्रता	उत्कीर्ण
आँकड़ा	आजाद	आबादी	आलसी	आसरा	इत्तला	उचक्का	उत्कृष्ट

उ - -	उ - -	उ - -	ऊ - -	ऐ - -	कं - -	क - -	क - -
उत्क्रम	**उद्देश्य**	**उपांत्य**	**ऊधम**	**ऐहिक**	**कंजूस**	**कटूक्ति**	**कपट**
उत्क्रांत	उद्धत	उपाधि	ऊधमी	ओंकार	कंटक	कटोरा	कपटी
उत्क्रांति	उद्धव	उपाय	ऊपर	ओकना	कंटीला	कटोरी	कपड़ा
उत्तम	उद्धार	उपास्य	ऊपरी	ओखली	कंठस्थ	कटौती	कपाल
उत्तर	उद्ध त	उपेक्षा	ऊबना	ओजस्वी	कंडील	कट्टर	कपास
उत्तीप्त	उद्ध्वस्त	उपेक्ष्य	ऊसर	ओझल	कंदरा	कठिन	कपासी
उत्तीर्ण	उद्भव	उपोष्ण	ऋग्वेद	ओटना	कंदर्प	कठोर	कपूत
उत्तुंग	उद्भूत	उफान	ऋजुता	ओटनी	कंपन	कठौता	कपूर
उत्थान	उद्यत	उबाल	ऋत्विक	ओढ़ना	कँपना	कठौती	कपोत
उत्पत्ति	उद्यम	उभय	ऋषित्व	ओहदा	कंपनी	कड़क	कपोती
उत्पन्न	उद्यमी	उभार	एकक	औकात	कँपाना	कड़ाई	कपोल
उत्पल	उद्यान	उमंग	एकड़	औचित्य	कंपास	कड़ाका	कफन
उत्पात	उद्योग	उमदा	एकता	औजार	कंपित	कड़ाह	कफनी
उत्पाद	उद्योगी	उमर	एकत्र	औत्सुक्य	कंबल	कड़ाही	कबड्डी
उत्प्रेक्षा	उद्विग्न	उमस	एकत्व	औदार्य	ककड़ी	कड़ुवा	कबर
उत्सर्ग	उद्वेग	उम्मीद	एकदा	औदास्य	कचड़ा	कढ़ाई	कबाड़
उत्सव	उधम	उरद	एकल	औद्धत्य	कचरा	कतई	कबाड़ा
उत्साह	उधर	उरदू	एकांकी	औरत	कचालू	कतल	कबाड़ी
उत्सुक	उधार	उरोज	एकांगी	औरस	कचोट	कताई	कबाब
उदक	उधेड़	उर्वर	एकांत	औलाद	कचौड़ा	कतार	कबीला
उदधि	उन दा	उर्वरा	एकाकी	औलिया	कचौड़ी	कत्थई	कबूल
उदय	उन्नत	उलटा	एकाग्र	औषध	कच्छप	कथन	कमर
उदर	उन्नति	उलटी	एजेंट	औषधि	कच्छपी	कथित	कमरा
उदात्त	उन्नासी	उलथा	एजेंसी	औसत	कछुआ	कदंब	कामरी
उदार	उन्नीस	उलूक	एरंड	कंकड़	कछुवा	कदन्न	कमल
उदास	उन्मत्त	उल्लास	एवज	कंकण	कजली	कदम	कमला
उदासी	उन्माद	उल्लेख	एवजी	कंकाल	कज्जल	कदर	कमाई
उदित	उन्मादी	उष्णता	ऐंठना	कंगन	कटना	कदली	कमाऊ
उद्गत	उन्मार्ग	उसूल	ऐकिक	कंगना	कटाक्ष	कदापि	कमान
उद्गम	उन्मुक्त	उस्तरा	ऐच्छिक	कंगनी	कटाना	कनक	कमाना
उद्गाता	उन्मुख	उस्ताद	ऐनक	कंगाल	कटार	कनकी	कमानी
उद्गार	उन्मेष	उस्तादी	ऐयार	कंगाली	कटारी	कनखी	कमाल
उद्घोष	उपज	ऊँघना	ऐयारी	कंगूरा	कटीला	कनात	कमीज
उद्दाम	उपमा	ऊँचाई	ऐयाश	कंचन	कटुक	कनिष्ठ	कमीना
उद्दिष्ट	उपरि	ऊखल	ऐलान	कंचुक	कटुता	कनिष्ठा	करना
उद्देश	उपला	ऊगना	ऐश्वर्य	कंचुकी	कटुत्व	कनेर	करनी

क्र - -	क - -	का - -	कि - -	कु - -	कू - -	को - -	खं - -
कराना	**कलूटा**	**कातर**	**किधर**	**कुटीर**	**कूदना**	**कोहनी**	**खंभात**
करार	कलेजी	कातिल	किनारा	कुटुंब	कूपन	कोहरा	खँसना
करारा	कलेवा	कानन	किनारी	कुठार	कूबड़	कौंधना	खकक्षा
कराल	कल्पना	कानून	किनारे	कुढ़न	कृतघ्न	कौतुक	खगोल
कराह	कल्पांत	कानूनी	किन्नर	कुढ़ना	कृतज्ञ	कौमुदी	खग्रास
करिणी	कल्पित	काफिर	किन्नरी	कुतर्क	कृतांत	कौशल	खचित
करिश्मा	कल्याण	काफिला	किमाम	कुतिया	कृतार्थ	क्रंदन	खच्चर
करीब	कवच	काफूर	किरण	कुत्सित	कृत्रिम	क्रमांक	खजांची
करील	कवर	काबिज	किरन	कुपथ्य	कृदंत	क्रमिक	खजाना
करुण	कविता	काबिल	किरात	कुपात्र	कृपण	क्रूरता	खजुआ
करुणा	कवित्त	कामना	किराया	कुपित	कृपया	क्रेडिट	खजुली
करेंसी	कवित्व	कामिनी	किरीट	कुबड़ा	कृपाण	क्लिनिक	खजुवा
करेला	कशिश	कायदा	किलक	कुबेर	कृषक	क्लिष्टता	खजूर
करोड़	कशीदा	कायम	किवाड़	कुमार	केंद्रक	क्लीनर	खजूरी
कर्कश	कसना	कायर	किशोर	कुमारी	केंद्रित	क्वचित्	खटक
कर्णिका	कसम	कायिक	किसान	कुमार्ग	केंद्रीय	क्षणिक	खटका
कर्तन	कसर	कारक	किस्मत	कुमार्गी	केबिन	क्षत्रिय	खटना
कर्तव्य	कसाई	कारण	कीचड़	कुमुद	केवट	क्षमता	खटाई
कर्मठ	कसूर	कारवाँ	कीमत	कुम्हड़ा	केवड़ा	क्षालन	खटाना
कर्मण्य	कसौटी	कारुण्य	कीमती	कुम्हार	केवल	क्षितिज	खटास
कर्षण	कस्टम	कार्तिक	कीर्तन	कुरान	केसर	क्षुद्रता	खटिक
कलंक	कस्तूरी	कार्निस	कुंकुम	कुरूप	कैलास	क्षेपक	खटिया
कलक	कहना	कार्मिक	कुंजड़ा	कुलीन	कोकिल	खँजड़ी	खटीक
कलछा	कहर	कार्यार्थ	कुंजर	कुल्हड़	कोकिला	खंजन	खटोला
कलछी	कहार	कालर	कुंठित	कुल्हाड़ी	कोठरी	खंजर	खटोली
कलत्र	कांचन	कालिक	कुंडल	कुशन	कोठार	खँजरी	खट्टिका
कलम	काँपना	कालिख	कुंडली	कुशल	कोठारी	खंडक	खट्वांग
कलमा	काइयाँ	कालिया	कुंतल	कुसंग	कोताही	खंडज	खड़ंजा
कलश	काकुत्स्थ	कालीन	कुंदन	कुसुम	कोमल	खंडन	खड़ाऊँ
कलह	कागज	कालेज	कुँवर	कुहनी	कोयल	खंडशः	खड़िया
कलाई	कागजी	कालोनी	कुँवारा	कुहरा	कोयला	खंडाली	खतना
कलाम	काजल	काषाय	कुँवारी	कूकना	कोरम	खंडिका	खतम
कलिका	काटना	किंकिणी	कुख्यात	कूजन	कोविद	खंडित	खतरा
कलित	काठिन्य	कितना	कुख्याति	कूजना	कोशिश	खंडिता	खतौनी
कलुष	काढ़ना	कितने	कुचक्र	कूटना	कोष्ठक	खंडोष्ठ	खदिर
कलुआ	कातना	किताब	कुटिल	कूतना	कोसना	खँडौरा	खद्दर

ख - -	ख - -	खु - -	ग - -	ग - -	गा - -	गु - -	ग्रा - -
खद्योत	**खरोंच**	**खुजली**	**गगन**	**गरिष्ठ**	**गायिका**	**गुलामी**	**ग्राहक**
खनक	खरौंच	खुजाना	गगरी	गरीब	गारंटी	गुलाल	ग्वालिन
खनन	खरौंट	खुदरा	गजक	गरीबी	गाहक	गुलिस्ताँ	घटक
खनिज	खर्चीला	खुदाई	गजट	गरुड़	गिनती	गुलेल	घटती
खनित्र	खर्जुरी	खुफिया	गजब	गर्जन	गिनना	गुस्ताखी	घटन
खपची	खर्राट	खुराक	गजरा	गर्जना	गिनाना	गुस्सैल	घटना
खपच्ची	खर्राटा	खुलना	गजल	गर्दिश	गिरजा	गूँजना	घटाना
खपड़ा	खलल	खुलासा	गजेंद्र	गर्भस्थ	गिरना	गूँथना	घटित
खपत	ख ास	खुशबू	गट्ठर	गर्भिणी	गिरवी	गूढ़ार्थ	घड़न
खपना	खलासी	खूँखार	गठन	गर्हणा	गिराना	गूलर	घड़ना
खपाना	खलीफा	खूसट	गठना	गर्हित	गिरोह	ग हस्थ	घनत्व
खपुष्प	खल्लड़	खेवैया	गठरी	गलत	गिलास	ग हस्थी	घनिष्ठ
खप्पड़	खसम	खैरात	गठीला	गलती	गिलिटी	ग हिणी	घपला
खप्पर	खाँसना	खैराती	गड़न	गलना	गीतिका	गेरुआ	घमंड
खफीफा	खातमा	खोंसना	गड़ना	गलाना	गीदड़	गेरुवा	घरेलू
खबर	खातिर	खोखला	गढ़ंत	गलीचा	गुंफित	गैलरी	घरौंदा
खमणि	खाद्यान्न	खोजना	गढ़ना	गवाना	गुंबज	गोकुल	घर्षण
खमध्य	खामोश	खोदना	गणक	गवाक्ष	गुंबद	गोचर	घाँघरा
खमीर	खामोशी	खोपड़ी	गणित	गवारा	गुच्छक	गोदना	घातक
खमीरा	खारिज	खोलना	गणेश	गवाह	गुजर	गोदान	घायल
खयाल	खालसा	खौलना	गतांक	गवाही	गुजारा	गोदाम	घिनाना
खयाली	खाविंद	ख्वाहिश	गत्वर	गवैया	गुझिया	गोपन	घिनौना
खरंजा	खासगी	गंगेश	गदर	गहन	गुटका	गोपाल	घिरना
खरका	खिंचाई	गंगोत्री	गदहा	गहना	गुठली	गोबर	घिरनी
खरचा	खिचड़ी	गँजेड़ी	गद्दार	गहरा	गुड़िया	गोरखा	घिराव
खरब	खिजाना	गँडासा	गद्दारी	गांडीव	गुणज्ञ	गोलार्ध	घिसना
खरल	खिजाब	गंतव्य	गपोड़ा	गांधर्व	गुणता	गोविंद	घिसाई
खरहा	खिड़की	गंदगी	गबन	गांधार	गुदड़ी	गोसाईं	घुइयाँ
खरांशु	खिताब	गँदला	गब्बर	गांभीर्य	गुनाह	गोहार	घुटन
खराद	खिलना	गंधक	गमन	गाइड	गुब्बार	गौरव	घुटना
खरादी	खिलाड़ी	गंधर्व	गमला	गागर	गुरिल्ला	गौरैया	घुमंतू
खराब	खिलाना	गंभीर	गरज	गाजर	गुरुत्व	गौशाला	घुमाना
खराबी	खिलाफ	गँवई	गरम	गाड़ना	गुर्राना	ग्यारह	घुमाव
खरिया	खिलौना	गँवाना	गरमी	गायक	गुलाब	ग्रसनी	घुलना
खरीता	ख चना	गँवार	गरल	गायत्री	गुलाबी	ग्रहण	घुसना
खरीद	खीजना	गँवारू	गरिमा	गायब	गुलाम	ग्रामीण	घुसाना

घूँ - -	च - -	च - -	चि - -	चु - -	चौ - -	छीं - -	ज - -
घूँघट	**चटनी**	**चरित्र**	**चिड़िया**	**चुनौती**	**चौरासी**	**छ कना**	**जड़ता**
घूमना	चटाई	चलन	चिढ़ना	चुभना	चौराहा	छीनना	जड़ना
घूरना	चटाक	चलना	चिढ़ाना	चुभाना	चौवन	छीलना	जड़ाऊ
घूर्णन	चट्टान	चलनी	चितेरा	चुराना	चौहरा	छुड़ाना	जताना
घ णित	चट्टानी	चलाऊ	चिथड़ा	चुसकी	छँगुली	छुड़ौती	जनक
घेरना	चढ़ना	चलान	चिनाई	चुहिया	छँटना	छुतहा	जनता
घोषित	चढ़ाई	चलाना	चिन्मय	चूकना	छँटनी	छुहारा	जनन
घोंटना	चढ़ावा	चहक	चिमटा	चूतड़	छँटाई	छेकोक्ति	जनना
घोंपना	चतुर	चहेता	चिमनी	चूमना	छकाना	छेड़ना	जननी
घोंसला	चतुर्थ	चांडाल	चिराई	चूरन	छटाँक	छेदना	जनम
घोटना	चद्दर	चांड़ाली	चिराग	चूसना	छत्तीस	छोकड़ा	जनाना
घोटाला	चपड़ा	चाँदनी	चिरायु	चेतक	छनना	छोकड़ी	जनाब
घोलना	चपल	चाकरी	चिरौंटा	चेतन	छपना	छोकरा	जनित
घोषक	चपला	चाक्षुष	चिलम	चेतना	छपाई	छोटाई	जनून
घोषणा	चपाती	चाटना	चिल्लपों	चेताना	छपाना	छोड़ना	जन्नत
चंगुल	चपेटा	चातक	चिल्लाना	चेहरा	छप्पन	छौंकना	जन्मना
चंचल	चप्पल	चातुरी	चिह्नित	चैंबर	छप्पर	जंगम	जन्मांध
चंचला	चबाना	चादर	चीकट	चैतन्य	छबीला	जंगल	जपना
चंडता	चमक	चाबुक	चीखना	चोकर	छब्बीस	जंगला	जबकि
चंडिका	चमचा	चामुंडा	चीतल	चोदना	छमाही	जंगली	जबड़ा
चंदन	चमची	चार्वाक	चीत्कार	चौंकाना	छलाँग	जँचना	जबान
चँदिया	चमड़ी	चालक	चुंबक	चौंतीस	छलावा	जंजाल	जबानी
चँदोवा	चमरी	चालन	चुंबन	चौंसठ	छलिया	जंजीर	जमना
चंद्रमा	चमार	चालाक	चुकना	चौकन्ना	छाँटना	जँभाई	जमात
चंद्रिका	चमेली	चालाकी	चुकाना	चौकसी	छानना	जँभाना	जमाना
चंपक	चम्मच	चालीस	चुगना	चौकोर	छापना	जखम	जमाल
चंपत	चयन	चालीसा	चुगुली	चौगुना	छावनी	जगत	जमाव
चँवर	चरखा	चावल	चुटकी	चौड़ाई	छिछला	जगत्	जमीन
चकत्ता	चरखी	चाशनी	चुटिया	चौदस	छिछोरा	जगना	जयंत
चकला	चरण	चाहना	चुटीला	चौदह	छीजन	जगह	जयंती
चकवा	चरना	चाहिए	चुड़ैल	चौधरी	छिड़ना	जगाना	जयश्री
चकोर	चरबी	चिंतन	चुनना	चौपट	छिद्रक	जघन्य	जरठ
चकोरी	चरम	चिकन	चुनरी	चौपाई	छिपना	जटायु	जरदा
चक्कर	चरस	चिकना	चुनाई	चौबीस	छिपाना	जटित	जरसी
चचेरा	चराना	चिकित्सा	चुनाव	चौमासा	छियासी	जटिल	जरायु
चटक	चरित	चिकोटी	चुनिंदा	चौरस	छिलना	जठर	जरीब

ज - -	जा - -	जु - -	झ - -	टाँ - -	ट्रै - -	ड - -	ढ - -
जरूर	**जामाता**	**जुटना**	**झपकी**	**टाँगना**	**ट्रैफिक**	**डहना**	**ढलना**
जरूरी	जामिन	जुड़वाँ	झमेला	टाँचना	ठंडाई	डाँकना	ढलाई
जर्जर	जामुन	जुतना	झरना	टाइप	ठगना	डाँगर	ढलाना
जलज	जामुनी	जुताई	झरोखा	टाइम	ठगनी	डाइन	ढलाव
जलद	जायका	जुताना	झलक	टानिक	ठठेरा	डाक्टर	ढहना
जलधि	जायज	जुदाई	झल्लाना	टापना	ठठोली	डाक्टरी	ढहाना
जलन	जायजा	जुर्माना	झाँकना	टायर	ठनना	डामर	ढाँपना
जलना	जारज	जुर्राब	झाड़न	टालना	ठलुआ	डायरी	ढाढ़स
जलसा	जालक	जुलाब	झाड़ना	टिकट	ठसक	डालना	ढारस
जलीय	जालाक्ष	जुलाहा	झापड़	टिकठी	ठहाका	डालर	ढालना
जलील	जालिम	जुलूस	झालर	टिकना	ठाकुर	डिंगल	ढिंढोरा
जलूस	जावक	जूझना	झिझक	टिकली	ठानना	डिगना	ढिठाई
जलेबी	जावित्री	जूठन	झिड़की	टिकाऊ	ठिकाना	डिगरी	ढिबरी
जल्लाद	जासूस	जेठानी	झुकना	टिकाना	ठिगना	डिगाना	ढिलाई
जवान	जासूसी	जेवर	झुकाना	टिकिया	ठीकरा	डिठौना	ढिल्लड़
जवानी	जाहिर	जैविकी	झुकाव	टिट्टिभ	ठूँसना	डिप्लोमा	ढुलाई
जवाब	जाहिरा	जोखिम	झूमना	टिप्पण	ठूसना	डिफेंस	ढूँढ़ना
जवाबी	जाहिल	जोगिन	झूलना	टिप्पणी	ठेलना	डिबिया	ढोलक
जहर	जाहिली	जोड़ना	झेंपना	टिफिन	ठोंकना	डिमांड	तंजेब
जहाज	जिंदगी	जोतना	झेपना	टीपना	ठोकना	डीलर	तंडुल
जहाजी	जिगर	जोनल	झेलना	टुकड़ा	ठोकर	डुबकी	तंदूर
जहाद	जिगरी	जौहरी	झोंकना	टुकड़ी	डंठल	डुबाना	तंदूरा
जाँघिया	जिज्ञासा	ज्ञातव्य	झोंपड़ा	टूटन	डकार	डुलाना	तंदूरी
जाँबाज	जिज्ञासु	ज्ञापन	झोंपड़ी	टूटना	डकैत	डूँगर	तंद्रालु
जागना	जितना	ज्यादती	टंकक	टेंडर	डकैती	डूबना	तंबाकू
जागर्ति	जितनी	ज्येष्ठता	टंकण	टोकन	डगर	डेयरी	तंबूरा
जागीर	जितने	ज्योतिष	टंकार	टोकना	डटना	डेलटा	तंबोली
जागीरी	जिधर	ज्योतिषी	टँगड़ी	टोकरा	डपट	डेवढ़ा	तकली
जाग ति	जीतना	ज्वलंत	टँगाना	टोकरी	डफली	डोलची	तकवा
जाजिम	जीमना	झंकार	टक्कर	टोटका	डमरू	डोलना	तकावी
जातक	जीवन	झंकृत	टखना	टोटल	डरना	ड्राइंग	तकिया
जातीय	जीविका	झंझट	टट्टर	टोहना	डराना	ढँकना	तक्षक
जानकी	जीवित	झगड़ा	टर्राना	ट्रांस्पोर्ट	डलना	ढँढोरा	तगड़ा
जानना	जुकाम	झटका	टलना	ट्रांस्फर	डलिया	ढकना	तगाई
जापानी	जुगनू	झड़ना	टसर	ट्रेनिंग	डसना	ढकनी	तजना
जामन	जुगाली	झपक	टहल	ट्रैक्टर	डस्टर	ढक्कन	तजुर्बा

त - -	त - -	त - -	ता - -	तु - -	त्रि - -	द - -	दा - -
तटस्थ	**तपाना**	**तस्करी**	**तालिका**	**तुलसी**	**त्रिशूल**	**दरिया**	**दाहिना**
तड़क	तपिश	तहत	तालीम	तुषार	त्वरण	दर्जन	दिक्कत
तड़का	तमस	तहाना	ताल्लुक	तुषीर	थकना	दर्पण	दिखना
तड़के	तमाम	तांडव	तावत्	तूफान	थकान	दर्शन	दिखाई
तड़प	तमाल	तांत्रिक	तावीज	त तीय	थकाना	दलाल	दिखाना
तड़ाक	तमाशा	तांबूल	तिकोना	त तीया	थपकी	दलाली	दिग्गज
तडाग	तमिस्रा	ताऊस	तिगुना	त षित	थप्पड़	दलित	दिनांक़
तड़ित्	तमीज	ताकत	तितली	तेईस	थमना	दलील	दिमाग
ततैया	तमोली	ताकना	तितिक्षा	तेजस्वी	थर्राना	दवाग्नि	दिलाना
तत्काल	तरंग	ताकीद	तिनका	तेतीस	थापना	दशक	दिलासा
तत्क्षण	तरक्की	ताजिया	तिपाई	तेरह	थामना	दशमी	दिल्लगी
तत्त्वज्ञ	तरण	ताज्जुब	तिमाही	तेलिन	थूकना	दसवाँ	दिवस
तत्त्वतः	तरणी	ताड़न	तिमिर	तेवर	थोपना	दस्तक	दिवाना
तत्सम	तरना	तातार	तिरंगा	तेहरा	दंगल	दस्ताना	दिवाला
तथापि	तरफ	तातारी	तिरछा	तैंतीस	दंडक	दस्तूर	दिहाड़ी
तथास्तु	तरल	तात्पर्य	तिराना	तैयार	दंपति	दस्तूरी	दीक्षांत
तथैव	तरस	तादात	तिरासी	तैयारी	दंपती	दहन	दीखना
तदर्थ	तरह	तादात्म्य	तिराहा	तैराक	दक्षता	दहेज	दीनता
तदीय	तराई	ताद श	तिर्यक्	तैराना	दक्षिण	दांपत्य	दीनार
तद्गुण	तराजू	तापन	तिलक	तोड़ना	दखल	दांभिक	दीपक
तद्धित	तराना	तापना	तिलस्मी	तोतला	दत्तक	दाक्षिण्य	दीमक
तद्भव	तरीका	तापस	तिहाई	तोलना	दनुज	दाखिल	दीर्घायु
तद्रूप	तरुण	तापसी	तीक्ष्णता	तोहफा	दफ्तर	दाखिला	दीवान
तनना	तरोई	ताबीज	तीतर	तौलना	दफ्तरी	दागना	दीवानी
तनय	तर्पण	ताबूत	तीव्रता	तौलिया	दबंग	दानव	दुःखड़ा
तनया	तलना	तामस	तीसरा	तौहीन	दबना	दामाद	दुःखद
तनाव	तलब	तामसी	तुच्छता	त्योहार	दबाना	दामिनी	दुःखांत
तनिक	तलवा	तामील	तुड़ाना	त्रिकाल	दबाव	दायरा	दुःसह
तनुजा	तलाक	तारण	तुनक	त्रिकोण	दमक	दायित्व	दुःसाध्य
तनूजा	तलाश	तारना	तुमुल	त्रिपथ	दमन	दारुण	दुकान
तन्मय	तलाशी	तारिका	तुम्हारा	त्रिपाठी	दमाद	दारोगा	दुकेला
तन्वंगी	तश्तरी	तारीख	तुरत	त्रिपुंड	दयालु	दालान	दुखद
तपना	तसमा	तारीफ	तुरई	त्रिपुर	दरख्त	दावत	दुखना
तपस्या	तसला	तारुण्य	तुरत	त्रिभुज	दराज	दावाग्नि	दुखांत
तपस्वी	तसल्ली	तालव्य	तुरही	त्रिमूर्ति	दरार	दावात	दुखाना
तपाक	तस्कर	तालाब	तुलना	त्रिशंकु	दरिद्र	दासता	दुगुना

दु - -	दु - -	द्वा - -	धा - -	न - -	न - -	ना - -	नि - -
दुधिया	**दुश्मन**	**द्वादशी**	**धावक**	**नगाड़ा**	**नसीब**	**नास्तिक**	**निडर**
दुनिया	दुश्मनी	द्वितीय	धिक्कार	नगीना	नहर	नाहर	निढाल
दुपट्टा	दुष्कर्म	द्वितीया	धीरज	नजर	नहला	निंदक	नितंब
दुबला	दुष्टता	द्विभाषी	धीरता	नजला	नहान	निंदिया	नितांत
दुबारा	दुष्प्राप्य	द्विविधा	धीवर	नजारा	नाइन	निंबोली	नित्यशः
दुरंगा	दुहना	धँसना	धुँधला	नजीर	नाखुश	निःशुल्क	निदर्श
दुरात्मा	दुहाई	धँसाना	धुआँसा	नटना	नाखून	निःश्वास	निदान
दुराव	दूकान	धड़क	धुनना	नतीजा	नागर	निःसीम	निदेश
दुराशा	दूतिका	धड़ल्ला	धुलना	नथना	नागिन	निःस्प ह	निद्रालु
दुराहा	दूधिया	धड़ल्ले	धुलाई	नथनी	नाचीज	निःस्वार्थ	निधन
दुरुस्त	दूभर	धड़ाम	धुलेंडी	ननद	नाजुक	निःस्वार्थी	निधान
दुरुस्ती	दूसरा	धतूरा	धूमिल	नमक	नाटक	निकट	निनाद
दुरूह	द ढ़ता	धनाढ्य	धूर्जटी	नमस्ते	नातिन	निकम्मा	निपट
दुर्गंध	द ष्टांत	धनिक	धूर्तता	नमूना	नाथना	निकष	निपात
दुर्गत	देखना	धनिया	धेवता	नम्रता	नादना	निकाय	निपुण
दुर्गति	देवता	धनुष	धोबिन	नयन	नानार्थ	निकास	निपूत
दुर्गम	देवत्व	धनेश	धौंकना	नरक	नापित	निकासी	निपूता
दुर्गुण	देवर	धमकी	धौंकनी	नरम	नाभिक	निकृष्ट	निबंध
दुर्घट	देवर्षि	धमनी	नंदन	नरमी	नामक	निकेत	निबद्ध
दुर्जन	देशज	धमाका	नंबर	नरसों	नामर्द	निक्षेप	निबौरी
दुर्दम्य	देशीय	धरणी	नंबरी	नरेंद्र	नामिका	निखिल	निभना
दुर्दशा	देहांत	धरती	नकटा	नर्तक	नामित	निगम	निभाना
दुर्दिन	देहात	धरना	नकद	नर्तकी	नामिती	निगाली	निमग्न
दुर्दैव	देहाती	धरम	नकदी	नर्सरी	नायक	निगूढ़	निमित्त
दुर्बल	दैनिक	धर्मज	नकल	नलिन	नायब	निगोड़ा	निमिष
दुर्बोध	दैनिकी	धर्मांध	नकली	नलिनी	नायाब	निग्रह	निमेष
दुर्भाग्य	दोबारा	धर्मात्मा	नकाब	नवधा	नायिका	निघंटु	नियंता
दुर्भाव	दोहद	धर्मार्थ	नकार	नवम	नारंगी	निचय	नियत
दुर्भिक्ष्य	दोहरा	धर्मिष्ठ	नकेल	नवमी	नारद	निचला	नियति
दुर्भेद्य	दौड़ना	धर्षण	नक्काशी	नवल	नाराज	निचाई	नियम
दुर्मति	दौड़ाना	धाँधली	नक्षत्र	नवान्न	नारीत्व	निचोड़	नियुक्त
दुर्लभ	दौलत	धारण	नखरा	नवाब	नाविक	निजत्व	नियुक्ति
दुलारा	द्योतक	धारणा	नगण्य	नवासी	नाशक	निजस्व	नियोक्ता
दुलारी	द्रव्यत्व	धारिता	नगद	नवीन	नासाग्र	निठल्ला	नियोग
दुल्हन	द्रष्टव्य	धारोष्ण	नगर	नवेला	नासिका	निठल्लू	नियोगी
दुशाला	द्वादश	धार्मिक	नगरी	नवोढ़ा	नासूर	निठुर	निरंक

नि - -	नि - -	नि - -	नि - -	न - -	पं - -	प - -	प - -
निरत	**निर्धन**	**निविड़**	**निष्पन्न**	**न शंस**	**पंजाबी**	**पटाका**	**पत्रांक**
निरस्त	निर्धूम	निविदा	निष्पाप	न शास्त्र	पंजिका	पटाखा	पत्रिका
निरस्त्र	निर्बल	निविष्ट	निष्प्राण	नेत त्व	पंडाल	पटाना	पथरी
निराई	निर्बाध	निविष्टि	निष्फल	नेपथ्य	पंडित	पटाव	पथिक
निराना	निर्बुद्धि	निव त	निसर्ग	नेपाली	पंद्रह	पटिया	पदक
निराला	निर्भय	निव ति	निस्तब्ध	नेवला	पंसारी	पटैला	पदवी
निराली	निर्भर	निवेश	निस्तार	नैकट्य	पँसेरी	पट्टन	पदस्थ
निराले	निर्भीक	निशांत	निस्तेज	नैतिक	पकड़	पट्टिका	पदाना
निराश	निर्भ्रांत	निशान	निस्पंद	नैपुण्य	पकना	पठन	पदार्थ
निराशा	निर्मम	निशाना	निस्प ह	नैराश्य	पकाना	पठान	पदेन
निरीह	निर्मल	निशानी	निस्सीम	नैरुक्त	पकौड़ा	पठानी	पद्धति
निरुक्त	निर्माण	निशीथ	निस्स त	नैवेद्य	पक्वान्न	पड़ता	पद्मभू
निरुक्ति	निर्माता	निशुंभ	निहंग	नैषध	पखौड़ा	पड़ना	पद्मश्री
निरुद्ध	निर्मित	निश्चय	निहंता	नैष्ठिक	पगड़ी	पड़वा	पद्मिनी
निरोग	निर्मुक्त	निश्चल	निहत्था	नैहर	पगना	पड़ाव	पनही
निरोगी	निर्मुक्ति	निश्चित	निहाई	नोचना	पगला	पड़िया	पनाला
निरोध	निर्मूल	निश्चेष्ट	निहानी	नोटिस	पगहा	पड़ोस	पनाली
निर्गंध	निर्मोही	निश्छल	निहाल	नौकर	पगार	पड़ोसी	पनाह
निर्गत	निर्यात	निश्वास	निहित	नौकरी	पचड़ा	पढ़ना	पनीर
निर्गम	निर्लज्ज	निश्शंक	नीड़ज	नौटंकी	पचना	पढ़ाई	पन्नग
निर्गामी	निर्लिप्त	निश्शक्त	नीयत	नौनगा	पचाना	पढ़ाना	पपड़ी
निर्गुट	निर्लेप	निश्शब्द	नीरज	नौयुद्ध	पचास	पतंग	पपीता
निर्गुण	निर्लोभ	निश्शुल्क	नीरद	नौशक्ति	पचासी	पतंगा	पपीहा
निर्घोष	निर्वस्त्र	निषंग	नीरव	नौसेना	पचीस	पतन	पब्लिक
निर्जन	निर्वाण	निषाद	नीरस	न्यायिक	पचीसी	पतला	पयोद
निर्जीव	निर्वात	निषिद्ध	नीरोग	न्यूनता	पच्चड़	पतली	पयोधि
निर्झर	निर्वाह	निषेध	नीलम	पंकज	पच्चीस	पताका	परंतु
निर्णय	निर्विघ्न	निष्कर्म	नीलाम	पंखड़ी	पच्छिम	पतित	परख
निर्णीत	निर्वेद	निष्कर्ष	नीलामी	पँखेरू	पछवाँ	पतित्व	परचा
निर्णेता	निर्व्याधि	निष्काम	नीलिमा	पंचक	पछाड़	पतीला	परतः
निर्दय	निर्हेतु	निष्क्रिय	नीहार	पंचम	पटका	पतोहू	परत
निर्दल	निलय	निष्ठुर	नुकती	पंचमी	पटना	पत्तन	परती
निर्दिष्ट	निवल	निष्णात	नुकीला	पंचांग	पटरा	पत्तर	परत्र
निर्देश	निवार्य	निष्पंद	नुक्कड़	पंचाट	पटरी	पत्तल	परत्व
निर्दोष	निवास	निष्पक्ष	नूतन	पंचाल	पटल	पत्नीत्व	परदा
निर्द्वंद्व	निवासी	निष्पत्ति	नूपुर	पंजर	पटाई	पत्रक	परम

प - -	प - -	पा - -	पा - -	पि - -	पु - -	पू - -	पो - -
परला	**पल्लव**	**पाखाना**	**पार्सल**	**पिपासा**	**पुण्यार्थ**	**पूर्वता**	**पोषक**
परशु	पल्लवी	पागना	पालक	पिपासु	पुतना	पूर्वार्ध	पोषण
परस	पवन	पागल	पालकी	पिराना	पुतला	पूर्वाह्न	पोसना
परसों	पवित्र	पागुर	पालतू	पिरोना	पुतली	पूर्वोक्त	पोस्टल
परस्त्री	पश्चात्	पाचक	पालथी	पिलना	पुताई	पूर्वोक्ति	पौढ़ना
परस्थ	पश्चिम	पाचन	पालन	पिलाना	पुदीना	प थक्	पौरुष
पराँठा	पश्चिमी	पाजामा	पालना	पिशाच	पुनश्च	प थुल	पौष्टिक
पराग	पसंद	पाजेब	पालिका	पिशुन	पुनीत	पेंशन	प्रकट
पराठा	पसली	पाटना	पावक	पिष्टान्न	पुरखा	पेचिश	प्रकांड
परात	पसीना	पाटल	पावती	पिसना	पुराण	पेचीदा	प्रकार
परान्न	पसेरी	पाठक	पावन	पिसान	पुराना	पेटिका	प्रकाश
पराया	पहर	पातक	पावस	पिसाना	पुरुष	पेटेंट	प्रकीर्ण
परार्थ	पहरा	पातकी	पाश्चात्य	प जना	पुरोधा	पेट्रोल	प्रकृत
परास	पहल	पाताल	पाषाण	पीटना	पुलक	पेरना	प्रकृति
परास्त	पहला	पाथना	पाषाणी	पीठिका	पुलाव	पेलना	प्रकृष्ट
परिंदा	पहलू	पाथेय	पासंग	पीड़ित	पुलिंदा	पेशगी	प्रकोप
परिखा	पहले	पादना	पाहन	पीतल	पुलिन	पेशाब	प्रकोष्ठ
परितः	पहाड़	पादप	पाहुना	पीनक	पुलिस	पैंतरा	प्रक्रम
परिधि	पहाड़ा	पादरी	पिंगल	पीनस	पुवाल	पैंतीस	प्रक्रिया
परीक्षा	पहाड़ी	पादुका	पिंगला	पीपल	पुष्कर	पैंसठ	प्रतीक्षित
परुष	पहिया	पापघ्न	पिंजड़ा	पीयूष	पुष्पक	पैकर	प्रक्षिप्त
परोक्ष	पहुँच	पापड़	पिंजर	पीलिया	पुस्तक	पैकेज	प्रक्षेप
परोसा	पहुँचा	पामर	पिंजरा	पीसना	पुस्तिका	पैकेट	प्रखंड
पर्यंत	पहुँची	पायल	पिंडली	पीहर	पुहुप	पैगाम	प्रखर
पर्याप्त	पहेली	पायस	पिच्छिल	पुंलिंग	पूछना	पैडिल	प्रख्यात
पर्याय	पाँचवाँ	पारखी	पिछड़ा	पुंश्चली	पूजन	पैत क	प्रगति
पर्यास	पांचाली	पारण	पिछला	पुंसत्त्व	पूजना	पैदल	प्रगल्भ
पर्वत	पांडव	पारथि	पिछाड़ी	पुआल	पूरक	पैरवी	प्रगाढ़
पलंग	पांडित्य	पारथी	पिटक	पुकार	पूरना	पोंकना	प्रगामी
पलक	पांडेय	पारद	पिटना	पुछल्ला	पूरब	पोंछना	प्रचंड
पलटा	पाँयचा	पारस	पिटारा	पुजाना	पूर्णतः	पोखर	प्रचार
पलड़ा	पाँवड़ा	पारित	पिटारी	पुजापा	पूर्णांक	पोटली	प्रचुर
पलथी	पांसुल	पार्थक्य	पिठौरी	पुजारी	पूर्णायु	पोतड़ा	प्रच्छन्न
पलना	पाक्षिक	पार्थिव	पितर	पुटकी	पूर्णिमा	पोतना	प्रजाति
पलाश	पाखंड	पार्श्वस्थ	पिनाक	पुड़िया	पूर्वज	पोपला	प्रज्ञप्ति
पलित	पाखंडी	पार्षद	पिनाकी	पुण्यात्मा	पूर्वतः	पोशाक	प्रज्ञान

प्र - -	प्र - -	प्र - -	प्र - -	प्रा - -	फाँ - -	फू - -	ब - -
प्रणत	**प्रदेश**	**प्ररूप**	**प्रसूत**	**प्रासाद**	**फाँदना**	**फूलना**	**बगल**
प्रणय	प्रदोष	प्ररूपी	प्रसूति	प्रेक्षक	फाँसना	फूहड़	बगला
प्रणयी	प्रधान	प्रलय	प्रसून	प्रेक्षण	फाइल	फेंकना	बगिया
प्रणव	प्रपंच	प्रलाप	प्रस्तर	प्रेतात्मा	फागुन	फेंटना	बगीचा
प्रणाम	प्रपत्र	प्रलेख	प्रस्ताव	प्रेमिका	फाटक	फेफड़ा	बगुला
प्रणाली	प्रपात	प्रवक्ता	प्रस्तुत	प्रेयसी	फाड़ना	फेरना	बगैर
प्रणीत	प्रपुत्र	प्रवण	प्रस्तुति	प्रेरक	फायदा	फैलना	बचत
प्रणेता	प्रपौत्र	प्रवर	प्रस्तोता	प्रेरण	फारसी	फैलाना	बचना
प्रताप	प्रबंध	प्रवर्ती	प्रस्थान	प्रेरणा	फार्मेसी	फैलाव	बचाव
प्रतिज्ञा	प्रबल	प्रवाद	प्रस्फुट	प्रेरित	फालतू	फैसला	बछड़ा
प्रतिभा	प्रबुद्ध	प्रवास	प्रस्वेद	प्रेषक	फालसा	फोकट	बछिया
प्रतिभू	प्रभाग	प्रवासी	प्रहर	प्रेषण	फाल्गुन	फोड़ना	बछेड़ी
प्रतिमा	प्रभात	प्रवाह	प्रहरी	प्रेषित	फावड़ा	फोरम	बजट
प्रतिष्ठा	प्रभाती	प्रविधि	प्रहार	प्रेषिती	फिटना	फौरन	बजना
प्रतीक	प्रभार	प्रविष्ट	प्रह्लाद	प्रोन्नत	फिरकी	फौलाद	बजरी
प्रतीक्षा	प्रभारी	प्रविष्टि	प्रांगण	प्लवन	फिरनी	बंकिम	बजाना
प्रतीची	प्रभाव	प्रवीण	प्रांजल	प्लावन	फिरौती	बँगला	बजाय
प्रतीत	प्रभावी	प्रव त्ति	प्रांतीय	प्लावित	फिसड्डी	बंगाली	बटन
प्रतीति	प्रभुता	प्रवेश	प्राकार	फँसना	फ चना	बंजर	बटाई
प्रत्यंग	प्रभुत्व	प्रव्रज्या	प्राकृत	फँसाना	फीरोजी	बँटना	बटिया
प्रत्यंचा	प्रभूति	प्रशंसा	प्राचार्य	फकीर	फीसदी	बँटाई	बटुआ
प्रत्यक्ष	प्रमत्त	प्रशस्त	प्राचीन	फक्कड़	फुँदना	बंदर	बटेर
प्रत्यय	प्रमाण	प्रशस्ति	प्राचीर	फतह	फुकनी	बंदिनी	बटोही
प्रत्यर्थी	प्रमात्रा	प्रशांत	प्राचुर्य	फफ्फस	फुनकी	बंदूक	बड़ाई
प्रत्याशा	प्रमाद	प्रशाखा	प्राधान्य	फफूँदी	फुप्फुस	बंधक	बढ़ई
प्रत्युत	प्रमुख	प्रशासी	प्राप्तव्य	फफोला	फुफिया	बंधन	बढ़ना
प्रत्यूष	प्रमेय	प्रशुल्क	प्राप्तांक	फबती	फुफेरा	बँधना	बढ़ाना
प्रत्येक	प्रमेह	प्रश्रय	प्राबल्य	फबना	फुरती	बँधुआ	बढ़ावा
प्रथम	प्रमोद	प्रश्वास	प्रामाण्य	फरसा	फुर्तीला	बकना	बढ़िया
प्रदत्त	प्रयत्न	प्रसंग	प्रायशः	फरार	फुलका	बकरा	बतख
प्रदर	प्रयाण	प्रसन्न	प्रायिक	फलतः	फुलेरी	बकरी	बताना
प्रदर्श	प्रयास	प्रसव	प्रायोज्य	फलना	फुहार	बकाया	बताशा
प्रदान	प्रयुक्त	प्रसाद	प्रारंभ	फलित	फुहारा	बकुल	बतासा
प्रदाय	प्रयोक्ता	प्रसार	प्रारूप	फव्वारा	फूँकना	बखान	बतौर
प्रदीप	प्रयोग	प्रसिद्ध	प्रार्थना	फसल	फूटना	बखेड़ा	बत्तीस
प्रदीप्त	प्रयोज्य	प्रसिद्धि	प्रालब्ध	फाँकना	फूत्कार	बख्शीश	बत्तीसी

ब - -	**ब - -**	**बा - -**	**बि - -**	**ब - -**	**बो - -**	**भ - -**	**भि - -**
बथुआ	**बलिष्ठ**	**बाबुल**	**बिनाई**	**ब हत्**	**बोलना**	**भनक**	**भिड़ंत**
बदन	बलुआ	बारह	बिनौला	बेअक्ल	बोहनी	भभ्भड़	भिड़ना
बदबू	बल्लम	बारात	बिलनी	बेकार	बौछार	भभका	भिड़ाना
बदला	बवाल	बारीक	बिलैया	बेकारी	बौड़म	भभकी	भिन्नता
बदली	बशर्ते	बारूद	बिलौटा	बेगम	बौद्धिक	भभूत	भ चना
बधाई	बसाना	बालक	बिलौना	बेगाना	बौरना	भरण	भीगना
बधिक	बसेरा	बालम	बिल्कुल	बेचान	बौराना	भरत	भीतर
बधिर	बहना	बालिका	बिवाई	बेचारा	ब्याहना	भरती	भीतरी
बनना	बहस	बालुका	बिस्तर	बेचैन	ब्रह्मर्षि	भरना	भीलिनी
बनाना	बहाना	बालेंदु	बिहान	बेझड़	ब्रह्मांड	भराव	भीषण
बनिया	बहार	बावड़ी	बिहारी	बेढब	ब्रह्मास्त्र	भरोसा	भुक्खड़
बनैला	बहाल	बावन	ब धना	बेताल	ब्राह्मण	भर्त्सना	भुजंग
बपौती	बहाव	बावर्ची	बीजक	बेबस	ब्रिटिश	भलाई	भुजिया
बफर	बहिर्	बावला	बीतना	बेबसी	ब्लाउज	भवन	भुनना
बफारा	बहुत	बासठ	बीनना	बेबाकी	भंगिमा	भवानी	भुनाई
बबूल	बहुधा	बाहर	बीभत्स	बेमेल	भंगुर	भविष्य	भुनाना
बयान	बहुल	बाहरी	बीमार	बेलन	भंजन	भाँगड़ा	भुरता
बयाना	बहेड़ा	बाहुल्य	बीमारी	बेवफा	भंडार	भाँजना	भुलाना
बयार	बाँगड़ू	बाह्यतः	बीहड़	बैंगन	भंडारा	भाँपना	भुलावा
बयासी	बाँचना	बिंधना	बुआई	बैंगनी	भंडारी	भाँवर	भुवन
बरखा	बाँटना	बिंबित	बुकनू	बैंजनी	भँड़ेती	भाजन	भूँकना
बरच्छा	बाँधना	बिकना	बुखार	बैजंती	भँवर	भामिनी	भूगर्भ
बरछा	बाँधनू	बिकाऊ	बुजुर्ग	बैटरी	भँवरा	भारत	भूगोल
बरमा	बाँसुरी	बिचला	बुझना	बैठक	भक्षक	भारती	भूचाल
बरवै	बाईस	बिछना	बुझाना	बैठाना	भक्षण	भावज	भूतनी
बरसी	बागान	बिछाना	बुढ़ापा	बैताल	भगत	भावना	भूतात्मा
बरही	बागीचा	बिछिया	बुनना	बैनर	भगना	भावार्थ	भूदान
बरात	बाघिन	बिछुवा	बुनाई	बैनामा	भगवा	भावुक	भूनना
बराती	बाजरा	बिछोह	बुभुक्षा	बैसाख	भगाना	भाषण	भूपति
बर्तन	बाजार	बिछौना	बुराई	बैसाखी	भगिनी	भाषाई	भूभाग
बर्दाव	बाजारू	बिजली	बुरादा	बोआई	भगोड़ा	भास्कर	भूमिका
बर्दाश्त	बादल	बिटिया	बुलाना	बोझिल	भजन	भिंचना	भूलना
बर्फीला	बादाम	बिठाना	बुलावा	बोतल	भड़वा	भिक्षार्थी	भूषण
बर्बर	बाधक	बिडाल	बुवाना	बोनस	भड़ास	भिक्षुक	भूस्वामी
बर्राना	बानगी	बिताना	बुहारी	बोरना	भड़ुआ	भिखारी	भ कुटी
बलात्	बानवे	बिनना	बूझना	बोलती	भदंत	भिगोना	भेंटना

भे - -	मं - -	म - -	म - -	म - -	मा - -	मा - -	मुं - -
भेजना	**मंडन**	**मजीरा**	**मनुज**	**मसौदा**	**मातंग**	**मालिन**	**मुंडेर**
भेदन	मंडप	मझला	मनुष्य	मस्तक	मातुल	मालिन्य	मुँदना
भेदना	मंडल	मझोला	मनोज	मस्तिष्क	मातुली	माशूक	मुँदरी
भेदिया	मंडली	मटका	मनौती	महँगा	मात त्व	मासिक	मुँहासा
भेषज	मंडित	मटर	मन्नत	महंत	मात्रक	मासूम	मुकुट
भैरव	मंडूक	मड़ई	ममता	महंती	मात्रिक	माहात्म्य	मुक्तक
भैरवी	मंतव्य	मड़ैया	ममत्व	महक	मादक	माहौल	मुखड़ा
भैषज	मंत्रज्ञ	मड़ोर	ममीरा	महत	माधव	मिचली	मुखर
भा.कना	मंत्रणा	मढ़ना	मयंक	महती	माधुरी	मिचौनी	मुखाग्र
भोगना	मंत्रित्व	मढ़ाई	मयूर	महतो	माधुर्य	मिजाज	मुखिया
भोजन	मंथन	मतंग	मयूरी	महत्त्व	माध्यम	मिटना	मुखौटा
भौंकना	मंथर	मतैक्य	मरजी	महरा	मानक	मिटाना	मुख्यतः
भौचक्का	मंदाग्नि	मथन	मरण	महरी	मानद	मिठाई	मुटापा
भौजाई	मंदिर	मथना	मरना	महर्षि	मानना	मिठास	मुड़ना
भौतिक	मंसूबा	मथनी	मराठा	महल	मानव	मिडिल	मुदित
भौतिकी	मकई	मथानी	मरीज	महात्मा	मानस	मितली	मुद्गर
भ्रमण	मकड़ा	मदद	मरुत्	महान्	मानसी	मिथक	मुद्रक
भ्रमर	मकड़ी	मदन	मर्दन	महाल	मानिनी	मिथुन	मुद्रण
भ्रमित	मकर	मदांध	मर्दाना	महिमा	मानुष	मिनट	मुद्रिका
भ्रात त्व	मकान	मदार	मर्मज्ञ	महिला	मान्यता	मिरगी	मुनक्का
भ्रामक	मक्कार	मदारी	मर्मर	महिष	मापना	मिलना	मुनाफा
मँगता	मक्खन	मदिरा	मर्यादा	महिषी	मापनी	मिलनी	मुनीम
मँगनी	मखौल	मद्धिम	मलना	महीन	मामला	मिलान	मुमूर्षु
मंगल	मगध	मद्यप	मलय	महीना	मायावी	मिलाना	मुरब्बा
मंगली	मगर	मधुप	मलवा	महीप	मायूस	मिलाप	मुरली
मँगाना	मघवा	मधुर	मलाई	महुआ	मायूसी	मिशन	मुराद
मंचन	मचना	मध्यम	मलिन	महुवा	मारक	मिश्रण	मुर्गाबी
मंजन	मचली	मध्यमा	मल्लिका	माँगना	मारना	मिश्रित	मुर्झाना
मँजना	मचान	मध्यस्थ	मवाली	माँजना	मारुत	मिष्टान्न	मुलम्मा
मंजरी	मचाना	मध्याह्न	मशक	माँड़ना	मारुति	मिष्ठान्न	मुल्तवी
मंजिल	मच्छर	मनका	मशाल	माँबाप	मार्जन	मिस्तरी	मुश्किल
मंजीर	मछली	मनन	मशीन	मांसल	मार्तंड	मीटर	मुस्कान
मंजुल	मछुवा	मनसा	मसान	माखन	मार्मिक	मीड़ना	मुस्टंडा
मंजूरी	मजनूँ	मनस्वी	मसाला	माचिस	मालटा	मीमांसा	मुहर
मंजूषा	मजाक	मनाही	मसीहा	माणिक	मालती	मुँगौरी	मुहल्ला
मँझला	मजार	मनीषा	मसूर	माणिक्य	मालिक	मुंडन	मुहाना

मु - -	मो - -	या - -	र - -	र - -	रु - -	रो - -	ल - -
मुहूर्त	**मोहन**	**यामिनी**	**रकम**	**रसौली**	**रुदन**	**रोधक**	**लगना**
मूँड़ना	मोहर	याराना	रक्तिम	रहँट	रुद्राक्ष	रोपण	लगवा
मूँडना	मोहरा	यावत्	रक्षक	रहन	रुधिर	रोपना	लगान
मूतना	मोहरी	युगल	रक्षण	रहना	रुपया	रोबीला	लगाना
मूर्खता	मोहित	युगांत	रक्षित	रहम	रुलाई	रोमांच	लगाम
मूर्च्छना	मोहिनी	युगादि	रखना	रहस्य	रूँधना	रोशन	लगाव
मूर्धन्य	मौखिक	युग्मक	रगड़	रहित	रूठना	रोशनी	लग्नेश
मूलतः	मौलवी	युग्मज	रचना	राक्षस	रूढ़ोक्ति	रोस्टर	लघिमा
मूल्यन	मौलिक	युद्धास्त्र	रचाना	राक्षसी	रूपक	रोहिणी	लघुत्व
मूषक	मौसम	युयुत्सा	रजक	राजर्षि	रूपसी	रौनक	लचक
मूषिका	मौसिया	युयुत्सु	रजत	राजसी	रूपाली	रौरव	लचर
मूसल	यंत्रणा	युवक	रजनी	राजस्व	रूपोक्ति	लंकेश	लचीला
म गया	यंत्रस्थ	यूथप	रजाई	राजाज्ञा	रूमाल	लँगड़ा	लजाना
म गाक्षी	यकीन	यूनानी	रजिस्ट्री	राबड़ी	रेंकना	लंगर	लजीज
म णाल	यकृत्	यूनिट	रटंत	रायता	रेंगना	लंगल	लजीला
म त्तिका	यजन	यूरिया	रडार	रायल्टी	रेचक	लंगूर	लज्जालु
म दंग	यतीम	यूरोप	रतन	रावण	रेजगी	लँगोट	लज्जित
म दुल	यथार्थ	योगिनी	रतालू	रावल	रेडियो	लँगोटी	लटका
मेंगनी	यथेच्छ	योग्यता	रतौंधी	राशन	रेणुका	लंघन	लठैत
मेखला	यथेष्ट	योजना	रपट	राष्ट्रीय	रेतीला	लँघाना	लड़का
मेदिनी	यथोक्त	योषित	रपट्टा	राहत	रेफरी	लंपट	लड़की
मेधावी	यद्यपि	यौगिक	रफ्तार	रिकार्ड	रेलवे	लंबाई	लड़ना
मेहँदी	यवन	यौधेय	रबड़	रिक्तता	रेवड़ी	लंबित	लड़ाई
मैकश	**यवागू**	**यौवन**	रबड़ी	रिजर्व	रेशम	लंबोष्ठ	लड़ाकू
मैखाना	**यशस्वी**	रंगत	रमण	रिझाना	रेशमी	लकड़ी	लड़ाना
मैथुन	यशोदा	रँगना	रमणी	रिपोर्ट	रेहन	लकीर	लतहा
मैदान	यहूदी	रँगाई	रमना	रिश्वत	रोंगटा	लकुटी	लताड़
मोंगरा	यांत्रिकी	रंगीन	रवानी	रिसाना	रोंदना	लक्षण	लतिका
मोगरा	याचक	रंगीनी	रसद	रिहाई	रोआँसा	लक्षणा	लतीफा
मोचन	याचन	रँगीला	रसना	रीझना	रोकड़	लक्षित	लदना
मोन्टर	याचना	रंजक	रसाल	रीतना	रोकना	लक्ष्मण	लदाना
मोटापा	याजक	रंजिश	रसिक	रुँधना	रोगाणु	लक्ष्यार्थ	लद्धड़
मोड़ना	याज्ञिक	रंजीदा	रसिया	रुआँसा	रोगिणी	लखेरा	लपक
मोदक	यातना	रँडुवा	रसीद	रुकना	रोचक	लखौटा	लपकी
मोरनी	यादव	रँदना	रसीला	रुचिर	रोजाना	लखौरी	लपट
मोहक	यापन	रँभाना	रसोई	रुझान	रोदन	लगन	लपेट

ल - -	**लि - -**	**लौ - -**	**व - -**	**वा - -**	**वि - -**	**वि - -**	**वि - -**
लप्पड़	**लिपिक**	**लौटाना**	**वसंत**	**वासुकि**	**विट्ठल**	**विपक्ष**	**विरल**
लफंगा	लिफाफा	वंचक	वसन	वास्तव	विडाल	विपक्षी	विरला
लब्धांक	लिसोड़ा	वंचना	वसिष्ठ	वाहक	वितर्क	विपत्ति	विरस
ललना	लीडर	वंदना	वसुधा	वाहन	वितान	विपथ	विरह
ललाई	लीलना	वकील	वसूली	विकट	वितृष्णा	विपद्	विराग
ललाट	लुंचित	वक्तव्य	वहन	विकर्ण	वित्तीय	विपदा	विराट्
ललाम	लुंठित	वक्तृत्व	वांछित	विकल	विदग्ध	विपन्न	विराम
ललित	लुआठाँ	वक्रता	वाकिफ	विकल्प	विदाई	विपाक	विरुद
लवंग	लुकना	वक्रोक्ति	वाक्पटु	विकार	विदित	विपिन	विरुद्ध
लवण	लुगाई	वचन	वाक्यांश	विकारी	विदीर्ण	विपुल	विरोध
लसीका	लुटाना	वजन	वाक्यार्थ	विकास	विदुषी	विप्लव	विरोधी
लहँगा	लुटिया	वजीफा	वाग्जाल	विकीर्ण	विदेश	विप्लवी	विलंब
लहजा	लुटेरा	वणिक	वाग्दान	विकृत	विदेशी	विफल	विलग
लहर	लुनाई	वत्सल	वाग्देवी	विक्रम	विद्यार्थी	विभक्ति	विलय
लहरी	लुब्धक	वनिता	वाग्युद्ध	विक्रय	विद्युत	विभव	विलाप
लांगूल	लुभाना	वमन	वाङ्मय	विक्रांत	विद्रूप	विभाग	विलास
लाँघना	लुहार	वयस्क	वाचक	विक्रेता	विद्रोह	विभाज्य	विलासी
लाँछन	लूटना	वरण	वाचाल	विक्षिप्त	विद्रोही	विभिन्न	विलीन
लागत	लेकिन	वरद	वाटिका	विक्षुब्ध	विद्वता	विभूति	विलुप्त
लाघव	लेखक	वरन्	वाणिज्य	विक्षोभ	विद्वान्	विभेद	विलोम
लाचार	लेखन	वराह	वात्सल्य	विख्यात	विद्वेष	विभोर	विवर
लाड़ला	लेखनी	वरिष्ठ	वादक	विगत	विधर्म	विभ्रम	विवर्ण
लाभांश	लेटना	वरीय	वादन	विग्रह	विधर्मी	विमति	विवश
लाभार्थ	लेपन	वरुण	वानर	विचार	विधवा	विमर्ष	विवाद
लालच	लैंगिक	वर्चस्व	वानिकी	विचित्र	विधाता	विमल	विवाह
लालची	लोकोक्ति	वर्जना	वापस	विच्छिन्न	विधान	विमाता	विविध
लालन	लोचन	वर्जस्वी	वापसी	विच्छेद	विधुर	विमान	विविधा
लालसा	लोटना	वर्णन	वायव्य	विछोह	विनती	विमुख	विवेक
लालित्य	लोथड़ा	वर्तनी	वारंटी	विजय	विनम्र	विमुग्ध	विशद
लालिमा	लोमड़ी	वर्तिका	वारना	विजया	विनय	विमोह	विशाल
लावण्य	लोलुप	वर्तुल	वारिस	विजयी	विनष्ट	वियुक्त	विशिष्ट
लिक्खाड़	लोहार	वलय	वार्षिक	विजेता	विनाश	वियोग	विशुद्ध
लिखत	लोहित	वल्कल	वार्षिकी	विज्ञप्ति	विनीत	वियोगी	विशेष
लिखना	लौंडिया	वल्मीक	वाल्मीकि	विज्ञान	विनोद	विरक्त	विशेष्य
लिखाई	लौकिक	वल्लभ	वासना	विज्ञानी	विन्यास	विरक्ति	विश्रांति
लिपाई	लौटना	वल्लरी	वासर	विटप		विरत	विश्राम

वि - -	वै - -	श - -	शा - -	शे - -	सं - -	सं - -	सं - -
विश्वस्त	**वैधव्य**	**शताब्दी**	**शासन**	**शोणित**	**संक्षिप्ति**	**संदेह**	**संवेग**
विश्वास	वैपुल्य	शतायु	शासित	शोधन	संक्षेप	संन्यासी	संशय
विषम	वैरागी	शत्रुघ्न	शास्त्रार्थ	शोभित	संगत	संपत्ति	संशयी
विषय	वैराग्य	शपथ	शास्त्रीय	शोषक	संगति	संपदा	संश्लिष्ट
विषयी	वैविध्य	शबरी	शिकार	शोषण	संगम	संपन्न	संसद
विषाक्त	वैशाख	शब्दशः	शिकारा	शोषित	संगिनी	संपर्क	संसर्ग
विषाणु	वैशिष्ट्य	शब्दार्थ	शिकारी	शौकीन	संगीत	संपुष्टि	संसार
विषाद	वैषम्य	शमन	शिक्षक	श्मशान	संगीन	संपूर्ण	संस्कार
विषैला	वैष्णव	शयन	शिक्षार्थी	श्यामल	संग्रह	सँपोला	संस्कृत
विस्तार	वैष्णवी	शरण	शिक्षित	श्रद्धालु	संग्राम	संप्रति	संस्कृति
विस्त त	व्यंग्योक्ति	शरत्	शिखर	श्रमिक	संघर्ष	संबंध	संस्तुति
विस्फोट	व्यंजक	शराब	शिथिल	श्रवण	संघात	संबंधी	संस्थान
विस्मय	व्यंजन	शराबी	शिवाला	श्रावक	संचय	संबल	संस्पर्श
विस्म त	व्यंजना	शरीफा	शिविर	श्रावण	संचयी	संबोध	संहार
विस्म ति	व्यक्तित्व	शरीर	शिशिर	श्रावणी	संचार	संभव	संहिता
विहार	व्यतीत	शर्करा	शीतल	श्रीकंठ	संचारी	संभाग	सकता
विहीन	व्यथित	शर्माना	शीतला	श्रीमती	संचित	संभाव्य	सकल
विह्वल	व्यवस्था	शलाका	शीतोष्ण	श्रीमान्	सँजोना	संभोग	सक्रिय
वीथिका	व्यसन	शशांक	शीर्षक	श्रीयुत	संज्ञान	संभ्रम	सक्षम
वीरान	व्यसनी	शस्त्रास्त्र	शीर्षस्थ	ृवशुर	संडास	संभ्रांत	सखेद
व त्तांत	व्याकुल	शहद	शीशम	षट्कर्म	संतति	संमुख	सगर्व
व श्चिक	व्याख्यान	शहर	शुक्राणु	षट्कोण	संतप्त	संमोह	सगाई
व षभ	व्याघात	शहरी	शुबहा	षट्शास्त्र	संतरा	संयंत्र	सगोत्र
व हत्	व्यापक	शहीद	शुभांगी	षड्यंत्र	संतान	संयत	सघन
वेतन	व्यापार	शागिर्द	शुभेच्छु	षोडश	संताप	संयम	सघोष
वेदना	व्यापारी	शाद्वल	शुश्रूषा	षोडशी	संतुष्ट	संयमी	सचल
वेदांग	व्यामोह	शाब्दिक	शूकर	संकट	संतुष्टि	संयुक्त	सचिव
वेदांत	व्यायाम	शामिल	शूरता	सँकड़ा	संत प्ति	संयोग	सचेत
वेदिका	व्युत्पत्ति	शायरी	शूरत्व	संकर	संतोष	संरक्षा	सचेष्ट
वेदोक्ति	व्युत्पन्न	शारदा	श खला	संकल्प	संतोषी	संलग्न	सच्चाई
वैकुंठ	शंकर	शार्दूल	श गार	संकीर्ण	संत्रस्त	संलाप	सजन
वैचित्र्य	शंकालु	शालिनी	शेखर	संकेत	संदर्भ	संवत्	सजना
वैताल	शकुन	शालीन	शेयर	संकोच	संदिग्ध	संवर्ग	सजनी
वैदिक	शक्कर	शावक	शेरनी	संकोची	संदूक	संवाद	सजल
वैदूर्य	शतक	शाश्वत	शैक्षिक	संक्रांति	संदेश	संवीक्षा	सजाना
वैदेही	शतघ्नी	शासक	शैशव	संक्षिप्त	संदेशा	संव द्धि	सजिल्द

स - -	स - -	स - -	स - -	साँ - -	सा - -	सि - -	सु - -
सज्जन	**सन्नाटा**	**समाप्य**	**सर्वत्र**	**साँपिन**	**सामिष**	**सिरका**	**सुझाना**
सज्जित	सन्मार्ग	समास	सर्वथा	सांप्रत	सामीप्य	सिरकी	सुझाव
सटना	सपना	समिति	सर्वशः	साँभर	साम्राज्य	सिलाई	सुडौल
सटीक	सपाट	समीक्षा	सर्वस्व	साँवला	सायास	सिवाय	सुतली
सड़क	सपाटा	समीप	सर्वार्थ	साँसत	सारंग	सिविल	सुदूर
सड़ना	सपूत	समीर	सर्वोच्च	सांसद	सारणी	सिसकी	सुधार
सड़ान	सप्तक	समुद्र	सलज्ज	साकार	सारथि	सिहाना	सुनना
सतत	सप्तमी	समुद्री	सलमा	साक्षर	सारथी	स किया	सुनाम
सतर्क	सप्तर्षि	समूचा	सलाई	साक्षात्	सारस	स चना	सुनार
सताना	सप्ताह	समूल	सलाम	सागर	सारांश	सीखना	सुपक्व
सतासी	सफल	समूह	सलाह	सागौन	सारिका	सीझना	सुपथ
सतीत्व	सफाई	सम द्ध	सलिल	साग्रह	सारिणी	सीमंत	सुपथ्य
सत ष्ण	सफाया	सम द्धि	सलोनी	साजन	सार्थक	सीमित	सुपात्र
सत्कर्म	सफेद	समेत	सवर्ण	सातवाँ	सालना	सीमेंट	सुपारी
सत्कार	सफेदा	सम्मत	सवाया	सात्विक	सालाना	सीलना	सुपुत्र
सत्कीर्ति	सफेदी	सम्मति	सवार	सादगी	सावन	सीवन	सुपुर्द
सत्तर	सबल	सम्मान	सवारी	सादर	सावित्री	सुंदर	सुपूत
सत्तासी	सबूत	सम्मान्य	सवाल	साद श्य	साष्टांग	सुंदरी	सुबह
सत्रह	सबेरा	सम्यक्	सविता	साधक	साहस	सुकंठ	सुबुद्धि
सत्संग	समक्ष	सम्राज्ञी	सवैया	साधन	साहसी	सुकन्या	सुबूत
सत्संगी	समग्र	सम्राट्	सशस्त्र	साधना	साहित्य	सुकर्म	सुबोध
सदन	समझ	सयाना	सश्रम	सानंद	सिंगार	सुकीर्ति	सुमति
सदय	समत्व	सरल	ससुर	सानना	सिंघाड़ा	सुकेशी	सुमन
सदस्य	समधी	सरस	सस्नेह	सान्निध्य	सिंचाई	सुखद	सुमार्ग
सदिच्छा	समय	सरसों	सहज	सापेक्ष	सिंदूर	सुखांत	सुमुखी
सद श	समर	सराफ	सहन	साबित	सिंदूरी	सुखाना	सुमेरु
सदेह	समर्थ	सराय	सहना	साबुत	सिंहिनी	सुखार्थी	सुयश
सदैव	समष्टि	सरिता	सहसा	साबुन	सिकाई	सुख्यात	सुयोग
सद्गति	समस्त	सरिया	सहस्र	साभार	सिखाना	सुगंध	सुयोग्य
सद्गुरु	समस्या	सरेस	सहारा	सामंत	सितार	सुगंधि	सुरंग
सद्बुद्धि	समाज	सरोज	सहित	सामग्री	सितारा	सुगम	सुरक्षा
सधना	समाधि	सरोद	सहिष्णु	सामना	सिद्धांत	सुघड़	सुरति
सधर्मी	समान	सरौता	सहेली	सामने	सिद्धार्थ	सुचारु	सुरभि
सधवा	समाना	सर्किल	सांख्यिकी	सामर्थ्य	सिधाई	सुजन	सुरमा
सनक	समाप्त	सर्जक	साँड़िनी	सामान	सिनेमा	सुजात	सुरस
सनद	समाप्ति	सर्जन	सांत्वना	सामान्य	सिपाही	सुजान	सुराज

सु - -	**सें - -**	**स्तं - -**	**स्वा - -**	**ह - -**	**हि - -**
सुराज्य	**सेंकना**	**स्तंभित**	**स्वाधीन**	**हमेशा**	**हिम्मत**
सुराही	सेंवई	स्थगन	स्वाध्याय	हरण	हिरण्य
सुरीला	सेंसर	स्थगित	स्वामित्व	हरना	हिरन
सुरुचि	सेकंड	स्थानीय	स्वायत्त	हराना	हिलना
सुरेंद्र	सेचन	स्थापत्य	स्वीकार	हरित	हिलाना
सुरेश	सेठानी	स्थापित	स्वीकृत	हरेक	हिसाब
सुर्खियाँ	सेवक	स्थायित्व	स्वीकृति	हर्षित	हीनता
सुलभ	सेवन	स्थावर	स्वैच्छिक	हलंत	हीरक
सुलह	सेविका	स्नातक	स्वैरिणी	हलका	हुंकार
सुलाना	सेहत	स्पंदन	हँकारा	हलदी	हुँकारी
सुलेख	सेहरा	स्पंदित	हंगामा	हलवा	हुताग्नि
सुवर्ण	सैंतीस	स्पष्टतः	हँड़िया	हवन	हुल्लड़
सुविधा	सैकड़ा	स्पष्टता	हँसना	हवाई	हूबहू
सुशील	सैनिक	स्फटिक	हँसाई	हवेली	हृदय
सुश्रुत	सैलानी	स्फुटित	हँसाना	हसीना	हृद्रोग
सुषमा	सोखना	स्फुरण	हँसिया	हाँकना	हेकड़ी
सुषुप्ति	सोचना	स्मरण	हँसोड़	हाजमा	हेतुकी
सुसाध्य	सोत्साह	स्मारक	हकला	हाजिर	हेमंत
सुस्थिर	सोद्देश्य	स्मारिका	हकीम	हाजिरी	हैरत
सुस्वाद	सोपान	स्रवण	हगना	हारना	हैरान
सुहाग	सोरठा	स्वच्छता	हजम	हार्दिक	हैवान
सुहागा	सोलह	स्वदेश	हजार	हालत	होटल
सूँघना	सोल्लास	स्वप्निल	हज्जाम	हालाँकि	होलिका
सूअर	सोहना	स्वभाव	हटना	हाशिया	होस्टल
सूखना	सौंचना	स्वराज्य	हटाना	हासिल	होहल्ला
सूचना	सौंदर्य	स्वराष्ट्र	हठात्	हिंडोला	हौसला
सूजना	सौगात	स्वरूप	हठीला	हिंदुत्व	
सूझना	सौजन्य	स्वर्गस्थ	हताश	हिंसक	
सूतक	सौतिया	स्वर्गीय	हताशा	हिचकी	
सूथनी	सौतेला	स्वर्णिम	हत्यारा	हिजड़ा	
सूरज	सौभाग्य	स्वल्पायु	हथिनी	हितेच्छु	
सूरत	सौरभ	स्वस्तिक	हथेली	हितैषी	
सूरमा	सौष्ठव	स्वागत	हथौड़ा	हिमांक	
सूराख	सौहार्द	स्वाग्रह	हनन	हिमांशु	
सूर्यास्त	स्खलन	स्वातंत्र्य	हमला	हिमाद्रि	
स जन	स्टेशन	स्वादिष्ट	हमारा	हिमानी	

□

त्रि-अक्षरी : मध्य

- अ -	- क -	- क -	- क -	- क -	- का -	- का -	- कु -
बेअक्ल	**एकक**	**टिकठी**	**नौकरी**	**शंकर**	**झुकाना**	**साकार**	**गोकुल**
सूअर	एकड़	टिकना	पंकज	शूकर	झुकाव	सिंकाई	ठाकुर
धुआँसा	एकता	टिकली	पकड़	संकट	टंकार	स्वीकार	बकुल
रुआँसा	एकत्र	टुकड़ा	पकना	सँकड़ा	टिकाऊ	हँकारा	भ कुटी
रोआँसा	एकत्व	टुकड़ी	पैकर	संकर	टिकाना	हुंकार	मुकुट
पुआल	एकदा	टोकन	पोंकना	संकल्प	ठिकाना	हुँकारी	लकुटी
बुआई	एकल	टोकना	प्रकट	सकता	डकार	अंकित	व्याकुल
बोआई	ओकना	टोकरा	फाँकना	सकल	तकावी	ऐकिक	शकुन
लुआठाँ	कंकड़	टोकरी	फुकनी	सुकन्या	त्रिकाल	किंकिणी	आकृति
धुँइया	कंकण	ठीकरा	फूँकना	सुकर्म	थकान	कोकिल	आकृष्ट
ड्राइंग	ककड़ी	ठोंकना	फेंकना	सेंकना	थकाना	कोकिला	झंकृत
आइना	कूकना	ठोकना	फोकट	सैकड़ा	दुकान	चिकित्सा	निकृष्ट
काइयाँ	खकक्षा	ठोकर	बकना	हकला	दूकान	टिकिया	प्रकृत
गाइड	चकत्ता	डाँकना	बकरा	हाँकना	नकाब	तकिया	प्रकृति
टाइप	चकला	ढँकना	बकरी	हेकड़ी	नकार	बंकिम	प्रकृष्ट
टाइम	चकवा	ढकना	बिकना	आकांक्षा	निकाय	लेकिन	प्राकृत
डाइन	चाकरी	ढकनी	बुकनू	आकांक्षी	निकास	लौकिक	यकृत्
नाइन	चिकन	तकली	भूँकना	एकांकी	निकासी	वाकिफ	विकृत
फाइल	चिकना	तकवा	भा.कना	एकांगी	पकाना	स किया	स्वीकृत
तेईस	चीकट	ताकत	भौंकना	एकांत	पुकार	ताकीद	स्वीकृति
बाईस	चुकना	ताकना	मकई	प्रकांड	प्रकार	नुकीला	अकेला
ब्लाउज	चूकना	थकना	मकड़ा	अकाट्य	प्रकाश	प्रकीर्ण	अकेले
ताऊस	चोकर	थूकना	मकड़ी	अकाल	प्राकार	फकीर	दुकेला
उऋण	चौकन्ना	धौंकना	मकर	आकार	बकाया	यकीन	नकेल
श्रीकंठ	चौकसी	धौंकनी	मैकश	आकाश	बिकाऊ	लकीर	निकेत
सुकंठ	छ कना	नकटा	रकम	इकाई	बेकार	वकील	पैकेज
सेकंड	छोकड़ा	नकद	रुकना	एकाकी	बेकारी	विकीर्ण	पैकेट
अंकन	छोकड़ी	नकदी	रेंकना	एकाग्र	मकान	शौकीन	संकेत
अकड़	छोकरा	नकल	रोकड़	ओंकार	रिकार्ड	संकीर्ण	लंकेश
अकड़ूँ	छौंकना	नकली	रोकना	औकात	विकार	सुकीर्ति	सुकेशी
अकथ्य	झाँकना	निकट	लकड़ी	कंकाल	विकारी	हकीम	डकैत
आँकड़ा	झुकना	निकम्मा	लुकना	चुकाना	विकास	वैकुंठ	डकैती
आँकना	झोंकना	निकष	विकट	चौंकाना	शंकालु	अंकुर	चकोर
आकर	टंकक	नुकती	विकर्ण	छकाना	शिकार	अंकुश	चकोरी
इकट्ठा	टंकण	नैकट्य	विकल	जुकाम	शिकारा	काकुत्स्थ	चिकोटी
उकड़ूँ	टिकट	नौकर	विकल्प	झंकार	शिकारी	कुंकुम	चौकोर

- को -	- क्या -	- क्षां -	- ख -	- खा -	- खौ -	- ग -	- ग -
छेकोक्ति	**वाक्यार्थ**	**अक्षांश**	**खोखला**	**अखाड़ा**	**लखौटा**	**जंगला**	**पगहा**
तिकोना	प्रक्रम	दीक्षांत	चीखना	अखाद्य	लखौरी	जंगली	पागना
त्रिकोण	वक्रता	भिक्षार्थी	जखम	उखाड़	मुख्यतः	जगत्	पागल
प्रकोप	विक्रम	शिक्षार्थी	टखना	खूँखार	आख्यान	जगत	पिंगल
प्रकोष्ठ	विक्रय	साक्षात्	दखल	दिखाई	कुख्यात	जगना	पिंगला
लोकोक्ति	आक्रांत	आक्षिप्त	दिखना	दिखाना	कुख्याति	जगह	प्रगति
संकोच	विक्रांत	दक्षिण	दीखना	दुखाना	प्रख्यात	जागना	प्रगल्भ
संकोची	संक्रांति	दाक्षिण्य	दुःखड़ा	पाखाना	विख्यात	जागर्ति	प्रांगण
पकौड़ा	शुक्राणु	पाक्षिक	दुःखद	बखान	व्याख्यान	जिगर	बँगला
चक्कर	प्रक्रिया	प्रतीक्षित	दुखद	बुखार	सुख्यात	जिगरी	बगल
टक्कर	सक्रिय	प्रक्षिप्त	दुखना	भिखारी	सांख्यिकी	जुगनू	बगला
ढक्कन	विक्रेता	रक्षित	देखना	मुखाग्र	बख्शीश	झगड़ा	बाँगडू
दिक्कत	आक्रोश	लक्षित	नखरा	मैखाना	सुगंध	टँगड़ी	बेगम
नुक्कड़	वक्रोक्ति	विक्षिप्त	पंखड़ी	लिखाई	सुगंधि	टाँगना	बैंगन
फक्कड़	आक्लांत	शिक्षित	पोखर	सिखाना	अगम्य	ठगना	बैंगनी
शक्कर	पक्वान्न	शैक्षिक	प्रखर	सुखाना	अगर	ठगनी	भगत
धिक्कार	अक्षम	संक्षिप्त	माखन	सुखार्थी	अगला	ठिगना	भगना
मक्कार	अक्षम्य	संक्षिप्ति	मुखड़ा	अखिल	अगस्त	डगर	भगवा
नक्काशी	अक्षय	चाक्षुष	मुखर	आखिर	अगस्त्य	डाँगर	भाँगड़ा
इक्कीस	अक्षर	भिक्षुक	मेखला	आखिरी	आँगन	डिंगल	भीगना
अक्खड़	तक्षक	विक्षुब्ध	रखना	जोखिम	आगत	डिगना	भूगर्भ
भुक्खड़	दक्षता	आक्षेप	लिखत	दाखिल	आगम	डिगरी	भोगना
मक्खन	नक्षत्र	निक्षेप	लिखना	दाखिला	उँगली	डूँगर	मँगता
लिक्खाड़	प्रेक्षक	प्रक्षेप	लेखक	निखिल	उगना	तगड़ा	मँगनी
ट्रैक्टर	प्रेक्षण	संक्षेप	लेखन	मुखिया	ऊगना	दंगल	मंगल
डाक्टर	भक्षक	विक्षोभ	लेखनी	मौखिक	कंगन	दागना	मंगली
डाक्टरी	भक्षण	तीक्ष्णता	शिखर	नाखुश	कंगना	दुगना	मगध
मुक्तक	रक्षक	लक्ष्मण	शंखला	नाखून	कंगनी	नगण्य	मगर
रिक्तता	रक्षण	लक्ष्यार्थ	शेखर	आखेट	कागज	नगद	माँगना
वक्तव्य	राक्षस	इक्ष्वाकु	सीखना	पखेरू	कागजी	नगर	मगया
रक्तिम	राक्षसी	अखंड	सुखद	बखेड़ा	गगन	नगरी	मेंगनी
व्यक्तित्व	लक्षण	पाखंड	सूखना	लखेरा	गगरी	नागर	मोंगरा
वक्तत्व	लक्षणा	पाखंडी	सोखना	सखेद	गागर	निगम	मोगरा
वाक्पटु	शिक्षक	प्रखंड	दुःखांत	पखौड़ा	चुगना	पगड़ी	युगल
वाक्यांश	सक्षम	ऊखल	दुखांत	मखौल	जंगम	पगना	रंगत
इक्यासी	साक्षर	ओखली	सुखांत	मुखौटा	जंगल	पगला	रँगना

- ग -	- गा -	- गि -	- गो -	- ग्रे -	- च -	- च -	- चा -
रगड़	**निगाली**	**स्थगित**	**निगोड़ा**	**अंग्रेजी**	**कांचन**	**याचना**	**प्राचार्य**
रेंगना	पगार	अँगीठी	भगोड़ा	ऋग्वेद	कीचड़	रचना	बचाव
रोंगटा	पैगाम	जागीर	भिगोना	निघंटु	कुचक्र	रेचक	बेचान
लँगड़ा	प्रगाढ़	जागीरी	भूगोल	ऊँघना	खिचड़ी	रोचक	बेचारा
लंगर	प्रगामी	नगीना	लँगोट	घाँघरा	ख चना	लचक	भूचाल
लंगल	बंगाली	बगीचा	लँगोटी	घूँघट	गोचर	लचर	मचान
लगन	बागान	बागीचा	सगोत्र	जघन्य	चंचल	लोचन	मचाना
लगना	बेगाना	रंगीन	मुंगौरी	मघवा	चंचला	वंचक	रचाना
लगवा	भगाना	रंगीनी	सागौन	लंघन	जँचना	वंचना	लाचार
लागत	मँगाना	रँगीला	दिग्गज	लाँघना	टाँचना	वचन	वाचाल
विगत	म गाक्षी	रांगीत	वाग्‌जाल	लाघव	निचय	वाचक	विचार
संगत	युगादि	संगीन	वाग्दान	सघर्ष	निचला	संचय	संचार
संगति	रँगाई	अँगुली	वाग्देवी	सघन	नोचना	संचयी	संचारी
संगम	रोगाणु	अगुवा	आग्नेय	सुघड़	पंचक	सचल	सिंचाई
सगर्व	लगान	चंगुल	लग्नेश	सूँघना	पंचम	स चना	सुचारु
सागर	लगाना	चुगुली	युग्मक	अघाना	पंचमी	सूचना	अचिंत्य
सुगम	लगाम	चौगुना	युग्मज	आघात	पचड़ा	सेचन	उचित
स्थगन	लगाव	छँगुली	योग्यता	लँघाना	पचना	सोचना	औचित्य
स्वागत	लुगाई	तिगुना	वाग्युद्ध	व्याघात	पाँचवाँ	सौंचना	क्वचित्
हगना	श गार	पागुर	व्यंग्योक्ति	संघात	पाचक	हिचकी	खचित
युगांत	सगाई	फागुन	अग्रज	सिंघाड़ा	पाचन	पंचांग	पेचिश
अंगारा	सिंगार	बगुला	अग्रणी	जाँघिया	फ चना	अचार	माचिस
अगाध	सौगात	भंगुर	अग्रता	बाघिन	बचत	आचार	रुचिर
आगामी	हंगामा	अँगूठा	आग्रह	लघिमा	बचना	आचार्य	लुंचित
आगार	इंगित	अँगूठी	आग्रही	लघुत्व	बाँचना	उचाट	विचित्र
आगाह	जोगिन	अंगूर	उग्रता	अघोष	बिचला	ऊँचाई	वैचित्र्य
उगाना	नागिन	कंगूरा	निग्रह	सघोष	भिंचना	कचालू	संचित
उगाही	बगिया	निगूढ़	विग्रह	अचंभा	भ चना	खिंचाई	सचिव
कंगाल	भंगिमा	लंगूर	संग्रह	प्रचंड	भौचक्का	निचाई	नाचीज
कंगाली	भगिनी	लांगूल	साग्रह	अंचल	मंचन	पंचाट	पचीस
जगाना	योगिनी	जाग ति	स्वाग्रह	अचल	मचना	पंचाल	पचीसी
जुगाली	यौगिक	गंगेश	अग्राह्य	आँचल	मचली	पचाना	पेचीदा
टँगाना	रोगिणी	बगैर	खग्रास	उचक्का	मिचली	पचास	प्राचीन
डिगाना	लैंगिक	अँगोछा	संग्राम	कंचन	मोचन	पचासी	प्राचीर
तगाई	शागिर्द	खगोल	अग्रिम	कचड़ा	याचक	पांचाली	लचीला
नगाड़ा	संगिनी	गंगोत्री	अंग्रेज	कचरा	याचन	प्रचार	कंचुक

- चु -	- च्छु -	- ज -	- ज -	- ज -	- जा -	- जि -	- जो -
कंचुकी	**इच्छुक**	**अंजन**	**नजर**	**रजत**	**खिजाब**	**सजिल्द**	**सँजोना**
प्रचुर	उच्छेद	अंजलि	नजला	रजनी	खुजाना	हाजिर	कज्जल
प्राचुर्य	विच्छेद	अंजली	निजत्व	राजर्षि	गुजारा	हाजिरी	सज्जन
अचूक	उच्छ्वास	अजब	निजस्व	राजसी	जंजाल	अंजीर	लज्जालु
अचेत	छिछला	अजय	पंजर	राजस्व	नजारा	अजीज	हज्जाम
चचेरा	पछवाँ	अजर	पिंजड़ा	रिजर्व	पंजाबी	अजीब	लज्जित
सचेत	पिछड़ा	अजस्र	पिंजर	रेजगी	पाजामा	अजीर्ण	सज्जित
सचेष्ट	पिछला	आजन्म	पिंजरा	वजन	पुजाना	जंजीर	ताज्जुब
बेचैन	पुछल्ला	इंजन	प जना	विजय	पुजापा	नजीर	उज्ज्वल
कचोट	पूछना	उजड्ड	पूजन	विजया	पुजारी	मंजीर	अज्ञता
निचोड़	पोंछना	उजला	पूजना	विजयी	प्रजाति	मजीरा	प्रज्ञप्ति
कचौड़ा	बछड़ा	ओजस्वी	प्रांजल	व्यंजक	बजाना	रंजीदा	विज्ञप्ति
कचौड़ी	बिछना	कजली	बंजर	व्यंजन	बजाय	लजीज	अज्ञात
मिचौनी	मछली	काजल	बजट	व्यंजना	बाजार	लजीला	अज्ञान
खच्चर	लांछन	कुंजड़ा	बजना	सजन	बाजारू	वजीफा	अज्ञानी
पच्चड़	उछाल	कुंजर	बजरी	सजना	भौजाई	ऋजुता	जिज्ञासा
उच्चार	पछाड़	कूजन	बाजरा	सजनी	मजाक	खजुआ	जिज्ञासु
सच्चाई	पिछाड़ी	कूजना	बिजली	सजल	मजार	खजुली	प्रज्ञान
पच्चीस	बिछाना	खँजड़ी	बीजक	साजन	मिजाज	खजुवा	विज्ञान
आच्छन्न	बौछार	खंजन	बैंजनी	सुजन	रजाई	तजुर्बा	विज्ञानी
कच्छप	बछिया	खंजर	भंजन	सूजना	राजाज्ञा	नाजुक	संज्ञान
कच्छपी	बिछिया	खँजरी	भजन	स जन	रोजाना	बुजुर्ग	याज्ञिक
गुच्छक	वांछित	खीजना	भाँजना	सौजन्य	लजाना	मंजुल	अज्ञेय
तुच्छता	कछुआ	खुजली	भाजन	हजम	सजाना	कंजूस	ओझल
प्रच्छन्न	कछुवा	खोजना	भेजना	हाजमा	सुजात	खजूर	जूझना
मच्छर	बिछुवा	गजक	भोजन	हिजड़ा	सुजान	खजूरी	झंझट
स्वच्छता	मछुवा	गजट	मंजन	खजांची	हजार	मंजूरी	झिझक
अच्छाई	अछूत	गजब	मँजना	अजान	अजित	मंजूषा	बुझना
इच्छित	अछूती	गजरा	मंजरी	आजाद	आजिज	एजेंट	बूझना
उच्छिन्न	बछेड़ी	गजल	मजनूँ	आजादी	जाजिम	एजेंसी	बेझड़
उच्छिष्ट	छिछोरा	गाजर	माँजना	ईजाद	ताजिया	गजेंद्र	मँझला
ऐच्छिक	बिछोह	गुजर	यजन	उजाड़	पंजिका	अजेय	मझला
पच्छिम	विछोह	गूँजना	याजक	उजाला	भुजिया	गंजेरी	रीझना
पिच्छिल	बिछौना	छीजन	योजना	औजार	मंजिल	तंजेब	सीझना
विच्छिन्न	बैजंती	तजना	रंजक	खजाना	रंजिश	पाजेब	सूझना
स्वैच्छिक	भुजंग	तेजस्वी	रजक	खिजाना	रजिस्ट्री	विजेता	बुझाना

- झा -	- ट -	- ट -	- टा -	- टे -	- ठ -	- ठौ -	- ड़ -
रिझाना	**छाँटना**	**मोटर**	**मोटापा**	**लुटेरा**	**निठल्लू**	**डिठौना**	**तड़के**
रुझान	जुटना	लटका	लुटाना	पटैला	पठन	पिठौरी	तड़प
सुझाना	झटका	लूटना	लौटाना	कटोरा	पाठक	अड़ंगा	तांडव
सुझाव	टूटन	लेटना	हटाना	कटोरी	बैठक	खड़ंजा	ताड़न
गुझिया	टूटना	लोटना	कुटिल	खटोला	रूठना	भिड़ंत	तोड़ना
बोझिल	टोटका	लौटना	खटिक	खटोली	अठासी	अड़ना	दंडक
मझोला	टोटल	विटप	खटिया	बटोही	उठान	उड़द	दौड़ना
नौटंकी	डटना	सटना	घटित	कटौती	उठाना	उड़ना	धड़क
रटंत	तटस्थ	हटना	चुटिया	षट्कर्म	उठाव	कड़क	धड़ल्ला
अटक	नटना	होटल	जटित	षट्कोण	कुठार	कुंडल	धड़ल्ले
अटल	नाटक	छटाँक	जटिल	कट्टर	कोठार	कुंडली	निडर
उटज	पटका	कटाक्ष	नोटिस	टट्टर	कोठारी	खंडक	नीड़ज
ओटना	पटना	कटाना	पटिया	पट्टन	जेठानी	खंडज	पड़ता
ओटनी	पटरा	कटार	पेटिका	चट्टान	ढिठाई	खंडन	पड़ना
कंटक	पटरी	कटारी	बटिया	चट्टानी	पठान	खंडशः	पड़वा
कटना	पटल	खटाई	बिटिया	खट्टिका	पठानी	खिड़की	पांडव
काटना	पाटना	खटाना	ब्रिटिश	टिट्टिभ	बिठाना	गड़न	पिंडली
कूटना	पाटल	खटास	लुटिया	पट्टिका	बैठाना	गड़ना	फाड़ना
खटक	पिटक	घटाना	वाटिका	गट्ठर	मिठाई	गाड़ना	फोड़ना
खटका	पिटना	घोटाला	स्फटिक	विट्ठल	मिठास	घड़न	बौड़म
खटना	पीटना	चटाई	स्फुटित	अट्ठासी	सेठानी	घड़ना	भड़वा
गुटका	पुटकी	चटाक	कँटीला	पेट्रोल	हठात्	चंडता	भिड़ना
घटक	पोटली	छँटाई	कटीला	खट्वांग	कठिन	छिड़ना	मंडन
घटती	फाटक	छोटाई	कुटीर	षट्शास्त्र	काठिन्य	छेड़ना	मंडप
घटन	फिटना	जटायु	खटीक	उठना	कुंठित	छोड़ना	मंडल
घटना	फूटना	पटाई	चुटीला	ऐंठना	पीठिका	जड़ता	मंडली
घुटन	फेंटना	पटाका	सटीक	कंठस्थ	लुंठित	जड़ना	मडई
घुटना	बँटना	पटाखा	कुटुंब	कोठरी	गठीला	जुड़वाँ	माँड़ना
घोंटना	बटन	पटाना	कटुक	गठन	हठीला	जोड़ना	मीड़ना
घोटना	बाँटना	पटाव	कटुता	गठना	निठुर	झड़ना	मुंडन
चटक	बैटरी	पिटारा	कटुत्व	गठरी	ठठेरा	झाड़न	मुड़ना
चटनी	भेंटना	पिटारी	बटुआ	गुठली	लठैत	झाड़ना	मूँड़ना
चाटना	मटका	बँटाई	अटूट	जठर	कठोर	झिड़की	मूँडना
चुटकी	मटर	बटाई	कटूक्ति	जूठन	ठठोली	टेंडर	मोड़ना
छँटना	मिटना	मिटाना	पेटेंट	डंठल	कठौता	तड़क	लड़का
छँटनी	मीटर	मुटापा	बटेर	निठल्ला	कठौती	तड़का	लड़की

- ड़ -	- डा -	- डु -	- ढ -	- ण -	- त -	- त -	- तां -
लड़ना	**भंडारा**	**तंडुल**	**बेढब**	**शोणित**	**कृतज्ञ**	**पुतना**	**गतांक**
लाड़ला	भंडारी	भडुआ	मढना	प्रणीत	खतना	पुतला	नितांत
लीडर	भड़ास	रँडुवा	उढ़ाना	रेणुका	खतम	पुतली	उतार
षोडश	भिड़ाना	मंडूक	कढ़ाई	गणेश	खतरा	पैंतरा	उतारू
षोडशी	रडार	पांडेय	गूढ़ार्थ	प्रणेता	खातमा	पोतड़ा	कताई
सड़क	लड़ाई	भँड़ेती	चढ़ाई	पुण्यात्मा	गंतव्य	पोतना	कतार
सड़ना	लड़ाकू	मुँड़ेर	चढ़ावा	पुण्यार्थ	घातक	फतह	किताब
अड़ाना	लड़ाना	चुड़ैल	चिढ़ाना	आण्विक	चातक	बतख	कृतार्थ
उड़ाऊ	विडाल	मड़ैया	निढाल	आतंक	चिंतन	बीतना	कोताही
उड़ाका	संडास	खंडोष्ठ	पढ़ाई	नितंब	चीतल	बोतल	खिताब
उड़ाकू	सड़ान	पड़ोस	पढ़ाना	पतंग	चूतड़	भीतर	चेताना
उड़ान	अडिग	पड़ोसी	बढ़ाना	पतंगा	चेतक	भीतरी	जताना
उड़ाना	क्रेडिट	मड़ोर	बढ़ावा	मतंग	चेतन	भूतनी	जुताई
कड़ाई	खंडिका	हिंडोला	बुढ़ापा	मातंग	चेतना	मंतव्य	जुताना
कड़ाका	खंडित	खँडौरा	मढाई	स्वातंत्र्य	चैतन्य	मितली	तातार
कड़ाह	खंडिता	छुड़ौती	बढ़िया	अंतड़ी	छुतहा	मूतना	तातारी
कड़ाही	खड़िया	सुडौल	ढँढोरा	अंततः	जातक	यातना	पताका
खंडाली	गुड़िया	वाङ्मय	ढिंढोरा	अंतर	जितना	रतन	पाताल
खड़ाऊँ	चंडिका	षड्यंत्र	रूढ़ोक्ति	अंतस्थ	जितनी	रीतना	पुताई
गँडासा	चिड़िया	गढ़ंत	गणक	अतर्क्य	जितने	लतहा	प्रताप
चांडाल	तड़ित्	आढत	गुणज्ञ	इतना	जीतना	वितर्क	प्रेतात्मा
चांडाली	पंडित	आढ़ती	गुणता	इतनी	जुतना	वेतन	बताना
चौड़ाई	पड़िया	ओढ़ना	प्रणत	इतने	जोतना	शतक	बताशा
छुड़ाना	पांडित्य	काढ़ना	प्रणय	इतर	ज्ञातव्य	शतघ्नी	बतासा
जड़ाऊ	पीड़ित	कुढ़न	प्रणयी	उतना	तितली	शीतल	बिताना
ठंडाई	पुड़िया	कुढ़ना	प्रणव	उतने	तीतर	शीतला	बेताल
तड़ाक	पैडिल	गढ़ना	प्रणाम	कतई	तोतला	संतति	बैताल
तडाग	मंडित	चढ़ना	प्रणाली	कतल	द्योतक	संतप्त	भूतात्मा
तुड़ाना	मिडिल	चिढ़ना	म णाल	कातना	नूतन	संतरा	रतालू
दौड़ाना	रेडियो	ढाढ़स	क्षणिक	कातर	पतन	सतत	लताड़
धड़ाम	लौंडिया	ढूँढ़ना	गणित	कितना	पतला	सतर्क	वितान
पंडाल	साँड़िनी	द ढ़ता	घ णित	कितने	पतली	सातवाँ	वैताल
पड़ाव	हँडिया	पढ़ना	माणिक	कुंतल	पातक	सुतली	शताब्दी
बड़ाई	कंडील	पौढ़ना	माणिक्य	कुतर्क	पातकी	सूतक	शतायु
बिडाल	गांडीव	बढ़ई	वणिक	कूतना	पितर	स्नातक	संतान
भंडार	कड़ुवा	बढ़ना	वाणिज्य	कृतघ्न	पीतल	कृतांत	संताप

- ता -	- ती -	- त -	- त्त -	- त्यं -	- त्स -	- था -	- द -
सताना	**त तीय**	**पैत क**	**उत्तम**	**प्रत्यंग**	**उत्सर्ग**	**यथार्थ**	**कंदरा**
सतासी	त तीया	भ्रात त्व	उत्तर	प्रत्यंचा	उत्सव	कथित	कंदर्प
सितार	तेतीस	मात त्व	दत्तक	नित्यशः	तत्सम	पथिक	कदन्न
सितारा	तैंतीस	वित ष्णा	पत्तन	प्रत्यक्ष	वत्सल	वीथिका	कदम
हताश	द्वितीय	संत प्ति	पत्तर	प्रत्यय	वात्सल्य	व्यथित	कदर
हताशा	द्वितीया	सत ष्ण	पत्तल	प्रत्यर्थी	उत्साह	शिथिल	कदली
हुताग्नि	नतीजा	चितेरा	सत्तर	इत्यादि	सोत्साह	हथिनी	कुंदन
अंतिम	पतीला	सौतेला	व त्तांत	प्रत्याशा	कुत्सित	प थुल	कूदना
अतिथि	पैंतीस	हितेच्छु	सत्तासी	हत्यारा	उत्सुक	बथुआ	क्रंदन
आतिथ्य	प्रतीक	ततैया	म त्तिका	अत्युक्ति	औत्सुक्य	मिथुन	खुदरा
कातिल	प्रतीक्षा	मतैक्य	उत्तीप्त	प्रत्युत	अथक	मैथुन	खोदना
कुतिया	प्रतीची	हितैषी	उत्तीर्ण	प्रत्यूष	अथवा	पाथेय	गंदगी
क्षितिज	प्रतीत	पतोहू	छत्तीस	अंत्येष्टि	ईथर	यथेच्छ	गँदला
खातिर	प्रतीति	शीतोष्ण	बत्तीस	प्रत्येक	कथन	यथेष्ट	गदर
गीतिका	प्रांतीय	संतोष	बत्तीसी	पत्रक	गूँथना	हथेली	गदहा
ज्योतिष	यतीम	संतोषी	वित्तीय	मंत्रज्ञ	चिथड़ा	तथैव	गीदड़
ज्योतिषी	रेतीला	रतौंधी	उत्तुंग	मंत्रणा	नथना	यथोक्त	गुदड़ी
तितिक्षा	लतीफा	खतौनी	तत्त्वज्ञ	मात्रक	नथनी	हथौड़ा	गोदना
दूतिका	व्यतीत	बतौर	तत्त्वतः	यंत्रणा	नाथना	कदंब	चंदन
नातिन	सतीत्व	उत्कंठा	सात्त्विक	यंत्रस्थ	पथरी	कृदंत	चाँदनी
नैतिक	सैंतीस	उत्कट	कत्थई	संत्रस्त	पाथना	भदंत	चादर
पतित	अतुल	उत्कर्ष	उत्थान	सत्रह	प थक्	म दंग	चोदना
पतित्व	आतुर	उत्कल	पत्नीत्व	पत्रांक	प्रथम	अंदर	चौदस
प्रतिज्ञा	कौतुक	सत्कर्म	उत्पत्ति	कृत्रिम	मंथन	अदक्ष	चौदह
प्रतिभा	चतुर	चीत्कार	उत्पन्न	क्षत्रिय	मंथर	अदना	छेदना
प्रतिभू	चतुर्थ	तत्काल	उत्पल	तांत्रिक	मथन	अदब	जिंदगी
प्रतिमा	चातुरी	फूत्कार	तात्पर्य	पत्रिका	मथना	अदम्य	ज्यादती
प्रतिष्ठा	मातुल	सत्कार	व्युत्पत्ति	मंत्रित्व	मथनी	आदत	तदर्थ
भौतिक	मातुली	उत्कीर्ण	व्युत्पन्न	मात्रिक	मिथक	आदम	द्वादश
भौतिकी	संतुष्ट	सत्कीर्ति	उत्पात	यांत्रिकी	यूथप	आदमी	द्वादशी
लतिका	संतुष्टि	उत्कृष्ट	उत्पाद	शत्रुघ्न	लोथड़ा	आदर	नंदन
सौतिया	हेतुकी	उत्क्रम	उत्प्रेक्षा	गत्वर	सूथनी	आदर्श	नादना
अतीत	धतूरा	उत्क्रांत	आत्मज	सांत्वना	अथाह	उदक	निंदक
अतीव	अत प्त	उत्क्रांति	आत्मजा	ऋत्विक	तथापि	उदधि	निदर्श
चौंतीस	अत प्ति	तत्क्षण	आत्मीय	सत्संग	तथास्तु	उदय	पदक
जातीय	नेत त्व	इत्तला	अत्यंत	सत्संगी	मथानी	उदर	पदवी

- द -	- द -	- दा -	- दू -	- द्गा -	- द्मि -	- द्व -	- ध -
पदस्थ	**सदन**	**बादाम**	**तंदूर**	**उद्गाता**	**पद्मिनी**	**विद्वत्ता**	**ब धना**
पादना	सदय	भूदान	तंदूरा	उद्गार	आद्यंत	शाद्वल	माधव
पादप	सदस्य	मंदाग्नि	तंदूरी	तद्गुण	उद्यत	विद्वान्	रुँधना
पादरी	सादगी	मदार	बंदूक	सद्गुरु	उद्यम	विद्वान	रूँधना
पैदल	सादर	मदारी	वैदूर्य	उद्घोष	उद्यमी	उद्विग्न	रोधक
प्रदत्त	सुंदर	मैदान	संदूक	खद्दर	मद्यप	उद्वेग	विधर्म
प्रदर	सुंदरी	लदाना	सिंदूर	चद्दर	यद्यपि	विद्वेष	विधर्मी
प्रदर्श	सौंदर्य	विदाई	सिंदूरी	उद्दाम	अद्यापि	अद्वैत	विधवा
फाँदना	स्पंदन	आदितः	सुदूर	गद्दार	उद्यान	अंधड़	वैधव्य
फुँदना	हृदय	इंदिरा	अद श्य	गद्दारी	खाद्यान्न	अंधत्व	शोधन
बंदर	मदांध	उदित	अद ष्ट	उद्दिष्ट	विद्यार्थी	अधम	सधना
बदन	वेदांग	खदिर	ताद श	उद्देश	विद्युत	अधर	सधर्मी
बदबू	वेदांत	चँदिया	सद श	उद्देश्य	उद्योग	अधर्म	सधवा
बदला	अंदाज	निंदिया	साद श्य	सोद्देश्य	उद्योगी	इधर	साधक
बदली	अंदाजा	बंदिनी	अंदेशा	उद्धत	खद्योत	ईंधन	साधन
बादल	अदाब	भेदिया	आदेश	उद्धव	केंद्रक	उधम	साधना
भेदन	आदाता	मंदिर	निदेश	औद्धत्य	क्षुद्रता	उधर	आधार
भेदना	आदान	मदिरा	पदेन	पद्धति	चंद्रमा	ऊधम	उधार
मदद	उदात्त	मुदित	प्रदेश	लद्धड़	छिद्रक	ऊधमी	गांधार
मदन	उदार	मेदिनी	विदेश	सिद्धांत	पंद्रह	किधर	निधान
मादक	उदास	विदित	विदेशी	उद्धार	मुद्रक	कौंधना	प्रधान
मुँदना	उदासी	वेदिका	वैदेही	युद्धास्त्र	मुद्रण	गंधक	प्राधान्य
मुंदरी	औदार्य	वैदिक	संदेश	श्रद्धालु	इंद्राणी	गंधर्व	बधाई
मोदक	औदास्य	संदिग्ध	संदेशा	सिद्धार्थ	तंद्रालु	गांधर्व	मेधावी
यादव	कदापि	सदिच्छा	संदेह	तद्धित	निद्रालु	चौधरी	विधाता
रँदना	खुदाई	स्पंदित	सदेह	बौद्धिक	रुद्राक्ष	जिधर	विधान
रुदन	गोदान	स्वादिष्ठ	स्वदेश	मद्धिम	इंद्रिय	धाँधली	सिधाई
रोंदना	गोदाम	तदीय	सदैव	उद्ध त	केंद्रित	धुँधला	सुधार
रोदन	जुदाई	पुदीना	अदोष	उद्ध्वस्त	चंद्रिका	निधन	अधिक
लदना	तादात	प्रदीप	चँदोवा	सद्बुद्धि	मुद्रिका	बंधक	आधिक्य
वंदना	तादात्म्य	प्रदीप्त	प्रदोष	उद्भव	केंद्रीय	बंधन	दुधिया
वादक	निदान	विदीर्ण	वेदोक्ति	तद्भव	तद्रूप	बँधना	दूधिया
वादन	पदाना	पादुका	उद्गत	अद्भुत	विद्रूप	बाँधना	बधिक
विदग्ध	पदार्थ	म दुल	उद्गम	उद्भूत	विद्रोह	बाँधनू	बधिर
वेदना	प्रदान	विदुषी	मुद्गर	पद्मभू	विद्रोही	बाधक	रुधिर
संदर्भ	प्रदाय	हिंदुत्व	सद्गति	पद्मश्री	हृद्रोग	बिंधना	अधीन

- धी -	- न -	- न -	- न -	- ना -	- नि -	- नौ -	- न्वं -
अधीर	**ऐनक**	**नौनगा**	**सनक**	**बनाना**	**वनिता**	**मनौती**	**तन्वंगी**
स्वाधीन	कनक	न्यूनता	सनद	बिनाई	वानिकी	उन्नत	अन्वय
अधुना	कनकी	पनही	सानना	बुनाई	सैनिक	उन्नति	अन्विति
बँधुआ	कनखी	पीनक	सुनना	बैनामा	उन दा	किन्नर	अन्वेषी
मधुप	कानन	पीनस	हनन	भुनाई	पनीर	किन्नरी	अपंग
मधुर	क्लीनर	पुनश्च	हीनता	भुनाना	पुनीत	जन्नत	प्रपंच
माधुरी	खनक	फुनकी	दिनांक	मनाही	मनीषा	पन्नग	अपक्व
माधुर्य	खनन	बनना	अनाज	मुनाफा	मुनीम	प्रोन्नत	अपढ़
विधुर	गिनती	बानगी	अनाड़ी	यूनानी	विनीत	भिन्नता	अपत्य
अधूरा	गिनना	बानवे	अनाथ	लुनाई	स्थानीय	मन्नत	अपथ
अंधेर	घनत्व	बिनना	अनार	विनाश	अनुज	उन्नासी	अपथ्य
अँधेरा	चुनना	बीनना	अनार्य	सुनाम	अनुज्ञा	सन्नाटा	अपना
अँधेरी	चुनरी	बुनना	अनास्था	सुनार	तनुजा	सान्निध्य	अपनी
अधेड़	छनना	बैनर	इनाम	अनिंद्य	दनुज	उन्नीस	अपर्ण
आधेय	छानना	बोनस	कनात	चुनिंदा	धनुष	उन्मत्त	अपर्णा
उधेड़	छीनना	भनक	किनारा	ट्रेनिंग	मनुज	चिन्मय	आपत्ति
यौधेय	जनक	भुनना	किनारी	अनिच्छा	मनुष्य	जन्मना	आपद
अध्यक्ष	जनता	भूनना	किनारे	अनिल	मानुष	तन्मय	आपदा
मध्यम	जनन	मनका	गिनाना	अनिष्ट	अनूठा	जन्मांध	आपस
मध्यमा	जनना	मनन	गुनाह	कनिष्ठ	कानून	उन्माद	आपसी
मध्यस्थ	जननी	मनसा	घिनाना	कनिष्ठा	कानूनी	उन्मादी	उपज
माध्यम	जनम	मनस्वी	चिनाई	क्लिनिक	जनून	उन्मार्ग	उपमा
अध्यात्म	जानकी	मानक	चुनाई	खनिज	तनूजा	सन्मार्ग	उपरि
अध्याय	जानना	मानद	चुनाव	खनित्र	अनत	उन्मुक्त	उपला
मध्याह्न	जोनल	मानना	जनाना	घनिष्ठ	अनेक	उन्मुख	ऊपर
स्वाध्याय	ठनना	मानद	जनाब	जनित	कनेर	उन्मेष	ऊपरी
अध्येता	ठानना	मानस	तनाव	टानिक	धनेश	अन्यतः	कंपन
अध्येय	तनना	मानसी	दीनार	तनिक	सिनेमा	अन्यत्र	कँपना
अनंग	तनय	मिनट	धनाढ्य	दुनिया	अनैक्य	अन्यथा	कंपनी
अनंत	तनया	मुनक्का	नानार्थ	दैनिक	बनैला	मान्यता	कपट
आनंद	तिनका	रौनक	निनाद	दैनिकी	अनोखा	अन्याय	कपटी
सानंद	तुनक	वानर	पनाला	धनिक	मनोज	अन्यायी	कपड़ा
अनन्य	दानव	विनती	पनाली	धनिया	विनोद	विन्यास	काँपना
अनर्थ	दीनता	विनम्र	पनाह	बनिया	घिनौना	संन्यासी	कुपथ्य
अनल	धुनना	विनय	पिनाक	मानिनी	चुनौती	अन्योक्ति	कूपन
आनन	ननद	विनष्ट	पिनाकी	यूनिट	बिनौला	अन्योन्य	कृपण

- प -	- प -	- प -	- पा -	- पी -	- पो -	- फ -	- बं -
कृपया	**तापन**	**लपट**	**गोपाल**	**अपील**	**रिपोर्ट**	**कफन**	**निबंध**
क्षेपक	तापना	लेपन	चपाती	पपीता	रूपोक्ति	कफनी	प्रबंध
खपची	तापस	वापस	चौपाई	पपीहा	सँपोला	डफली	संबंध
खपच्ची	तापसी	वापसी	छपाई	त्रिपुंड	प्रपौत्र	फेफड़ा	संबंधी
खपड़ा	त्रिपथ	विपक्ष	छपाना	अपुष्ट	बपौती	बफर	अबद्ध
खपत	थपकी	विपक्षी	छिपाना	खपुष्प	प्राप्तव्य	रेफरी	अबला
खपना	थापना	विपत्ति	जापानी	त्रिपुर	सप्तक	विफल	आबद्ध
खोपड़ी	थोपना	विपथ	तपाक	निपुण	सप्तमी	सफल	ऊबना
गोपन	दंपति	विपद्	तपाना	नूपुर	सप्तर्षि	उफान	कंबल
घपला	दंपती	विपदा	तिपाई	नैपुण्य	प्राप्तांक	तूफान	कबड्डी
घोंपना	दांपत्य	विपन्न	त्रिपाठी	प्रपुत्र	सप्ताह	बफारा	कबर
चंपक	दीपक	व्यापक	निपात	विपुल	स्वप्निल	लिफाफा	कुबड़ा
चंपत	दुपट्टा	शपथ	नेपाली	वैपुल्य	खप्पड़	सफाई	कूबड़
चपड़ा	निपट	संपत्ति	पिपासा	संपुष्टि	खप्पर	सफाया	खबर
चपल	नेपथ्य	संपदा	पिपासु	सुपुत्र	चप्पल	काफिर	गबन
चपला	पपड़ी	संपन्न	प्रपात	सुपुर्द	छप्पन	काफिला	गुंबज
चौपट	पापघ्न	संपर्क	रूपाली	अपूर्ण	छप्पर	खुफिया	गुंबद
छपना	पापड़	सपना	लिपाई	अपूर्व	टिप्पण	गुंफित	गोबर
छापना	पीपल	सुपक्व	विपाक	कपूत	टिप्पणी	टिफिन	चुंबक
छिपना	पोपला	सुपथ	व्यापार	कपूर	थप्पड़	ट्रैफिक	चुंबन
जपना	प्रपत्र	सुपथ्य	व्यापारी	निपूत	लप्पड़	फुफिया	चैंबर
ज्ञापन	भाँपना	स्थापत्य	सपाट	निपूता	फफ्फस	अफ़ीम	जबकि
झपक	भूपति	उपांत्य	सपाटा	संपूर्ण	फुफ्फुस	खफीफा	जबड़ा
झपकी	मापना	अपाठ्य	सिपाही	सपूत	संप्रति	फफूँदी	डुबकी
झापड़	मापनी	अपात्र	सुपात्र	सुपूत	सांप्रत	काफूर	डूबना
झेंपना	ढापन	उपाधि	सुपारी	अपेक्षा	अप्राप्त	डिफेंस	ढिबरी
झेपना	रपट	उपाय	सोपान	उपेक्षा	अप्राप्य	फुफेरा	दबना
झोंपड़ा	रपट्टा	उपास्य	अपितु	उपेक्ष्य	अप्रिय	सफेद	दुबला
झोंपड़ी	रुपया	कँपाना	कंपित	चपेटा	अप्रैल	सफेदा	नंबर
टापना	रूपक	कंपास	कुपित	लपेट	विप्लव	सफेदी	नंबरी
टीपना	रूपसी	कपाल	तपिश	सापेक्ष	विप्लवी	फफोला	निबद्ध
डपट	रोपण	कपास	नापित	उपोष्ण	डिप्लोमा	दफ्तर	प्रबल
ढाँपना	रोपना	कपासी	लिपिक	कपोत	अप्सरा	दफ्तरी	प्राबल्य
तपना	लंपट	कुपात्र	विपिन	कपोती	ईप्सित	रफ्तार	फबती
तपस्या	लपक	कृपाण	साँपिन	कपोल	लफंगा	आबंध	फबना
तपस्वी	लपकी	खपाना	स्थापित	गपोड़ा	आफत	दबंग	बेबस

- ब -	- बि -	- ब्ध -	- भा -	- भे -	- म -	- म -	- मां -
बेबसी	**बिंबित**	**लुब्धक**	**प्रभात**	**विभेद**	**खमणि**	**भ्रमण**	**डिमांड**
रबड़	लंबित	लब्धांक	प्रभाती	शुभेच्छु	खमध्य	भ्रमर	मीमांसा
रबड़ी	साबित	गब्बर	प्रभार	विभोर	गमन	भ्रामक	रोमांच
राबड़ी	कबीला	गुब्बार	प्रभारी	संभोग	गमला	ममता	हिमांक
शबरी	चौबीस	छब्बीस	प्रभाव	अभ्यस्त	घूमना	ममत्व	हिमांशु
शुबहा	छबीला	भब्भड़	प्रभावी	अभ्यास	चमक	मामला	अमात्य
संबल	ताबीज	पब्लिक	भूभाग	अभ्रक	चमचा	रमण	ईमान
सबल	रोबीला	अभंग	रँभाना	विभ्रम	चमची	रमणी	कमाई
सुबह	अंबुज	अभक्ष्य	लाभार्थ	संभ्रम	चमड़ी	रम़ना	कमाऊ
हूबहू	अंबुधि	अभय	लुभाना	अभ्रांत	चमरी	लोमड़ी	कमान
अबाध	चाबुक	उभय	विभाग	रांभ्रांत	चिगटा	वमन	कमाना
आबाद	प्रबुद्ध	चुभना	विभाज्य	उमंग	चिमनी	विमति	कमानी
आबादी	बाबुल	दूभर	संभाग	घमंड	चूमना	विमर्ष	कमाल
उबाल	साबुत	निभना	संभाव्य	घुमंतू	जमना	विमल	किमाम
कबाड़	साबुन	बीभत्स	साभार	सामंत	जामन	शमन	कुमार
कबाड़ा	सुबुद्धि	भभका	सौभाग्य	सीमंत	जीमना	श्यामल	कुमारी
कबाड़ी	अबूझ	भभकी	स्वभाव	हेमंत	झूमना	श्रीमती	कुमार्ग
कबाब	कबूल	विभक्ति	अभिन्न	अमन	डमरू	समक्ष	कुमार्गी
चबाना	तंबूरा	विभव	दांभिक	अमर	डामर	समग्र	घुमाना
जबान	तांबूल	संभव	नाभिक	अमर्त्य	तमस्	समझ	घुमाव
जबानी	ताबूत	साँभर	विभिन्न	अमल	तामस	समत्व	चमार
जाँबाज	बबूल	लाभांश	शोभित	अमला	तामसी	समधी	चौमासा
डुबाना	सबूत	शुभांगी	स्तंभित	इमली	थमना	समय	छमाही
तंबाकू	सुबूत	अभागा	अभीष्ट	उमदा	थामना	समर	जमात
दबाना	कुबेर	अभागी	आभीर	उमर	दमक	समर्थ	जमाना
दबाव	सबेरा	अभाव	गंभीर	उमस	दमन	समष्टि	जमाल
दुबारा	अबोध	आभार	गांभीर्य	कमर	दीमक	समस्त	जमाव
दोबारा	तंबोली	आभारी	त्रिभुज	कमरा	धमकी	समस्या	जामाता
बेबाकी	निंबोली	उभार	प्रभुता	कामरी	धमनी	सामग्री	तमाम
माँबाप	लंबोष्ठ	खंभात	प्रभुत्व	कमल	नमक	सामना	तमाल
लंबाई	संबोध	चुभाना	बुभुक्षा	कमला	नमस्ते	सामने	तमाशा
काबिज	सुबोध	जँभाई	प्रभूति	कामना	नामक	सामर्थ्य	तिमाही
काबिल	निबौरी	जँभाना	भभूत	कीमत	नामर्द	सुमति	दमाद
केबिन	शब्दशः	द्विभाषी	विभूति	कीमती	निमग्न	सुमन	दामाद
डिबिया	शब्दार्थ	निभाना	अभेद	कोमल	पामर	हमला	दिमाग
धोबिन	शाब्दिक	प्रभाग	अभेद्य	क्षमता	प्रमत्त	क्रमांक	धमाका

- मा -	- मि -	- मु -	- मो -	- य -	- या -	- यु -	- रं -
प्रमाण	**नामित**	**जामुनी**	**विमोह**	**जयश्री**	**ऐयार**	**वियुक्त**	**वारंटी**
प्रमात्रा	नामिती	तुमुल	व्यामोह	जायका	ऐयारी	श्रीयुत	सारंग
प्रमाद	निमित्त	प्रमुख	समोह	जायज	ऐयाश	संयुक्त	सुरंग
प्रामाण्य	निमिष	विमुख	चम्मच	जायजा	खयाल	पीयूष	अरण्य
बीमार	प्रेमिका	विमुग्ध	सम्मत	टायर	खयाली	मयूर	अरथी
बीमारी	भामिनी	समुद्र	सम्मति	डायरी	छियासी	मयूरी	अरब
रूमाल	भूमिका	समुद्री	हिम्मत	डेयरी	तैयार	मायूस	अरबी
विमाता	भ्रमित	सुमुखी	सम्मान	दायरा	तैयारी	मायूसी	आरक्त
विमान	यामिनी	अमूक	सम्मान्य	नयन	दयालु	अयोग्य	आरक्षी
श्रीमान्	शामिल	अमूर्त	उम्मीद	नायक	नायाब	आयोग	आरजू
समाज	श्रमिक	अमूल्य	सम्मोह	नायब	प्रयाण	नियोक्ता	आरती
समाधि	समिति	त्रिमूर्ति	सम्यक्	नियत	प्रयास	नियोग	आरसी
समान	सामिष	नमूना	नम्रता	नियति	बयान	नियोगी	उरद
समाना	सीमित	मुमूर्षु	सम्राज्ञी	नियम	बयाना	पयोद	उरदू
समाप्त	स्वामित्व	समूचा	सम्राट्	नीयत	बयार	पयोधि	औरत
समाप्ति	अमीर	समूल	साम्राज्य	पाँयचा	बयासी	प्रयोक्ता	औरस
समाप्य	अमीरी	समूह	कुम्हड़ा	पायल	मायावी	प्रयोग	करना
समास	कमीज	अमत	कुम्हार	पायस	व्यायाम	प्रयोज्य	करनी
सामान	कमीना	समद्ध	तुम्हारा	प्रयत्न	सयाना	प्रायोज्य	कारक
सामान्य	खमीर	समद्धि	जयंत	प्रायशः	सायास	वियोग	कारण
सुमार्ग	खमीरा	सीमेंट	जयंती	प्रेयसी	कायिक	वियोगी	कारवाँ
हमारा	ग्रामीण	चमेली	नियंता	फायदा	गायिका	संयोग	किरण
हिमाद्रि	जमीन	झमेला	मयंक	रायता	दायित्व	सुयोग	किरन
हिमानी	तमीज	निमेष	संयंत्र	रायल्टी	नायिका	सुयोग्य	कोरम
अमिट	तामील	प्रमेय	आयत	वयस्क	न्यायिक	आरंभ	क्रूरता
अमित	ममीरा	प्रमेह	इयत्ता	वायव्य	प्रायिक	एरंड	खरका
अमित्र	समीक्षा	बेमेल	कायदा	शयन	स्थायित्व	खरंजा	खरचा
आमिष	रागीप	समेत	कायम	शायरी	आयुक्त	गारंटी	खरब
कामिनी	समीर	सुमेरु	कायर	शेयर	आयुध	तरंग	खरल
क्रमिक	सामीप्य	हमेशा	कोयल	संयत	आयुष्य	तिरंगा	खरहा
जामिन	चामुंडा	अमोघ	कोयला	संयम	नियुक्त	तुरंत	गरज
तमिस्रा	अमुक	आमोद	गायक	संयमी	नियुक्ति	दुरंगा	गरम
तिमिर	आमुख	खामोश	गायत्री	सुयश	नौयुद्ध	नारंगी	गरमी
दामिनी	कुमुद	खामोशी	गायब	स्वायत्त	प्रयुक्त	निरंक	गरल
धूमिल	कौमुदी	तमोली	घायल	आयात	युयुत्सा	परंतु	गिरजा
नामिका	जामुन	प्रमोद	चयन	आयास	युयुत्सु	प्रारंभ	गिरना

- र -	- र -	- र -	- र -	- र -	- रा -	- रा -	- रा -
गिरवी	**तुरत**	**परस**	**बौरना**	**शेरनी**	**इरादा**	**दरार**	**वराह**
गोरखा	तुरही	परसों	भरण	संरक्षा	कराना	दुरात्मा	विराग
गौरव	तेरह	परस्त्री	भरत	सरल	करार	दुराव	विराट्
ग्यारह	त्वरण	परस्थ	भरती	सरस	करारा	दुराशा	विराम
घिरना	दरख्त	पारखी	भरना	सरसों	कराल	दुराहा	वीरान
घिरनी	धरणी	पारण	भारत	सारणी	कराह	नाराज	वैरागी
घूरना	धरती	पारथि	भारती	सारथि	किरात	निराई	वैराग्य
घेरना	धरना	पारथी	भुरता	सारथी	किराया	निराना	शराब
चरखा	धरम	पारद	भैरव	सारस	कुरान	निराला	शराबी
चरखी	धारण	पारस	भैरवी	सिरका	खराद	निराली	सराफ
चरण	धारणा	पुरखा	मरजी	सिरकी	खरादी	निराले	सराय
चरना	धीरज	पूरक	मरण	सुरक्षा	खराब	निराश	सुराज
चरबी	धीरता	पूरना	मरना	सुरति	खराबी	निराशा	सुराज्य
चरम	नरक	पूरब	मारक	सुरभि	खुराक	नैराश्य	सुराही
चरस	नरम	पेरना	मारना	सुरमा	खैरात	पराग	सूराख
चूरन	नरमी	पैरवी	मिरगी	सुरस	खैराती	पराठा	स्वराज्य
चौरस	नरसों	प्रेरक	मुरब्बा	सूरज	गिराना	परात	स्वराष्ट्र
जरठ	नारद	प्रेरण	मुरली	सूरत	घिराव	परान्न	हराना
जरदा	निरत	प्रेरणा	मोरनी	सूरमा	चराना	पराया	हैरान
जरसी	निरस्त	फरसा	रौरव	सोरठा	चिराई	परार्थ	परिंदा
जारज	निरस्त्र	फारसी	वरण	सौरभ	चिराग	परास	अरिष्ट
झरना	नीरज	फिरकी	वरद	स्फुरण	चिरायु	परास्त	करिणी
डरना	नीरद	फिरनी	वरन्	स्मरण	चुराना	पिराना	करिश्मा
ढारस	नीरव	फुरती	वारना	स्मारक	चौरासी	पुराण	खरिया
तरक्की	नीरस	फेरना	विरक्त	हरण	चौराहा	पुराना	खारिज
तरण	परख	फोरम	विरक्ति	हरना	जरायु	फरार	गरिमा
तरणी	परचा	फौरन	विरत	हारना	डराना	बरात	गरिष्ठ
तरना	परतः	बरखा	विरल	हिरण्य	तराई	बराती	गुरिल्ला
तरफ	परत	बरच्छा	विरला	हिरन	तराजू	बारात	चरित
तरल	परती	बरछा	विरस	हीरक	तराना	बुराई	चरित्र
तरस	परत्र	बरमा	विरह	हैरत	तिराना	बुरादा	तारिका
तरह	परत्व	बरवै	शरण	खरांशु	तिरासी	बौराना	दरिद्र
तारण	परदा	बरसी	शरत्	पराँठा	तिराहा	भराव	दरिया
तारना	परम	बरही	शारदा	सारांश	तैराक	मराठा	धारिता
तिरछा	परला	बारह	शूरता	आराध्य	तैराना	मुराद	परिखा
तुरई	परशु	बोरना	शूरत्व	आराम	दराज	याराना	परितः

- रि -	- रु -	- रू -	- रो -	- र्ज -	- र्त -	- र्धू -	- र्मा -
परिधि	**करुण**	**स्वरूप**	**सरोज**	**गर्जन**	**नर्तक**	**निर्धूम**	**निर्माण**
पारित	करुणा	करेंसी	सरोद	गर्जना	नर्तकी	कार्निस	निर्माता
प्रेरित	कारुण्य	नरेंद्र	खरौंच	जर्जर	बर्तन	अर्पण	शर्माना
यूरिया	गरुड़	सुरेंद्र	खरौंट	दर्जन	वर्तनी	तर्पण	कार्मिक
वरिष्ठ	गुरुत्व	आरेख	घरौंदा	दुर्जन	कार्तिक	दर्पण	धर्मिष्ठ
वारिस	गेरुआ	करेला	चिरौंटा	धूर्जटी	वर्तिका	अर्पित	धार्मिक
सरिता	गेरुवा	घरेलू	फिरौती	निर्जन	फुर्तीला	बर्फीला	निर्मित
सरिया	तरुण	सरेस	सरौता	मार्जन	वर्तुल	दुर्बल	मार्मिक
सारिका	तारुण्य	सुरेश	कर्कश	वर्जना	भर्त्सना	निर्बल	निर्मुक्त
सारिणी	दारुण	हरेक	शर्करा	वर्जस्वी	पार्थक्य	बर्बर	निर्मुक्ति
स्मारिका	दुरुस्त	गौरैया	सर्किल	सर्जक	प्रार्थना	निर्बाध	निर्मूल
स्वैरिणी	दुरुस्ती	खरोंच	मूर्खता	सर्जन	सार्थक	निर्बुद्धि	फार्मेसी
हरित	निरुक्त	आरोग्य	सुर्खियाँ	अर्जित	अर्थात्	दुर्बोध	निर्मोही
करीब	निरुक्ति	आरोप	दुर्गंध	निर्जीव	आर्थिक	अर्भक	पर्यंत
करील	निरुद्ध	आरोह	निर्गंध	अर्जुन	पार्थिव	गर्भस्थ	आर्यत्व
किरीट	नैरुक्त	आरोही	दुर्गत	खर्जूरी	अर्दली	निर्भय	तिर्यक्
खरीता	परुष	उरोज	दुर्गति	निर्झर	दुर्दम्य	निर्भर	कार्यार्थ
खरीद	पुरुष	करोड़	दुर्गम	मुर्झाना	दुर्दशा	दुर्भाग्य	निर्यात
गरीब	पौरुष	गिरोह	निर्गत	अर्णव	निर्दय	दुर्भाव	पर्याप्त
गरीबी	मरुत्	झरोखा	निर्गम	घूर्णन	निर्दल	गर्भिणी	पर्याय
जरीब	मारुत	तरोई	स्वर्गस्थ	निर्णय	मर्दन	दुर्भिक्ष्य	पर्यास
तरीका	मारुति	दारोगा	निर्गामी	पूर्णतः	बर्दाव	निर्भीक	मर्यादा
तारीख	वरुण	धारोष्ण	मुर्गाबी	वर्णन	बर्दाश्त	दुर्भेद्य	सूर्यास्त
तारीफ	विरुद	निरोग	स्वर्गीय	पूर्णांक	मर्दाना	निर्भ्रांत	खर्राट
नारीत्व	विरुद्ध	निरोगी	दुर्गुण	पूर्णायु	गर्दिश	कर्मठ	खर्राटा
निरीह	सुरुचि	निरोध	निर्गुट	कर्णिका	दुर्दिन	कर्मण्य	गुर्राना
परीक्षा	आरूढ़	नीरोग	निर्गुण	पूर्णिमा	निर्दिष्ट	दुर्मति	जुर्राब
बारीक	आरूप	परोक्ष	दुर्घट	स्वर्णिम	हार्दिक	धर्मज	टर्राना
मरीज	कुरूप	परोसा	दीर्घायु	निर्णीत	शार्दूल	निर्मम	थर्राना
वरीय	जरूर	पिरोना	निर्घोष	निर्णेता	निर्देश	निर्मल	बर्राना
शरीफा	जरूरी	पुरोधा	अर्चन	मार्तंड	दुर्दैव	मर्मज्ञ	दुर्लभ
शरीर	दुरूह	फीरोजी	वर्चस्व	आर्तता	निर्दोष	मर्मर	निर्लज्ज
सुरीला	प्ररूप	भरोसा	खर्चीला	कर्तन	निर्द्वंद्व	धर्मांध	निर्लिप्त
अरुचि	प्ररूपी	यूरोप	मूर्च्छना	कर्तव्य	निर्धन	जुर्माना	निर्लेप
अरुण	प्रारूप	विरोध	अर्जन	कीर्तन	मूर्धन्य	धर्मात्मा	निर्लोभ
अरुणा	बारूद	विरोधी	आर्जव	धूर्तता	अर्धांगी	धर्मार्थ	उर्वर

- र्व -	- र्स -	- ल -	- ल -	- ल -	- ल -	- ला -	- ला -
उर्वरा	**पार्सल**	**खालसा**	**डालर**	**प्रलय**	**संलग्न**	**गुलाब**	**पिलाना**
निर्वस्त्र	अर्हता	खिलना	डीलर	प्रालब्ध	सलज्ज	गुलाबी	पुलाव
पर्वत	गर्हणा	खुलना	डेलटा	फलतः	सलमा	गुलाम	प्रलाप
पूर्वज	गर्हित	खोलना	डोलची	फलना	सालना	गुलामी	फैलाना
पूर्वतः	निर्हेतु	खौलना	डोलना	फालतू	सीलना	गुलाल	फैलाव
पूर्वता	कलंक	गलत	ढलना	फालसा	सुलभ	गोलार्ध	फौलाद
सर्वत्र	ज्वलंत	गलती	ढालना	फुलका	सुलह	चलाऊ	बलात्
सर्वथा	पलंग	गलना	ढोलक	फूलना	सोलह	चलान	बुलाना
सर्वशः	विलंब	गूलर	तलना	फैलना	स्खलन	चलाना	बुलावा
सर्वस्व	हलंत	गैलरी	तलब	बालक	हलका	चालाक	भलाई
चार्वाक	अलग	घुलना	तलवा	बालम	हलदी	चालाकी	भुलाना
निर्वाण	अलभ	घोलना	तालव्य	बिलनी	हलवा	छलावा	भुलावा
निर्वात	अलभ्य	चलन	तिलक	बेलन	हालत	जालाक्ष	मलाई
निर्वाह	अलम्	चलना	तिलस्मी	बोलती	हिलना	जुलाब	मिलान
पूर्वार्ध	अलस	चलनी	तुलना	बोलना	छलाँग	जुलाहा	मिलाना
पूर्वाह्न	अलसी	चालक	तुलसी	भूलना	हालाँकि	डुलाना	मिलाप
सर्वार्थ	आलम	चालन	तोलना	मलना	अलाव	ढलाई	रुलाई
निर्विघ्न	आलय	चिलम	तौलना	मलय	अलावा	ढलाना	ललाई
निर्वेद	आलस	छिलना	दौलत	मलवा	आलाप	ढलाव	ललाट
पूर्वोक्त	आलसी	छीलना	धुलना	मालटा	आलापी	ढिलाई	ललाम
पूर्वोक्ति	आलस्य	जलज	निलय	मालती	इलाका	ढुलाई	विलाप
सर्वोच्च	उलटा	जलद	नीलम	मिलना	इलाज	तलाक	विलास
निर्व्याधि	उलटी	जलधि	पलक	मिलनी	इलाही	तलाश	विलासी
दर्शन	उलथा	जलन	पलटा	मुलम्मा	ऐलान	तलाशी	शलाका
पार्श्वस्थ	कलक	जलना	पलड़ा	मूलतः	औलाद	तालाब	संलाप
कर्षण	कलछा	जलसा	पलथी	मौलवी	कलाई	दलाल	सलाई
घर्षण	कलछी	जालक	पलना	रेलवे	कलाम	दलाली	सलाम
धर्षण	कलत्र	झलक	पालक	ललना	कैलास	दालान	सलाह
पार्षद	कलम	झालर	पालकी	लालच	खलास	दिलाना	सालाना
शीर्षक	कलमा	झूलना	पालतू	लालची	खलासी	दिलासा	सिलाई
शीर्षस्थ	कलश	झेलना	पालथी	लालन	खिलाड़ी	दुलारा	सुलाना
वार्षिक	कलह	टलना	पालन	लालसा	खिलाना	दुलारी	सैलानी
वार्षिकी	कालर	टालना	पालना	लीलना	खिलाफ	धुलाई	हिलाना
हर्षित	किलक	ठेलना	पिलना	वलय	खुलासा	नीलाम	पुंलिंग
ईर्ष्यालु	क्षालन	डलना	पुलक	विलग	गलाना	नीलामी	पुलिंदा
नर्सरी	खलल	डालना	पेलना	विलय	गिलास	पलाश	अलिप्त

- लि -	- लि -	- ले -	- ल्ला -	- व -	- व -	- व -	- वा -
औलिया	**शालिनी**	**फुलेरी**	**उल्लास**	**केवल**	**प्रवर्ती**	**सवर्ण**	**दीवानी**
कलिका	सलिल	सुलेख	चिल्लाना	गँवई	प्लवन	साँवला	नवान्न
कलित	होलिका	बिलैया.	जल्लाद	चँवर	प्लावन	सावन	नवाब
कालिक	आलीन	आलोक	झल्लाना	चावल	फावड़ा	सीवन	नवासी
कालिख	कालीन	कालोनी	सोल्लास	चौवन	बावड़ी	सुवर्ण	निवार्य
कालिया	कुलीन	विलोम	मल्लिका	छावनी	बावन	सेंवई	निवास
गिलिटी	खलीफा	सलोनी	ताल्लुक	जावक	बावर्ची	सेवक	निवासी
गुलिस्ताँ	गलीचा	खिलौना	उल्लेख	जीवन	बावला	सेवन	पुवाल
ग्वालिन	चालीस	बिलौटा	अल्हड़	जेवर	बेवफा	स्थावर	प्रवाद
छलिया	चालीसा	बिलौना	कुल्हढ़	डेवढ़ा	भँवर	स्रवण	प्रवास
जालिम	जलीय	वल्कल	दुल्हन	तावत्	भँवरा	हवन	प्रवासी
डलिया	जलील	बिल्कुल	कुल्हाड़ी	तेवर	भवन	आवाज	प्रवाह
तालिका	तालीम	फाल्गुन	अवंति	दावत	भाँवर	आवारा	बवाल
तेलिन	दलील	इल्जाम	लवंग	दिवस	भावज	आवास	बिवाई
तौलिया	विलीन	मुल्तवी	अवज्ञा	देवता	भावना	आवासी	बुवाना
दलित	शालीन	अल्पज्ञ	अवधि	देवत्व	भुवन	किवाड़	भवानी
नलिन	कलुष	कल्पना	अवधी	देवर	यवन	कुँवारा	भावार्थ
नलिनी	ठलुआ	कल्पांत	अवध्य	देवर्षि	यावत्	कुँवारी	मवाली
नीलिमा	बलुआ	अल्पायु	अवनि	धावक	युवक	गँवाना	यवागू
पलित	बालुका	स्वल्पायु	अवर	धीवर	यौवन	गँवार	रवानी
पालिका	लोलुप	कल्पित	अवर्ण्य	धेवता	रावण	गँवारू	विवाद
पीलिया	विलुप्त	वल्मीक	अवश	नवधा	रावल	गवाक्ष	विवाह
पुलिन	उलूक	वाल्मीकि	अवश्य	नवम	रेवड़ी	गवाना	शिवाला
पुलिस	कलूटा	मूल्यन	अवस्था	नवमी	लवण	गवारा	संवाद
फलित	जलूस	कल्याण	आँवला	नवल	लावण्य	गवाह	सवाया
बलिष्ठ	जुलूस	खल्लड़	आवक	निवल	विवर	गवाही	सवार
बालिका	धुलेंडी	चिल्लपों	आवती	नेवला	विवर्ण	जवान	सवारी
भीलिनी	बालेंदु	ढिल्लड़	आवर्त	पवन	विवश	जवानी	सवाल
मलिन	आलेख	दिल्लगी	आवर्ती	पाँवड़ा	व्यवस्था	जवाब	सिवाय
मालिक	कलेजा	पल्लव	एवज	पावक	शावक	जवाबी	हवाई
मालिन	कलेजी	पल्लवी	एवजी	पावती	श्रवण	दवाग्नि	हैवान
मालिन्य	कलेवा	बल्लम	कवच	पावन	श्रावक	दावाग्नि	खाविंद
मौलिक	कालेज	वल्लभ	कवर	पावस	श्रावण	दावात	गोविंद
ललित	गुलेल	वल्लरी	कुँवर	प्रवक्ता	श्रावणी	दीवाना	अविद्या
लालित्य	जलेबी	हुल्लड़	केवट	प्रवण	संवत्	दिवाला	कविता
लालिमा	प्रलेख	अल्लाह	केवड़ा	प्रवर	संवर्ग	दीवान	कवित्त

- वि -	- व -	- श -	- शा -	- शू -	- श्रू -	- ष -	- षे -
कवित्व	**संव द्धि**	**दशमी**	**न शास्त्र**	**माशूक**	**सुश्रूषा**	**भूषण**	**दुष्कर्म**
कोविद	आवेग	देशज	पिशाच	विशेष	अश्लिष्ट	भेषज	निष्कर्म
जावित्री	आवेश	नाशक	पेशाब	विशेष्य	संश्लिष्ट	भैषज	निष्कर्ष
जीविका	नवेला	नौशक्ति	पोशाक	अशोक	अश्लील	गूषक	पुष्कर
जीवित	निवेश	पेंशन	प्रशाखा	अशोध्य	आश्लेषा	विषम	निष्काम
जैविकी	नैवेद्य	पेशगी	प्रशासी	किशोर	आश्वस्त	विषय	निष्क्रिय
द्विविधा	प्रवेश	प्रशस्त	मशाल	यशोदा	ईश्वर	विषयी	अष्टमी
नाविक	विवेक	प्रशस्ति	विशाल	मुश्किल	ऐश्वर्य	व षभ	क्लिष्टता
निविड़	संवेग	बशर्ते	वैशाख	आश्चर्य	रिश्वत	वैषम्य	दुष्टता
निविदा	हवेली	मशक	श्मशान	निश्चय	विश्वस्त	शोषक	द्रष्टव्य
निविष्ट	अवैध	मिशन	अशिव	निश्चल	शाश्वत	शोषण	स्पष्टतः
निविष्टि	खेवैया	यशस्वी	अशिष्ट	पुंश्चली	निःश्वास	सुषमा	स्पष्टता
पवित्र	गवैया	राशन	आंशिक	पश्चात्	निश्वास	आषाढ़	द ष्टांत
प्रविधि	सवैया	रेशम	आशिक	पाश्चात्य	प्रश्वास	आषाढ़ी	साष्टांग
प्रविष्ट	नवोढ़ा	रेशमी	कशिश	निश्चित	विश्वास	काषाय	पिष्टान्न
प्रविष्टि	अव्यक्त	रोशन	कोशिश	पश्चिम	अश्विनी	तुषार	मिष्टान्न
प्लावित	अव्यय	रोशनी	विशिष्ट	पश्चिमी	आश्विन	निषाद	पौष्टिक
भविष्य	द्रव्यत्व	विशद	वैशिष्ट्य	व श्चिक	निश्शंक	पाषाण	राष्ट्रीय
विविध	तीव्रता	शीशम	शिशिर	निश्चेष्ट	निश्शक्त	पाषाणी	कोष्ठक
विविधा	प्रव्रज्या	शैशव	हाशिया	निश्छल	निश्शब्द	भाषाई	ज्येष्ठता
वैविध्य	अव्वल	संशय	आशीष	तश्तरी	निश्शुल्क	विषाक्त	सौष्ठव
शिविर	फव्वारा	संशयी	कशीदा	दुश्मन	निषंग	विषाणु	मिष्ठान्न
सविता	आशंका	सशस्त्र	देशीय	दुश्मनी	ईषत्	विषाद	नैष्ठिक
सावित्री	त्रिशंकु	स्टेशन	निशीथ	अश्रद्धा	ईषद्	ऋषित्व	निष्ठुर
सिविल	न शंस	अशांत	मशीन	आश्रम	औषध	घोषित	उष्णता
सुविधा	प्रशंसा	अशांति	सुशील	आश्रय	औषधि	त षित	वैष्णव
सेविका	अंशतः	निशांत	निशुंभ	आश्रयी	कृषक	निषिद्ध	वैष्णवी
तावीज	अशक्त	प्रशांत	अशुद्ध	प्रश्रय	घोषक	प्रेषित	निष्णात
नवीन	अशक्य	शशांक	अशुद्धि	मिश्रण	घोषणा	प्रेषिती	निष्पंद
प्रवीण	आशय	इशारा	अशुभ	सश्रम	नैषध	मूषिका	निष्पक्ष
संवीक्षा	कुशन	ईशान	निःशुल्क	विश्रांति	पोषक	योषित	निष्पत्ति
भावुक	कुशल	गौशाला	पिशुन	विश्राम	पोषण	शोषित	निष्पन्न
आव त्ति	कौशल	दुशाला	प्रशुल्क	आश्रित	प्रेषक	तुषीर	पुष्पक
निव त	खुशबू	निशान	विशुद्ध	मिश्रित	प्रेषण	सुषुप्ति	निष्पाप
निव ति	चाशनी	निशाना	श्वशुर	अश्रुत	भाषण	निषेध	दुष्प्राप्य
प्रव त्ति	दशक	निशानी	त्रिशूल	सुश्रुत	भीषण	विषैला	निष्प्राण

- ष्फ -	- स -	- स -	- सा -	- सु -	- स्कृ -	- स्तु -	- स्वा -
निष्फल	**चुसकी**	**रसद**	**प्रसार**	**असुर**	**संस्कृति**	**प्रस्तुति**	**निःस्वार्थ**
असंख्य	चूसना	रसना	प्रासाद	आसुरी	मुस्टंडा	संस्तुति	निःस्वार्थी
कुसंग	चौंसठ	वसन	फँसाना	कुसुम	कस्टम	दस्तूर	भूस्वामी
पसंद	टसर	वासना	बसाना	पांसुल	डस्टर	दस्तूरी	सुस्वाद
पासंग	ठसक	वासर	बैसाख	बाँसुरी	पोस्टल	विस्त त	प्रस्वेद
प्रसंग	ठूँसना	व्यसन	बैसाखी	वसुधा	रोस्टर	अस्तेय	निस्सीम
वसंत	ठूसना	व्यसनी	मसान	वासुकि	होस्टल	निस्तेज	निस्स त
असत्य	डसना	शासक	मसाला	ससुर	इस्तरी	प्रस्तोता	गुस्सैल
असर	तसमा	शासन	रसाल	उसूल	उस्तरा	शस्त्रास्त्र	निहंग
असल	तसला	संसद	रिसाना	कसूर	दस्तक	शास्त्रार्थ	निहंता
असली	तसल्ली	संसर्ग	संसार	जासूस	निस्तब्ध	शास्त्रीय	महँगा
असह्य	तीसरा	सांसत	सुसाध्य	जासूसी	पुस्तक	अस्थायी	महंत
आसक्त	दसवाँ	सांसद	हँसाई	नासूर	प्रस्तर	प्रस्थान	महंती
आसक्ति	दासता	सिसकी	हँसाना	प्रसूत	बिस्तर	संस्थान	मेहँदी
आसन	दुःसह	सेंसर	हिसाब	प्रसूति	मस्तक	अस्थिर	रहँट
आसन्न	दूसरा	हँसना	नासिका	प्रसून	मिस्तरी	सुस्थिर	लहँगा
आसरा	धँसना	हिंसक	प्रसिद्ध	मंसूबा	वास्तव	सस्नेह	अहम्
आसरे	निसर्ग	हौसला	प्रसिद्धि	मसूर	उस्ताद	निस्पंद	अहह
ईसवी	पसली	असाढ़	मासिक	मासूम	उस्तादी	अस्पष्ट	आहट
ऊसर	पिसना	असाध्य	मौसिया	वसूली	गुस्ताखी	आस्पद	आहत
औसत	पीसना	आसान	रसिक	नौसेना	दस्ताना	संस्पर्श	ओहदा
कसना	पुंसत्व	आसानी	रसिया	पँसेरी	निस्तार	इस्पात	कहना
कसम	पैंसठ	इंसाफ	वसिष्ठ	पसेरी	प्रस्ताव	अस्प श्य	कहर
कसर	पोसना	ईसाई	शासित	बसेरा	विस्तार	निःस्प ह	कुहनी
केसर	प्रसन्न	कसाई	हँसिया	रसोई	अस्तित्व	निस्प ह	कुहरा
कोसना	प्रसव	किसान	हासिल	लिसोड़ा	आस्तिक	ट्रांस्पोर्ट	कोहनी
खँसना	फँसना	गोसाईं	असीम	हँसोड़	आस्तियाँ	ट्रांस्फर	कोहरा
खसम	फसल	घिसाई	आसीन	कसौटी	इस्तिरी	प्रस्फुट	गहन
खाँसना	फाँसना	घुसाना	नसीब	मसौदा	नास्तिक	विस्फोट	गहना
खासगी	फिसड्डी	दुःसाध्य	निःसीम	रसौली	पुस्तिका	किस्मत	गहरा
खूसट	फीसदी	धँसाना	पसीना	तस्कर	मस्तिष्क	विस्मय	गाहक
खोंसना	फैसला	नासाग्र	मसीहा	तस्करी	स्वस्तिक	अस्मिता	ग हस्थ
ग्रसनी	बासठ	पंसारी	रसीद	भास्कर	आस्तीन	विस्म त	ग हस्थी
घिसना	मांसल	पिसान	रसीला	मुस्कान	इस्तीफा	विस्म ति	ग्रहण
घुसना	मूसल	पिसाना	लसीका	संस्कार	कस्तूरी	अस्वस्थ	ग्राहक
घोंसला	मौसम	प्रसाद	हसीना	संस्कृत	प्रस्तुत	आस्वाद	चहक

- ह -	- ह -	- ह -	- हा -	- हि -	- हु -
चाहना	**ब हत्**	**सहन**	**पहाड़ी**	**जाहिर**	**बहुधा**
चेहरा	बोहनी	सहना	प्रहार	जाहिरा	बहुल
चौहरा	ब्याहना	सहसा	फुहार	जाहिल	बाहुल्य
जहर	महक	सहस्र	फुहारा	जाहिली	महुआ
जौहरी	महत्	साहस	बहाना	दाहिना	महुवा
टहल	महती	साहसी	बहाना	निहित	आहूत
टोहना	महतो	सेहत	बहार	पहिया	मुहूर्त
डहना	महत्त्व	सेहरा	बहाल	बहिर्	यहूदी
ढहना	महरा	सोहना	बहाव	महिमा	अहेर
तहत	महरी	होहल्ला	बिहान	महिला	चहेता
तेहरा	महर्षि	देहांत	बिहारी	महिष	दहेज
तोहफा	महल	अहाता	बुहारी	महिषी	पहेली
दहन	मुहर	अहाहा	महात्मा	मोहित	बहेड़ा
दुहना	मुहल्ला	आहार	महान्	मोहिनी	सहेली
दोहद	मोहक	कहार	महाल	रहित	माहौल
दोहरा	मोहन	गोहार	माहात्म्य	रोहिणी	आह्निक
नहर	मोहर	छुहारा	मुँहासा	लोहित	चिह्नित
नहला	मोहरा	जहाज	मुहाना	संहिता	बाह्यतः
नाहर	मोहरी	जहाजी	रिहाई	सहित	ब्रह्मर्षि
निहत्था	रहन	जहाद	लुहार	सहिष्णु	ब्रह्मांड
नैहर	रहना	ठहाका	लोहार	साहित्य	ब्रह्मास्त्र
पहर	रहम	ढहाना	विहार	सिंहिनी	ब्राह्मण
पहरा	रहस्य	तहाना	संहार	अहीर	आह्लाद
पहल	राहत	तिहाई	सहारा	तौहीन	प्रह्लाद
पहला	रेहन	त्योहार	सिहाना	महीन	विह्वल
पहलू	लहजा	दिहाड़ी	सुहाग	महीना	आह्वान
पहले	लहर	दुहाई	सुहागा	महीप	
पाहन	लहरी	देहात	सौहार्द	विहीन	
पीहर	वहन	देहाती	अहिंसा	शहीद	
प्रहर	वाहक	नहान	अहिंस्र	पहुँच	
प्रहरी	वाहन	निहाई	अहित	पहुँचा	
फूहड़	व हत्	निहानी	ऐहिक	पहुँची	
बहस	शहद	निहाल	ख्वाहिश	आहुति	
बाहर	शहर	नीहार	ग हिणी	पाहुना	
बाहरी	शहरी	पहाड़	चाहिए	पुहुप	
बीहड़	सहज	पहाड़ा	चुहिया	बहुत	

□

त्रि-अक्षरी : अंत

- - आ	- - ई	- - ई	- - ऊ	- - क	- - क	- - क	- - क
कछुआ	**बटाई**	**जँभाई**	**उड़ाऊ**	**गुच्छक**	**धड़क**	**मिथक**	**तनिक**
खजुआ	द्विताई	कमाई	जड़ाऊ	ऐच्छिक	सड़क	पथिक	दैनिक
बटुआ	मिठाई	तुरई	कमाऊ	स्वैच्छिक	तड़ाक	उदक	धनिक
भड़ुआ	मडई	चिराई	चलाऊ	इच्छुक	मंडूक	निंदक	सैनिक
बथुआ	कड़ाई	तराई	चाहिए	गजक	गणक	पदक	अनेक
बँधुआ	चौड़ाई	निराई	प थक्	बीजक	क्षणिक	मादक	क्षेपक
गेरुआ	ठंडाई	बुराई	सम्यक्	याजक	माणिक	मोदक	चंपक
ठलुआ	बड़ाई	तरोई	तिर्यक्	रंजक	वणिक	वादक	झपक
बलुआ	लड़ाई	कलाई	एकक	रजक	आण्विक	वैदिक	दीपक
महुआ	बढ़ई	ढलाई	टंकक	व्यंजक	आतंक	बंदूक	रूपक
गोसाईं	कढ़ाई	ढिलाई	ऐकिक	मजाक	घातक	संदूक	लपक
बुआई	चढ़ाई	ढुलाई	लौकिक	नाजुक	चातक	बौद्धिक	व्यापक
बोआई	पढ़ाई	धुलाई	मुक्तक	याज्ञिक	चेतक	केंद्रक	तपाक
मकई	मढाई	भलाई	तक्षक	झिझक	जातक	छिद्रक	विपाक
इकाई	कतई	मलाई	प्रेक्षक	अटक	द्योतक	मुद्रक	लिपिक
सिकाई	कताई	रुलाई	भक्षक	कंटक	पातक	गंधक	सप्तक
दिखाई	जुताई	ललाई	रक्षक	खटक	शतक	बंधक	प्राप्तांक
लिखाई	पुताई	सलाई	शिक्षक	घटक	सूतक	बाधक	ट्रैफिक
तगाई	कत्थई	सिलाई	पाक्षिक	चटक	स्नातक	रोधक	चुंबक
रँगाई	खुदाई	गँवई	शैक्षिक	नाटक	गतांक	साधक	चाबुक
लुगाई	जुदाई	सेंवई	भिक्षुक	पिटक	नैतिक	अधिक	शाब्दिक
सगाई	विदाई	बिवाई	लेखक	फाटक	भौतिक	बधिक	लुब्धक
ऊँचाई	बधाई	हवाई	मौखिक	छटाँक	प्रतीक	ऐनक	लब्धांक
खिंचाई	सिधाई	भाषाई	यौगिक	चटाक	कौतुक	कनक	पब्लिक
निचाई	चिनाई	ईसाई	लैंगिक	खटिक	पैत क	खनक	दांभिक
सिंचाई	चुनाई	कसाई	युग्मक	स्फटिक	दत्तक	जनक	नाभिक
सच्चाई	बिनाई	घिसाई	पंचक	खटीक	सात्त्विक	तुनक	अभ्रक
अच्छाई	बुनाई	हँसाई	पाचक	सटीक	प्रत्येक	पीनक	चमक
भौजाई	भुनाई	रसोई	याचक	कटुक	पत्रक	भनक	दमक
रजाई	लुनाई	तिहाई	रेचक	खट्टिक	मात्रक	मानक	दीमक
खटाई	चौपाई	दुहाई	रोचक	पाठक	पत्रांक	रौनक	नमक
चटाई	छपाई	निहाई	लचक	बैठक	तांत्रिक	संनक	नामक
छँटाई	तिपाई	रिहाई	वंचक	कड़क	मात्रिक	दिनांक	भ्रामक
छोटाई	लिपाई	खड़ाऊँ	वाचक	खंडक	ऋत्विक	पिनाक	क्रमांक
पटाई	सफाई	टिकाऊ	कंचुक	तड़क	उत्सुक	क्लिनिक	हिमांक
बँटाई	लंबाई	बिकाऊ	अचूक	दंडक	अथक	टानिक	क्रमिक

- - क	- - क	- - क	- - का	- - का	- - की	- - की	- - क्ति
श्रमिक	**कलंक**	**पोशाक**	**पंजिका**	**प्रेमिका**	**एकांकी**	**सिसकी**	**कटूक्ति**
अमुक	कलक	आंशिक	खटका	भूमिका	एकाकी	इक्ष्वाकु	रूढ़ोक्ति
अमूक	किलक	आशिक	गुटका	जायका	सांख्यिकी	त्रिशंकु	अत्युक्ति
मयंक	चालक	माशूक	झटका	गायिका	हिचकी	उड़ाकू	वेदोक्ति
गायक	जालक	अशोक	टोटका	नायिका	कंचुकी	लड़ाकू	अन्योक्ति
नायक	झलक	व श्चिक	पटका	खरका	नौटंकी	तंबाकू	रूपोक्ति
कायिक	ढोलक	निश्शंक	मटका	सिरका	चुटकी	तड़के	विभक्ति
न्यायिक	तिलक	कृषक	लटका	तारिका	पुटकी	उचक्का	नियुक्ति
प्रायिक	पलक	घोषक	पटाका	सारिका	खिड़की	भौचक्का	विरक्ति
निरंक	पालक	पोषक	पेटिका	स्मारिका	झिड़की	मुनक्का	निरुक्ति
कारक	पुलक	प्रेषक	वाटिका	तरीका	लड़की	तरक्की	निर्मुक्ति
नरक	बालक	मूषक	पट्टिका	कर्णिका	पातकी	यथोक्त	पूर्वोक्ति
पूरक	चालाक	शोषक	पीठिका	वर्तिका	भौतिकी	उन्मुक्त	नौशक्ति
प्रेरक	तलाक	पौष्टिक	तड़का	फुलका	हेतुकी	आयुक्त	आसक्ति
मारक	कालिक	कोष्ठक	लड़का	हलका	यांत्रिकी	नियुक्त	माणिक्य
स्मारक	मालिक	नैष्ठिक	उड़ाका	इलाका	कनकी	प्रयुक्त	मतैक्य
हीरक	मौलिक	पुष्पक	कड़ाका	शलाका	जानकी	वियुक्त	औत्सुक्य
खुराक	उलूक	ठसक	खंडिका	कलिका	फुनकी	संयुक्त	आधिक्य
तैराक	आलोक	शासक	चंडिका	तालिका	पिनाकी	आरक्त	अनैक्य
बारीक	वाल्मीक	हिंसक	रेणुका	पालिका	दैनिकी	विरक्त	पार्थक्य
हरेक	ताल्लुक	मासिक	पताका	बालिका	वानिकी	निरुक्त	अशक्य
सर्जक	आवक	रसिक	गीतिका	होलिका	झपकी	नैरुक्त	कुचक्र
पूर्णांक	जावक	दस्तक	दूतिका	बालुका	थपकी	निर्मुक्त	बेअक्ल
नर्तक	धावक	पुस्तक	लतिका	मल्लिका	लपकी	पूर्वोक्त	अपक्व
कार्तिक	पावक	मस्तक	म त्तिका	जीविका	डुबकी	अव्यक्त	सुपक्व
सार्थक	युवक	आस्तिक	पत्रिका	सेविका	बेबाकी	अशक्त	कटाक्ष
आर्थिक	शावक	नास्तिक	वीथिका	आशंका	भभकी	निश्शक्त	प्रत्यक्ष
हार्दिक	श्रावक	स्वस्तिक	वेदिका	मूषिका	धमकी	विषाक्त	अदक्ष
अर्भक	सेवक	गाहक	पादुका	नासिका	फिरकी	आसक्त	रुद्राक्ष
निर्भीक	नाविक	ग्राहक	चंद्रिका	लसीका	सिरकी	नियोक्ता	अध्यक्ष
कार्मिक	भावुक	चहक	मुद्रिका	पुस्तिका	नर्तकी	प्रयोक्ता	विपक्ष
धार्मिक	विवेक	महक	तिनका	ठहाका	वार्षिकी	प्रवक्ता	सापेक्ष
मार्मिक	दशक	मोहक	मनका	जबकि	पालकी	छेकोक्ति	समक्ष
चार्वाक	नाशक	वाहक	भभका	हालाँकि	चालाकी	लोकोक्ति	परोक्ष
शीर्षक	मशक	ऐहिक	धमाका	वाल्मीकि	जैविकी	वक्रोक्ति	जालाक्ष
वार्षिक	शशांक	आह्निक	नामिका	वासुकि	चुसकी	व्यंग्योक्ति	गवाक्ष

- - क्ष	- - ख	- - ग	- - ग	- - गी	- - च	- - छी	- - ज
निष्पक्ष	**वैशाख**	**अनंग**	**साष्टांग**	**पेशगी**	**लालच**	**कलछी**	**जायज**
खकक्षा	बैसाख	ट्रेनिंग	कुसंग	खासगी	कवच	ब्लाउज	गरज
आकांक्षा	पटाखा	पन्नग	पासंग	यवागू	पिशाच	पंकज	जारज
तितिक्षा	अनोखा	अपंग	प्रसंग	विदग्ध	पहुँच	पैकेज	धीरज
प्रतीक्षा	गोरखा	दबंग	निहंग	संदिग्ध	बगीचा	कागज	नीरज
उत्प्रेक्षा	चरखा	अभंग	सुहाग	विमुग्ध	बागीचा	दिग्गज	सूरज
अपेक्षा	पुरखा	प्रभाग	अड़ंगा	उद्विग्न	प्रत्यंचा	युग्मज	दराज
उपेक्षा	बरखा	भूभाग	पतंगा	निमग्न	चमचा	अग्रज	नाराज
बुभुक्षा	परिखा	विभाग	नौनगा	संलग्न	समूचा	अंग्रेज	सुराज
समीक्षा	झरोखा	संभाग	लफंगा	हुताग्नि	पाँयचा	नाचीज	खारिज
संरक्षा	प्रशाखा	संभोग	अभागा	मंदाग्नि	खरचा	मिजाज	मरीज
सुरक्षा	कनखी	उमंग	तिरंगा	दवाग्नि	परचा	आजिज	उरोज
परीक्षा	सुमुखी	दिमाग	दुरंगा	दावाग्नि	गलीचा	अजीज	सरोज
संवीक्षा	चरखी	आयोग	दारोगा	सौभाग्य	पहुँचा	लजीज	धर्मज
आकांक्षी	पारखी	नियोग	महँगा	अयोग्य	अरुचि	उटज	पूर्वज
म गाक्षी	बैसाखी	प्रयोग	लहँगा	सुयोग्य	सुरुचि	खंडज	जलज
विपक्षी	गुस्ताखी	वियोग	सुहागा	वैराग्य	संकोची	नीड़ज	इलाज
आरक्षी	दरख्त	संयोग	एकांगी	आरोग्य	खजांची	क्षितिज	कालेज
उपेक्ष्य	असंख्य	सुयोग	रेजगी	दुर्भाग्य	प्रतीची	आत्मज	एवज
अभक्ष्य	ड्राइंग	तरंग	सत्संगी	एकाग्र	खपची	अंदाज	भावज
दुर्भिक्ष्य	पंचांग	सारंग	गंदगी	मुखाग्र	चमची	अनाज	आवाज
बतख	भुजंग	सुरंग	जिंदगी	समग्र	डोलची	खनिज	तावीज
उन्मुख	खट्वांग	चिराग	सादगी	नासाग्र	लालची	अनुज	देशज
आमुख	तड़ाग	पराग	उद्योगी	सामग्री	पहुँची	दनुज	भेषज
प्रमुख	अडिग	विराग	बानगी	अमोघ	सर्वोच्च	मनुज	भैषज
विमुख	पतंग	निरोग	तन्वंगी	कृतघ्न	खपच्ची	मनोज	निस्तेज
सम्मुख	मतंग	नीरोग	शुभांगी	शत्रुघ्न	यथेच्छ	उपज	सहज
परख	मातंग	पलंग	अभागी	पापघ्न	सदिच्छा	गुंबज	जहाज
सूराख	उत्तुंग	अलग	नियोगी	निर्विघ्न	अनिच्छा	जाँबाज	दहेज
तारीख	प्रत्यंग	विलग	वियोगी	शतघ्नी	बरच्छा	काबिज	खड़ंजा
आरेख	सत्संग	छलाँग	नारंगी	संकोच	हितेच्छु	ताबीज	नतीजा
कालिख	म दंग	पुलिंग	मिरगी	प्रपंच	शुभेच्छु	अंबुज	आत्मजा
आलेख	वेदांग	लवंग	वैरागी	रोमांच	अँगोछा	त्रिभुज	अंदाजा
प्रलेख	उद्योग	आवेग	निरोगी	चम्मच	तिरछा	समाज	तनुजा
सुलेख	हृद्रोग	संवेग	अर्धांगी	खरोंच	बरछा	कमीज	तनूजा
उल्लेख	उद्वेग	निषंग	दिल्लगी	खरौंच	कलछा	तमीज	जायजा

- - जा	- - ट्	- - ट	- - टी	- - ड़	- - ड़	- - ड़ा	- - ड़ी
खरंजा	**सम्राट्**	**अमिट**	**वारंटी**	**एकड़**	**कूबड़**	**लँगड़ा**	**ककड़ी**
गिरजा	विराट्	सीमेंट	धूर्जटी	कंकड़	रबड़	नगाड़ा	छोकड़ी
कलेजा	चीकट	किरीट	उलटी	पकड़	कबाड़	निगोड़ा	टुकड़ी
लहजा	टिकट	खरौंट	गिलिटी	रोकड़	भब्भड़	भगोड़ा	मकड़ी
कागजी	निकट	निर्गुट	कसौटी	प्रकांड	घमंड	सिंघाड़ा	लकड़ी
अंग्रेजी	प्रकट	दुर्घट	वाक्पटु	नुक्कड़	डिमांड	कचड़ा	हेकड़ी
मरजी	फोकट	खर्राट	निघंटु	फक्कड़	एरंड	पचड़ा	पाखंडी
फीरोजी	विकट	ललाट	दुपट्टा	अक्खड़	गरुड़	कचौड़ा	पंखड़ी
कलेजी	संकट	केवट	रपट्टा	भुक्खड़	करोड़	पिछड़ा	टँगड़ी
एवजी	मुकुट	खूसट	इकट्ठा	लिक्खाड़	मार्तंड	बछड़ा	पगड़ी
जहाजी	पैकेट	प्रस्फुट	नैकट्य	अखंड	खल्लड़	कुँजड़ा	खिचड़ी
आरजू	आखेट	विस्फोट	अकाट्य	पाखंड	ढिल्लड़	पिंजड़ा	कचौड़ी
तराजू	लँगोट	रहँट	श्रीकंठ	प्रखंड	हुल्लड़	हिजड़ा	पिछाड़ी
निर्लज्ज	घूँघट	आहट	सुकंठ	उखाड़	अल्हड़	पोतड़ा	बछेड़ी
सलज्ज	उचाट	नकटा	वैकुंठ	रगड़	किवाड़	चिथड़ा	खँजड़ी
गुणज्ञ	पंचाट	मुखौटा	जरठ	सुघड़	निविड़	लोथड़ा	अंतड़ी
कृतज्ञ	कचोट	लखौटा	कर्मठ	प्रचंड	हँसोड़	हथौड़ा	गुदड़ी
तत्त्वज्ञ	गजट	रोंगटा	चौंसठ	कीचड़	फूहड़	कपड़ा	अनाड़ी
मंत्रज्ञ	बजट	सन्नाटा	पैंसठ	निचोड़	बीहड़	खपड़ा	खोपड़ी
मर्मज्ञ	एजेंट	सपाटा	बासठ	पच्चड़	पहाड़	चपड़ा	झोंपड़ी
अल्पज्ञ	झंझट	चपेटा	लुआठाँ	पछाड़	ब्रह्मांड	झोंपड़ा	पपड़ी
राजाज्ञा	अटूट	चिमटा	अँगूठा	उजाड़	आँकड़ा	गपोड़ा	रबड़ी
प्रतिज्ञा	पेटेंट	चिरौंटा	उत्कंठा	बेझड़	छोकड़ा	फेफड़ा	राबड़ी
अनुज्ञा	क्रेडिट	खर्राटा	अनूठा	चूतड़	टुकड़ा	कुबड़ा	कबाड़ी
अवज्ञा	उत्कट	उलटा	सोरठा	लताड़	मकड़ा	जबड़ा	चमड़ी
सम्राज्ञी	मिनट	डेलटा	पराँठा	गीदड़	सँकड़ा	कबाड़ा	लोमड़ी
वाणिज्य	यूनिट	पलटा	पराठा	लद्धड़	सैकड़ा	चामुंडा	खिलाड़ी
विभाज्य	कपट	मालटा	मराठा	अंधड़	पकौड़ा	कुम्हड़ा	धुलेंडी
साम्राज्य	चौपट	कलूटा	टिकठी	अधेड़	दुःखड़ा	पलड़ा	कुल्हाड़ी
प्रयोज्य	डपट	बिलौटा	अँगीठी	उधेड़	मुखड़ा	केवड़ा	बावड़ी
प्रायोज्य	निपट	भ कुटी	अँगूठी	झापड़	अखाड़ा	पाँवड़ा	रेवड़ी
सुराज्य	रपट	लकुटी	त्रिपाठी	पापड़	बखेड़ा	फावड़ा	दिहाड़ी
स्वराज्य	लंपट	चिकोटी	अपाठ्य	त्रिपुंड	पखौड़ा	लिसोड़ा	पहाड़ी
प्रव्रज्या	लपट	लँगोटी	गाइड	खप्पड़	झगड़ा	मुस्टंडा	उकड़ूँ
अबूझ	सपाट	कपटी	सेकंड	थप्पड़	तगड़ा	पहाड़ा	अकड़ू
समझ	लपेट	गारंटी	अकड़	लप्पड़	भाँगड़ा	बहेड़ा	बाँगड़ू

- - ड्ड	- - ण	- - ण	- - णी	- - त्	- - त	- - त	- - त
उजड्ड	**प्रमाण**	**प्रवण**	**सारणी**	**ब हत्**	**लक्षित**	**रजत**	**अत्यंत**
कबड्डी	ग्रामीण	रावण	करिणी	महत्	शिक्षित	सुजात	प्रत्युत
फिसड्डी	प्रयाण	लवण	सारिणी	व हत्	लिखत	अजित	कुत्सित
प्रगाढ़	कारण	श्रवण	स्वैरिणी	तत्त्वतः	दुःखांत	लज्जित	कथित
निगूढ़	किरण	श्रावण	गर्भिणी	अन्यतः	दुखांत	सज्जित	व्यथित
अपढ़	चरण	स्रवण	श्रावणी	अंशतः	सुखांत	अज्ञात	कृदंत
आरूढ़	तरण	प्रवीण	पाषाणी	मुख्यतः	कुख्यात	रटंत	भदंत
कुल्हढ़	तारण	मिश्रण	ग हिणी	अंततः	प्रख्यात	घटित	आदत
आषाढ़	त्वरण	पोषण	रोहिणी	आदितः	विख्यात	जटित	वेदांत
असाढ़	धारण	प्रेषण	शुक्राणु	परतः	सुख्यात	स्फुटित	तादात
डेवढ़ा	पारण	भाषण	रोगाणु	परितः	आगत	कुंठित	उदित
नवोढ़ा	प्रेरण	भीषण	विषाणु	पूर्णतः	जगत	लुंठित	मुदित
आषाढ़ी	भरण	भूषण	दाक्षिण्य	पूर्वतः	भगत	लठैत	विदित
धनाढ्य	मरण	शोषण	नगण्य	फलतः	रंगत	भिड़ंत	स्पंदित
उऋण	वरण	पाषाण	नैपुण्य	मूलतः	लागत	खंडित	उद्गत
कंकण	शरण	निष्प्राण	प्रामाण्य	स्पष्टतः	विगत	तड़ित्	उद्धत
टंकण	स्फुरण	ग्रहण	अरण्य	बाह्यतः	संगत	पंडित	सिद्धांत
त्रिकोण	स्मरण	ब्राह्मण	हिरण्य	ताकत	स्वागत	पीड़ित	तद्धित
प्रेक्षण	हरण	लक्षणा	कारुण्य	एकांत	युगांत	मंडित	उद्ध त
भक्षण	पुराण	मंत्रणा	तारुण्य	औकात	सौगात	गढ़ंत	अद्भुत
रक्षण	अरुण	यंत्रणा	कर्मण्य	अंकित	इंगित	आढत	उद्भूत
लक्षण	करुण	धारणा	लावण्य	झंकृत	स्थगित	प्रणत	आद्यंत
दक्षिण	तरुण	प्रेरणा	यकृत्	प्रकृत	संगीत	गणित	उद्यत
लक्ष्मण	दारुण	अरुणा	साक्षात्	प्राकृत	आघात	घ णित	विद्युत
प्रांगण	वरुण	करुणा	जगत्	विकृत	व्याघात	शोणित	खद्योत
षट्कोण	दुर्गुण	गर्हणा	क्वचित्	स्वीकृत	संघात	प्रणीत	केंद्रित
तत्क्षण	निर्गुण	घोषणा	हठात्	निकेत	बचत	सतत	अद्वैत
तद्गुण	अर्पण	खमणि	शरत्	संकेत	उचित	कृतांत	अनंत
मुद्रण	तर्पण	किंकिणी	मरुत्	डकैत	खचित	नितांत	कनात
कृपण	दर्पण	रोगिणी	अर्थात्	दिक्कत	लुंचित	पतित	जनित
रोपण	निर्माण	अग्रणी	बलात्	आक्रांत	संचित	अतीत	पुनीत
कृपाण	निर्वाण	इंद्राणी	तावत्	विक्रांत	अचेत	प्रतीत	विनीत
निपुण	कर्षण	टिप्पणी	यावत्	आक्लांत	सचेत	व्यतीत	अन त
टिप्पण	घर्षण	रमणी	संवत्	दीक्षांत	इच्छित	उत्क्रांत	उन्नत
भ्रमण	धर्षण	तरणी	पश्चात्	प्रतीक्षित	वांछित	व त्तांत	जन्नत
रमण	कल्याण	धरणी	ईषत्	रक्षित	अछूत	उत्पात	प्रोन्नत

- - त	- - त	- - त	- - त	- - त	- - ता	- - ता	- - ति
मन्नत	**जमात**	**दुर्गत**	**अश्रुत**	**बहुत**	**न्यूनता**	**दुष्टता**	**नियति**
खपत	अमित	निर्गत	सुश्रुत	आहूत	हीनता	स्पष्टता	सुरति
चंपत	नामित	अर्जित	रिश्वत	चिह्नित	वनिता	ज्येष्ठता	मारुति
निपात	भ्रमित	निर्णीत	शाश्वत	एकता	भिन्नता	उष्णता	दुर्गति
प्रपात	सीमित	अर्पित	घोषित	सकता	मान्यता	दासता	दुर्मति
कंपित	अम त	निर्भ्रांत	त षित	रिक्तता	पपीता	प्रस्तोता	अवंति
कुपित	समेत	निर्मित	प्रेषित	वक्रता	निपूता	अस्मिता	निव ति
नापित	सम्मत	पर्यंत	योषित	विक्रेता	प्रभुता	निहंता	अशांति
स्थापित	हिम्मत	निर्यात	शोषित	दक्षता	क्षमता	अहाता	विश्रांति
कपूत	जयंत	पर्वत	द ष्टांत	तीक्ष्णता	ममता	संहिता	प्रसूति
निपूत	आयत	निर्वात	निष्णात	मँगता	जामाता	चहेता	संस्कृति
सपूत	नियत	हर्षित	वसंत	योग्यता	विमाता	आकृति	प्रस्तुति
सुपूत	नीयत	गर्हित	औसत	अग्रता	नम्रता	प्रकृति	संस्तुति
कपोत	संयत	ज्वलंत	साँसत	उग्रता	नियंता	स्वीकृति	विस्म ति
सांप्रत	आयात	हलंत	शासित	तुच्छता	रायता	संक्रांति	आहुति
ईप्सित	श्रीयुत	गलत	प्रसूत	स्वच्छता	क्रूरता	कुख्याति	नुकती
आफत	तुरंत	दौलत	संस्कृत	ऋजुता	धीरता	प्रगति	डकैती
गुंफित	औरत	हालत	प्रस्तुत	विजेता	भुरता	संगति	अछूती
बिंबित	तुरत	कलित	विस्त त	अज्ञता	शूरता	जाग ति	बैजंती
लंबित	निरत	दलित	इस्पात	कटुता	धारिता	प्रजाति	घटती
साबित	परत	पलित	किस्मत	कठौता	सरिता	संतति	कटौती
साबुत	भरत	फलित	विस्म त	चंडता	खरीता	प्रतीति	कठौती
ताबूत	भारत	ललित	निस्स त	जड़ता	सरौता	उत्क्रांति	भँड़ेती
सबूत	विरत	कल्पांत	महंत	पड़ता	मूर्खता	सद्गति	छुड़ौती
सुबूत	सूरत	कल्पित	आहत	खंडिता	निर्णेता	पद्धति	आढ़ती
खंभात	हैरत	दावत	तहत	द ढ़ता	आर्तता	उन्नति	ज्यादती
प्रभात	किरात	दावात	राहत	गुणता	धूर्तता	अन्विति	गिनती
शोभित	खैरात	जीवित	सेहत	प्रणेता	निर्माता	दंपति	विनती
स्तंभित	परात	प्लावित	देहांत	आदाता	पूर्वता	भूपति	चुनौती
भभूत	बरात	निव त	देहात	उद्गाता	अर्हता	संप्रति	मनौती
अभ्रांत	बारात	अशांत	अहित	क्षुद्रता	देवता	प्रभूति	दंपती
संभ्रांत	चरित	निशांत	निहित	विद्वता	धेवता	विभूति	चपाती
सामंत	पारित	प्रशांत	मोहित	विधाता	कविता	विमति	कपोती
सीमंत	प्रेरित	निश्चित	रहित	अध्येता	सविता	सुमति	बपौती
हेमंत	हरित	आश्रित	लोहित	जनता	तीव्रता	समिति	फबती
कीमत	मारुत	मिश्रित	सहित	दीनता	क्लिष्टता	सम्मति	प्रभाती

- - ती	- - त्ता	- - त्र	- - त्व	- - था	- - द	- - द	- - दा
कीमती	**चकत्ता**	**एकत्र**	**नेतृत्व**	**अन्यथा**	**ननद**	**जल्लाद**	**विपदा**
श्रीमती	इयत्ता	नक्षत्र	भ्रातृत्व	सर्वथा	मानद	प्रवाद	संपदा
नामिती	उत्पत्ति	सगोत्र	मातृत्व	उलथा	सनद	विवाद	सफेदा
जयंती	व्युत्पत्ति	विचित्र	पत्नीत्व	अतिथि	निनाद	संवाद	उमदा
आरती	आपत्ति	षड्यंत्र	मंत्रित्व	पारथि	विनोद	खाविंद	कायदा
धरती	विपत्ति	खनित्र	हिंदुत्व	सारथि	उन्माद	गोविंद	फायदा
परती	संपत्ति	अन्यत्र	अंधत्व	अरथी	आपद	कोविद	जरदा
फुरती	आवृत्ति	प्रपत्र	घनत्व	पारथी	सफेद	विशद	परदा
भरती	प्रवृत्ति	अपात्र	प्रभुत्व	सारथी	गुंबद	निषाद	शारदा
भारती	निष्पत्ति	कुपात्र	ममत्व	पलथी	आबाद	विषाद	इरादा
खैराती	पुंसत्त्व	सुपात्र	समत्व	पालथी	अभेद	निष्पंद	बुरादा
बराती	महत्त्व	प्रपुत्र	स्वामित्व	अकथ्य	विभेद	पसंद	परिंदा
फिरौती	निहत्था	सुपुत्र	दायित्व	आतिथ्य	दमाद	रसद	घरौंदा
गलती	प्रयत्न	प्रपौत्र	स्थायित्व	अपथ्य	दामाद	संसद	मर्यादा
बोलती	अध्यात्म	अमित्र	परत्व	कुपथ्य	प्रमाद	सांसद	पुलिंदा
मालती	पुण्यात्मा	संयंत्र	शूरत्व	नेपथ्य	कुमुद	प्रसाद	निविदा
आवती	प्रेतात्मा	परत्र	नारीत्व	सुपथ्य	आमोद	प्रासाद	कशीदा
पावती	भूतात्मा	चरित्र	गुरुत्व	विपद्	प्रमोद	रसीद	यशोदा
प्रेषिती	दुरात्मा	सर्वत्र	आर्यत्व	ईषद्	उम्मीद	उस्ताद	मसौदा
महंती	धर्मात्मा	कलत्र	देवत्व	नकद	पयोद	निस्पंद	ओहदा
महती	महात्मा	पवित्र	कवित्व	ताकीद	उरद	आस्पद	युगादि
देहाती	तादात्म्य	प्रमात्रा	द्रव्यत्व	दुःखद	नारद	आस्वाद	इत्यादि
अपितु	माहात्म्य	गंगोत्री	ऋषित्व	दुखद	नीरद	सुस्वाद	नकदी
परंतु	अचिंत्य	गायत्री	अस्तित्व	सुखद	पारद	प्रस्वेद	आजादी
निर्हेतु	औचित्य	जावित्री	बीभत्स	सखेद	वरद	दोहद	उन्मादी
घुमंतू	पांडित्य	सावित्री	चिकित्सा	नगद	खराद	शहद	फफूँदी
पालतू	औद्धत्य	वैचित्र्य	युयुत्सा	ऋग्वेद	मुराद	जहाद	सफेदी
फालतू	अपत्य	स्वातंत्र्य	युयुत्सु	उच्छेद	खरीद	शहीद	आबादी
महतो	दांपत्य	एकत्व	काकुत्स्थ	विच्छेद	विरुद	आह्लाद	कौमुदी
प्रदत्त	स्थापत्य	व्यक्तित्व	अनाथ	आजाद	बारूद	प्रह्लाद	खरादी
उदात्त	उपांत्य	वक्तृत्व	अपथ	ईजाद	सरोद	एकदा	हलदी
उन्मत्त	अमात्य	लघुत्व	त्रिपथ	उड़द	निर्वेद	पेचीदा	फीसदी
प्रमत्त	लालित्य	निजत्व	विपथ	उत्पाद	पार्षद	रंजीदा	उस्तादी
निमित्त	पाश्चात्य	कटुत्व	शपथ	मदद	जलद	चुनिंदा	मेहँदी
स्वायत्त	असत्य	पतित्व	सुपथ	आनंद	औलाद	उनृदा	यहूदी
कवित्त	साहित्य	सतीत्व	निशीथ	सानंद	फौलाद	आपदा	बालेंदु

- - दू	- - ध	- - धि	- - न	- - न	- - न	- - न	- - न
उरदू	**सुगंध**	**अंबुधि**	**लेकिन**	**लोचन**	**टूटन**	**कुंदन**	**हनन**
वाग्युद्ध	मगध	समाधि	यकीन	वचन	बटन	क्रंदन	कानून
अबद्ध	अगाध	पयोधि	शौकीन	सेचन	पट्टन	चंदन	जनून
आबद्ध	मदांध	परिधि	शकुन	बेचान	चट्टान	नंदन	कंपन
निबद्ध	जन्मांध	निर्व्याधि	ढक्कन	मचान	गठन	बदन	कूपन
प्रबुद्ध	आबंध	जलधि	मक्खन	प्राचीन	जूठन	भेदन	गोपन
समद्ध	निबंध	अवधि	माखन	बेचैन	पठन	मदन	ज्ञापन
नौयुद्ध	प्रबंध	प्रविधि	लेखन	लांछन	उठान	रुदन	तापन
निरुद्ध	संबंध	औषधि	बखान	अंजन	पठान	रोदन	यापन
विरुद्ध	अबाध	रतौंधी	नाखून	इंजन	कठिन	वादन	लेपन
अशुद्ध	अबोध	रांबंधी	आख्यान	कूजन	खंडन	सदन	सोपान
विशुद्ध	संबोध	समधी	व्याख्यान	खंजन	गड़न	स्पंदन	विपिन
निषिद्ध	सुबोध	विरोधी	आँगन	छीजन	घड़न	आदान	साँपिन
प्रसिद्ध	आयुध	अवधी	कंगन	पूजन	झाड़न	गोदान	छप्पन
अश्रद्धा	निरोध	सान्निध्य	गगन	भंजन	ताड़न	निदान	कफन
सद्बुद्धि	विरोध	खमध्य	बैंगन	भजन	मंडन	प्रदान	उफान
सुबुद्धि	दुर्गंध	आराध्य	लगन	भाजन	मुंडन	भूदान	तूफान
सम द्धि	निर्गंध	अवध्य	स्थगन	भोजन	उड़ान	मैदान	टिफिन
निर्बुद्धि	निर्बाध	वैविध्य	बागान	मंजन	सड़ान	पदेन	गबन
संव द्धि	दुर्बोध	अशोध्य	लगान	यजन	कुढ़न	उद्यान	चुंबन
अशुद्धि	धर्मांध	असाध्य	जोगिन	वजन	चिंतन	विद्वान	जबान
प्रसिद्धि	विविध	दुःसाध्य	नागिन	व्यंजन	चेतन	ईंधन	केबिन
अखाद्य	अवैध	सुसाध्य	रंगीन	सजन	नूतन	निधन	धोबिन
अनिंद्य	औषध	विद्वान्	संगीन	साजन	पतन	बंधन	साबुन
अभेद्य	नैषध	श्रीमान्	फागुन	सुजन	रतन	शोधन	अमन
दुर्भेद्य	निषेध	वरन्	सागौन	स जन	वेतन	साधन	गमन
नैवेद्य	पुरोधा	महान्	वाग्दान	अजान	वितान	निधान	जामन
अविद्या	नवधा	डाइन	लंघन	सुजान	संतान	प्रधान	दमन
गजेंद्र	द्विविधा	नाइन	सघन	सज्जन	नातिन	विधान	वमन
समुद्र	विविधा	अंकन	बाघिन	अज्ञान	पत्तन	अधीन	शमन
दरिद्र	सुविधा	चिकन	कंचन	प्रज्ञान	उत्थान	स्वाधीन	सुमन
नरेंद्र	वसुधा	टोकन	कांचन	विज्ञान	कथन	आनन	ईमान
सुरेंद्र	बहुधा	थकान	पाचन	संज्ञान	मंथन	कानन	कमान
हिमाद्रि	सुगंधि	दुकान	मंचन	रुझान	मथन	खनन	विमान
समुद्री	उदधि	दूकान	मोचन	घटन	मिथुन	जनन	समान
निर्द्वंद्व	उपाधि	मकान	याचन	घुटन	मैथुन	मनन	सामान

- - न	- - न	- - न	- - न	- - ना	- - ना	- - ना	- - ना
जामिन	**जलन**	**सेवन**	**मोहन**	**पोंकना**	**दुखाना**	**चौगुना**	**खोजना**
जमीन	पालन	हवन	रहन	फाँकना	पाखाना	तिगुना	गूँजना
जामुन	बेलन	जवान	रेहन	फूँकना	मैखाना	भिगोना	तजना
सम्मान	लालन	दीवान	वहन	फेंकना	सिखाना	ऊँघना	प जना
चयन	स्खलन	हैवान	वाहन	बकना	सुखाना	लाँघना	पूजना
नयन	ऐलान	नवीन	सहन	बिकना	उगना	सूँघना	बजना
शयन	चलान	कुशन	नहान	भूँकना	ऊगना	अघाना	भाँजना
बयान	दालान	पेंशन	बिहान	भा.कना	कंगना	लँघाना	भेजना
किरन	मिलान	मिशन	तौहीन	भौंकना	चुगना	ख चना	मँजना
चूरन	ग्वालिन	राशन	महीन	रुकना	जगना	जँचना	माँजना
फौरन	तेलिन	रोशन	विहीन	रेंकना	जागना	टाँचना	योजना
हिरन	नलिन	स्टेशन	आह्वान	रोकना	टाँगना	नोचना	व्यंजना
कुरान	पुलिन	ईशान	आइना	लुकना	ठगना	पचना	सजना
वीरान	मलिन	निशान	आँकना	सेंकना	ठिगना	फ चना	सूजना
हैरान	मालिन	मशान	ओकना	हाँकना	डिगना	बचना	खजाना
अर्चन	आलीन	मशीन	कूकना	चुकाना	दागना	बाँचना	खिजाना
अर्जन	कालीन	पिशुन	चिकना	चौंकाना	दुगना	भिंचना	खुजाना
गर्जन	कुलीन	दुश्मन	चुकना	छकाना	पगना	भ चना	पुजाना
दर्जन	विलीन	आश्विन	चूकना	झुकाना	पागना	मचना	बजाना
दुर्जन	शालीन	आसन	छ कना	टिकाना	भगना	याचना	रोजाना
निर्जन	फाल्गुन	वसन	छौंकना	ठिकाना	भीगना	रचना	लजाना
मार्जन	मूल्यन	व्यसन	झाँकना	थकाना	भोगना	वंचना	सजाना
सर्जन	दुल्हन	शासन	झुकना	पकाना	माँगना	स चना	सँजोना
अर्जुन	चौवन	आसाऩ	झोंकना	तिकोना	रँगना	सूचना	जूझना
घूर्णन	जीवन	किसान	टिकना	चीखना	रेंगना	सोचना	बुझना
वर्णन	पवन	पिसान	टोकना	टखना	लगना	सौंचना	बूझना
कर्तन	पावन	मसान	ठोंकना	दिखना	हगना	पचाना	रीझना
कीर्तन	प्लवन	आसीन	ठोकना	दीखना	उगाना	मचाना	सीझना
बर्तन	प्लावन	प्रसून	डाँकना	दुखना	जगाना	रवाना	सूझना
मर्दन	बावन	मुस्कान	ढँकना	देखना	टँगाना	पूछना	बुझाना
दुर्दिन	भवन	आस्तीन	ढकना	रखना	डिगाना	पोंछना	रिझाना
निर्धन	भुवन	प्रस्थान	ताकना	लिखना	बेगाना	बिछना	सुझाना
दर्शन	यवन	संस्थान	थकना	सीखना	भगाना	बिछाना	ओटना
क्षालन	यौवन	गहन	थूकना	सूखना	मँगाना	बिछौना	कटना
चलन	सावन	दहन	धौंकना	सोखना	लगाना	कूजना	काटना
चालन	सीवन	पाहन	पकना	दिखाना	नगीना	खीजना	कूटना

- - ना	- - ना	- - ना	- - ना	- - ना	- - ना	- - ना	- - ना
खटना	**हटाना**	**उड़ाना**	**यातना**	**बाँधना**	**कँपना**	**चुभाना**	**फेरना**
घटना	उठना	छुड़ाना	रीतना	बिंधना	काँपना	जँभाना	बोरना
घुटना	ऐंठना	तुड़ाना	चेताना	ब धना	खपना	निभाना	बौरना
घोंटना	गठना	दौड़ाना	जताना	रुँधना	घोंपना	रँभाना	भरना
घोटना	रूठना	भिड़ाना	जुताना	रूँधना	छपना	लुभाना	मरना
चाटना	उठाना	लड़ाना	बताना	सधना	छापना	कामना	मारना
छँटना	बिठाना	ओढ़ना	बिताना	साधना	छिपना	घूमना	वारना
छाँटना	बैठाना	काढ़ना	सताना	अधुना	जपना	चूमना	हरना
जुटना	डिठौना	कुढ़ना	सांत्वना	गिनना	झेंपना	जमना	हारना
टूटना	अड़ना	गढ़ना	गूँथना	चुनना	झेपना	जीमना	कराना
डटना	उड़ना	चढ़ना	नथना	छनना	टापना	झूमना	गिराना
नटना	गड़ना	चिढ़ना	नाथना	छानना	टीपना	थमना	चराना
पटना	गाड़ना	ढूँढ़ना	पाथना	छीनना	ढाँपना	थामना	चुराना
पाटना	घड़ना	पढ़ना	मथना	जनना	तपना	रमना	डराना
पिटना	छिड़ना	पौढ़ना	अदना	जानना	तापना	सामना	तराना
पीटना	छेड़ना	बढ़ना	कूदना	ठनना	थापना	कमाना	तिराना
फिटना	छोड़ना	मढ़ना	खोदना	ठानना	थोपना	घुमाना	तैराना
फूटना	जड़ना	उढ़ाना	गोदना	तनना	भाँपना	जमाना	निराना
फेंटना	जोड़ना	चिढ़ाना	चोदना	धुनना	मापना	समाना	पिराना
बँटना	झड़ना	पढ़ाना	छेदना	बनना	रोपना	कमीना	पुराना
बाँटना	झाड़ना	बढ़ाना	नादना	बिनना	सपना	नमूना	बौराना
भेंटना	तोड़ना	इतना	पादना	बीनना	कँपाना	बयाना	याराना
मिटना	दौड़ना	उतना	फाँदना	बुनना	खपाना	सयाना	हराना
लूटना	पड़ना	कातना	फुँदना	भुनना	छपाना	करना	पिरोना
लेटना	फाड़ना	कितना	भेदना	भूनना	छिपाना	गिरना	मूर्च्छना
लोटना	फोड़ना	कूतना	मुँदना	मानना	तपाना	घिरना	गर्जना
लौटना	भिड़ना	खतना	रँदना	सानना	ऊबना	घूरना	वर्जना
सटना	माँड़ना	चेतना	रोंदना	सुनना	डूबना	घेरना	मुर्झाना
हटना	मीड़ना	जितना	लदना	गिनाना	दबना	चरना	भर्त्सना
कटाना	मुड़ना	जीतना	वंदना	घिनाना	फबना	झरना	प्रार्थना
खटाना	मूँड़ना	जुतना	वेदना	जनाना	चबाना	डरना	मर्दाना
घटाना	मूंडना	जोतना	पदाना	बनाना	जबानी	तरना	जुर्माना
पटाना	मोड़ना	पुतना	लदाना	भुनाना	डुबाना	तारना	शर्माना
मिटाना	लड़ना	पोतना	पुदीना	घिनौना	दबाना	धरना	गुर्राना
लुटाना	सड़ना	बीतना	कौंधना	जन्मना	चुभना	पूरना	टर्राना
लौटाना	अड़ाना	मूतना	बँधना	अपना	निभना	पेरना	थर्राना

- - ना	- - ना	- - ना	- - ना	- - नी	- - नी	- - ने	- - न्य
बर्राना	**मलना**	**खोंसना**	**रहना**	**पठानी**	**फिरनी**	**इतने**	**सम्मान्य**
खिलना	मिलना	घिसना	सहना	सेठानी	मोरनी	उतने	मूर्धन्य
खुलना	ललना	घुसना	सोहना	साँड़िनी	शेरनी	कितने	मालिन्य
खोलना	लीलना	चूसना	ढहाना	इतनी	वर्तनी	जितने	सुकन्या
खौलना	सालना	ठूँसना	तहाना	जितनी	चलनी	सामने	टाइप
गलना	सीलना	ठूसना	बहाना	भूतनी	बिलनी	पक्वान्न	प्रकोप
घुलना	हिलना	डसना	मुहाना	खतौनी	मिलनी	आच्छन्न	आक्षेप
घोलना	खिलाना	धँसना	सिहाना	नथनी	सैलानी	प्रच्छन्न	निक्षेप
चलना	गलाना	पिसना	दाहिना	मथनी	नलिनी	उच्छिन्न	प्रक्षेप
छिलना	चलाना	पीसना	महीना	सूथनी	भीलिनी	विच्छिन्न	संक्षेप
छीलना	डुलाना	पोसना	पाहुना	मथानी	शालिनी	उत्पन्न	कच्छप
जलना	ढलाना	फँसना	अवनि	हथिनी	कालोनी	व्युत्पन्न	विटप
झूलना	दिलाना	फाँसना	ढकनी	चाँदनी	सलोनी	कदन्न	तड़प
झेलना	पिलाना	रसना	धौंकनी	बंदिनी	छावनी	खाद्यान्न	मंडप
टलना	फैलाना	वासना	फुकनी	मेदिनी	जवानी	विपन्न	प्रताप
टालना	बुलाना	हँसना	लेखनी	पद्मिनी	दीवानी	संपन्न	संताप
ठेलना	भुलाना	घुसाना	कंगनी	जननी	भवानी	अभिन्न	यूथप
डलना	मिलाना	धँसाना	ठगनी	यूनानी	रवानी	विभिन्न	पादप
डालना	सालाना	पिसाना	बैंगनी	मानिनी	चाशनी	परान्न	प्रदीप
डोलना	सुलाना	फँसाना	मँगनी	कानूनी	रोशनी	नवान्न	मद्यप
ढलना	हिलाना	बसाना	मेंगनी	अपनी	निशानी	पिष्टान्न	तद्रूप
ढालना	खिलौना	रिसाना	भगिनी	कंपनी	दुश्मनी	मिष्टान्न	विद्रूप
तलना	बिलौना	हँसाना	योगिनी	मापनी	अश्विनी	मिष्ठान्न	मधुप
तुलना	कल्पना	पसीना	संगिनी	जापानी	ग्रसनी	निष्पन्न	माँबाप
तोलना	चिल्लाना	हसीना	रंगीनी	कफनी	व्यसनी	आसन्न	समीप
तौलना	झल्लाना	नौसेना	मिचौनी	चिमनी	आसानी	प्रसन्न	आरूप
धुलना	भावना	दस्ताना	बैंजनी	धमनी	कुहनी	चौकन्ना	कुरूप
पलना	गवाना	कहना	रजनी	कमानी	कोहनी	आजन्म	प्ररूप
पालना	गँवाना	गहना	सजनी	हिमानी	बोहनी	जघन्य	प्रारूप
पिलना	दीवाना	चाहना	अज्ञानी	कामिनी	निहानी	सौजन्य	स्वरूप
पेलना	बुवाना	टोहना	विज्ञानी	दामिनी	मोहिनी	काठिन्य	आरोप
फलना	निशाना	डहना	ओटनी	भामिनी	सिंहिनी	चैतन्य	यूरोप
फूलना	कसना	ढहना	चटनी	यामिनी	मजनूँ	प्राधान्य	निर्लेप
फैलना	कोसना	दुहना	छँटनी	जामुनी	बुकनू	अनन्य	आलाप
बोलना	खँसना	बहना	चट्टानी	करनी	जुगनू	अन्योन्य	प्रलाप
भूलना	खाँसना	ब्याहना	जेठानी	घिरनी	बाँधनू	सामान्य	मिलाप

- - प	- - प्ति	- - ब	- - बी	- - म	- - म	- - म	- - मा
विलाप	**संत प्ति**	**कदंब**	**जलेबी**	**कुंकुम**	**गोदाम**	**निर्धूम**	**हंगामा**
संलाप	समाप्ति	अदब	जवाबी	रक्तिम	बादाम	निर्मम	भंगिमा
लोलुप	सुषुप्ति	अदाब	बदबू	प्रक्रम	उद्गम	आलम	लघिमा
निष्पाप	अप्राप्य	जनाब	खुशबू	विक्रम	उद्दाम	कलम	हाजमा
महीप	समाप्य	कबाब	निश्शब्द	अक्षम	मद्दिम	चिलम	पाजामा
पुहुप	सामीप्य	गायब	शताब्दी	सक्षम	उद्यम	नीलम	खातमा
पुजापा	दुष्प्राप्य	नायब	विक्षुब्ध	जोखिम	अधम	बालम	प्रतिमा
मुटापा	वाकिफ	नायाब	प्रालब्ध	जख्म	उधम	कलाम	चंद्रमा
मोटापा	तरफ	अरब	निस्तब्ध	आगम	ऊधम	गुलाम	मध्यमा
बुढ़ापा	सराफ	खरब	मुरब्बा	जंगम	मध्यम	नीलाम	बैनामा
तथापि	तारीफ	पूरब	विक्षोभ	निगम	माध्यम	ललाम	सिनेमा
कदापि	खिलाफ	खराब	टिट्टिभ	बेगम	जनम	सलाम	उपमा
यद्यपि	इंसाफ	शराब	आरंभ	संगम	इनाम	जालिम	डिप्लोमा
अद्यापि	वजीफा	करीब	प्रारंभ	सुगम	सुनाम	तालीम	बरमा
कच्छपी	लतीफा	गरीब	सौरभ	पैगाम	मुनीम	विलोम	सुरमा
प्ररूपी	मुनाफा	जरीब	दुर्लभ	लगाम	अफ़ीम	इल्जाम	सूरमा
आलापी	लिफाफा	जुर्राब	निर्लोभ	संग्राम	विभ्रम	बल्लम	गरिमा
चिल्लपों	खफीफा	विलंब	अलभ	अग्रिम	संभ्रम	नवम	पूर्णिमा
आक्षिप्त	शरीफा	तलब	सुलभ	पंचम	किमाम	रेशम	कलमा
प्रक्षिप्त	खलीफा	गुलाब	वल्लभ	पच्छिम	तमाम	शीशम	सलमा
विक्षिप्त	बेवफा	जुलाब	निशुंभ	हजम	कायम	पश्चिम	नीलिमा
संक्षिप्त	इस्तीफा	तालाब	अशुभ	जाजिम	नियम	आश्रम	लालिमा
संतप्त	तोहफा	जवाब	व षभ	हज्जाम	संयम	सश्रम	सुषमा
अत प्त	नकाब	नवाब	अचंभा	बौड़म	व्यायाम	विश्राम	तसमा
उत्तीप्त	अजब	पेशाब	प्रतिभा	धड़ाम	कोरम	विषम	महिमा
प्रदीप्त	गजब	हिसाब	सुरभि	प्रणाम	गरम	निष्काम	आगामी
अप्राप्त	खिजाब	नसीब	प्रतिभू	खतम	चरम	कसम	प्रगामी
समाप्त	अजीब	मंसूबा	पद्मभू	अंतिम	धरम	खसम	पंचमी
पर्याप्त	तंजेब	पंजाबी	अलभ्य	यतीम	नरम	मौसम	आदमी
निर्लिप्त	पाजेब	अरबी	अलम्	उत्क्रम	परम	असीम	उद्यमी
अलिप्त	ताज्जुब	चरबी	अहम्	उत्तम	फोरम	निःसीम	ऊधमी
विलुप्त	कुटुंब	खराबी	टाइम	कृत्रिम	आराम	कुसुम	सप्तमी
संक्षिप्ति	बेढब	शराबी	रकम	तत्सम	विराम	मासूम	संयमी
प्रज्ञप्ति	नितंब	गरीबी	जुकाम	प्रथम	दुर्गम	कस्टम	गरमी
विज्ञप्ति	किताब	मुर्गाबी	बंकिम	आदम	निर्गम	निस्सीम	नरमी
अत प्ति	खिताब	गुलाबी	हकीम	कदम	स्वर्णिम	रहम	निर्गामी

- - मी	- - य	- - य	- - या	- - या	- - यु	- - र	- - र
गुलामी	**आत्मीय**	**आलय**	**बिछिया**	**सफाया**	**जटायु**	**लकीर**	**सिंगार**
नीलामी	प्रत्यय	निलय	विजया	खुफिया	शतायु	अंकुर	जागीर
नवमी	क्षत्रिय	प्रलय	ताजिया	फुफिया	चिरायु	ठाकुर	पागुर
दशमी	पाथेय	मलय	भुजिया	डिबिया	जरायु	चकोर	भंगुर
रेशमी	उदय	वलय	गुझिया	किराया	दीर्घायु	चौकोर	अंगूर
पश्चिमी	सदय	विलय	खटिया	पराया	पूर्णायु	चक्कर	लंगूर
अष्टमी	ह्रदय	जलीय	चुटिया	खरिया	अल्पायु	टक्कर	बगैर
भूस्वामी	प्रदाय	सिवाय	पटिया	दरिया	स्वल्पायु	शक्कर	गोचर
निकम्मा	तदीय	अव्यय	बटिया	यूरिया	रेडियो	धिक्कार	लचर
मुलम्मा	इंद्रिय	आशय	बिटिया	सरिया	बहिर्	मक्कार	अचार
अक्षम्य	केंद्रीय	संशय	लुटिया	गौरैया	सूअर	ट्रैक्टर	आचार
अगम्य	आधेय	देशीय	खड़िया	औलिया	आकर	डाक्टर	प्रचार
अदम्य	यौधेय	निश्चय	गुड़िया	कालिया	चोकर	अक्षर	लाचार
दुर्दम्य	अध्याय	आश्रय	चिड़िया	छलिया	ठोकर	साक्षर	विचार
वैषम्य	स्वाध्याय	प्रश्रय	पड़िया	डलिया	नौकर	पोखर	संचार
विनम्र	अध्येय	विषय	पुड़िया	तौलिया	पैकर	प्रखर	रुचिर
निकाय	तनय	काषाय	लौंडिया	पीलिया	मकर	मुखर	प्राचीर
विक्रय	विनय	निष्क्रिय	हँड़िया	बिलैया	शंकर	शिखर	प्रचुर
सक्रिय	स्थानीय	राष्ट्रीय	मड़ैया	सवाया	शूकर	शेखर	खच्चर
अक्षय	चिन्मय	अस्तेय	बढ़िया	खेवैया	संकर	खूँखार	उच्चार
आग्नेय	तन्मय	शास्त्रीय	कुतिया	गवैया	आकार	बुखार	मच्छर
निचय	अन्याय	विस्मय	सौतिया	सवैया	ओंकार	आखिर	बौछार
संचय	अन्वय	काइयाँ	त तीया	हाशिया	झंकार	अगर	अजर
अजय	उपाय	सुर्खियाँ	द्वितीया	मौसिया	टंकार	गागर	कुंजर
विजय	अप्रिय	आस्तियाँ	ततैया	रसिया	डकार	जिगर	खंजर
बजाय	अभय	घुँइया	चँदिया	हँसिया	नकार	डगर	गाजर
अजेय	उभय	बकाया	निंदिया	चुहिया	पुकार	डाँगर	गुजर
अज्ञेय	समय	टिकिया	भेदिया	पहिया	प्रकार	डूँगर	नजर
पांडेय	प्रमेय	तकिया	दुधिया	संचयी	प्राकार	नगर	पंजर
वाङ्मय	सराय	स किया	दूधिया	विजयी	बेकार	नागर	पिंजर
प्रणय	वरीय	प्रक्रिया	तनया	प्रणयी	विकार	मगर	बंजर
जातीय	स्वर्गीय	मुखिया	दुनिया	अन्यायी	शिकार	लंगर	औजार
त तीय	निर्णय	म गया	धनिया	संशयी	साकार	सागर	बाजार
द्वितीय	निर्दय	बगिया	बनिया	आश्रयी	स्वीकार	आगार	मजार
प्रांतीय	निर्भय	जाँघिया	कृपया	विषयी	हुंकार	पगार	हजार
वित्तीय	पर्याय	बछिया	रुपया	अस्थायी	फकीर	श ंगार	हाजिर

- - र	- - र	- - र	- - र	- - र	- - र	- - र	- - रा
अंजीर	**आतुर**	**इधर**	**खबर**	**मयूर**	**ईश्वर**	**नैहर**	**घाँघरा**
जंजीर	चतुर	उधर	गोबर	करार	तुषार	पहर	कचरा
नजीर	बतौर	किधर	चैंबर	दरार	तुषीर	पीहर	बेचारा
खजूर	चीत्कार	जिधर	नंबर	फरार	पुष्कर	प्रहर	चचेरा
मटर	फूत्कार	आधार	कुबेर	शरीर	निष्ठुर	बाहर	छिछोरा
मीटर	सत्कार	उधार	गब्बर	जरूर	असर	मुहर	गजरा
मोटर	उत्तर	गांधार	दूभर	जर्जर	ऊसर	मोहर	पिंजरा
कटार	पत्तर	सुधार	साँभर	निर्झर	कसर	लहर	बाजरा
कुटीर	सत्तर	बधिर	आभार	बर्बर	केसर	शहर	गुजारा
बटेर	गत्वर	रुधिर	उभार	निर्भर	टसर	आहार	नजारा
कट्टर	ईथर	अधीर	प्रभार	मर्मर	वासर	कहार	मंजीरा
टट्टर	मंथर	मधुर	साभार	उर्वर	सेंसर	गोहार	मजीरा
गट्ठर	अंदर	विधुर	आभीर	कालर	प्रसार	त्योहार	पटरा
जठर	आदर	अंधेर	गंभीर	गूलर	संसार	नीहार	पिटारा
कुठार	उदर	क्लीनर	विभोर	झालर	असुर	प्रहार	लुटेरा
कोठार	कदर	बैनर	अमर	डालर	ससुर	फुहार	कटोरा
निठुर	गदर	वानर	उमर	डीलर	कसूर	बहार	ठठेरा
कठोर	चादर	अनार	कमर	अवर	नासूर	लुहार	भंडारा
टेंडर	प्रदर	दीनार	डामर	कवर	मसूर	लोहार	खँडौरा
निडर	बंदर	सुनार	पामर	कुँवर	तस्कर	विहार	ढँढोरा
लीडर	सादर	पनीर	भ्रमर	चँवर	भास्कर	संहार	ढिंढोरा
भंडार	सुंदर	कनेर	समर	जेवर	संस्कार	जाहिर	अंतरा
रडार	उदार	किन्नर	कुमार	तेवर	डस्टर	अहीर	खतरा
मुंडेर	मदार	ऊपर	चमार	देवर	रोस्टर	अहेर	पैंतरा
मड़ोर	खदिर	व्यापार	बीमार	धीवर	प्रस्तर	छोकरा	संतरा
अंतर	मंदिर	त्रिपुर	तिमिर	प्रवर	बिस्तर	टोकरा	सितारा
इतर	तंदूर	नूपुर	अमीर	भँवर	निस्तार	ठीकरा	धतूरा
कातर	सिंदूर	कपूर	खमीर	भाँवर	विस्तार	बकरा	चितेरा
तीतर	सुदूर	खप्पर	समीर	विवर	दस्तूर	शिकारा	हत्यारा
पितर	मुद्गर	छप्पर	कुम्हार	स्थावर	अस्थिर	हँकारा	कंदरा
भीतर	उद्गार	बफर	कायर	गँवार	सुस्थिर	नखरा	खुदरा
उतार	खद्दर	काफिर	टायर	सवार	ट्रांस्फर	लखेरा	इंदिरा
कतार	चद्दर	काफूर	शेयर	शिविर	कहर	मोंगरा	मदिरा
तातार	गद्दार	दफ्तर	ऐयार	शिशिर	जहर	मोगरा	तंदूरा
सितार	उद्धार	रफ्तार	तैयार	श्वशुर	नहर	अंगारा	अधूरा
खातिर	अधर	कबर	बयार	किशोर	नाहर	कंगूरा	अँधेरा

- - रा	- - रा	- - री	- - री	- - री	- - र्ड	- - र्थ	- - र्म
किनारा	**दोहरा**	**मंजूरी**	**निबौरी**	**प्रहरी**	**रिकार्ड**	**पदार्थ**	**दुष्कर्म**
अप्सरा	पहरा	पटरी	आभारी	बाहरी	विकर्ण	सिद्धार्थ	निष्कर्म
बफारा	महरा	बैटरी	प्रभारी	महरी	प्रकीर्ण	अनर्थ	विधर्मी
फुफेरा	मोहरा	कटारी	कामरी	मोहरी	विकीर्ण	नानार्थ	सधर्मी
दुबारा	सेहरा	पिटारी	चमरी	लहरी	संकीर्ण	शब्दार्थ	आचार्य
दोबारा	छुहारा	कटोरी	कुमारी	शहरी	अजीर्ण	लाभार्थ	प्राचार्य
तंबूरा	फुहारा	कोठरी	बीमारी	बिहारी	उत्कीर्ण	समर्थ	प्राचुर्य
सबेरा	सहारा	गठरी	अमीरी	बुहारी	उत्तीर्ण	परार्थ	तात्पर्य
गुब्बार	जाहिरा	कोठारी	डायरी	सुचारु	विदीर्ण	धर्मार्थ	सौंदर्य
कमरा	उपरि	पिठौरी	डेयरी	सद्गुरु	अपर्ण	कार्यार्थ	औदार्य
हमारा	चाकरी	भंडारी	शायरी	सुमेरु	अपूर्ण	सर्वार्थ	वैदूर्य
खमीरा	टोकरी	भीतरी	ऐयारी	पखेरू	संपूर्ण	भावार्थ	माधुर्य
ममीरा	नौकरी	तातारी	तैयारी	बाजारू	विवर्ण	शास्त्रार्थ	अनार्य
तुम्हारा	बकरी	चातुरी	मयूरी	उतारू	सवर्ण	निःस्वार्थ	गांभीर्य
दायरा	बेकारी	पथरी	जरूरी	डमरू	सुवर्ण	भिक्षार्थी	निवार्य
करारा	विकारी	पादरी	खर्जुरी	गँवारू	अपर्णा	शिक्षार्थी	आश्चर्य
शर्करा	शिकारी	मुंदरी	नर्सरी	किनारे	अवर्ण्य	सुखार्थी	ऐश्वर्य
उर्वरा	हुँकारी	सुंदरी	गैलरी	आसरे	अमूर्त	प्रत्यर्थी	सगर्व
दुलारा	चकोरी	मदारी	दुलारी	कुतर्क	आवर्त	विद्यार्थी	रिजर्व
भँवरा	डाक्टरी	तंदूरी	फुलेरी	वितर्क	मुहूर्त	निःस्वार्थी	गंधर्व
आवारा	भिखारी	सिंदूरी	वल्लरी	सतर्क	सुकीर्ति	सामर्थ्य	गांधर्व
कुँवारा	आखिरी	गद्दारी	कुँवारी	संपर्क	जागर्ति	शागिर्द	अपूर्व
गवारा	लखौरी	चौधरी	सवारी	अतर्क्य	सत्कीर्ति	सुपुर्द	आदर्श
फव्वारा	गगरी	माधुरी	तश्तरी	बुजुर्ग	त्रिमूर्ति	नामर्द	निदर्श
इशारा	जिगरी	अँधेरी	पंसारी	उत्सर्ग	आवर्ती	सौहार्द	प्रदर्श
आसरा	डिगरी	चुनरी	आसुरी	उन्मार्ग	प्रवर्ती	पूर्वार्ध	संस्पर्श
तीसरा	नगरी	किनारी	बाँसुरी	सन्मार्ग	बशर्ते	गोलार्ध	संघर्ष
दूसरा	जागीरी	किन्नरी	पँसेरी	कुमार्ग	अमर्त्य	कंदर्प	उत्कर्ष
बसेरा	मुँगौरी	ऊपरी	पसेरी	सुमार्ग	वाक्यार्थ	तजुर्बा	विमर्ष
उस्तरा	संचारी	व्यापारी	तस्करी	संवर्ग	लक्ष्यार्थ	भूगर्भ	निष्कर्ष
कुहरा	खँजरी	सुपारी	इस्तरी	निसर्ग	गूढ़ार्थ	संदर्भ	राजर्षि
कोहरा	बजरी	रेफरी	मिस्तरी	संसर्ग	पुण्यार्थ	सुकर्म	सप्तर्षि
गहरा	मंजरी	दफ्तरी	इस्तिरी	कुमार्गी	कृतार्थ	षट्कर्म	देवर्षि
चेहरा	पुजारी	ढिबरी	कस्तूरी	बावर्ची	चतुर्थ	सत्कर्म	महर्षि
चौहरा	हाजिरी	नंबरी	दस्तूरी	रिपोर्ट	यथार्थ	अधर्म	ब्रह्मर्षि
तेहरा	खजूरी	शबरी	जौहरी	ट्रांस्पोर्ट	तदर्थ	विधर्म	मुमूर्षु

- - ल	- - ल	- - ल	- - ल	- - ल	- - ल	- - ल	- - ला
पुआल	**अंचल**	**बिडाल**	**अनिल**	**समूल**	**पुवाल**	**विह्वल**	**खटोला**
फाइल	अचल	विडाल	चपल	बेमेल	बवाल	चकला	गठीला
एकल	आँचल	पैडिल	पीपल	कोयल	सवाल	हकला	हठीला
नकल	चंचल	मिडिल	कपाल	घायल	सिविल	कोकिला	लाड़ला
विकल	सचल	कंडील	गोपाल	पायल	अव्वल	नुकीला	हिंडोला
सकल	पंचाल	तंडुल	अपील	खयाल	कुशल	अकेला	तोतला
अकाल	भूचाल	चुड़ैल	विपुल	खरल	कौशल	दुकेला	पतला
कंकाल	वाचाल	सुडौल	कपोल	गरल	मशाल	खोखला	पुतला
त्रिकाल	पिच्छिल	निढाल	स्वप्निल	तरल	विशाल	मेखला	शीतला
कोकिल	उछाल	म णाल	चप्पल	विरल	सुशील	श ंखला	पतीला
वकील	काजल	कतल	अप्रैल	सरल	त्रिशूल	दाखिला	रेतीला
गोकुल	गजल	कुंतल	विफल	कराल	मुश्किल	अगला	सौतेला
बकुल	प्रांजल	चीतल	सफल	करील	निश्चल	जंगला	इत्तला
व्याकुल	सजल	पीतल	कंबल	सर्किल	निश्छल	पगला	गँदला
नकेल	जंजाल	बोतल	प्रबल	वर्तुल	अश्लील	पिंगला	बदला
ऊखल	मंजिल	शीतल	संबल	निर्दल	निष्फल	बँगला	धुँधला
दखल	मंजुल	पाताल	सबल	शार्दूल	असल	बगला	पनाला
अखिल	कज्जल	बेताल	उबाल	दुर्बल	फसल	रंगीला	बनैला
दाखिल	उज्ज्वल	बैताल	काबिल	निर्बल	मांसल	बगुला	बिनौला
निखिल	ओझल	वैताल	बाबुल	निर्मल	मूसल	चंचला	उपला
मखौल	बोझिल	कातिल	कबूल	निर्मूल	रसाल	निचला	घपला
जंगल	अटल	अतुल	तांबूल	पार्सल	हासिल	बिचला	चपला
डिंगल	टोटल	मातुल	बबूल	खलल	पांसुल	लचीला	पोपला
दंगल	पटल	उत्कल	अमल	गुलाल	उसूल	छिछला	सँपोला
पागल	पाटल	तत्काल	कमल	दलाल	पोस्टल	पिछला	काफिला
पिंगल	होटल	पत्तल	कोमल	सलिल	होस्टल	उजला	फफोला
बगल	कुटिल	उत्पल	विमल	जलील	गुस्सैल	नजला	अबला
मंगल	जटिल	वत्सल	ृयामल	दलील	टहल	उजाला	दुबला
युगल	पटैला	शिथिल	कमाल	गुलेल	पहल	लजीला	कबीला
लंगल	विट्ठल	प थुल	जमाल	वल्कल	महल	मँझला	छबीला
कंगाल	पेट्रोल	पैदल	तमाल	बिल्कुल	निहाल	मझला	रोबीला
चंगुल	डंठल	बादल	रूमाल	केवल	बहाल	मझोला	अमला
लांगूल	कुंडल	म दुल	धूमिल	चावल	महाल	घोटाला	कमला
खगोल	मंडल	शाद्वल	शामिल	नवल	जाहिल	कँटीला	गमला
भूगोल	चांडाल	अनल	तामील	निवल	बहुल	कटीला	मामला
वाग्जाल	पंडाल	जोनल	तुमुल	रावल	माहौल	चुटीला	हमला

- - ला	- - ली	- - ली	- - ले	- - व	- - व	- - वा	- - व्य
झमेला	**मंगली**	**धाँधली**	**अकेले**	**गांडीव**	**दुर्दैव**	**बढ़ावा**	**मंतव्य**
कोयला	कंगाली	पनाली	निराले	प्रणव	दुर्भाव	अथवा	वैधव्य
परला	जुगाली	नेपाली	पहले	अतीव	अलाव	चँदोवा	प्राप्तव्य
विरला	निगाली	रूपाली	निःशुल्क	उत्सव	ढलाव	विधवा	संभाव्य
निराला	बंगाली	डफली	प्रशुल्क	तथैव	पुलाव	सधवा	वायव्य
सुरीला	अंगुली	तंबोली	निश्शुल्क	यादव	फैलाव	गेरुवा	कर्तव्य
करेला	चुगुली	निंबोली	रायल्टी	सदैव	पल्लव	तलवा	तालव्य
खर्चीला	छँगुली	इमली	सजिल्द	उद्धव	शैशव	मलवा	द्रष्टव्य
फुर्तीला	मचली	चमेली	विकल्प	उद्भव	अशिव	हलवा	खंडशः
बर्फीला	मिचली	तमोली	संकल्प	तद्भव	सौष्ठव	अलावा	नित्यशः
आँवला	पांचाली	खयाली	प्रगल्भ	माधव	वैष्णव	छलावा	शब्दशः
नेवला	मछली	मुरली	वात्सल्य	दानव	प्रसव	बुलावा	प्रायशः
बावला	अंजली	निराली	वैपुल्य	मानव	वास्तव	भुलावा	सर्वशः
साँवला	कजली	अर्दली	प्राबल्य	चुनाव	प्रस्ताव	कलेवा	मैकश
दिवाला	खुजली	दलाली	अमूल्य	तनाव	बहाव	महुवा	आकाश
शिवाला	बिजली	मवाली	बाहुल्य	विप्लव	पाँचवाँ	तकावी	प्रकाश
नवेला	खजुली	हवेली	पुछल्ला	दबाव	पछवाँ	वाग्देवी	अंकुश
गौशाला	पोटली	पुंश्चली	निठल्ला	विभव	जुड़वाँ	पदवी	लंकेश
दुशाला	खटोली	असली	धड़ल्ला	संभव	सातवाँ	मेधावी	वाक्यांश
विषैला	गुठली	पसली	गुरिल्ला	अभाव	कारवाँ	विप्लवी	आक्रोश
घोंसला	ठठोली	वसूली	मुहल्ला	प्रभाव	दसवाँ	प्रभावी	अक्षांश
तसला	कुंडली	रसौली	होहल्ला	स्वभाव	चकवा	मायावी	नाखुश
फैसला	पिंडली	जाहिली	तसल्ली	घुमाव	तकवा	गिरवी	बख्शीश
हौसला	मंडली	पहेली	निठल्लू	जमाव	भगवा	पैरवी	गंगेश
मसाला	खंडाली	सहेली	धड़ल्ले	गौरव	लगवा	भैरवी	लग्नेश
रसीला	चांडाली	शंकालु	झुकाव	नीरव	अगुवा	मौलवी	पेचिश
नहला	प्रणाली	लज्जालु	लगाव	भैरव	मघवा	मुल्तवी	रंजिश
पहला	तितली	श्रद्धालु	लाघव	रौरव	कछुवा	पल्लवी	ब्रिटिश
महिला	पतली	तंद्रालु	बचाव	घिराव	बिछुवा	वैष्णवी	षोडश
अंजलि	पुतली	निद्रालु	सचिव	दुराव	मछुवा	ईसवी	गणेश
टिकली	मितली	दयालु	सुझाव	भराव	खजुवा	रेलवे	हताश
तकली	सुतली	ईर्ष्यालु	पटाव	आर्जव	पड़वा	बरवै	द्वादश
नकली	मातुली	कचालू	उठाव	निर्जीव	भड़वा	वक्तव्य	ताद श
ओखली	हथेली	रतालू	तांडव	अर्णव	कडुवा	गंतव्य	सद श
उँगली	कदली	घरेलू	पांडव	पार्थिव	रडुवा	ज्ञातव्य	आदेश
जंगली	बदली	पहलू	पड़ाव	बर्दाव	चढ़ावा	ध्यातव्य	निदेश

- - श	- - शा	- - ष	- - ष्ट	- - ष्ठ	- - स	- - स	- - स
प्रदेश	**हमेशा**	**विद्वेष**	**उत्कृष्ट**	**वसिष्ठ**	**चौंतीस**	**चौरस**	**जासूस**
विदेश	दुराशा	धनुष	यथेष्ट	प्रतिष्ठा	तेतीस	ढारस	बहस
संदेश	निराशा	मानुष	स्वादिष्ट	कनिष्ठा	तैंतीस	तरस	साहस
स्वदेश	दुर्दशा	उन्मेष	अद ष्ट	सत ष्ण	पैंतीस	नीरस	धुआँसा
उद्देश	सुकेशी	आमिष	उद्दिष्ट	शीतोष्ण	सैंतीस	परस	रुआँसा
विनाश	नक्काशी	निमिष	विनष्ट	उपोष्ण	छत्तीस	पारस	रोआँसा
धनेश	षोडशी	सामिष	अनिष्ट	धारोष्ण	बत्तीस	विरस	जिज्ञासा
तपिश	द्वादशी	निमेष	अपुष्ट	वित ष्णा	चौदस	सरस	गँडासा
लाभांश	विदेशी	पीयूष	अभीष्ट	सहिष्णु	उदास	सारस	बतासा
खामोश	खामोशी	परुष	अरिष्ट	खपुष्प	पीनस	सुरस	मनसा
सुयश	तलाशी	पुरुष	निर्दिष्ट	मनुष्य	बोनस	परास	पिपासा
ऐयाश	हिमांशु	पौरुष	निविष्ट	आयुष्य	मानस	वारिस	मीमांसा
सारांश	परशु	निर्घोष	प्रविष्ट	भविष्य	उन्नीस	सरेस	चौमासा
निराश	खरांशु	निर्दोष	अशिष्ट	विशेष्य	विन्यास	पर्यास	फरसा
सुरेश	पुनश्च	कलुष	विशिष्ट	तमस्	आपस	अलस	परोसा
कर्कश	बर्दाश्त	आशीष	निश्चेष्ट	तेईस	तापस	आलस	भरोसा
गर्दिश	करिश्मा	विशेष	अश्लिष्ट	बाईस	वापस	कैलास	खालसा
निर्देश	अद श्य	महिष	संश्लिष्ट	ताऊस	कंपास	खलास	जलसा
कार्निस	साद श्य	मंजूषा	अस्पष्ट	निकास	कपास	गिलास	फालसा
कलश	उद्देश्य	मनीषा	संतुष्टि	विकास	फफ्फस	विलास	लालसा
तलाश	सोद्देश्य	शुश्रूषा	अंत्येष्टि	इक्कीस	फुफ्फुस	पुलिस	खुलासा
पलाश	नैराश्य	आश्लेषा	संपुष्टि	राक्षस	डिफेंस	चालीस	दिलासा
अवश	अवश्य	ज्योतिषी	समष्टि	खग्रास	बेबस	जलूस	चालीसा
विवश	अस्प श्य	हितैषी	निविष्टि	पचास	चौबीस	जुलूस	प्रशंसा
आवेश	पद्मश्री	संतोषी	प्रविष्टि	माचिस	छब्बीस	उल्लास	सहसा
निवेश	जयश्री	विदुषी	वैशिष्ट्य	पचीस	अभ्यास	सोल्लास	मुँहासा
प्रवेश	निकष	अन्वेषी	स्वराष्ट्र	पच्चीस	उमस	दिवस	अहिंसा
कशिश	चाक्षुष	द्विभाषी	प्रकोष्ठ	उच्छ्वास	तामस	पावस	चौकसी
कोशिश	अघोष	महिषी	खंडोष्ठ	कंजूस	समास	आवास	निकासी
ख्वाहिश	सघोष	मस्तिष्क	कनिष्ठ	खटास	पायस	निवास	इक्यासी
बताशा	ज्योतिष	आकृष्ट	घनिष्ठ	नोटिस	आयास	प्रवास	राक्षसी
हताशा	संतोष	निकृष्ट	लंबोष्ठ	मिठास	प्रयास	न शंस	पचासी
प्रत्याशा	प्रत्यूष	प्रकृष्ट	गरिष्ठ	भड़ास	सायास	निःश्वास	पचीसी
अंदेशा	अदोष	सचेष्ट	वरिष्ठ	संडास	मायूस	निश्वास	राजसी
संदेशा	प्रदोष	उच्छिष्ट	धर्मिष्ठ	पड़ोस	औरस	प्रश्वास	एजेंसी
तमाशा	उद्घोष	संतुष्ट	बलिष्ठ	ढाढ़स	चरस	विश्वास	अट्ठासी

- - सी	- - सी	- - स्त्र	- - स्वी	- - ह	- - हा
अठासी	**प्रवासी**	**ब्रह्मास्त्र**	**तेजस्वी**	**तरह**	**अहाहा**
पड़ोसी	प्रशासी	परस्त्री	मनस्वी	तेरह	उगाही
सतासी	जासूसी	तटस्थ	तपस्वी	बारह	आग्रही
सत्तासी	साहसी	कंठस्थ	वर्जस्वी	विरह	बटोही
बत्तीसी	जिज्ञासु	अंतस्थ	यशस्वी	कराह	कड़ाही
उदासी	पिपासु	यंत्रस्थ	जगह	वराह	कोताही
मानसी	नरसों	पदस्थ	आगाह	निरीह	वैदेही
उन्नासी	परसों	मध्यस्थ	आग्रह	दुरूह	विद्रोही
संन्यासी	सरसों	परस्थ	निग्रह	आरोह	पनही
आपसी	वयस्क	स्वर्गस्थ	विग्रह	गिरोह	मनाही
तापसी	रजिस्ट्री	गर्भस्थ	संग्रह	निर्वाह	सिपाही
रूपसी	अगस्त	पार्श्वस्थ	साग्रह	कलह	छमाही
वापसी	संत्रस्त	शीर्षस्थ	स्वाग्रह	सुलह	तिमाही
कपासी	उद्ध्वस्त	अस्वस्थ	बिछोह	सोलह	तुरही
बेबसी	अभ्यस्त	ग हस्थ	विछोह	सलाह	बरही
तामसी	समस्त	अनास्था	कड़ाह	अल्लाह	सुराही
प्रेयसी	निरस्त	अवस्था	फतह	गवाह	आरोही
छियासी	परास्त	व्यवस्था	सत्रह	प्रवाह	निर्मोही
बयासी	दुरुस्त	ग हस्थी	उत्साह	विवाह	इलाही
मायूसी	सूर्यास्त	तिलस्मी	सोत्साह	दुःसह	गवाही
आरसी	प्रशस्त	सदस्य	अथाह	सस्नेह	पतोहू
जरसी	आश्वस्त	औदास्य	चौदह	निःस्प ह	हूबहू
फारसी	विश्वस्त	उपास्य	संदेह	निस्प ह	मध्याह्न
बरसी	गुलिस्ताँ	आलस्य	सदेह	अहह	पूर्वाह्न
चौरासी	प्रशस्ति	रहस्य	पंद्रह	पगहा	अग्राह्य
तिरासी	दुरुस्ती	तपस्या	विद्रोह	छुतहा	असह्य
करेंसी	तथास्तु	समस्या	गुनाह	लतहा	
फार्मेसी	नमस्ते	अजस्र	पनाह	गदहा	
अलसी	अगस्त्य	सहस्र	सप्ताह	पपीहा	
आलसी	षट्शास्त्र	अहिंस्र	सुबह	शुबहा	
तुलसी	युद्धास्त्र	तमिस्रा	समूह	खरहा	
खलासी	निरस्त्र	निजस्व	प्रमेह	चौराहा	
विलासी	निर्वस्त्र	राजस्व	विमोह	तिराहा	
आवासी	सशस्त्र	वर्चस्व	व्यामोह	दुराहा	
नवासी	न शास्त्र	सर्वस्व	सम्मोह	जुलाहा	
निवासी	शस्त्रास्त्र	ओजस्वी	ग्यारह	मसीहा	

□

चतुर्-अक्षरी : आदि

अं - - -	अ - - -	अ - - -	अ - - -	अ - - -	अ - - -	अ - - -
अंकसूची	**अकारण**	**अटकाव**	**अद्यतन**	**अनदेखे**	**अनुकृति**	**अनैच्छिक**
अँगड़ाई	अकिंचन	अटपटी	अद्वितीय	अनध्याय	अनुक्रम	अनैतिक
अंगीकार	अकुलाना	अट्टहास	अधःपात	अनन्नास	अनुक्रिया	अनौचित्य
अंतःक्षेप	अकुलीन	अट्ठाईस	अधखिला	अनन्वय	अनुगामी	अन्नदाता
अंतःपुर	अकुशल	अट्ठानवे	अधखुला	अनपढ़	अनुग्रह	अन्नपूर्णा
अंतकाल	अक़्लमंद	अट्ठावन	अधजला	अनबन	अनुचर	अन्वेषक
अंतरंग	अक़्लमंदी	अठखेली	अधमता	अनबूझा	अनुचित	अन्वेषण
अंतरण	अक्षरशः	अठाईस	अधमरा	अनभिज्ञ	अनुच्छेद	अपंगता
अंतरात्मा	अखंडता	अठानवे	अधार्मिक	अनभ्यस्त	अनुज्ञप्ति	अपकर्ता
अंतराल	अखबार	अठारह	अधिकता	अनभ्यास	अनुत्तर	अपकर्म
अंतरिक्ष	अखरना	अठावन	अधिकर	अनमना	अनुदात्त	अपकर्ष
अंतरिम	अखरोट	अड़चन	अधिकांश	अनमेल	अनुदान	अपकार
अंतर्गत	अगवानी	अड़तीस	अधिकार	अनमोल	अनुदार	अपकारी
अंतर्ग्रस्त	अगहन	अड़सठ	अधिकारी	अनयिक	अनुपम	अपकीर्ति
अंतर्ज्ञान	अगोचर	अड़ियल	अधिकृत	अनर्गल	अनुपात	अपकृत
अंतर्द ष्टि	अग्निबाण	अढ़तिया	अधिगम	अनर्थक	अनुप्रास	अपघात
अंतर्भाव	अग्निबीमा	अणुबम	अधिपति	अनर्हता	अनुबंध	अपनाना
अंतर्भूत	अग्निहोत्र	अतएव	अधिभोग	अनशन	अनुभव	अपभ्रंश
अंतेवासी	अग्निहोत्री	अतापता	अधिवक्ता	अनश्वर	अनुभवी	अपभ्रष्ट
अंत्याक्षरी	अग्रगामी	अतिकर	अधिशेष	अनसुना	अनुभाग	अपमान
अँदरसा	अग्रदाय	अतिक्रम	अधीक्षक	अनहोनी	अनुभूति	अपम त्यु
अंदरूनी	अग्रलेख	अतिगुप्त	अधीनस्थ	अनाचार	अनुमति	अपयश
अंदाजन	अग्रेषण	अतिरिक्त	अधोगति	अनादर	अनुमान	अपराध
अंधकार	अघटित	अतिरेक	अधोगामी	अनापत्ति	अनुयायी	अपराधी
अंधाधुंध	अचकन	अतिव ष्टि	अधोमुख	अनामिका	अनुरक्त	अपराह्न
अँधियारा	अचरज	अतिव्याप्ति	अधोमुखी	अनायास	अनुराग	अपर्याप्त
अंपायर	अचानक	अतिशय	अध्ययन	अनावर्ती	अनुरूप	अपलक
अंशदान	अचेतन	अत्याचार	अध्यादेश	अनाव ष्टि	अनुरोध	अपवर्जी
अंशदायी	अच्छाखासा	अत्याचारी	अध्यापक	अनाश्रित	अनुवर्ती	अपवाद
अकंटक	अच्छापन	अत्युत्तम	अध्यापन	अनासक्त	अनुवाद	अपवित्र
अकड़ना	अजगर	अदरक	अध्याहार	अनिर्णीत	अनुष्ठान	अपव्यय
अकर्मक	अजनबी	अदाबर्ज	अनंतर	अनिर्बंध	अनुसार	अपव्ययी
अकर्मण्य	अजायब	अदायगी	अनचाहा	अनिवार्य	अनुसूची	अपशब्द
अकसर	अटकना	अदालत	अनजान	अनिश्चित	अनुस्वार	अपहर्ता
अकस्मात्	अटकल	अदालती	अनजाने	अनुकंपा	अनूदित	अपहृत
अकादमी	अटकाना	अदूषित	अनदेखा	अनुकूल	अनेकार्थ	अपह्नुति

अ - - -

अपादान
अपार्थिव
अपाहिज
अपूर्णता
अपूर्णत्व
अपेक्षित
अप्रकट
अप्रतिम
अप्रयुक्त
अप्रसन्न
अप्रसिद्ध
अप्रस्तुत
अफ़गान
अफ़वाह
अफ़सर
अफ़सरी
अफ़साना
अफ़सोस
अफ़ीमची
अफ्लातून
अबरक
अबाधित
अब्दकोश
अभद्रता
अभागिन
अभिकर्ता
अभिकल्प
अभिक्रिया
अभिजात
अभिनय
अभिनव
अभिनेता
अभिनेत्री
अभिन्नता
अभिपुष्टि
अभिप्राय

अ - - -

अभिप्रेत
अभिमान
अभिमानी
अभियान
अभियुक्त
अभियोग
अभिरक्षा
अभिरुचि
अभिलाषा
अभिलेख
अभिव्यक्त
अभिव्यक्ति
अभिशाप
अभिषेक
अभिसार
अभ्यागत
अभ्युत्थान
अभ्युदय
अमंगल
अमरूद
अमरेश
अमर्यादा
अमानक
अमानत
अमानुष
अमावस
अमावस्या
अमिताभ
अमीराना
अयथार्थ
अयाचित
अयोग्यता
अरमान
अरविंद
अरहर
अराजक

अ - - -

अरारोट
अरोचक
अर्थदंड
अर्थशास्त्र
अर्थहीन
अर्थापत्ति
अर्धांगिणी
अर्वाचीन
अलंकार
अलंकृत
अलगनी
अलबत्ता
अलबम
अलबेला
अलमारी
अलसाना
अलहदा
अलापना
अलौकिक
अल्पजीवी
अल्पप्राण
अल्पमत
अल्पावधि
अवकाश
अवगत
अवगुण
अवतार
अवधान
अवमान
अवयव
अवरुद्ध
अवरोध
अवरोह
अवलंब
अवशिष्ट
अवशेष

अ - - -

अवसर
अवसाद
अवसान
अवांछित
अवांतर
अविकल
अविकारी
अविचल
अविचार
अविचारी
अविनय
अविभक्त
अविभाज्य
अविरत
अविरोध
अविलंब
अविवेक
अविश्रांत
अविश्वास
अव्यवस्था
अव्युत्पन्न
अशरफी
अशिक्षित
अशिष्टता
अश्रुगैस
अश्लीलता
अष्टाध्यायी
असंगत
असंगति
असंतुष्ट
असंतोष
असंदिग्ध
असंपुष्ट
असंबद्ध
असंभव
असंभाव्य

अ - - -

असंयत
असंस्कृत
असफल
असभ्यता
असमय
असमर्थ
असमाप्त
असम्मति
असम्मान
असहाय
असामर्थ्य
असामान्य
असीमित
असुविधा
अस्तंगत
अस्तबल
अस्तव्यस्त
अस्ताचल
अस्त्रशाला
अस्त्रागार
अस्थिरता
अस्पताल
अस्प श्यता
अस्वीकार
अस्वीकार्य
अस्वीकृत
अहंकार
अहंकारी
अहंतुष्टि
अहर्निश
अहिंसक
अहोरात्र
आंचलिक
आंतरिक
आंदोलन
आँसूगैस

आ - - -

आकर्षक
आकर्षण
आकलक
आकलन
आकस्मिक
आकुंचन
आकुंचित
आक्रंदन
आक्रमण
आखेटक
आख्यापक
आख्यापन
आख्यायिका
आगंतुक
आगजनी
आगमन
आगापीछा
आग्नेयास्त्र
आचमन
आचरण
आचरित
आच्छादक
आच्छादन
आच्छादित
आजकल
आजमाना
आजीवन
आजीविका
आज्ञाकारी
आज्ञापित
आडंबर
आडंबरी
आततायी
आतिथेय
आतुरता
आत्मगत

आ - - -

आत्मघात
आत्मघाती
आत्मज्ञान
आत्मज्ञानी
आत्मत्याग
आत्मनिष्ठ
आत्मरक्षा
आत्महत्या
आत्महित
आत्मीयता
आत्मोन्नति
आत्यंतिक
आदर्शोक्ति
आदिवासी
आद्यक्षर
आद्योपांत
आधारित
आधासीसी
आधिपत्य
आधुनिक
आध्यात्मिक
आनंदित
आनबान
आनाकानी
आनुपूर्व्यी
आपत्काल
आपद्धर्म
आपाततः
आपातिक
आपाधापी
आफताब
आबंटन
आबकारी
आबनूस
आबहवा
आभरण

आ - - -	आ - - -	आ - - -	इ - - -	उ - - -	उ - - -	उ - - -
आभूषण	**आलीशान**	**आस्थावान**	**इतिव त्त**	**उग्रवादी**	**उत्तमांग**	**उपचारी**
आभ्यंतर	आलोकित	आस्वादन	इतिहास	उघड़ना	उत्तरार्ध	उपजना
आभ्यासिक	आलोचक	आहरण	इत्तफाक	उघाड़ना	उत्तरीय	उपजाऊ
आमंत्रण	आलोचना	आह्लादित	इत्थंभूत	उचकना	उत्तेजक	उपजाना
आमंत्रित	आवधिक	इंगलिश	इत्मीनान	उचकाना	उत्तेजन	उपदिष्ट
आमदनी	आवरण	इंजेक्शन	इत्यादिक	उचटना	उत्तेजना	उपदेश
आमरण	आवर्धन	इंटरव्यू	इनकार	उचाटना	उत्पादक	उपदेष्टा
आमाशय	आवश्यक	इंतकाल	इनसान	उच्चतम	उत्पादन	उपद्रव
आमेलन	आवाहन	इंतजार	इनायत	उच्चतर	उत्सर्जन	उपद्रवी
आयकर	आविर्भाव	इंतजारी	इनेगिने	उच्चरित	उत्साहित	उपनाम
आयतन	आविर्भूत	इंतराज	इबादत	उच्चाकांक्षा	उत्सुकता	उपन्यास
आयातित	आविष्कर्ता	इंदीवर	इमदाद	उच्चाटन	उदारता	उपबंध
आयुर्वेद	आविष्कार	इंद्रजाल	इमरती	उच्चारण	उदासीन	उपभोक्ता
आयुष्मती	आविष्कृत	इंद्रजीत	इमारत	उच्चारित	उदाहृत	उपभोग
आयुष्मान्	आवेदक	इंद्रप्रस्थ	इम्तिहान	उच्चैःश्रवा	उद्घाटन	उपभोज्य
आयुसीमा	आवेदन	इंद्रलोक	इर्दगिर्द	उच्छ ंखल	उद्दीपक	उपमाता
आयोजक	आशंकित	इंस्पेक्टर	इलायची	उच्छेदन	उद्दीपन	उपमान
आयोजन	आशातीत	इकतारा	इश्तहार	उच्छ्वसित	उद्देशिका	उपमेय
आयोजना	आशान्वित	इकतीस	इष्टतम	उछलना	उद्धरण	उपयुक्त
आयोजित	आशावान	इकबाल	इष्टदेव	उछलाना	उद्बोधन	उपयोग
आरंभिक	आशिकाना	इकमुश्त	इसलाम	उछालना	उद्यापन	उपयोगी
आरक्षण	आशीर्वाद	इकरार	इस्तेमाल	उजड़ना	उद्विग्नता	उपरति
आरक्षिति	आशुकवि	इकलौता	इहलीला	उजागर	उद्वेजक	उपरना
आरपार	आशुतोष	इकसठ	ईश्वरीय	उजाड़ना	उधड़ना	उपरांत
आराधना	आशुलिपि	इकहरा	ईश्वरेच्छा	उज्ज्वलता	उधेड़ना	उपरोक्त
आरोपण	आशुवक्ता	इकावन	ईषत्स्प ष्ट	उठवाना	उनचास	उपरोध
आरोपित	आशोधन	इक्कादुक्का	ईसवीय	उड़वाना	उनतीस	उपर्युक्त
आरोहण	आश्वासन	इक्यानवे	उँडेलना	उढ़काना	उनसठ	उपलब्ध
आर्तनाद	आश्वासित	इक्यावन	उकताना	उतरना	उन्मादक	उपलब्धि
आर्तस्वर	आसंजक	इजलास	उकलाई	उतराना	उन्मूलन	उपवन
आर्यावर्त	आसपास	इजहार	उकसाना	उतारना	उन्मोचन	उपवाक्य
आलंबन	आसमान	इजाजत	उखड़ना	उतावला	उपकार	उपवास
आलपीन	आसमानी	इठलाना	उखाड़ना	उतावली	उपकारी	उपविधि
आलमारी	आसूचना	इतराना	उगलना	उत्कंठित	उपक्रम	उपसर्ग
आलापना	आस्तिकता	इतवार	उगलाना	उत्कृष्टता	उपग्रह	उपस्थित
आलिंगन	आस्थगित	इतस्ततः	उगाहना	उत्खनन	उपचार	उपस्थिति

उ - - -	ऊ - - -	ऐ - - -	क - - -	क - - -	क - - -	का - - -
उपहार	**ऊर्ध्वगति**	**ऐरागैरा**	**कतराना**	**करतूत**	**कष्टप्रद**	**कार्यकाल**
उपहास	ऊर्ध्वगामी	ऐरावत	कतिपय	करदाता	कसरत	कार्यक्रम
उपांतिक	ऊर्ध्वरेखा	ओछापन	कथनीय	करधनी	कहलाना	कार्यक्षम
उपाख्यान	ऊर्ध्वश्वास	ओजस्विता	कथानक	करबला	कहावत	कार्यक्षेत्र
उपादान	ऊषाकाल	ओजस्विनी	कदाचार	करमुक्त	कहासुना	कार्यगोष्ठी
उपादेय	ऊहापोह	ओतप्रोत	कदाचित्	करयोग्य	कहासुनी	कार्यदूत
उपाध्याय	ऋणदाता	ओलंपिक	कद्दूकश	करवट	काटछाँट	कार्यनीति
उपानह	ऋतुराज	औदुंबर	कनकौवा	कराधान	कांतिमान्	कार्यबद्ध
उपार्जन	ऋद्धिसिद्धि	औद्योगिक	कनटोप	करामात	काउंटर	कार्यभार
उपार्जित	ऋष्यमूक	कंकड़ीला	कनपटी	करामाती	कागजात	कार्यमुक्ति
उपालंभ	एंबुलेंस	कंकरीट	कनफूल	कराहना	कातरता	कार्यवाही
उपासक	एकच्छत्र	कंकरीला	कनस्तर	कर्जदार	कानाफूसी	कार्यविधि
उपासना	एकतारा	कंटकित	कनिष्ठता	कर्णकटु	कापालिक	कार्यव त्त
उपेक्षित	एकदंत	कँपकँपी	कनिष्ठिका	कर्णधार	कामकाज	कार्यशाला
उफनना	एकनिष्ठ	कंप्यूटर	कनेक्शन	कर्णिकार	कामगार	कार्यसिद्धि
उफनाना	एकमत	कचनार	कन्यादान	कर्मकांड	कामधेनु	कार्यसूची
उबटन	एकमात्र	कचहरी	कपर्दिका	कर्मकार	कामबंदी	कार्यात्मक
उबलना	एकरूप	कचूमर	कबाड़िया	कर्मशाला	कामयाब	कार्याधिक्य
उबालना	एकलव्य	कचोटना	कबूतर	कर्मीदल	कामयाबी	कार्यान्वित
उभड़ना	एकलौता	कच्चाचिट्ठा	कब्रिस्तान	कर्मचारी	कायरता	कार्यान्वित
उभयतः	एकांतर	कटकट	कमंडलु	कलंकित	कायाकल्प	कार्यारंभ
उभरना	एकांतिक	कटघरा	कमजोर	कलंदर	कारखाना	कार्यालय
उभराव	एकाग्रता	कटवाना	कमजोरी	कलकना	कारतूस	कार्योत्तर
उभारना	एकादश	कटहल	कमनीय	कलकल	कारनामा	कार्रवाई
उमेठना	एकादशी	कटाकटी	कमबख्त	कलक्टर	कारसाजी	कालकूट
उरझना	एकार्थक	कटाफटा	कमबख्ती	कलाकंद	कारस्तानी	कालक्रम
उलझन	एक्सप्रेस	कटिबंध	कमरिया	कलाकार	कारागार	कालमान
उलझना	एटलस	कटिबद्ध	कमवाना	कलानिधि	काराग ह	कालातीत
उलझाना	एतदर्थ	कठघरा	कमसिन	कलाबाज	कारावास	कालापानी
उलटना	एतबार	कठिनता	कमीशन	कलावंत	कारीगर	कालावधि
उलटाना	एतराज	कठिनाई	कम्युनिस्ट	कलियुग	कारीगरी	कालीघटा
उलाहना	एताद श	कठोरता	कयामत	कलुषित	कारोबार	कालीमिर्च
उलीचना	एवमेव	कड़कड़	करकट	कलेवर	कार्यसूची	काल्पनिक
उल्लंघन	एहसान	कड़कना	करणीय	कल्पव क्ष	कार्यकक्ष	काशीफल
उल्लसित	ऐंचातानी	कड़ापन	करतब	कवयित्री	कार्यकर्ता	काश्तकार
उषाकाल	ऐतरेय	कतरन	करताल	कवायद	कार्यकारी	काश्तकारी

किं - - -	कृ - - -	खँ - - -	ख - - -	खीं - - -	ग - - -	गां - - -
किंवदंती	**कृतघ्नता**	**खँड़वानी**	**खमदार**	**ख चातानी**	**गड़बड़**	**गांधीटोपी**
किफायत	कृतज्ञता	खँड़सार	खरगोश	खुजलाना	गड़बड़ी	गानविद्या
किफायती	कृपणता	खँड़सारी	खरनाद	खुदकुशी	गड़वाना	गिनाचुना
किरकिरा	कृपापात्र	खँडहर	खरबूजा	खुदगर्ज	गड़ेरिया	गिरगिट
किलकना	कृशकाय	खखारना	खरबूजी	खुदवाना	गणतंत्र	गिरफ्तार
किलकार	कृषीतर	खगांतक	खरमस्ती	खुरखुरा	गणनाथ	गिरवाना
किलकारी	कृष्णपक्ष	खगासन	खरमास	खुरचना	गणनीय	गिरापड़ा
किलेदार	केरोसिन	खचाखच	खररश्मि	खुरचनी	गणपति	गिरावट
किल्कारना	कैदखाना	खजुलाना	खरवार	खुराफात	गणराष्ट्र	गिरिधर
किशमिश	कैफियत	खटकना	खरहरा	खुलवाना	गणाधिप	गिलहरी
किसमत	कैलेंडर	खटकाना	खरहरी	खुशदिल	गणितज्ञ	गीतकार
किसलय	कैशमेमो	खटखट	खराखोटा	खुशहाल	गण्यमान्य	गीतकाव्य
कीटनाशी	कोटेशन	खटपट	खरादना	खुशहाली	गतिरोध	गीतातीत
कीर्तिमान	कोतवाल	खटपटी	खरीदना	खुशामद	गतिविधि	गीतात्मक
कुंभकार	कोतवाली	खटमल	खरीदार	खुशामदी	गतिशील	गीलापन
कुचलना	कोमलता	खटमुख	खरीदारी	खेतिहर	गतिहीन	गुंजाइश
कुछकुछ	कोलाहल	खटराग	खरोंचना	खेतीबारी	गनीमत	गुंडागर्दी
कुतरना	कोषकक्ष	खटाखट	खलबली	खेलकूद	गपबाजी	गुंडाशाही
कुतूहल	कोषाध्यक्ष	खट्टाचूक	खलियान	खेलवाड़	गपशप	गुजरना
कुदकना	कौतूहल	खड़कना	खसकना	खैरियत	गपागप	गुजराती
कुदरत	क्रमभंग	खड़बड़	खसखस	खोटापन	गफलत	गुजारना
कुदरती	क्रमसंख्या	खड़ीपाई	खस्वस्तिक	गंगाजल	गमखोर	गुटबंदी
कुनकुना	क्रमसूची	खड़ीबोली	खानदान	गंगाजली	गयाबीता	गुटबाजी
कुपोषण	क्रियाविधि	खड़ेखड़े	खानदानी	गँठजोड़	गरजना	गुटरगूँ
कुमुदिनी	क्रियाशील	खड्गकोष	खानपान	गँठजोड़ी	गरदन	गुटवाद
कुम्हलाना	क्लोकरूम	खड्गधर	खानसामा	गंडस्थल	गरमाना	गुणकारी
कुरबान	क्षतिपूर्ति	खतकशी	खानापूरी	गंधेंद्रिय	गर्भपात	गुणग्राही
कुरबानी	क्षुद्रकर्म	खतियाना	खामियाजा	गँवारिन	गर्भवती	गुणदोष
कुरूपता	क्षेत्रफल	खदेड़ना	खासियत	गऊघाट	गर्भाधान	गुणवती
कुरेदना	खँगालना	खदेरना	खिदमत	गजगति	गर्भावस्था	गुणवत्ता
कुलनाम	खंडकाव्य	खनकना	खिलवाड़	गजपति	गर्मजोशी	गुणवान
कुविचार	खंडनीय	खनकाना	खिलवाना	गजमुख	गर्हणीय	गुर्राहट
कुविचारी	खंडपति	खनिकर्म	खिलाफत	गजानन	गलघोंटू	गुपचुप
कुशलता	खंडपाल	खपड़ैल	खिसकना	गटकना	गलियारा	गुप्तचर
कुसंगति	खंडपीठ	खपरैल	खिसियाना	गठरिया	गवेषणा	गुप्तजाँच
कूटनीति	खँड़पूरी	खमदम	ख चाखाँची	गठवाना	गहराई	गुमनाम

गु - - -	ग्रा - - -	घूँ - - -	च - - -	च - - -	चि - - -	छ - - -
गुमराह	**ग्रामवासी**	**घूँसेबाज**	**चटकाना**	**चरितार्थ**	**चिनगारी**	**छत्रच्छाया**
गुरुकुल	ग्रामोद्योग	घूँसेबाजी	चटकारा	चरुपात्र	चिपकना	छद्मनाम
गुरुवार	ग्रामोफोन	घूसखोर	चटकीला	चर्मकार	चिपकाना	छद्मवेश
गुलछर्रा	घँघोलना	घूसखोरी	चटपट	चर्मरोग	चिपटना	छनछन
गुलदस्ता	घंटाघर	घ णास्पद	चटपटा	चलचित्त	चिरंजीव	छरहरा
गुलशन	घंटानाद	घोड़ागाड़ी	चटाचट	चलचित्र	चिरंजीवी	छलकना
गुल्लीडंडा	घटबढ़	घ्राणशक्ति	चढ़वाना	चलवाना	चिरंतन	छलकाना
ग हकर	घटाटोप	घ्राणेंद्रिय	चतुरंग	चलाचली	चिरऋणी	छविग ह
ग हकार्य	घड़घड़	चंडालिनी	चतुराई	चवालीस	चिरवाई	छात्रालय
ग हमंत्री	घड़ियाल	चंडूखाना	चतुर्थांश	चश्मदीद	चिरस्थायी	छात्रावास
ग हयुद्ध	घनघोर	चंदामामा	चतुर्दशी	चहकना	चिरायता	छानबीन
ग हलक्ष्मी	घनफल	चंद्रकांता	चतुर्मुख	चाँदमारी	चिल्लाहट	छापेमार
ग हस्वामी	घनश्याम	चंद्रप्रभा	चतुर्भुज	चांद्रवर्ष	चिह्नांकित	छायांकन
गेंदबाज	घनापन	चंद्रबिंदु	चतुर्वर्ग	चाकलेट	च चपड़	छायांकित
गेंदबाजी	घनिष्ठता	चंद्रमुखी	चतुर्विद्या	चाटवाला	चीरफाड़	छिटकना
गेटपास	घबराना	चंद्रमौलि	चतुर्विध	चाटुकार	चीराफाड़ी	छिड़कना
गोंददानी	घमासान	चंद्रलोक	चतुर्वेद	चाटुकारी	चुंगीघर	छिड़काव
गोताखोर	घरद्वार	चंद्रहार	चतुर्वेदी	चातुर्वर्ण्य	चुकंदर	छितराना
गोपनीय	घरबार	चंद्राकार	चतुष्कोण	चापलूस	चुटकुला	छिपकली
गोपालन	घर्रघर्र	चंद्रोदय	चपरासी	चापलूसी	चुपचाप	छियानवे
गोराचिट्टा	घसियारा	चकबंदी	चप्पाचप्पा	चारकर्म	चुम्माचाटी	छियालीस
गोलंदाज	घसीटना	चकराना	चबवाना	चारपाई	चूँचपड़	छियासठ
गोलंदाजी	घातकता	चकल्लस	चमकना	चिंतनीय	चूड़ामणि	छिलवाना
गोलगप्पा	घासपात	चकोटना	चमकाना	चिंतातुर	चूरचूर	छिहत्तर
गोलगोल	घासलेट	चकोतरा	चमकीला	चिकनाई	चेतावनी	छुईमुई
गोलमाल	घासलेटी	चक्काजाम	चमत्कार	चिकित्सक	चेलाचाटी	छुछुआना
गोलाबारी	घिघियाना	चक्रगति	चमत्कारी	चिटकना	चौकीदारी	छुटकारा
गोलीकांड	घिचपिच	चक्रधर	चमत्कृत	चिटकाना	चौतरफा	छुटपुट
गोश्तखोर	घिसघिस	चक्रपाणि	चमारिन	चिट्ठीपत्री	चौमंजिला	छुटभैया
गौरवर्ण	घिसापिटा	चक्रवर्ती	चरणार्ध	चिड़ीमार	चौरानवे	छुड़वाना
ग्रंथकार	घुड़कना	चक्रव्यूह	चरपरा	चितवन	चौवालीस	छुरेबाजी
ग्रंथसूची	घुड़दौड़	चक्रांकित	चरवाना	चित्रकार	चौहत्तर	छूमंतर
ग्रंथागार	घुड़साल	चक्राकार	चरवाहा	चित्रपट	छंदशास्त्र	छेड़खानी
ग्रंथालय	घुमक्कड़	चचोटना	चरवाही	चित्रांकन	छकाछक	छेड़छाड़
ग्रंथावली	घुलामिला	चटकना	चरागाह	चित्रांकित	छक्केबाज	छोड़कर
ग्रहणीय	घुसेड़ना	चटकनी	चराचर	चिदानंद	छछूँदर	छोलदारी

जं - - -	ज - - -	ज - - -	ज - - -	झं - - -	टि - - -	ड - - -
जंगलात	**जन्मदिन**	**जलथल**	**जहालत**	**झंझावात**	**टिपटिप**	**डहकना**
जंबुद्वीप	जन्मपत्री	जलदस्यु	जागरण	झगड़ना	टीमकार्य	डाँवाँडोल
जकड़ना	जन्मभूमि	जलदान	जागरूक	झगड़ालू	टूटफूट	डाकखाना
जगदंबा	जन्मराशि	जलदीप	जाठराग्नि	झटपट	टूर्नामेंट	डाकघर
जगन्नाथ	जन्मलग्न	जलधर	जातपाँत	झपटना	टेढ़ेमेढ़े	डाकव्यय
जच्चाखाना	जन्मशती	जलधारा	जातिपाँति	झिझकना	टेरीलीन	डाकाजनी
जच्चाबच्चा	जन्मस्थान	जलपक्षी	जादूगर	झिड़कना	टेलीग्राम	डाक्टरनी
जजमान	जन्मांतर	जलपथ	जादूगरी	झिलमिल	टेलीफोन	डिलीवरी
जटाधारी	जन्माष्टमी	जलपरी	जादूघर	झुँझलाना	टोकाटोकी	डिवीजन
जठराग्नि	जन्मोत्सव	जलपान	जानकार	झुकवाना	ट्रंककाल	डिसमिस
जड़वत्	जबरन	जलपोत	जानकारी	झुठलाना	ट्रांजिस्टर	डिस्काउंट
जड़वाद	जमघट	जलप्राणी	जानबाज	झुनझुना	ट्रांस्फार्मर	डिस्पेंसरी
जत्थेदार	जमाखर्च	जलमग्न	जानमाल	झुमकना	ट्रांस्मीटर	डिस्पैचर
जनकवि	जमाखाता	जलमार्ग	जानवर	झुरमुट	ट्रेडमार्क	डुगडुगी
जनक्रांति	जमाखोर	जलयंत्र	जानशीन	झुलसना	ठकठक	डुबवाना
जनजाति	जमाखोरी	जलयान	जाफरान	झुलसाना	ठकुरानी	ड्राइवर
जनतंत्र	जमादार	जलवायु	जाफरानी	झूठमूठ	ठगविद्या	ढँढोरची
जनपद	जमानत	जलशायी	जायदाद	टँकवाना	ठट्ठेबाज	ढकेलना
जनभाषा	जमापत्र	जलसेना	जायफल	टकटकी	ठनकना	ढकोसला
जनमत	जमापूँजी	जलस्तंभ	जारकर्म	टकराना	ठनठन	ढमढम
जनयित्री	जमावड़ा	जलहीन	जालतंत्र	टकराव	ठसाठस	ढलकना
जनरल	जम कंद	जलाभाव	जिंदादिली	टकसाल	ठहरना	ढलकाना
जनवरी	जम दार	जलाभुना	जिम्मेदार	टटोलना	ठहराना	ढलवाना
जनवाणी	जम दारी	जलालत	जिम्मेदारी	टनाटन	ठिठकना	ढिंढोरची
जनवाना	जयकार	जलावर्त	जिल्दसाजी	टपकना	ठिठुरना	ढुँढ़वाना
जनवासा	जयघोष	जलाशय	जीर्णोद्धार	टपाटप	ठिनकना	ढुलकना
जनव द्धि	जयमाल	जलोदर	जीवजंतु	टमटम	ठुकराना	ढुलकाना
जनशक्ति	जयमाला	जल्दबाज	जुतवाना	टमाटर	ठुनठुन	ढुलमुल
जनश्रुत	जरातुर	जल्दबाजी	जुरमाना	टरकाना	ठेकेदार	ढुलवाना
जनसंख्या	जरूरत	जवाँमर्द	जेबकट	टर्मिनस	डंडपेल	ढेलेबाजी
जनसंघ	जर्जरित	जवाँमर्दी	जेलखाना	टर्रटर्र	डकारना	ढोंगबाजी
जनहित	जलकर	जवाहर	जोड़तोड़	टहलना	डपटना	तंतुकीट
जनांतिक	जलकेलि	जहन्नुम	जोरदार	टाँयटाँय	डरपोक	तंदुरुस्त
जनाधार	जलक्रीड़ा	जहमत	ज्ञानेंद्रिय	टाइपिस्ट	डरावना	तंदुरुस्ती
जन्मचिह्न	जलचर	जहरीला	ज्वारभाटा	टिकटिक	डलवाना	तंबोलिन
जन्मतिथि	जलजला	जहाँगीर	झंझानिल	टिटिहरी	डसवाना	तकदीर

त - - -	त - - -	ताँ - - -	ति - - -	थि - - -	दा - - -	दु - - -
तकनीक	**तफरीह**	**ताँगेवाला**	**तिरोधान**	**थियेटर**	**दानेदार**	**दुर्व्यवहार**
तकनीकी	तबादला	ताकाझाँकी	तिरोभाव	थिरकना	दार्शनिक	दुलारना
तकरार	तबियत	ताजिंदगी	तिलांजलि	दंडनीय	दावेदार	दुश्चरित्र
तकलीफ	तबीयत	ताज़ीरात	तिहत्तर	दंडादेश	दाहकर्म	दूतकर्म
तकल्लुफ	तमकना	ताताथेई	तीक्ष्णबुद्धि	दगाबाज	दिक्पाल	दूतावास
तख्तपोश	तमोगुण	तात्कालिक	तीरंदाज	दगाबाजी	दिखलाना	दूरदर्शी
तजवीज	तरंगित	तात्पर्यार्थ	तीरंदाजी	दनादन	दिखवाना	दूरबीन
तटस्थता	तरकारी	तानाशाह	तीर्थंकर	दफनाना	दिगंबर	दूरवर्ती
तड़कना	तरकीब	तानाशाही	तीर्थयात्रा	दबोचना	दिग्दर्शन	द श्यश्रव्य
तड़पना	तरजीह	तानेबाजी	तीसमार	दमकना	दिग्विजय	द ष्टिकोण
तड़पाना	तरतीब	तापक्रम	तुकबंदी	दमकल	दिनकर	द ष्टिपात
तड़िल्लता	तरबूजा	तापत्रय	तुड़वाना	दमदार	दिनचर्या	देखभाल
तत्कालीन	तरसना	तापमान	तुनकना	दमनीय	दिलचस्प	देखरेख
तत्त्वज्ञान	तरसाना	तापमापी	तुरपन	दरखास्त	दिलदार	देखादेखी
तत्त्वज्ञानी	तरावट	तापलेखी	तुरपना	दरगाह	दिलवाना	देवरानी
तत्त्वहीन	तरासना	ताबेदार	तुल्यमान	दरदर	दिवंगत	देववाणी
तत्त्वान्वेषी	तरुणाई	ताबेदारी	त तीयक	दरबान	दिवालिया	देवालय
तत्पश्चात्	तरेरना	तामचीनी	तेजस्विनी	दरबार	दिव्यद ष्टि	देशद्रोही
तथागत	तर्कशास्त्र	तामझाम	तेतालीस	दरबारी	दीपावली	देशभक्ति
तथ्यभाषी	तर्कहीन	तामरस	तैंतालीस	दरवाजा	दीर्घजीवी	देहत्याग
तथ्यहीन	तर्काभास	तामसिक	तोड़फोड़	दरसूची	दीर्घाक्षर	दैनंदिन
तथ्यात्मक	तलपट	ताम्रपट्ट	तोपखाना	दरिद्रता	दुःसाहस	दैनंदिनी
तदबीर	तलवार	ताम्रपत्र	तोहमत	दरियाफ्त	दुखदायी	दैववश
तनख्वाह	तलहटी	ताम्रयुग	तौलवाना	दर्दनाक	दुखांतक	दोपहर
तनतोड़	तलाशना	ताम्रवर्ण	त्यागपत्र	दर्भासन	दुतकार	दोषपूर्ण
तनमन	तवायफ	तारांकित	त्रयोदशी	दर्शनीय	दुधमुँहा	दोषमुक्त
तनहाई	तशरीफ	तालमेल	त्रिपक्षीय	दलदल	दुपहर	दोहराना
तनातनी	तसदीक	तिकड़म	त्रिपथगा	दवाखाना	दुभाषिया	दौड़धूप
तपस्विनी	तसलीम	तिजारत	त्रैमासिक	दवानल	दुमंजिला	दौड़ादौड़ी
तपेदिक	तहखाना	तिनकना	त्रैवार्षिक	दस्तकारी	दुरवस्था	द्रुतगामी
तपोधन	तहजीब	तिमंजिला	थकामाँदा	दस्तखत	दुराग्रह	द्वंद्वयुद्ध
तपोभूमि	तहमत	तिरपन	थकावट	दस्तावेज	दुराचार	द्वारपाल
तपोवन	तहरीर	तिरसठ	थकाहट	दहलीज	दुराशय	द्विदलीय
तपोव द्ध	तहलका	तिरस्कार	थरथर	दहाड़ना	दुर्घटना	द्विपक्षीय
तप्तकुंड	तहसील	तिरस्कृत	थलसेना	दाँवपेंच	दुर्निवार्य	द्विवार्षिकी
तफतीश	तहेदिल	तिरानवे	थानेदार	दानापानी	दुर्बलता	द्विविवाह

द्वि - - -	धीं - - -	न - - -	ना - - -	ना - - -	नि - - -	नि - - -
द्विसदनी	**ध गामुश्ती**	**नटखट**	**नागरिक**	**नाशपाती**	**निमंत्रित**	**निराहार**
धकधकी	धीमेधीमे	नटराज	नाटकीय	नासपीटा	निमज्जन	निरीक्षक
धकेलना	धीरेधीरे	नटवर	नाट्यकला	नासमझ	निमीलन	निरीक्षण
धक्कामुक्की	धीरोदात्त	नतोदर	नाट्यग ह	नासापुट	निम्नतम	निरीश्वर
धड़कन	धुँधलाना	नदारद	नाट्यधर्मी	नास्तिकता	निम्नवर्ग	निरुत्तर
धड़कना	धुआँधार	ननदोई	नाट्यशाला	निंदनीय	निम्नस्तर	निरुत्साह
धड़ाधड़	धुकधुकी	ननिहाल	नाट्यशास्त्र	निकटता	नियंत्रक	निरुद्देश्य
धधकना	धुरंधर	नपुंसक	नातेदार	निकटस्थ	नियंत्रण	निरुद्यम
धनंजय	धुलवाना	नभचर	नातेदारी	निकलना	नियतन	निरुद्वेग
धनधान्य	धूपघड़ी	नमकीन	नातेरिश्ते	निकालना	नियतांश	निरुपाय
धनवान्	धूपछाँह	नमस्कार	नादमय	निकेतन	नियमतः	निरूपण
धनार्जन	धूपदान	नयाचार	नानकुर	निक्षेपण	नियमन	निरूपित
धनीधौरी	धूपदीप	नरगिस	नापजोख	निखरना	नियमित	निरोधक
धनुर्धारी	धूमकेतु	नरपति	नापतौल	निखारना	नियामक	निर्गमित
धनुर्विद्या	धूमधाम	नरबलि	नापसंद	निखालिस	नियोजक	निर्झरिणी
धन्नासेठ	धूम्रपान	नरसिंह	नाबालिग	निगमन	नियोजन	निर्णायक
धन्यवाद	धूम्रवर्ण	नराधम	नाभिकीय	निगमित	निरंकार	निर्दयता
धन्वंतरि	धूलिकण	नरोत्तम	नामचिह्न	निगरानी	निरंकुश	निर्देशन
धन्वंतरी	धोखेबाज	नलकूप	नामधारी	निगलना	निरंजन	निर्देशिका
धन्वाकार	धोयाधाया	नवग्रह	नामपट्ट	निचोड़ना	निरंतर	निर्धनता
धब्बेदार	ध्यानमग्न	नवजात	नाममात्र	निछावर	निरक्षर	निर्धारक
धमकना	ध्यानयोग	नवनिधि	नामराशि	निठुरता	निरखना	निर्धारण
धमकाना	ध्यानावस्था	नवरत्न	नामलेवा	निडरता	निरपेक्ष	निर्धारित
धमाधम	ध्रुवतारा	नवरस	नामांकन	नितंबिनी	निरर्थक	निर्धारिती
धराशायी	ध्वंसकारी	नवरात्र	नामांकित	नित्यकर्म	निरवधि	निर्निमेष
धरोहर	ध्वन्यात्मक	नवागत	नामावली	नित्यप्रति	निरसन	निर्बलता
धर्मकर्म	नंगाझोली	नशाखोरी	नामोल्लेख	निदर्शक	निराकार	निर्भरता
धर्मखाता	नंगानाच	नशाबंदी	नारकीय	निदेशक	निराकृत	निर्ममता
धर्मग्रंथ	नकचढ़ी	नशेबाज	नारायण	निधड़क	निरादर	निर्यातक
धर्मदाय	नकफूल	नशेबाजी	नारायणी	निन्यानवे	निराद त	निर्योग्यता
धर्मपत्नी	नकसीर	नष्टप्राय	नारिकेल	निपटना	निराधार	निर्लज्जता
धर्मराज	नकारना	नष्टभ्रष्ट	नारियल	निपटान	निरापद	निर्वचन
धर्मोन्माद	नखशिख	नसीहत	नालबंदी	निपटाना	निरामिष	निर्वसन
धान्यागार	नजदीक	नाकनक्शा	नालायक	निपटारा	निरालंब	निर्वहण
धारावाही	नजराना	नाकाबंदी	नाशकर्ता	निबंधन	निराश्रय	निर्वहन
धारीदार	नजाकत	नागफनी	नाशकारी	निमंत्रण	निराश्रित	निर्वाक्

नि - - -	नि - - -	नौ - - -	प - - -	प - - -	प - - -	प - - -
निर्वाचक	**निष्पादक**	**नौजवान**	**पकवाई**	**पट्टेदार**	**पदच्युति**	**परंतुक**
निर्वाचन	निष्पीड़न	नौनिहाल	पकवान	पट्टेधारी	पदत्याग	परंपरा
निर्वाचित	निष्प्रभावी	नौविज्ञान	पक्वाशय	पठनीय	पदधारी	परकना
निर्वासन	निसंशय	नौसिखिया	पक्षधर	पड़ताल	पदध्वनि	परकाजी
निर्वासित	निस्तरण	नौसैनिक	पक्षपात	पड़ोसिन	पदनाम	परकाना
निर्विकल्प	निस्संकोच	न्यायकर्ता	पक्षपाती	पढ़वाई	पदन्यास	परकार
निर्विकार	निस्संतान	न्यायपीठ	पक्षवक्ता	पढ़वाना	पदपाठ	परकीय
निर्विरोध	निस्संदिग्ध	न्यायमूर्ति	पक्षाघात	पढ़ालिखा	पदभार	परकीया
निर्विवाद	निस्संदेह	न्यायशास्त्र	पक्षीशाला	पण्यजीव	पदमुद्रा	परकोटा
निलंबन	निस्सहाय	न्यायाधीन	पखारना	पण्यावर्त	पदयात्री	परखना
निलंबित	निहितार्थ	न्यायाधीश	पखावज	पतझड़	पदव द्धि	परखाई
निवर्तक	नीतिगत	न्यायालय	पगचिह्न	पतलून	पदाक्रांत	परखैया
निवर्तन	नीतिशास्त्र	न्यायोचित	पगडंडी	पतवार	पदाघात	परगना
निवारक	नीलकंठ	न्यासधारी	पचगुना	पताकिनी	पदार्पण	परचना
निवारण	नीलगाय	न्यूनतम	पचपचा	पतिधर्म	पदावधि	परचाना
निवेदक	नीलमणि	न्यूनाधिक	पचपन	पतियाना	पदावली	परचून
निवेदन	नीलांजन	न्योछावर	पचहरा	पतिव्रता	पदासीन	परचूनी
निशक्तता	नीलांबर	पंक्तिच्युत	पचानवे	पतुरिया	पदेपदे	परछन
निशाचर	नीलाकाश	पंखकटा	पच्चीकारी	पत्रकार	पदोन्नति	परछाईं
निशिदिन	नीलाथोथा	पंचनामा	पछताना	पत्रपेटी	पद्मयोनि	परछाह
निश्चयार्थ	नीलोत्पल	पँचमेल	पछतावा	पत्रमित्र	पद्माकर	परजन्म
निश्चेतन	नीहारिका	पंचवटी	पछाड़ना	पत्रसूची	पद्मासन	परजीवी
निश्रेयस	नुकसान	पंचानन	पटंबर	पत्राचार	पद्यबद्ध	परतंत्र
निषेचन	न त्यकला	पंचानवे	पटकथा	पत्रावली	पद्यावली	परतर
निषेधाज्ञा	न विज्ञान	पंचाम त	पटकना	पत्रोत्तर	पधारना	परदादा
निष्कंटक	नेमीधर्मी	पंचायत	पटकनी	पथकर	पनकटा	परदेश
निष्कपट	नैतिकता	पंचेंद्रिय	पटरानी	पथभ्रष्ट	पनघट	परदेशी
निष्करुण	नैनसुख	पंजीकृत	पटवाना	पथराना	पनचक्की	परदेस
निष्कलंक	नैमित्तिक	पंजीक्रम	पटवारी	पथराव	पनडब्बा	परदेसी
निष्कलुष	नैयायिक	पंजीबद्ध	पटसन	पथरीला	पनडुब्बी	परनाना
निष्कारण	नैसर्गिक	पंजीयन	पटाक्षेप	पथ्यापथ्य	पनपना	परनाला
निष्कासन	नोकझोंक	पंडिताई	पटापट	पदक्रम	पनवाड़ी	परनिंदा
निष्क्रमण	नोनतेल	पंडिताऊ	पटेबाज	पदचर	पपड़ीला	परपक्ष
निष्क्रियता	नौकरानी	पंडितानी	पटोलिका	पदचाप	पब्लिशर	परपोता
निष्ठावान्	नौकादौड़	पकड़ना	पट्टशिष्य	पदचिह्न	पयस्विनी	परबस
निष्पलक	नौचालन	पकड़ाना	पट्टाधारी	पदच्युत	पयोधर	परमाणु

प - - -	प - - -	प - - -	प - - -	प - - -	पा - - -	पि - - -
परमात्मा	**परिक्रमा**	**परिपत्र**	**परिशुद्ध**	**पलस्तर**	**पादोदक**	**पितामह**
परमायु	परिक्लांत	परिपाक	परिशुद्धि	पलायन	पानदान	पित ऋण
परमार्थ	परिक्षेप	परिपाटी	परिशेष	पल्लवित	पापकर्म	पित पक्ष
परमिट	परिखिन्न	परिपार्श्व	परिशोध	पल्लेदार	पापद ष्टि	पित भक्ति
परराष्ट्र	परिग्रह	परिपुष्ट	परिश्रम	पवित्रता	पापबुद्धि	पित यज्ञ
परलोक	परिचय	परिपूर्ण	परिश्रमी	पवित्रात्मा	पापाचार	पित लोक
परवर्ती	परिचर	परिप च्छा	परिश्रांत	पशुधन	पापाचारी	पित्तकोप
परवश	परिचर्चा	परिप्रश्न	परिषद्	पशुवत्	पायजेब	पित्तज्वर
परवाना	परिचर्या	परिप्रेक्ष्य	परिष्कार	पशुवध	पारंगत	पित्ताशय
परवाह	परिचल	परिप्लव	परिष्कृत	पशुशाला	पारतंत्र्य	पिपीलिका
परसना	परिचित	परिबाधा	परिसंघ	पश्चलेख	पारदर्शी	पियक्कड़
परसर्ग	परिच्छेद	परिभव	परिसर	पश्चात्ताप	पारपत्र	पिलपिला
परस्पर	परिजन	परिभाषा	परिसीमा	पसरना	पारायण	पिशुनता
परहित	परिणति	परिभूत	परिस्थिति	पसारना	पारावार	पीठासीन
परहेज	परिणय	परिमल	परिहार	पसीजना	पारिजात	पीतराग
पराङ्मुख	परिणाम	परिमाण	परिहार्य	पहचान	पार्श्ववर्ती	पीतवर्ण
पराकाष्ठा	परिणामी	परिमाप	परिहास	पहनना	पार्श्वांकित	पीतांबर
पराक्रम	परिणीत	परिमित	परीक्षक	पहनावा	पालागन	पुंकेसर
पराक्रमी	परिणीता	परिमिति	परीक्षण	पहलौठा	पावदान	पुंगीफल
परागण	परितप्त	परिमुग्ध	परीक्षार्थी	पहाड़िन	पावरोटी	पुंजीभूत
पराजय	परिताप	परिरोध	परेशान	पहुँचना	पाशविक	पुंडरीक
पराजित	परितुष्ट	परिवर्जी	परेषक	पहुँचाना	पाशुपत	पुकारना
पराधीन	परित्यक्त	परिवर्ती	परेषण	पहुनाई	पासपोर्ट	पुखराज
परापेक्षी	परित्यक्ता	परिवाद	परेषिती	पांडुलिपि	पासबुक	पुचकार
पराभव	परित्याग	परिवादी	परोसना	पाउडर	पाहिपाहि	पुछवैया
परामर्श	परित्याज्य	परिवार	पर्णकुटी	पाकशाला	पिंगलाक्ष	पुजारिन
परायण	परित्राण	परिवारी	पर्यटक	पाकशास्त्र	पिंडदान	पुटपाक
परायत्त	परित्राता	परिवास	पर्यटन	पाटंबर	पिघलना	पुण्यकर्म
परावर्ती	परिदान	परिवाह	पर्यवेक्षी	पाठशाला	पिघलाना	पुण्यकार्य
पराविद्या	परिदाह	परिवीक्षा	पर्यायोक्ति	पाठ्यक्रम	पिचकना	पुण्यतिथि
पराशक्ति	परिधान	परिव त्त	पर्युत्थान	पाठ्यग्रंथ	पिचकाना	पुण्यतीर्थ
पराश्रय	परिध्वंस	परिवेश	पर्युत्सुक	पाठ्यचर्या	पिचकारी	पुण्यपर्व
पराश्रयी	परिध्वस्त	परिव्यय	पर्वकाल	पाठ्येतर	पिछड़ना	पुण्यवान्
पराश्रित	परिनिंदा	परिव्याप्त	पर्वतीय	पातिव्रत	पिछलग्गू	पुनःपूर्ति
परिकथा	परिनिष्ठा	परिव्रज्या	पलटन	पातिव्रत्य	पिछवाड़ा	पुनरपि
परिकर	परिपक्व	परिशिष्ट	पलटना	पादटीका	पिटवाना	पुनरुक्ति

पु - - -	पू - - -	पौ - - -	प्र - - -	प्र - - -	प्र - - -	प्र - - -
पुनर्जन्म	**पूरणीय**	**पौराणिक**	**प्रतिक्रिया**	**प्रतिलाभ**	**प्रबोधक**	**प्रस्तावित**
पुनर्नवा	पूर्णचंद्र	पौरुषेय	प्रतिक्षण	प्रतिलिपि	प्रभावित	प्रस्थापना
पुनर्वास	पूर्णतया	पौरोहित्य	प्रतिगामी	प्रतिलोम	प्रभुसत्ता	प्रहेलिका
पुरंदर	पूर्णांकित	प्रकंपित	प्रतिघात	प्रतिवर्ष	प्रमाणित	प्राकृतिक
पुरद्वार	पूर्णाहुति	प्रकटन	प्रतिच्छवि	प्रतिवस्तु	प्रमुखता	प्राक्कथन
पुरवासी	पूर्तिकार	प्रकरण	प्रतिच्छाया	प्रतिवाद	प्रमोचन	प्राक्कलन
पुरःसर	पूर्वगत	प्रकल्पना	प्रतिदर्श	प्रतिवादी	प्रयोजन	प्राच्यविद्या
पुरस्कार	पूर्वग्रह	प्रकल्पित	प्रतिदाता	प्रतिव्यक्ति	प्रलोभन	प्राणिमात्र
पुरस्कृत	ूर्वदत्त	प्रकाशक	प्रतिदान	प्रतिशंका	प्रवंचना	प्राणिशास्त्र
पुराकल्प	पूर्वम त	प्रकाशित	प्रतिदाय	प्रतिशत	प्रवरण	प्राणिशास्त्री
पुराकाल	पूर्ववत्	प्रकोपन	प्रतिदिन	प्रतिशोध	प्रवर्तक	प्रातःकर्म
पुराजीव	पूर्ववर्ती	प्रक्रमण	प्रतिदेय	प्रतिषेध	प्रवर्तन	प्रातःकाल
पुरातत्त्व	पूर्वव त्त	प्रक्षालन	प्रतिद्वंद्व	प्रतिष्ठान	प्रवर्धक	प्रातःक्रिया
पुरातन	पूर्वागम	प्रक्षेपण	प्रतिद्वंद्वी	प्रतिष्ठित	प्रवाहित	प्रातःस्नान
पुरालेख	पूर्वाग्रह	प्रक्षेपास्त्र	प्रतिध्वनि	प्रतिसर्ग	प्रविधिक	प्राथमिक
पुरावस्तु	पूर्वापर	प्रख्यापन	प्रतिनिधि	प्रतिस्थानी	प्रवेशार्थी	प्रादुर्भाव
पुरुषत्व	पूर्वाभास	प्रचलन	प्रतिपक्ष	प्रतिस्पर्धा	प्रवेशिका	प्रादुर्भूत
पुरुषार्थ	पूर्वाभ्यास	प्रचलित	प्रतिपक्षी	प्रतिहार	प्रशंसक	प्रादेशिक
पुरुषार्थी	पूर्वोद्ध त	प्रचारक	प्रतिपत्ति	प्रतिहिंसा	प्रशमन	प्राधिकार
पुरोगामी	पूर्वोपाय	प्रचारित	प्रतिपदा	प्रत्यक्षतः	प्रशासक	प्राधिकृत
पुरोभाग	प थकता	प्रजनन	प्रतिपर्ण	प्रत्यर्पण	प्रशासन	प्राध्यापक
पुरोहित	प थ्वीतल	प्रजातंत्र	प्रतिपाद्य	प्रत्याख्यान	प्रशिक्षण	प्राध्यापन
पुलकित	प ष्ठभूमि	प्रज्ञाचक्षु	प्रतिपूर्ति	प्रत्यायन	प्रशिक्षित	प्रामाणिक
पुष्पकीट	प ष्ठांकन	प्रज्ञापन	प्रतिप्रश्न	प्रत्याशित	प्रशीतन	प्रायद्वीप
पुष्पधन्वा	पेंशनर	प्रज्ञापित	प्रतिफल	प्रत्याहार	प्रश्नकर्ता	प्रायश्चित्त
पुष्पमाला	पेचकश	प्रज्वलन	प्रतिबंध	प्रत्युत्तर	प्रश्नचिह्न	प्रायोगिक
पुष्पव ष्टि	पैंतालीस	प्रणयिणी	प्रतिबद्ध	प्रथमतः	प्रश्नपत्र	प्रायोजना
पुष्पांजलि	पैदाइश	प्रणिधान	प्रतिबिंब	प्रदक्षिणा	प्रश्नावली	प्रारंभिक
पुस्तकीय	पैदावार	प्रणिपात	प्रतिभूति	प्रदर्शक	प्रश्नोत्तर	प्रावधान
पूँछदार	पैराग्राफ	प्रणोदित	प्रतिमान	प्रदर्शन	प्रश्नोत्तरी	प्राविधिज्ञ
पूँजीवाद	पैशाचिक	प्रताड़ना	प्रतिमास	प्रदर्शनी	प्रसन्नता	प्रासंगिक
पूँजीवादी	पैसेवाला	प्रतिकर	प्रतियोगी	प्रदर्शित	प्रसरण	प्रास्थगन
पूजनीय	पोषाहार	प्रतिकार	प्रतिरक्षा	प्रदूषण	प्रसाधन	प्रियंवदा
पूजाग ह	पौधशाला	प्रतिकूल	प्रतिरूप	प्रपीड़न	प्रसारण	प्रियतम
पूजाघर	पौरकर	प्रतिकृति	प्रतिरोध	प्रफुल्लित	प्रसारित	प्रियतमा
पूजापाठ	पौरमुख्य	प्रतिक्रम	प्रतिरोधी	प्रबंधक	प्रस्तावना	प्रियदर्शी

प्रि - - -	फु - - -	ब - - -	ब - - -	बा - - -	बि - - -	बे - - -
प्रियपात्र	**फुटकर**	**बढ़ोतरी**	**बलिपशु**	**बादशाह**	**बिसूरना**	**बेहतर**
प्रियभाषी	फुदकना	बतलाना	बलिवेदी	बापदादा	बिहँसना	बेहतरी
प्रीतिभोज	फुरतीला	बतियाना	बलिहारी	बाबूगिरी	बीचोबीच	बेहियाई
प्रीमियम	फुरसत	बदनाम	बल्लेबाज	बारंबार	बीजकोष	बेहूदगी
प्रेक्षाग ह	फुलकारी	बदनामी	बवंडर	बारीबारी	बीजांकुर	बैलगाड़ी
प्रेतविद्या	फुलझड़ी	बदमाश	बवासीर	बालग ह	बीजाक्षर	बोधगम्य
प्रेमकथा	फुलवारी	बदलना	बसस्टाप	बालचर	बीमाकिस्त	बोधसत्त्व
प्रेमपत्र	फुसफुस	बदलाव	बहकना	बाललीला	बुकपोस्ट	बोलचाल
प्रेमभक्ति	फुसफुसा	बद्धकोष्ठ	बहकावा	बालवाड़ी	बुझौवल	बोलाचाली
प्रेममय	फुसलाना	बनजारा	बहत्तर	बालहठ	बुद्धिग्राह्य	बौखलाना
प्रेममार्ग	फेराफेरी	बनाठना	बहनापा	बालावस्था	बुद्धिमत्ता	बौद्धधर्म
प्रेमालाप	फेरीवाला	बनारसी	बहनोई	बालूशाही	बुद्धिमान	ब्योरेवार
प्रेषणीय	बँचवाना	बनावट	बहलना	बालोचित	बुद्धिमानी	ब्यौरेवार
प्रोत्साहन	बँटवारा	बनावटी	बहलाना	बाल्यावस्था	बुधवार	ब्रह्मचर्य
प्रोत्साहित	बंटाधार	बपतिस्मा	बहादुर	बावजूद	बुनकर	ब्रह्मज्ञान
प्रौढ़ावस्था	बंदगोभी	बयालीस	बहादुरी	बाहुपाश	बुनावट	ब्रह्मज्ञानी
प्रौद्योगिक	बंदीग ह	बरगद	बहिरंग	बाहुबल	बुरकना	ब्रह्मपुत्र
प्रौद्योगिकी	बंदोबस्त	बरतन	बहिर्मुखी	बाह्येंद्रिय	बुलबुल	ब्राह्मीलिपि
फटकना	बंधपत्र	बरताव	बहिष्कार	बिखरना	बुलेटिन	भंडाफोड़
फटकार	बंधुजन	बरदाश्त	बहिष्कृत	बिखराव	बुहारना	भकोसना
फड़कना	बकबक	बरबस	बहीखाता	बिखेरना	बूँदाबाँदी	भगंधर
फलप्रद	बकवास	बरबाद	बहुतेरा	बिगड़ना	ब हत्तर	भगवत्
फलागम	बघनखा	बरबादी	बहुतेरे	बिगाड़ना	ब हस्पति	भगवती
फलाफूला	बघरना	बरसना	बहुमत	बिचकना	बेइंसाफी	भगवान्
फलाहार	बचकाना	बरसात	बहुमूल्य	बिचौलिया	बेइज्जत	भग्नप्राय
फलाहारी	बचपन	बरसाती	बहुलांश	बिछड़ना	बेइज्जती	भजनीक
फलितार्थ	बचपना	बरसाना	बहुविध	बिछुड़ना	बेईमान	भटकना
फहरना	बचाखुचा	बराबर	बहेलिया	बिठलाना	बेकरार	भटियारा
फहराना	बजरंग	बराबरी	बाँकापन	बिदकना	बेखटके	भट्टाचार्य
फिंकवाना	बटमार	बर्फखाना	बाइबिल	बिनबारी	बेझिझक	भट्टारक
फिटकरी	बटोरना	बलबूता	बाइस्कोप	बिनब्याहा	बेटेपोते	भड़कीला
फिलहाल	बट्टाखाता	बलशाली	बागडोर	बिफरना	बेतहाशा	भद्रकाली
फिल्मोत्सव	बड़प्पन	बलहीन	बागबानी	बिलकुल	बेमिसाल	भभकना
फिल्मोद्योग	बड़बड़	बलात्कार	बाघंबर	बिलखना	बेवकूफी	भयंकर
फिसलना	बड़बोला	बलात्कारी	बाजागाजा	बिसरना	बेवफाई	भयभीत
फिसलाव	बड़हार	बलिदान	बाजीगर	बिसारना	बेशुमार	भयानक

भ - - -	भा - - -	भू - - -	मं - - -	म - - -	म - - -	म - - -
भरतार	**भावपक्ष**	**भूखाप्यासा**	**मंत्रविद्या**	**मतांतर**	**मनोभाव**	**महफिल**
भरपाई	भावमय	भूतकाल	मंत्रवेत्ता	मताग्रह	मनोरमा	महसूल
भरपूर	भाववाची	भूतपूर्व	मंत्रशास्त्र	मतिभ्रम	मनोरोग	महसूस
भरमाना	भावांतर	भूतप्रेत	मंत्रालय	मत्स्यशास्त्र	मनोव त्ति	महाकवि
भरमार	भावाकुल	भूतलक्षी	मंत्रिपद	मदमत्त	मनोवेग	महाकाल
भरसक	भावातुर	भूताविष्ट	मंदगति	मदमाता	मनोव्यथा	महाकाली
भलेचंगे	भावावेग	भूमिगत	मंदबुद्धि	मद्यपान	मनोहर	महाकाव्य
भवदीय	भावावेश	भूमिहार	मंदभागी	मधुकर	मरकत	महाजन
भवबाधा	भावुकता	भूराजस्व	मंदभाग्य	मधुकोष	मरखना	महादेव
भवितव्य	भावोद्गार	भूर्जपत्र	मकबरा	मधुपर्क	मरघट	महादेवी
भस्मसात्	भाषाविद्	भूलचूक	मकरंद	मधुमक्खी	मरम्मत	महाद्वीप
भस्मीभूत	भाषाशास्त्र	भूसंपत्ति	मकसद	मधुमेह	मरवाना	महानता
भांडागार	भाष्यकार	भूसुधार	मक्खीचूस	मधुरिमा	मरहम	महानिद्रा
भाँतिभाँति	भासमान	भेंटवार्ता	मखनिया	मधुशाला	मरियल	महापौर
भाँयभाँय	भिक्षाजीवी	भेदनीति	मखमल	मध्यकाल	मरुभूमि	महाप्राण
भाईचारा	भिक्षाटन	भोगलिप्सा	मगसिर	मध्यमार्ग	मरुस्थल	महाबली
भाईदूज	भिक्षापात्र	भोजपत्र	मचलना	मध्यमार्गी	मर्त्यलोक	महामंत्री
भागदौड़	भिक्षाव त्ति	भोलापन	मजदूर	मध्ययुग	मर्मभेदी	महामारी
भागफल	भित्तिचित्र	भौगोलिक	मजंदूरी	मध्यवर्ती	मर्मव्यथा	महायुद्ध
भागिनेय	भिनकना	भ्रष्टाचार	मजबूत	मध्यस्थता	मर्मस्थल	महारथी
भागीदार	भिन्नभिन्न	भ्रष्टाचारी	मजबूर	मध्यांतर	मर्यादित	महाराज
भागीरथी	भीड़भाड़	भ्रात प्रेम	मजबूरी	मध्यावधि	मलमल	महाराजा
भाग्यवश	भीनीभीनी	भ्रात भाव	मजाकिया	मनचला	मलमास	महावत
भाग्यवाद	भीमाकार	भ्रात वत्	मझधार	मननीय	मलयज	महावर
भाग्यवान्	भुक्तभोगी	भ्रूणहत्या	मटकना	मनमानी	मलाशय	महावीर
भाग्योदय	भुखमरी	भ्रूविलास	मटमैला	मनमौजी	मलेरिया	महाशय
भाद्रपद	भुगतना	मँगवाना	मठाधीश	मनवाना	मशहूर	महीपति
भानुमती	भुगतान	मंगेतर	मणिमय	मनस्ताप	मशालची	महीपाल
भारकेंद्र	भुगताना	मँझधार	मणिमाला	मनुष्यत्व	मशीनरी	महोदय
भारतीय	भुजंगम	मंडराना	मतदाता	मनुस्म ति	मसहरी	माँगचोटी
भारमापी	भुजपाश	मंडलाना	मतदान	मनुहार	मसिजीवी	माँगटीका
भारमुक्त	भुजबंध	मंत्रजाल	मतपत्र	मनोगति	मसोसना	माँगपत्र
भाराक्रांत	भुजबल	मंत्रतंत्र	मतपेटी	मनोग्रंथि	मस्तमौला	मांगलिक
भालचंद्र	भुरभुरा	मंत्रद्रष्टा	मतभेद	मनोग्राही	महँगाई	मांसखोर
भालनेत्र	भुलक्कड़	मंत्रमुग्ध	मतलब	मनोनीत	महतारी	मांसपिंड
भावगम्य	भूखानंगा	मंत्रयोग	मतवाला	मनोबल	महत्तम	मांसपेशी

मां - - -	मि - - -	मु - - -	मू - - -	मो - - -	य - - -	यू - - -
मांसाहारी	**मिताहार**	**मुचलका**	**मूल्यवान्**	**मोहनिद्रा**	**यमपुर**	**यूथभ्रष्ट**
मात कुल	मित्रद्रोह	मुछंदर	मूल्यव द्धि	मोहभंग	यमराज	यूनियन
मात भाषा	मित्रवत्	मुछमुंडा	मूल्यह्रास	मौजूदगी	यमलोक	यूनीफार्म
मात भूमि	मित्रवर	मुजरिम	मूल्यांकन	मौनभंग	यवनिका	यूरोपीय
माथापच्ची	मित्रोचित	मुठभेड़	म गचर्म	मौनव्रत	यशस्विनी	योगक्षेम
मादकता	मिथ्याज्ञान	मुताबिक	म गछाल	यंत्रवत्	यशोगाथा	योगदान
माध्यमिक	मिथ्याभाषी	मुद्रांकन	म गत ष्णा	यंत्रशाला	यशोगान	योगनिद्रा
माध्यस्थम्	मिमियाना	मुद्रांकित	म गनाभि	यकीनन	यातायात	योगफल
मानदंड	मिलवाना	मुद्रास्फीति	म णालिनी	यजमान	यात्राभत्ता	योगबल
मानदेय	मिलाजुला	मुनासिब	म तप्राय	यजमानी	यादगार	योगरूढ़
माननीय	मिलावट	मुफ्तखोर	म त्युदंड	यजुर्वेद	याददाश्त	योगशक्ति
मानवीय	मिलिटरी	मुबारक	म त्युदर	यज्ञकुंड	याद च्छिक	योगशास्त्र
मानसिक	मिलीग्राम	मुमकिन	म त्युपत्र	यज्ञपशु	याम्योत्तर	योगसूत्र
मानहानि	मिश्रधन	मुरकना	म त्युलोक	यज्ञशाला	यायावर	योगाभ्यास
मानुषिक	मीनमेख	मुरमुरा	म त्युशय्या	यज्ञागार	यारबाजी	योगाश्रम
मापक्रम	मुंडमाला	मुर्दाघर	म दुभाषी	यत्किंचित्	यावज्जन्म	योगेश्वर
मापदंड	मुंशीगिरी	मुर्दादिल	मेघमाला	यत्नशील	युक्तिपूर्ण	यौनत प्ति
मायाजाल	मुआवजा	मुलाकात	मेघाच्छन्न	यथाकाम	युक्तियुक्त	यौनव्याधि
मायाम ग	मुकदमा	मुलाकाती	मेजपोश	यथाकाल	युगंकर	रंगकर्मी
मायामोह	मुकद्दर	मुलायम	मेजबान	यथाक्रम	युगधर्म	रंगचित्र
मारपीट	मुकरना	मुष्टियुद्ध	मेरुदंड	यथातथ	युगपत्	रंगढंग
मार्गदर्शी	मुकाबला	मुसीबत	मेलजोल	यथातथ्य	युगांतर	रंगभूमि
मार्गशीर्ष	मुकुलित	मुहब्बत	मेहतर	यथामूल्य	युद्धकला	रंगभेद
मालगाड़ी	मुक्केबाज	मुहावरा	मेहनत	यथायोग्य	युद्धभूमि	रंगमंच
मालपूआ	मुक्तकंठ	मूँगफली	मेहनती	यथार्थता	युद्धमोर्चा	रंगरूट
मालविका	मुक्तहस्त	मूत्रमार्ग	मेहमान	यथावत्	युद्धवीर	रंगरेज
मालामाल	मुक्तिदाता	मूत्रालय	मैत्रीपूर्ण	यथावधि	युद्धाभ्यास	रँगरेली
मालिकाना	मुक्तिमार्ग	मूत्राशय	मैनेजर	यथाशक्ति	युद्धारंभ	रँगवाई
माल्यार्पण	मुखद्वार	मूर्तिकला	मोक्षप्राप्ति	यथाशीघ्र	युद्धोन्माद	रंगशाला
माहवार	मुखपत्र	मूर्तिकार	मोटाताजा	यथोचित	युधिष्ठिर	रंगसाज
मिचकाना	मुखप ष्ठ	मूर्तिशिल्प	मोड़तोड़	यथोपरि	युवजन	रंगारंग
मिचलाना	मुखमुद्रा	मूलतत्त्व	मोतीझरा	यदाकदा	युवराज	रंगावली
मिठबोला	मुखरित	मूलधन	मोबाइल	यदुवंशी	युवराज्ञी	रंजीदगी
मितभाषी	मुखाकृति	मूलभूत	मोमजामा	यद च्छया	युववाणी	रंडीखाना
मितभोजी	मुख्यालय	मूलमंत्र	मोलतोल	यमदूत	युवावस्था	रक्तकण
मितव्ययी	मुगदर	मूलाधार	मोलभाव	यमपाश	यूथपति	रक्तचाप

र - - -	र - - -	रा - - -	रि - - -	रो - - -	ल - - -	ला - - -
रक्तदान	**रवानगी**	**राजभाषा**	**रिपोर्ताज**	**रोगकारी**	**लज्जाहीन**	**लाभकारी**
रक्तदाब	रविकर	राजमाता	रिमझिम	रोजगार	लटकन	लाभप्रद
रक्तपात	रविवार	राजयक्ष्मा	रियायत	रोजमर्रा	लटकना	लाभान्वित
रक्तस्राव	रवेदार	राजयोग	रियासत	रोटीबेटी	लटकाना	लालायित
रक्ताल्पता	रश्मिमाली	राजवंश	रिरियाना	रोबदाब	लट्ठबाज	लावारिस
रक्षातंत्र	रसगुल्ला	राजसभा	रिवाल्वर	रोमकूप	लट्ठमार	लिंगायत
रक्षात्मक	रसपान	राजहंस	रिश्तेदार	रोमांचित	लताग ह	लिखावट
रक्षापंक्ति	रसभंग	राजाश्रय	रीतिकाल	रोशनाई	लताड़ना	लिजलिजा
रखवाला	रसमय	राजेश्वर	रीतिकाव्य	लंकानाथ	लतियाना	लिपटना
रखवाली	रसराज	राज्यकाल	रीतिरस्म	लंकापति	लथपथ	लिपापुता
रगड़ना	रसलीन	राज्यकोष	रुंडमुंड	लँगड़ाना	लदाफँदा	लिपिकार
रचयिता	रसातल	राज्यक्रांति	रुकावट	लँगराना	लपझप	लिपिबद्ध
रचयित्री	रसायन	राज्यक्षेत्र	रुग्णावस्था	लंबकर्ण	लपेटना	लिसलिसा
रजवाड़ा	रसिकता	राज्यपाल	रुचिकर	लंबकोण	लबाड़िया	लीपापोती
रजस्वला	रसेदार	राज्यसभा	रुद्धकंठ	लंबग्रीव	लब्धकाम	लीलामय
रजिस्टर	रसोइया	राज्याश्रित	रुनझुन	लंबवत्	लयताल	लुकाछिपी
रजोगुण	रस्साकशी	रात्रिभोज	रुपहला	लंबोदर	लयात्मक	लुढ़कना
रणक्षेत्र	रहासहा	रामचंद्र	रूढ़वादी	लक्षितार्थ	ललकार	लुभावना
रणचंडी	रागद्वेष	रामदूत	रूढ़संख्या	लक्ष्मीपति	ललचाना	लुहारिन
रणनीति	रागात्मक	रामबाण	रूढ़िवाद	लक्ष्यभेदी	लल्लोचप्पो	लूटपाट
रणभूमि	राजकन्या	रामलीला	रूपमती	लक्ष्यभ्रष्ट	लवलीन	लूटमार
रणभेरी	राजकाज	रामायण	रूपराशि	लक्ष्यसिद्धि	लवलेश	लेखपाल
रतजगा	राजकीय	राशिचक्र	रूपवान्	लक्ष्यहीन	लसलसा	लेखाकार
रतनारी	राजकुल	राष्ट्रकुल	रूपांकन	लखपति	लहकना	लेखाजोखा
रतिकर्म	राजकोष	राष्ट्रगान	रूपांकित	लगभग	लहकाना	लेखापत्र
रतिक्रिया	राजगीर	राष्ट्रगीत	रूपांतर	लगवाना	लहराना	लेखापाल
रतिभाव	राजतंत्र	राष्ट्रचिह्न	रूपाकार	लगातार	लहरिया	लेखाबही
रत्नगर्भा	राजदूत	राष्ट्रध्वज	रूपायित	लघुकथा	लहसुन	लेनदेन
रत्नावली	राजद्रोह	राष्ट्रपति	रेखांकित	लघुतम	लाइसेंस	लेनादेना
रनवास	राजद्रोही	राष्ट्रसंघ	रेगमाल	लघुशंका	लाक्षणिक	लोककथा
रनिवास	राजधानी	राष्ट्राध्यक्ष	रेगिस्तान	लचकना	लागबुक	लोककाव्य
रपटना	राजनीति	राष्ट्रीयता	रेजगारी	लच्छेदार	लाजवंती	लोकतंत्र
रफूगर	राजनेता	राष्ट्रोन्माद	रेडक्रास	लज्जाप्रद	लाजवाब	लोकप्रिय
रमणीक	राजपथ	रासक्रीड़ा	रेडियम	लज्जावती	लाड़प्यार	लोकमत
रमणीय	राजभक्त	रासलीला	रेलगाड़ी	लज्जाशील	लातमुक्का	लोकलज्जा
रवादार	राजभक्ति	रिक्तहस्त	रोकथाम	लज्जाशून्य	लाभकर	लोकश्रुति

लो - - -

लोकसत्ता
लोकसभा
लोकहित
लोकाचार
लोकोत्तर
लोटपोट
लोभनीय
लोहारिन
लौटफेर
लौटाफेरी
लौहयुग
वंदनीय
वंशवट
वंशव क्ष
वंशागत
वंशीधर
वंशोद्भव
वकालत
वक्रगति
वक्षस्थल
वज्रपात
वज्राघात
वज्रासन
वटव क्ष
वधशाला
वनस्पति
वनौषधि
वयःसंधि
वयोव द्ध
वरणीय
वरदान
वरीयता
वर्कशाप
वर्गफल
वर्गमूल
वर्णक्रम

व - - -

वर्णनीय
वर्णमाला
वर्णाश्रम
वर्तमान
वर्षाकाल
वशवर्ती
वशीभूत
वसीयत
वसुंधरा
वस्तुनिष्ठ
वस्तुसूची
वस्त्रोद्योग
वाउचर
वाक्चातुर्य
वाक्संयम
वाचस्पति
वातायन
वादग्रस्त
वाद्यव ंद
वानप्रस्थ
वामपंथी
वामपक्ष
वामपक्षी
वाममार्ग
वायुदाब
वायुयान
वायुसेना
वारवधू
वारांगना
वार्ताकार
वार्तालाप
वाष्पदाब
वास्तविक
वास्तुकला
वास्तुकार
वास्तुशिल्प

वा - - -

वाहियात
विकराल
विकलांग
विकसित
विकिरण
विकेंद्रित
विक्रमीय
विखंडन
विघटन
विचक्षण
विचरण
विचलन
विचलित
विचारक
विच्छेदन
विजातीय
विज्ञापन
विज्ञापित
विटामिन
विडंबना
वितरक
वितरण
वित्तेषणा
विदूषक
विद्यमान
विद्यादान
विद्यापीठ
विद्यालय
विद्वज्जन
विधायक
विधायिका
विधिवत्
विधेयक
विध्वंसक
विनिमय
विनियोग

वि - - -

विपणन
विपरीत
विपर्याय
विपर्यास
विपुलता
विप्रलंभ
विभागीय
विभाजन
विभाजित
विभावरी
विभिन्नता
विभीषिका
विभूषण
विमोचन
विरचित
विरहिणी
विरासत
विरूपण
विरेचक
विरेचन
विलक्षण
विलयन
विलासिनी
विलोकन
विलोड़न
विलोपन
विवरण
विवाहित
विवाहिता
विवेचन
विशारद
विशिष्टता
विशूचिका
विश ंखल
विशेषज्ञ
विशेषण

वि - - -

विशेषतः
विशेषांक
विश्लेषण
विश्वंभर
विश्वकर्मा
विश्वकोश
विश्वव्यापी
विषकन्या
विषधर
विषपान
विसंगति
विसंवादी
विसर्जन
विसर्जित
विस्थापित
विस्फोटक
विस्मरण
विहंगम
वीरकाव्य
वीरचक्र
वीरप्रसू
वीरांगना
वीरोचित
व ंदवाद्य
व ंदावन
व त्तचित्र
व त्ताकार
व द्धकाल
व द्धावस्था
वेगवान्
वेधशाला
वेश्यागामी
वेश्यालय
वेश्याव त्ति
वैकल्पिक
वैजयंती

वै - - -

वैज्ञानिक
वैतनिक
वैतरणी
वैतालिक
वैधानिक
वैमनस्य
वैमानिकी
वैयक्तिक
वैरभाव
वैरागिणी
वैवस्वत
वैवाहिक
व्यंग्यकार
व्यंग्यचित्र
व्यंग्यात्मक
व्यक्तिगत
व्यतिक्रम
व्यतिरेक
व्यभिचार
व्यवधान
व्यवसाय
व्यवसायी
व्यवस्थित
व्यवहार
व्याकरण
व्याख्याकार
व्याजस्तुति
व्यापारिक
व्यासपीठ
व्यूहबद्ध
व्योमगंगा
व्योममार्ग
व्योमयान
व्रतधारी
व्रतभंग
शंकास्पद

श - - -

शक्तिमान
शतदल
शतपत्र
शतरंज
शतशत
शनिवार
शनैःशनैः
शबनम
शब्दचित्र
शब्दब्रह्म
शब्दावली
शरच्चंद्र
शरणार्थी
शरबत
शरमाना
शरीरांत
शर्मिंदगी
शवयात्रा
शस्त्रागार
शहतूत
शहनाई
शांतिपूर्ण
शांतिभंग
शांतिमय
शाकाहारी
शादीशुदा
शापग्रस्त
शामियाना
शारीरिक
शालग्राम
शालीनता
शासकीय
शिकायत
शिक्षाप्रद
शिक्षामंत्री
शिक्षाविद्

शि - - -	**शो - - -**	**सं - - -**	**सं - - -**	**स - - -**	**स - - -**	**स - - -**
शिक्षाशास्त्र	**शोभायात्रा**	**संचरण**	**संरक्षक**	**सतगुरु**	**सभाध्यक्ष**	**समुच्चय**
शिक्षाशास्त्री	शौचागार	संचालक	संरक्षण	सतरंगा	सभापति	समुज्ज्वल
शिथिलता	शौचालय	संचालन	संरक्षित	सतर्कता	सभासद	समुत्थान
शिरोधार्य	शौर्यचक्र	संजीवन	संरचना	सतसई	समकक्ष	समुदाय
शिरोमणि	श्रद्धांजलि	संजीविनी	संलग्नक	सतानवे	समकोण	समुन्नत
शिलाखंड	श्रमजीवी	संतुलन	संवत्सर	सतावर्त	समझना	समेकित
शिलान्यास	श्रमदान	संतुलित	सँवरना	सतोगुण	समझौता	समेटना
शिलीमुख	श्रमायुक्त	संध्याकाल	संवर्धन	सत्तावन	समतल	सम्मानित
शिल्पशाला	श्रीगणेश	संनिपात	सँवारना	सत्ताईस	समदर्शी	सम्यग्ज्ञान
शिवालय	श्रेणीबद्ध	संनिवेश	संविधान	सत्ताच्युत	समधिन	सरकंडा
शिशुकाल	श्रेयस्कर	संन्यासिनी	संविभाग	सत्ताधारी	समन्वय	सरकना
शिष्टाचार	श्रेष्ठिवर्ग	संपादक	संवेदन	सत्तानवे	समन्वित	सरकस
शीघ्रगामी	श्रोतागण	संपादन	संवेदना	सत्तारूढ़	समरस	सरकार
शीतऋतु	श्वाननिद्रा	संपूर्णतः	संशोधन	सत्तासीन	समर्थक	सरकारी
शीतयुद्ध	श्वासतंत्र	सँपोलिया	संशोधित	सत्पुरुष	समर्थन	सरगम
शीलवान	श्वासयंत्र	संपोषण	संसदीय	सत्याग्रह	समर्थित	सरदार
शुंडाकार	श्वेतकुष्ठ	संप्रदान	संसूचक	सत्यानाश	समर्पण	सरनामा
शुक्रवार	ृवेतांबर	संप्रदाय	संस्करण	सत्यापन	समर्पित	सरपट
शुक्लपक्ष	षड्दर्शन	संप्रेषण	संस्थागत	सत्यासत्य	समवेत	सरसठ
शुद्धिपत्र	षष्टिपूर्ति	संप्रेषित	संस्थापक	सत्रारंभ	समागम	सरसता
शुभारंभ	संकलन	संबंधित	संस्थापना	सत्वगुण	समाचार	सरसिज
शुरुआत	संकुचित	संबोधन	संस्थापित	सदाचार	समाद त	सरस्वती
शून्यावस्था	संक्रमण	संबोधित	संस्मरण	सदाचारी	समादेश	सराहना
शूरवीर	संक्रमित	संभरण	सकर्मक	सदुद्देश्य	समाधान	सरीस प
शूलपाणि	संक्रामक	सँभलना	सकुचाना	सद्भावना	समानता	सरोजिनी
शेखचिल्ली	संख्यात्मक	संभवतः	सकुशल	सनसनी	समापन	सरोवर
शैक्षणिक	संगठन	सँभालना	सचमुच	सनातन	समारंभ	सर्पाकार
शैलमाला	संगठित	संभावना	सचेतन	सन्निवेश	समारोह	सर्वव्यापी
शोकगीत	संगणक	संभावित	सच्चरित्र	सपत्नीक	समाविष्ट	सर्वश्रेष्ठ
शोकग्रस्त	संगीतज्ञ	संभाषण	सजातीय	सप्तपदी	समावेश	सर्वांगीन
शोकसभा	संग्रहणी	संमिलित	सजावटी	सप्तशती	समाहार	सर्वाधिक
शोकाकुल	संग्रहीत	संमिश्रण	सट्टेबाज	सप्तसिंधु	समाहित	सर्वेक्षण
शोकातुर	संघटक	संमिश्रित	सट्टेबाजी	सप्रमाण	समीक्षक	सर्वेसर्वा
शोचनीय	संघटन	संमेलन	सठियाना	सफलता	समीचीन	सर्वोत्तम
शोधकर्ता	संघर्षण	संयोजक	सड़सठ	सब्जीमंडी	समुंदर	सर्वोदय
शोभनीय	संचयित	संयोजन	सड़ियल	सभागार	समुचित	सर्वोपरि

स - - -	**सा - - -**	**सि - - -**	**सु - - -**	**सू - - -**	**स्तु - - -**	**स्व - - -**
सलहज	**साधिकार**	**सिटकनी**	**सुधारना**	**सूचनार्थ**	**स्तुतिगान**	**स्वरलिपि**
सल्तनत	साधुवाद	सिट्टीपिट्टी	सुनयना	सूचीपत्र	स्तुतिपाठ	स्वरांकन
सविनय	सानुप्रास	सिद्धहस्त	सुनवाई	सूचीबद्ध	स्तूपकार	स्वर्गकाम
सशरीर	सानुरोध	सिद्धांततः	सुनसान	सूचीभेद्य	स्थानच्युत	स्वर्गलोक
ससुराल	साप्ताहिक	सिधारना	सुनहरा	सूझबूझ	स्थानापन्न	स्वर्गवास
सहकारी	साबूदाना	सिफारिश	सुनिश्चित	सूटकेस	स्थानाभाव	स्वर्गवासी
सहगामी	साभिप्राय	सिमटना	सुप्तावस्था	सूतिकाल	स्थायीभाव	स्वर्णकार
सहचारी	साभिमान	सिरफिरे	सुप्रसिद्ध	सूत्रधार	स्थिरचित्त	स्वर्णाक्षर
सहपाठी	सामंजस्य	सिरमौर	सुबकना	सूत्रपात	स्थिरमति	**स्वशासन**
सहभागी	सामयिक	सिरहाना	सुभाषित	सूदखोर	स्थूलकाय	स्वादेंद्रिय
सहभोज	सामयिकी	सिलखड़ी	सुमरनी	सूदखोरी	स्नानग ह	स्वाधिकार
सहयोग	सामवेद	सिलबट्टा	सुमिरन	सूनापन	स्नानागार	स्वाधिपत्य
सहयोगी	सामाजिक	सिललोढ़ा	सुरक्षित	सूफियाना	स्नानालय	स्वाधीनता
सहलाना	सामान्यतः	सिलवाना	सुरपति	सूर्यलोक	स्नेहपत्र	स्वानुभूति
सहवास	सामासिक	सिलसिला	सुरबाला	सूर्यवंशी	स्नेहपात्र	स्वाभाविक
सहशिक्षा	सामूहिक	सिसकना	सुरापात्र	सूर्योदय	स्नेहपूर्ण	स्वाभिमान
सहस्राब्दी	साम्यवाद	सिसकारी	सुरापान	स ष्टिकर्ता	स्नेहमय	स्वामिभक्त
सहायक	सायंकाल	सिहरन	सुरासुर	सेनाध्यक्ष	स्नेहाकांक्षी	स्वायत्तता
सहायता	सारग्राही	सीढ़ीनुमा	सुलगन	सेनापति	स्नेहाकुल	स्वार्थलिप्सा
सहिष्णुता	सारस्वत	सीताफल	सुलगना	सेवाभाव	स्पर्शनीय	स्वावलंबी
सहृदय	सारहीन	सीमांकन	सुलोचना	सैंतालीस	स्पर्शेंद्रिय	स्वास्थ्यलाभ
सहेजना	सार्थकता	सीमावर्ती	सुवासित	सैद्धांतिक	स्पष्टतया	स्वास्थ्यसेवा
सहोदर	सार्वत्रिक	सुंदरता	सुविख्यात	सैन्यद्रोह	स्पष्टवक्ता	स्वीकारोक्ति
सांकेतिक	सावकाश	सुकुमार	सुव्यवस्था	सोनाचाँदी	स्पष्टवादी	स्वीकार्यता
सांख्यिकीय	सावधिक	सुखचैन	सुशासन	सोमरस	स्प हणीय	स्वेच्छाचारी
सांगोपांग	साहचर्य	सुखमय	सुशिक्षित	सोमवार	स्मरणार्थ	स्वेच्छातंत्र
साँठगाँठ	साहसिक	सुखांतक	सुसंपन्न	सोयाबीन	स्रोतस्विनी	स्वेदकण
साँयसाँय	साहित्यिक	सुगंधित	सुसंस्कृत	सोहावना	स्वकथन	स्वेदग्रंथि
सांविधिक	साहूकार	सुघड़ाई	सुसज्जित	सौंधापन	स्वचालित	स्वेदबिंदु
सांसारिक	साहूकारी	सुचिंतित	सुहागिन	सौदागर	स्वतःसिद्ध	स्वैरतंत्र
सांस्कृतिक	सिंहनाद	सुड़कना	सुहावना	सौदामिनी	स्वप्नगत	हँकवाना
साक्षरता	सिंहासन	सुदर्शन	सूक्ष्मग्राही	सौदेबाजी	स्वप्नवत्	हँसमुख
साक्षात्कार	सिकंदर	सुद ढ़ता	सूक्ष्मद ष्टि	सौमनस्य	स्वभावतः	हँसीखुशी
साझेदार	सिकुड़ना	सुधरना	सूक्ष्माकार	सौरवर्ष	स्वयंवर	हकलाना
साझेदारी	सिकोड़ना	सुधाकर	सूखाग्रस्त	स्टेशनरी	स्वयंसिद्धि	हकीकत
साधारण	सिगनल	सुधारक	सूचकांक	स्तंभलेख	स्वयमेव	हक्काबक्का

ह - - -	ह - - -	हा - - -	हि - - -	हे - - -
हजामत	**हमपेशा**	**हायतोबा**	**हिमायती**	**हेमगिरि**
हट्टाकट्टा	हमसाया	हायहाय	हिमालय	हेरफेर
हठधर्मी	हरकत	हारजीत	हिरासत	हेराफेरी
हठयोग	हरियाली	हालचाल	हिस्सेदार	हेलमेल
हड़कंप	हर्षध्वनि	हावभाव	हीनग्रंथि	हैमवंत
हड़ताल	हर्षोन्माद	हास्यास्पद	हीनबल	हैसियत
हड़ताली	हर्षोल्लास	हाहाकार	हीनयान	होड़ाहोड़ी
हड़पना	हलचल	हिंदीतर	हुकूमत	होनहार
हड़बड़ी	हलवाई	हिंदुस्तान	हुक्कापानी	होमकुंड
हतप्रभ	हलवाहा	हिंसाकर्म	हुक्मनामा	होशियार
हताहत	हलाहल	हितकर	हुड़दंग	होशियारी
हथकंडा	हवालात	हितकारी	हुलसना	हौलेहौले
हथकड़ी	हस्तक्षेप	हितलाभ	हुलसाना	हासोन्मुख
हथगोला	हस्तरेखा	हिताकांक्षी	हृतपिंड	□
हथियार	हस्ताक्षर	हिदायत	हृषिकेश	
हन्यमान	हस्तिदंड	हिमखंड	हृष्टपुष्ट	
हफ्तेवार	हाथापाई	हिमनद		
हमकौम	हानिकर	हिमव ष्टि		

चतुर्-अक्षरी : प्रथम मध्य

आँ - -	- क - -	- क - -	- क - -	- कां - -	- का - -	- क्क - -
धुआँधार	**इकबाल**	**ट्रंककाल**	**फिंकवाना**	**एकांतिक**	**स्वीकार्यता**	**प्राक्कलन**
मुआवजा	इकमुश्त	ठकठक	बकबक	अकादमी	अकिंचन	इक्कादुक्का
बेइंसाफी	इकरार	ठुकराना	बकवास	अकारण	चिकित्सक	चक्काजाम
टाइपिस्ट	इकलौता	डाकखाना	बुकपोस्ट	एकाग्रता	विकिरण	धक्कामुक्की
ड्राइवर	इकसठ	डाकघर	बेकरार	एकादश	चौकीदारी	हक्काबक्का
बाइबिल	इकहरा	डाकव्यय	मकबरा	एकादशी	यकीनन	हुक्कापानी
बाइस्कोप	उकताना	तकदीर	मकरंद	एकार्थक	हकीकत	छक्केबाज
बेइज्जत	उकलाई	तकनीक	मकसद	छकाछक	आकुंचन	मुक्केबाज
बेइज्जती	उकसाना	तकनीकी	मुकदमा	टोकाटोकी	आकुंचित	मक्खीचूस
लाइसेंस	एकच्छत्र	तकरार	मुकद्दर	डकारना	अकुलाना	वाक्चातुर्य
छुईमुई	एकतारा	तकलीफ	मुकरना	डाकाजनी	अकुलीन	डाक्टरनी
बेईमान	एकदंत	तकल्लुफ	रोकथाम	ताकाझाँकी	अकुशल	भुक्तभोगी
भाईचारा	एकनिष्ठ	तिकड़म	लोककथा	थकामाँदा	ठकुरानी	मुक्तकंठ
भाईदूज	एकमत	तुकबंदी	लोककाव्य	थकावट	मुकुलित	मुक्तहस्त
काउंटर	एकमात्र	धकधकी	लोकतंत्र	थकाहट	संकुचित	रक्तकण
पाउडर	एकरूप	धुकधुकी	लोकप्रिय	नकारना	सकुचाना	रक्तचाप
वाउचर	एकलव्य	नकचढ़ी	लोकमत	नाकाबंदी	सकुशल	रक्तदान
गऊघाट	एकलौता	नकफूल	लोकलज्जा	निकालना	सिकुड़ना	रक्तदाब
दिक्पाल	कंकड़ीला	नकसीर	लोकश्रुति	नौकादौड़	सुकुमार	रक्तपात
अकंटक	कंकरीट	नाकनक्शा	लोकसत्ता	पुकारना	हुकूमत	रक्तस्राव
चुकंदर	कंकरीला	निकटता	लोकसभा	प्रकाशक	प्राकृतिक	रिक्तहस्त
प्रकंपित	क्लोकरूम	निकटस्थ	लोकहित	प्रकाशित	विकेंद्रित	रक्ताल्पता
सिकंदर	चकबंदी	निकलना	विकराल	बाँकापन	ठेकेदार	पंक्तिच्युत
अंकसूची	चकराना	नुकसान	विकलांग	मुकाबला	ढकेलना	मुक्तिदाता
अकड़ना	चकल्लस	नोकझोंक	विकसित	रुकावट	धकेलना	मुक्तिमार्ग
अकर्मक	चाकलेट	नौकरानी	वैकल्पिक	लंकानाथ	निकेतन	युक्तिपूर्ण
अकर्मण्य	चिकनाई	पकड़ना	व्याकरण	लंकापति	पुंकेसर	युक्तियुक्त
अकसर	जकड़ना	पकड़ाना	शोकगीत	लुकाछिपी	सांकेतिक	व्यक्तिगत
अकस्मात्	झुकवाना	पकवाई	शोकग्रस्त	लोकाचार	चकोटना	शक्तिमान
आकर्षक	टँकवाना	पकवान	शोकसभा	वकालत	चकोतरा	हुक्मनामा
आकर्षण	टकटकी	पाकशाला	संकलन	शंकास्पद	ढकोसला	इक्यानवे
आकलक	टकराना	पाकशास्त्र	सकर्मक	शाकाहारी	प्रकोपन	इक्यावन
आकलन	टकराव	प्रकटन	स्वकथन	शिकायत	भकोसना	आक्रंदन
आकस्मिक	टकसाल	प्रकरण	हँकवाना	शोकाकुल	लोकोत्तर	आक्रमण
इकतारा	टिकटिक	प्रकल्पना	हकलाना	शोकातुर	सिकोड़ना	चक्रगति
इकतीस	टुकटुक	प्रकल्पित	एकांतर	स्वीकारोक्ति	प्राक्कथन	चक्रधर

- क्र - -	- क्षा - -	- ख - -	- खा - -	- ग - -	- ग - -	- ग - -
चक्रपाणि	**शिक्षाप्रद**	**पुखराज**	**लेखापत्र**	**झगड़ालू**	**म गत ष्णा**	**संगठन**
चक्रवर्ती	शिक्षामंत्री	बिखरना	लेखापाल	ठगविद्या	म गनाभि	संगठित
चक्रव्यूह	शिक्षाविद्	बिखराव	लेखाबही	डुगडुगी	युगधर्म	संगणक
प्रक्रमण	शिक्षाशास्त्र	बेखटके	सूखाग्रस्त	ढोंगबाजी	युगपत्	सिगनल
वक्रगति	शिक्षाशास्त्री	बौखलाना	आखेटक	त्यागपत्र	योगक्षेम	खगांतक
विक्रमीय	साक्षात्कार	भुखमरी	धोखेबाज	नागफनी	योगदान	युगांतर
शुक्रवार	लक्षितार्थ	मखनिया	बिखेरना	नागरिक	योगनिद्रा	आगापीछा
संक्रमण	पक्षीशाला	मखमल	तख्तपोश	निगमन	योगफल	उगाहना
संक्रमित	निक्षेपण	मुखद्वार	आख्यापक	निगमित	योगबल	खँगालना
चक्रांकित	प्रक्षेपण	मुखपत्र	आख्यापन	निगरानी	योगरूढ़	खगासन
चक्राकार	प्रक्षेपास्त्र	मुखप ष्ठ	आख्यायिका	निगलना	योगशक्ति	गंगाजल
संक्रामक	तीक्ष्णबुद्धि	मुखमुद्रा	प्रख्यापन	पगचिह्न	योगशास्त्र	गंगाजली
अक्लमंद	सूक्ष्मग्राही	मुखरित	मुख्यालय	पगडंडी	योगसूत्र	दगाबाज
अक्लमंदी	सूक्ष्मद ष्टि	रखवाला	व्याख्याकार	पिंगलाक्ष	रंगकर्मी	दगाबाजी
शुक्लपक्ष	सूक्ष्माकार	रखवाली	संख्यात्मक	बागडोर	रंगचित्र	ध गामुश्ती
पक्वाशय	लक्ष्मीपति	लखपति	सांख्यिकीय	बागबानी	रंगढंग	नंगाझोली
अक्षरशः	लक्ष्यभेदी	लेखपाल	आगंतुक	बिगड़ना	रंगभूमि	नंगानाच
पक्षधर	लक्ष्यभ्रष्ट	शेखचिल्ली	दिगंबर	भगवत्	रंगभेद	बिगाड़ना
पक्षपात	लक्ष्यसिद्धि	सुखचैन	भगंधर	भगवती	रंगमंच	योगाभ्यास
पक्षपाती	लक्ष्यहीन	सुखमय	युगंकर	भगवान्	रंगरूट	योगाश्रम
पक्षवक्ता	वाक्संयम	दुखांतक	सुगंधित	भागदौड़	रंगरेज	रंगारंग
मोक्षप्राप्ति	एक्सप्रेस	रेखांकित	अँगड़ाई	भागफल	रँगरेली	रंगावली
लाक्षणिक	अखंडता	सुखांतक	अगवानी	भुगतना	रँगवाई	रागात्मक
वक्षस्थल	विखंडन	उखाड़ना	अगहन	भुगतान	रंगशाला	लगातार
शैक्षणिक	अखबार	खखारना	आगजनी	भुगताना	रंगसाज	लिंगायत
साक्षरता	अखरना	देखादेखी	आगमन	भोगलिप्सा	रगड़ना	भागिनेय
पक्षाघात	अखरोट	निखारना	इंगलिश	मँगवाना	रागद्वेष	रेगिस्तान
प्रक्षालन	उखड़ना	निखालिस	उगलना	मगसिर	रेगमाल	अंगीकार
प्रेक्षाग ह	दिखलाना	पखारना	उगलाना	माँगचोटी	रोगकारी	चुंगीघर
भिक्षाजीवी	दिखवाना	पखावज	कागजात	माँगटीका	लँगड़ाना	पुंगीफल
भिक्षाटन	दुखदायी	भूखानंगा	जंगलात	माँगपत्र	लँगराना	भागीदार
भिक्षापात्र	देखभाल	भूखाप्यासा	जगदंबा	मांगलिक	लगभग	भागीरथी
भिक्षाव त्ति	देखरेख	मुखाकृति	जगन्नाथ	मुगदर	लगवाना	संगीतज्ञ
रक्षातंत्र	नखशिख	लिखावट	जागरण	मूँगफली	लागबुक	ताँगेवाला
रक्षात्मक	निखरना	लेखाकार	जागरूक	म गचर्म	वेगवान्	मंगेतर
रक्षापंक्ति	पंखकटा	लेखाजोखा	झगड़ना	म गछाल	श्रीगणेश	योगेश्वर

- गो - -	- घ - -	- च - -	- चा - -	- च्चा - -	- छूँ - -	- ज - -
अगोचर	**संघटन**	**पुचकार**	**पंचाम त**	**जच्चाबच्चा**	**छछूँदर**	**मजबूरी**
भौगोलिक	संघर्षण	पेचकश	पंचायत	पच्चीकारी	भुजंगम	मुजरिम
सांगोपांग.	सुघड़ाई	प्रचलन	पचानबे	उच्चैःश्रवा	अजगर	मेजपोश
रुग्णावस्था	उघाड़ना	प्रचलित	प्रचारक	अच्छाखासा	अजनबी	मेजबान
दिग्दर्शन	मेघाच्छन्न	बँचवाना	प्रचारित	अच्छापन	आजकल	यजमान
भग्नप्राय	घिघियाना	बचकाना	बचाखुचा	आच्छादक	आजमाना	यजमानी
अग्निबाण	लघुकथा	बचपन	विचारक	आच्छादन	इजलास	रजवाड़ा
अग्निबीमा	लघुतम	बचपना	शौचागार	आच्छादित	इजहार	रजस्वला
अग्निहोत्र	लघुशंका	बिचकना	शौचालय	स्वेच्छाचारी	उजड़ना	राजकन्या
अग्निहोत्री	घँघोलना	मचलना	संचालक	स्वेच्छातंत्र	ओजस्विता	राजकाज
आग्नेयास्त्र	शीघ्रगामी	मिचकाना	संचालन	उच्छ ंखल	ओजस्विनी	राजकीय
भाग्यवश	अचकन	मिचलाना	स्वचालित	उच्छेदन	खुजलाना	राजकुल
भाग्यवाद	अचरज	मुचलका	सुचिंतित	लच्छेदार	गजगति	राजकोष
भाग्यवान्	आंचलिक	रचयिता	रुचिकर	विच्छेदन	गजपति	राजगीर
व्यंग्यकार	आचमन	रचयित्री	सूचीपत्र	उच्छ्वसित	गजमुख	राजतंत्र
व्यंग्यचित्र	आचरण	लचकना	सूचीबद्ध	प्राच्यविद्या	गुजरना	राजदूत
व्यंग्यात्मक	आचरित	वाचस्पति	सूचीभेद्य	मुछंदर	गुजराती	राजद्रोह
भाग्योदय	उचकना	विचक्षण	कचूमर	उछलना	जजमान	राजद्रोही
अग्रगामी	उचकाना	विचरण	पंचेंद्रिय	उछलाना	तजवीज	राजधानी
अग्रदाय	उचटना	विचलन	अचेतन	कुछकुछ	तेजस्विनी	राजनीति
अग्रलेख	कचनार	विचलित	सचेतन	पछताना	नजदीक	राजनेता
उग्रवादी	कचहरी	शोचनीय	बीचोबीच	पछतावा	नजराना	राजपथ
संग्रहणी	कुचलना	संचयित	कचोटना	पिछड़ना	नौजवान	राजभक्त
संग्रहीत	घिचपिच	संचरण	चचोटना	पिछलग्गू	पूजनीय	राजभक्ति
अग्रेषण	च चपड़	सचमुच	निचोड़ना	पिछवाड़ा	प्रजनन	राजभाषा
दिग्विजय	चूँचपड़	सूचकांक	बिचौलिया	पुछवैया	बजरंग	राजमाता
बाघंबर	पंचनामा	सूचनार्थ	उच्चतम	पूँछदार	बीजकोष	राजयक्ष्मा
अघटित	पँचमेल	अचानक	उच्चतर	बिछड़ना	भजनीक	राजयोग
उघड़ना	पंचवटी	उचाटना	उच्चरित	मुछमुंडा	भुजपाश	राजवंश
पिघलना	पचगुना	ऐंचातानी	सच्चरित्र	उछालना	भुजबंध	राजसभा
पिघलाना	पचपचा	खचाखच	उच्चाकांक्षा	ओछापन	भुजबल	राजहंस
बघनखा	पचपन	ख चाखाँची	उच्चाटन	निछावर	भोजपत्र	रेजगारी
बघरना	पचहरा	ख चातानी	उच्चारण	न्योछावर	मजदूर	रोजगार
मेघमाला	पिचकना	नौचालन	उच्चारित	पछाड़ना	मजदूरी	रोजमर्रा
विघटन	पिचकाना	पंचानन	कच्चाचिट्ठा	छुछुआना	मजबूत	लाजवंती
संघटक	पिचकारी	पंचानवे	जच्चाखाना	बिछुड़ना	मजबूर	लाजवाब

- ज - -	- जी - -	- ज्य - -	- ट - -	- ट - -	- टा - -	- ट्ठा - -
लिजलिजा	**पुंजीभूत**	**राज्यसभा**	**खटखट**	**पटकना**	**जटाधारी**	**अट्ठानवे**
वैजयंती	पूँजीवाद	राज्याश्रित	खटपट	पटकनी	पटाक्षेप	अट्ठावन
व्याजस्तुति	पूँजीवादी	वज्रपात	खटपटी	पटरानी	पटापट	चिट्ठीपत्री
बीजांकुर	बाजीगर	वज्राघात	खटमल	पटवाना	बंटाधार	ठट्ठेबाज
अजायब	रंजीदगी	वज्रासन	खटमुख	पटवारी	मोटाताजा	नाट्यकला
इजाजत	संजीवन	प्रज्वलन	खटराग	पटसन	लौटाफेरी	नाट्यग ह
उजागर	संजीविनी	झिझकना	गटकना	पिटवाना	विटामिन	नाट्यधर्मी
उजाड़ना	खजुलाना	झुँझलाना	गुटबंदी	पुटपाक	कटिबंध	नाट्यशाला
गजानन	यजुर्वेद	मँझधार	गुटबाजी	फटकना	कटिबद्ध	नाट्यशास्त्र
गुंजाइश	मौजूदगी	मझधार	गुटरगूँ	फटकार	टिटिहरी	अठखेली
गुजारना	इंजेक्शन	सूझबूझ	गुटवाद	फिटकरी	भटियारा	इठलाना
तिजारत	राजेश्वर	झंझानिल	गेटपास	फुटकर	रोटीबेटी	उठवाना
नजाकत	रजोगुण	झंझावात	घटबढ़	बँटवारा	चाटुकार	कठघरा
पुजारिन	लज्जाप्रद	बेझिझक	चटकना	बटमार	चाटुकारी	गँठजोड़
पूजाग ह	लज्जावती	साझेदार	चटकनी	भटकना	कोटेशन	गँठजोड़ी
पूजाघर	लज्जाशील	साझेदारी	चटकाना	भेंटवार्ता	पटेबाज	गठरिया
पूजापाठ	लज्जाशून्य	बुझौवल	चटकारा	मटकना	बेटेपोते	गठवाना
प्रजातंत्र	लज्जाहीन	पटंबर	चटकीला	मटमैला	टटोलना	जठराग्नि
बाजागाजा	उज्ज्वलता	पाटंबर	चटपट	लटकन	पटोलिका	जाठराग्नि
बीजाक्षर	यज्ञकुंड	अटकना	चटपटा	लटकना	बटोरना	झुठलाना
मजाकिया	यज्ञपशु	अटकल	चाटवाला	लटकाना	अट्टहास	झूठमूठ
राजाश्रय	यज्ञशाला	अटकाना	चिटकना	लूटपाट	पट्टशिष्य	ठिठकना
विजातीय	आज्ञाकारी	अटकाव	चिटकाना	लूटमार	खट्टाचूक	पठनीय
सजातीय	आज्ञापित	अटपटी	चुटकुला	लोटपोट	पट्टाधारी	पाठशाला
सजावटी	प्रज्ञाचक्षु	इंटरव्यू	छिटकना	लौटफेर	बट्टाखाता	बिठलाना
हजामत	प्रज्ञापन	एटलस	छुटकारा	वटव क्ष	भट्टाचार्य	मिठबोला
ताजिंदगी	प्रज्ञापित	कंटकित	छुटपुट	सिटकनी	भट्टारक	मुठभेड़
ट्रांजिस्टर	यज्ञागार	कटकट	छुटभैया	सूटकेस	हट्टाकट्टा	साँठगाँठ
रजिस्टर	विज्ञापन	कटघरा	झटपट	कटाकटी	सिट्टीपिट्टी	हठधर्मी
आजीवन	विज्ञापित	कटवाना	टूटफूट	कटाफटा	पट्टेदार	हठयोग
आजीविका	वैज्ञानिक	कटहल	तटस्थता	खटाखट	पट्टेधारी	अठाईस
ताजीरात	राज्यकाल	काटछाँट	नटखट	खोटापन	सट्टेबाज	अठानवे
पंजीकृत	राज्यकोष	कीटनाशी	नटराज	घंटाघर	सट्टेबाजी	अठारह
पंजीक्रम	राज्यक्रांति	कूटनीति	नटवर	घंटानाद	लट्ठबाज	अठावन
पंजीबद्ध	राज्यक्षेत्र	खटकना	नाटकीय	घटाटोप	लट्ठमार	पीठासीन
पंजीयन	राज्यपाल	खटकाना	पटकथा	चटाचट	अट्ठाईस	मठाधीश

- ठि - -	- ड़ - -	- ड - -	- ड़ी - -	- ण - -	- ण्या - -	- त - -
कठिनता	**घुड़कना**	**मंडलाना**	**खड़ीबोली**	**गुणग्राही**	**पण्यावर्त**	**एतराज**
कठिनाई	घुड़दौड़	मुंडमाला	चिड़ीमार	गुणदोष	नितंबिनी	ऐतरेय
सठियाना	घुड़साल	मोड़तोड़	रंडीखाना	गुणवती	अंतःक्षेप	ओतप्रोत
ठिठुरना	छिड़कना	रुंडमुंड	पांडुलिपि	गुणवत्ता	अंतःपुर	कतरन
निठुरता	छिड़काव	रेडक्रास	चंडूखाना	गुणवान	प्रातःकर्म	कतराना
कठोरता	छुड़वाना	लाड़प्यार	उँड़ेलना	घ्राणशक्ति	प्रातःकाल	कातरता
पाठ्यक्रम	छेड़खानी	सड़सठ	खड़ेखड़े	प्रणयिणी	प्रातःक्रिया	कुतरना
पाठ्यग्रंथ	छेड़छाड़	सुड़कना	गड़ेरिया	भ्रूणहत्या	प्रातःस्नान	कृतघ्नता
पाठ्यचर्या	छोड़कर	हड़कंप	पड़ोसिन	रणक्षेत्र	स्वतःसिद्ध	कृतज्ञता
पाठ्येतर	जड़वत्	हड़ताल	खड्गकोष	रणचंडी	अंतकाल	कोतवाल
आडंबर	जड़वाद	हड़ताली	खड्गधर	रणनीति	अंतरंग	कोतवाली
आडंबरी	जोड़तोड़	हड़पना	षड्दर्शन	रणभूमि	अंतरण	खतकशी
विडंबना	झिड़कना	हड़बड़ी	अढ़तिया	रणभेरी	अंतरात्मा	गीतकार
अड़चन	ट्रेडमार्क	हुड़दंग	उढ़काना	गणाधिप	अंतराल	गीतकाव्य
अड़तीस	डंडपेल	कड़ापन	चढ़वाना	घ णास्पद	अंतरिक्ष	घातकता
अड़सठ	तड़कना	गुंडागर्दी	ढुँढ़वाना	म णालिनी	अंतरिम	चिंतनीय
उड़वाना	तड़पना	गुंडाशाही	पढ़वाई	गणितज्ञ	अंतर्गत	चितवन
कड़कड़	तड़पाना	घोड़ागाड़ी	पढ़वाना	प्रणिधान	अंतर्ग्रस्त	चौतरफा
कड़कना	तुड़वाना	चंडालिनी	रूढ़वादी	प्रणिपात	अंतर्ज्ञान	छितराना
खंडकाव्य	तोड़फोड़	चूड़ामणि	रूढ़संख्या	प्राणिमात्र	अंतर्द ष्टि	जातपाँत
खंडनीय	दंडनीय	दंडादेश	लुढ़कना	प्राणिशास्त्र	अंतर्भाव	जुतवाना
खंडपति	दौड़धूप	दौड़ादौड़ी	पढ़ालिखा	प्राणिशास्त्री	अंतर्भूत	दुतकार
खंडपाल	धड़कन	धड़ाधड़	प्रौढ़ावस्था	मणिमय	अतएव	दूतकर्म
खंडपीठ	धड़कना	भंडाफोड़	रूढ़िवाद	मणिमाला	आंतरिक	द्रुतगामी
खँड़पूरी	निडरता	भांडागार	सीढ़ीनुमा	श्रेणीबद्ध	आततायी	पतझड़
खँड़वानी	पड़ताल	शुंडाकार	टेढ़ेमेढ़े	अणुबम	इंतकाल	पतलून
खँड़सार	पिंडदान	होड़ाहोड़ी	ढँढोरची	घ्राणेंद्रिय	इंतजार	पतवार
खँड़सारी	पुंडरीक	अड़ियल	ढिंढोरची	प्रणोदित	इंतजारी	पीतराग
खँड़हर	फड़कना	घड़ियाल	बढ़ोतरी	गण्यमान्य	इंतराज	पीतवर्ण
खड़कना	बड़प्पन	तड़िल्लता	ऋणदाता	पण्यजीव	इतराना	प्रेतविद्या
खड़बड़	बड़बड़	पंडिताई	गणतंत्र	पुण्यकर्म	इतवार	बतलाना
गंडस्थल	बड़बोला	पंडिताऊ	गणनाथ	पुण्यकार्य	इतस्ततः	बेतहाशा
गड़बड़	बड़हार	पंडितानी	गणनीय	पुण्यतिथि	उतरना	भूतकाल
गड़बड़ी	भड़कीला	रेडियम	गणपति	पुण्यतीर्थ	उतराना	भूतपूर्व
गड़वाना	भीड़भाड़	सड़ियल	गणराष्ट्र	पुण्यपर्व	एतदर्थ	भूतप्रेत
घड़घड़	मंडराना	खड़ीपाई	गुणकारी	पुण्यवान्	एतबार	भूतलक्षी

- त - -	- त - -	- ता - -	- ति - -	- ति - -	- तु - -	- त - -
मतदाता	**हृतपिंड**	**हताहत**	**प्रतिक्रिया**	**प्रतिलाभ**	**संतुलित**	**मात भूमि**
मतदान	पीतांबर	हिताकांक्षी	प्रतिक्षण	प्रतिलिपि	सूतिकाल	अंतेवासी
मतपत्र	मतांतर	अतिकर	प्रतिगामी	प्रतिलोम	स्तुतिगान	नातेदार
मतपेटी	श्वेतांबर	अतिक्रम	प्रतिघात	प्रतिवर्ष	स्तुतिपाठ	नातेदारी
मतभेद	अता–पता	अतिगुप्त	प्रतिच्छवि	प्रतिवस्तु	खेतीबारी	नातेरिश्ते
मतलब	उतारना	अतिरिक्त	प्रतिच्छाया	प्रतिवाद	त तीयक	मतोदर
मतवाला	उतावला	अतिरेक	प्रतिदर्श	प्रतिवादी	मोतीझरा	सतोगुण
मितभाषी	उतावली	अतिव ष्टि	प्रतिदाता	प्रतिव्यक्ति	आतुरता	उत्कंठित
मितभोजी	एताद श	अतिव्याप्ति	प्रतिदान	प्रतिशंका	ऋतुराज	तत्कालीन
मितव्ययी	गीतातीत	अतिशय	प्रतिदाय	प्रतिशत	चतुरंग	तात्कालिक
म तप्राय	गीतात्मक	आतिथेय	प्रतिदिन	प्रतिशोध	चतुराई	यत्किंचित्
रतजगा	गोताखोर	इतिव त्त	प्रतिदेय	प्रतिषेध	चतुर्थांश	उत्कृष्टता
रतनारी	चिंतातुर	इतिहास	प्रतिद्वंद्व	प्रतिष्ठान	चतुर्दशी	उत्खनन
लातमुक्का	चेतावनी	कतिपय	प्रतिद्वंद्वी	प्रतिष्ठित	चतुर्मुख	इत्तफाक
वितरक	ताताथेई	कांतिमान्	प्रतिध्वनि	प्रतिसर्ग	चतुर्भुज	उत्तमांग
वितरण	तेतालीस	क्षतिपूर्ति	प्रतिनिधि	प्रतिस्थानी	चतुर्वर्ग	उत्तरार्ध
वैतनिक	तैंतालीस	खतियाना	प्रतिपक्ष	प्रतिस्पर्धा	चतुर्विद्या	उत्तरीय
वैतरणी	दूतावास	खेतिहर	प्रतिपक्षी	प्रतिहार	चतुर्विध	पित्तकोप
व्रतधारी	पताकिनी	गतिरोध	प्रतिपत्ति	प्रतिहिंसा	चतुर्वेद	पित्तज्वर
व्रतभंग	पितामह	गतिविधि	प्रतिपदा	प्रीतिभोज	चतुर्वेदी	व त्तचित्र
शतदल	पैंतालीस	गतिशील	प्रतिपर्ण	बतियाना	चतुष्कोण	पित्ताशय
शतपत्र	प्रताड़ना	गतिहीन	प्रतिपाद्य	भाँतिभाँति	चातुर्वर्ण्य	व त्ताकार
शतरंज	भूताविष्ट	जातिपाँति	प्रतिपूर्ति	मतिभ्रम	तंतुकीट	सत्ताईस
शतशत	माताग्रह	नीतिगत	प्रतिप्रश्न	रतिकर्म	पतुरिया	सत्ताच्युत
शीतऋतु	मिताहार	नीतिशास्त्र	प्रतिफल	रतिक्रिया	कुतूहल	सत्ताधारी
शीतयुद्ध	मुताबिक	नैतिकता	प्रतिबंध	रतिभाव	कौतूहल	सत्तानवे
श्वेतकुष्ठ	यातायात	पतिधर्म	प्रतिबद्ध	रीतिकाल	पित ऋण	सत्तारूढ़
सतगुरु	लताग ह	पतियाना	प्रतिबिंब	रीतिकाव्य	पित पक्ष	सत्तावन
सतरंगा	लताड़ना	पातिव्रत	प्रतिभूति	रीतिरस्म	पित भक्ति	सत्तासीन
सतर्कता	वातायन	पतिव्रता	प्रतिमान	लतियाना	पित यज्ञ	भित्तिचित्र
सतसई	वैतालिक	पातिव्रत्य	प्रतिमास	व्यतिक्रम	पित लोक	उत्तेजक
स्रोतस्विनी	श्रोतागण	प्रतिकर	प्रतियोगी	व्यतिरेक	भ्रात प्रेम	उत्तेजन
हतप्रभ	सतानवे	प्रतिकार	प्रतिरक्षा	शांतिपूर्ण	भ्रात भाव	उत्तेजना
हितकर	सतावर्त	प्रतिकूल	प्रतिरूप	शांतिभंग	भ्रात वत्	वित्तेषणा
हितकारी	सीताफल	प्रतिकृति	प्रतिरोध	शांतिमय	मात कुल	तत्त्वज्ञान
हितलाभ	सैंतालीस	प्रतिक्रम	प्रतिरोधी	संतुलन	मात भाषा	तत्त्वज्ञानी

- त्त्वा - -	- त्या - -	- - त्र -	- थ - -	- थ्वी - -	- द - -	- द - -
तत्त्वान्वेषी	**प्रत्याशित**	**सूत्रपात**	**यूथपति**	**प थ्वीतल**	**पदमुद्रा**	**स्वेदग्रंथि**
इत्थंभूत	प्रत्याहार	चित्रांकन	यूथभ्रष्ट	अँदरसा	पदयात्री	स्वेदबिंदु
जत्थेदार	सत्याग्रह	चित्रांकित	लथपथ	अंदरूनी	पदव द्धि	अंदाजन
यत्नशील	सत्यानाश	छात्रालय	हथकंडा	अदरक	पादटीका	अदाबर्ज
रत्नगर्भा	सत्यापन	छात्रावास	हथकड़ी	आदर्शोक्ति	प्रदक्षिणा	अदायगी
रत्नावली	सत्यासत्य	पत्राचार	हथगोला	कुदकना	प्रदर्शक	अदालत
तत्पश्चात्	अत्युत्तम	पत्रावली	कथानक	कुदरत	प्रदर्शन	अदालती
तात्पर्यार्थ	प्रत्युत्तर	मंत्रालय	ग्रंथागार	कुदरती	प्रदर्शित	उदारता
उत्पादक	म त्युदंड	मूत्रालय	ग्रंथालय	कैदखाना	प्रदर्शनी	उदासीन
उत्पादन	म त्युदर	मूत्राशय	ग्रंथावली	खिदमत	फुदकना	उदाहृत
सत्पुरुष	म त्युपत्र	यात्राभत्ता	तथागत	खुदकुशी	बंदगोभी	कदाचार
आत्मगत	म त्युलोक	सत्रारंभ	माथापच्ची	खुदगर्ज	बदनाम	कदाचित्
आत्मघात	म त्युशय्या	मंत्रिपद	यथाकाम	खुदवाना	बदनामी	चंदामामा
आत्मघाती	क्षेत्रफल	रात्रिभोज	यथाकाल	गेंदबाज	बदमाश	चिदानंद
आत्मज्ञान	चित्रकार	मैत्रीपूर्ण	यथाक्रम	गेंदबाजी	बदलना	जिंदादिली
आत्मज्ञानी	चित्रपट	पत्रोत्तर	यथातथ	गोंददानी	बदलाव	नदारद
आत्मत्याग	छत्रच्छाया	मित्रोचित	यथातथ्य	चाँदमारी	बादशाह	पदाक्रांत
आत्मनिष्ठ	पत्रकार	तत्वहीन	यथामूल्य	छंदशास्त्र	बिदकना	पद.घात
आत्मरक्षा	पत्रपेटी	सत्वगुण	यथायोग्य	तदबीर	भेदनीति	पदार्पण
आत्महत्या	पत्रमित्र	उत्सर्जन	यथार्थता	द्विदलीय	मंदगति	पदावधि
आत्महित	पत्रसूची	उत्साहित	यथावत्	नादमय	मंदबुद्धि	पदावली
इत्मीनान	मंत्रजाल	प्रोत्साहन	यथावधि	निंदनीय	मंदभागी	पदासीन
आत्मीयता	मंत्रतंत्र	प्रोत्साहित	यथाशक्ति	निदर्शक	मंदभाग्य	पैदाइश
आत्मोन्नति	मंत्रद्रष्टा	उत्सुकता	यथाशीघ्र	पदक्रम	मदमत्त	पैदावार
आत्यंतिक	मंत्रमुग्ध	मत्स्यशास्त्र	हाथापाई	पदचर	मदमाता	बूँदाबाँदी
नित्यकर्म	मंत्रयोग	कथनीय	शिथिलता	पदचाप	मादकता	यदाकदा
नित्यप्रति	मंत्रविद्या	ग्रंथकार	हथियार	पदचिह्न	यादगार	लदाफँदा
न त्यकला	मंत्रवेत्ता	ग्रंथसूची	यथोचित	पदच्युत	याददाश्त	व ंदावन
प्रत्यक्षतः	मंत्रशास्त्र	पथकर	यथोपरि	पदच्युति	वंदनीय	सदाचार
प्रत्यर्पण	मित्रद्रोह	पथभ्रष्ट	तथ्यभाषी	पदत्याग	वादग्रस्त	सदाचारी
अंत्याक्षरी	मित्रवत्	पथराना	तथ्यहीन	पदधारी	व ंदवाद्य	सौदागर
अत्याचार	मित्रवर	पथराव	तथ्यात्मक	पदध्वनि	सुंदरता	सौदामिनी
अत्याचारी	मूत्रमार्ग	पथरीला	पथ्यापथ्य	पदनाम	सुदर्शन	हिदायत
इत्यादिक	यंत्रवत्	प थकता	मिथ्याज्ञान	पदन्यास	सूदखोर	आदिवासी
प्रत्याख्यान	यंत्रशाला	प्रथमतः	मिथ्याभाषी	पदपाठ	सूदखोरी	इंदीवर
प्रत्यायन	सूत्रधार	प्राथमिक		पदभार	स्वेदकण	गंदीबस्ती

- दी - -	- द्दू - -	- द्य - -	- ध - -	- धि - -	- धो - -	- न - -
बंदीग ह	**उद्देशिका**	**विद्यमान**	**अधखिला**	**अधिकांश**	**अधोमुख**	**अनपढ़**
शादीशुदा	उद्धरण	उद्यापन	अधखुला	अधिकार	अधोमुखी	अनबन
हिंदीतर	बद्धकोष्ठ	पद्यावली	अधजला	अधिकारी	अध्ययन	अनबूझा
औदुंबर	बौद्धधर्म	विद्यादान	अधमता	अधिकृत	मध्यकाल	अनभिज्ञ
तंदुरुस्त	युद्धकला	विद्यापीठ	अधमरा	अधिगम	मध्यमार्ग	अनभ्यस्त
तंदुरुस्ती	युद्धभूमि	विद्यालय	उधड़ना	अधिपति	मध्यममार्गी	अनभ्यास
प्रादुर्भाव	युद्धमोर्चा	आद्योपांत	दुधमुँहा	अधिभोग	मध्ययुग	अनमना
प्रादुर्भूत	युद्धवीर	औद्योगिक	धधकना	अधिवक्ता	मध्यवर्ती	अनमेल
म दुभाषी	रुद्धकंठ	प्रौद्योगिक	धुँधलाना	अधिशेष	मध्यस्थता	अनमोल
यदुवंशी	व द्धकाल	प्रौद्योगिकी	निधड़क	आधिपत्य	माध्यमिक	अनयिक
सदुद्देश्य	सिद्धहस्त	इंद्रजाल	पौधशाला	प्राधिकार	माध्यस्थम्	अनर्गल
हिंदुस्तान	श्रद्धांजलि	इंद्रजीत	बंधपत्र	प्राधिकृत	मध्यांतर	अनर्थक
अदूषित	सिद्धांततः	इंद्रप्रस्थ	बुधवार	युधिष्ठिर	अध्यादेश	अनर्हता
जादूगर	सैद्धांतिक	इंद्रलोक	बोधगम्य	विधिवत्	अध्यापक	अनशन
जादूगरी	युद्धाभ्यास	क्षुद्रकर्म	बोधसत्त्व	साधिकार	अध्यापन	अनश्वर
जादूघर	युद्धारंभ	चंद्रकांता	वधशाला	स्वाधिकार	अध्याहार	अनसुना
प्रदूषण	व द्धावस्था	चंद्रप्रभा	वेधशाला	स्वाधिपत्य	आध्यात्मिक	अनहोनी
विदूषक	ऋद्धिसिद्धि	चंद्रबिंदु	शोधकर्ता	अधीक्षक	प्राध्यापक	आनबान
यद च्छया	बुद्धिग्राह्य	चंद्रमुखी	सुधरना	अधीनस्थ	प्राध्यापन	इनकार
याद च्छिक	बुद्धिमत्ता	चंद्रमौलि	अंधाधुंध	गाँधीटोपी	मध्यावधि	इनसान
सुद ढ़ता	बुद्धिमान	चंद्रलोक	अधार्मिक	स्वाधीनता	संध्याकाल	उनचास
स्वादेंद्रिय	बुद्धिमानी	चंद्रहार	आधारित	आधुनिक	विध्वंसक	उनतीस
खदेड़ना	शुद्धिपत्र	चांद्रवर्ष	आधासीसी	बंधुजन	अनंतर	उनसठ
खदेरना	युद्धोन्माद	भद्रकाली	पधारना	मधुकर	आनंदित	कनकौवा
निदेशक	उद्बोधन	भाद्रपद	विधायक	मधुकोष	दैनंदिन	कनटोप
पदेपदे	सद्भावना	मुद्रांकन	विधायिका	मधुपर्क	दैनंदिनी	कनपटी
प्रादेशिक	छद्मनाम	मुद्रांकित	वैधानिक	मधुमक्खी	धनंजय	कनफूल
सौदेबाजी	छद्मवेश	मुद्रास्फीति	साधारण	मधुमेह	पुनःपूर्ति	कनस्तर
आंदोलन	पद्मयोनि	चंद्रोदय	सिधारना	मधुरिमा	अनचाहा	कुनकुना
पदोन्नति	पद्माकर	द्वंद्वयुद्ध	सुधाकर	मधुशाला	अनजान	खनकना
पादोदक	पद्मासन	विद्वज्जन	सुधारक	साधुवाद	अनजाने	खनकाना
बंदोबस्त	अद्यतन	अद्वितीय	सुधारना	गंधेंद्रिय	अनदेखा	खानदान
उद्घाटन	आद्यक्षर	उद्विग्नता	सौंधापन	उधेड़ना	अनदेखे	खानदानी
उद्दीपक	पद्यबद्ध	उद्वेजक	अँधियारा	विधेयक	अनध्याय	खानपान
उद्दीपन	गद्यपान	अधःपात	अधिकता	अधोगति	अनन्नास	खानसामा
कद्दूकश	वाद्यव ंद	अंधकार	अधिकर	अधोगामी	अनन्यय	गानविद्या

- न - -	- न - -	- न - -	- ना - -	- ना - -	- नु - -	- नु - -
घनघोर	**तनख्वाह**	**मननीय**	**अनापत्ति**	**स्थानाभाव**	**अनुज्ञप्ति**	**स्वानुभूति**
घनफल	तनतोड़	मनमानी	अनामिका	स्नानागार	अनुत्तर	अनूदित
घनश्याम	तनमन	मनमौजी	अनायास	स्नानालय	अनुदात्त	ज्ञानेंद्रिय
चिनगारी	तनहाई	मनवाना	अनावर्ती	अनिर्णीत	अनुदान	अनेकार्थ
छनछन	तिनकना	मनस्ताप	अनाव ष्टि	अनिर्बंध	अनुदार	इनेगिने
छानबीन	तुनकना	मानदंड	अनाश्रित	अनिवार्य	अनुपम	कनेक्शन
जनकवि	दिनकर	मानदेय	अनासक्त	अनिश्चित	अनुपात	तानेबाजी
जनक्रांति	दिनचर्या	माननीय	आनाकानी	कनिष्ठता	अनुप्रास	थानेदार
जनजाति	धनधान्य	मानवीय	इनायत	कनिष्ठिका	अनुबंध	दानेदार
जनतंत्र	धनवान्	मानसिक	कानाफूसी	खनिकर्म	अनुभव	मैनेजर
जनपद	ध्यानमग्न	मानहानि	खानापूरी	घनिष्ठता	अनुभवी	अनैच्छिक
जनभाषा	ध्यानयोग	मीनमेख	गिनाचुना	ननिहाल	अनुभाग	अनैतिक
जनमत	ननदोई	मौनभंग	घनापन	नौनिहाल	अनुभूति	शनैःशनैः
जनयित्री	नानकुर	मौनव्रत	जनाधार	यूनियन	अनुमति	मनोगति
जनरल	नैनसुख	यौनत प्ति	टनाटन	रनिवास	अनुमान	मनोग्रंथि
जनवरी	नोनतेल	यौनव्याधि	तनातनी	विनिमय	अनुयायी	मनोग्राही
जनवाणी	न्यूनतम	रनवास	तानाशाह	विनियोग	अनुरक्त	मनोनीत
जनवाना	पनकटा	रुनझुन	तानाशाही	शनिवार	अनुराग	मनोबल
जनवासा	पनघट	लेनदेन	दनादन	संनिपात	अनुरूप	मनोभाव
जनव द्धि	पनचक्की	वनस्पति	दानापानी	संनिवेश	अनुरोध	मनोरमा
जनशक्ति	पनडब्बा	वानप्रस्थ	धनार्जन	सुनिश्चित	अनुवर्ती	मनोरोग
जनश्रुत	पनडुब्बी	श्वाननिद्रा	ध्यानावस्था	हानिकर	अनुवाद	मनोव त्ति
जनसंख्या	पनपना	सनसनी	न्यूनाधिक	गनीमत	अनुष्ठान	मनोवेग
जनसंघ	पनवाड़ी	सुनयना	बनाठना	धनीधौरी	अनुसार	मनोव्यथा
जनहित	पानदान	सुनवाई	बनारसी	भीनीभीनी	अनुसूची	मनोहर
जानकार	पुनरपि	सुनसान	बनावट	यूनीफार्म	अनुस्वार	अनौचित्य
जानकारी	पुनरुक्ति	सुनहरा	बनावटी	अनुकंपा	आनुपूर्व्यी	वनौषधि
जानबाज	पुनर्जन्म	स्थानच्युत	बुनावट	अनुकूल	धनुर्धारी	अन्नदाता
जानमाल	पुनर्नवा	स्नानग ह	मुनासिब	अनुकृति	धनुर्विद्या	अन्नपूर्णा
जानवर	पुनर्वास	हीनग्रंथि	लेनादेना	अनुक्रम	भानुमती	भिन्नभिन्न
जानशीन	बनजारा	हीनबल	सनातन	अनुक्रिया	मनुष्यत्व	धन्नासेठ
झुनझुना	बिनबारी	हीनयान	सूनापन	अनुगामी	मनुस्म ति	सन्निवेश
ठनकना	बिनब्याहा	होनहार	सेनाध्यक्ष	अनुग्रह	मनुहार	जन्मचिह्न
ठनठन	बुनकर	जनांतिक	सेनापति	अनुचर	मानुषिक	जन्मतिथि
ठिनकना	भिनकना	अनाचार	सोनाचाँदी	अनुचित	सानुप्रास	जन्मदिन
ठुनठुन	मनचला	अनादर	स्थानापन्न	अनुच्छेद	सानुरोध	जन्मपत्री

- न्म - -	- प - -	- प - -	- प - -	- प - -	- पा - -	- पो - -
जन्मभूमि	**अपभ्रष्ट**	**उपबंध**	**चपरासी**	**पापकर्म**	**उपानह**	**तपोधन**
जन्मराशि	अपमान	उपभोक्ता	चापलूस	पापद ष्टि	उपार्जन	तपोभूमि
जन्मलग्न	अपम त्यु	उपभोग	चापलूसी	पापबुद्धि	उपार्जित	तपोवन
जन्मशती	अपयश	उपभोज्य	चिपकना	बपतिस्मा	उपालंभ	तपोव द्ध
जन्मस्थान	अपराध	उपमाता	चिपकाना	बापदादा	उपासक	रिपोर्ताज
जन्मांतर	अपराधी	उपमान	चिपटना	मापक्रम	उपासना	सँपोलिया
उन्मादक	अपराह्न	उपमेय	चुपचाप	मापदंड	कापालिक	संपोषण
जन्माष्टमी	अपर्याप्त	उपयुक्त	छिपकली	रपटना	कृपापात्र	गुप्तचर
उन्मूलन	अपलक	उपयोग	झपटना	रुपहला	गपागप	गुप्तजाँच
उन्मोचन	अपवर्जी	उपयोगी	टपकना	रूपमती	गोपालन	तप्तकुंड
जन्मोत्सव	अपवाद	उपरति	टिपटिप	रूपराशि	टपाटप	सप्तपदी
धन्यवाद	अपवित्र	उपरना	डपटना	रूपवान्	दीपावली	सप्तशती
सैन्यद्रोह	अपव्यय	उपरांत	तपस्विनी	लपझप	पापाचार	सप्तसिंधु
हन्यमान	अपव्ययी	उपरोक्त	तापक्रम	लिपटना	पापाचारी	साप्ताहिक
कन्यादान	अपशब्द	उपरोध	तापत्रय	विपणन	रूपाकार	सुप्तावस्था
धान्यागार	अपहर्ता	उपर्युक्त	तापमान	विपरीत	रूपायित	स्वप्नगत
ध्वन्यात्मक	अपहृत	उपलब्ध	तापमापी	विपर्याय	लिपापुता	स्वप्नवत्
निन्यानवे	अपह्नुति	उपलब्धि	तापलेखी	विपर्यास	लीपापोती	चप्पाचप्पा
शून्यावस्था	आपत्काल	उपवन	तोपखाना	शापग्रस्त	व्यापारिक	कंप्यूटर
संन्यासिनी	आपद्धर्म	उपवाक्य	त्रिपक्षीय	सपत्नीक	संपादक	अप्रकट
धन्वंतरि	उपकार	उपवास	त्रिपथगा	स्तूपकार	संपादन	अप्रतिम
धन्वंतरी	उपकारी	उपविधि	दुपहर	उपांतिक	लिपिकार	अप्रयुक्त
धन्वाकार	उपक्रम	उपसर्ग	दोपहर	रूपांकन	लिपिबद्ध	अप्रसन्न
अन्वेषक	उपग्रह	उपस्थित	द्विपक्षीय	रूपांकित	पिपीलिका	अप्रसिद्ध
अन्वेषण	उपचार	उपस्थिति	धूपघड़ी	रूपांतर	प्रपीड़न	अप्रस्तुत
अपंगता	उपचारी	उपहार	धूपछाँह	अंपायर	नपुंसक	विप्रलंभ
अपकर्ता	उपजना	उपहास	धूपदान	अपादान	विपुलता	संप्रदान
अपकर्म	उपजाऊ	कँपकँपी	धूपदीप	अपार्थिव	अपूर्णता	संप्रदाय
अपकर्ष	उपजाना	कपर्दिका	नापजोख	अपाहिज	अपूर्णत्व	सप्रमाण
अपकार	उपदिष्ट	कृपणता	नापतौल	आपाततः	संपूर्णतः	सुप्रसिद्ध
अपकारी	उपदेश	खपड़ैल	नापसंद	आपातिक	अपेक्षित	संप्रेषण
अपकीर्ति	उपदेष्टा	खपरैल	निपटना	आपाधापी	उपेक्षित	संप्रेषित
अपकृत	उपद्रव	गपबाजी	निपटान	उपाख्यान	छापेमार	अफ़गान
अपघात	उपद्रवी	गपशप	निपटाना	उपादान	तपेदिक	अफ़वाह
अपनाना	उपनाम	गुपचुप	निपटारा	उपादेय	लपेटना	अफ़सर
अपभ्रंश	उपन्यास	गोपनीय	पपड़ीला	उपाध्याय	कुपोषण	अफ़सरी

- फ़ - -	- ब - -	- ब्द - -	- भा - -	- भि - -	- म - -	- म - -
अफ़साना	**जबरन**	**शब्दचित्र**	**शोभायात्रा**	**अभिषेक**	**कमजोरी**	**तामचीनी**
अफ़सोस	जेबकट	शब्दब्रह्म	सँभालना	अभिसार	कमनीय	तामझाम
आफताब	डुबवाना	शब्दावली	संभावना	नाभिकीय	कमबख्त	तामरस
उफनना	रोबदाब	लब्धकाम	संभावित	विभिन्नता	कमबख्ती	तामसिक
उफनाना	लंबकर्ण	धब्बेदार	संभाषण	व्यभिचार	कमरिया	दमकनी
गफलत	लंबकोण	कब्रिस्तान	सभागार	साभिप्राय	कमवाना	दमकल
जाफरान	लंबग्रीव	पब्लिशर	सभाध्यक्ष	साभिमान	कमसिन	दमदार
जाफरानी	लंबवत्	अभद्रता	सभापति	स्वाभिमान	कामकाज	दमनीय
तफतीश	शबनम	आभरण	सभासद	विभीषिका	कामगार	धमकना
तफरीह	सुबकना	उभड़ना	सुभाषित	प्रभुसत्ता	कामधेनु	धमकाना
दफनाना	अबाधित	उभयतः	स्वभावतः	आभूषण	कामबंदी	धूमकेतु
बिफरना	इबादत	उभरना	स्वाभाविक	विभूषण	कामयाब	धूमधाम
सफलता	उबालना	उभराव	अभिकर्ता	आभ्यंतर	कामयाबी	नमकीन
किफायत	कबाड़िया	कुंभकार	अभिकल्प	अभ्यागत	कोमलता	नमस्कार
किफायती	तबादला	नभचर	अभिक्रिया	आभ्यासिक	क्रमभंग	नामचिह्न
सिफारिश	नाबालिग	भभकना	अभिजात	अभ्युत्थान	क्रमसंख्या	नामधारी
कैफियत	मुबारक	लाभकर	अभिनय	अभ्युदय	क्रमसूची	नामपट्ट
सूफियाना	मोबाइल	लाभकारी	अभिनव	अमंगल	खमदम	नाममात्र
अफ़ीमची	लबाड़िया	लाभप्रद	अभिनेता	आमंत्रण	खमदार	नामराशि
रफूगर	तबियत	लोभनीय	अभिनेत्री	आमंत्रित	गमखोर	नामलेवा
प्रफुल्लित	तबीयत	शोभनीय	अभिन्नता	कमंडलु	गुमनाम	निमज्जन
मुफ्तखोर	एंबुलेंस	संभरण	अभिपुष्टि	चौमंजिला	गुमराह	प्रेमकथा
हफ्तेवार	जंबुद्वीप	सँभलना	अभिप्राय	छूमंतर	ग्रामवासी	प्रेमपत्र
अफ्लातून	कबूतर	संभवतः	अभिप्रेत	तिमंजिला	घुमक्कड़	प्रेमभक्ति
आबंटन	बाबूगिरी	स्तंभलेख	अभिमान	दुमंजिला	चमकना	प्रेममय
निबंधन	साबूदाना	अभागिन	अभिमानी	निमंत्रण	चमकाना	प्रेममार्ग
प्रबंधक	ताबेदार	उभारना	अभियान	निमंत्रित	चमकीला	मुमकिन
संबंधित	ताबेदारी	दुभाषिया	अभियुक्त	सामंजस्य	चमत्कार	मोमजामा
अबरक	तंबोलिन	प्रभावित	अभियोग	अमरूद	चमत्कारी	यमदूत
आबकारी	दबोचना	लाभान्वित	अभिरक्षा	अमरेश	चमत्कृत	यमपाश
आबनूस	प्रबोधक	लुभावना	अभिरुचि	अमर्यादा	जमघट	यमपुर
आबहवा	लंबोदर	विभागीय	अभिलाषा	आमदनी	झुमकना	यमराज
उबटन	संबोधन	विभाजन	अभिलेख	आमरण	टमटम	यमलोक
उबलना	संबोधित	विभाजित	अभिव्यक्त	इमदाद	टीमकार्य	रमणीक
घबराना	सब्जीमंडी	विभावरी	अभिव्यक्ति	इमरती	ढमढम	रमणीय
चबवाना	अब्दकोश	शुभारंभ	अभिशाप	कमजोर	तमकना	रामचंद्र

- म - -	- म - -	- मा - -	- मि - -	- मो - -	- य - -	- या - -
रामदूत	**सोमरस**	**धमाधम**	**मिमियाना**	**विमोचन**	**जयमाला**	**आयातित**
रामबाण	सोमवार	नामावली	शामियाना	इम्तिहान	जायदाद	कयामत
रामलीला	सौमनस्य	प्रमाणित	संमिलित	निम्नतम	जायफल	कायाकल्प
रिमझिम	हमकौम	प्रामाणिक	संमिश्रण	निम्नवर्ग	टाँयटाँय	क्रियाविधि
रोमकूप	हमपेशा	प्रेमालाप	संमिश्रित	निम्नस्तर	नियतन	क्रियाशील
वामपंथी	हमसाया	बीमाकिस्त	सुमिरन	चुम्माचाटी	नियतांश	गयाबीता
वामपक्ष	हिमखंड	भीमाकार	स्वामिभक्त	सम्मानित	नियमतः	छियानवे
वामपक्षी	हिमनद	रामायण	जम कंद	जिम्मेदार	नियमन	छियालीस
वाममार्ग	हिमव ष्टि	वैमानिकी	जम दार	जिम्मेदारी	नियमित	छियासठ
वैमनस्य	हेमगिरि	श्रमायुक्त	जम दारी	सम्मेलन	न्यायकर्ता	धोयाधाया
व्योमगंगा	हैमवंत	समागम	अमीराना	सम्यग्ज्ञान	न्यायपीठ	नयाचार
व्योममार्ग	होमकुंड	समाचार	कमीशन	साम्यवाद	न्यायमूर्ति	नियामक
व्योमयान	नामांकन	समाद त	निमीलन	कम्यूनिस्ट	न्यायशास्त्र	नैयायिक
श्रमजीवी	नामांकित	समादेश	नेमीधर्मी	याम्योत्तर	पयस्विनी	न्यायाधीन
श्रमदान	रोमांचित	समाधान	समीक्षक	ताम्रपट्ट	पायजेब	न्यायाधीश
समकक्ष	सीमांकन	समानता	समीचीन	ताम्रपत्र	पियक्कड़	न्यायालय
समकोण	अमानक	समापन	समुंदर	ताम्रयुग	प्रायद्वीप	बयालीस
समझना	अमानत	समारंभ	कुमुदिनी	ताम्रवर्ण	प्रायश्चित्त	भयानक
समझौता	अमानुष	समारोह	प्रमुखता	धूम्रपान	प्रियतम	मायाजाल
समतल	अमावस	समाविष्ट	समुचित	धूम्रवर्ण	प्रियतमा	मायाम ग
समदर्शी	अमावस्या	समावेश	समुच्चय	कुम्हलाना	प्रियदर्शी	मायामोह
समधिन	आमाशय	समाहार	समुज्ज्वल	नियंत्रक	प्रियपात्र	यायावर
समन्वय	इमारत	समाहित	समुत्थान	नियंत्रण	प्रियभाषी	रियायत
समन्वित	घमासान	सामाजिक	समुदाय	प्रियंवदा	भयभीत	रियासत
समरस	चमारिन	सामान्यतः	समुन्नत	भयंकर	भाँयभाँय	लयात्मक
समर्थक	जमाखर्च	सामासिक	सामूहिक	सायंकाल	लयताल	सोयाबीन
समर्थन	जमाखाता	सीमावर्ती	आमेलन	स्वयंवर	वैयक्तिक	स्थायीभाव
समर्थित	जमाखोर	हिमायती	उमेठना	स्वयंसिद्धि	श्रेयस्कर	आयुर्वेद
समर्पण	जमाखोरी	हिमालय	धीमेधीमे	वयःसंधि	साँयसाँय	आयुष्मती
समर्पित	जमादार	अमिताभ	समेकित	अयथार्थ	स्वयमेव	आयुष्मान्
समवेत	जमानत	खामियाजा	समेटना	आयकर	स्वायत्तता	आयुसीमा
सामयिक	जमापत्र	नैमित्तिक	ग्रामोद्योग	आयतन	हायतोबा	वायुदाब
सामयिकी	जमापूँजी	प्रीमियम	ग्रामोफोन	कायरता	हायहाय	वायुयान
सामवेद	जमावड़ा	बेमिसाल	तमोगुण	जयकार	छायांकन	वायुसेना
सिमटना	टमाटर	भूमिगत	नामोल्लेख	जयघोष	छायांकित	थियेटर
सुमरनी	त्रैमासिक	भूमिहार	प्रमोचन	जयमाल	अयाचित	अयोग्यता

- यो - -	- र - -	- र - -	- र - -	- र - -	- र - -	- र - -
आयोजक	**अरहर**	**खुरचनी**	**तरसाना**	**परकार**	**परलोक**	**भरपूर**
आयोजन	आरक्षण	गरजना	तिरपन	परकीय	परवर्ती	भरमाना
आयोजना	आरक्षिति	गरदन	तिरसठ	परकीया	परवश	भरमार
आयोजित	आरपार	गरमाना	तिरस्कार	परकोटा	परवाना	भरसक
त्रयोदशी	उरझना	गिरगिट	तिरस्कृत	परखना	परवाह	भारकेंद्र
नियोजक	करकट	गिरफ्तार	तुरपन	परखाई	परसना	भारतीय
नियोजन	करणीय	गिरवाना	तुरपना	परखैया	परसर्ग	भारमापी
न्यायोचित	करतब	गौरवर्ण	थरथर	परगना	परस्पर	भारमुक्त
पयोधर	करताल	घरद्वार	थिरकना	परचना	परहित	भुरभुरा
प्रयोजन	करतूत	घरबार	दरखास्त	परचाना	परहेज	मरकत
प्रायोगिक	करदाता	चरणार्ध	दरगाह	परचून	पारतंत्र्य	मरखना
प्रायोजना	करधनी	चरपरा	दरदर	परचूनी	पारदर्शी	मरघट
वयोवृद्ध	करबला	चरवाना	दरबान	परछन	पारपत्र	मरम्मत
संयोजक	करमुक्त	चरवाहा	दरबार	परछाईं	पुरद्वार	मरवाना
संयोजन	करयोग्य	चरवाही	दरबारी	परछाह	पुरवासी	मरहम
आरंभिक	करवट	चारकर्म	दरवाजा	परजन्म	पुरस्कार	मारपीट
चिरंजीव	कारखाना	चारपाई	दरसूची	परजीवी	पुरस्कृत	मुरकना
चिरंजीवी	कारतूस	चिरऋणी	दुरवस्था	परतंत्र	पूरणीय	मुरमुरा
चिरंतन	कारनामा	चिरवाई	दूरदर्शी	परतर	पौरकर	यारबाजी
तरंगित	कारसाजी	चिरस्थायी	दूरबीन	परदादा	पौरमुख्य	वरणीय
तीरंदाज	कारस्तानी	चीरफाड़	दूरवर्ती	परदेश	फुरतीला	वरदान
तीरंदाजी	किरकिरा	चूरचूर	द्वारपाल	परदेशी	फुरसत	वरवधू
धुरंधर	कुरबान	छरहरा	नरगिस	परदेस	बरगद	विरचित
निरंकार	कुरबानी	जारकर्म	नरपति	परदेसी	बरतन	विरहिणी
निरंकुश	खरगोश	जुरमाना	नरबलि	परनाना	बरताव	वीरकाव्य
निरंजन	खरनाद	जोरदार	नरसिंह	परनाला	बरदाश्त	वीरचक्र
निरंतर	खरबूजा	ज्वारभाटा	नारकीय	परनिंदा	बरबस	वीरप्रसू
परंतुक	खरबूजी	झुरमुट	निरक्षर	परपक्ष	बरबाद	वैरभाव
परंपरा	खरमस्ती	टरकाना	निरखना	परपोता	बरबादी	शरच्चंद्र
पारंगत	खरमास	डरपोक	निरपेक्ष	परबस	बरसना	शरणार्थी
पुरंदर	खररश्मि	तरकारी	निरर्थक	परमाणु	बरसात	शरबत
प्रारंभिक	खरवार	तरकीब	निरवधि	परमात्मा	बरसाती	शरमाना
बारंबार	खरहरा	तरजीह	निरसन	परमायु	बरसाना	शूरवीर
पुरःसर	खरहरी	तरतीब	परकना	परमार्थ	बुरकना	संरक्षक
अरमान	खुरखुरा	तरबूजा	परकाजी	परमिट	भरतार	संरक्षण
अरविंद	खुरचना	तरसना	परकाना	परराष्ट्र	भरपाई	संरक्षित

- र - -	- रां - -	- रा - -	- रा - -	- रि - -	- रि - -	- रि - -
संरचना	**स्वरांकन**	**नारायणी**	**पुरातन**	**परिचल**	**परिप्लव**	**परिष्कृत**
सरकंडा	अराजक	निराकार	पुरालेख	परिचित	परिबाधा	परिसंघ
सरकना	अरारोट	निराकृत	पुरावस्तु	परिच्छेद	परिभव	परिसर
सरकस	आराधना	निरादर	पैराग्राफ	परिजन	परिभाषा	परिसीमा
सरकार	ऐरागैरा	निराद त	पौराणिक	परिधान	परिभूत	परिस्थिति
सरकारी	ऐरावत	निराधार	फेराफेरी	परिणति	परिमल	परिहार
सरगम	कराधान	निरापद	बराबर	परिणय	परिमाण	परिहार्य
सरदार	करामात	निरामिष	बराबरी	परिणाम	परिमाप	परिहास
सरनामा	करामाती	निरालंब	भाराक्रांत	परिणामी	परिमिति	पारिजात
सरपट	कराहना	निराश्रय	भूराजस्व	परिणीत	परिमित	मरियल
सरसठ	कारागार	निराश्रित	विरासत	परिणीता	परिमुग्ध	रिरियाना
सरसता	काराग ह	निराहार	वैरागिणी	परितप्त	परिरोध	हरियाली
सरसिज	कारावास	पराकाष्ठा	सराहना	परिताप	परिवर्जी	कारीगर
सरस्वती	खराखोटा	पराक्रम	सुरापात्र	परितुष्ट	परिवर्ती	कारीगरी
सारग्राही	खरादना	पराक्रमी	सुरापान	परित्यक्त	परिवाद	खरीदना
सारस्वत	खुराफात	परागण	सुरासुर	परित्यक्ता	परिवादी	खरीदार
सारहीन	गिरापड़ा	पराजय	हिरासत	परित्याग	परिवार	खरीदारी
सिरफिरे	गिरावट	पराजित	हेराफेरी	परित्याज्य	परिवारी	टेरीलीन
सिरमौर	गोराचिट्टा	पराधीन	खैरियत	परित्राण	परिवास	धारीदार
सिरहाना	चरागाह	परापेक्षी	गिरिधर	परित्राता	परिवाह	निरीक्षक
सुरक्षित	चराचर	पराभव	चरितार्थ	परिदान	परिवीक्षा	निरीक्षण
सुरपति	चिरायता	परामर्श	दरिद्रता	परिदाह	परिव त्त	निरीश्वर
सुरबाला	चीराफाड़ी	परायण	दरियाफ्त	परिध्वंस	परिवेश	परीक्षक
सौरवर्ष	चौरानवे	परायत्त	नारिकेल	परिध्वस्त	परिव्यय	परीक्षण
स्थिरचित्त	जरातुर	परावर्ती	नारियल	परिनिंदा	परिव्याप्त	परीक्षार्थी
स्थिरमति	डरावना	पराविद्या	परिकथा	परिनिष्ठा	परिव्रज्या	फेरीवाला
स्मरणार्थ	तरावट	पराशक्ति	परिकर	परिपक्व	परिशिष्ट	बारीबारी
स्वरलिपि	तरासना	पराश्रय	परिक्रमा	परिपत्र	परिशुद्ध	वरीयता
स्वैरतंत्र	तिरानवे	पराश्रयी	परिक्लांत	परिपाक	परिशुद्धि	शरीरांत
हरकत	दुराग्रह	पराश्रित	परिक्षेप	परिपाटी	परिशेष	शारीरिक
हारजीत	दुराचार	पारायण	परिखिन्न	परिपार्श्व	परिशोध	सरीस प
हेरफेर	दुराशय	पारावार	परिग्रह	परिपुष्ट	परिश्रम	गुरुकुल
तारांकित	धराशायी	पुराकल्प	परिचय	परिपूर्ण	परिश्रमी	गुरुवार
पराङ्मुख	धारावाही	पुराकाल	परिचर	परिप च्छा	परिश्रांत	चरुपात्र
वारांगना	नराधम	पुराजीव	परिचर्चा	परिप्रश्न	परिषद्	तरुणाई
वीरांगना	नारायण	पुरातत्त्व	परिचर्या	परिप्रेक्ष्य	परिष्कार	तरुवर

- रु - -	- रो - -	- र्ज - -	- र्थ - -	- र्म - -	- र्य - -	- र्व - -
निरुत्तर	**केरोसिन**	**जर्जरित**	**सार्थकता**	**गर्मजोशी**	**पर्यटक**	**पूर्ववत्**
निरुत्साह	खरोंचना	भूर्जपत्र	स्वार्थलिप्सा	चर्मकार	पर्यटन	पूर्ववर्ती
निरुद्देश्य	तिरोधान	निर्झरिणी	अर्थापत्ति	चर्मरोग	पर्यवेक्षी	पूर्वव त्त
निरुद्यम	तिरोभाव	कार्डसूची	इर्दगिर्द	धर्मकर्म	शौर्यचक्र	सर्वव्यापी
निरुद्वेग	धरोहर	कर्णकटु	दर्दनाक	धर्मखाता	सूर्यलोक	सर्वश्रेष्ठ
निरुपाय	धीरोदात्त	कर्णधार	निर्दयता	धर्मग्रंथ	सूर्यवंशी	सार्वत्रिक
पुरुषत्व	नरोत्तम	पर्णकुटी	मुर्दाघर	धर्मदाय	आर्यावर्त	सर्वांगीण
पुरुषार्थ	निरोधक	पूर्णचंद्र	मुर्दादिल	धर्मपत्नी	कार्यात्मक	अर्वाचीन
पुरुषार्थी	परोसना	पूर्णतया	निर्देशन	धर्मराज	कार्याधिक्य	निर्वाचक
पौरुषेय	पुरोगामी	वर्णक्रम	निर्देशिका	निर्ममता	कार्यान्विति	निर्वाचन
मरुभूमि	पुरोभाग	वर्णनीय	निर्धनता	मर्मभेदी	कार्यान्वित	निर्वाचित
मरुस्थल	पुरोहित	वर्णमाला	अर्धांगिणी	मर्मव्यथा	कार्यारंभ	निर्वासन
मेरुदंड	पौरोहित्य	स्वर्णकार	निर्धारक	मर्मस्थल	कार्यालय	निर्वासित
शुरुआत	यूरोपीय	पूर्णांकित	निर्धारण	शर्मिंदगी	निर्यातक	पूर्वागम
कुरूपता	वीरोचित	निर्णायक	निर्धारित	टर्मिनस	पर्यायोक्ति	पूर्वाग्रह
जरूरत	शिरोधार्य	पूर्णाहुति	निर्धारिती	कर्मीदल	मर्यादित	पूर्वापर
निरूपण	शिरोमणि	वर्णाश्रम	ऊर्ध्वगति	धर्मोन्माद	पर्युत्थान	पूर्वाभास
निरूपित	सरोजिनी	स्वर्णाक्षर	ऊर्ध्वगामी	कार्यकक्ष	पर्युत्सुक	पूर्वाभ्यास
विरूपण	सरोवर	कर्णिकार	ऊर्ध्वरेखा	कार्यकर्ता	कार्योत्तर	सर्वाधिक
कुरेदना	तर्कशास्त्र	जीर्णोद्धार	ऊर्ध्वश्वास	कार्यकारी	निर्योग्यता	निर्विकल्प
छुरेबाजी	तर्कहीन	आर्तनाद	टूर्नामेंट	कार्यकाल	सूर्योदय	निर्विकार
तरेरना	वर्कशाप	आर्तस्वर	दुर्निवार्य	कार्यक्रम	कार्रवाई	निर्विरोध
धीरेधीरे	तर्काभास	वर्तमान	निर्निमेष	कार्यक्षम	घर्रघर्र	निर्विवाद
परेशान	निर्गमित	वार्ताकार	सर्पाकार	कार्यक्षेत्र	टर्रटर्र	सर्वेक्षण
परेषक	मार्गदर्शी	वार्तालाप	बर्फखाना	कार्यगोष्ठी	कर्मचारी	सर्वेसर्वा
परेषण	मार्गशीर्ष	कीर्तिमान	दुर्बलता	कार्यदूत	निर्लज्जता	पूर्वोद्ध त
परेषिती	वर्गफल	पूर्तिकार	निर्बलता	कार्यनीति	निर्वचन	पूर्वोपाय
ब्योरेवार	वर्गमूल	मूर्तिकला	गर्भपात	कार्यबद्ध	निर्वसन	सर्वोत्तम
ब्यौरेवार	स्वर्गकाम	मूर्तिकार	गर्भवती	कार्यभार	निर्वहण	सर्वोदय
विरेचक	स्वर्गलोक	मूर्तिशिल्प	निर्भरता	कार्यमुक्ति	निर्वहन	सर्वोपरि
विरेचन	स्वर्गवास	मर्त्यलोक	गर्भाधान	कार्यवाही	पर्वकाल	दुर्व्यवहार
अरोचक	स्वर्गवासी	तीर्थंकर	गर्भावस्था	कार्यविधि	पर्वतीय	दर्शनीय
आरोपण	दीर्घजीवी	अर्थदंड	दर्भासन	कार्यव त्त	पूर्वगत	दार्शनिक
आरोपित	दुर्घटना	अर्थशास्त्र	कर्मकांड	कार्यशाला	पूर्वग्रह	स्पर्शनीय
आरोहण	दीर्घाक्षर	अर्थहीन	कर्मकार	कार्यसिद्धि	पूर्वदत्त	स्पर्शेंद्रिय
कारोबार	कर्जदार	तीर्थयात्रा	कर्मशाला	कार्यसूची	पूर्वम त	पार्श्ववर्ती

- र्श्वा - -	- ल - -	- ल - -	- ल - -	- ल - -	- ल - -	- ला - -
पार्श्वांकित	**किलकार**	**जलपथ**	**दिलवाना**	**मलयज**	**हुलसाना**	**फलागम**
हर्षध्वनि	किलकारी	जलपरी	धुलवाना	मालगाड़ी	हेलमेल	फलाफूला
वर्षाकाल	कुलनाम	जलपान	नलकूप	मालपूआ	तिलांजली	फलाहार
हर्षोन्माद	खलबली	जलपोत	नालबंदी	मालविका	नीलांजन	फलाहारी
हर्षोल्लास	खिलवाड़	जलप्राणी	नीलकंठ	मिलवाना	नीलांबर	बलात्कार
गर्हणीय	खिलवाना	जलमग्न	नीलगाय	मूलतत्त्व	अलापना	बलात्कारी
अलंकार	खुलवाना	जलमार्ग	नीलमणि	मूलधन	आलापना	बालावस्था
अलंकृत	खेलकूद	जलयंत्र	पलटन	मूलभूत	इलायची	बोलाचाली
आलंबन	खेलवाड़	जलयान	पलटना	मूलमंत्र	उलाहना	भोलापन
कलंकित	गलघोंटू	जलवायु	पलस्तर	मेलजोल	कलाकंद	मलाशय
कलंदर	गिलहरी	जलशायी	पिलपिला	मोलतोल	कलाकार	मालामाल
गोलंदाज़	गुलछर्रा	जलसेना	पुलकित	मोलभाव	कलानिधि	मिलाजुला
गोलंदाजी	गुलदस्ता	जलस्तंभ	फलप्रद	रेलगाड़ी	कलाबाज	मिलावट
निलंबन	गुलशन	जलहीन	फिलहाल	ललकार	कलावंत	मुलाकात
निलंबित	गोलगप्पा	जालतंत्र	फुलकारी	ललचाना	कालातीत	मुलाकाती
अलगनी	गोलगोल	जेलखाना	फुलझड़ी	विलक्षण	कालापानी	मुलायम
अलबत्ता	गोलमाल	झिलमिल	फुलवारी	विलयन	कालावधि	मूलाधार
अलबम	चलचित्त	झुलसना	बलबूता	शालग्राम	कोलाहल	लालायित
अलबेला	चलचित्र	झुलसाना	बलशाली	शीलवान	खिलाफत	लीलामय
अलमारी	चलवाना	डलवाना	बलहीन	शूलपाणि	गीलापन	विलासिनी
अलसाना	छलकना	ढलकना	बालग ह	शैलमाला	गोलाबारी	शिलाखंड
अलहदा	छलकाना	ढलकाना	बालचर	संलग्नक	घुलामिला	शिलान्यास
आलपीन	छिलवाना	ढलवाना	बाललीला	सलहज	चलाचली	हलाहल
आलमारी	छोलदारी	ढुलकना	बालवाड़ी	सिलखड़ी	चेलाचाटी	आलिंगन
उलझन	जलकर	ढुलकाना	बालहठ	सिलबट्टा	जलाभाव	कलियुग
उलझना	जलकेलि	ढुलमुल	बिलकुल	सिललोढ़ा	जलाभुना	खलियान
उलझाना	जलक्रीड़ा	ढुलवाना	बिलखना	सिलवाना	जलालत	गलियारा
उलटना	जलचर	तलपट	बुलबुल	सिलसिला	जलावर्त	धूलिकण
उलटाना	जलजला	तलवार	बैलगाड़ी	सुलगन	जलाशय	फलितार्थ
कलकना	जलथल	तलहटी	बोलचाल	सुलगना	तलाशना	बलिदान
कलकल	जलदस्यु	तालमेल	भालचंद्र	स्थूलकाय	दुलारना	बलिपशु
कलक्टर	जलदान	तौलवाना	भालनेत्र	हलचल	नालायक	बलिवेदी
कालकूट	जलदीप	थलसेना	भुलक्कड़	हलवाई	नीलाकाश	बलिहारी
कालक्रम	जलधर	दलदल	भूलचूक	हलवाहा	नीलाथोथा	मालिकाना
कालमान	जलधारा	दिलचस्प	मलमल	हालचाल	पलायन	मिलिटरी
किलकना	जलपक्षी	दिलदार	मलमास	हुलसना	पालागन	आलीशान

- ली - -	- ल्द - -	- - व - -	- - व - -	- वाँ - -	- वा - -	- वि - -
उलीचना	**जल्दबाजी**	**अवरुद्ध**	**प्रावधान**	**जवाँमर्दी**	**सेवाभाव**	**संविभाग**
कालीघटा	जिल्दसाजी	अवरोध	बावजूद	भावांतर	हवालात	सविनय
कालीमिर्च	अल्पजीवी	अवरोह	बेवकूफी	आवाहन	अविकल	सांविधिक
गोलीकांड	अल्पप्राण	अवलंब	बेवफाई	कवायद	अविकारी	सुविख्यात
टेलीग्राम	अल्पमत	अवशिष्ट	भवदीय	गँवारिन	अविचल	डिवीजन
टेलीफोन	कल्पव क्ष	अवशेष	भवबाधा	चवालीस	अविचार	भावुकता
डिलीवरी	काल्पनिक	अवसर	भावगम्य	चौवालीस	अविचारी	आवेदक
मिलीग्राम	शिल्पशाला	अवसाद	भावपक्ष	जवाहर	अविनय	आवेदन
शालीनता	अल्पावधि	अवसान	भावमय	डाँवाँडोल	अविभक्त	गवेषणा
शिलीमुख	फिल्मोत्सव	आवधिक	भाववाची	तवायफ	अविभाज्य	दावेदार
कलुषित	फिल्मोद्योग	आवरण	यवनिका	त्रैवार्षिक	अविरत	निवेदक
बालूशाही	तुल्यमान	आवर्धन	यावज्जन्म	दवाखाना	अविरोध	निवेदन
ओलेंपिक	मूल्यवान्	आवश्यक	युवजन	दवानल	अविलंब	प्रवेशार्थी
कैलेंडर	मूल्यव द्धि	एवमेव	युवराज	दिवालिया	अविवेक	प्रवेशिका
कलेवर	मूल्यह्रास	कवयित्री	युवराज्ञी	देवालय	अविश्रांत	रवेदार
किलेदार	मूल्यांकन	किंवदंती	युववाणी	द्विवार्षिकी	अविश्वास	विवेचन
ढेलेबाजी	बाल्यावस्था	जीवजंतु	लवलीन	नवागत	आविर्भाव	संवेदन
बुलेटिन	माल्यार्पण	दाँवपेंच	लवलेश	निवारक	आविर्भूत	संवेदना
भलेचंगे	उल्लंघन	देवरानी	विवरण	निवारण	आविष्कर्ता	भावोद्‌गार
मलेरिया	उल्लसित	देववाणी	वैवस्वत	प्रवाहित	आविष्कार	अव्यवस्था
हौलेहौले	पल्लवित	दैववश	व्यवधान	बवासीर	आविष्कृत	दिव्यद ष्टि
आलोकित	चिल्लाहट	ध्रुवतारा	व्यवसाय	भावाकुल	कुविचार	सुव्यवस्था
आलोचक	गुल्लीडंडा	नवग्रह	व्यवसायी	भावातुर	कुविचारी	अव्युत्पन्न
आलोचना	पल्लेदार	नवजात	व्यवस्थित	भावावेग	छविग ह	आशंकित
जलोदर	बल्लेबाज	नवनिधि	व्यवहार	भावावेश	द्विविवाह	प्रशंसक
नीलोत्पल	लल्लोचप्पो	नवरत्न	शवयात्रा	युवावस्था	न विज्ञान	अंशदान
प्रलोभन	दिवंगत	नवरस	संवत्सर	रवादार	नौविज्ञान	अंशदायी
बालोचित	प्रवंचना	नवरात्र	सँवरना	रवानगी	पवित्रता	अशरफी
विलोकन	बवंडर	निवर्तक	संवर्धन	रिवाल्वर	पवित्रात्मा	किशमिश
विलोड़न	अवकाश	निवर्तन	सावकाश	लावारिस	प्रविधिक	कुशलता
विलोपन	अवगत	पावदान	सावधिक	विवाहित	प्राविधिज्ञ	कृशकाय
सुलोचना	अवगुण	पावरोटी	स्वावलंबी	विवाहिता	भवितव्य	कैशमेमो
अलौकिक	अवतार	प्रवरण	हावभाव	वैवाहिक	भ्रूविलास	खुशदिल
किल्कारना	अवधान	प्रवर्तक	अवांछित	शिवालय	रविकर	खुशहाल
सल्तनत	अवमान	प्रवर्तन	अवांतर	सँवारना	रविवार	खुशहाली
जल्दबाज	अवयव	प्रवर्धक	जवाँमर्द	सुवासित	संविधान	तशरीफ

- श - -	- शि - -	- शो - -	- श्व - -	- ष्ट - -	- ष्पी - -	- स - -
देशद्रोही	**निशिदिन**	**यशोगाथा**	**विश्वकोश**	**स्पष्टतया**	**निष्पीड़न**	**ईसवीय**
देशभक्ति	प्रशिक्षण	यशोगान	विश्वव्यापी	स्पष्टवक्ता	निष्प्रभावी	कसरत
नाशकर्ता	प्रशिक्षित	वंशोद्भव	आश्वासन	स्पष्टवादी	ऋष्यमूक	किसमत
नाशकारी	राशिचक्र	संशोधन	आश्वासित	हृष्टपुष्ट	भाष्यकार	किसलय
नाशपाती	विशिष्टता	संशोधित	ईषत्स्प ष्ट	अष्टाध्यायी	असंगत	खसकना
निशक्तता	सुशिक्षित	दुश्चरित्र	कोषकक्ष	भ्रष्टाचार	असंगति	खसखस
पाशविक	होशियार	निश्चयार्थ	दोषपूर्ण	भ्रष्टाचारी	असंतुष्ट	खिसकना
पेंशनर	होशियारी	पश्चलेख	दोषमुक्त	शिष्टाचार	असंतोष	घासपात
प्रशमन	आशीर्वाद	पश्चात्ताप	प्रेषणीय	द ष्टिकोण	असंदिग्ध	घासलेट
मशहूर	काशीफल	निश्चेतन	विषकन्या	द ष्टिपात	असंपुष्ट	घासलेटी
यशस्विनी	प्रशीतन	इश्तहार	विषधर	मुष्टियुद्ध	असंबद्ध	घिसघिस
रोशनाई	मशीनरी	काश्तकार	विषपान	षष्टिपूर्ति	असंभव	घूसखोर
वंशवट	मुंशीगिरी	काश्तकारी	उषाकाल	स ष्टिकर्ता	असंभाव्य	घूसखोरी
वंशव क्ष	वंशीधर	गोश्तखोर	ऊषाकाल	राष्ट्रकुल	असंयत	डसवाना
वशवर्ती	वशीभूत	रिश्तेदार	कोषाध्यक्ष	राष्ट्रगान	असंस्कृत	डिसमिस
सशरीर	आशुकवि	प्रश्नकर्ता	पोषाहार	राष्ट्रगीत	आसंजक	तसदीक
स्टेशनरी	आशुतोष	प्रश्नचिह्न	भाषाविद्	राष्ट्रचिह्न	कुसंगति	तसलीम
आशातीत	आशुलिपि	प्रश्नपत्र	भाषाशास्त्र	राष्ट्रध्वज	निसंशय	तीसमार
आशान्वित	आशुवक्ता	प्रश्नावली	हृषिकेश	राष्ट्रपति	प्रासंगिक	द्विसदनी
आशावान	पशुधन	प्रश्नोत्तर	कृषीतर	राष्ट्रसंघ	भूसंपत्ति	ध्वंसकारी
खुशामद	पशुवत्	प्रश्नोत्तरी	निषेचन	राष्ट्राध्यक्ष	विसंगति	नासपीटा
खुशामदी	पशुवध	चश्मदीद	निषेधाज्ञा	राष्ट्रीयता	विसंवादी	नासमझ
नशाखोरी	पशुशाला	रश्मिमाली	निष्कंटक	राष्ट्रोन्माद	सुसंपन्न	नैसर्गिक
नशाबंदी	पाशुपत	द श्यश्रव्य	निष्कपट	प ष्ठभूमि	सुसंस्कृत	न्यासधारी
निशाचर	पिशुनता	वेश्यागामी	निष्करुण	प ष्ठांकन	असफल	पसरना
पैशाचिक	बेशुमार	वेश्यालय	निष्कलंक	निष्ठावान्	असभ्यता	पासपोर्ट
प्रशासक	शिशुकाल	वेश्याव त्ति	निष्कलुष	श्रेष्ठिवर्ग	असमय	पासबुक
प्रशासन	विशूचिका	मिश्रधन	निष्कारण	कृष्णपक्ष	असमर्थ	प्रसन्नता
मशालची	विश ंखल	अश्रुगैस	निष्कासन	निष्पलक	असमाप्त	प्रसरण
वंशागत	नशेबाज	निश्रेयस	निष्क्रमण	पुष्पकीट	असम्मति	फिसलना
विशारद	नशेबाजी	अश्लीलता	निष्क्रियता	पुष्पधन्वा	असम्मान	फिसलाव
सुशासन	विशेषज्ञ	विश्लेषण	इष्टतम	पुष्पमाला	असहाय	फुसफुस
स्वशासन	विशेषण	विश्वंभर	इष्टदेव	पुष्पव ष्टि	आसपास	फुसफुसा
अशिक्षित	विशेषतः	ईश्वरीय	कष्टप्रद	वाष्पदाब	आसमान	फुसलाना
अशिष्टता	विशेषांक	ईश्वरेच्छा	नष्टप्राय	पुष्पांजलि	आसमानी	बसस्टाप
आशिकाना	आशोधन	विश्वकर्मा	नष्टभ्रष्ट	निष्पादक	इसलाम	बिसरना

- स - -	- सा - -	- सो - -	- स्था - -	- हं - -	- ह - -	- ह - -
भासमान	**बिसारना**	**हासोन्मुख**	**प्रस्थापना**	**अहंतुष्टि**	**दाहकर्म**	**लहरिया**
मसहरी	मांसाहारी	संस्करण	विस्थापित	बिहँसना	देहत्याग	लहसुन
मांसखोर	रसातल	डिस्काउंट	संस्थागत	महँगाई	दोहराना	लौहयुग
मांसपिंड	रसायन	सांस्कृतिक	संस्थापक	विहंगम	पहचान	व्यूहबद्ध
मांसपेशी	सांसारिक	अस्तंगत	संस्थापना	अहर्निश	पहनना	शहतूत
रसगुल्ला	हिंसाकर्म	अस्तबल	संस्थापित	आहरण	पहनावा	शहनाई
रसपान	खासियत	अस्तव्यस्त	अस्थिरता	इहलीला	पहलौठा	सहकारी
रसभंग	खिसियाना	दस्तकारी	स्वास्थ्यलाभ	एहसान	फहरना	सहगामी
रसमय	घसियारा	दस्तखत	स्वास्थ्यसेवा	कहलाना	फहराना	सहचारी
रसराज	नौसिखिया	निस्तरण	अस्पताल	गहराई	बहकना	सहपाठी
रसलीन	मसिजीवी	पुस्तकीय	अस्प श्यता	ग हकर	बहकाना	सहभागी
रासक्रीड़ा	रसिकता	मस्तमौला	डिस्पेंसरी	ग हकार्य	बहत्तर	सहभोज
रासलीला	हैसियत	वास्तविक	इंस्पेक्टर	ग हमंत्री	बहनापा	सहयोग
लसलसा	असीमित	हस्तक्षेप	डिस्पैचर	ग हयुद्ध	बहनोई	सहयोगी
लिसलिसा	घसीटना	हस्तरेखा	ट्रांस्फार्मर	ग हलक्ष्मी	बहलना	सहलाना
विसर्जन	नसीहत	अस्ताचल	विस्फोटक	ग हस्वामी	बहलाना	सहवास
विसर्जित	पसीजना	दस्तावेज	भस्मसात्	ग्रहणीय	ब हत्तर	सहशिक्षा
व्यासपीठ	मुसीबत	प्रस्तावना	विस्मरण	चहकना	ब हस्पति	सहस्राब्दी
शासकीय	कसीयत	प्रस्तावित	संस्मरण	चौहत्तर	बेहतर	साहचर्य
श्वासतंत्र	हँसीखुशी	हस्ताक्षर	ट्रांस्मिटर	छिहत्तर	बेहतरी	साहसिक
श्वासयंत्र	वसुंधरा	आस्तिकता	भस्मीभूत	जहन्नुम	महतारी	सिंहनाद
संसदीय	असुविधा	नास्तिकता	हास्यास्पद	जहमत	महत्तम	सिहरन
सिसकना	भूसुधार	हस्तिदंड	खस्वस्तिक	जहरीला	महफिल	स्नेहपत्र
सिसकारी	ससुराल	वस्तुनिष्ठ	आस्वादन	टहलना	महसूल	स्नेहपात्र
सुसज्जित	आँसूगैस	वस्तुसूची	अस्वीकार	ठहरना	महसूस	स्नेहपूर्ण
हँसमुख	आसूचना	वास्तुकला	अस्वीकार्य	ठहराना	माहवार	स्नेहमय
असामर्थ्य	बिसूरना	वास्तुकार	अस्वीकृत	डहकना	मुहब्बत	स्प हणीय
असामान्य	संसूचक	वास्तुशिल्प	निस्संकोच	तहखाना	मेहतर	जहाँगीर
घिसापिटा	घुसेड़ना	इस्तेमाल	निस्संतान	तहजीब	मेहनत	ऊहापोह
ठसाठस	घूँसेबाज	अस्त्रशाला	निस्संदिग्ध	तहमत	मेहनती	कहावत
दुःसाहस	घूँसेबाजी	अस्त्रागार	निस्संदेह	तहरीर	मेहमान	कहासुना
नासापुट	पैसेवाला	शस्त्रागार	निस्सहाय	तहलका	मोहनिद्रा	कहासुनी
पसारना	रसेदार	वस्त्रोद्योग	रस्साकशी	तहसील	मोहभंग	जहालत
प्रसाधन	नौसैनिक	आस्थगित	हिस्सेदार	तिहत्तर	लहकना	दहाड़ना
प्रसारण	मसोसना	प्रास्थगन	अहंकार	तोहमत	लहकाना	नीहारिका
प्रसारित	रसोइया	आस्थावान	अहंकारी	दहलीज	लहराना	पहाड़िन

- हा - -	- हा - -	- हा - -	- हुँ - -	- हो - -
बहादुर	**महायुद्ध**	**स्नेहाकांक्षी**	**पहुँचाना**	**अहोरात्र**
बहादुरी	महारथी	स्नेहाकुल	पहुनाई	महोदय
बुहारना	महाराज	हाहाकार	बहुतेरा	सहोदर
महाकवि	महाराजा	अहिंसक	बहुतेरे	चिह्नांकित
महाकाल	महावत	निहितार्थ	बहुमत	ब्रह्मचर्य
महाकाली	महावर	पाहिपाहि	बहुमूल्य	ब्रह्मज्ञान
महाकाव्य	महावीर	बहिरंग	बहुलांश	ब्रह्मज्ञानी
महाजन	महाशय	बहिर्मुखी	बहुविध	ब्रह्मपुत्र
महादेव	मुहावरा	बहिष्कार	बाहुपाश	ब्राह्मीलिपि
महादेवी	रहासहा	बहिष्कृत	बाहुबल	बाह्येंद्रिय
महाद्वीप	लुहारिन	बेहियाई	बेहूदगी	आह्लादित
महानता	लोहारिन	वाहियात	साहूकार	
महानिद्रा	सहायक	सहिष्णुता	साहूकारी	
महापौर	सहायता	साहित्यिक	सहृदय	
महाप्राण	सिंहासन	बहीखाता	तहेदिल	
महाबली	सुहागिन	महीपति	प्रहेलिका	
महामंत्री	सुहावना	महीपाल	बहेलिया	
महामारी	सोहावना	पहुँचना	सहेजना	

चतुर्-अक्षरी : द्वितीय मध्य

- - आ -	- - क -	- - क -	- - क -	- - क -	- - क -	- - क -
छुछुआना	**आजकल**	**चमकना**	**दूतकर्म**	**प्रश्नकर्ता**	**राजकन्या**	**हितकर**
शुरुआत	आयकर	चहकना	धड़कन	प्रातःकर्म	रुचिकर	अधिकांश
गुंजाइश	आशुकवि	चारकर्म	धड़कना	प्रेमकथा	रूपांकन	उच्चाकांक्षा
पैदाइश	आस्तिकता	चिटकना	धधकना	फटकना	लंबकर्ण	कर्मकांड
मोबाइल	उचकना	चित्रांकन	धमकना	फड़कना	लघुकथा	गोलीकांड
रसोइया	उत्सुकता	चिपकना	धर्मकर्म	फिटकरी	लचकना	चंद्रकांता
अट्ठाईस	कँपकँपी	छलकना	धूलिकण	फुटकर	लटकन	सूचकांक
अठाईस	कटकट	छायांकन	नजाकत	फुदकना	लटकना	स्नेहाकांक्षी
सत्ताईस	कटाकटी	छिटकना	नाट्यकला	बहकना	लहकना	हिताकांक्षी
डिस्काउंट	कड़कड़	छिड़कना	नामांकन	बिचकना	लाभकर	अंगीकार
चिरऋणी	कड़कना	छिपकली	नाशकर्ता	बिदकना	लुढ़कना	अंतकाल
पित ऋण	कद्दूकश	छोड़कर	नास्तिकता	बुनकर	लोककथा	अंधकार
शीतऋतु	करकट	जनकवि	नित्यकर्म	बुरकना	वास्तुकला	अटकाना
अतएव	कर्णकटु	जलकर	निर्विकल्प	भटकना	विलोकन	अटकाव
अनुकंपा	कलकना	जारकर्म	न त्यकला	भभकना	विश्वकर्मा	अधिकार
कलाकंद	कलकल	जेबकट	नैतिकता	भयंकर	विषकन्या	अधिकारी
जम कंद	कायाकल्प	झिझकना	न्यायकर्ता	भावुकता	शोधकर्ता	अनेकार्थ
नीलकंठ	कार्यकक्ष	झिड़कना	पंखकटा	भिनकना	समकक्ष	अपकार
मुक्तकंठ	कार्यकर्ता	झुमकना	पटकथा	मटकना	सरकना	अपकारी
रुद्धकंठ	किलकना	टपकना	पटकना	मधुकर	सरकस	अलंकार
सरकंडा	कुदकना	ठनकना	पटकनी	मरकत	सार्थकता	अवकाश
हड़कंप	कोषकक्ष	ठिठकना	पथकर	महाकवि	सिटकनी	अविकारी
हथकंडा	क्षुद्रकर्म	ठिनकना	पद्माकर	मादकता	सिसकना	अस्वीकार
अचकन	खटकना	डहकना	पनकटा	मुद्रांकन	सीमांकन	अस्वीकार्य
अटकना	खड़कना	ढलकना	परकना	मुरकना	सुड़कना	अहंकार
अटकल	खतकशी	ढुलकना	परिकथा	मूर्तिकला	सुधाकर	अहंकारी
अतिकर	खनकना	तड़कना	परिकर	मूल्यांकन	सुबकना	आज्ञाकारी
अधिकता	खनिकर्म	तमकना	पापकर्म	यदाकदा	स ष्टिकर्ता	आनाकानी
अधिकर	खसकना	तिनकना	पिचकना	युगंकर	स्वरांकन	आबकारी
अपकर्ता	खिसकना	तीर्थंकर	पुण्यकर्म	युद्धकला	स्वेदकण	आशिकाना
अपकर्म	गटकना	तुनकना	पुराकल्प	रंगकर्मी	हकीकत	इंतकाल
अपकर्ष	ग हकर	थिरकना	प थकता	रक्तकण	हट्टाकट्टा	इनकार
अप्रकट	घातकता	दमकना	प ष्ठांकन	रतिकर्म	हथकड़ी	उचकाना
अभिकर्ता	घुड़कना	दमकल	पेचकश	रविकर	हरकत	उढ़काना
अभिकल्प	चटकना	दाहकर्म	पौरकर	रसिकता	हानिकर	उपकार
अविकल	चटकनी	दिनकर	प्रतिकर	रस्साकशी	हिंसाकर्म	उपकारी

- - का -	- - का -	- - का -	- - का -	- - कि -	- - कु -	- - को -
उषाकाल	**जानकार**	**बचकाना**	**व द्धकाल**	**नामांकित**	**चुटकुला**	**अब्दकोश**
ऊषाकाल	जानकारी	बहकावा	व्यंग्यकार	पताकिनी	नानुकुर	खड्गकोष
कर्णिकार	टरकाना	भद्रकाली	व्याख्याकार	पार्श्वांकित	निरंकुश	द ष्टिकोण
कर्मकार	टीमकार्य	भाष्यकार	शिशुकाल	पुलकित	पर्णकुटी	निस्संकोच
कलाकार	ट्रंककाल	भीमाकार	शुंडाकार	पूर्णांकित	बिलकुल	परकोटा
कामकाज	ढलकाना	भूतकाल	संध्याकाल	बीमाकिस्त	बीजांकुर	पित्तकोप
कार्यकारी	ढुलकाना	मध्यकाल	सरकार	मजाकिया	भावाकुल	बद्धकोष्ठ
कार्यकाल	तरकारी	महाकाल	सरकारी	मुद्रांकित	मात कुल	बीजकोष
काश्तकार	दस्तकारी	महाकाली	सर्पाकार	मुमकिन	राजकुल	मधुकोष
काश्तकारी	दुतकार	महाकाव्य	सहकारी	रूपांकित	राष्ट्रकुल	राजकोष
किलकार	धन्वाकार	मालिकाना	साधिकार	रेखांकित	शोकाकुल	राज्यकोष
किलकारी	धमकाना	मिचकाना	सायंकाल	समेकित	श्वेतकुष्ठ	लंबकोण
कुंभकार	ध्वंसकारी	मुलाकात	सावकाश	अपकीर्ति	स्नेहाकुल	विश्वकोश
कृशकाय	नाशकारी	मुलाकाती	साहूकार	चटकीला	अनुकूल	समकोण
खंडकाव्य	निरंकार	मूर्तिकार	साहूकारी	चमकीला	कालकूट	कनकौवा
खटकाना	निराकार	यथाकाम	सिसकारी	तंतुकीट	खेलकूद	हमकौम
खनकाना	निर्विकार	यथाकाल	सूक्ष्माकार	तरकीब	नलकूप	घुमक्कड़
गीतकार	नीलाकाश	राजकाज	सूतिकाल	नमकीन	प्रतिकूल	पियक्कड़
गीतकाव्य	पच्चीकारी	राज्यकाल	स्तूपकार	नाटकीय	बेवकूफी	भुलक्कड़
गुणकारी	पत्रकार	रीतिकाल	स्थूलकाय	नाभिकीय	रोमकूप	इंस्पेक्टर
ग हकार्य	परकाजी	रीतिकाव्य	स्वर्गकाम	नारकीय	अधिकृत	कलक्टर
ग्रंथकार	परकाना	रूपाकार	स्वर्णकार	परकीय	अनुकृति	निशक्तता
चक्राकार	परकार	रोगकारी	स्वाधिकार	परकीया	अपकृत	वैयक्तिक
चटकाना	पराकाष्ठा	लटकाना	हाहाकार	पुष्पकीट	अलंकृत	अतिक्रम
चटकारा	पर्वकाल	लब्धकाम	हितकारी	पुस्तकीय	अस्वीकृत	अनुक्रम
चमकाना	पिचकाना	ललकार	अलौकिक	भड़कीला	निराकृत	उपक्रम
चर्मकार	पिचकारी	लहकाना	आलोकित	राजकीय	पंजीकृत	कार्यक्रम
चाटुकार	पुचकार	लाभकारी	आशंकित	शासकीय	प्रतिकृति	कालक्रम
चाटुकारी	पुण्यकार्य	लिपिकार	कंटकित	सांख्यिकीय	प्राधिकृत	तापक्रम
चिटकाना	पुराकाल	लेखाकार	कलंकित	तप्तकुंड	मुखाकृति	पंजीक्रम
चित्रकार	पूर्तिकार	लोककाव्य	किरकिरा	यज्ञकुंड	भारकेंद्र	पदक्रम
चिपकाना	प्रतिकार	वर्षाकाल	चक्रांकित	होमकुंड	धूमकेतु	पराक्रम
छलकाना	प्रातःकाल	वार्ताकार	चित्रांकित	कुछकुछ	नारिकेल	पराक्रमी
छिड़काव	प्राधिकार	वास्तुकार	चिह्नांकित	कुनकुना	सूटकेस	परिक्रमा
छुटकारा	फटकार	वीरकाव्य	छायांकित	खुदकुशी	हृषिकेश	पाठ्यक्रम
जयकार	फुलकारी	व त्ताकार	तारांकित	गुरुकुल	जलकेलि	प्रतिक्रम

- - क्र -	- - क्ष -	- - ख -	- - खें -	- - ग -	- - ग -	- - गा -
मापक्रम	**विलक्षण**	**नटखट**	**अठखेली**	**कारीगरी**	**विहंगम**	**यशोगाथा**
यथाक्रम	संरक्षक	निरखना	परखैया	कुसंगति	वीरांगना	यशोगान
वर्णक्रम	संरक्षण	परखना	खराखोटा	खुदगर्ज	व्यक्तिगत	यादगार
व्यतिक्रम	समीक्षक	प्रमुखता	गमखोर	गजगति	श्रोतागण	राष्ट्रगान
जनक्रांति	सर्वेक्षण	बिलखना	गोताखोर	गपागप	संस्थागत	रेजगारी
पदाक्रांत	स्वर्णाक्षर	मरखना	गोश्तखोर	गुंडागर्दी	समागम	रेलगाड़ी
भाराक्रांत	हस्ताक्षर	विश ंखल	घूसखोर	गोलगप्पा	सरगम	रोजगार
राज्यक्रांति	परीक्षार्थी	सिलखड़ी	घूसखोरी	चक्रगति	सुलगन	वेश्यागामी
रेडक्रास	अपेक्षित	ख चाखाँची	जमाखोर	जादूगर	सुलगना	शस्त्रागार
अनुक्रिया	अशिक्षित	अच्छाखासा	जमाखोरी	जादूगरी	सौदागर	शीघ्रगामी
अभिक्रिया	आरक्षिति	कारखाना	नशाखोरी	तथागत	स्वप्नगत	शौचागार
प्रतिक्रिया	उपेक्षित	कैदखाना	मांसखोर	दिवंगत	साँठगाँठ	सभागार
प्रातःक्रिया	प्रदक्षिणा	चंडूखाना	मुफ्तखोर	नवागत	अग्रगामी	सहगामी
रतिक्रिया	प्रशिक्षित	छेड़खानी	सूदखोर	नीतिगत	अधोगामी	स्तुतिगान
जलक्रीड़ा	संरक्षित	जच्चाखाना	सूदखोरी	परगना	अनुगामी	स्नानागार
रासक्रीड़ा	सुरक्षित	जमाखाता	उपाख्यान	परागण	अफ़गान	अभागिन
परिक्लांत	सुशिक्षित	जेलखाना	प्रत्याख्यान	पारंगत	अस्त्रागार	अर्धांगिणी
इंजेक्शन	त्रिपक्षीय	डाकखाना	सुविख्यात	पालागन	ऊर्ध्वगामी	आस्थगित
कनेक्शन	द्विपक्षीय	तहखाना	तनख्वाह	पूर्वगत	कामगार	इनेगिने
अंत्याक्षरी	अंतःक्षेप	तोपखाना	व्योमगंगा	पूर्वागम	कारागार	इर्दगिर्द
अधीक्षक	कार्यक्षेत्र	दरखास्त	अजगर	प्रास्थगन	ग्रंथागार	औद्योगिक
आद्यक्षर	योगक्षेम	दवाखाना	अधिगम	फलागम	घोड़ागाड़ी	गिरगिट
आरक्षण	रणक्षेत्र	धर्मखाता	अधोगति	बरगद	चरागाह	तरंगित
कार्यक्षम	राज्यक्षेत्र	परखाई	अपंग–ता	बाजीगर	चिनगारी	नरगिस
दीर्घाक्षर	हस्तक्षेप	बट्टाखाता	अभ्यागत	बोधगम्य	दरगाह	प्रायोगिक
निरक्षर	पटाक्षेप	बर्फखाना	अमंगल	भावगम्य	द्रुतगामी	प्रासंगिक
निरीक्षक	परिक्षेप	बहीखाता	अलगनी	भुजंगम	धान्यागार	प्रौद्योगिक
निरीक्षण	शिलाखंड	रंडीखाना	अवगत	भूमिगत	नीलगाय	प्रौद्योगिकी
परीक्षक	हिमखंड	अधखिला	असंगत	मंदगति	पुरोगामी	बाबूगिरी
परीक्षण	खचाखच	उच्छ ंखिल	असंगति	मनोगति	प्रतिगामी	मुंशीगिरी
प्रतिक्षण	खटखट	नौसिखिया	अस्तंगत	रत्नगर्भा	बाजागाजा	वैरागिणी
प्रत्यक्षतः	खटाखट	परिखिन्न	आत्मगत	रफूगर	बैलगाड़ी	सुहागिन
प्रशिक्षण	खड़ेखड़े	अधखुला	आलिंगन	वंशागत	भांडागार	हेमगिरि
बीजाक्षर	खसखस	खुरखुरा	उजागर	वक्रगति	महँगाई	जहाँगीर
विचक्षण	जमाखर्च	बचाखुचा	ऊर्ध्वगति	वारांगना	मालगाड़ी	राजगीर
	दस्तखत	हँसीखुशी	कारीगर	विसंगति	यज्ञागार	राष्ट्रगीत

- - गी -	- - ग्रं -	- - घ -	- - च -	- - च -	- - चा -	- - चि -
विभागीय	**मनोग्रंथि**	**जादूघर**	**उन्मोचन**	**ब्रह्मचर्य**	**पत्राचार**	**निर्वाचित**
शोकगीत	स्वेदग्रंथि	डाकघर	उलीचना	मनचला	पदचाप	न्यायोचित
सर्वांगीण	हीनग्रंथि	धूपघड़ी	खरोंचना	म गचर्म	परचाना	पगचिह्न
अतिगुप्त	अनुग्रह	पनघट	खुरचना	राशिचक्र	पहचान	पदचिह्न
अवगुण	उपग्रह	पूजाघर	खुरचनी	लल्लोचप्पो	पहुँचाना	परिचित
तमोगुण	एकाग्रता	मरघट	गुप्तचर	वाउचर	पापाचार	पैशाचिक
पचगुना	दुराग्रह	मुर्दाघर	चटाचट	विमोचन	पापाचारी	प्रश्नचिह्न
रजोगुण	नवग्रह	अपघात	चप्पाचप्पा	विरेचक	बोलचाल	बालोचित
रसगुल्ला	परिग्रह	आत्मघात	चराचर	विरेचन	बोलाचाली	भित्तिचित्र
सतगुरु	पूर्वग्रह	आत्मघाती	चलाचली	विवेचन	भट्टाचार्य	मित्रोचित
सतोगुण	पूर्वाग्रह	गऊघाट	जलचर	वीरचक्र	भाईचारा	यत्किंचित्
सत्त्वगुण	मताग्रह	पक्षाघात	डिस्पैचर	शौर्यचक्र	भ्रष्टाचार	यथोचित
काराग ह	वादग्रस्त	पदाघात	दबोचना	संरचना	भ्रष्टाचारी	रंगचित्र
छविग ह	शापग्रस्त	प्रतिघात	दिनचर्या	संसूचक	रक्तचाप	राष्ट्रचिह्न
नाट्यग ह	शोकग्रस्त	वज्राघात	दिलचस्प	साहचर्य	ललचाना	रोमांचित
पूजाग ह	सत्याग्रह	घिसघिस	नकचढ़ी	सुलोचना	लोकाचार	विरचित
प्रेक्षाग ह	सूखाग्रस्त	गलघोंटू	नभचर	हलचल	व्यभिचार	विशूचिका
बंदीग ह	गुणग्राही	घनघोर	निर्वचन	सोनाचाँदी	शिष्टाचार	वीरोचित
बालग ह	टेलीग्राम	जयघोष	निर्वाचक	अत्याचार	सकुचाना	व त्तचित्र
लताग ह	पैराग्राफ	कृतघ्नता	निर्वाचन	अत्याचारी	सदाचार	व्यंग्यचित्र
स्नानग ह	बुद्धिग्राह्य	पूर्णचंद्र	निशाचर	अनचाहा	सदाचारी	शब्दचित्र
अश्रुगैस	मनोग्राही	भलेचंगे	निषेचन	अनाचार	समाचार	शेखचिल्ली
आँसूगैस	मिलीग्राम	भालचंद्र	पदचर	अविचार	सहचारी	संकुचित
ऐरागैरा	शालग्राम	रणचंडी	पनचक्की	अविचारी	स्वेच्छाचारी	समुचित
कार्यगोष्ठी	सारग्राही	रामचंद्र	परचना	उनचास	हालचाल	स्थिरचित्त
खरगोश	सूक्ष्मग्राही	अकिंचन	परिचय	उपचार	अनुचित	अर्वाचीन
गोलगोल	लंबग्रीव	अगोचर	परिचर	उपचारी	अनौचित्य	तामचीनी
बंदगोभी	उल्लंघन	अड़चन	परिचर्चा	कदाचार	अयाचित	समीचीन
हथगोला	कटघरा	अनुचर	परिचर्या	कर्मचारी	आकुंचित	गिनाचुना
सम्यग्ज्ञान	कठघरा	अरोचक	परिचल	कुविचार	कच्चाचिट्ठा	गुपचुप
उद्विग्नता	कालीघटा	अविचल	पहुँचना	कुविचारी	कदाचित्	खट्टाचूक
संलग्नक	घंटाघर	अस्ताचल	पाठ्यचर्या	चुपचाप	गोराचिट्टा	चूरचूर
अयोग्यता	घड़घड़	आकुंचन	प्रज्ञाचक्षु	चुम्माचाटी	चलचित्त	परचून
निर्योग्यता	घर्रघर्र	आलोचक	प्रमोचन	चेलाचाटी	चलचित्र	परचूनी
धर्मग्रंथ	चुंगीघर	आलोचना	प्रवंचना	दुराचार	जन्मचिह्न	भूलचूक
पाठ्यग्रंथ	जमघट	आसूचना	बालचर	नयाचार	नामचिह्न	मक्खीचूस

- - चै -	- - ज -	- - ज -	- - जी -	- - ज्ञा -	- - ट -	- - टा -
सुखचैन	**आयोजक**	**विभाजन**	**तरजीह**	**नौविज्ञान**	**चकोटना**	**उलटाना**
माँगचोटी	आयोजन	श्रद्धांजलि	तहजीब	ब्रह्मज्ञान	चचोटना	निपटान
शरच्चंद्र	आयोजना	संयोजक	दीर्घजीवी	ब्रह्मज्ञानी	चिपटना	निपटाना
समुच्चय	आसंजक	संयोजन	पण्यजीव	मिथ्याज्ञान	झपटना	निपटारा
एकच्छत्र	इजाजत	सहेजना	परजीवी	पित्तज्वर	टकटकी	अघटित
प्रतिच्छवि	उत्तेजक	सामंजस्य	पुराजीव	उरझना	टनाटन	टिकटिक
मेघाच्छन्न	उत्तेजन	गुप्तजाँच	भिक्षाजीवी	उलझन	टपाटप	टिपटिप
यद च्छया	उत्तेजना	अनजान	मसिजीवी	उलझना	टमटम	बुलेटिन
प्रतिच्छाया	उद्वेजक	अनजाने	श्रमजीवी	पतझड़	टमाटर	पादटीका
अनैच्छिक	उपजना	अभिजात	हारजीत	फुलझड़ी	टर्रटर्र	माँगटीका
याद च्छिक	गंगाजल	इंतजार	मिलाजुला	बेझिझक	ट्रांस्मिटर	कनटोप
अनुच्छेद	गंगाजली	इंतजारी	बावजूद	मोतीझरा	डपटना	गाँधीटोपी
परिच्छेद	गरजना	इंद्रजाल	पायजेब	लपझप	थियेटर	घटाटोप
पंक्तिच्युत	जलजला	उपजाऊ	कमजोर	समझना	दुर्घटना	टोकाटोकी
पदच्युत	डाकाजनी	उपजाना	कमजोरी	ताकाझाँकी	निकटता	उमेठना
पदच्युति	डिवीजन	कागजात	गँठजोड़	उलझाना	निकटस्थ	ठकठक
सत्ताच्युत	तिलांजली	चक्काजाम	गँठजोड़ी	तामझाम	निपटना	ठनठन
स्थानच्युत	दिग्विजय	जनजाति	गर्मजोशी	रिमझिम	निष्कंटक	ठसाठस
गुलछर्रा	धनंजय	नवजात	नापजोख	झुनझुना	पर्यटक	बनाठना
छकाछक	नियोजक	पारिजात	मेलजोल	रुनझुन	पर्यटन	संगठन
छनछन	नियोजन	बनजारा	लेखाजोखा	नोकझोंक	पलटन	उत्कंठित
परछन	निरंजन	मंत्रजाल	निमज्जन	नंगाझोली	पलटना	संगठित
काटछाँट	नीलांजन	मायाजाल	निर्लज्जता	समझौता	प्रकटन	ठुनठुन
धूपछाँह	परजन्म	मोमजामा	बेइज्जत	अकंटक	बेखटके	गुल्लीडंडा
छत्र-छाया	पराजय	आयोजित	बेइज्जती	आखेटक	भिक्षाटन	पगडंडी
छेड़छाड़	परिजन	चौमंजिला	यावज्जन्म	आबंटन	मिलिटरी	अकड़ना
परछाईं	पसीजना	तिमंजिला	विद्वज्जन	उचटना	रपटना	अखंडता
परछाह	पुष्पांजलि	दुमंजिला	सुसज्जित	उचाटना	लपेटना	उखड़ना
म गछाल	प्रयोजन	पराजित	समुज्ज्वल	उच्चाटन	लिपटना	उखाड़ना
अवांछित	प्रायोजना	विभाजित	अनुज्ञप्ति	उद्घाटन	विघटन	उघड़ना
लुकाछिपी	बंधुजन	सरोजिनी	कृतज्ञता	उबटन	विस्फोटक	उघाड़ना
जीवजंतु	भूराजस्व	सामाजिक	आत्मज्ञान	उलटना	संघटक	उजड़ना
अंदाजन	महाजन	अल्पजीवी	आत्मज्ञानी	कंप्यूटर	संघटन	उजाड़ना
अधजला	मैनेजर	इंद्रजीत	तत्त्वज्ञान	कचोटना	समेटना	उधड़ना
अराजक	युवजन	चिरंजीव	तत्त्वज्ञानी	काउंटर	सिमटना	उधेड़ना
आगजनी	रतजगा	चिरंजीवी	न विज्ञान	घसीटना	टाँयटाँय	उभड़ना

- - ड -	- - ड़ि -	- - णी -	- - त -	- - त -	- - ता -	- - ती -
कमंडलु	**लबाड़िया**	**रमणीय**	**जन्मांतर**	**युगांतर**	**फलितार्थ**	**तफतीश**
कैलेंडर	कंकड़ीला	वरणीय	तनातनी	रसातल	बरताव	तरतीब
खदेड़ना	पपड़ीला	स्प हणीय	दुखांतक	रूपांतर	भरतार	पर्वतीय
घुसेड़ना	डुगडुगी	श्रीगणेश	धन्वंतरि	लघुतम	भुगतान	पुण्यतीर्थ
जकड़ना	पनडुब्बी	गणतंत्र	धन्वंतरी	संगीतज्ञ	भुगताना	फुरतीला
झगड़ना	खपड़ैल	जनतंत्र	निकेतन	सचेतन	महतारी	भारतीय
तिकड़म	डाँवाँडोल	जालतंत्र	निम्नतम	सनातन	मोटाताजा	विजातीय
दहाड़ना	बागडोर	परतंत्र	नियतन	समतल	लक्षितार्थ	सजातीय
निचोड़ना	रंगढंग	पारतंत्र्य	निरंतर	सिद्धांततः	लगातार	असंतुष्ट
निधड़क	ढमढम	प्रजातंत्र	निर्यातक	सुखांतक	लयताल	अहंतुष्टि
निष्पीड़न	सुद ढ़ता	मंत्रतंत्र	निश्चेतन	स्पष्टतया	हड़ताल	आगंतुक
पकड़ना	परिधान	रक्षातंत्र	न्यूनतम	हिंदीतर	हड़ताली	चिंतातुर
पछाड़ना	कृपणता	राजतंत्र	परतर	नियतांश	अनैतिक	जरातुर
पनडब्बा	परिणति	लोकतंत्र	परितप्त	अमिताभ	अप्रतिम	परंतुक
पाउडर	परिणय	श्वासतंत्र	पाठ्येतर	अवतार	आढ़तिया	परितुष्ट
पिछड़ना	विपणन	स्वेच्छातंत्र	पुरातत्त्व	अस्पताल	आत्यंतिक	भावातुर
प्रताड़ना	संगणक	स्वैरतंत्र	पुरातन	आततायी	आपातिक	वाक्चातुर्य
प्रपीड़न	चरणार्ध	अचेतन	पूर्णतया	आफताब	आयातित	शोकातुर
बवंडर	तरुणाई	अद्यतन	प थ्वीतल	इकतारा	उपांतिक	अफ्लातून
बिगड़ना	परिणाम	अनंतर	प्रशीतन	उकताना	एकांतिक	करतूत
बिगाड़ना	परिणामी	अवांतर	प्रियतम	एकतारा	जनांतिक	कारतूस
बिछड़ना	शरणार्थी	आपाततः	प्रियतमा	ऐंचातानी	जन्मतिथि	शहतूत
बिछुड़ना	स्मरणार्थ	आभ्यंतर	बढ़ोतरी	करताल	पुण्यतिथि	म गत ष्णा
रगड़ना	पौराणिक	आयतन	बरतन	ख चातानी	प्राकृतिक	यौनत प्ति
लताड़ना	प्रमाणित	इष्टतम	बेहतर	चरितार्थ	बपतिस्मा	नोनतेल
विखंडन	प्रामाणिक	उच्चतम	बेहतरी	ध्रुवतारा	सांकेतिक	बहुतेरा
विलोड़न	लाक्षणिक	उच्चतर	भवितव्य	निस्संतान	सांस्कृतिक	बहुतेरे
सिकुड़ना	शैक्षणिक	एकांतर	भावांतर	निहितार्थ	सुचिंतित	असंतोष
सिकोड़ना	करणीय	कबूतर	भुगतना	पंडिताई	सैद्धांतिक	आशुतोष
अँगड़ाई	गर्हणीय	करतब	मंगेतर	पंडिताऊ	अड़तीस	जोड़तोड़
झगड़ालू	ग्रहणीय	कृषीतर	मतांतर	पंडितानी	अद्वितीय	तनतोड़
पकड़ाना	परिणीत	खगांतक	मध्यांतर	पछताना	आशातीत	मोड़तोड़
लँगड़ाना	परिणीता	गणितज्ञ	मूलतत्त्व	पछतावा	इकतीस	मोलतोल
सुघड़ाई	पूरणीय	चकोतरा	मेहतर	पड़ताल	उनतीस	हायतोबा
कबाड़िया	प्रेषणीय	चिरंतन	यथातथ	परिताप	कालातीत	नापतौल
पहाड़िन	रमणीक	छूमंतर	यथातथ्य	पश्चाताप	गीतातीत	आपत्काल

- - त्का -	- - त्म -	- - थ -	- - द -	- - द -	- - दा -	- - दा -
चमत्कार	**रक्षात्मक**	**प्राक्कथन**	**कलंदर**	**मुगदर**	**खरीदार**	**पट्टेदार**
चमत्कारी	रागात्मक	स्वकथन	कुरेदना	मुछंदर	खरीदारी	परदादा
बलात्कार	लयात्मक	अयथार्थ	खमदम	म त्युदर	खानदान	परिदान
बलात्कारी	व्यंग्यात्मक	रोकथाम	खरादना	मौजूदगी	खानदानी	परिदाह
साक्षात्कार	संख्यात्मक	आतिथेय	खरीदनो	रंजीदगी	गोंददानी	पल्लेदार
चमत्कृत	आध्यात्मिक	ताताथेई	गरदन	लंबोदर	गोलंदाज	पानदान
अत्युत्तम	परित्यक्त	नीलाथोथा	गुलदस्ता	विच्छेदन	गोलंदाजी	पावदान
अनुत्तर	परित्यक्ता	अर्थदंड	चंद्रोदय	शतदल	चौकीदारी	पिंडदान
कार्योत्तर	आत्मत्याग	एकदंत	चुकंदर	शर्मिंदगी	छोलदारी	पूँछदार
चौहत्तर	देहत्याग	किंवदंती	छछूँदर	संपादक	जत्थेदार	प्रतिदाता
छिहत्तर	पदत्याग	जगदंबा	जलदस्यु	संपादन	जमादार	प्रतिदान
तिहत्तर	परित्याग	मानदंड	जलोदर	संवेदन	जम दार	प्रतिदाय
नरोत्तम	परित्याज्य	मापदंड	तबादला	संवेदना	जम दारी	बरदाश्त
निरुत्तर	साहित्यिक	म त्युदंड	ताजिंदगी	समदर्शी	जलदान	बलिदान
पत्रोत्तर	आमंत्रण	मेरुदंड	त्रयोदशी	समुंदर	जायदाद	बापदादा
प्रत्युत्तर	तापत्रय	हस्तिदंड	दनादन	सर्वोदय	जिम्मेदार	भागीदार
प्रश्नोत्तर	निमंत्रण	हुड़दंग	दरदर	सहृदय	जिम्मेदारी	मतदाता
प्रश्नोत्तरी	नियंत्रक	अकादमी	दलदल	सहोदर	जोरदार	मतदान
बहत्तर	नियंत्रण	अनादर	दूरदर्शी	सिकंदर	ठेकेदार	मुक्तिदाता
ब हत्तर	पवित्रता	अभ्युदय	द्विसदनी	सूर्योदय	ताबेदार	याददाश्त
महत्तम	परित्राण	आक्रंदन	नतोदर	अंशदान	ताबेदारी	योगदान
याम्योत्तर	परित्राता	आच्छादक	निरादर	अंशदायी	तीरंदाज	रक्तदान
लोकोत्तर	पवित्रात्मा	आच्छादन	निवेदक	अग्रदाय	तीरंदाजी	रक्तदाब
सर्वोत्तम	आमंत्रित	आमदनी	निवेदन	अनुदात्त	थानेदार	रवादार
स्वायत्तता	निमंत्रित	आवेदक	निष्पादक	अनुदान	दमदार	रवेदार
नैमित्तिक	सार्वत्रिक	आवेदन	पादोदक	अनुदार	दानेदार	रसेदार
अभ्युत्थान	चिकित्सक	आस्वादन	पारदर्शी	अन्नदाता	दावेदार	रिश्तेदार
पर्युत्थान	जन्मोत्सव	इबादत	पुरंदर	अपादान	दिलदार	रोबदाब
समुत्थान	फिल्मोत्सव	उच्छेदन	पूर्वदत्त	इमदाद	दुखदायी	लच्छेदार
सपत्नीक	संवत्सर	उत्पादक	प्रतिदर्श	उपादान	धब्बेदार	वरदान
अव्युत्पन्न	निरुत्साह	उत्पादन	प्रियदर्शी	ऋणदाता	धर्मदाय	वायुदाब
नीलोत्पल	पर्युत्सुक	उन्मादक	बेहूदगी	कन्यादान	धारीदार	वाष्पदाब
कार्यात्मक	ईषत्स्प ष्ट	एकादश	भाग्योदय	करदाता	धीरोदात्त	विद्यादान
गीतात्मक	जलथल	एकादशी	महोदय	कर्जदार	धूपदान	श्रमदान
तथ्यात्मक	त्रिपथगा	एतदर्थ	मार्गदर्शी	किलेदार	नातेदार	संप्रदान
ध्वन्यात्मक	थरथर	कर्मीदल	मुकदमा	खमदार	नातेदारी	संप्रदाय

- - दा -	- - दु -	- - दो -	- - द्वं -	- - ध -	- - धार -	- - ध्य -
समुदाय	**बहादुर**	**गुणदोष**	**प्रतिद्वंद्व**	**बौद्धधर्म**	**मझधार**	**कोषाध्यक्ष**
सरदार	बहादुरी	ननदोई	प्रतिद्वंद्वी	भगंधर	मूलाधार	राष्ट्राध्यक्ष
साझेदार	कार्यदूत	घुड़दौड़	घरद्वार	मिश्रधन	राजधानी	सभाध्यक्ष
साझेदारी	भाईदूज	दौड़ादौड़ी	पुरद्वार	मूलधन	व्यवधान	सेनाध्यक्ष
साबूदाना	मजदूर	नौकादौड़	मुखद्वार	युगधर्म	व्रतधारी	अनध्याय
हिस्सेदार	मजदूरी	भागदौड़	जंबुद्वीप	वंशीधर	शिरोधार्य	अष्टाध्यायी
अनूदित	यमदूत	भावोद्गार	प्रायद्वीप	वसुंधरा	संविधान	उपाध्याय
असंदिग्ध	राजदूत	मुकद्दर	महाद्वीप	विषधर	सत्ताधारी	परिध्वंस
आच्छादित	रामदूत	निरुद्देश्य	निरुद्वेग	संबोधन	समाधान	पदध्वनि
आनंदित	एताद श	सदुद्देश्य	रागद्वेष	संशोधन	सूत्रधार	परिध्वस्त
आह्लादित	दिव्यद ष्टि	आपद्धर्म	आराधना	हठधर्मी	अबाधित	प्रतिध्वनि
इत्यादिक	निराद त	जीर्णोद्धार	आशोधन	अवधान	आवधिक	राष्ट्रध्वज
उपदिष्ट	पापद ष्टि	पूर्वोद्ध त	उद्बोधन	आपाधापी	कार्याधिक्य	हर्षध्वनि
कुमुदिनी	समाद त	वंशोद्भव	करधनी	कराधान	गणाधिप	चिदानंद
खुशदिल	सूक्ष्मद ष्टि	निरुद्यम	खड्गधर	कर्णधार	न्यूनाधिक	भूखानंगा
जन्मदिन	अध्यादेश	ग्रामोद्योग	गिरिधर	गर्भाधान	प्रविधिक	अचानक
जिंदादिली	अनदेखा	फिल्मोद्योग	चक्रधर	जटाधारी	प्राविधिज्ञ	अजनबी
तपेदिक	अनदेखे	वस्त्रोद्योग	जलधर	जनाधार	संबंधित	अट्ठानवे
तहेदिल	इष्टदेव	अभद्रता	तपोधन	जलधारा	संबोधित	अठानवे
दैनंदिन	उपदेश	उपद्रव	धकधकी	तिरोधान	संशोधित	अधीनस्थ
दैनंदिनी	उपदेष्टा	उपद्रवी	धड़ाधड़	धनधान्य	समधिन	अभिनय
निशिदिन	उपादेय	दरिद्रता	धमाधम	धुआँधार	सर्वाधिक	अभिनव
निस्संदिग्ध	दंडादेश	मंत्रद्रष्टा	धुरंधर	धूमधाम	सांविधिक	अमानक
प्रणोदित	देखादेखी	गंधेंद्रिय	नराधम	धोयाधाया	सावधिक	अमानत
प्रतिदिन	निस्संदेह	घ्राणेंद्रिय	नाट्यधर्मी	नामधारी	सुगंधित	अविनय
मर्यादित	प्रतिदेय	ज्ञानेंद्रिय	निबंधन	निराधार	धीमेधीमे	इक्यानवे
मुर्दादिल	महादेव	पंचेंद्रिय	निरोधक	निषेधाज्ञा	धीरेधीरे	उत्खनन
चश्मदीद	महादेवी	बाह्येंद्रिय	नेमीधर्मी	न्यासधारी	न्यायाधीन	उपानह
जलदीप	मानदेय	विकेंद्रित	पक्षधर	पट्टाधारी	न्यायाधीश	उफनना
तकदीर	लेनदेन	स्पर्शेंद्रिय	पतिधर्म	पट्टेधारी	पराधीन	कठिनता
तसदीक	लेनादेना	स्वादेंद्रिय	पयोधर	पदधारी	मठाधीश	कथानक
धूपदीप	समादेश	देशद्रोही	पशुधन	प्रणिधान	अंधाधुंध	गजानन
नजदीक	परदेश	मित्रद्रोह	पुष्पधन्वा	प्रावधान	धुकधुकी	चौरानवे
भवदीय	परदेशी	राजद्रोह	प्रबंधक	बंटाधार	दौड़धूप	छियानवे
संसदीय	परदेस	राजद्रोही	प्रबोधक	भूसुधार	कामधेनु	जमानत
इक्कादुक्का	परदेसी	सैन्यद्रोह	प्रसाधन	मँझधार	धनीधौरी	टर्मिनस

- - न -	- - ना -	- - निं -	- - नी -	- - न्मा -	- - प -	- - प -
तिरानवे	**उपनाम**	**परिनिंदा**	**दमनीय**	**धर्मोन्माद**	**उद्दीपन**	**तुरपन**
दवानल	उफनाना	आत्मनिष्ठ	द्रर्शनीय	युद्धोन्माद	उद्यापन	तुरपना
नाकनक्शा	कचनार	आधुनिक	निंदनीय	राष्ट्रोन्माद	ओछापन	त्यागपत्र
निन्यानवे	कठिनाई	एकनिष्ठ	पठनीय	हर्षोन्माद	कड़ापन	धर्मपत्नी
निर्धनता	कारनामा	कम्युनिस्ट	पूजनीय	हासोन्मुख	कतिपय	नरपति
पंचानन	कीटनाशी	कलानिधि	भजनीक	सामान्यतः	क्रनपटी	नामपट्ट
पंचानवे	कुलनाम	काल्पनिक	भेदनीति	उपन्यास	कुरूपता	निक्षेपण
पचानवे	खरनाद	झंझानिल	मननीय	पदन्यास	कृष्णपक्ष	निरापद
पहनना	गणनाथ	दार्शनिक	मनोनीत	शिलान्यास	खंडपति	निरूपण
पिशुनता	गुमनाम	नवनिधि	माननीय	अनन्वय	खटपट	निष्कपट
पेंशनर	घंटानाद	नौसैनिक	रणनीति	समन्वय	खटपटी	पचपचा
प्रजनन	चिकनाई	परिनिष्ठा	राजनीति	आशान्वित	खोटापन	पचपन
बघनखा	छद्मनाम	प्रतिनिधि	लोभनीय	कार्यान्वित	गजपति	पटापट
भयानक	दफनाना	मखनिया	वंदनीय	कार्यान्वित	गणपति	पथ्यापथ्य
मशीनरी	दर्दनाक	महानिद्रा	वर्णनीय	लाभान्वित	गिरापड़ा	पदेपदे
महानता	नंगानाच	मोहनिद्रा	शोचनीय	समन्वित	गीलापन	पनपना
मेहनत	पंचनामा	यवनिका	शोभनीय	तत्त्वान्वेषी	घनापन	परंपरा
मेहनती	पदनाम	योगनिद्रा	स्पर्शनीय	रक्षापंक्ति	चटपट	परपक्ष
यकीनन	परनाना	वस्तुनिष्ठ	अमानुष	वामपंथी	चटपटा	परिपक्व
रवानगी	परनाला	वैज्ञानिक	सीढ़ीनुमा	अच्छापन	चरपरा	परिपत्र
वैमनस्य	पहनावा	वैतनिक	आबनूस	अटपटी	चिट्ठीपत्री	पारपत्र
शबनम	पहुनाई	वैधानिक	अभिनेता	अता–पता	चित्रपट	पाशुपत
शालीनता	बदनाम	वैमानिकी	अभिनेत्री	अधिपति	च चपड़	पित पक्ष
सतानवे	बदनामी	श्वाननिद्रा	भागिनेय	अध्यापक	चूँचपड़	पुण्यपर्व
सत्तानवे	बहनापा	सम्मानित	भालनेत्र	अध्यापन	जनपद	पूर्वापर
समानता	म गनाभि	कथनीय	राजनेता	अनपढ़	जन्मपत्री	प्रकोपन
सल्तनत	रतनारी	कमनीय	बहनोई	अनापत्ति	जमापत्र	प्रक्षेपण
सविनय	रोशनाई	कार्यनीति	अभिन्नता	अनुपम	जलपक्षी	प्रख्यापन
सिगनल	लंकानाथ	कूटनीति	आत्मोन्नति	अर्थापत्ति	जलपथ	प्रज्ञापन
सौमनस्य	शहनाई	खंडनीय	पदोन्नति	अलापना	जलपरी	प्रतिपक्ष
स्टेशनरी	सत्यानाश	गणनीय	प्रसन्नता	आख्यापक	झटपट	प्रतिपक्षी
स्वाधीनता	सरनामा	गोपनीय	विभिन्नता	आख्यापन	तड़पना	प्रतिपत्ति
हिमनद	सिंहनाद	चिंतनीय	समुन्नत	आधिपत्य	तलपट	प्रतिपदा
अपनानां	सूचनार्थ	तकनीक	अनन्नास	आरोपण	ताम्रपट्ट	प्रतिपर्ण
आर्तनाद	हुक्मनामा	तकनीकी	जगन्नाथ	आलापना	ताम्रपत्र	प्रश्नपत्र
इत्मीनान	परनिंदा	दंडनीय	जहन्नुम	उद्दीपक	तिरपन	प्रस्थापना

- - प -	- - प -	- - पा -	- - पा -	- - पी -	- - प -	- - प्र -
प्राध्यापक	**विरूपण**	**गर्भपात**	**रक्तपात**	**खंडपीठ**	**मुखप ष्ठ**	**हतप्रभ**
प्राध्यापन	विलोपन	गेटपास	रसपान	नासपीटा	दाँवपेंच	अनुप्रास
प्रेमपत्र	शतपत्र	घासपात	राज्यपाल	न्यायपीठ	डंडपेल	अभिप्राय
बंधपत्र	शुक्लपक्ष	चक्रपाणि	लूटपाट	मारपीट	निरपेक्ष	अल्पप्राण
बचपन	शुद्धिपत्र	चरुपात्र	लेखपाल	यूरोपीय	मतपेटी	जलप्राणी
बचपना	संस्थापक	चारपाई	लेखापाल	विद्यापीठ	मांसपेशी	नष्टप्राय
बलिपशु	संस्थापना	जलपान	वज्रपात	व्यासपीठ	हमपेशा	भग्नप्राय
बाँकापन	सत्यापन	तड़पाना	विषपान	अन्तःपुर	पत्रपेटी	महाप्राण
भाद्रपद	सप्तपदी	दानापानी	शूलपाणि	अभिपुष्टि	परापेक्षी	म तप्राय
भावपक्ष	सभापति	दिक्पाल	संनिपात	असंपुष्ट	ऊहापोह	मोक्षप्राप्ति
भूर्जपत्र	समापन	द ष्टिपात	सहपाठी	छुटपुट	जलपोत	सानुप्रास
भूसंपत्ति	सरपट	द्वारपाल	सुरापात्र	नासापुट	डरपोक	साभिप्राय
भोजपत्र	सर्वोपरि	धूम्रपान	सुरापान	परिपुष्ट	तख्तपोश	लोकप्रिय
भोलापन	सुरपति	नाशपाती	सूत्रपात	ब्रह्मपुत्र	परपोता	अभिप्रेत
मंत्रिपद	सुसंपन्न	निरुपाय	स्तुतिपाठ	यमपुर	पासपोर्ट	एक्सप्रेस
मतपत्र	सूचीपत्र	पक्षपात	स्नेहपात्र	लिपापुता	बुकपोस्ट	भूतप्रेत
मधुपर्क	सूनापन	पक्षपाती	हाथापाई	हृष्टपुष्ट	बेटेपोते	भ्रात प्रेम
महीपति	सेनापति	पदपाठ	हुक्कापानी	जमापूँजी	मेजपोश	परिप्रेक्ष्य
माँगपत्र	सौंधापन	परिपाक	मांसपिंड	अन्नपूर्णा	लीपापोती	ओतप्रोत
माथापच्ची	स्थानापन्न	परिपाटी	हृतपिंड	आनुपूर्व्यी	लोटपोट	परिप्लव
मुखपत्र	स्नेहपत्र	परिपार्श्व	आज्ञापित	क्षतिपूर्ति	महापौर	लदाफँदा
म त्युपत्र	स्वाधिपत्य	पाहिपाहि	आरोपित	खँड़पूरी	बड़प्पन	असफल
यज्ञपशु	हड़पना	पुटपाक	ओलंपिक	खानापूरी	भूखाप्यासा	कटाफटा
यथोपरि	आद्योपांत	पूजापाठ	घिचपिच	दोषपूर्ण	लाड़प्यार	काशीफल
युगपत्	जातपाँत	पूर्वोपाय	घिसापिटा	परिपूर्ण	इंद्रप्रस्थ	क्षेत्रफल
यूथपति	जातिपाँति	प्रक्षेपास्त्र	टाइपिस्ट	पुनःपूर्ति	कष्टप्रद	खिलाफत
राजपथ	सांगोपांग	प्रणिपात	निरूपित	प्रतिपूर्ति	चंद्रप्रभा	घनफल
राष्ट्रपति	अधःपात	प्रतिपाद्य	पिलपिला	भरपूर	नित्यप्रति	जायफल
लंकापति	अनुपात	प्रियपात्र	प्रकंपित	भूतपूर्व	परिप्रश्न	नागफनी
लंक्ष्मीपति	आरपार	बाहुपाश	प्रज्ञापित	मालपूआ	प्रतिप्रश्न	पुंगीफल
लखपति	आसपास	भरपाई	विज्ञापित	मैत्रीपूर्ण	फलप्रद	प्रतिफल
लथपथ	कालापानी	भिक्षापात्र	विस्थापित	युक्तिपूर्ण	लज्जाप्रद	भागफल
लेखापत्र	कृपापात्र	भुजपाश	संस्थापित	शांतिपूर्ण	लाभप्रद	मूँगफली
वामपक्ष	खंडपाल	मद्यपान	सिट्टीपिट्टी	षष्टिपूर्ति	वानप्रस्थ	योगफल
वामपक्षी	खड़ीपाई	महीपाल	आगापीछा	स्नेहपूर्ण	वीरप्रसू	वर्गफल
विज्ञापन	खानपान	यमपाश	आलपीन	परिप च्छा	शिक्षाप्रद	सीताफल

- - फ़ा -	- - बं -	- - ब -	- - बा -	- - बा -	- - बू -	- - भा -
इत्तफाक	**भुजबंध**	**बकबक**	**कुरबानी**	**भवबाधा**	**मजबूर**	**अविभाज्य**
खुराफात	अणुबम	बड़बड़	खेतीबारी	मुक्केबाज	मजबूरी	असंभाव्य
चीरफाड़	अदाबर्ज	बरबस	गपबाजी	मेजबान	सूझबूझ	कार्यभार
चीराफाड़ी	अनबन	बराबर	गुटबाजी	यारबाजी	रोटीबेटी	जनभाषा
बेवफाई	अलबत्ता	बराबरी	गेंदबाज	रामबाण	अलबेला	जलाभाव
यूनीफार्म	अलबम	बाघंबर	गेंदबाजी	लट्ठबाज	खड़ीबोली	ज्वारभाटा
महफिल	असंबद्ध	बाहुबल	गोलाबारी	सट्टेबाज	बड़बोला	तथ्यभाषी
सिरफिरे	अस्तबल	भुजबल	घरबार	सट्टेबाजी	मिठबोला	तर्काभास
फुसफुस	आडंबर	मकबरा	घूँसेबाज	सुरबाला	मुहब्बत	तिरोभाव
फुसफुसा	आडंबरी	मनोबल	घूँसेबाजी	सौदेबाजी	बिनब्याहा	देखभाल
कनफूल	आलंबन	महाबली	छक्केबाज	चंद्रबिंदु	शब्दब्रह्म	निष्प्रभावी
कानाफूसी	औदुंबर	मुकाबला	छुरेबाजी	प्रतिबिंब	क्रमभंग	पदभार
टूटफूट	कटिबद्ध	मुसीबत	जल्दबाज	स्वेदबिंदु	मोहभंग	परिभाषा
नकफूल	कमबख्त	योगबल	जल्दबाजी	नितंबिनी	मौनभंग	पुरोभाग
फलाफूला	कमबख्ती	लिपिबद्ध	जानबाज	निलंबित	रसभंग	पूर्वाभास
फेराफेरी	करबला	लेखाबही	ठट्ठेबाज	बाइबिल	व्रतभंग	प्रियभाषी
लौटफेर	कार्यबद्ध	विडंबना	ढेलेबाजी	मुताबिक	शांतिभंग	भीड़भाड़
लौटाफेरी	खड़बड़	व्यूहबद्ध	ढोंगबाजी	अग्निबीमा	अनुभव	भ्रात भाव
हेरफेर	खलबली	शरबत	तानेबाजी	गयाबीता	अनुभवी	मंदभागी
हेराफेरी	गड़बड़	श्रेणीबद्ध	दगाबाज	छानबीन	अविभक्त	मंदभाग्य
ग्रामोफोन	गड़बड़ी	श्वेतांबर	दगाबाजी	तदबीर	असंभव	मनोभाव
टेलीफोन	घटबढ़	सिलबट्टा	दरबान	दूरबीन	देशभक्ति	मात भाषा
तोड़फोड़	गंदीबस्ती	सूचीबद्ध	दरबार	बीचोबीच	पराभव	मितभाषी
भंडाफोड़	जच्चाबच्चा	हक्काबक्का	दरबारी	सोयाबीन	परिभव	मिथ्याभाषी
गिरफ्तार	दिगंबर	हड़बड़ी	धोखेबाज	तीक्ष्णबुद्धि	पित भक्ति	म दुभाषी
अनुबंध	नरबलि	हीनबल	नशेबाज	पापबुद्धि	प्रलोभन	मोलभाव
उपबंध	निलंबन	बूँदाबाँदी	नशेबाजी	पासबुक	प्रेमभक्ति	रतिभाव
कटिबंध	नीलांबर	अखबार	पटेबाज	बुलबुल	यात्राभत्ता	राजभाषा
कामबंदी	पंजीबद्ध	अखबारी	परिबाधा	मंदबुद्धि	राजभक्त	वैरभाव
गुटबंदी	पटंबर	अग्निबाण	बरबाद	लागबुक	राजभक्ति	संविभाग
चकबंदी	पद्यबद्ध	आनबान	बरबादी	अनबूझा	लगभग	सहभागी
तुकबंदी	परबस	इकबाल	बल्लेबाज	खरबूजा	विश्वंभर	सेवाभाव
नशाबंदी	पाटंबर	एतबार	बागबानी	खरबूजी	स्वामिभक्त	स्थानाभाव
नाकाबंदी	पीतांबर	कलाबाज	बारंबार	तरबूजा	भाँतिभाँति	स्थायीभाव
नालबंदी	प्रतिबद्ध	कारोबार	बारीबारी	बलबूता	भाँयभाँय	हावभाव
प्रतिबंध	बंदोबस्त	कुरबान	बिनबारी	मजबूत	अनुभाग	अनभिज्ञ

- - भि -	- - भो -	- - म -	- - म -	- - मा -	- - मा -	- - मा -
आरंभिक	**प्रीतिभोज**	**आगमन**	**प्रशमन**	**असमाप्त**	**परमात्मा**	**राजमाता**
प्रारंभिक	भुक्तभोगी	आचमन	प्रेममय	असामान्य	परमायु	रेगमाल
भिन्नभिन्न	मितभोजी	एकमत	बहुमत	आजमाना	परमार्थ	लट्ठमार
भयभीत	रात्रिभोज	कचूमर	बुद्धिमत्ता	आलमारी	परिमाण	लूटमार
भीनीभीनी	सहभोज	कयामत	भानुमती	आसमान	परिमाप	वर्णमाला
जलाभुना	अनभ्यस्त	किसमत	भावमय	आसमानी	पुष्पमाला	वर्तमान
भुरभुरा	असभ्यता	खटमल	भुखमरी	इस्तेमाल	प्रतिमान	वाममार्ग
अनुभूति	अनभ्यास	खरमस्ती	मखमल	उपमाता	प्रतिमास	विद्यमान
इत्थंभूत	पूर्वाभ्यास	खिदमत	मणिमय	उपमान	प्राणिमात्र	व्योममार्ग
जन्मभूमि	युद्धाभ्यास	खुशामद	मदमत्त	एकमात्र	प्रेममार्ग	शक्तिमान
तपोभूमि	योगाभ्यास	खुशामदी	मधुमक्खी	करामात	बटमार	शरमाना
परिभूत	अपभ्रंश	गनीमत	मलमल	करामाती	बदमाश	शैलमाला
पुंजीभूत	अपभ्रष्ट	चूड़ामणि	रसमय	कांतिमान्	बुद्धिमान	सप्रमाण
प ष्ठभूमि	नष्टभ्रष्ट	जनमत	रूपमती	कालमान	बुद्धिमानी	साभिमान
प्रतिभूति	पथभ्रष्ट	जलमग्न	रोजमर्रा	कीर्तिमान	बेईमान	सुकुमार
भस्मीभूत	मतिभ्रम	जवाँमर्द	लीलामय	खरमास	बेशुमार	स्वाभिमान
मरुभूमि	यूथभ्रष्ट	जवाँमर्दी	लोकमत	गण्यमान्य	भरमाना	हन्यमान
मात भूमि	लक्ष्यभ्रष्ट	जहमत	विनिमय	गरमाना	भरमार	अनामिका
मूलभूत	अक्लमंद	तनमन	शांतिमय	गोलमाल	भारमापी	असीमित
युद्धभूमि	अक्लमंदी	तहमत	शिरोमणि	चंदामामा	भासमान	कालीमिर्च
रंगभूमि	ग हमंत्री	तोहमत	संक्रमण	चाँदमारी	मणिमाला	किशमिश
रणभूमि	महामंत्री	ध्यानमग्न	संक्रामक	चिड़ीमार	मदमाता	घुलामिला
वशीभूत	मूलमंत्र	नादमय	सुखमय	छापेमार	मध्यमार्ग	झिलमिल
स्वानुभूति	रंगमंच	नासमझ	स्थिरमति	जजमान	मध्यममार्गी	डिसमिस
मतभेद	शिक्षामंत्री	निगमन	स्नेहमय	जयमाल	मनमानी	निगमित
मर्मभेदी	सब्जीमंडी	नियमतः	हजामत	जयमाला	मलमास	नियमित
मुठभेड़	अधमता	नियमन	हुकूमत	जलमार्ग	महामारी	निरामिष
रंगभेद	अधमरा	नियामक	उत्तमांग	जानमाल	मालामाल	निर्गमित
रणभेरी	अनमना	निर्ममता	थकामाँदा	जुरमाना	मुंडमाला	पत्रमित्र
लक्ष्यभेदी	अनुमति	निष्क्रमण	अनुमान	ट्रेडमार्क	मुक्तिमार्ग	परमिट
सूचीभेद्य	अफ़ीमची	नीलमणि	अपमान	तापमान	मूत्रमार्ग	परिमिति
छुटभैया	अल्पमत	परामर्श	अभिमान	तापमापी	मेघमाला	परिमित
अधिभोग	असमय	परिमल	अभिमानी	तीसमार	मेहमान	प्राथमिक
उपभोक्ता	असमर्थ	पितामह	अरमान	तुल्यमान	यजमान	माध्यमिक
उपभोग	असामर्थ्य	प्रक्रमण	अलमारी	नाममात्र	यजमानी	विटामिन
उपभोज्य	आक्रमण	प्रथमतः	अवमान	परमाणु	रश्मिमाली	संक्रमित

- - मि -	- - मू -	- - य -	- - य -	- - या -	- - यि -	- - यो -
सौदामिनी	**वर्गमूल**	**अध्ययन**	**मरियल**	**खिसियाना**	**प्रणयिणी**	**सहयोगी**
विक्रमीय	अपम त्यु	अपयश	मलयज	गलियारा	रचयिता	हठयोग
दुधमुँहा	पंचाम त	अवयव	मुलायम	घड़ियाल	रचयित्री	अंतरंग
रुंडमुंड	पूर्वम त	असंयत	यूनियन	घसियारा	रूपायित	कार्यारंभ
अधोमुख	मायाम ग	आत्मीयता	रसायन	घिघियाना	लालायित	चतुरंग
अधोमुखी	टूर्नामेंट	इनायत	राजयक्ष्मा	जलयान	विधायिका	बजरंग
इकमुश्त	अनमेल	इलायची	रामायण	तीर्थयात्रा	संचयित	बहिरंग
करमुक्त	उपमेय	उभयतः	राष्ट्रीयता	दरियाफ्त	सामयिक	मकरंद
कार्यमुक्ति	एवमेव	कवायद	रियायत	निश्चयार्थ	सामयिकी	युद्धारंभ
खटमुख	कैशमेमो	किफायत	रेडियम	पतियाना	अप्रयुक्त	रंगारंग
गजमुख	टेढ़ेमेढ़े	किफायती	लिंगायत	पदयात्री	अभियुक्त	शतरंज
चंद्रमुखी	तालमेल	कैफियत	वरीयता	बतियाना	उपयुक्त	शुभारंभ
छुईमुई	निर्निमेष	खासियत	कसीयत	बेहियाई	कलियुग	सतरंगा
झुरमुट	पँचमेल	खैरियत	वाक्संयम	भटियारा	ग हयुद्ध	सत्रारंभ
ढुलमुल	मधुमेह	चिरायता	वातायन	मिमियाना	ताम्रयुग	समारंभ
दोषमुक्त	मीनमेख	तबियत	विधायक	यातायात	द्वंद्वयुद्ध	अंतरण
धक्कामुक्की	स्वयमेव	तबीयत	विधेयक	रिरियाना	मध्ययुग	अँदरसा
ध गामुश्ती	हेलमेल	तवायफ	विलयन	लतियाना	महायुद्ध	अकारण
पदमुद्रा	मटमैला	त तीयक	शिकायत	वायुयान	मुष्टियुद्ध	अक्षरशः
पराङ्मुख	अनमोल	नारायण	सड़ियल	वाहियात	युक्तियुक्त	अखरना
परिमुग्ध	मायामोह	नारायणी	सहायक	व्योमयान	लौहयुग	अचरज
पौरमुख्य	युद्धमोर्चा	नारियल	सहायता	शवयात्रा	शीतयुद्ध	अठारह
भारमुक्त	चंद्रमौलि	नालायक	सुनयना	शामियाना	श्रमायुक्त	अदरक
मंत्रमुग्ध	मनमौजी	निर्णायक	हिदायत	शोभायात्रा	अभियोग	अनुरक्त
मुखमुद्रा	मस्तमौला	निर्दयता	हिमायती	सठियाना	उपयोग	अबरक
मुछमुड़ा	सिरमौर	निश्रेयस	हैसियत	सूफियाना	उपयोगी	अभिरक्षा
मुरमुरा	असम्मति	निष्क्रियता	अँधियारा	हथियार	करयोग्य	अविरत
लातमुक्का	मरम्मत	पंचायत	अनायास	हरियाली	ध्यानयोग	अशरफी
शिलीमुख	असम्मान	पंजीयन	अनुयायी	हीनयान	पद्मयोनि	अस्थिरता
सचमुच	जलयंत्र	परायण	अभियान	होशियार	पर्यायोक्ति	आचरण
हँसमुख	वैजयंती	परायत्त	आग्नेयास्त्र	होशियारी	प्रतियोगी	आतुरता
ऋष्यमूक	श्वासयंत्र	पलायन	कामयाब	अनयिक	मंत्रयोग	आत्मरक्षा
झूठमूठ	अंपायर	पारायण	कामयाबी	आख्यायिका	यथायोग्य	आभरण
न्यायमूर्ति	अजायब	पित यज्ञ	खतियाना	कवयित्री	राजयोग	आमरण
बहुमूल्य	अड़ियल	प्रत्यायन	खलियान	जनयित्री	विनियोग	आवरण
यथामूल्य	अदायगी	प्रीमियम	खामियाजा	नैयायिक	सहयोग	आहरण

- - र -	- - र -	- - र -	- - र -	- - रा -	- - रा -	- - रि -
इंटरव्यू	**ढँढोरची**	**बनारसी**	**सुंदरता**	**जठराग्नि**	**रसराज**	**लावारिस**
इमरती	ढिंढोरची	बिखरना	सुधरना	जन्मराशि	रूपराशि	लुहारिन
इमारत	तरेरना	बिखेरना	सुधारक	जाठराग्नि	लँगड़ाना	लोहारिन
उच्चारण	तामरस	बिफरना	सुधारना	जाफरान	लहराना	व्यापारिक
उतरना	तिजारत	बिसरना	सुमरनी	जाफरानी	विकराल	शारीरिक
उतारना	दुलारना	बिसारना	सुमिरन	टकराना	ससुराल	सच्चरित्र
उदारता	नकारना	बिसूरना	सोमरस	टकराव	अंतरिक्ष	सांसारिक
उद्धरण	नदारद	बुहारना	उपरांत	ठकुरानी	अंतरिम	सिफारिश
उपरति	नवरत्न	भट्टारक	शरीरांत	ठहराना	अतिरिक्त	ईश्वरीय
उपरना	नवरस	भागीरथी	अंतरात्मा	ठुकराना	आंतरिक	उत्तरीय
उभरना	निखरना	मनोरमा	अंतराल	तकरार	आचरित	कंकरीट
उभारना	निखारना	महारथी	अनुराग	ताजीरात	आधारित	कंकरीला
कठोरता	निठुरता	मुकरना	अपराध	देवरानी	उच्चरित	जहरीला
कतरन	निडरता	मुबारक	अपराधी	दोहराना	उच्चारित	तफरीह
कसरत	निर्धारक	रीतिरस्म	अपराह्न	धर्मराज	कमरिया	तशरीफ
कातरता	निर्धारण	विकिरण	अमीराना	नजराना	गँवारिन	तहरीर
कायरता	निर्भरता	विचरण	अहोरात्र	नटराज	गठरिया	पथरीला
किल्कारना	निवारक	विचारक	इंतराज	नवरात्र	गड़ेरिया	पुंडरीक
कुतरना	निवारण	वितरक	इकरार	नामराशि	चमारिन	विपरीत
कुदरत	निष्कारण	वितरण	इतराना	निगरानी	जर्जरित	सशरीर
कुदरती	निस्तरण	विवरण	उतराना	नौकरानी	दुश्चरित्र	अभिरुचि
खखारना	पखारना	विशारद	उत्तरार्ध	पटरानी	नागरिक	अवरुद्ध
खदेरना	पधारना	विस्मरण	उभराव	पथराना	नातेरिश्ते	तंदुरुस्त
खररश्मि	पसरना	वैतरणी	ऋतुराज	पथराव	निर्झरिणी	तंदुरुस्ती
गुजरना	पसारना	व्याकरण	एतराज	परराष्ट्र	निर्धारित	निष्करुण
गुजारना	पुकारना	संचरण	कतराना	पीतराग	निर्धारिती	पुनरुक्ति
गुटरगूँ	पुनरपि	संभरण	खटराग	पुखराज	नीहारिका	सत्पुरुष
चौतरफा	प्रकरण	सँवरना	गणराष्ट्र	फहराना	पतुरिया	अंदरूनी
जनरल	प्रचारक	सँवारना	गहराई	बिखराव	पुजारिन	अनुरूप
जबरन	प्रतिरक्षा	संस्करण	गुजराती	बेकरार	प्रचारित	अमरूद
जरूरत	प्रवरण	संस्मरण	गुमराह	मँडराना	प्रसारित	एकरूप
जागरण	प्रसरण	समरस	घबराना	महाराज	मधुरिमा	क्लोकरूम
ठहरना	प्रसारण	साक्षरता	चकराना	महाराजा	मलेरिया	जागरूक
ठिठुरना	फहरना	साधारण	चतुराई	यमराज	मुखरित	प्रतिरूप
डकारना	बघरना	सिधारना	चपरासी	युवराज	मुजरिम	योगरूढ़
डाक्टरनी	बटोरना	सिहरन	छितराना	युवराज्ञी	लहरिया	रंगरूट

- - रू -	- - र्ज -	- - र्प -	- - र्वे -	- - ल -	- - ल -	- - ल -
सत्तारूढ़	**उत्सर्जन**	**प्रत्यर्पण**	**चतुर्वेदी**	**उन्मूलन**	**न्यायालय**	**स्नानालय**
अतिरेक	उपार्जन	माल्यार्पण	दिग्दर्शन	उपलब्ध	पिघलना	हिमालय
अमरेश	धनार्जन	समर्पण	निदर्शक	उपलब्धि	पिछलग्गू	बहुलांश
ईश्वरेच्छा	पुनर्जन्म	समर्पित	प्रदर्शक	उबलना	प्रक्षालन	विकलांग
ऊर्ध्वरेखा	विसर्जन	अनिर्बंध	प्रदर्शन	उबालना	प्रचलन	अकुलाना
ऐतरेय	उपार्जित	अंतर्भाव	षड्दर्शन	एकलव्य	प्रज्वलन	अभिलाषा
देखरेख	विसर्जित	आविर्भाव	सुदर्शन	एटलस	प्राक्कलन	इजलास
रँगरेज	अंतर्ज्ञान	प्रादुर्भाव	प्रदर्शित	कार्यालय	फिसलना	इठलाना
रँगरेली	अपूर्णता	आविर्भूत	प्रदर्शनी	किसलय	बदलना	इसलाम
व्यतिरेक	अपूर्णत्व	चतुर्मुख	आदर्शोक्ति	कुचलना	बहलना	उकलाई
हस्तरेखा	संपूर्णतः	चतुर्भुज	आकर्षक	कुशलता	भूतलक्षी	उगलाना
खपरैल	अनिर्णीत	अंतर्भूत	आकर्षण	कोमलता	मंत्रालय	उछलाना
अखरोट	निवर्तक	प्रादुर्भूत	संघर्षण	खँगालना	मचलना	कहलाना
अनुरोध	निवर्तन	अकर्मक	त्रैवार्षिक	गफलत	मतलब	कुम्हलाना
अरारोट	प्रवर्तक	अकर्मण्य	द्विवार्षिकी	ग हलक्ष्मी	मशालची	खजुलाना
अवरोध	प्रवर्तन	ट्रांस्फार्मर	अनर्हता	गोपालन	मुख्यालय	खुजलाना
अवरोह	रिपोर्ताज	सकर्मक	अवलंब	ग्रंथालय	मुचलका	जंगलात
अविरोध	अनर्थक	अधार्मिक	अविलंब	घँघोलना	मूत्रालय	झुँझलाना
उपरोक्त	एकार्थक	बहिर्मुखी	उपालंभ	छात्रालय	लसलसा	झुठलाना
उपरोध	निरर्थक	स्वीकार्यता	निरालंब	जन्मलग्न	लोकलज्जा	दिखलाना
गतिरोध	यथार्थता	अपर्याप्त	निष्कलंक	जलालत	वकालत	धुँधलाना
चर्मरोग	समर्थक	अमर्यादा	विप्रलंभ	जहालत	विचलन	पिंगलाक्ष
निर्विरोध	समर्थन	तात्पर्यार्थ	स्वावलंबी	टटोलना	विद्यालय	पिघलाना
परिरोध	चतुर्थांश	विपर्याय	अदालत	टहलना	विपुलता	प्रतिलाभ
पावरोटी	अपार्थिव	विपर्यास	अदालती	ढकेलना	वेश्यालय	प्रेमालाप
प्रतिरोध	समर्थित	उपर्युक्त	अपलक	तहलका	शिथिलता	फिसलाव
प्रतिरोधी	चतुर्दशी	चतुर्वर्ग	अश्लीलता	दुर्बलता	शिवालय	फुसलाना
मनोरोग	कपर्दिका	चातुर्वर्ण्य	आंदोलन	देवालय	शौचालय	बतलाना
समारोह	अंतर्द ष्टि	आशीर्वाद	आकलक	धकेलना	संकलन	बदलाव
सानुरोध	आवर्धन	पुनर्वास	आकलन	निकलना	संचालक	बहलाना
स्वीकारोक्ति	प्रवर्धक	चतुर्विद्या	आमेलन	निकालना	संचालन	बिठलाना
सतर्कता	संवर्धन	चतुर्विध	उँड़ेलना	निगलना	संतुलन	बौखलाना
अंतर्गत	धनुर्धारी	धनुर्विद्या	उगलना	निमीलन	सँभलना	भ्रूविलास
अनर्गल	पुनर्नवा	आयुर्वेद	उछलना	निर्बलता	सँभालना	मंडलाना
नैसर्गिक	अहर्निश	यजुर्वेद	उछालना	निष्पलक	सफलता	मिचलाना
अंतर्ग्रस्त	पदार्पण	चतुर्वेद	उज्ज्वलता	नौचालन	सम्मेलन	वार्तालाप

- - ला -	- - लि -	- - ले -	- - व -	- - व -	- - व -	- - व -
सहलाना	**सम्मिलित**	**नामलेवा**	**अट्ठावन**	**जमावड़ा**	**पशुवध**	**रंगावली**
स्वास्थ्यलाभ	स्वचालित	पश्चलेख	अठावन	जलावर्त	पार्श्ववर्ती	रत्नावली
हकलाना	स्वरलिपि	पुरालेख	अधिवक्ता	जानवर	पीतवर्ण	रुकावट
हवालात	स्वार्थलिप्सा	लवलेश	अनावर्ती	डरावना	पुरावस्तु	रुग्णावस्था
हितलाभ	अकुलीन	स्तंभलेख	अनुवर्ती	डिलीवरी	पूर्ववत्	लंबवत्
आंचलिक	इहलीला	इंद्रलोक	अपवर्जी	ड्राइवर	पूर्ववर्ती	लज्जावती
आशुलिपि	चवालीस	चंद्रलोक	अमावस	तपोवन	प्रतिवर्ष	लिखावट
इंगलिश	चौवालीस	परलोक	अमावस्या	तरावट	प्रतिवस्तु	लुभावना
कापालिक	छियालीस	पित लोक	अल्पावधि	ताम्रवर्ण	प्रश्नावली	वंशवट
चंडालिनी	टेरीलीन	प्रतिलोम	अव्यवस्था	थकावट	प्रस्तावना	वशवर्ती
तंबोलिन	तकलीफ	मर्त्यलोक	आजीवन	दीपावली	प्रियंवदा	वारवधू
तात्कालिक	तत्कालीन	म त्युलोक	आर्यावर्त	दुरवस्था	प्रौढ़ावस्था	विधिवत्
दिवालिया	तसलीम	यमलोक	आशुवक्ता	दूरवर्ती	बनावट	विभावरी
नाबालिग	तेतालीस	सिललोढ़ा	इंदीवर	दैववश	बनावटी	व ंदावन
निखालिस	तैंतालीस	सूर्यलोक	इक्यावन	धूम्रवर्ण	बालावस्था	व द्धावस्था
पटोलिका	दहलीज	स्वर्गलोक	उतावला	ध्यानावस्था	बाल्यावस्था	शब्दावली
पढ़ालिखा	द्विदलीय	इकलौता	उतावली	नटवर	बुझौवल	शून्यावस्था
पांडुलिपि	पैंतालीस	एकलौता	उपवन	नामावली	बुनावट	श्रेष्ठिवर्ग
पिपीलिका	बयालीस	पहलौठा	ऐरावत	निछावर	भगवत्	संजीवन
प्रचलित	बाललीला	प्रकल्पना	करवट	निम्नवर्ग	भगवती	संभवतः
प्रतिलिपि	रसलीन	रक्ताल्पता	कलेवर	निरवधि	भाग्यवश	संभावना
प्रहेलिका	रामलीला	प्रकल्पित	कहावत	न्योछावर	भ्रात वत्	सजावटी
बहेलिया	रासलीला	वैकल्पिक	कालावधि	पंचवटी	मध्यवर्ती	सतावर्त
बिचौलिया	लवलीन	चकल्लस	गर्भवती	पक्षवक्ता	मध्यावधि	सत्तावन
ब्राह्मीलिपि	सैंतालीस	तड़िल्लता	गर्भावस्था	पखावज	महावत	सद्भावना
भोगलिप्सा	निष्कलुष	हर्षोल्लास	गिरावट	पण्यावर्त	महावर	सरोवर
भौगोलिक	चापलूस	प्रफुल्लित	गुणवती	पत्रावली	मित्रवत्	सीमावर्ती
मांगलिक	चापलूसी	तकल्लुफ	गुणवत्ता	पदावधि	मित्रवर	सुप्तावस्था
मुकुलित	पतलून	नामोल्लेख	गौरवर्ण	पदावली	मिलावट	सुव्यवस्था
म णालिनी	एंबुलेंस	रिवाल्वर	ग्रंथावली	पद्यावली	मुआवजा	सुहावना
लिजलिजा	अग्रलेख	कलावंत	चक्रवर्ती	परवर्ती	मुहावरा	सोहावना
लिसलिसा	अभिलेख	यदुवंशी	चांद्रवर्ष	परवश	यंत्रवत्	सौरवर्ष
विचलित	घासलेट	राजवंश	चितवन	परावर्ती	यथावत्	स्पष्टवक्ता
तैतालिक	घासलेटी	लाजवंती	चेतावनी	परिवर्जी	यथावधि	स्वप्नवत्
संतुलित	चाकलेट	सूर्यवंशी	जड़वत्	परिवर्ती	यायावर	स्वभावतः
सँपोलिया	तापलेखी	हैमवंत	जनवरी	पशुवत्	युवावस्था	स्वयंवर

- - वा -	- - वा -	- - वा -	- - वा -	- - वा -	- - वि -	- - वे -
अंतेवासी	**चढ़वाना**	**द्विविवाह**	**फुलवारी**	**वेगवान्**	**भूताविष्ट**	**अविवेक**
अगवानी	चबवाना	धनवान्	फेरीवाला	शनिवार	मंत्रविद्या	छद्मवेश
अनिवार्य	चरवाना	धन्यवाद	बँचवाना	शीलवान	मालविका	दस्तावेज
अनुवाद	चरवाहा	धारावाही	बँटवारा	शुक्रवार	वास्तविक	परिवेश
अपवाद	चरवाही	धुलवाना	बकवास	सहवास	शिक्षाविद्	पर्यवेक्षी
अफ़वाह	चलवाना	निर्विवाद	बालवाड़ी	साधुवाद	संजीविनी	बलिवेदी
आदिवासी	चाटवाला	निष्ठावान्	बुधवार	साम्यवाद	संभावित	भावावेग
आशावान	चिरवाई	नौजवान	ब्योरेवार	सिलवाना	समाविष्ट	भावावेश
आस्थावान	छात्रावास	पकवाई	ब्योरेवार	सुनवाई	स्वाभाविक	मंत्रवेत्ता
इतवार	छिलवाना	पकवान	भगवान्	सोमवार	ईसवीय	मनोवेग
उग्रवादी	छुड़वाना	पटवाना	भाग्यवाद	स्पष्टवादी	तजवीज	संनिवेश
उठवाना	जड़वाद	पटवारी	भाग्यवान्	स्वर्गवास	परिवीक्षा	सन्निवेश
उड़वाना	जनवाणी	पढ़वाई	भाववाची	स्वर्गवासी	महावीर	समवेत
उपवाक्य	जनवाना	पढ़वाना	भेंटवार्ता	हँकवाना	मानवीय	समावेश
उपवास	जनवासा	पतवार	मंगवाना	हफ्तेवार	युद्धवीर	सामवेद
कटवाना	जलवायु	पनवाड़ी	मतवाला	हलवाई	शूरवीर	पुछवैया
कमवाना	जुतवाना	परवाना	मनवाना	हलवाहा	वाद्यव ंद	अपव्यय
कारावास	झंझावात	परवाह	मरवाना	अरविंद	अतिव ष्टि	अपव्ययी
कार्यवाही	झुकवाना	परिवाद	माहवार	अपवित्र	अनाव ष्टि	अभिव्यक्त
कार्रवाई	टँकवाना	परिवादी	मिलवाना	असुविधा	इतिव त्त	अभिव्यक्ति
कोतवाल	डलवाना	परिवार	मूल्यवान	आजीविका	कल्पव क्ष	अस्तव्यस्त
कोतवाली	डसवाना	परिवारी	युववाणी	उपविधि	कार्यव त्त	डाकव्यय
खँड़वानी	डुबवाना	परिवास	रँगवाई	कार्यविधि	जनव द्धि	परिव्यय
खरवार	ढलवाना	परिवाह	रखवाला	क्रियाविधि	तपोव द्ध	प्रतिव्यक्ति
खिलवाड़	ढुँढ़वाना	पारावार	रखवाली	गतिविधि	पदव द्धि	मनोव्यथा
खिलवाना	ढुलवाना	पिछवाड़ा	रजवाड़ा	गानविद्या	परिव त्त	मर्मव्यथा
खुदवाना	तलवार	पिटवाना	रनवास	ठगविद्या	पुष्पव ष्टि	मितव्ययी
खुलवाना	ताँगेवाला	पुण्यवान्	रनिवास	पराविद्या	पूर्वव त्त	अतिव्याप्ति
खेलवाड़	तुड़वाना	पुरवासी	रविवार	पल्लवित	भिक्षाव त्ति	परिव्याप्त
गठवाना	तौलवाना	पूँजीवाद	रूढ़वादी	पाशविक	मनोव त्ति	यौनव्याधि
गड़वाना	दरवाजा	पूँजीवादी	रूढ़िवाद	प्रभावित	मूल्यव द्धि	विश्वव्यापी
गिरवाना	दिखवाना	पैदावार	रूपवान्	प्रस्तावित	वंशव क्ष	सर्वव्यापी
गुटवाद	दिलवाना	पैसेवाला	लगवाना	प्राच्यविद्या	वटव क्ष	चक्रव्यूह
गुणवान	दुर्निवार्य	प्रतिवाद	लाजवाब	प्रेतविद्या	वयोव द्ध	पतिव्रता
गुरुवार	दूतावास	प्रतिवादी	विसंवादी	बहुविध	वेश्याव त्ति	परिव्रज्या
ग्रामवासी	देववाणी	फिंकवाना	व ंदवाद्य	भाषाविद्	हिमव ष्टि	पातिव्रत

- - व्र -	- - श -	- - शा -	- - शे -	- - ष -	- - ष्क -	- - स -
पातिव्रत्य	**सकुशल**	**यंत्रशाला**	**परिशेष**	**अग्रेषण**	**आविष्कर्ता**	**अफ़सरी**
मौनव्रत	सप्तशती	यज्ञशाला	परिशोध	अन्वेषक	आविष्कार	अवसर
प्रतिशंका	अभिशाप	योगशास्त्र	प्रतिशोध	अन्वेषण	परिष्कार	अहिंसक
लघुशंका	अर्थशास्त्र	रंगशाला	तत्पश्चात्	आभूषण	बहिष्कार	आश्वासन
अकुशल	अस्त्रशाला	वधशाला	अनिश्चित	कुपोषण	आविष्कृत	इकसठ
अतिशय	आलीशान	वर्कशाप	प्रायश्चित्त	गवेषणा	परिष्कृत	उनसठ
अनशन	कर्मशाला	वेधशाला	सुनिश्चित	परिषद	बहिष्कृत	उपसर्ग
अपशब्द	कार्यशाला	शिक्षाशास्त्र	अस्प श्यता	परेषक	चतुष्कोण	उपासक
आमाशय	गुंडाशाही	शिक्षाशास्त्री	आवश्यक	परेषण	अशिष्टता	उपासना
कमीशन	छंदशास्त्र	शिल्पशाला	घनश्याम	पुरुषत्व	उत्कृष्टता	खगासन
कोटेशन	जलशायी	अवशिष्ट	द श्यश्रव्य	प्रदूषण	जन्माष्टमी	छियासठ
गपशप	तर्कशास्त्र	उद्देशिका	निराश्रय	वनौषधि	विशिष्टता	झुलसना
गुलशन	तानाशाह	नखशिख	पराश्रय	वित्तेषणा	कनिष्ठता	डिस्पेंसरी
घ्राणशक्ति	तानाशाही	निर्देशिका	पराश्रयी	विदूषक	घनिष्ठता	ढकोसला
जनशक्ति	धराशायी	पट्टशिष्य	परिश्रम	विभूषण	अनुष्ठान	तरसना
जन्मशती	नाट्यशाला	परिशिष्ट	परिश्रमी	विशेषज्ञ	प्रतिष्ठान	तरासना
जलाशय	नाट्यशास्त्र	प्रकाशित	योगाश्रम	विशेषण	कनिष्ठिका	तिरसठ
तलाशना	नीतिशास्त्र	प्रत्याशित	राजाश्रय	विशेषतः	प्रतिष्ठित	दर्भासन
दुराशय	न्यायशास्त्र	प्रवेशिका	वर्णाश्रम	विश्लेषण	युधिष्ठिर	नपुंसक
निदेशक	पक्षीशाला	प्रादेशिक	सम्मिश्रण	संपोषण	सहिष्णुता	निरसन
निर्देशन	परेशान	मूर्तिशिल्प	अविश्रांत	संप्रेषण	आयुष्मती	निर्वसन
निसंशय	पशुशाला	वास्तुशिल्प	परिश्रांत	संभाषण	आयुष्मान्	निर्वासन
पक्वाशय	पाकशाला	सहशिक्षा	अनाश्रित	विशेषांक	मनुष्यत्व	निष्कासन
पब्लिशर	पाकशास्त्र	क्रियाशील	निराश्रित	पुरुषार्थ	क्रमसंख्या	पटसन
पराशक्ति	पाठशाला	गतिशील	पराश्रित	पुरुषार्थी	जनसंख्या	पद्मासन
पित्ताशय	पौधशाला	जानशीन	राज्याश्रित	अदूषित	जनसंघ	परसना
प्रकाशक	प्रवेशार्थी	मार्गशीर्ष	सम्मिश्रित	कलुषित	नापसंद	परसर्ग
प्रतिशत	प्राणिशास्त्र	यत्नशील	जनश्रुत	दुभाषिया	परिसंघ	परिसर
मलाशय	प्राणिशास्त्री	यथाशीघ्र	लोकश्रुति	परेषिती	राष्ट्रसंघ	परोसना
महाशय	बलशाली	लज्जाशील	सर्वश्रेष्ठ	मानुषिक	रूढ़संख्या	पुंकेसर
मूत्राशय	बादशाह	परिशुद्ध	अनश्वर	विभीषिका	वयःसंधि	पुरःसर
म त्युशय्या	बालूशाही	परिशुद्धि	निरीश्वर	संप्रेषित	अकसर	प्रतिसर्ग
यथाशक्ति	भाषाशास्त्र	शादीशुदा	योगेश्वर	सुभाषित	अड़सठ	प्रभुसत्ता
योगशक्ति	मंत्रशास्त्र	लज्जाशून्य	राजेश्वर	अभिषेक	अनासक्त	प्रशंसक
शतशत	मत्स्यशास्त्र	अधिशेष	अविश्वास	पौरुषेय	अप्रसन्न	प्रशासक
शनैःशनैः	मधुशाला	अवशेष	ऊर्ध्वश्वास	प्रतिषेध	अफ़सर	प्रशासन

- - स -	- - सा -	- - सि -	- - सु -	- - स्तं -	- - स्मि -	- - ह -
फुरसत	**अवसाद**	**कमसिन**	**लहसुन**	**जलस्तंभ**	**आकस्मिक**	**कौतूहल**
बरसना	अवसान	कार्यसिद्धि	सुरासुर	निम्नस्तर	मनुस्म ति	खँड़हर
बिहँसना	इनसान	केरोसिन	अंकसूची	पलस्तर	उच्चैःश्रवा	खरहरा
बोधसत्त्व	उकसाना	तामसिक	अनुसूची	कब्रिस्तान	रक्तस्राव	खरहरी
भकोसना	एहसान	त्रैमासिक	कार्डसूची	कारस्तानी	सहस्राब्दी	खेतिहर
भरसक	कारसाजी	निर्वासित	कार्यसूची	मनस्ताप	आर्तस्वर	गिलहरी
मकसद	खँड़सार	पड़ोसिन	क्रमसूची	रेगिस्तान	रजस्वला	गुर्राहट
मसोसना	खँड़सारी	मगसिर	ग्रंथसूची	हिंदुस्तान	वैवस्वत	चिल्लाहट
रहासहा	खानसामा	मानसिक	दरसूची	खस्वस्तिक	सरस्वती	छरहरा
राजसभा	घमासान	मुनासिब	पत्रसूची	अप्रस्तुत	सारस्वत	जवाहर
राज्यसभा	घुड़साल	लक्ष्यसिद्धि	महसूल	व्याजस्तुति	अनुस्वार	टिटिहरी
रियासत	जिल्दसाजी	विकसित	महसूस	गंडस्थल	ग हस्वामी	तलहटी
लोकसत्ता	झुलसाना	विलासिनी	योगसूत्र	तटस्थता	ओजस्विता	थकाहट
लोकसभा	टकसाल	संन्यासिनी	वस्तुसूची	मध्यस्थता	ओजस्विनी	दुःसाहस
वज्रासन	तरसाना	सरसिज	सरीस प	मरुस्थल	तपस्विनी	दुपहर
विध्वंसक	नुकसान	सामासिक	लाइसेंस	मर्मस्थल	तेजस्विनी	दोपहर
विरासत	बरसात	साहसिक	जलसेना	माध्यस्थम्	पयस्विनी	धरोहर
शोकसभा	बरसाती	सिलसिला	थलसेना	वक्षस्थल	यशस्विनी	नसीहत
सड़सठ	बरसाना	सुप्रसिद्ध	धन्नासेठ	चिरस्थायी	स्रोतस्विनी	निर्वहण
सतसई	बेइंसाफी	सुवासित	वायुसेना	जन्मस्थान	राजहंस	निर्वहन
सत्यासत्य	बेमिसाल	स्वतःसिद्ध	स्वास्थ्यसेवा	प्रतिस्थानी	अगहन	पचहरा
सनसनी	भस्मसात्	स्वयंसिद्धि	अफ़सोस	उपस्थित	अपहर्ता	प्रोत्साहन
सभासद	रंगसाज	आधासीसी	श्रेयस्कर	उपस्थिति	अरहर	बालहठ
सरसठ	व्यवसाय	आयुसीमा	तिरस्कार	परिस्थिति	अलहदा	भ्रूणहत्या
सरसता	व्यवसायी	उदासीन	नमस्कार	व्यवस्थित	आत्महत्या	मनोहर
सर्वेसर्वा	सुनसान	तहसील	पुरस्कार	प्रातःस्नान	आबहवा	मरहम
सिंहासन	हमसाया	नकसीर	असंस्कृत	घ णास्पद	आरोहण	मसहरी
सुशासन	हुलसाना	पदासीन	तिरस्कृत	परस्पर	आवाहन	मुक्तहस्त
स्वशासन	नरसिंह	परिसीमा	पुरस्कृत	प्रतिस्पर्धा	इकहरा	रिक्तहस्त
हिरासत	सप्तसिंधु	पीठासीन	सुसंस्कृत	ब हस्पति	उगाहना	रुपहला
हुलसना	अप्रसिद्ध	बवासीर	बाइस्कोप	वनस्पति	उलाहना	संग्रहणी
साँयसाँय	आभ्यासिक	सत्तासीन	ट्रांजिस्टर	वाचस्पति	कचहरी	सराहना
अनुसार	आश्वासित	अनसुना	रजिस्टर	शंकास्पद	कटहल	सलहज
अफ़साना	उच्छ्वसित	कहासुना	बसस्टाप	हास्यास्पद	कराहना	सिद्धहस्त
अभिसार	उल्लसित	कहासुनी	इतस्ततः	मुद्रास्फीति	कुतूहल	सुनहरा
अलसाना	ऋद्धिसिद्धि	नैनसुख	कनस्तर	अकस्मात्	कोलाहल	हताहत

- - ह -	- - हा -	- - हा -
हलाहल	**निराहार**	**मनुहार**
अट्टहास	निस्सहाय	मांसाहारी
अध्याहार	नौनिहाल	मानहानि
असहाय	परिहार	मिताहार
इजहार	परिहार्य	व्यवहार
इतिहास	परिहास	शाकाहारी
इम्तिहान	पोषाहार	समाहार
इश्तहार	प्रतिहार	सिरहाना
उपहार	प्रत्याहार	हायहाय
उपहास	फलाहार	होनहार
खुशहाल	फलाहारी	प्रतिहिंसा
खुशहाली	फिलहाल	अपाहिज
चंद्रहार	बड़हार	आत्महित
तनहाई	बलिहारी	उत्साहित
दुर्व्यवहार	बेतहाशा	जनहित
ननिहाल	भूमिहार	

□

चतुर्-अक्षरी : अंत

- - - आ	- - - ऊ	- - - क	- - - क	- - - क	- - - क	- - - क
मालपूआ	**पंडिताऊ**	**आखेटक**	**गीतात्मक**	**दर्दनाक**	**सहायक**	**आकर्षक**
परछाईं	सूचकांक	संघटक	तथ्यात्मक	वैज्ञानिक	अनयिक	त्रैवार्षिक
परखाई	अलौकिक	पर्यटक	ध्वन्यात्मक	वैतनिक	सामयिक	निष्कलंक
महँगाई	वैयक्तिक	निष्कंटक	लयात्मक	वैधानिक	नैयायिक	आकलक
अँगड़ाई	अधीक्षक	विस्फोटक	कार्यात्मक	आधुनिक	प्रचारक	संचालक
सुघड़ाई	समीक्षक	टिकटिक	आध्यात्मिक	दार्शनिक	विचारक	अपलक
तरुणाई	संरक्षक	ठकठक	साहित्यिक	काल्पनिक	भट्टारक	निष्पलक
पंडिताई	निरीक्षक	निधड़क	नियंत्रक	नौसैनिक	वितरक	मांगलिक
ताताथेई	परीक्षक	संगणक	सार्वत्रिक	तकनीक	अदरक	भौगोलिक
ननदोई	औद्योगिक	लाक्षणिक	चिकित्सक	भजनीक	सुधारक	आंचलिक
चिकनाई	प्रौद्योगिक	शैक्षणिक	पर्युत्सुक	आख्यापक	अबरक	वैतालिक
कठिनाई	प्रायोगिक	प्रामाणिक	आच्छादक	उद्दीपक	मुबारक	तात्कालिक
रोशनाई	प्रासंगिक	पौराणिक	उत्पादक	अध्यापक	निर्धारक	कापालिक
शहनाई	संलग्नक	रमणीक	पादोदक	प्राध्यापक	निवारक	पित लोक
पहुनाई	विरेचक	दुखांतक	उन्मादक	संस्थापक	नागरिक	म त्युलोक
बहनोई	अरोचक	सुखांतक	संपादक	पुटपाक	आंतरिक	इंद्रलोक
खड़ीपाई	निर्वाचक	खगांतक	आवेदक	परिपाक	व्यापारिक	चंद्रलोक
हाथापाई	आलोचक	निर्यातक	निवेदक	ओलंपिक	शारीरिक	यमलोक
चारपाई	संसूचक	एकांतिक	निष्पादक	डरपोक	सांसारिक	परलोक
भरपाई	पैशाचिक	प्राकृतिक	इत्यादिक	इत्तफाक	पुंडरीक	स्वर्गलोक
बेवफाई	खट्टाचूक	सांकेतिक	तपेदिक	बकबक	जागरूक	मर्त्यलोक
छुईमुई	भूलचूक	आत्यंतिक	नजदीक	मुताबिक	अतिरेक	सूर्यलोक
बेहियाई	याद च्छिक	सैद्धांतिक	तसदीक	लागबुक	व्यतिरेक	वैकल्पिक
चतुराई	अनैच्छिक	जनांतिक	प्रबंधक	पासबुक	नैसर्गिक	स्वाभाविक
गहराई	छकाछक	अनैतिक	प्रबोधक	आरंभिक	निवर्तक	पाशविक
उकलाई	उत्तेजक	उपांतिक	निरोधक	प्रारंभिक	प्रवर्तक	वास्तविक
पकवाई	उद्वेजक	आपातिक	न्यूनाधिक	संक्रामक	एकार्थक	अविवेक
रँगवाई	आयोजक	सांस्कृतिक	सर्वाधिक	नियामक	अनर्थक	प्रकाशक
पढ़वाई	नियोजक	आगंतुक	आवधिक	प्राथमिक	समर्थक	निदेशक
सुनवाई	संयोजक	परंतुक	सावधिक	माध्यमिक	निरर्थक	प्रादेशिक
चिरवाई	अराजक	नैमित्तिक	प्रविधिक	ऋष्यमूक	प्रवर्धक	आवश्यक
कार्रवाई	आसंजक	सपत्नीक	सांविधिक	त तीयक	अकर्मक	विदूषक
हलवाई	सामाजिक	रक्षात्मक	अचानक	विधायक	सकर्मक	अन्वेषक
सतसई	बेझिझक	संख्यात्मक	कथानक	विधेयक	अधार्मिक	परेषक
तनहाई	नोकझोंक	रागात्मक	अमानक	निर्णायक	निदर्शक	विशेषांक
उपजाऊ	अकंटक	व्यंग्यात्मक	भयानक	नालायक	प्रदर्शक	मानुषिक

- - - क	- - - का	- - - क्त	- - - क्ष	- - - क्ष्य	- - - ख्या	- - - ग
अभिषेक	**प्रतिशंका**	**अतिरिक्त**	**कार्यकक्ष**	**परिप्रेक्ष्य**	**जनसंख्या**	**उपयोग**
विध्वंसक	उद्देशिका	उपरोक्त	कोषकक्ष	नापजोख	क्रमसंख्या	अभियोग
उपासक	निर्देशिका	उपर्युक्त	सेनाध्यक्ष	हासोन्मुख	रंगढंग	सहयोग
नपुंसक	प्रवेशिका	अभिव्यक्त	सभाध्यक्ष	गजमुख	आत्मत्याग	रंगारंग
भरसक	विभीषिका	अनासक्त	कोषाध्यक्ष	खटमुख	पदत्याग	बजरंग
प्रशंसक	कनिष्ठिका	परित्यक्ता	राष्ट्राध्यक्ष	अधोमुख	परित्याग	अंतरंग
प्रशासक	प्रौद्योगिकी	उपभोक्ता	शुक्लपक्ष	पराङ्मुख	देहत्याग	चतुरंग
अहिंसक	ताकाझाँकी	पक्षवक्ता	प्रतिपक्ष	शिलीमुख	हुड़दंग	बहिरंग
मानसिक	टकटकी	अधिवक्ता	पित पक्ष	हँसमुख	ग्रामोद्योग	खटराग
आभ्यासिक	टोकाटोकी	आशुवक्ता	वामपक्ष	मीनमेख	फिल्मोद्योग	पीतराग
तामसिक	धकधकी	स्पष्टवक्ता	परपक्ष	देखरेख	वस्त्रोद्योग	अनुराग
त्रैमासिक	धुकधुकी	रक्षापंक्ति	भावपक्ष	चतुर्मुख	निरुद्वेग	मनोरोग
सामासिक	वैमानिकी	राजभक्ति	कृष्णपक्ष	अग्रलेख	सांगोपांग	चर्मरोग
साहसिक	तकनीकी	पित भक्ति	निरपेक्ष	स्तंभलेख	व्रतभंग	विकलांग
खस्वस्तिक	सामयिकी	प्रेमभक्ति	अंतरिक्ष	अभिलेख	शांतिभंग	नाबालिग
आकस्मिक	द्विवार्षिकी	देशभक्ति	पिंगलाक्ष	पुरालेख	मौनभंग	मनोवेग
साप्ताहिक	बेखटके	कार्यमुक्ति	वटव क्ष	पश्चलेख	क्रमभंग	भावावेग
सामूहिक	इक्कादुक्का	पर्यायोक्ति	कल्पव क्ष	नामोल्लेख	रसभंग	व्योमगंगा
वैवाहिक	हक्काबक्का	पुनरुक्ति	वंशव क्ष	नखशिख	मोहभंग	रतजगा
विशूचिका	लातमुक्का	स्वीकारोक्ति	उच्चाकांक्षा	नैनसुख	लगभग	त्रिपथगा
माँगटीका	पनचक्की	आदर्शोक्ति	प्रतिरक्षा	लेखाजोखा	अनुभाग	भूखानंगा
पादटीका	धक्कामुक्की	प्रतिव्यक्ति	आत्मरक्षा	अनदेखा	पुरोभाग	सतरंगा
यवनिका	मधुमक्खी	अभिव्यक्ति	अभिरक्षा	बघनखा	संविभाग	डुगडुगी
अनामिका	परित्यक्त	योगशक्ति	परिवीक्षा	ऊर्ध्वरेखा	अधिभोग	ताजिंदगी
आख्यायिका	राजभक्त	घ्राणशक्ति	सहशिक्षा	हस्तरेखा	उपभोग	रंजीदगी
विधायिका	स्वामिभक्त	यथाशक्ति	हिताकांक्षी	पढ़ालिखा	उत्तमांग	मौजूदगी
नीहारिका	अविभक्त	जनशक्ति	स्नेहाकांक्षी	देखादेखी	मायाम ग	शर्मिंदगी
कपर्दिका	करमुक्त	पराशक्ति	प्रतिपक्षी	चंद्रमुखी	मध्ययुग	बेहूदगी
मुचलका	भारमुक्त	कार्याधिक्य	वामपक्षी	अधोमुखी	ताम्रयुग	रवानगी
तहलका	दोषमुक्त	उपवाक्य	जलपक्षी	बहिर्मुखी	कलियुग	मंदभागी
पटोलिका	युक्तियुक्त	वीरचक्र	परापेक्षी	तापलेखी	लौहयुग	सहभागी
पिपीलिका	उपयुक्त	शौर्यचक्र	भूतलक्षी	अनदेखे	राजयोग	भुक्तभोगी
प्रहेलिका	अप्रयुक्त	राशिचक्र	पर्यवेक्षी	कमबख्त	हठयोग	अदायगी
आजीविका	अभियुक्त	परिपक्व	प्रज्ञाचक्षु	कमबख्ती	मंत्रयोग	प्रतियोगी
मालविका	श्रमायुक्त	नाकनक्शा	राजयक्ष्मा	पौरमुख्य	ध्यानयोग	उपयोगी
लघुशंका	अनुरक्त	समकक्ष	ग हलक्ष्मी	रूढ़संख्या	विनियोग	सहयोगी

- - - गूँ	- - - ची	- - - ज	- - - जा	- - - ज्य	- - - ट	- - - टी
गुटरगूँ	**मशालची**	**नशेबाज**	**लिजलिजा**	**अविभाज्य**	**लोटपोट**	**चुम्माचाटी**
भलेचंगे	भाववाची	घूँसेबाज	मुआवजा	उपभोज्य	टूटफूट	चेलाचाटी
पिछलग्गू	अंकसूची	प्रीतिभोज	दरवाजा	परिव्रज्या	परमिट	माँगचोटी
असंदिग्ध	पत्रसूची	रात्रिभोज	परकाजी	सूझबूझ	झुरमुट	अटपटी
निस्संदिग्ध	ग्रंथसूची	सहभोज	तीरंदाजी	नासमझ	टूर्नामेंट	खटपटी
मंत्रमुग्ध	अनुसूची	मलयज	गोलंदाजी	अनबूझा	कंकरीट	कनपटी
परिमुग्ध	क्रमसूची	शतरंज	जमापूँजी	डिस्काउंट	रंगरूट	परिपाटी
ध्यानमग्न	दरसूची	अचरज	ढोंगबाजी	कटकट	अखरोट	मतपेटी
जलमग्न	कार्डसूची	पुखराज	दगाबाजी	अप्रकट	अरारोट	पत्रपेटी
जन्मलग्न	कार्यसूची	नटराज	गुटबाजी	जेबकट	चाकलेट	रोटीबेटी
जठराग्नि	वस्तुसूची	इंतराज	सट्टेबाजी	करकट	घासलेट	पावरोटी
जाठराग्नि	जच्चाबच्चा	एतराज	गेंदबाजी	तंतुकीट	थकावट	घासलेटी
मंदभाग्य	माथापच्ची	ऋतुराज	सौदेबाजी	पुष्पकीट	रुकावट	पंचवटी
यथायोग्य	परिप च्छा	यमराज	तानेबाजी	कालकूट	लिखावट	सजावटी
करयोग्य	ईश्वरेच्छा	धर्मराज	गपबाजी	खटखट	बनावट	बनावटी
जनसंघ	कुछकुछ	युवराज	यारबाजी	नटखट	बुनावट	तलहटी
परिसंघ	आगापीछा	रसराज	छुरेबाजी	खटाखट	करवट	कर्णकटु
राष्ट्रसंघ	राजकाज	महाराज	ढेलेबाजी	गिरगिट	गिरावट	गलघोंटू
यथाशीघ्र	कामकाज	रँगरेज	जल्दबाजी	पनघट	तरावट	नामपट्ट
निस्संकोच	तीरंदाज	रिपोर्ताज	नशेबाजी	जमघट	मिलावट	ताम्रपट्ट
खचाखच	गोलंदाज	चतुर्भुज	घूँसेबाजी	मरघट	वंशवट	हट्टाकट्टा
गुप्तजाँच	भाईदूज	दहलीज	खरबूजी	गऊघाट	थकाहट	गोराचिट्टा
नंगानाच	राष्ट्रध्वज	पखावज	मितभोजी	चटाचट	गुर्राहट	सिलबट्टा
घिचपिच	छक्केबाज	तजवीज	मनमौजी	काटछाँट	चिल्लाहट	सिट्टीपिट्टी
दाँवपेंच	मुक्केबाज	दस्तावेज	कारसाजी	खटपट	पंखकटा	कच्चाचिट्ठा
बीचोबीच	धोखेबाज	रंगसाज	जिल्दसाजी	चटपट	पनकटा	मुक्तकंठ
रंगमंच	दगाबाज	सरसिज	लोकलज्जा	झटपट	परकोटा	रुद्धकंठ
सचमुच	पटेबाज	सलहज	संगीतज्ञ	पटापट	खराखोटा	नीलकंठ
बचाखुचा	सट्टेबाज	अपाहिज	गणितज्ञ	चित्रपट	कालीघटा	साँठगाँठ
पचपचा	लट्ठबाज	परहेज	प्राविधिज्ञ	सरपट	चटपटा	पूजापाठ
अभिरुचि	ठट्ठेबाज	बाजागाजा	अनभिज्ञ	तलपट	घिसापिटा	स्तुतिपाठ
ख चाखाँची	गेंदबाज	मोटाताजा	पित यज्ञ	निष्कपट	नासपीटा	पदपाठ
अफ़ीमची	जानबाज	खरबूजा	विशेषज्ञ	लूटपाट	कटाफटा	खंडपीठ
इलायची	कलाबाज	तरबूजा	निषेधाज्ञा	मारपीट	ज्वारभाटा	विद्यापीठ
ढँढोरची	जल्दबाज	खामियाजा	युवराज्ञी	छुटपुट	कटाकटी	न्यायपीठ
ढिंढोरची	बल्लेबाज	महाराजा	परित्याज्य	नासापुट	पर्णकुटी	व्यासपीठ

- - - ठ	- - - ड़	- - - डी	- - - ण	- - - ण	- - - ण	- - - त्
झूठमूठ	**नौकादौड़**	**रणचंडी**	**प्रशिक्षण**	**आचरण**	**संपोषण**	**भगवत्**
इकसठ	भागदौड़	गँठजोड़ी	श्रोतागण	विचरण	संप्रेषण	जड़वत्
अड़सठ	घुड़दौड़	फुलझड़ी	परागण	संचरण	संभाषण	भ्रात वत्
सड़सठ	धड़ाधड़	पगडंडी	रजोगुण	उच्चारण	आभूषण	यंत्रवत्
उनसठ	च चपड़	दौड़ादौड़ी	सतोगुण	अंतरण	विभूषण	यथावत्
छियासठ	चूँचपड़	चीराफाड़ी	सत्त्वगुण	वितरण	परेषण	विधिवत्
तिरसठ	हृतपिंड	गड़बड़ी	तमोगुण	उद्धरण	विशेषण	स्वप्नवत्
सरसठ	मांसपिंड	हड़बड़ी	अवगुण	साधारण	विश्लेषण	लंबवत्
धन्नासेठ	चीरफाड़	सब्जीमंडी	आमंत्रण	आभरण	चतुष्कोण	पूर्ववत्
बालहठ	तोड़फोड़	पनवाड़ी	निमंत्रण	संभरण	आरोहण	पशुवत्
पहलौठा	भंडाफोड़	बालवाड़ी	नियंत्रण	आमरण	निर्वहण	तत्पश्चात्
सहपाठी	खड़बड़	होड़ाहोड़ी	परित्राण	निर्धारण	प्रदक्षिणा	भस्मसात्
कड़कड़	गड़बड़	खड़ेखड़े	निक्षेपण	आवरण	वित्तेषणा	अकस्मात्
कर्मकांड	बड़बड़	अनपढ़	प्रक्षेपण	प्रवरण	गवेषणा	उभयतः
गोलीकांड	भीड़भाड़	घटबढ़	निरूपण	विवरण	चक्रपाणि	संपूर्णतः
यज्ञकुंड	मुठभेड़	योगरूढ़	विरूपण	निवारण	शूलपाणि	संभवतः
तप्तकुंड	रुंडमुंड	सत्तारूढ़	आरोपण	निष्कारण	चूड़ामणि	इतस्ततः
होमकुंड	खिलवाड़	सिललोढ़ा	अल्पप्राण	प्रसरण	शिरोमणि	प्रत्यक्षतः
घुमक्कड़	खेलवाड़	नकचढ़ी	महाप्राण	प्रसारण	नीलमणि	सिद्धांततः
पियक्कड़	हथकंडा	टेढ़ेमेढ़े	अग्निबाण	संस्करण	चिरऋणी	आपाततः
भुलक्कड़	सरकंडा	पित ऋण	रामबाण	निस्तरण	वैरागिणी	सामान्यतः
हिमखंड	जलक्रीड़ा	रक्तकण	आक्रमण	विस्मरण	अर्धांगिणी	प्रथमतः
शिलाखंड	रासक्रीड़ा	स्वेदकण	प्रक्रमण	संस्मरण	जलप्राणी	नियमतः
घड़घड़	गुल्लीडंडा	धूलिकण	संक्रमण	आहरण	नारायणी	स्वभावतः
छेड़छाड़	गिरापड़ा	लंबकोण	निष्क्रमण	निष्करुण	प्रणयिणी	विशेषतः
गँठजोड़	मुछमुड़ा	समकोण	सप्रमाण	प्रत्यर्पण	वैतरणी	शुरुआत
पतझड़	जमावड़ा	द ष्टिकोण	परिमाण	पदार्पण	निर्झरिणी	हकीकत
जोड़तोड़	पिछवाड़ा	विचक्षण	रामायण	समर्पण	जनवाणी	नजाकत
मोड़तोड़	रजवाड़ा	प्रतिक्षण	नारायण	माल्यार्पण	देववाणी	मरकत
तनतोड़	हथकड़ी	आरक्षण	परायण	आकर्षण	युववाणी	हरकत
म त्युदंड	सिलखड़ी	संरक्षण	पारायण	संघर्षण	संग्रहणी	मुलाकात
मानदंड	घोड़ागाड़ी	निरीक्षण	प्रकरण	सम्मिश्रण	विरहिणी	चक्रांकित
मापदंड	बैलगाड़ी	निरीक्षण	व्याकरण	अग्रेषण	परमाणु	रेखांकित
मेरुदंड	मालगाड़ी	परीक्षण	अकारण	प्रदूषण	अकर्मण्य	कंटकित
अर्थदंड	रेलगाड़ी	सर्वेक्षण	विकिरण	अन्वेषण	यत्किंचित्	चित्रांकित
हस्तिदंड	धूपघड़ी	विलक्षण	जागरण	कुपोषण	कदाचित्	मुद्रांकित

- - - त	- - - त	- - - त	- - - त	- - - त	- - - त	- - - त
रूपांकित	**अभ्यागत**	**सत्ताच्युत**	**अनूदित**	**सूत्रपात**	**हजामत**	**कसीयत**
नामांकित	भूमिगत	पदच्युत	मर्यादित	अधःपात	खिदमत	यातायात
समेकित	पारंगत	स्थानच्युत	आह्लादित	अनुपात	जनमत	वाहियात
छायांकित	पूर्वगत	अवांछित	राजदूत	सन्निपात	गनीमत	संचयित
तारांकित	दिवंगत	इजाजत	यमदूत	गर्भपात	कयामत	रूपायित
पूर्णांकित	अवगत	कागजात	रामदूत	द ष्टिपात	अल्पमत	लालायित
पार्श्वांकित	नवागत	अभिजात	कार्यदूत	घासपात	किसमत	तिजारत
कलंकित	वंशागत	पारिजात	समाद त	प्रकंपित	जहमत	कुदरत
पुलकित	असंगत	नवजात	निराद त	आज्ञापित	तहमत	इमारत
आलोकित	अस्तंगत	विभाजित	पूर्वोद्ध त	प्रज्ञापित	तोहमत	जरूरत
आशंकित	संस्थागत	आयोजित	विकेंद्रित	विज्ञापित	बहुमत	अविरत
चिह्नांकित	तरंगित	पराजित	सुगंधित	निरूपित	करामात	कसरत
पंजीकृत	आस्थगित	इंद्रजीत	संबंधित	आरोपित	संक्रमित	उपरांत
अधिकृत	शोकगीत	हारजीत	अबाधित	विस्थापित	निगमित	शरीरांत
प्राधिकृत	राष्ट्रगीत	बेइज्जत	संबोधित	संस्थापित	नियमित	ताजीरात
अपकृत	पक्षाघात	सुसज्जित	संशोधित	जलपोत	परिमिति	मुखरित
निराकृत	वज्राघात	अघटित	अमानत	भूतप्रेत	परिमित	आचरित
अलंकृत	प्रतिघात	संगठित	जमानत	अभिप्रेत	निर्गमित	प्रचारित
अस्वीकृत	आत्मघात	उत्कंठित	सल्तनत	ओतप्रोत	असीमित	उच्चरित
पदाक्रांत	पदाघात	प्रमाणित	मेहनत	खिलाफत	पंचाम त	उच्चारित
भाराक्रांत	अपघात	परिणीत	सम्मानित	खुराफात	पूर्वम त	आधारित
परिक्लांत	आकुंचित	सुचिंतित	मनोनीत	शरबत	मरम्मत	जर्जरित
अपेक्षित	संकुचित	आयातित	समुन्नत	मुसीबत	शिकायत	निर्धारित
उपेक्षित	मित्रोचित	गीतातीत	लाभान्वित	निलंबित	लिंगायत	प्रसारित
संरक्षित	यथोचित	कालातीत	समन्वित	मजबूत	पंचायत	विपरीत
सुरक्षित	अनुचित	आशातीत	कार्यान्वित	मुहब्बत	हिदायत	अंतर्गत
अशिक्षित	रोमांचित	करतूत	कार्यान्वित	भयभीत	इनायत	उपार्जित
प्रशिक्षित	समुचित	शहतूत	आशान्वित	पुंजीभूत	किफायत	विसर्जित
सुशिक्षित	अयाचित	चमत्कृत	युगपत्	इत्थंभूत	कैफियत	अनिर्णीत
दस्तखत	न्यायोचित	आमंत्रित	पाशुपत	परिभूत	तबियत	समर्थित
सुविख्यात	विरचित	निमंत्रित	जातपाँत	मूलभूत	तबीयत	समर्पित
व्यक्तिगत	परिचित	एकदंत	आद्योपांत	वशीभूत	रियायत	आविर्भूत
नीतिगत	वीरोचित	इबादत	रक्तपात	भस्मीभूत	खैरियत	अंतर्भूत
आत्मगत	निर्वाचित	आच्छादित	पक्षपात	एकमत	असंयत	प्रादुर्भूत
तथागत	बालोचित	प्रणोदित	वज्रपात	लोकमत	खासियत	प्रदर्शित
स्वप्नगत	पंक्तिच्युत	आनंदित	प्रणिपात	हुकूमत	हैसियत	वकालत

- - - त	- - - त	- - - त	- - - ता	- - - ता	- - - ता	- - - ति
अदालत	**राज्याश्रित**	**लोकहित**	**कृतघ्नता**	**गयाबीता**	**कोमलता**	**कुसंगति**
गफलत	अनाश्रित	आत्महित	निर्लज्जता	बलबूता	दुर्बलता	विसंगति
जलालत	संमिश्रित	उत्साहित	कृतज्ञता	असभ्यता	निर्बलता	पदच्युति
जहालत	निराश्रित	प्रोत्साहित	समझौता	अधमता	कुशलता	जनजाति
जंगलात	पराश्रित	जनहित	निकटता	निर्ममता	अश्लीलता	परिणति
हवालात	जनश्रुत	समाहित	अखंडता	राजमाता	इकलौता	राजनीति
मुकुलित	अदूषित	परहित	सुद ढ़ता	मदमाता	एकलौता	कूटनीति
प्रचलित	संप्रेषित	पुरोहित	कृपणता	उपमाता	रक्ताल्पता	रणनीति
विचलित	सुभाषित	प्रवाहित	परिणीता	आत्मीयता	तड़िल्लता	भेदनीति
स्वचालित	कलुषित	विवाहित	स्वायत्तता	चिरायता	पतिव्रता	कार्यनीति
संतुलित	परिष्कृत	संग्रहीत	पवित्रता	वरीयता	अस्प श्यता	आत्मोन्नति
सम्मिलित	आविष्कृत	उदाहृत	परित्राता	निर्दयता	आविष्कर्ता	पदोन्नति
प्रकल्पित	बहिष्कृत	अपहृत	मुक्तिदाता	निष्क्रियता	उत्कृष्टता	लंकापति
प्रफुल्लित	प्रतिष्ठित	घातकता	ऋणदाता	राष्ट्रीयता	अशिष्टता	लक्ष्मीपति
हैमवंत	रियासत	नैतिकता	मतदाता	सहायता	विशिष्टता	लखपति
कलावंत	फुरसत	उत्सुकता	प्रतिदाता	रचयिता	कनिष्ठता	गजपति
मित्रवत्	विरासत	प थकता	अन्नदाता	साक्षरता	घनिष्ठता	खंडपति
ऐरावत	हिरासत	मादकता	करदाता	निठुरता	सहिष्णुता	गणपति
कहावत	बरसात	अधिकता	अभद्रता	कठोरता	सरसता	यूथपति
महावत	विकसित	सार्थकता	दरिद्रता	निडरता	तटस्थता	अधिपति
झंझावात	उच्छ्वसित	भावुकता	कठिनता	कातरता	ओजस्विता	सेनापति
प्रभावित	निर्वासित	रसिकता	स्वाधीनता	आतुरता	विवाहिता	सभापति
संभावित	उल्लसित	आस्तिकता	समानता	सुंदरता	मुखाकृति	नरपति
पल्लवित	सुवासित	नास्तिकता	निर्धनता	उदारता	प्रतिकृति	सुरपति
प्रस्तावित	आश्वासित	चंद्रकांता	शालीनता	कायरता	अनुकृति	राष्ट्रपति
समवेत	तिरस्कृत	निशक्तता	पिशुनता	निर्भरता	राज्यक्रांति	महीपति
पातिव्रत	पुरस्कृत	प्रमुखता	महानता	अस्थिरता	जनक्रांति	जातिपाँति
मौनव्रत	असंस्कृत	बट्टाखाता	राजनेता	सतर्कता	आरक्षिति	नित्यप्रति
शतशत	सुसंस्कृत	जमाखाता	अभिनेता	अपूर्णता	चक्रगति	भाँतिभाँति
प्रतिशत	अप्रस्तुत	धर्मखाता	अभिन्नता	यथार्थता	वक्रगति	प्रतिभूति
प्रकाशित	उपस्थित	बहीखाता	विभिन्नता	स्वीकार्यता	गजगति	अनुभूति
प्रत्याशित	व्यवस्थित	अपंग–ता	प्रसन्नता	अनर्हता	मंदगति	स्वानुभूति
अनिश्चित	सारस्वत	उद्विग्नता	अता–पता	उज्ज्वलता	अधोगति	अनुमति
सुनिश्चित	वैवस्वत	अयोग्यता	कुरूपता	शिथिलता	मनोगति	स्थिरमति
परिश्रांत	हताहत	निर्योग्यता	लिपापुता	विपुलता	ऊर्ध्वगति	असम्मति
अविश्रांत	नसीहत	एकाग्रता	परपोता	सफलता	असंगति	उपरति

- - - ति	- - - ती	- - - त्त्व	- - - त्र	- - - त्र	- - - था	- - - द
लोकश्रुति	**सप्तशती**	**पुरातत्त्व**	**स्वैरतंत्र**	**ृवासयंत्र**	**लघुकथा**	**हर्षोन्माद**
व्याजस्तुति	परेषिती	मूलतत्त्व	जालतंत्र	नवरात्र	पटकथा	राष्ट्रोन्माद
उपस्थिति	आयुष्मती	बोधसत्त्व	ृवासतंत्र	अहोरात्र	प्रेमकथा	मंत्रिपद
परिस्थिति	बरसाती	नवरत्न	भालनेत्र	सच्चरित्र	परीकथा	भाद्रपद
वाचस्पति	मध्यस्थता	धर्मपत्नी	मुखपत्र	दुश्चरित्र	यशोगाथा	जनपद
वनस्पति	सरस्वती	पवित्रात्मा	लेखापत्र	अपवित्र	नीलाथोथा	निरापद
ब हस्पति	शीतऋतु	परमात्मा	त्यागपत्र	योगसूत्र	मनोव्यथा	शिक्षाप्रद
मुद्रास्फीति	धूमकेतु	अंतरात्मा	माँगपत्र	अग्निहोत्र	मर्मव्यथा	लज्जाप्रद
मनुस्म ति	जीवजंतु	अनौचित्य	सूचीपत्र	शोभायात्रा	स्वेदग्रंथि	लाभप्रद
पूर्णाहुति	बेटेपोते	आधिपत्य	भोजपत्र	तीर्थयात्रा	हीनग्रंथि	फलप्रद
अपह्नुति	स्थिरचित्त	स्वाधिपत्य	मतपत्र	शवयात्रा	मनोग्रंथि	कष्टप्रद
मुलाकाती	चलचित्त	पातिव्रत्य	शतपत्र	अभिनेत्री	पुण्यतिथि	बरबाद
आत्मघाती	पूर्वदत्त	सत्यासत्य	म त्युपत्र	चिट्ठीपत्री	जन्मतिथि	रंगभेद
बेइज्जती	अनुदात्त	पौरोहित्य	शुद्धिपत्र	जन्मपत्री	वामपंथी	मतभेद
किंवदंती	धीरोदात्त	भ्रूणहत्या	बंधपत्र	शिक्षामंत्री	भागीरथी	अक़्लमंद
मेहनती	मदमत्त	आत्महत्या	प्रेमपत्र	ग हमंत्री	महारथी	खुशामद
पक्षपाती	परायत्त	अपम त्यु	जमापत्र	महामंत्री	यथातथ्य	कवायद
नाशपाती	इतिव त्त	राज्यक्षेत्र	ताम्रपत्र	पदयात्री	पथ्यापथ्य	मकरंद
लीपापोती	परिव त्त	रणक्षेत्र	पारपत्र	रचयित्री	भाषाविद्	नदारद
भानुमती	कार्यव त्त	कार्यक्षेत्र	परिपत्र	जनयित्री	जम कंद	विशारद
रूपमती	पूर्वव त्त	रंगचित्र	भूर्जपत्र	कवयित्री	कलाकंद	अमरूद
करामाती	प्रायश्चित्त	व्यंग्यचित्र	प्रश्नपत्र	अग्निहोत्री	खेलकूद	आशीर्वाद
वैजयंती	अलबत्ता	व त्तचित्र	स्नेहपत्र	पारतंत्र्य	बरगद	यजुर्वेद
किफायती	यात्राभत्ता	भित्तिचित्र	भिक्षापात्र	अपूर्णत्व	अनुच्छेद	आयुर्वेद
हिमायती	बुद्धिमत्ता	शब्दचित्र	कृपापात्र	पुरुषत्व	परिच्छेद	चतुर्वेद
कुदरती	गुणवत्ता	चलचित्र	प्रियपात्र	मनुष्यत्व	बावजूद	भाग्यवाद
इमरती	मंत्रवेत्ता	एकच्छत्र	सुरापात्र	पाठ्यग्रंथ	इमदाद	पूँजीवाद
गुजराती	लोकसत्ता	लोकतंत्र	चरुपात्र	धर्मग्रंथ	जायदाद	गुटवाद
निर्धारिती	प्रभुसत्ता	रक्षातंत्र	स्नेहपात्र	यथातथ	चश्मदीद	जड़वाद
अदालती	प्रतिपत्ति	स्वेच्छातंत्र	ब्रह्मपुत्र	लंकानाथ	हिमनद	रूढ़िवाद
लाजवंती	अनापत्ति	राजतंत्र	मूलमंत्र	गणनाथ	घंटानाद	प्रतिवाद
भगवती	अर्थापत्ति	प्रजातंत्र	एकमात्र	जगन्नाथ	खरनाद	साधुवाद
लज्जावती	भूसंपत्ति	गणतंत्र	प्राणिमात्र	राजपथ	आर्तनाद	अनुवाद
गुणवती	भिक्षाव त्ति	मंत्रतंत्र	नाममात्र	लथपथ	सिंहनाद	धन्यवाद
गर्भवती	मनोव त्ति	जनतंत्र	पत्रमित्र	जलपथ	युद्धोन्माद	अपवाद
जन्मशती	वेश्याव त्ति	परतंत्र	जलयंत्र	लोककथा	धर्मोन्माद	साम्यवाद

- - - द	- - - दी	- - - द्ध	- - - द्व	- - - धि	- - - न	- - - न
परिवाद	**बरबादी**	**स्वतःसिद्ध**	**प्रतिद्वंद्व**	**अल्पावधि**	**मुमकिन**	**उत्तेजन**
निर्विवाद	लक्ष्यभेदी	अप्रसिद्ध	प्रतिद्वंद्वी	गतिविधि	नमकीन	अंदाजन
अरविंद	मर्मभेदी	सुप्रसिद्ध	अंधाधुंध	उपविधि	इंजेक्शन	बंधुजन
शिक्षाविद्	अक़्लमंदी	तीक्ष्णबुद्धि	भुजबंध	क्रियाविधि	कनेक्शन	विभाजन
वाद्यव ंद	खुशामदी	मंदबुद्धि	कटिबंध	कार्यविधि	प्रत्याख्यान	आयोजन
सामवेद	चतुर्वेदी	पापबुद्धि	प्रतिबंध	यौनव्याधि	उपाख्यान	नियोजन
परिषद्	उग्रवादी	पदव द्धि	अनुबंध	वनौषधि	पालागन	प्रयोजन
नापसंद	पूँजीवादी	जनव द्धि	उपबंध	वयःसंधि	आलिंगन	संयोजन
मकसद	रूढ़वादी	मूल्यव द्धि	अपराध	अपराधी	प्रास्थगन	निरंजन
सभासद	प्रतिवादी	परिशुद्धि	गतिरोध	प्रतिरोधी	स्तुतिगान	परिजन
अवसाद	परिवादी	लक्ष्यसिद्धि	प्रतिरोध	सप्तसिंधु	अफ़गान	नीलांजन
शंकास्पद	स्पष्टवादी	ऋद्धिसिद्धि	अनुरोध	वारवधू	यशोगान	युवजन
घ णास्पद	विसंवादी	स्वयंसिद्धि	सानुरोध	यकीनन्	राष्ट्रगान	डिवीजन
हास्यास्पद	बलिवेदी	कार्यसिद्धि	उपरोध	कांतिमान्	अभागिन	महाजन
यदाकदा	स्वेदबिंदु	प्रतिपाद्य	परिरोध	जबरन्	सुहागिन	अनजान
बापदादा	चंद्रबिंदु	सूचीभेद्य	निर्विरोध	भगवान्	सर्वांगीन	विद्वज्जन
परदादा	पदेपदे	व ंदवाद्य	अवरोध	वेगवान्	सम्यग्ज्ञान	निमज्जन
परनिंदा	सूचीबद्ध	चतुर्विद्या	अविरोध	भाग्यवान्	उल्लंघन	तत्त्वज्ञान
परिनिंदा	पंजीबद्ध	धनुर्विद्या	अनिर्बंध	धनवान्	अकिंचन	आत्मज्ञान
प्रतिपदा	कटिबद्ध	ठगविद्या	पशुवध	रूपवान्	आकुंचन	मिथ्याज्ञान
लदाफँदा	श्रेणीबद्ध	प्राच्यविद्या	चतुर्विध	शीलवान्	अड़चन	न विज्ञान
थकामाँदा	प्रतिबद्ध	प्रेतविद्या	बहुविध	निष्ठावान्	उन्मोचन	नौविज्ञान
अमर्यादा	पद्यबद्ध	मंत्रविद्या	प्रतिशोध	आयुष्मान्	प्रमोचन	ब्रह्मज्ञान
प्रियंवदा	लिपिबद्ध	गानविद्या	परिशोध	अचकन	विमोचन	उलझन
शादीशुदा	कार्यबद्ध	पराविद्या	प्रतिषेध	लटकन	विरेचन	रुनझुन
अलहदा	असंबद्ध	भारकेंद्र	परिबाधा	धड़कन	निर्वचन	प्रकटन
सोनाचाँदी	व्यूहबद्ध	रामचंद्र	भवबाधा	चित्रांकन	निर्वाचन	भिक्षाटन
सप्तपदी	शीतयुद्ध	पूर्णचंद्र	असुविधा	मुद्रांकन	विवेचन	विघटन
चकबंदी	द्वंद्वयुद्ध	भालचंद्र	प्रतिनिधि	रूपांकन	निषेचन	संघटन
तुकबंदी	मुष्टियुद्ध	शरच्चंद्र	कलानिधि	नामांकन	पहचान	उच्चाटन
नाकाबंदी	ग हयुद्ध	योग़निद्रा	नवनिधि	सीमांकन	समीचीन	उद्घाटन
गुटबंदी	महायुद्ध	श्वाननिद्रा	यथावधि	छायांकन	अर्वाचीन	टनाटन
कामबंदी	अवरुद्ध	मोहनिद्रा	पदावधि	स्वरांकन	परचून	आबंटन
नालबंदी	तपोव द्ध	महानिद्रा	मध्यावधि	विलोकन	सुखचैन	उबटन
नशाबंदी	वयोव द्ध	मुखमुद्रा	निरवधि	मूल्यांकन	छनछन	पर्यटन
बूँदाबाँदी	परिशुद्ध	पदमुद्रा	कालावधि	प ष्ठांकन	परछन	पलटन

- - - न	- - - न	- - - न	- - - न	- - - न	- - - न	- - - न
निपटान	**उत्पादन**	**निबंधन**	**खोटापन**	**दूरबीन**	**प्रत्यायन**	**प्राक्कलन**
बुलेटिन	दनादन	संबोधन	कड़ापन	प्रलोभन	अध्ययन	प्रक्षालन
संगठन	संपादन	मूलधन	सत्यापन	आगमन	यूनियन	प्रचलन
ठनठन	गरदन	पशुधन	उद्दीपन	निगमन	विलयन	विचलन
ठुनठुन	आवेदन	आशोधन	उद्यापन	आचमन	पलायन	नौचालन
विखंडन	निवेदन	संशोधन	सौंधापन	तनमन	रसायन	संचालन
प्रपीड़न	संवेदन	मिश्रधन	अध्यापन	नियमन	हीनयान	प्रज्वलन
विलोड़न	आस्वादन	प्रसाधन	प्राध्यापन	प्रशमन	अभियान	संतुलन
निष्पीड़न	रक्तदान	प्रणिधान	घनापन	बेईमान	व्योमयान	आंदोलन
पहाड़िन	योगदान	समाधान	सूनापन	शक्तिमान	वायुयान	उन्मूलन
परिधान	पिंडदान	कराधान	समापन	जजमान	जलयान	गोपालन
विपणन	मतदान	तिरोधान	तिरपन	यजमान	खलियान	निमीलन
निकेतन	प्रतिदान	गर्भाधान	तुरपन	प्रतिमान	कतरन	आमेलन
अचेतन	विद्यादान	अवधान	गीलापन	बुद्धिमान	सुमिरन	सम्मेलन
सचेतन	खानदान	प्रावधान	भोलापन	विद्यमान	जाफरान	तंबोलिन
अद्यतन	पानदान	व्यवधान	विलोपन	अनुमान	पुजारिन	अकुलीन
सनातन	अनुदान	संविधान	मद्यपान	हन्यमान	चमारिन	तत्कालीन
आयतन	कन्यादान	समधिन	खानपान	अपमान	गँवारिन	टेरीलीन
नियतन	धूपदान	न्यायाधीन	धूम्रपान	उपमान	लुहारिन	लवलीन
चिरंतन	अपादान	पराधीन	सुरापान	तापमान	लोहारिन	रसलीन
बरतन	उपादान	चिदानंद	जलपान	अभिमान	उत्सर्जन	पतलून
पुरातन	संप्रदान	पंचानन	विषपान	साभिमान	धनार्जन	इक्यावन
प्रशीतन	श्रमदान	प्रजनन	रसपान	स्वाभिमान	उपार्जन	आजीवन
निश्चेतन	वरदान	गजानन	आलपिन	अरमान	विसर्जन	संजीवन
भुगतान	परिदान	उत्खनन	बड़प्पन	वर्तमान	अंतर्ज्ञान	अट्ठावन
निस्संतान	जलदान	इत्मीनान	ग्रामोफोन	कीर्तिमान	निवर्तन	अठावन
अफ्लातून	बलिदान	बाँकापन	टेलीफोन	कालमान	प्रवर्तन	चितवन
अभ्युत्थान	पावदान	प्रकोपन	अनबन	तुल्यमान	समर्थन	सत्तावन
समुत्थान	अंशदान	आख्यापन	आलंबन	अवमान	आवर्धन	वृंदावन
पर्युत्थान	प्रतिदिन	प्रख्यापन	निलंबन	आसमान	संवर्धन	उपवन
स्वकथन	दैनंदिन	पचपन	मेजबान	भासमान	दिग्दर्शन	तपोवन
प्राक्कथन	जन्मदिन	बचपन	आनबान	मेहमान	षड्दर्शन	पकवान
आक्रंदन	निशिदिन	अच्छापन	कुरबान	विटामिन	प्रदर्शन	नौजवान
आच्छादन	लेनदेन	ओछापन	दरबान	असम्मान	सुदर्शन	गुणवान
उच्छेदन	उद्बोधन	प्रज्ञापन	छानबीन	पंजीयन	आकलन	पुण्यवान
विच्छेदन	तपोधन	विज्ञापन	सोयाबीन	वातायन	संकलन	मूल्यवान

- - - न	- - - न	- - - ना	- - - ना	- - - ना	- - - ना	- - - ना
आशावान	**उदासीन**	**फटकना**	**बुरकना**	**लहकाना**	**ललचाना**	**बनाठना**
आस्थावान	पदासीन	भटकना	मुरकना	कुनकुना	पहुँचाना	उमेठना
कोटेशन	लहसुन	मटकना	सरकना	निरखना	गिनाचुना	अकड़ना
अनशन	रेगिस्तान	लटकना	कलकना	परखना	उत्तेजना	जकड़ना
कमीशन	हिंदुस्तान	ठिठकना	किलकना	मरखना	उपजना	पकड़ना
निर्देशन	कब्रिस्तान	कड़कना	छलकना	बिलखना	आयोजना	सिकुड़ना
गुलशन	जन्मस्थान	खड़कना	ढलकना	डाकखाना	प्रायोजना	सिकोड़ना
परेशान	प्रातःस्नान	घुड़कना	ढुलकना	जच्चाखाना	गरजना	उखड़ना
आलीशान	अगहन	छिड़कना	खसकना	रंडीखाना	पसीजना	उखाड़ना
जानशीन	प्रोत्साहन	झिड़कना	खिसकना	चंडूखाना	सहेजना	झगड़ना
प्रतिष्ठान	निर्वहन	तड़कना	सिसकना	कैदखाना	उपजाना	बिगड़ना
अनुष्ठान	आवाहन	धड़कना	चहकना	तोपखाना	समझना	रगड़ना
खगासन	इम्तिहान	फड़कना	डहकना	कारखाना	उरझना	बिगाड़ना
वज्रासन	लक्ष्यहीन	सुड़कना	बहकना	बर्फखाना	उलझना	उघड़ना
पटसन	लज्जाहीन	लुढ़कना	लहकना	जेलखाना	उलझाना	उघाड़ना
पद्मासन	गतिहीन	कुदकना	उचकाना	दवाखाना	झुनझुना	निचोड़ना
निरसन	तत्त्वहीन	फुदकना	पिचकाना	तहखाना	चकोटना	पिछड़ना
दर्भासन	तथ्यहीन	बिदकना	बचकाना	परगना	उचटना	बिछड़ना
निर्वसन	सारहीन	धधकना	मिचकाना	वारांगना	उचाटना	पछाड़ना
निर्वासन	तर्कहीन	खनकना	अटकाना	वीरांगना	कचोटना	बिछुड़ना
प्रशासन	अर्थहीन	ठनकना	खटकाना	सुलगन	चचोटना	उजड़ना
सुशासन	जलहीन	ठिनकना	चटकाना	सुलगना	चिपटना	उजाड़ना
स्वशासन	बलहीन	तिनकना	चिटकाना	पचगुना	झपटना	प्रताड़ना
आश्वासन	छुछुआना	तुनकना	लटकाना	दबोचना	डपटना	लताड़ना
सिंहासन	उचकना	भिनकना	उढ़काना	खुरचना	निपटना	खदेड़ना
नुकसान	पिचकना	चिपकना	खनकाना	परचना	रपटना	उधड़ना
इन्सान	बिचकना	टपकना	चिपकाना	संरचना	लिपटना	उधेड़ना
सुनसान	लचकना	सुबकना	चमकाना	खरोंचना	लपेटना	उभड़ना
घमासान	झिझकना	भभकना	धमकाना	उलीचना	सिमटना	घुसेड़ना
अवसान	अटकना	चमकना	टरकाना	आलोचना	समेटना	दहाड़ना
एहसान	खटकना	झुमकना	परकाना	सुलोचना	दुर्घटना	पकड़ाना
पड़ोसिन	गटकना	तमकना	छलकाना	प्रवंचना	उलटना	लँगड़ाना
कमसिन	चटकना	दमकना	ढलकाना	आसूचना	पलटना	भुगतना
केरोसिन	चिटकना	धमकना	ढुलकाना	पहुँचना	घसीटना	उकताना
पीठासीन	छिटकना	थिरकना	मालिकाना	सकुचाना	निपटाना	भुगताना
सत्तासीन	पटकना	परकना	आशिकाना	परचाना	उलटाना	पछताना

- - ना	- - - ना	- - - ना	- - - ना	- - - ना	- - - ना	- - - ना
खरादना	**बतियाना**	**दुलारना**	**खँगालना**	**कहलाना**	**डुबवाना**	**अलसाना**
खरीदना	लतियाना	किल्कारना	पिघलना	बहलाना	कमवाना	झुलसाना
कुरेदना	सूफियाना	सँवरना	घँघोलना	सहलाना	गिरवाना	हुलसाना
संवेदना	मिमियाना	सँवारना	कुचलना	प्रकल्पना	चरवाना	अनसुना
साबूदाना	शामियाना	पसरना	मचलना	सद्भावना	परवाना	कहासुना
लेनादेना	रिरियाना	बिसरना	उछलना	लुभावना	मरवाना	वायुसेना
आराधना	खिसियाना	पसारना	उछालना	संभावना	खिलवाना	जलसेना
उफनना	मुकरना	बिसारना	टटोलना	डरावना	खुलवाना	थलसेना
पहनना	डकारना	बिसूरना	उंडेलना	प्रस्तावना	चलवाना	उगाहना
अपनाना	नकारना	ठहरना	बदलना	सुहावना	छिलवाना	कराहना
उफनाना	पुकारना	फहरना	उबलना	सोहावना	डलवाना	सराहना
दफनाना	अखरना	सिहरन	उबालना	झुकवाना	ढलवाना	उलाहना
परनाना	निखरना	बुहारना	सँभलना	टँकवाना	ढुलवाना	सिरहाना
बचपना	बिखरना	चकराना	सँभालना	फिंकवाना	तौलवाना	प्रतिध्वनि
तड़पना	खखारना	टकराना	फिसलना	हँकवाना	दिलवाना	पदध्वनि
हड़पना	निखारना	ठुकराना	टहलना	दिखवाना	धुलवाना	हर्षध्वनि
पनपना	पखारना	लँगराना	बहलना	मँगवाना	मिलवाना	पद्मयोनि
तुरपना	बिखेरना	नजराना	हकलाना	लगवाना	सिलवाना	मानहानि
अलापना	बघरना	मँडराना	अकुलाना	बँचवाना	डसवाना	चटकनी
आलापना	गुजरना	इतराना	दिखलाना	कटवाना	तलाशना	पटकनी
प्रस्थापना	गुजारना	उतराना	बौखलाना	पटवाना	भकोसना	सिटकनी
संस्थापना	बटोरना	कतराना	उगलाना	पिटवाना	उपासना	आनाकानी
तड़पाना	ठिठुरना	छितराना	पिघलाना	उठवाना	तरसना	पताकिनी
विडंबना	उतरना	पथराना	मिचलाना	गठवाना	परसना	छेड़खानी
जलाभुना	कुतरना	घबराना	उछलाना	उड़वाना	बरसना	अलगनी
अनमना	उतारना	अमीराना	खुजलाना	गड़वाना	तरासना	खुरचनी
आजमाना	खदेरना	ठहराना	खजुलाना	छुड़वाना	परोसना	तामचीनी
गरमाना	सुधरना	दोहराना	झुँझलाना	तुड़वाना	झुलसना	परचूनी
जुरमाना	पधारना	फहराना	इठलाना	चढ़वाना	हुलसना	डाकाजनी
भरमाना	सिधारना	लहराना	झुठलाना	ढुँढ़वाना	निष्कासन	आगजनी
शरमाना	सुधारना	निकलना	बिठलाना	पढ़वाना	मसोसना	सरोजिनी
सुनयना	उपरना	निकालना	मंडलाना	जुतवाना	बिहँसना	तत्त्वज्ञानी
घिघियाना	बिफरना	ढकेलना	बतलाना	खुदवाना	उकसाना	आत्मज्ञानी
सठियाना	उभरना	धकेलना	धुँधलाना	जनवाना	अफ़साना	ब्रह्मज्ञानी
खतियाना	उभारना	उगलना	कुम्हलाना	मनवाना	तरसाना	तनातनी
पतियाना	तरेरना	निगलना	फुसलाना	चबवाना	बरसाना	ऐंचातानी

- - - नी	- - - नी	- - - न्या	- - - प	- - - फ	- - - ब्ध	- - - म
ख चातानी	**चेतावनी**	**विषकन्या**	**अभिशाप**	**पैराग्राफ**	**उपलब्ध**	**अनुक्रम**
पंडितानी	अगवानी	पुष्पधन्वा	वर्कशाप	तवायफ	उपलब्धि	उपक्रम
आमदनी	खँड़वानी	हड़कंप	सरीस प	तशरीफ	पनडब्बा	तापक्रम
द्विसदनी	संजीविनी	रोमकूप	बाइस्कोप	तकलीफ	पनडुब्बी	सापक्रम
गोंददानी	सनसनी	नलकूप	बसस्टाप	तकल्लुफ	अमिताभ	पराक्रम
खानदानी	संन्यासिनी	पित्तकोप	मनस्ताप	चौतरफा	हतप्रभ	वर्णक्रम
दैनंदिनी	विलासिनी	अंतःक्षेप	अनुकंपा	बेवकूफी	सत्रारंभ	कार्यक्रम
कुमुदिनी	कहासुनी	हस्तक्षेप	बहनापा	अशरफी	युद्धारंभ	कालक्रम
करधनी	कारस्तानी	पटाक्षेप	पुनरपि	बेइंसाफी	शुभारंभ	कार्यक्षम
राजधानी	प्रतिस्थानी	परिक्षेप	पांडुलिपि	दरियाफ्त	समारंभ	योगक्षेम
हुक्कापानी	स्रोतस्विनी	गपागप	प्रतिलिपि	तरकीब	कार्यारंभ	भुजंगम
दानापानी	ओजस्विनी	रक्तचाप	स्वरलिपि	तहजीब	उपालंभ	अधिगम
कालापानी	तेजस्विनी	पदचाप	आशुलिपि	पायजेब	विप्रलंभ	समागम
नागफनी	तपस्विनी	चुपचाप	ब्राह्मीलिपि	करतब	हितलाभ	सरगम
बागबानी	पयस्विनी	गुपचुप	कँपकँपी	आफताब	प्रतिलाभ	पूर्वागम
कुरबानी	यशस्विनी	लपझप	लुकाछिपी	तरतीब	स्वास्थ्यलाभ	फलागम
नितंबिनी	अनहोनी	टपाटप	गाँधीटोपी	रक्तदाब	जलस्तंभ	विहंगम
भीनीभीनी	कामधेनु	टिपटिप	आपाधापी	रोबदाब	चंद्रप्रभा	शालग्राम
यजमानी	इनेगिने	घटाटोप	तापमापी	वायुदाब	लोकसभा	टेलीग्राम
बुद्धिमानी	अनजाने	कनटोप	भारमापी	वाष्पदाब	शोकसभा	मिलीग्राम
मनमानी	शनैःशनैः	परिताप	सर्वव्यापी	प्रतिबिंब	राजसभा	चक्काजाम
अभिमानी	परिखिन्न	पश्चात्ताप	विश्वव्यापी	अजायब	राज्यसभा	तामझाम
आसमानी	मेघाच्छन्न	धूपदीप	अतिगुप्त	कामयाब	म गनाभि	रिमझिम
सौदामिनी	अव्युत्पन्न	जलदीप	परितप्त	निरालंब	बंदगोभी	टमटम
डाक्टरनी	स्थानापन्न	जंबुद्वीप	असमाप्त	अवलंब	माध्यस्थम्	तिकड़म
सुमरनी	सुसंपन्न	प्रायद्वीप	अपर्याप्त	अविलंब	यथाकाम	ढमढम
नौकरानी	भिन्नभिन्न	महाद्वीप	परिव्याप्त	मतलब	लब्धकाम	परिणाम
ठकुरानी	अप्रसन्न	गणाधिप	अनुज्ञप्ति	लाजवाब	स्वर्गकाम	लघुतम
निगरानी	परजन्म	दौड़धूप	यौनत प्ति	मुनासिब	हमकौम	उच्चतम
पटरानी	यावज्जन्म	परिमाप	मोक्षप्राप्ति	हायतोबा	पंजीक्रम	न्यूनतम
जाफरानी	पुनर्जन्म	एकरूप	अतिव्याप्ति	जगदंबा	पाठ्यक्रम	निम्नतम
देवरानी	धनधान्य	प्रतिरूप	गोलगप्पा	अजनबी	अतिक्रम	प्रियतम
अंदरूनी	गण्यमान्य	अनुरूप	चप्पाचप्पा	कामयाबी	प्रतिक्रम	इष्टतम
प्रदर्शनी	असामान्य	प्रेमालाप	लल्लोचप्पो	स्वावलंबी	व्यतिक्रम	अप्रतिम
चंडालिनी	लज्जाशून्य	वार्तालाप	भोगलिप्सा	अपशब्द	यथाक्रम	अत्युत्तम
म णालिनी	राजकन्या	गपशप	स्वार्थलिप्सा	सहस्राब्दी	पदक्रम	नरोत्तम

- - - म	- - - मा	- - - मी	- - - य	- - - य	- - - य	- - - य
सर्वोत्तम	**परिक्रमा**	**अकादमी**	**ग्रहणीय**	**अविनय**	**सुखमय**	**अपव्यय**
महत्तम	मोमजामा	बदनामी	स्प हणीय	सविनय	मणिमय	परिव्यय
रोकथाम	प्रियतमा	परिश्रमी	विजातीय	शोचनीय	शांतिमय	पक्वाशय
खमदम	मुकदमा	जन्माष्टमी	सजातीय	पूजनीय	नादमय	अतिशय
निरुद्यम	हुक्मनामा	ग हस्वामी	अद्वितीय	पठनीय	विनिमय	पित्ताशय
धमाधम	पंचनामा	धीमेधीमे	भारतीय	खंडनीय	प्रेममय	मूत्राशय
नराधम	कारनामा	कैशमेमो	पर्वतीय	दंडनीय	लीलामय	आमाशय
धूमधाम	सरनामा	बोधगम्य	तापत्रय	गणनीय	भावमय	दुराशय
शबनम	सीढ़ीनुमा	भावगम्य	आतिथेय	चिंतनीय	असमय	जलाशय
पदनाम	अग्निबीमा	स्थूलकाय	भाग्योदय	कथनीय	रसमय	मलाशय
बदनाम	चंदामामा	कृशकाय	चंद्रोदय	निंदनीय	स्नेहमय	निसंशय
छद्मनाम	मनोरमा	सांख्यिकीय	अभ्युदय	वंदनीय	विक्रमीय	महाशय
उपनाम	मधुरिमा	राजकीय	सूर्योदय	मननीय	उपमेय	राजाश्रय
गुमनाम	खानसामा	नाटकीय	सर्वोदय	माननीय	उत्तरीय	निराश्रय
कुलनाम	आयुसीमा	नाभिकीय	सह्रदय	गोपनीय	ईश्वरीय	पराश्रय
जहन्नुम	परिसीमा	नारकीय	महोदय	लोभनीय	ऐतरेय	पौरुषेय
अनुपम	रंगभूमि	परकीय	अग्रदाय	शोभनीय	विपर्याय	साँयसाँय
भ्रात प्रेम	रणभूमि	शासकीय	प्रतिदाय	कमनीय	मुख्यालय	व्यवसाय
अणुबम	मात भूमि	पुस्तकीय	संप्रदाय	दमनीय	शौचालय	हायहाय
अलबम	युद्धभूमि	त्रिपक्षीय	समुदाय	वर्णनीय	छात्रालय	असहाय
मतिभ्रम	जन्मभूमि	द्विपक्षीय	धर्मदाय	दर्शनीय	मंत्रालय	निस्सहाय
वाक्संयम	तपोभूमि	नीलगाय	भवदीय	स्पर्शनीय	मूत्रालय	रसोइया
रेडियम	मरुभूमि	विभागीय	संसदीय	भागिनेय	ग्रंथालय	मजाकिया
प्रीमियम	प ष्ठभूमि	परिचय	प्रतिदेय	अनन्वय	विद्यालय	परकीया
मुलायम	पराक्रमी	समुच्चय	मानदेय	समन्वय	स्नानालय	प्रातःक्रिया
मुजरिम	अग्रगामी	दिग्विजय	उपादेय	कतिपय	हिमालय	प्रतिक्रिया
अंतरिम	शीघ्रगामी	धनंजय	पंचेंद्रिय	निरुपाय	न्यायालय	रतिक्रिया
क्लोकरूम	द्रुतगामी	पराजय	घ्राणेंद्रिय	पूर्वोपाय	कार्यालय	अनुक्रिया
इसलाम	प्रतिगामी	टाँयटाँय	स्वादेंद्रिय	यूरोपीय	देवालय	अभिक्रिया
तसलीम	अधोगामी	परिणय	गंधेंद्रिय	भग्नप्राय	शिवालय	नौसिखिया
प्रतिलोम	अनुगामी	रमणीय	ज्ञानेंद्रिय	म तप्राय	वेश्यालय	परखैया
घनश्याम	पुरोगामी	करणीय	स्पर्शेंद्रिय	अभिप्राय	किसलय	यद च्छया
योगाश्रम	ऊर्ध्वगामी	पूरणीय	बाह्येंद्रिय	साभिप्राय	द्विदलीय	प्रतिच्छाया
परिश्रम	वेश्यागामी	वरणीय	अनध्याय	नष्टप्राय	मानवीय	छत्रच्छाया
वर्णाश्रम	सहगामी	गर्हणीय	उपाध्याय	लोकप्रिय	ईसवीय	कबाड़िया
मरहम	परिणामी	प्रेषणीय	अभिनय	भाँयभाँय	डाकव्यय	लबाड़िया

- - - या	- - - र	- - - र	- - - र	- - - र	- - -र	- - - र
पूर्णतया	**फुटकर**	**चित्रकार**	**काश्तकार**	**ग्रंथागार**	**उपचार**	**आभ्यंतर**
स्पष्टतया	छोड़कर	पत्रकार	भाष्यकार	यादगार	पापाचार	छूमंतर
अढ़तिया	हितकर	ग्रंथकार	वास्तुकार	स्नानागार	व्यभिचार	निरंतर
धोयाधाया	अतिकर	अंधकार	अस्वीकार	धान्यागार	समाचार	परतर
मखनिया	प्रतिकर	अधिकार	अहंकार	सभागार	नयाचार	अवांतर
छुटभैया	पथकर	प्राधिकार	हाहाकार	कामगार	दुराचार	भावांतर
गठरिया	पद्माकर	साधिकार	साहूकार	कारागार	अविचार	कृषीतर
गड़ेरिया	सुधाकर	स्वाधिकार	बीजांकुर	अस्त्रागार	कुविचार	बेहतर
पतुरिया	अधिकर	इनकार	नानकुर	शस्त्रागार	भ्रष्टाचार	मेहतर
कमरिया	मधुकर	जानकार	कलक्टर	राजगीर	शिष्टाचार	लगातार
मलेरिया	दिनकर	धन्वाकार	इंस्पेक्टर	जहाँगीर	चूरचूर	भरतार
लहरिया	बुनकर	अपकार	बीजाक्षर	डाकघर	मैनेजर	अवतार
बिचौलिया	हानिकर	उपकार	आद्यक्षर	चुंगीघर	इंतजार	शोकातुर
सँपोलिया	लाभकर	स्तूपकार	निरक्षर	पूजाघर	कमजोर	चिंतातुर
दिवालिया	भयंकर	रूपाकार	दीर्घाक्षर	घंटाघर	पित्तज्वर	जरातुर
बहेलिया	आयकर	लिपिकार	स्वर्णाक्षर	जादूघर	काउंटर	भावातुर
पुछवैया	पौरकर	कुंभकार	हस्ताक्षर	मुर्दाघर	कंप्यूटर	साक्षात्कार
दुभाषिया	परिकर	भीमाकार	गोताखोर	घनघोर	टमाटर	चमत्कार
हमसाया	तीर्थंकर	जयकार	सूदखोर	वाउचर	थियेटर	बलात्कार
आततायी	जलकर	निरंकार	मुफ्तखोर	अगोचर	ट्रांस्मिटर	लोकोत्तर
दुखदायी	रविकर	परकार	गमखोर	पदचर	पाउडर	प्रत्युत्तर
अंशदायी	ग हकर	सरकार	जमाखोर	अनुचर	कैलेंडर	पत्रोत्तर
अष्टाध्यायी	चक्राकार	निराकार	गोश्तखोर	गुप्तचर	बवंडर	अनुत्तर
अनुयायी	सूक्ष्माकार	स्वर्णकार	घूसखोर	नभचर	बागडोर	याम्योत्तर
मितव्ययी	लेखाकार	कर्णिकार	मांसखोर	चराचर	एकांतर	निरुत्तर
अपव्ययी	व्याख्याकार	वार्ताकार	अजगर	परिचर	युगांतर	कार्योत्तर
धराशायी	अंगीकार	पूर्तिकार	उजागर	जलचर	मंगेतर	प्रश्नोत्तर
जलशायी	व्यंग्यकार	मूर्तिकार	बाजीगर	बालचर	उच्चतर	चौहत्तर
पराश्रयी	पुचकार	सर्पाकार	सौदागर	निशाचर	पाठ्येतर	छिहत्तर
व्यवसायी	फटकार	कर्मकार	जादूगर	डिस्पैचर	मतांतर	तिहत्तर
चिरस्थायी	चाटुकार	चर्मकार	रफूगर	लोकाचार	हिंदीतर	बहत्तर
परमायु	शुंडाकार	निर्विकार	कारीगर	अत्याचार	मध्यांतर	ब हत्तर
जलवायु	गीतकार	अलंकार	शौचागार	पत्राचार	अनंतर	संवत्सर
म त्युशय्या	दुतकार	किलकार	रोजगार	कदाचार	जन्मांतर	थरथर
युगंकर	प्रतिकार	ललकार	यज्ञागार	सदाचार	रूपांतर	चुकंदर
रुचिकर	व त्ताकार	कलाकार	भांडागार	अनाचार	कबूतर	सिकंदर

- - - र	- - - र	- - - र	- - - र	- - - र	- - - र	- - - र
मुगदर	**कर्जदार**	**कर्णधार**	**कचूमर**	**पैदावार**	**नकसीर**	**परिहार**
मुछंदर	दिलदार	मूलाधार	सुकुमार	बुधवार	बवासीर	फलाहार
छछूँदर	किलेदार	भूसुधार	बटमार	शनिवार	सुरासुर	व्यवहार
नतोदर	पल्लेदार	पेंशनर	लूटमार	हफ्तेवार	श्रेयस्कर	दुर्व्यवहार
म त्युदर	रवादार	कचनार	लट्ठमार	सोमवार	नमस्कार	इश्तहार
अनादर	दावेदार	पूर्वापर	चिड़ीमार	खरवार	तिरस्कार	पोषाहार
लंबोदर	रवेदार	आरपार	छापेमार	पारावार	पुरस्कार	मशहूर
समुंदर	रिश्तेदार	अन्तःपुर	भरमार	परिवार	ट्रांजिस्टर	चटकारा
पुरंदर	रसेदार	यमपुर	बेशुमार	गुरुवार	रजिस्टर	छुटकारा
दरदर	हिस्सेदार	भरपूर	तीसमार	ब्योरेवार	कनस्तर	किरकिरा
निरादर	तकदीर	महापौर	सिरमौर	ब्यौरेवार	निम्नस्तर	खुरखुरा
कलंदर	बहादुर	लाड़प्यार	अंपायर	तलवार	पलस्तर	ऐरागैरा
जलोदर	मजदूर	लौटफेर	हथियार	रविवार	परस्पर	कटघरा
सहोदर	भावोद्‌गार	हेरफेर	होशियार	माहवार	आर्तस्वर	कठघरा
ठेकेदार	मुकद्‌दर	गिरफ्तार	इकरार	युद्धवीर	अनुस्वार	भाईचारा
भागीदार	जीर्णोद्धार	दिगंबर	तकरार	शूरवीर	खँड़हर	बनजारा
लच्छेदार	मुखद्वार	बाघंबर	बेकरार	महावीर	खेतिहर	मोतीझरा
पूँछदार	घरद्वार	पटंबर	सशरीर	पब्लिशर	मनोहर	निपटारा
साझेदार	पुरद्वार	पाटंबर	तहरीर	योगेश्वर	दुपहर	चकोतरा
पट्‌टेदार	चक्रधर	आडंबर	ट्रांस्फार्मर	राजेश्वर	दोपहर	इकतारा
नातेदार	पक्षधर	पीतांबर	रिवाल्वर	अनश्वर	अरहर	एकतारा
जत्थेदार	भगंधर	श्वेतांबर	ड्राइवर	निरीश्वर	धरोहर	ध्रुवतारा
अनुदार	खड्‌गधर	औदुंबर	निछावर	परिष्कार	जवाहर	बहुतेरा
थानेदार	पयोधर	बराबर	न्योछावर	आविष्कार	इजहार	वसुंधरा
दानेदार	धुरंधर	नीलांबर	नटवर	बहिष्कार	बड़हार	जलधारा
ताबेदार	गिरिधर	अखबार	मित्रवर	युधिष्ठिर	मिताहार	परंपरा
धब्बेदार	जलधर	एतबार	इंदीवर	अकसर	प्रतिहार	चरपरा
खमदार	वंशीधर	बारंबार	जानवर	पुंकेसर	प्रत्याहार	मकबरा
दमदार	विषधर	घरबार	स्वयंवर	अफ़सर	चंद्रहार	भुरभुरा
जमादार	धुआँधार	दरबार	यायावर	पुरःसर	अध्याहार	अधमरा
जम दार	मँझधार	कारोबार	सरोवर	परिसर	होनहार	मुरमुरा
जिम्मेदार	मझधार	तदबीर	कलेवर	अवसर	मनुहार	भटियारा
जोरदार	बंटाधार	मजबूर	महावर	खँड़सार	उपहार	अँधियारा
सरदार	सूत्रधार	विश्वंभर	शुक्रवार	अनुसार	समाहार	गलियारा
खरीदार	जनाधार	पदभार	इतवार	अभिसार	भूमिहार	घसियारा
धारीदार	निराधार	कार्यभार	पतवार	मगसिर	निराहार	मुहावरा

- - - रा	- - - री	- - - री	- - - री	- - - र्ग	- - - र्ता	- - - र्थ
बँटवारा	**सहकारी**	**ताबेदारी**	**अलमारी**	**चतुर्वर्ग**	**अभिकर्ता**	**असमर्थ**
इकहरा	साहूकारी	जम दारी	आलमारी	निम्नवर्ग	न्यायकर्ता	परमार्थ
पचहरा	अंत्याक्षरी	जिम्मेदारी	महामारी	श्रेष्ठिवर्ग	कार्यकर्ता	निश्चयार्थ
सुनहरा	सूदखोरी	खरीदारी	होशियारी	प्रतिसर्ग	नाशकर्ता	तात्पर्यार्थ
खरहरा	जमाखोरी	छोलदारी	धनुर्धारी	उपसर्ग	प्रश्नकर्ता	पुरुषार्थ
छरहरा	नशाखोरी	बहादुरी	जनवरी	परसर्ग	स ष्टिकर्ता	परीक्षार्थी
हेमगिरि	घूसखोरी	मजदूरी	विभावरी	मध्यममार्गी	भेंटवार्ता	शरणार्थी
धन्वंतरि	जादूगरी	जटाधारी	डिलीवरी	जमाखर्च	अपहर्ता	प्रवेशार्थी
यथोपरि	कारीगरी	पट्टाधारी	पटवारी	कालीमिर्च	अपकीर्ति	पुरुषार्थी
सर्वोपरि	रेजगारी	पट्टेधारी	परिवारी	परिचर्चा	क्षतिपूर्ति	असामर्थ्य
फिटकरी	चिनगारी	व्रतधारी	फुलवारी	युद्धमोर्चा	प्रतिपूर्ति	इर्दगिर्द
रोगकारी	बाबूगिरी	सत्ताधारी	अफ़सरी	खुदगर्ज	पुनःपूर्ति	जवाँमर्द
पिचकारी	मुंशीगिरी	पदधारी	डिस्पेंसरी	अदाबर्ज	षष्टिपूर्ति	गुंडागर्दी
पच्चीकारी	स्वेच्छाचारी	नामधारी	खँड़सारी	अपवर्जी	न्यायमूर्ति	जवाँमर्दी
आज्ञाकारी	अत्याचारी	न्यासधारी	कचहरी	परिवर्जी	चक्रवर्ती	चरणार्ध
चाटुकारी	सदाचारी	धनीधौरी	टिटिहरी	पासपोर्ट	मध्यवर्ती	उत्तरार्ध
गुणकारी	उपचारी	स्टेशनरी	खरहरी	लंबकर्ण	अनावर्ती	प्रतिस्पर्धा
हितकारी	पापाचारी	मशीनरी	गिलहरी	प्रतिपर्ण	अनुवर्ती	रत्नगर्भा
अधिकारी	कर्मचारी	रतनारी	मसहरी	युक्तिपूर्ण	सीमावर्ती	पुण्यकर्म
जानकारी	अविचारी	जलपरी	शाकाहारी	शांतिपूर्ण	दूरवर्ती	प्रातःकर्म
अपकारी	कुविचारी	खँड़पूरी	फलाहारी	मैत्रीपूर्ण	परवर्ती	दूतकर्म
उपकारी	भ्रष्टाचारी	खानापूरी	बलिहारी	परिपूर्ण	परावर्ती	रतिकर्म
आबकारी	सहचारी	लौटाफेरी	मांसाहारी	दोषपूर्ण	परिवर्ती	नित्यकर्म
लाभकारी	इंतजारी	फेराफेरी	सतगुरु	स्नेहपूर्ण	पूर्ववर्ती	क्षुद्रकर्म
तरकारी	कमजोरी	हेराफेरी	बहुतेरे	पीतवर्ण	पार्श्ववर्ती	खनिकर्म
सरकारी	मिलिटरी	आडंबरी	धीरेधीरे	ताम्रवर्ण	वशवर्ती	अपकर्म
कार्यकारी	बढ़ोतरी	बराबरी	सिरफिरे	धूम्रवर्ण	अनेकार्थ	पापकर्म
किलकारी	धन्वंतरी	खेतीबारी	मधुपर्क	गौरवर्ण	स्मरणार्थ	चारकर्म
फुलकारी	बेहतरी	बिनबारी	ट्रेडमार्क	अन्नपूर्णा	लक्षितार्थ	जारकर्म
अविकारी	महतारी	दरबारी	मुक्तिमार्ग	चातुर्वर्ण्य	चरितार्थ	धर्मकर्म
नाशकारी	चमत्कारी	बारीबारी	मूत्रमार्ग	पण्यावर्त	फलितार्थ	हिंसाकर्म
काश्तकारी	बलात्कारी	गोलाबारी	मध्यमार्ग	सतावर्त	निहितार्थ	दाहकर्म
ध्वंसकारी	प्रश्नोत्तरी	मजबूरी	प्रेममार्ग	आर्यावर्त	पुण्यतीर्थ	म गचर्म
सिसकारी	चौकीदारी	रणभेरी	वाममार्ग	जलावर्त	अयथार्थ	आपद्धर्म
दस्तकारी	साझेदारी	भुखमरी	व्योममार्ग	शोधकर्ता	एतदर्थ	युगधर्म
अहंकारी	नातेदारी	चाँदमारी	जलमार्ग	अपकर्ता	सूचनार्थ	पतिधर्म

- - - र्म	- - - र्शी	- - - ल	- - - ल	- - - ल	- - - ल	- - - ला
बौद्धधर्म	**मार्गदर्शी**	**मात कुल**	**नोनतेल**	**कनफूल**	**विकराल**	**चटकीला**
यूनीफार्म	परिपार्श्व	गुरुकुल	मोलतोल	योगबल	अंतराल	भड़कीला
विश्वकर्मा	अपकर्ष	बिलकुल	नापतौल	भुजबल	ससुराल	चमकीला
रंगकर्मी	प्रतिवर्ष	भावाकुल	आपत्काल	हीनबल	खपरैल	चुटकुला
नाट्यधर्मी	चांद्रवर्ष	राष्ट्रकुल	नीलोत्पल	मनोबल	अनर्गल	अधखिला
हठधर्मी	सौरवर्ष	स्नेहाकुल	जलथल	अस्तबल	बुझौवल	अधखुला
नेमीधर्मी	मार्गशीर्ष	प्रतिकूल	शतदल	बाहुबल	कोतवाल	हथगोला
पुण्यकार्य	मोबाइल	अनुकूल	कर्मीदल	इकबाल	अकुशल	मनचला
टीमकार्य	आजकल	नारिकेल	दलदल	इकबाल	सकुशल	अधजला
अस्वीकार्य	अटकल	विश ंखल	मुर्दादिल	बाइबिल	लज्जाशील	जलजला
ग हकार्य	दमकल	उच्छ ंखल	खुशदिल	बुलबुल	गतिशील	चौमंजिला
साहचर्य	कलकल	अमंगल	तहेदिल	देखभाल	यत्नशील	तिमंजिला
ब्रह्मचर्य	अविकल	गोलगोल	सिगनल	मखमल	क्रियाशील	दुमंजिला
भट्टाचार्य	ट्रंककाल	परिचल	दावानल	खटमल	टकसाल	मिलाजुला
वाक्चातुर्य	राज्यकाल	हलचल	झंझानिल	परिमल	घुड़साल	कंकड़ीला
शिरोधार्य	प्रातःकाल	अविचल	दिक्पाल	मलमल	बेमिसाल	पपड़ीला
अनिवार्य	अंतकाल	अस्ताचल	लेखपाल	रेगमाल	तहसील	फुरतीला
दुर्निवार्य	इंतकाल	बोलचाल	लेखापाल	जानमाल	महसूल	तबादला
परिहार्य	भूतकाल	हालचाल	राज्यपाल	जयमाल	वक्षस्थल	परनाला
पाठ्यचर्या	रीतिकाल	म गछाल	खंडपाल	गोलमाल	गंडस्थल	पिलपिला
दिनचर्या	सूतिकाल	गंगाजल	द्वारपाल	मालामाल	मरुस्थल	फलाफूला
परिचर्या	यथाकाल	मंत्रजाल	महीपाल	इस्तेमाल	मर्मस्थल	मुकाबला
घर्रघर्र	व द्धकाल	इंद्रजाल	डंडपेल	झिलमिल	कटहल	करबला
टर्रटर्र	मध्यकाल	मायाजाल	भागफल	ढुलमुल	कुतूहल	सुरबाला
गुलछर्रा	संध्याकाल	मेलजोल	योगफल	वर्गमूल	कौतूहल	अलबेला
रोजमर्रा	सायंकाल	समुज्ज्वल	पुंगीफल	पँचमेल	कोलाहल	मिठबोला
आनुपूर्व्यी	पुराकाल	खपड़ैल	सीताफल	अनमेल	हलाहल	बड़बोला
पुण्यपर्व	कार्यकाल	डाँवाँडोल	प्रतिफल	तालमेल	ननिहाल	मेघमाला
भूतपूर्व	पर्वकाल	प थ्वीतल	क्षेत्रफल	हेलमेल	नौनिहाल	मुंडमाला
सर्वेसर्वा	वर्षाकाल	समतल	घनफल	अनमोल	फिलहाल	मणिमाला
प्रतिदर्श	शिशुकाल	रसातल	जायफल	अड़ियल	खुशहाल	जयमाला
परामर्श	उषाकाल	पड़ताल	वर्गफल	सड़ियल	नाट्यकला	वर्णमाला
समदर्शी	ऊषाकाल	हड़ताल	काशीफल	नारियल	न त्यकला	शैलमाला
प्रियदर्शी	महाकाल	लयताल	असफल	मरियल	युद्धकला	पुष्पमाला
दूरदर्शी	शोकाकुल	करताल	महफिल	घड़ियाल	मूर्तिकला	घुलामिला
पारदर्शी	राजकुल	अस्पताल	नकफूल	जनरल	वास्तुकला	मटमैला

- - - ला	- - - लि	- - - ली	- - - व	- - - वी	- - - श	- - - श
मस्तमौला	**श्रद्धांजलि**	**खुशहाली**	**स्थानाभाव**	**भिक्षाजीवी**	**पेचकश**	**अहर्निश**
कंकरीला	पुष्पांजलि	कमंडलु	मनोभाव	श्रमजीवी	कद्दूकश	बहुलांश
पथरीला	नरबलि	झगड़ालू	स्थायीभाव	चिरंजीवी	अधिकांश	इंगलिश
जहरीला	चंद्रमौलि	हौलेहौले	वैरभाव	परजीवी	नीलाकाश	लवलेश
रामलीला	छिपकली	अभिकल्प	तिरोभाव	दीर्घजीवी	अवकाश	राजवंश
बाललीला	भद्रकाली	कायाकल्प	मोलभाव	अल्पजीवी	सावकाश	भाग्यवश
रासलीला	महाकाली	पुराकल्प	जलाभाव	मसिजीवी	निरंकुश	परवश
इहलीला	अठखेली	निर्विकल्प	हावभाव	महादेवी	हृषिकेश	दैववश
उतावला	चलाचली	मूर्तिशिल्प	सेवाभाव	उपद्रवी	अब्दकोश	छद्मवेश
रखवाला	बोलाचाली	वास्तुशिल्प	स्वयमेव	अनुभवी	विश्वकोश	संनिवेश
ताँगेवाला	गंगाजली	यथामूल्य	एवमेव	निष्प्रभावी	खरगोश	सन्निवेश
चाटवाला	तिलांजली	बहुमूल्य	अवयव	इक्यानवे	श्रीगणेश	समावेश
मतवाला	नंगाझोली	रसगुल्ला	टकराव	पंचानवे	नियतांश	परिवेश
फेरीवाला	हड़ताली	शेखचिल्ली	बिखराव	पचानवे	तफतीश	भावावेश
पैसेवाला	जिंदादिली	अतएव	पथराव	अट्ठानवे	एकादश	हमपेशा
पाकशाला	मूँगफली	अटकाव	उभराव	अठानवे	एताद श	बेतहाशा
पक्षीशाला	खलबली	छिड़काव	अपार्थिव	सतानवे	दंडादेश	जन्मराशि
रंगशाला	महाबली	लंबग्रीव	अंतर्भाव	सत्तानवे	अध्यादेश	रूपराशि
यज्ञशाला	खड़ीबोली	पण्यजीव	प्रादुर्भाव	निन्यानवे	उपदेश	नामराशि
नाट्यशाला	रश्मिमाली	चिरंजीव	आविर्भाव	तिरानवे	समादेश	खतकशी
पाठशाला	हरियाली	पुराजीव	बदलाव	छियानवे	परदेश	रस्साकशी
यंत्रशाला	रँगरेली	बरताव	फिसलाव	चौरानवे	मठाधीश	खुदकुशी
पौधशाला	रंगावली	जन्मोत्सव	रक्तस्राव	लोककाव्य	न्यायाधीश	हँसीखुशी
वधशाला	उतावली	फिल्मोत्सव	बहकावा	खंडकाव्य	सत्यानाश	गर्मजोशी
वेधशाला	रत्नावली	इष्टदेव	कनकौवा	गीतकाव्य	भुजपाश	एकादशी
मधुशाला	पत्रावली	महादेव	पछतावा	रीतिकाव्य	यमपाश	त्रयोदशी
कर्मशाला	ग्रंथावली	वंशोद्भव	पहनावा	वीरकाव्य	बाहुपाश	परदेशी
कार्यशाला	पदावली	उपद्रव	पुनर्नवा	महाकाव्य	तख्तपोश	कीटनाशी
शिल्पशाला	पद्यावली	अभिनव	नामलेवा	भवितव्य	मेजपोश	मांसपेशी
पशुशाला	दीपावली	परिप्लव	उच्चैःश्रवा	असंभाव्य	अपभ्रंश	चतुर्दशी
अस्त्रशाला	शब्दावली	अनुभव	स्वास्थ्यसेवा	एकलव्य	बदमाश	यदुवंशी
ढकोसला	नामावली	पराभव	आबहवा	द श्यश्रव्य	किशमिश	सूर्यवंशी
सिलसिला	प्रश्नावली	परिभव	जनकवि	इंटरव्यू	अपयश	यज्ञपशु
रजस्वला	रखवाली	असंभव	आशुकवि	अक्षरशः	सिफारिश	बलिपशु
रुपहला	कोतवाली	रतिभाव	महाकवि	गुंजाइश	अमरेश	याददाश्त
जलकेलि	बलशाली	भ्रात भाव	प्रतिच्छवि	पैदाइश	चतुर्थांश	बरदाश्त

- - - श्त	- - - पी	- - - ष्ठ	- - - स	- - - स	- - - सी	- - - स्त्र
इकमुश्त	**प्रियभाषी**	**मुखप ष्ठ**	**सानुप्रास**	**चापलूस**	**कानाफूसी**	**आग्नेयास्त्र**
ध गामुश्ती	परितुष्ट	सर्वश्रेष्ठ	एक्सप्रेस	एंग्लेंस	बनारसी	पाकशास्त्र
नातेरिश्ते	असंतुष्ट	पराकाष्ठा	फुसफुस	चकल्लस	चपरासी	शिक्षाशास्त्र
प्रतिप्रश्न	ईषत्स्प ष्ट	परिनिष्ठा	परबस	हर्षोल्लास	चापलूसी	योगशास्त्र
परिप्रश्न	उपदिष्ट	कार्यगोष्ठी	बरबस	अमावस	अंतेवासी	नाट्यशास्त्र
खररश्मि	परिपुष्ट	म गत ष्णा	तर्काभास	बकवास	आदिवासी	प्राणिशास्त्र
सदुद्देश्य	हृष्टपुष्ट	पट्टशिष्य	पूर्वाभास	दूतावास	ग्रामवासी	नीतिशास्त्र
निरुद्देश्य	असंपुष्ट	अट्ठाईस	योगाभ्यास	छात्रावास	पुरवासी	मंत्रशास्त्र
बीजकोष	लक्ष्यभ्रष्ट	अठाईस	युद्धाभ्यास	रनवास	स्वर्गवासी	मत्स्यशास्त्र
राजकोष	पथभ्रष्ट	सत्ताईस	अनभ्यास	रनिवास	आधासीसी	छंदशास्त्र
राज्यकोष	यूथभ्रष्ट	सरकस	पूर्वाभ्यास	उपवास	वीरप्रसू	न्यायशास्त्र
खड्गकोष	अपभ्रष्ट	सूटकेस	प्रतिमास	कारावास	कम्यूनिस्ट	तर्कशास्त्र
मधुकोष	नष्टभ्रष्ट	रेडक्रास	खरमास	परिवास	टाइपिस्ट	अर्थशास्त्र
जयघोष	भूताविष्ट	खसखस	मलमास	स्वर्गवास	बुकपोस्ट	भाषाशास्त्र
आशुतोष	समाविष्ट	नरगिस	डिसमिस	सहवास	बीमाकिस्त	शिक्षाशास्त्री
असंतोष	परिशिष्ट	अश्रुगैस	निश्रेयस	ऊर्ध्वश्वास	दरखास्त	प्राणिशास्त्री
गुणदोष	अवशिष्ट	आँसूगैस	अनायास	अविश्वास	शोकग्रस्त	निकटस्थ
रागद्वेष	उपदेष्टा	घिसघिस	तामरस	महसूस	सूखाग्रस्त	अधीनस्थ
अमानुष	मंत्रद्रष्टा	उनचास	समरस	लाइसेंस	वादग्रस्त	इंद्रप्रस्थ
निरामिष	अहंतुष्टि	मक्खीचूस	सोमरस	अफ़सोस	शापग्रस्त	वानप्रस्थ
निर्निमेष	सूक्ष्मद ष्टि	ठसाठस	नवरस	राजहंस	परिध्वस्त	रुग्णावस्था
सत्पुरुष	पापद ष्टि	इकतीस	लावारिस	दुःसाहस	बंदोबस्त	प्रौढ़ावस्था
निष्कलुष	दिव्यद ष्टि	अड़तीस	विपर्यास	अट्टहास	अनभ्यस्त	व द्धावस्था
अधिशेष	अभिपुष्टि	उनतीस	पुनर्वास	इतिहास	तंदुरुस्त	ध्यानावस्था
परिशेष	अंतर्द ष्टि	कारतूस	एटलस	उपहास	अंतर्ग्रस्त	शून्यावस्था
अवशेष	अतिव ष्टि	परदेस	इजलास	परिहास	अस्तव्यस्त	सुप्तावस्था
राजभाषा	अनाव ष्टि	परिध्वंस	भूविलास	मूल्यह्रास	मुक्तहस्त	दुरवस्था
मात भाषा	हिमव ष्टि	टर्मिनस	निखालिस	अच्छाखासा	रिक्तहस्त	गर्भावस्था
जनभाषा	पुष्पव ष्टि	आबनूस	तेतालीस	भूखाप्यासा	सिद्धहस्त	बालावस्था
परिभाषा	गणराष्ट्र	अनन्नास	तैंतालीस	फुसफुसा	गुलदस्ता	बाल्यावस्था
अभिलाषा	परराष्ट्र	पदन्यास	पैंतालीस	अँदरसा	गंदीबस्ती	युवावस्था
तत्त्वान्वेषी	श्वेतकुष्ठ	उपन्यास	सैंतालीस	लसलसा	खरमस्ती	अव्यवस्था
मितभाषी	बद्धकोष्ठ	शिलान्यास	छियालीस	लिसलिसा	तंदुरुस्ती	सुव्यवस्था
तथ्यभाषी	एकनिष्ठ	गेटपास	बयालीस	जनवासा	प्रतिवस्तु	दिलचस्प
मिथ्याभाषी	आत्मनिष्ठ	आसपास	चवालीस	प्रतिहिंसा	पुरावस्तु	रीतिरस्म
म दुभाषी	वस्तुनिष्ठ	अनुप्रास	चौवालीस	परदेसी	प्रक्षेपास्त्र	बपतिस्मा

- - - स्य	- - - ह	- - - ह	- - - ह	- - - ही
सामंजस्य	**छविग ह**	**सैन्यद्रोह**	**तानाशाह**	**चरवाही**
वैमनस्य	मताग्रह	उपानह	नरसिंह	धारावाही
सौमनस्य	सत्याग्रह	ऊहापोह	अनचाहा	कार्यवाही
अमावस्या	अनुग्रह	पितामह	बिनब्याहा	गुंडाशाही
जलदस्यु	उपग्रह	मधुमेह	दुधमुँहा	तानाशाही
भूराजस्व	दुराग्रह	मायामोह	चरवाहा	बालूशाही
तनख्वाह	परिग्रह	अठारह	हलवाहा	पगचिह्न
दरगाह	पूर्वग्रह	गुमराह	रहासहा	पदचिह्न
चरागाह	पूर्वाग्रह	तफरीह	पाहिपाहि	जन्मचिह्न
प्रेक्षाग ह	नवग्रह	समारोह	परछाह	नामचिह्न
पूजाग ह	धूपछाँह	अवरोह	सूक्ष्मग्राही	प्रश्नचिह्न
नाट्यग ह	तरजीह	अफ़वाह	गुणग्राही	राष्ट्रचिह्न
लताग ह	निरुत्साह	परवाह	मनोग्राही	अपराह्न
बंदीग ह	परिदाह	परिवाह	सारग्राही	शब्दब्रह्म
स्नानग ह	निस्संदेह	द्विविवाह	राजद्रोही	बुद्धिग्राह्य
काराग ह	राजद्रोह	चक्रव्यूह	देशद्रोही	
बालग ह	मित्रद्रोह	बादशाह	लेखाबही	

□□□